Katrin Köppert

Queer Pain

Schmerz als Solidarisierung, Fotografie als Affizierung

Zu den Fotografien von Albrecht Becker aus den 1920er bis 1990er Jahren

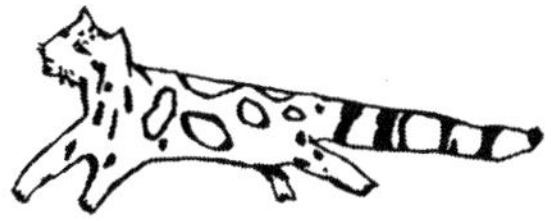

Katrin Köppert (Dr.) forscht neben Queer Media und Affect Studies zu post- und dekolonialen (Medien-)Theorien des Anthropozäns, digitalen Feminismen und Kunst. Sie studierte Gender Studies und Neuere deutsche Literatur an der Humboldt-Universität zu Berlin, wurde 2018 an der Carl von Ossietzky Universität Oldenburg in Kunst- und Medienwissenschaft promoviert und ist aktuell Juniorprofessorin für Kunstgeschichte und populäre Kulturen an der Hochschule für Grafik und Buchkunst Leipzig. Neben wissenschaftlichen Tätigkeiten in u.a. Los Angeles, London, Linz und Berlin war sie Stipendiatin des DFG-Graduiertenkollegs „Geschlecht als Wissenskategorie". Sie leitet das DFG-Forschungsnetzwerk „Gender, Medien und Affekt".

Katrin Köppert

Queer Pain

Schmerz als Solidarisierung, Fotografie als Affizierung

Zu den Fotografien von Albrecht Becker
aus den 1920er bis 1990er Jahren

Neofelis Verlag

Inhalt

Ein Anfang

Life is a window of vulnerability. It seems a mistake to close it.[1]

„OUT" prangt in großen pinken Lettern vor schwarzen Hintergrund auf dem Titelblatt des gleichnamigen Homosexuellen-Magazins.[2] (Abb. 1) Es zeigt einen *weißen*[3] Mann mittleren Alters, der stark tätowiert, mit schweren Brustpiercings behangen sowie mit einem einschnürenden Eisengürtel versehen ist. Seine Lippen scheinen geschminkt, seine Haut ist mit bunten Bemalungen verziert, die Phalli und Testikel, Sterne und Yin-Yang-Symbole darstellen. Seine Arme hat er in die Hüften gestemmt, sein Blick ist geradeaus und direkt in die Kamera gerichtet.

Hier scheint jemand präsentiert zu werden, der *out and proud* ist, der den Blick der Öffentlichkeit nicht scheut, obwohl sein Körper Spuren von Versehrung aufweist und weder dem westlichen, dominanten Bild unversehrter Männlichkeit[4]

1 Donna J. Haraway: The Biopolitics of Postmodern Bodies. Constitutions of Self in Immune System Discourse. In: Dies.: *Simians, Cyborgs, and Women. The Reinvention of Nature.* New York: Routledge 1991, S. 203–230, hier S. 224.

2 *Out* 35, 22.01.1999, Titelbild.

3 Im Anschluss an Maureen Maisha Eggers, Grada Kilomba, Peggy Piesche und Susan Arndt schreibe ich Schwarz groß, um das Widerständige Schwarzer Subjekte entgegen den entsubjektivierenden Konstruktionen hervorzuheben. Dagegen schreibe ich *weiß* kursiv, womit der Konstruktionscharakter der Kategorie markiert werden soll. Vgl. Maureen Maisha Eggers / Grada Kilomba / Peggy Piesche / Susan Arndt: Konzeptionelle Überlegungen. In: Dies. (Hrsg.): *Mythen, Masken und Subjekte. Kritische Weißseinsforschung in Deutschland.* Münster: Unrast 2005, S. 11–13, hier S. 13.

4 Zur Konstruktion unversehrter Männlichkeit vgl. Klaus Theweleit: *Männerphantasien.* München: Piper 2005; George L. Mosse: *Das Bild des Mannes. Zur Konstruktion der modernen Männlichkeit.* Frankfurt am Main: Fischer 1997.

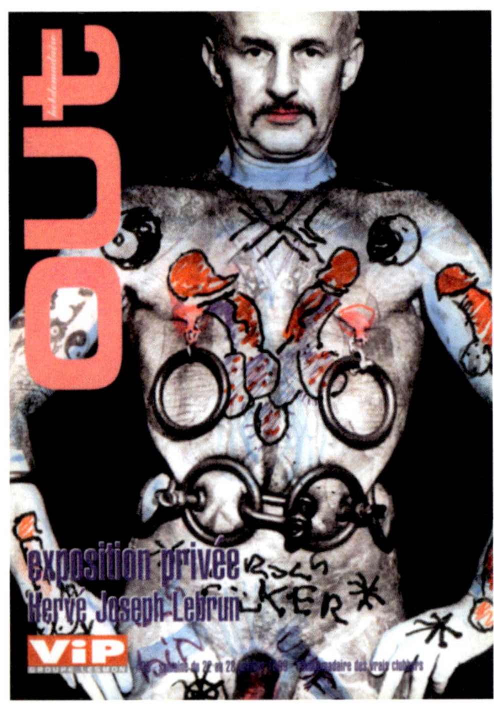

Abb. 1
Albrecht Becker:
Becker Out and Proud, 1999.

noch dem Bild aseptischer BDSM-Repräsentation[5] entspricht. Hier wird ein Bild schwuler Männlichkeit aus dem Schrank[6] geholt, das trotz der zahlreichen Insignien potenter Maskulinität Blessuren aufweist: Ich sehe krakelige Schrift,

5 BDSM ist das Amalgam dreier Akronyme: B&D stehen für *bondage* und *discipline*, also Hörigkeit und Disziplin; D&S für *domination* und *submission*, Herrschaft und Unterwerfung; S&M für Sadomasochismus. Ich werde im Verlauf dieser Arbeit mehrheitlich die Bezeichnung BDSM verwenden, da es sich um einen Community-Begriff handelt, der freiwillige Wahl und konsensuelle Praktiken in den Vordergrund stellt. Margot Weiss thematisiert in ihrer Studie zur BDSM-Szene um die Jahrtausendwende, dass diese an die kapitalistischen kulturellen Formationen angepasst sei, weswegen ästhetisierte Bilder naheliegend seien. Vgl. Margot Weiss: *Techniques of Pleasure. BDSM and the Circuits of Sexuality*. Durham: Duke UP 2011, S. vii, S. 6–7; Robin Bauer: *Queer BDSM Intimacies. Critical Consent and Pushing Boundaries*. London: Palgrave Macmillan 2014, S. 2.

6 Mit dieser Formulierung spiele ich auf die englische Wendung *in the closet* an. In *Epistemology of the Closet* verwies Eve Kosofsky Sedgwick auf den Schrank als Sinnbild der minorisierten Unsichtbarkeit von Homosexuellen. Im Zusammenhang mit der Terminologie des Im-Schrank-Seins hat sich, wenn es um den Akt des Sichtbar- und Öffentlich-Werdens geht, das Sprechen über das Coming-Out, das Outing, das Out-Sein herauskristallisiert. Vgl. Eve Kosofsky Sedgwick: *Epistemology of the Closet*. Berkeley / Los Angeles: California UP 2004; Volker Woltersdorff: *Coming out. Die Inszenierung schwuler Identitäten zwischen Auflehnung und Anpassung*. Frankfurt am Main: Campus 2005.

gekritzelte Schraffuren, Quetschungen, Durchbohrungen – eine ganze Palette körpermodifizierender Eingriffe, die einem ersten Eindruck nach zum Zwecke der Selbstverletzung erfolgten. Inmitten des als befreiend diskursivierten und von Stolz überschriebenen Coming-Out-Musters begegnet mir (körperlicher) Schmerz.

Die Geschichte der Emanzipation von lesbischen, schwulen, bisexuellen, transsexuellen, transgender und intersexuellen Communities ist seit den 1970er Jahren[7] an das Gefühl des Stolzes gekoppelt. Stolz, gepaart mit einem selbstbewussten Sich-Zeigen, bestimmte eine ganze Generation, wurde gar zum dominanten Narrativ der westlichen schwullesbitrans* Befreiungsbewegung.[8] In der hier interessierenden Fotografie öffnet sich inmitten des Kampfes um die Anerkennung sexueller Minoritäten jedoch eine Welt der Ambivalenzen. (Abb. 1) Anstelle von *gay pride* wird die von Widersprüchen und Verwerfungen gezeichnete Gefühlswelt der durch Begehren und sexuelle Identität Marginalisierten zu sehen gegeben. Neben Stolz wird auch Schmerz thematisiert und wie sich dieser in Form von Verwundungen und Deformationen körperlich materialisiert. Der melancholische Zustand, den Judith Butler als inhärenten Teil der Identitätsbildung nicht-normativer geschlechtlicher und sexueller Subjekte betrachtet,[9] wird durch die Versehrungen der Haut und des Körpers visualisiert. Die erkämpften Erfolge stellen sich als zweischneidig heraus.[10] Mehr Sichtbarkeit muss nicht unbedingt mehr Sicherheit oder Emanzipation bedeuten.[11] Doch lässt sich Schmerz nur als Repräsentation dieser Schattenseite von Sichtbarkeit analysieren? Wird Schmerz nicht auch in einer Art und Weise zur Ansicht gebracht, in der er im

7 1969 ist als das Jahr in die Geschichte eingegangen, in dem die Emanzipationsbewegungen der sich heute unter dem Akronym LGBTIQ versammelnden sozialen Gruppen ihren Anfang nahmen. Nachdem es im New Yorker Lokal *Stonewall Inn* zum Aufstand der dort anwesenden Schwarzen Trans*Personen und schwulen Männer gegen Polizeigewalt gekommen war, setzten internationale Proteste für die Rechte von Lesben (L), Gays (G), Bisexuellen (B), Transsexuellen und Transgender (T), Intersexuellen (I) und Queers (Q) ein. Diese Liberalisierung führte unter anderem zu einer Lockerung des §175 StGB in der BRD.

8 Dass dieses Narrativ anhält, verdeutlichen aktuelle Publikationen, die nach mehr Sichtbarkeit und Selbstbewusstsein verlangen. Vgl. Woltersdorff: *Coming out*; Patsy L'Amour laLove (Hrsg.): *Selbsthass & Emanzipation. Das Andere in der heterosexuellen Normalität*. Berlin: Querverlag 2016; Stephanie Kuhnen (Hrsg.): *Lesben raus! Für mehr lesbische Sichtbarkeit*. Berlin: Querverlag 2017.

9 Vgl. Judith Butler: *Das Unbehagen der Geschlechter*, aus d. Engl. v. Kathrina Menke. Frankfurt am Main: Suhrkamp 1991, S. 93–104.

10 Vgl. Mathias Danbolt. Touching History. Archival Relations in Queer Art and Theory. In: Ders. / Jane Rowley / Louise Wolthers (Hrsg.): *Lost and Found. Queerying the Archive*. Ausstellungskatalog. Kopenhagen: Museum Tusculanum 2009, S. 27–54, hier S. 28.

11 Vgl. Johanna Schaffer: *Ambivalenzen der Sichtbarkeit. Über die visuellen Strukturen der Anerkennung*. Bielefeld: Transcript 2008.

Feld männlich-homosexueller[12] Repräsentationen zum Zwecke der Selbstvergewisserung, manchmal gar der Exzeptionalisierung[13] eines *weißen* schwulen Lebensstils sublimiert und verherrlicht wurde? Was für eine Artikulation von Schmerz lässt sich also erkennen und wie lässt sich diese vor dem Hintergrund der Tendenz einordnen, Schmerz im ‚Wettbewerb der Marginalisierten' gegeneinander aufzurechnen und für queere Politiken zu desavouieren?[14]

Queere Affekttheorie des Schmerzes

Das Titelblatt des Magazins *OUT* aus dem Jahr 1999 zeigt ein von Hervé Joseph Lebrun, einem französischen Fotografen und Filmemacher, koloriertes

12 Die Verwendung des Begriffs *homosexuell* ist durchaus umstritten. Ich beziehe mich zunächst auf den historisch im 19. Jahrhundert einsetzenden Diskurs der Konstruktion von Homosexualität nicht als sexueller Praxis, sondern als geschlechtlicher Identität. Da mit dieser Konstruktion nach Michel Foucault eine „Einpflanzung von Perversion" einherging, besteht bei Verwendung des Begriffs die Gefahr einer Reproduktion dieser pejorativen Implikation. Dennoch verwende ich den Begriff, da er in dem für diese Arbeit wichtigen Zeitraum der 1950er und 1960er Jahre eine häufige Selbstbezeichnung darstellte. Da diese Selbstbezeichnung zur damaligen Zeit aber auch dazu diente, nicht-sexuelle Kameradschaft und freundschaftliche Intimität aus Gründen des Selbstschutzes und auch der Assimilation hervorzuheben, dient mir der Begriff zugleich zur Abgrenzung des Begriffs *queer*. Queer verstehe ich im Sinne einer Destabilisierung der mitunter zu Normierungen führenden Verwendungsweise des Begriffs *Homosexualität*, vor allem im Kontext identitärer Selbstbeschreibungen. Mehr dazu in dieser Einleitung. Michel Foucault: *Der Wille zum Wissen. Sexualität und Wahrheit 1*, aus d. Franz. v. Ulrich Raulff / Walter Seitter. Frankfurt am Main: Suhrkamp 1983, S. 41. Vgl. Hans-Joachim von Kondratowitz: Stichwort Frühe Bundesrepublik. In: Rüdiger Lautmann (Hrsg.): *Homosexualität. Handbuch der Theorie- und Forschungsgeschichte*. Frankfurt am Main: Campus 1993, S. 239–243, hier S. 239–241; Martin Dannecker: Der unstillbare Wunsch nach Anerkennung. Homosexuellenpolitik in den fünfziger und sechziger Jahren. In: Detlef Grumbach (Hrsg.): *Was heißt hier schwul? Politik und Identitäten im Wandel*. Hamburg: Männerschwarm 1997, S. 27–44; Burkhardt Riechers: Freundschaft und Anständigkeit. Leitbilder im Selbstverständnis männlicher Homosexueller in der frühen Bundesrepublik. In: *Invertito. Jahrbuch für die Geschichte der Homosexualitäten* 1 (1999), S. 12–46.

13 Vgl. Jasbir Puar: *Terrorist Assemblages. Homonationalism in Queer Times*. Durham / London: Duke UP 2007. Jasbir Puar formuliert in ihrem Buch *Terrorist Assemblages* eine Form des sexuellen Exzeptionalismus. Dieser, so Puar, beruhe auf der Einbindung *weißer* Homosexualität in nationalstaatliche und nationalistische Politiken.

14 Verwiesen sei hier auf die Debatte um die Publikation *Beißreflexe. Kritik an queerem Aktivismus, autoritären Sehnsüchten, Sprechverboten* von Patsy l'Amour laLove. In dieser artikuliert sich eine sogenannte Identitätsolympiade, die als Wettkampf um den am stärksten marginalisierten Subjektstatus bzw. um den Status der Community verstanden werden kann. Innerhalb dieses Wettkampfes wird Schmerz mobilisiert, um einen politischen Anspruch auf Gehör und Anerkennung für die jeweils eigene individuelle Situation oder die vermeintlich jeweils eigene Community zu begründen. Vgl. Patsy L'Amour laLove (Hrsg.): *Beißreflexe. Kritik an queerem Aktivismus, autoritären Sehnsüchten, Sprechverboten*. Berlin: Querverlag 2017; Jule Karakayali / Vassilis Tsianos / Serhat Karakayali / Aida Ibrahim: Decolorise It! In: *ak – analyse & kritik* 575 (2012). https://www.akweb.de/ak_s/ak575/23.htm (Zugriff am 21.01.2020).

fotografisches Selbstbild des deutschen Bühnenarchitekten und Fotografen Albrecht Becker. Dessen Konvolut von geschätzt 100.000 fotografischen Selbstdarstellungen bildet die Grundlage meiner Auseinandersetzung. Becker wurde 1906 im Harz geboren, in Quedlinburg zum Schneider ausgebildet, im Nationalsozialismus nach §175 RStGB[15] inhaftiert, in der Bundesrepublik als Bühnenausstatter beim Film, später beim Fernsehen beschäftigt. Er fotografierte sich bis ins hohe Alter von über 90 Jahren († 2002) in seinen vier Wänden durch sein Leben, das aufgrund seiner Homosexualität und BDSM-Leidenschaft von Verfolgung, Stigmatisierung und Diskriminierung geprägt war. Seine Fotogra fien, die er in den 1990er Jahren im Alter von über 80 Jahren dem Archiv des Schwulen Museums Berlin übergab,[16] ließen sich sicherlich als Zeugnisse introjizierten gesellschaftlichen Hasses oder des Durcharbeitens des Traumas seiner Inhaftierung während des Nationalsozialismus lesen. Daher – so könnte abgeleitet werden – sind inmitten der mitunter martialischen Schmerzdarstellungen Insignien der Mannhaft-Werdung, wie stählerne Blicke, rationale Zentralperspektiven oder die durch Modifikationen wie Paraffineinspritzungen hervorgerufene Vergrößerungen – *Potenz*ierungen – seines Geschlechts zu sehen. Mit dieser Arbeit möchte ich jedoch zeigen, dass motivische Elemente, formalästhetische Aspekte sowie materielle Beschaffenheiten auch eine alternative Lesart von Beckers Fotografien ermöglichen. In Auseinandersetzung mit seinen Visualisierungen interessiert mich daher die Bedeutung der opulenten visuellen Herstellung von Schmerz für die Homosexualitätsgeschichte des 20. Jahrhunderts einerseits und die theoretische Frage nach der queeren Politik negativer Gefühle

15 Der § 175 StGB stellte sexuelle Handlungen zwischen Personen männlichen Geschlechts unter Strafe. Der Paragraph wurde 1871 in das Strafgesetzbuch für das Deutsche Reich (RStGB) aufgenommen und 1935, während des Nationalsozialismus, verschärft. In der Bundesrepublik Deutschland wurde er in dieser verschärften Fassung bis 1969 beibehalten. Erst 1994 wurde der Paragraph ersatzlos gestrichen. 2017 dann verabschiedete der Bundestag den Gesetzentwurf zur Aufhebung aller Urteile, die aufgrund des § 175 StGB gefällt wurden. Vgl. Christian Schulz: *Paragraph 175. (abgewickelt): Homosexualität und Strafrecht im Nachkriegsdeutschland. Rechtsprechung, juristische Diskussionen und Reformen seit 1945*. Hamburg: Männerschwarm 1994; Jasmin Daniela Finger: *Homophobie und Strafrecht. Eine strafrechtliche Untersuchung homophober Äusserungen und Äusserungen in Bezug auf Homosexualität*. Berlin: Berliner Wissenschafts-Verlag 2015.

16 Erst nachdem das Schwule Museum Berlin Interesse bekundet hatte, übergab Becker 1993 den Großteil seiner privaten Fotografien dem Archiv des Schwulen Museums. Da kein offizieller Vertrag zur Übertragung abgeschlossen wurde, ist nicht mehr nachvollziehbar, welchen Öffentlichkeiten Becker seine Materialien zur Verfügung stellen wollte, zu welchem Zeitpunkt (zu Lebzeiten oder posthum) und unter welchen Bedingungen. Zu den Bedingungen des von mir aufgesuchten und als Quellenkontext mituntersuchten Archivs siehe Kap. I.3.3.

bzw. Affekte andererseits. Denn obwohl seit dem sogenannten „affective turn“[17] in den Kultur- und Geschlechterwissenschaften einiges über Scham,[18] Melancholie,[19] Trauer[20] und Depression[21] geschrieben wurde, fehlt bislang eine dezidiert queere Affekttheorie des Schmerzes. Damit meine ich eine Perspektive auf Schmerz, die queere Affizierung und schließlich auch Solidarisierung thematisiert. In der eigenen Vulnerabilitätserfahrung in Kontakt zu treten, sich durch die eigene potenzielle Vulnerabilität und reale Verletzung mit anderen, nicht zwingend der eigenen sozialen Position Entsprechenden, verbunden zu fühlen, (siehe Kap. I.2.3) beschreibt Aspekte, die in den und durch die Fotografien verhandelt werden. Queerness spielt dabei insofern eine Rolle, als dass die durch Affizierung möglich gemachte Solidarisierung naturalisierte und essentialisierte Annahmen über Geschlecht, Sexualität und Begehren sowie Identität und Sozialität durchkreuzt.[22] Geschlecht, Sexualität und Begehren verstehe ich aufgrund der Affizierung durch die Fotografie Beckers nicht länger als Kategorien einer feststehenden und sichtbaren Identität oder eines ins Bild gesetzten, autonomen, sich selbst bewussten, männlich-homosexuellen Subjekts. Vielmehr begreife ich diese Kategorien als relationale und temporäre Intensitätsverhältnisse, die ich als *queere Gefüge*[23] bezeichnen möchte und die über unterschiedliche Sinnesregister wahrnehmbar sind. Auf dieser Basis sind Vergemeinschaftungsprozesse und Fragen der Community-Bildung weniger auf Aspekte der Identität bzw. der

17 Melissa Gregg / Gregory J. Seigworth (Hrsg.): *The Affect Theory Reader*. Durham / London: Duke UP 2010.

18 Vgl. David Halperin / Valerie Traub (Hrsg.): *Gay Shame*. Chicago / London: Chicago UP 2010.

19 Vgl. Butler: *Das Unbehagen der Geschlechter*; Judith Butler: *Psyche der Macht. Das Subjekt der Unterwerfung*, aus d. Engl. v. Reiner Ansén. Frankfurt am Main: Suhrkamp 2002.

20 Vgl. David L. Eng / David Kazanjian (Hrsg.): *Loss. The Politics of Mourning*. Berkeley / Los Angeles / London: California UP 2003.

21 Vgl. Ann Cvetkovich: *Depression. A Public Feeling*. Durham / London: Duke UP 2012.

22 Vgl. Sabine Hark: Queer Studies. In: Christina von Braun / Inge Stephan (Hrsg.): *Gender@Wissen. Ein Handbuch der Gender-Theorien*. Köln / Weimar / Wien: Böhlau 2005, S. 285–303.

23 Gilles Deleuze und Félix Guattari beschreiben Gefüge auf zwei Achsen. Auf der horizontalen Achse setzt sich das Gefüge aus einem Inhaltssegment, bestehend aus Körpern, Aktionen und Passionen, und einem Ausdruckssegment, bestehend aus Aussagen und Handlungen, zusammen. Auf der vertikalen Achse lässt es sich durch (re)territorialisierende, das heißt stabilisierende, und deterritorialisierende Seiten beschreiben. Die „Deterritorialisierungspunkte“ reißen, indem sie durch alle Reterritorialisierungen hindruchgehen, das Gefüge fort. Letzteres verstehe ich als das queere Moment des Gefüges. Gilles Deleuze / Félix Guattari: *Tausend Plateaus. Kapitalismus und Schizophrenie*, aus d. Franz. v. Gabriele Ricke / Ronald Voullié. Berlin: Merve 1992, S. 124.

Repräsentation von Identität festgelegt als vielmehr auch auf solche der Intensität und Dringlichkeit, des Temporären und Ereignishaften.[24]

Die queer-politische Dringlichkeit der kleinen Fotografie

Mit diesen Beschreibungen geht ein Begriff des Politischen einher, der sich weniger auf das Deklamatorische, auf den offen und direkt nach außen tretenden Widerstand bezieht. Stattdessen adressieren die Beschreibungen weniger gut einsehbare und flüchtige sowie sich aufgrund gradueller Veränderungen und partialer Zugänglichkeiten immer wieder neu ergebende Momente politischer Bedeutsamkeit. Diese Form des Politischen lässt sich an die Beschreibung des Affekts als einer transitiven Intensität zurückbinden. Sie stellt aber auch einen Bezug zum Lückenhaften, nicht Wahrnehmbaren, Versteckten und – wie ich herausarbeiten möchte – Privaten her. Die Fotografie Albrecht Beckers werde ich daher vor dem Hintergrund privater Medialisierungen und vernakulärer Medientechniken diskutieren. Mit Hilfe des Begriffs der *kleinen Fotografie*, den ich in Anlehnung an das Konzept der kleinen Literatur nach Gilles Deleuze und Félix Guattari[25] entwickele, möchte ich das queer-politische Potenzial des Privaten und der vernakulären, alltagsbezogenen Fotografie betonen. Diesem Potenzial inhärent ist die Vorstellung des gegen Individualisierung arbeitenden Solidarischen.

Das bündnisbefähigende Potenzial der privaten Fotografie Albrecht Beckers verweist schließlich – so meine These – auf Zukunft inmitten von Vergangenheit. Die Fotografie ermöglicht einen Moment von queer bereits zu einem Zeitpunkt, als es queer als politische Theorie des Denkens und Kritisierens von Regulierungsweisen und Machtmechanismen, wie etwa der Heteronormativität, noch nicht gab.[26] Den Blick auf die aus heutiger Perspektive mitunter aus der Zeit gefallenen Ausdrucksweise Albrecht Beckers zu richten, wirft ein Schlaglicht auf ein Narrativ, das dem Sexuellen nicht nur den Status subjektiver und

24 Für den hier eingeführten Begriff des Ereignishaften ist Joseph Vogls Zusammenführung des deleuzianischen Ereignisbegriffs instruktiv. Vgl. Joseph Vogl: Was ist ein Ereignis? In: Peter Gente (Hrsg.): *Deleuze und die Künste*. Frankfurt am Main: Suhrkamp 2007, S. 67–83.

25 Gilles Deleuze / Félix Guattari: *Kafka. Für eine kleine Literatur*, aus d. Franz. v. Burkhart Kroeber. Frankfurt am Main: Suhrkamp 2012.

26 Zur Etablierung von Queer Theory in den 1990er Jahren vgl. Butler: *Das Unbehagen der Geschlechter*; Sedgwick: *Epistemology of the Closet*; Michael Warner: *Fear of a Queer Planet. Queer Politcs and Social Theory*. Minneapolis: Minnesota UP 1993; David Halperin: *Saint Foucault. Towards a Gay Hagiography*. New York: Oxford UP 1997. Für den deutschsprachigen Raum vor allem Andreas Kraß: Queer Studies – eine Einführung. In: Ders. (Hrsg.): *Queer denken. Gegen die Ordnung der Sexualität*. Frankfurt am Main: Suhrkamp 2003, S. 7–39; Hark: Queer Studies.

körperlicher Optimierung, sondern affektiver Verbindungen zuweist.[27] Diese queere Zukunft, wie sie in der Fotografie Beckers aus der vom Anpassungsdruck geprägten Zeit der Homophilenbewegung der 1950er und 1960er Jahre sowie der vom Emanzipationsnarrativ durchdrungenen Zeit der Selbstaffirmation der 1970er Jahre zum Ausdruck kommt, ist gleichzeitig die Zukünftigkeit unserer Gegenwart. Gemeint ist damit die *Potenzialität* einer Zukunft, die eine Alternative darstellt zur aktuell von marktkonformen Selbstoptimierungen und rechtlichen Anerkennungsbemühungen bestimmten Gegenwart. Es geht um die Neuerfindung einer Community, deren Ausgangspunkt verletzte Sexualität in ihrer affizierenden Qualität ist.

Ich betrachte daher Beckers Fotografie weder als exemplarisch für die diskursiven[28] und ästhetischen Entwicklungen männlicher Homosexualität im 20. Jahrhundert noch für die Gegenwart des 21. Jahrhunderts. Vielmehr werde ich die Fotografien gegen den Strich der westlichen Geschichte und der Gegenwart der Medialisierung und Visualisierung männlicher Homosexualität[29] lesen. Diese Geschichte ist von gesellschaftlichen Diskriminierungen und körperlichen wie psychischen Verletzungen geprägt, aber auch – wie die schwule Ikone des heiligen Sebastians vergegenwärtigt – von der Sublimation, der Ästhetisierung und Anästhetisierung des Schmerzes zum Zwecke einer wieder in normative Konzepte einspeisenden Selbstvergewisserung. Für meine Auseinandersetzung ist es daher wichtig, dass ich die privaten fotografischen Arbeiten Beckers der visuellen Kulturgeschichte von Schmerz als Teil der US-amerikanischen und westeuropäischen Homosexualitätsgeschichte seit Beginn des 20. Jahrhunderts gegenüberstelle und sie als Medien queerer Affizierung im Kontext vernakulärer Praktiken

27 Zum Begriff der affektiven Sexualität vgl. Peter Rehberg: *Hipster Porn. Queere Männlichkeiten und affektive Sexualitäten im Fanzine Butt*. Berlin: b_books 2019, S. 31–33.

28 Unter einem Diskurs verstehe ich im Sinne Foucaults eine durch Macht strukturierte Verknüpfung von Aussageformationen und Handlungen, die zu einer bestimmten Zeit bestimmen, was wiss- und sagbar ist. Vgl. Michel Foucault: *Archäologie des Wissens*, aus d. Franz. v. Ulrich Köppen. Frankfurt am Main: Suhrkamp 1981.

29 Die Verengung der Perspektive auf männliche Homosexualität möchte ich nicht mit dem Aspekt rechtfertigen, dass mir in den Archiven, in denen ich recherchiert habe, vornehmlich fotografische Materialien homosexueller Männer begegneten. Es wäre mir durchaus möglich gewesen, in Berlin auch das Lesbenarchiv *Spinnboden* oder das feministische Archiv *FFBIZ* aufzusuchen. Im Anschluss an meine Begegnung mit der Fotografie Beckers hat mich jedoch interessiert, ob und wie sich aus einer queer-lesbischen Perspektive an Visualisierungen homosexueller Männlichkeit anknüpfen lässt; ob und wie sich queere Allianzen mit Repräsentationen erahnen lassen, die über den Umstand geteilter Diskriminierungserfahrungen hinaus ein anderes und durchaus maskulines Register von Schmerz aufrufen. Aus dieser Fragestellung resultierte schließlich meine Entscheidung, mich auf die Fotografie Beckers zu beschränken. Nichtsdestotrotz ist mir bewusst, dass eine Untersuchung der vernakulären Fotografiegeschichte lesbischer Frauen* und/oder trans*identer Personen dringlich anstünde.

und privater Räume diskutiere. Dabei wird es schmutzig, im wahrsten wie auch übertragenen Sinne des Wortes.

Fotografie als Affizierung und queere Repräsentationskritik
Im Zentrum dieser Arbeit steht die Frage, wie Begriffe der Affizierung, der Intensität und der Temporalität, aber auch des Graduellen und Flüchtigen auf dislozierende – queere – Weise nicht nur Vergemeinschaftungen denkbar werden lassen, sondern darüber hinaus die Medialität und Visualität von Repräsentationen homosexueller Männlichkeiten beeinflussen. Von der These ausgehend, dass ästhetische Positionen wichtige Impulse für die Frage liefern, wie queere Politiken der Solidarität gestaltet werden können, fokussiere ich bei Albrecht Becker auf Fotografie als Affizierung. Fotografische Visualisierungen dienen somit primär nicht der Sichtbarmachung der selbstbewussten Emanzipation diskriminierter Geschlechter und Sexualitäten. Vielmehr werden temporäre Bündnisse von Betrachter*innen[30] und Dargestellten erzeugt, die eine queere, also Normierungen und Regulierungen aufbrechende wie auch gestalterische Kraft entwickeln.
Schmerz verstehe ich im Rahmen dieses Versuchs als einen visio-politischen Affekt, das heißt als eine ästhetische Erfahrung, die nicht allein ein Akt des Sehens oder der Sichtbarkeit ist, sondern eine verkörperte Wahrnehmung des Sehens mit allen Sinnen. Verstanden als ein Modus des Affiziert-Werdens, definiert sich Wahrnehmung dabei durch die Körperlichkeit des fotografischen Materials (verletzte, poröse Oberflächen, Verfärbungen, Verschmutzungen, toxische Umgebungen). Gleichzeitig handelt es sich um einen Prozess des Affizierens der Fotografien, und zwar im Sinne eines Ins-Bild-Eingreifens. Als affizierte Betrachterin bleibe ich nicht außen vor, sondern werde Teil des fotografischen Gefüges. Als solcher erlebe ich Destabilisierungen meiner Position, fühle mich verunsichert, manchmal beschämt und in meinem Verhältnis zu Intimität, Körperlichkeit und Lust hinterfragt. Für Revisionen empfänglich gemacht, verändert sich mein Verhältnis zum Bild, verändere ich das Bild. Mit meiner Rezeption greife ich in das Bild ein, greife womöglich Becker an und rekonstituiere ihn

30 In dieser Arbeit verwende ich den Stern, um die behauptete Geschlechterbinarität infrage zu stellen und um den geschlechtlichen Zwischenraum kenntlich zu machen. Auf die Verwendung des Sternchens hinter Frauen und Männern verzichte ich jedoch. Beide Vergeschlechtlichungen verstehe ich jedoch als historische Konstruktionen. Ebenso verzichte ich auf das Gendern von abstrakten Konzepten wie z. B. *Amateur* oder *Sender*. Wie Chris Tedjasukmana schreibt: „Das alles ist widersprüchlich, und so soll es auch sein." Chris Tedjasukmana: Feel Bad Movement. Affekt, Aktivismus und queere Gegenöffentlichkeiten. In: Käthe von Bose / Ulrike Klöppel / Katrin Köppert / Karin Michalski et al. (Hrsg.): *I is for Impasse. Affektive Queerverbindungen in Theorie_Aktivismus_Kunst*. Berlin: b_books 2015, S. 19–32, hier S. 20.

als verletzbares Subjekt. In diesem Loop der Gefährdung beim Betrachten von Bildern sehe ich eine Möglichkeit queerer Repräsentationskritik. Denn neben der Darstellung schwuler Sexualität geht es doch immer auch um die ausgestreckte Hand, die ich als – vermutlich eher unvorhergesehene – Betrachterin ergriffen habe. So bilden Beckers Fotografien und ich ein für diese Arbeit queeres Gefüge, auch vor dem Hintergrund, dass mir bisher kaum jemand begegnet ist, die*der nachvollziehen konnte, warum ich mich ausgerechnet seinem Nachlass widme.

Fotografische Quellen und deren Erforschung

Die Beantwortung der hier skizzierten und im Verlauf dieser Arbeit zu untersuchenden Fragen wurden durch meine Archivsichtungen im Rahmen des DFG-Forschungsprojekts *Medienamateure in der homosexuellen Kultur* möglich.[31] Den Ausgangspunkt für meine Forschung innerhalb dieses Projektes bildeten zunächst verschiedene visuelle Selbst- und Alltagsdarstellungen US-amerikanischer und europäischer homosexueller Männlichkeiten seit Beginn des 20. Jahrhunderts. Bei mehreren Archivrecherchen konnte ich Quellen aufspüren, die sich auf historisch spezifische Weise im Privaten mit gesellschaftlichen Diskriminierungserfahrungen einerseits und künstlerischen sowie populärkulturellen Entwicklungen queerer Ästhetiken andererseits auseinandersetzten. Jedoch waren es die privaten fotografischen Selbstdarstellungen Albrecht Beckers, die mein Interesse weckten, Repräsentationen von Schmerz und Verletzbarkeit zu untersuchen. Beckers circa 100.000 Selbstbilder (im Verhältnis zu geschätzten 300.000 bis 500.000 Fotografien Beckers insgesamt)[32] entstanden nahezu über das gesamte 20. Jahrhundert verteilt und vermitteln allein aufgrund ihrer großen Anzahl einen Eindruck davon, welchen Stellenwert die fotografische Schmerzerzeugung für Becker gehabt haben muss. Aber auch die visuelle und sinnliche Ästhetik des Schmerzes in seinen Fotografien hebt sich von den privaten und zum Teil künstlerischen Fotografien seiner Zeit wie auch unserer Gegenwart ab. Insofern stellen sie einen sehr außergewöhnlichen Fundus dar.

Mit der Entscheidung, mich diesem Fundus zuzuwenden, reagiere ich auf ein Desiderat innerhalb der Erforschung queerer Ästhetiken und Medienpraktiken von Schmerz im Rahmen privater, nicht-kommerzieller bzw. nicht-professioneller

31 *Medienamateure in der homosexuellen Kultur*. https://www.medienamateure.uni-siegen.de/, 16.01.2021 (Zugriff am 16.01.2021)

32 Vgl. Susanne Regener: Fotoarchiv der Emotionen. Fotografien von homosexuellen Männern und ihre Archivierung. In: Dies. / Wolfgang Ernst / Knut Ebeling / Kristina Hasenpflug (Hrsg.): *Atelier der Erinnerung. Aspekte des Archivarischen als Ausgangspunkt künstlerischer Fotografie*. Ludwigsburg: Wüstenrot 2016, S. 37–47, hier S. 43.

Fotografie. Zwar gibt es einige Arbeiten, die die Bedeutung dieser in der Alltagskultur anzusiedelnden Praktiken für queere Artikulationen hervorheben, jedoch kaum Studien, die entsprechendes Material zur Grundlage ihrer Analyse gemacht haben. Ann Cvetkovich[33] Lauren Berlant,[34] Jack Halberstam[35] und José Esteban Muñoz[36] heben zwar die Bedeutung von Alltagskultur für die queere Theorie hervor, beziehen diese aber fast ausschließlich auf im Kommerziellen angesiedelte populärkulturelle oder künstlerische Beispiele. Insbesondere das Verhältnis zwischen Schmerz und Homosexualität in der Alltagsfotografie bleibt in den meisten Studien eine Leerstelle. So kommt beispielsweise Catherine Zuromskis[37] in der Einleitung ihres Buches über Schnappschussfotografie auf private Schnappschüsse im Kontext queerer Gegenkulturen zu sprechen – das Verhältnis von Schmerz, alltäglichem Leben und Alltagsfotografie bleibt in ihrer Arbeit jedoch außen vor. Schmerz als Medium einer Gegenkultur bleibt so unbenannt. Auch Susanne Regener vernachlässigt in ihren Verweisen auf die Fotografie Beckers die Dimension des Schmerzes.[38] Sie diskutiert Beckers Fotografien ausschließlich als narzisstische Leidenschaft,[39] Selbsttechnologien[40] bzw. als Visualisierungen einer sozialen Verortung in der Gesellschaft, die als normativ strukturierte nicht infrage gestellt wird.[41] Insgesamt fehlen umfassende

33 Vgl. Ann Cvetkovich: *An Archive of Feelings. Trauma, Sexuality, and Lesbian Public Cultures.* Durham: Duke UP 2003; Ann Cvetkovich: The Queer Art of the Counterarchive. In: ONE National Gay & Lesbian Archives (Hrsg.): *Cruising the Archive. Queer Art and Culture in Los Angeles, 1945–1980.* Ausstellungskatalog. Los Angeles: ONE National Gay & Lesbian Archives 2011, S. 32–35; Cvetkovich: *Depression*; Ann Cvetkovich: Personal Effects: The Material Archive of Gertrude Stein and Alice B. Toklas's Domestic Life. In: *nomorepotlucks*, 2013. http://nomorepotlucks.org/site/personal-effects-the-material-archive-of-gertrude-stein-and-alice-b-toklass-domestic-life-ann-cvetkovich (Zugriff am 28.10.2015).

34 Vgl. Lauren Berlant: *Cruel Optimism.* Durham / London: Duke UP 2011.

35 Vgl. Judith Halberstam: *In a Queer Time and Place. Transgender Bodies, Subcultural Lives.* New York / London: New York UP 2005; Judith Halberstam: *The Queer Art of Failure.* Durham / London: Duke UP 2011.

36 Vgl. José Esteban Muñoz: *Disidentification. Queers of Color and the Performance of Politics.* Minneapolis / London: Minnesota UP 1999.

37 Vgl. Catherine Zuromskis: *Snapshot Photography. The Lives of Images.* Cambridge / London: MIT 2013.

38 Vgl. Susanne Regener: Medienamateure. Fotografie und soziale Praxis im Alltag. In: Annabelle Hornung / Helmut Gold / Verena Kuni / Tina Nowak (Hrsg.): *DIY. Die Mitmach-Revolution.* Mainz: Ventil 2011, S. 176–187; Regener: Fotoarchiv der Emotionen.

39 Vgl. Susanne Regener: Den Körper zum Bild gemacht. Fotografische Leidenschaften von Amateuren. In: Esther Ruelfs / Tulga Beyerle (Hrsg.): *Amateurfotografie. Vom Bauhaus zu Instagram.* Ausstellungskatalog Museum für Kunst und Gewerbe Hamburg. Heidelberg / Berlin: Kehrer 2019, S. 98–103, hier S. 100.

40 Vgl. Regener: Fotoarchiv der Emotionen, S. 47.

41 Vgl. Regener: Den Körper zum Bild gemacht, S. 183.

Studien zur Arbeit Beckers. Erwähnung fanden seine Fotografien erstmals im Rahmen einer Ausstellung über sein Leben im Schwulen Museum Berlin von 1993.[42] Später fanden die Fotografien Eingang in künstlerische Projekte, etwa in die Fotografien von Hervé Joseph Lebrun sowie in einen Film von James Richard und Steve Reinke.[43] Darüber hinaus kommen sie in der filmischen Aufarbeitung der Verfolgung homosexueller Männer nach § 175 zur Sprache und Ansicht.[44] Die vorliegende Arbeit leistet daher einen wichtigen Beitrag zur Analyse dieser in der Forschung kaum berücksichtigten fotografischen Quellen. Beckers Fotografien betrachte ich im Umfeld anderer Teile des Konvoluts, wie textuellen (Briefe, Dokumente), dinghaften (Sexspielzeuge, Steine, Ringe, selbstgestrickte Unterhosen) und mündlichen Quellen (Interviews für die Publikation von Andreas Sternweiler).[45] In meine Analyse beziehe ich auch mikropolitische Kontexte und Gebrauchsweisen mit ein, wie z. B. den Fototausch in der Weimarer Zeit, die Frontfotografie während des Zweiten Weltkrieges, die Briefwechsel im Rahmen der BDSM- und Tätowierkultur der Nachkriegszeit und die Filmindustrie der Bundesrepublik. Darüber hinaus werde ich zeigen, wie Fotografie als Affizierung auch im Verhältnis der Betrachtung und Archivforschung Räume der Solidarisierung öffnet. Kann Fotografie als Affizierung dazu beitragen, eine queere Zukunft, die einmal war, als Utopie einer solidarischen Gegenwart konkret[46] werden zu lassen?

42 Vgl. Andreas Sternweiler: *Fotos sind mein Leben. Albrecht Becker.* Berlin: Rosa Winkel 1993.

43 Der 40-minütige Film *What Weakens the Flesh Is the Flesh Itself* (D 2017, R: James Richard / Steve Reinke) legt Fotografien Beckers über anderes Archivmaterial, um die Arbeit am Körper zu thematisieren.

44 *Paragraph 175* (UK/D/US 2000, R: Rob Epstein / Jeffrey Friedman, unter der Mitarbeit von Klaus Müller / Andreas Sternweiler) sowie *Tote Schwule – Lebende Lesben* (D 2008, R: Rosa von Praunheim).

45 Punktuell werde ich Interviewausschnitte, die Sternweiler in seiner Biografie über Becker abgedruckt hat, für meine Argumentation heranziehen. Die Verwendung der gedruckten Interviewpassagen als Kontextquellen für die fotografischen Quellen setzt insofern eine kritische Reflexion voraus, als die für das Buch ausgewählten Antworten Beckers dem Erkenntnisinteresse Sternweilers folgen. Vgl. Sternweiler: *Fotos sind mein Leben.*

46 In Anlehnung an José Esteban Muñoz' Weiterverarbeitung des Konzepts der konkreten Utopie von Ernst Bloch. Bei der konkreten Utopie geht es im Gegensatz zur abstrakten Utopie um die generelle Realisierbarkeit einer anderen Welt. Dabei ist wichtig, konkrete Utopien in Verbindung zu historisch situierten Kämpfen zu verstehen, die aktualisiert werden müssen. Vgl. José Esteban Muñoz: *Cruising Utopia. The Then and There of Queer Futurity.* New York / London: New York UP 2009, S. 3.

Aufbau und Gliederung der Arbeit

In Kapitel I widme ich mich nach einer einführenden Vorstellung der fotografischen Arbeiten Albrecht Beckers den zentralen Begriffen und Konzepten dieser Studie und diskutiere diese im Rahmen ihrer wissenschaftlichen Verhandlungen. Darüber hinaus gehe ich auch auf die Bedingungen des Forschens im Archiv sowie auf die methodologischen Rahmensetzungen ein. Dabei möchte ich vor allem betonen, dass der Archivraum als Affektraum einen wesentlichen Einfluss darauf hatte, wie ich mich dem Material angenähert und es für den vorliegenden Text aufbereitet habe.

Im Anschluss an die theoretischen und methodologischen Grundlagen folgen Kapitel zu Tauschbildern, Tarnbildern, Maskenbildern, Schriftbildern, Dragzbildern und Schnittmustern des Schmerzes. Dabei handelt es sich um Close-Readings ausgewählter Fotografien Beckers im Kontext ihrer jeweiligen Produktion, Fundsituation und – soweit bekannt – Rezeption. Wenngleich die Anordnung der Kapitel sich mitunter wie eine Chronologie der Fotografie Beckers liest, ist es nicht mein Anliegen, eine solche zu erzeugen. Die vorliegende Arbeit ist nicht als Biografie Albrecht Beckers oder Genese seines Werkes konzeptioniert, sondern als eine durch unterschiedliche Schwerpunktsetzungen verschiebbare Assemblage.

Im Kapitel II „Tauschbilder des Schmerzes" widme ich mich dem Bildertausch. Private Fotografien, wie sie auch Becker anfertigte, wanderten aus dem Kontext des Cruisings in der Weimarer Zeit in den Zusammenhang der Vernehmungsverfahren im Nationalsozialismus. Da das Cruising in der Öffentlichkeit stattfand und auf einem fragilen Netz von Gesten, Blicken und Zeichen beruhte, stellte es generell eine eher unsichere Zone der intimen Kommunikation homosexueller Männer dar. Dies galt umso mehr zur Zeit des politischen Umbruchs Mitte der 1930er Jahre, in der mit der männlichen Homosexualität auch die dazugehörige Fotografie einem erhöhten Gefährdungspotenzial unterlag. Die Rolle der vernakulären Fotografie für die männlich-homosexuellen Bildkulturen der 1930er Jahre ist demzufolge vor diesem Hintergrund einer erhöhten Gefahr für homosexuelle Männer zu verstehen, verletzt zu werden und seelischen sowie physischen Schmerz erfahren zu müssen. Im Nationalsozialismus kam Fotografien verstärkt die Funktion zu, kriminalisierte Akte zu bezeugen. Die Bilder wurden dadurch zu Agenten des Regimes. Durch die verschärfte Verfolgung wurde die private Fotografie der männlich-homosexuellen Kultur zunehmend ihrer Gebrauchsweise beraubt und einer Praxis der Denunziation und strafrechtlichen Verurteilung dienlich gemacht. Selbst vermeintlich harmlose Bilder, die keine nach § 175 RStGB strafrechtlich relevanten Handlungen zeigten, konnten im Rahmen der (semi-)öffentlichen Kultur des Cruisings zur

Verhaftung und somit zur schmerzhaften Demütigung homosexueller Männer durch die Gestapo führen. Daher werde ich vernakuläre Tauschbilder als Folge dieser entwendeten und vertauschten Gebrauchsweise in ihrem Verhältnis zu Verletzbarkeit, Verletzung und Schmerz analysieren. In diesem Kapitel wird es darum gehen, wie Bilder zu Wechselstellen von Begehren und Schmerz wurden. Ein solcher Tausch erfolgte jedoch mehrmals. Die mit seiner Verfolgung und Inhaftierung nach § 175 RStGB einhergehende Verletzung reaffizierte Becker im Gefängnis in Form von vernakulären Medientechniken des Tätowierens. Mit dieser Reaffizierung entwickelte er eine selbstermächtigende Medienpraxis des Schmerzes, die Allianzen über die eigene Positionierung hinaus denk- und zum Teil realisierbar werden ließ.

In Kapitel III „Tarnbilder des Schmerzes" interessiert mich die mediale Taktik der Camouflage. Diese untersuche ich anhand von an der Front entstandenen Fotografien Beckers, die nach dem Zweiten Weltkrieg Eingang in sein Soldatenalbum fanden. Als Kompaniefotograf versorgte Becker seine Kameraden mit einem visuellen Gedächtnis des soldatischen Kriegsalltags. Gleichzeitig nutzte er dieses als Tarnung, um der Männerkameradschaft intime Momente abzutrotzen. Dies kann insofern als subversiv verstanden werden, als Beckers Begehren nicht-hegemonial war. Ich diskutiere die Technik der Camouflage anhand der kaum wahrnehmbaren Insignien männlich-homosexuellen Begehrens sowie der lustvollen Versehrung und Selbstverletzung Beckers. Camouflage verstehe ich dabei nicht als gelungene Tarnung, Nachahmung oder gar Assimilierung an das bestehende visuelle Regime stählerner Soldatenmännlichkeit. Vielmehr begreife ich Beckers Camouflage als Mikro-Nachahmung, die nicht einfach eine „Nachahmung des Bestehenden [darstellt], sondern de[n] Impuls zu einem Werden, das die Möglichkeit zu einer Neuerung [...] in sich trägt"[47]. In diesem Fall besteht die Neuerung in einer Form von Männlichkeit, die Schmerz anerkennt, um nahbar statt immun zu sein.

Nach dem Zweiten Weltkrieg, inmitten der Bemühungen Nachkriegsdeutschlands, Scham- und Schuldgefühle auszubalancieren und diese zugunsten von Immunisierung und Renationalisierung abzudrängen, fallen Beckers aufwändige fotografische Inszenierungen von Maskeraden auf. In deren Zentrum stehen die Intensivierung von Schmerz, die Selbstverletzung und seine unter Schmerz vorgenommenen Körpermodifikationen, die ich in Kapitel IV „Maskenbilder des Schmerzes" behandle. Darunter verstehe ich die Bilder, die Becker im Privaten

47 Marianne Pieper / Carolin Wiedemann: In den Ruinen der Repräsentation? Affekt, Agencement und das Okkurente. In: *FKW // Zeitschrift für Geschlechterforschung und visuelle Kultur* 55 (2014), S. 66–78, hier S. 77.

anfertigte – jedoch, anders als viele homosexuelle Menschen im Kontext ihres ins Private zurückgezogenen Lebens, nicht als faschingskostümierte Entlastung von der Frage der Mitverantwortung im Nationalsozialismus und Zweiten Weltkrieg. Auch die Befreiung von den Entbehrungen, die im Zusammenhang mit der anhaltenden Verfolgung und gesellschaftlichen Stigmatisierung standen, scheint mir nicht vordergründig. Stattdessen wurde bei Becker – so meine These – Fotografie als Maskerade im Sinne einer Schwellenerfahrung bedeutsam, die zwischen Maskieren und Demaskieren changierte und das Potenzial der Verletzung reinszenierte. Das Reenactment von Verletzbarkeit betrachte ich als einen queeren Kontrapunkt zu einer Zeit, die im Privaten von Schmerzabwehr geprägt war.

Eine weitere Auffälligkeit im fotografischen Konvolut Beckers nach 1945 sind Visualisierungen von Schriftzeichen – sei es in Form eines Monogramms als Signatur oder sei es in Form des Figurenalphabets, in dem Buchstaben durch Körper oder eine spezifische Körperhaltung dargestellt werden. Die Visualisierung von Schrift oder die Verschriftlichung von Bildern evoziert die Frage, wie Beckers Bilder vor diesem spezifischen Hintergrund gelesen werden können und wie sich das Verhältnis von Schrift und Bild in seiner Fotografie im Einzelnen bestimmen lässt. In Kapitel V „Schriftbilder des Schmerzes" argumentiere ich daher, dass sich die Verarbeitung der Schriftzeichen bei Becker zum einen ornamental und grafisch, zum anderen körperlich und haptisch ausnimmt. Damit zeige ich, dass die Lesbarkeit von Schriftbildern in Affizierbarkeit konvertiert werden kann. Anders formuliert: Ich lese Beckers Bilder im Modus des Affekts, durch mein eigenes Affiziert-Sein. Das wirft nicht nur ein anderes Licht auf die Frage von Kunstbetrachtung, sondern auch auf die immer wieder zu Spaltungen führende Debatte in der Sprach- und/oder Bildwissenschaft über die sprachliche Konstruktion von Welt (*wording*) und das nicht-semantische Welt-Werden (*worlding*).

In Kapitel VI „Dragzbilder des Schmerzes" widme ich mich dem Dreck in Beckers Fotografie und dessen Fähigkeit, Travestien von Geschlecht, Klasse und *race* hervorzuarbeiten und auf diese Weise Transformationen bzw. Transformierbarkeiten von Vergeschlechtlichungen, Klassisierungen und Rassisierungen vorzunehmen. Ausgehend von den zahlreichen Fotografien Beckers in der Pose des *worker drag* und *black drag* betrachte ich Dreck, der oft als kultureller Code der Stigmatisierung von Menschen benachteiligter Klassen und schwarz rassisierter Personen fungiert, im Rahmen verschiedener materiell-semiotischer Inszenierungen als Form des Minoritär-Werdens *weißer* homosexueller Männlichkeit. Ich versuche zu argumentieren, dass sich in Beckers Fotografien aufgrund seines spezifischen Gebrauchs von Schmutz eine affizierte Gefährdung *weißer* homosexueller Männlichkeit artikuliert, die Verbindungsstellen zwischen der Trias Geschlecht, Klasse und *race* freilegt. Damit bewege ich mich gleichwohl auf einem sehr schmalen Grat, der auch klassistische und rassistische Aneignungen des Anderen reproduzieren kann.

Basierend auf dem Zerschneiden, Be- und Verkleben, Bemalen und Beschreiben von Fotografien, mit dem Becker ausgesprochen haptische und handwerkliche Formen der Verarbeitung seiner Fotografien wählt, widme ich mich in Kapitel VII „Schnittmuster des Schmerzes" der Medientechnik des Collagierens. Beckers Collagen funktionieren im Dispositiv des Vernakulären, des Do It Yourself (DIY), weswegen ich sie als Schnittmuster bezeichne. Das Schnittmuster steht im Zusammenhang mit Beckers Verletzung und der Zergliederung seines Körpers. Da im Schnitt Medium und Körper insofern konvergieren, als jeder Schnitt des Fototrägers einen Schnitt an seinem Körper darstellt, repräsentieren Beckers Collagen eine in Relation zur ökonomischen Verwertbarkeit selbstgemachter Schnittmuster-Produkte gegenläufige, queere Medientechnik. Beckers Schnittmuster können aufgrund der Viszeralität mit ihrer charakteristischen körperlich spürbaren Affiziertheit des fotografischen Materials keinen Eingang in das künstlerische Avantgarde-Narrativ der semiotischen Erschütterung durch Zerschnitttechniken finden. Seine Fotografie widerspricht beiden Dispositiven, der DIY-Collage ebenso wie der künstlerischen Collage. Aufgrund der mit der Viszeralität einhergehenden Verlebendigung entsteht stattdessen ein Potenzial für queere Bündnisse.

Mit diesem letzten Aspekt versuche ich, eine Brücke zu meinen zusammenfassenden Überlegungen im finalen Kapitel zu schlagen: Dieses widmet sich der aktuellen und zu Exklusionen führenden Re-Zementierung dessen, was als sag- und nicht-sagbar, als sichtbar- und nicht-sichtbar gilt. Nicht zuletzt vor diesem Hintergrund versucht meine Auseinandersetzung mit den Fotografien Beckers einen Beitrag zur Ausbildung queer-politischer Solidarität zu leisten.

I
Schmerz, Fotografie und Affekt
Zur Erforschung von Queer Pain

Bevor ich mich in diesem Kapitel den theoretischen und methodologischen Perspektiven widme, die sich im Zuge meiner Auseinandersetzung mit dem Untersuchungsmaterial entwickelt und konkretisiert haben, möchte ich Beckers fotografischer Biografie die Bühne bereiten. Dabei geht es mir darum, das fotografische Material, die Inhalte und Gebrauchsweisen mit Blick auf die umgebenden zeithistorischen visuellen Diskurse ausschnitthaft aufzubereiten. In den anschließenden Kapiteln werde ich nur manches vertiefen können, auch, weil es sich bei dieser Arbeit nicht um eine bebilderte Biografie mit dem Anspruch, die Leistungen Beckers und ihre Wirkungen objektiv und der Chronologie seines Lebens entsprechend wiederzugeben, handelt.[1] Bereits aus meiner disziplinären Situiertheit,[2] also meiner Verortung innerhalb der geschlechterwissenschaftlichen Kunst- und Medienwissenschaft, sowie dem Zuschnitt auf repräsentationskritische und queere Theoriebildung ergibt sich eine partiale Perspektive auf das Material. Hinzukommt, dass ich die untersuchten Fotografien im Kontext ihrer Archivierung rezipiert habe. Die bedeutungsgenerierende Dimension des Archivs als Raum und Institution ist folglich zu reflektieren.

1 Vgl. Peter Hölzle: Biographie. In: *Metzler Literaturlexikon. Begriffe und Definitionen*, hrsg. v. Günther Schweikle / Irmgard Schweikle. Stuttgart: Metzler 1990, S. 55–56, hier S. 55.

2 Mit der Wendung „situiertes Wissen" wendet sich Donna J. Haraway gegen die ideologische Lehre einer entkörperten wissenschaftlichen Objektivität. Vgl. Donna J. Haraway: Situiertes Wissen. Die Wissenschaftsfrage im Feminismus und das Privileg einer partialen Perspektive. In: Dies.: *Die Neuerfindung der Natur. Primaten, Cyborgs und Frauen*, hrsg. v. Carmen Hammer / Immanuel Stieß, aus d. Engl. v. Dagmar Fink. Frankfurt am Main / New York: Campus 1995, S. 73–97, hier S. 74.

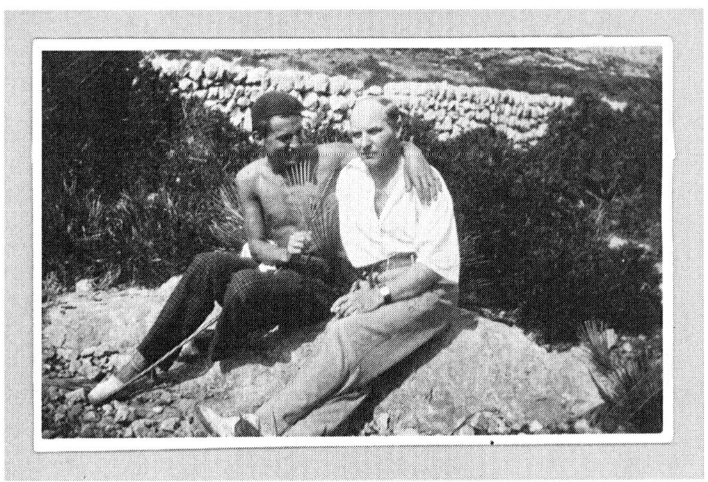

Abb. 2: Fotograf*in unbekannt: *Becker mit Stuart Wharram auf Mallorca*, 1927.

I.1 Albrecht Becker: Eine kurze fotografische Biografie

Albrecht Becker wurde 1906 in der anhaltischen Kleinstadt Thale als Sohn einer Bäckersfamilie geboren. Bereits während seiner Kindheit im Harz begann er mit der Bergheil-Kamera seines Vaters (Format 9 x 12) zu fotografieren. In einer unter dem Dachboden eingerichteten Dunkelkammer entwickelte er seine frühen fotografischen Gehversuche. Nach einer Schneiderlehre in Quedlinburg ging er 1924 nach Würzburg, wo er bis 1935 als Schaufensterdekorateur in einem Konfektionskaufhaus arbeitete.

Die Aufnahmen, die Becker von sich und seinem homosexuellen Umfeld in Würzburg anfertigte, zunächst mit der Bergheil, ab 1924 mit einer selbsterworbenen Rollette (Format 4,5 x 6) und ab 1927 mit einer 35-mm-Leica,[3] sind bis auf wenige Ausnahmen, die er zu Vandiver Brown, einem seiner Liebhaber, geschickt haben soll,[4] nicht mehr erhalten. Der Grund war die sich verschärfende Verfolgung homosexueller Männer nach dem Machtantritt der Nationalsozialisten 1933. Diese Verfolgung ging einher mit der Konfiszierung vermeintlich belastender Fotografien. Auch viele Fotografien Beckers aus der Weimarer

3 Die erste kommerziell verbreitete Leica-Kleinbildkamera wurde 1923 eingeführt.

4 Diese Aussage entnehme ich der Zusammenschau Jeffrey Langhams, der das Zeitzeugeninterview mit Becker im Archiv der USC Shoah Foundation ausgewertet hat. Ich selbst habe hierzu in den Dokumenten im Archiv des Schwulen Museums keine Anhaltspunkte gefunden. Vgl. Jeffrey Langham: Under the Shadow of Paragraph 175: Part 1: Albrecht Becker. In: *USC Shoah Foundation*, 2015. https://sfi.usc.edu/blog/jeffrey-langham/under-shadow-paragraph-175-part-1-albrecht-becker (Zugriff am 21.01.2020).

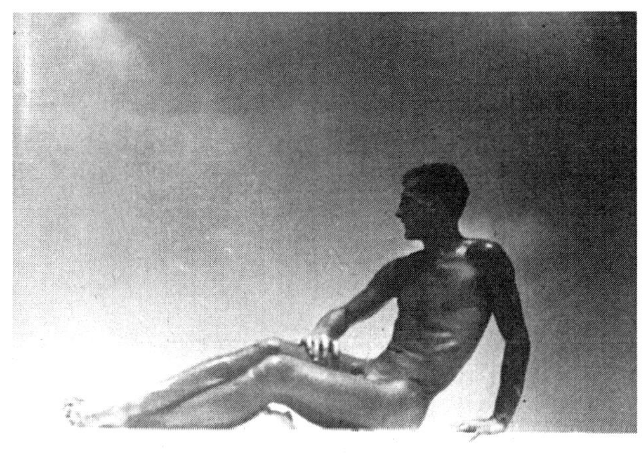

Abb. 3: Fotograf*in unbekannt: *Becker in Italien*, 1932.

Zeit verschwanden in den Akten der Geheimen Staatspolizei (Gestapo). Da viele dieser Akten während des Zweiten Weltkrieges zerstört wurden (siehe Kap. II), lässt sich kein auch nur annähernd umfassendes Bild seiner Fotografien zeichnen. Bei den Fotografien aus dieser Zeit, die sich in Beckers Konvolut befinden, ist die Provenienz oft ungeklärt. Die wenigen erhaltenen Fotografien, die eine Einordnung in das damals verbreitete Genre der Freikörperkultur- und Lebensreformfotografie zulassen, stammen nicht zwangsläufig von Becker. Ich möchte sie jedoch in diesem kurzen Überblick nicht unerwähnt lassen. Da Becker in ihnen als dargestelltes Objekt auftaucht und sie einen Eindruck seiner Inszenierung zu dieser Zeit vermitteln können, sind sie von Interesse.

Auf diesen Fotografien ist er entweder inmitten seiner Bekannten an der frischen Luft zu sehen, am Strand oder in den Bergen. (Abb. 2) Manchmal inszeniert er sich nackt und mit glatter, öliger Haut im Stil des lebensreformerischen Körperkults in der Art von Gerhard Riebicke.[5] (Abb. 3) Insofern dieser Kult um den Körper die völkischen Ideale[6] – z. B. des Sonderbeauftragten der

5 In der Publikation *Der Mensch und die Sonne* von Hans Surén aus dem Jahr 1924 finden sich Fotografien Riebickes. Vgl. Hans Surén: *Der Mensch und die Sonne*. Stuttgart: Dieck 1924.

6 Die rassischen, völkischen und nationalistischen Vorstellungen des Nationalsozialismus schlossen an die im Umfeld der aufkommenden Nacktbewegung aggressiven Körperbilder an. Vgl. Daniel Siemens: Von Marmorleibern und Maschinenmenschen. Neue Literatur zur Körpergeschichte in Deutschland zwischen 1900 und 1936. In: *Archiv für Sozialgeschichte* 47 (2007), S. 639–682, hier S. 642; Maren Möhring: *Marmorleiber. Körperbildung in der deutschen Nacktkultur (1890–1930)*. Köln / Weimar / Wien: Böhlau 2004.

NS-Sportorganisation Hans Surén – durchsetzte, drängt sich die Frage nach der Bedeutung dieser Ästhetik im Rahmen homosexueller Bildwelten während des Nationalsozialismus auf.

Anlässlich der Becker-Ausstellung im Schwulen Museum Berlin verfasste Andreas Sternweiler eine Biografie mit zahlreichen Interviews.[7] Auf deren Grundlage lässt sich rekonstruieren, dass sich mit der verschärften Verfolgung homosexueller Männer ein Umbruch im ästhetischen Ausdruck Beckers vollzog. Seine geschlossenen Körperoberflächen brechen zunehmend auf, Schmutz und Tinte ersetzen das Öl. Daher wird zu fragen sein, welche Auswirkungen die Erfahrung der existenziellen und verkörperten Verletzung der sexuellen Identität Beckers durch Verfolgung und Verhaftung auf den visuellen Ausdruck und die Gebrauchsweise seiner Fotografie hat. Konkreter geht es um die Frage, ob Schmerz das Vermögen besitzt, politische Systeme der Verfolgung und Vernichtung bzw. der Disziplinierung und Regulierung homosexueller Männlichkeit infrage zu stellen und auf eine potenziell bessere, also diskriminierungsfreie und sich über Identitätsgrenzen hinaus solidarisch gestaltende Zukunft hin zu öffnen.

1935 verschärften die Nationalsozialisten den §175 des RStGB, im selben Jahr stieg auch die Zahl der Verhaftungen und Verurteilungen stark an – was auch mit der Verhaftung und Ermordung des für seine Homosexualität bekannten SA-Führers Ernst Röhm 1934 zusammenhing. Albrecht Becker wurde Anfang 1935 wegen vermeintlicher Vergehen gegen §175 RStGB verhaftet, verhört und zu drei Jahren Gefängnis verurteilt. Noch im hohen Alter reflektierte Becker, dass er im Konzentrationslager verendet wäre, wenn er die Strafe so wie seine Bekannten angefochten hätte.[8]

Während seiner Haft beginnt Becker mittels der Kulturtechnik der Tätowierung seinen Körper zu bemalen, zu punktieren und zu stechen. Aus späteren Fotografien, Randnotizen und Einträgen in seinen Fotoalben bzw. -ordnern sowie Erinnerungserzählungen geht hervor, dass diese Kulturtechnik im Zeichen des Schmerzes steht, das heißt, dass sie für Becker als eine Praxis bedeutsam ist, die physischen Schmerz herstellt. Im Vordergrund seiner ästhetischen Praxis steht weniger die Hervorhebung seines Körpers oder seiner die Ganzheit des Körper-Ichs konstituierenden Haut.[9] Die Tätowierungen stehen hier vielmehr für eine visio-materielle, sich wiederholende und erprobende Einübung

7 Vgl. Sternweiler: *Fotos sind mein Leben*.

8 Vgl. Langham: Under the Shadow of Paragraph 175.

9 Didier Anzieu beschreibt eine Entwicklung im 20. Jahrhundert, nach der entgegen dem neuzeitlichen Verständnis eines Selbst, das im Körperinneren haust, die Begrenzung des Körpers, also die Haut, für die Ich-Konstituierung ausschlaggebend wird. Klaus Theweleit diskutiert

eines die Körperoberfläche zersetzenden Schmerzes. Diese Einübung prägt neue Raster der Intelligibilität schwuler Sexualität, die sich als eine um Schmerz und um Medien- und Kulturtechniken der Schmerzerzeugung erweiterte Form der Intimität verstehen lässt. Diese sollte spätestens in den 1980er Jahren intelligibel und als Praxis des BDSM in schwulen Kontexten anerkannt werden. Aus diesen Rastern ergibt sich auch die Frage nach neuen und queeren Verkörperungen schwuler Männlichkeiten. Männerkörper, die sich in den 1950er Jahren zu maskulinisieren begannen, wurden – wie Beckers Fotografien deutlich machen – durch mit Schmerzpraktiken assoziierte Fragmentierungen dekomponiert. Auch lassen sich Hinweise in Beckers Nachlass dafür finden, dass queere Muster der Sozialität zu einer Zeit vor dem *queer moment*, also vor der politischen Mobilisierung von Schwulen, Lesben, Trans*-Personen in den späten 1980er Jahren entstanden.[10] Damit will ich sagen, dass sich aus dem Raster der um Schmerz erweiterten Auffassung schwuler Sexualität in den 1950er und 1960er Jahren Formen der Sozialität ergaben, die nicht nur bedeuteten, dass Männer mit Männern intim wurden. Schmerz erzeugte Nähe- und Intimverhältnisse, die Menschen anderer sexueller Identitäten, Vergeschlechtlichungen und Körperformen inkludierten. Hier spielen seine Kontakte zu internationalen Tattoo-Clubs eine wesentliche Rolle.

Dass die in Form von Tätowierungen vorgenommene Einübung von Schmerz während des Nationalsozialismus im Verborgenen stattfinden musste, war umso wichtiger, als sich Becker zwei Jahre nach seiner Haftentlassung 1938 mit 34 Jahren als Kriegsfreiwilliger meldete. Aufgrund seiner fotografischen Kenntnisse wurde Becker an der Ostfront als Kompaniefotograf eingesetzt. Um innerhalb dieser ‚sensiblen' Zone der Verhandlung von Männlichkeit und Sexualität überleben zu können, war er darauf angewiesen, seine fotografischen Blicke zu camouflieren (siehe Kap. III). Gleichzeitig waren seine Fotografien wichtiger Artikulationsort seines Begehrens, was sie zu potenziell destabilisierenden Faktoren für hegemoniale Männlichkeitsideale machte. Blicke auf nackte Soldaten an der Front fielen an sich nicht aus dem Rahmen intelligibler visueller Anordnungen. Insofern Becker durch momenthafte Blicke sowie verwackelte und heimlich anmutende Perspektiven Begehren in die Blicke einschleuste, konterkarierte er die Front als Ort der Herstellung wehrhafter Männlichkeit. Seine Bilder lassen

den äußeren Körperpanzer als die stabilisierende Funktion der psychischen Instanz des Ichs. Vgl. Didier Anzieu: *Das Haut-Ich*, aus d. Franz. v. Meinhard Korte / Marie-Hélène Lebourdais-Weiss. Frankfurt am Main: Suhrkamp 1996; Theweleit: *Männerphantasien*, S. 164.

10 Vgl. Sabine Hark: *Koalitionen des Überlebens. Queere Bündnispolitiken im 21. Jahrhundert*. Göttingen: Wallstein 2017, S. 24–26.

sich nicht nur in das homosexuelle Genre badender Männer[11] einfügen, sondern stellen eine potenzielle Subversion hegemonialer Männlichkeitsvorstellungen[12] dar. Seine Fotografien bildeten gleichzeitig die Gefährdungslage für Becker. Diese erzeugte eine Spannung, die er, meiner Lesart nach, einzuüben begonnen hatte, um sich zu verlebendigen und um eine Zukunft vorstellbar werden zu lassen, die sich dem Nationalsozialismus widersetzte. Vom Ort der imaginierten queeren Zukunft streute er Blicke in das Album ein, die männliche und heteronormative Hegemonien im NS potenziell aufbrachen.

Die Notwendigkeit, Muster zu entwerfen, die queeres Leben vorstellbar werden ließen, bestand nach dem Nationalsozialismus auch in der politischen Gegenwart Bundesdeutschlands zur Nachkriegszeit (siehe Kap. IV–VIII). Beckers fotografische Praxis nach 1945 muss vor dem Hintergrund betrachtet werden, dass der §175 in der von den Nazis verschärften Fassung in das Strafgesetzbuch der Bundesrepublik (StGB) übernommen wurde und bis 1969 in Kraft blieb. Erst 1994 wurde der Paragraf ersatzlos gestrichen. Zu diesem Hintergrund gehört auch, dass Homosexualität bis 1992 gemäß der *Internationalen Klassifikation der Krankheiten* (ICD) der Weltgesundheitsorganisation pathologisiert wurde. Da es sich bei Beckers Fotografien seit 1945 um Darstellungen unmittelbarer Schmerzeinwirkungen handelt – verursacht durch Piercings, Genitalbeschwerungen, körpermodifizierende Eingriffe und vieles mehr – ist außerdem die Wirkmächtigkeit des Diskurses einer Identifizierung selbstverletzender Handlungen mit Masochismus zu berücksichtigen. So findet sich im ICD selbst heute noch ein Eintrag zu Masochismus als „Störung der Sexualpräferenz".[13]

11 Die fotografischen Vorstudien Thomas Eakins zu seinen Gemälden wie z. B. *The Swimming Hole* (1884–85) sind paradigmatisch. Aber auch das Bild *Two Kids* (1907) von George Bellow ließe sich anführen. Vgl. Jonathan D. Katz: Nicht versteckt, aber auch nicht sichtbar. Über Homoerotik in der US-amerikanischen Kunst, aus d. Engl. v. Elizabeth Glauer / Olaf Pfeifer. In: Josch Hoenes / Barbara Paul (Hrsg.): *un/verblümt. Queere Politiken in Ästhetik und Theorie*. Berlin: Revolver 2014, S. 60–75; Lill-Ann Körber: *Badende Männer. Der nackte männliche Körper in der skandinavischen Malerei und Fotografie des frühen 20. Jahrhunderts*. Bielefeld: Transcript 2014.

12 Raewyn Connell (ich verwende den aktuellen Vornamen, den Connell führt) beschreibt hegemoniale Männlichkeit als eine das kulturelle Ideal und die institutionelle Macht vereinigende geschlechtsbezogene Praxis. Vgl. Robert W. Connell: *Der gemachte Mann. Konstruktion und Krise von Männlichkeiten*, aus d. Engl. v. Christian Stahl. Wiesbaden: VS 2006, S. 98.

13 Nach ICD-10 F65.5 der WHO-Version aus dem Jahr 2016 gilt Masochismus noch immer als Störung. Immerhin gilt mit Erscheinen des Krankheitskatalogs *Diagnostic and Statistical Manual of Mental Disorders* (DSM IV) der American Psychiatric Association die Vorliebe für masochistische Praktiken seit 1994 nicht mehr als Störung im engeren Sinne. *Deutsches Institut für Medizinische Dokumentation und Information*, 2016. http://www.dimdi.de/static/de/klassi/icd-10-who/kodesuche/onlinefassungen/htmlamtl2016/block-f60-f69.htm (Zugriff am 21.12.2017).

Becker erarbeitet inmitten dieses pathologisierenden und marginalisierenden Diskurses einen visuellen Ausdruck von Schmerz, der – so meine These – weder psychologisierend im Sinne einer Selbst-Viktimisierung ist, noch selbstbezüglich im Sinne einer individualistischen Vereinzelung und entsolidarisierten Beanspruchung von Schmerz. Statt also Betroffenheit von diesen diskriminierenden oder derealisierenden[14] medizinischen und juristischen Diskursen zu inszenieren, wirkt Schmerz in seiner Fotografie und durch seinen medialen Gebrauch affizierend und Bündnisse mit multiplen Anderen affirmierend. Das ermöglicht, die Ausformulierung von Sozialität neu zu konfigurieren.
Becker steht in dem überwiegenden Teil seiner Selbstdarstellungen seit 1945 zentralperspektivisch in der Mitte und ist zumeist frontal in halbnaher (Abb. 4) bzw. halbtotaler Einstellung (Abb. 5) zu sehen.[15] Gleichzeitig sind seine Bilder von Insignien und Agenzien übersäht, die das Ziel der Portraitfotografie, dem Selbst zu Macht und Status zu verhelfen oder Eigenbezüglichkeit herzustellen,[16] mannigfach unterlaufen. Nasenspangen deformieren Beckers Gesicht, Nadeln massakrieren sein Geschlecht (Abb. 4), Farbe, Tinte und Ruß lassen seine Haut verschmutzt, verwaschen und brüchig erscheinen. (Abb. 5) Fussel, Kratzer, Flecken (Abb. 6), Verläufe, Unschärfen und Verwacklungen (Abb. 4) deuten darauf hin, dass beim Fotografieren, Entwickeln und Abziehen nur wenig steril, nur wenig akkurat gearbeitet wurde. Löcher, Schnitte, Farb- und Stiftaufträge oder Risse in den Fotopapieroberflächen lassen vermuten, dass die Bilder entweder weiterbearbeitet oder schlecht aufbewahrt wurden. (Abb. 7) Kurzum: Unbefleckte idealisierte Männlichkeit wird besudelt. Homosexuelle Männlichkeit,[17]

14 Derealisierung meint, dass spezifische Leben gar nicht als zerstört wahrgenommen werden können, weil sie zuvor als nicht lebendig, sprich nicht real wahrgenommen werden. Diese selektive, nur bestimmte Leben betreffende Gewalt ist Ergebnis kultureller Formierungen. Vgl. Judith Butler: *Gefährdetes Leben. Politische Essays*, aus d. Engl. v. Karin Wördemann. Frankfurt am Main: Suhrkamp 2005; Judith Butler: *Raster des Krieges. Warum wir nicht jedes Leben beklagen*, aus d. Engl. v. Reiner Ansén. Frankfurt am Main / New York: Campus 2010.

15 Es ist bekannt, dass Becker auch nach dem Zweiten Weltkrieg mit einer Leica fotografierte. Da er zur Anfertigung seiner Selbstdarstellungen eine Stativkamera mit zeitmechanischem Auslöser bediente, ist wahrscheinlich, dass er mit dem 1950 gebauten Modell IIIf fotografierte.

16 Vgl. John Tagg: *The Burden of Representation. Essays on Photographies and Histories*. Minneapolis: Minnesota UP 1993, S. 37.

17 Homosexuelle Männlichkeit soll hier nicht per se als Gegenteil von hegemonialer Männlichkeit nach Connell verstanden werden. Homosexuelle Männlichkeit wäre dieser Definition zufolge eine Abweichung, der gegenüber sich hegemoniale Männlichkeit zur eigenen Vergewisserung abgrenze. Wie jedoch Studien über Homonormativität belegen, können auch spezifische Ausprägungen homosexueller Männlichkeit einen Abgleich zwischen kulturellem Ideal (z. B. Virilität) und institutioneller Macht (z. B. politischer Macht) erwirken. Aus diesem Grund und dem Umstand, dass Homosexualität oft als fixierende Identifikationsmarkierung in der Fremd- und Selbstbeschreibung genutzt wird, verwende ich die Terminologie der homosexuellen

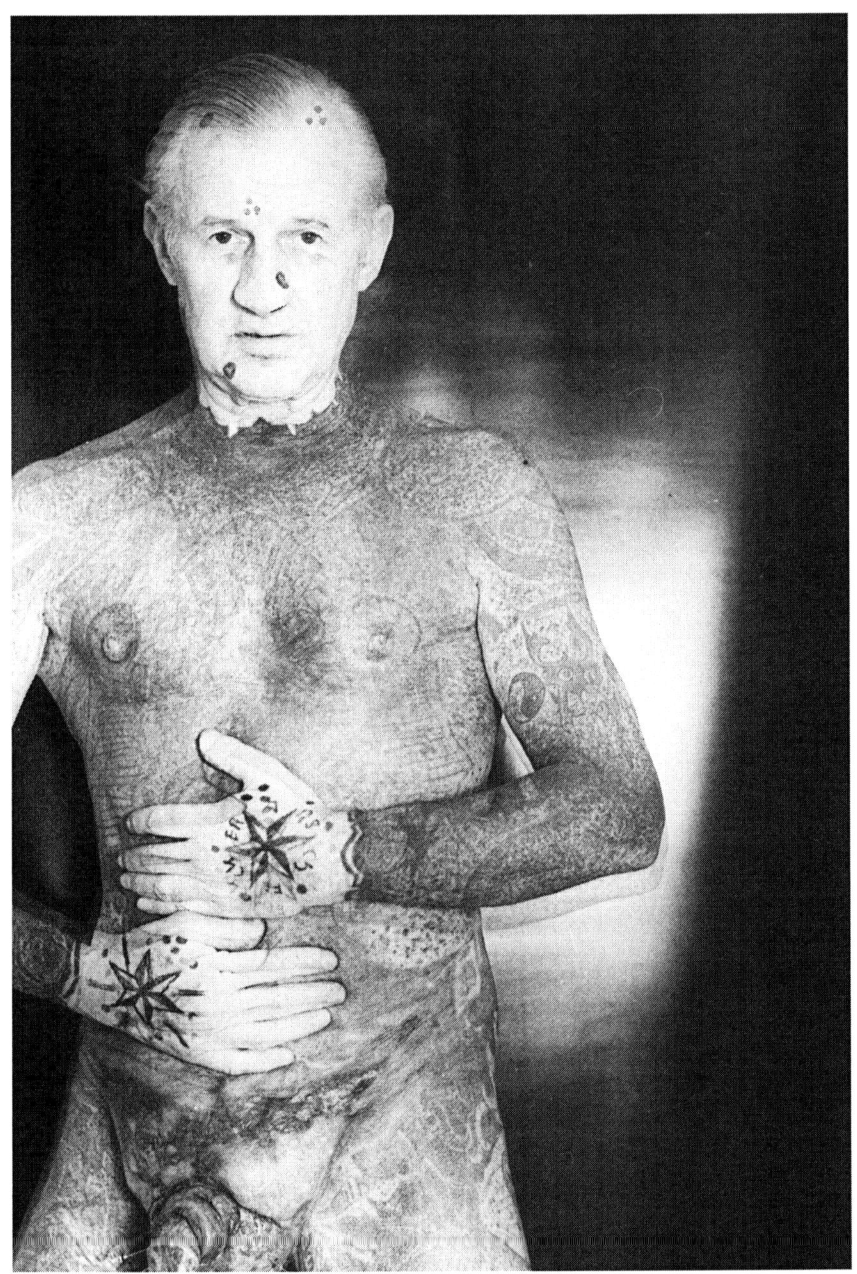

Abb. 4: Albrecht Becker: *Becker punktiert*, o. D.

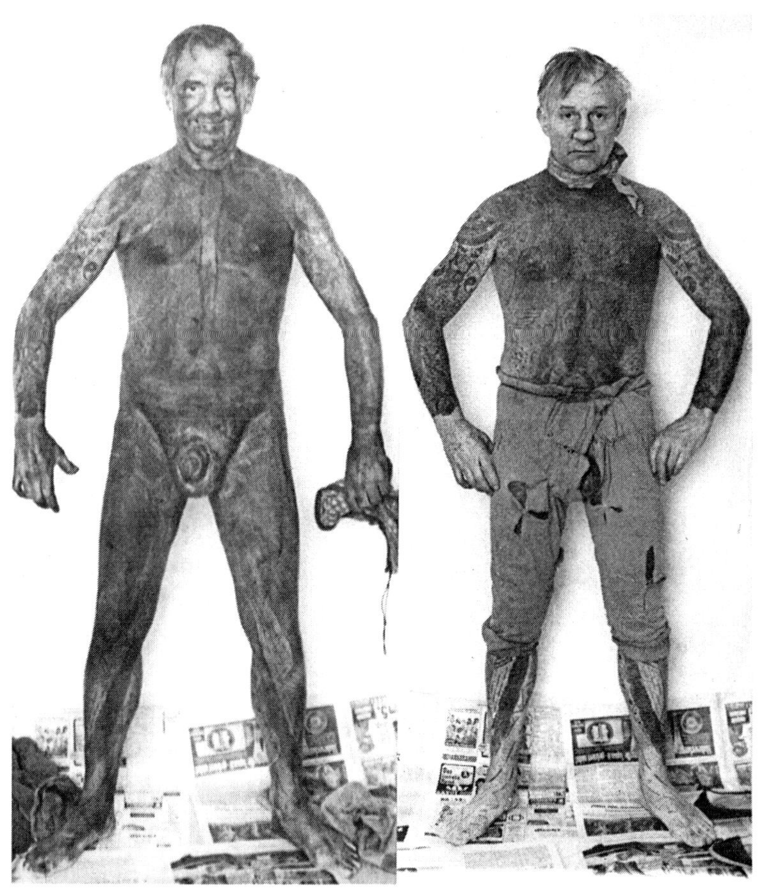

Abb. 5: Albrecht Becker: *Becker verdreckt*, o. D.

die sich bis 1969, dem Jahr des Aufbruchs, der Emanzipation und politischen Neuerfindung, primär der bürgerlichen Mitte anzupassen suchte, um nicht aufzufallen, wird in der privaten Fotografie Beckers ad absurdum geführt.

Durch seine Fotografie werden auch Darstellungen schwuler Melancholie, die in der Nachkriegszeit z. B. in Arbeiten von George Platt Lynes oder

Männlichkeit nur, um anzudeuten, dass Becker mann-männlichen Sex praktizierte. Darüberhinaus argumentiere ich aber, dass er sich in seinen geschlechts- und körperbezogenen Praktiken vom homosexuellen Maskulinitätsmodell unterscheidet. Das homosexuelle Maskulinitätsmodell bildet somit die Kontrastfolie für die Diskussion queerer Gender- und Sexualitätsmodi. Vgl. Connell: *Der gemachte Mann*; Lisa Duggan: The New Homonormativity. The Sexual Politics of Neoliberalism. In: Dana D. Nelson / Russ Castronovo (Hrsg.): *Materializing Democracy. Toward a Revitalized Cultural Politics*. Durham / London: Duke UP 2002, S. 175–194.

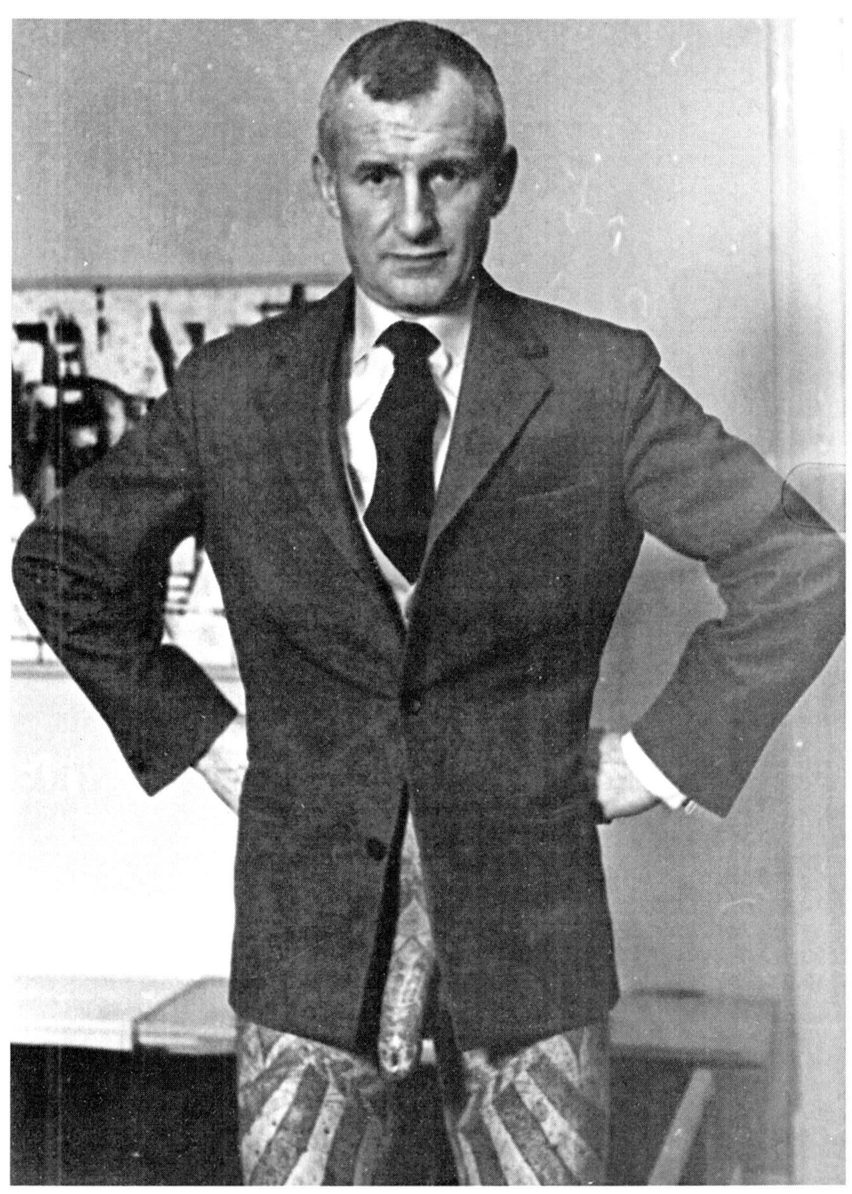

Abb. 6: Albrecht Becker: *Fussel, Wasserflecken, Knicke*, 1960.

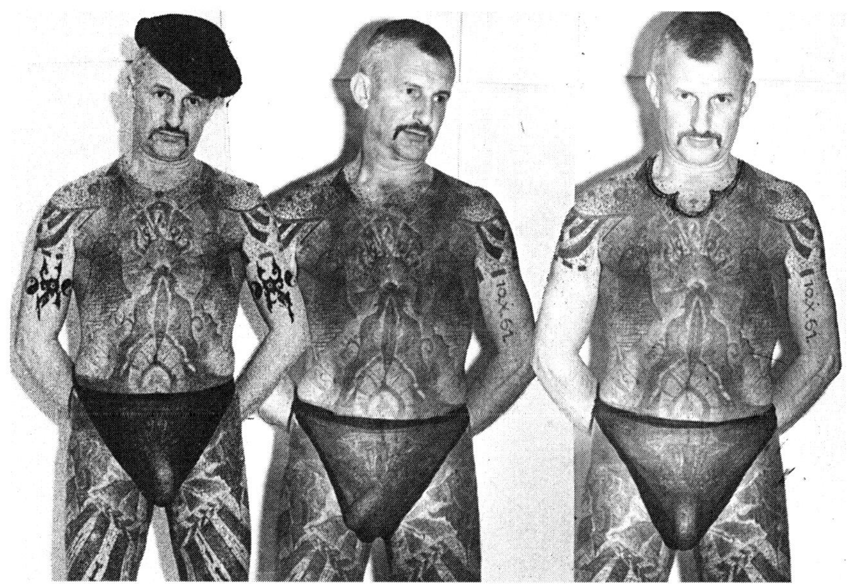

Abb. 7: Albrecht Becker: *Schnitte, Montagen, Bemalungen*, 1961.

Herbert Tobias (Abb. 8) motivisch die piktorialistischen, also bildmäßigen und kunstfotografischen Schmerzdarstellungen Fred Holland Days aus dem späten 19. und frühen 20. Jahrhundert nachklingen lassen,[18] einer radikalen Umformulierung unterworfen. Schmerz ist dabei weniger im kanonisierten Spektrum der mit Begehren konnotierten Sehnsucht nach Ausgeliefertsein visualisiert, sondern durch eine Ästhetik der Verletzung als Verbindung.

In der homosozialen und homosexuellen Ikonografie seit Ende des 19. Jahrhunderts fand der aufgrund wiederholter Diskriminierungen ritualisierte Schmerz zum symbolischen Zweck der Opferbringung und des sich vom weltlichen Körper lösenden Heilsversprechens Eingang in die visuelle Kultur. Piktorialisten wie Fred Holland Day, Adolphe de Meyer und Thomas Eakins bildeten die schmerzvolle Passion Christi nach, um sich „in theoretisch höchst konservativer Weise der Fotografie und den mit ihr arbeitenden Amateuren eine Anerkennung als Kunst und Künstler zuteilwerden zu lassen"[19]. Damit ging eine Bezugnahme auf das homosexuelle Selbst einher, die sich in das Ideal westlicher Subjektivität einfügen konnte. Gleichzeitig wurde unter Verleugnung fotografischer Mittel auf

18 Vgl. Douglas Crimp: The Boys in My Bedroom. In: Ders.: *Melancholia and Moralism. Essays on AIDS and Queer Politics*. Cambridge / London: MIT 2002, S. 151–163, hier S. 152.

19 Bernd Stiegler: Orthofotografie. Kleine fotografische Fehlerkunde. In: *Fotogeschichte* 31,122 (2011), S. 41–50, hier S. 49.

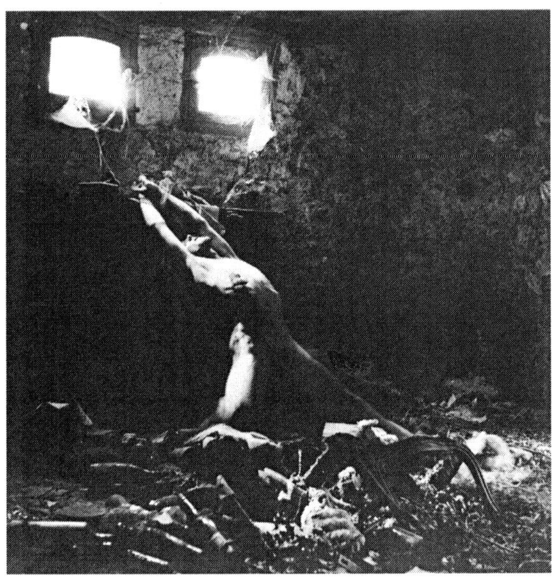

Abb. 8: Herbert Tobias: *Day-Dream After ,Querelle de Brest' of Jean Genet*, 1952.

eine impressionistische Bildsprache verwiesen, die es ermöglichte, das Leidensmotiv zu sublimieren. Der gesellschaftliche Hass auf Homosexualität wurde in eine Form der Selbstaffirmation von Schmerz transformiert, um sich schließlich transzendieren zu können.

George Platt Lynes und Tobias Herbert inkludierten das Motiv der Märtyrerschaft in ihre Bildsprache und vermischten es mit dem neoklassizistischen oder morbiden Ausdruck des Gothic. Dabei bewegten sie sich an den zwei Enden des gleichen Ideals. Nutzte der eine für seine Visualisierung des transzendierenden Schmerzes Stilmittel wie klare Linien und kontrastreiche Flächen, um das Bild vom Subjekt zu abstrahieren, siedelte der andere Schmerz inmitten der Ruinenromantik der Nachkriegszeit an. (Abb. 8)

Mit Herbert Tobias und George Platt Lynes sei hier exemplarisch auf zwei ästhetische Positionen verwiesen, die sich für die unmittelbare Nachkriegszeit als beispielhaft bezeichnen lassen. Beide entwickelten ein ästhetisiertes Bild versehrter Männlichkeit. Dieses ruft das Bildprogramm des Schmerzensmannes in der christlichen Kunstgeschichte schlechthin auf: Jesus Christus.[20] Die Passion

20 Albrecht Dürers Zeichnungen, die Jesus Christus als Schmerzensmann u. a. mit Peitsche und Geißelrute zeigen, sind eine kunsthistorisch wichtige Markierung für die Angleichung an Christus als Ergebnis einer schöpferischen Anstrengung, Gott ebenbildlich zu werden. Vgl.

Christi nachzuahmen bedeutete, dem Schmerz in dieser entbehrungsreichen Nachkriegszeit, von der die Ruinen- und Verwahrlosungsbilder z. B. Tobias' zeugen, einen Sinn zu verleihen. Das Irdische und Körperliche, also auch das homosexuelle Begehren sollten überwunden werden zugunsten der Erlangung von etwas Höherem. Diese den sexuell begehrenden Körper transzendierende Ikonografie bestimmte nicht unwesentlich das politische Programm der an bürgerliche Werte angepassten Homophilenbewegung[21] mit. In deren Presse wanderten folglich entweder gar keine Abbildungen nackter Männlichkeit oder nur solche, die von kunsthistorischer Intelligibilität geprägt waren, wozu Darstellungen Jesus Christus', des heiligen Sebastian oder antikisierter Athleten zählten. Es wird zu sehen sein, dass auch an Becker die ikonografische Tradition christlicher Symboliken nicht vorbeigegangen ist, nur findet sie sehr entstellt Eingang. Es kann keine Rede davon sein, Becker hätte das ästhetische Programm dieser fotografischen Positionen in den 1950er und 1960er Jahren ohne eklatante Brüche zitiert.

Bis in die späten 1990er Jahre entwirft Becker vielmehr ein visuelles Programm, das Schmerz nicht zum Zwecke der Transzendenz romantisiert, sondern Schmerz vielmehr trivialisiert und ihn veralltäglicht. Dazu verwendet er Mittel der DIY- und Alltagskultur wie Nadeln, Scheren und Stifte (siehe Kap. VII) oder der intimen Sphäre des Körpers und der Sexualität wie Sperma oder Schmutz (siehe Kap. VI). Schmerz artikuliert sich folglich weniger als große Geste, als Wunde,[22] sondern als kleine Form des Alltäglichen, des Vernakulären. Diese Vernakularisierung von Schmerz wird im Folgenden noch deutlicher und im Kontext kunsthistorischer sowie kunst- und medienwissenschaftlicher Herleitungen zum Ausdruck kommen.

Peter-Klaus Schuster: Der Künstler als Christus. Zur Wiederherstellung der Gottebenbildlichkeit aus dem Geist der Passion. In: Eugen Blume / Annemarie Hürlimann / Thomas Schnalke / Daniel Tyradellis (Hrsg.): *Schmerz. Kunst + Wissenschaft*. Köln: DuMont 2007, S. 127–135.

21 In Deutschland – wie in vielen anderen westeuropäischen Ländern sowie den USA – begannen sich nach 1945 sogenannte Homophilengruppen zu etablieren. Zentrales Anliegen dieser Organisationen war der Kampf gegen die rechtlichen und gesellschaftlichen Benachteiligungen. Dieser Kampf war nicht nur sehr maskulinisiert, sondern von einem hohen Maß an Anpassung an die herrschenden Verhältnisse geprägt. Vgl. Raimund Wolfert: Zwischen den Stühlen – die deutsche Homophilenbewegung der 1950er Jahre. In: Bundesstiftung Magnus Hirschfeld (Hrsg.): *Forschung im Queerformat. Aktuelle Beiträge der LSBTI*-, Queer- und Geschlechterforschung*. Bielefeld: Transcript 2014, S. 87–104, hier S. 87–88.

22 Wendy Brown kritisiert die Überbewertung der Wunde insofern, als sie als Identitätsbeweis fetischisiert wird. Vgl. Wendy Brown: Rights and Identity in Late Modernity. Revisiting the „Jewish Question". In: Austin Sarat / Thomas Kearns (Hrsg.): *Identities, Politics, and Rights*. Ann Arbor: Michigan UP 1995, S. 85–130.

I.2 Begriffe und Konzepte in der wissenschaftlichen Verhandlung

Nachdem ich bereits einige ästhetische Muster beschrieben und zentrale Begriffe und Konzepte erwähnt habe, möchte ich diese im Folgenden genauer erläutern und in den Kontext ihrer Genealogien sowie wissenschaftlichen Verhandlungen stellen. Da es sich um langjährige, kunsthistorisch und fotografiegeschichtlich relevante Entwicklungen sowie um eine Vielzahl facettenreicher Begriffe wie Schmerz, Affizierung, Privatheit, Fotografie, visuelle Kultur und Archiv handelt, werde ich mich auf eine skizzenhafte Bestimmung und Einbettung beschränken müssen. Dabei soll auch deutlich werden, innerhalb welcher Forschungsfelder ich diese Arbeit ansiedele – wohl wissend, dass diese Felder sich in einem beständigen Prozess der Transformation, Aktualisierung und Ausdifferenzierung befinden.

I.2.1 Vernakuläre Kultur: Fotografie zwischen Kunst-, Amateur- und Alltagsfotografie

Eine Verortung der Fotografien Beckers im Feld von Alltags-, Amateur- und Kunstfotografie fällt schwer, macht das Material aber umso interessanter. Im Grunde genommen ist die Unbestimmbarkeit[23] wesentlich für die Bedeutsamkeit der untersuchten Quellen. Warum dann der Versuch, sie Definitionen zu unterwerfen? Wozu Eingrenzungen vornehmen, wenn gerade die Entgrenzung bzw. die permanente Grenzverschiebung Teil der Aussage und Effekt fotografischer Affizierung ist?

Eine Quelle kann in ihrer kulturellen, politischen und materiellen Wirkmächtigkeit besser (aber nie vollständig) zugänglich werden, wenn sie in Beziehung zum historisch und gegenwärtig geltenden Referenzsystem gesetzt wird. Obgleich ich aufzeigen werde, dass die Fotografien einen über kunst- und medienhistorische Kodierungen und Konventionen hinausgehenden affizierenden Eigenwert besitzen (siehe Kap. I.2.4), sind sie nicht außerhalb dieser Rahmungen betrachtbar. Daher und auch, weil eine In-Rahmen-Setzung bisher noch in keiner Auseinandersetzung mit Beckers Fotografie unternommen wurde, widme ich die folgenden Zeilen den Genealogien und Dispositiven der Kunst-, Amateur- und Schnappschussfotografie seit den 1920er Jahren. Die Ausführungen sollen dazu dienen, seine Fotografien – in kritischer Auseinandersetzung mit den Begriffen Kunst, Medienamateur und Schnappschuss – als Beispiele vernakulärer Kultur

23 Das hat unter anderem damit zu tun, dass aufgrund der fehlenden Aufarbeitung des Nachlasses weder Bildunterschriften noch weiterführende Textquellen semiotische Untersuchungsmethoden erleichtern.

vorzuschlagen. Mit dem Begriff des Vernakulären geht es mir um die hervorgehobene Bedeutung alltäglicher und nicht auf Öffentlichkeit gerichteter Medienpraktiken, vor allem auch im Bereich der Intimität. Der alltägliche, gewöhnliche Gebrauch von Medien spielt eine zentrale Rolle für die Frage des ästhetischen Ausdrucks Beckers.

Wenn ich im Folgenden die Geschichten der künstlerischen Fotografie, der Amateur- und Schnappschussfotografie, der vernakulären Kultur zusammenfasse, wird dies aus Gründen der Praktikabilität aufgeteilt erfolgen. Prozessuale Veränderungen, Verflechtungen oder Wanderungen des Einen zum Anderen und umgekehrt bilden jedoch die Grundlage von Kultur,[24] allen ideologisch unterfütterten Versuchen, dies anders sehen zu wollen, zum Trotz. Daher ist, wenngleich ich die Geschichten aufgetrennt voneinander paraphrasiere, nie davon auszugehen, dass sich die Dispositive nicht auch überlappen.

I.2.1.1 Zur künstlerischen Fotografie zwischen 1920 und 1999

Becker, der schon früh sein Interesse für angewandte Kunst, vor allem in den Bereichen Innendekoration, Textilkunst und Design entdeckte,[25] lässt sich durchaus als Fotograf mit künstlerischen Ambitionen bezeichnen, also als Künstler. Einen Namen hat er sich jedoch nicht mit den hier im Zentrum stehenden Fotografien gemacht, sondern mit Bühnenbauten und -ausstattungen, die er vor allem für Filme der Nachkriegszeit entwarf und realisierte, zunächst zusammen mit seinem Lebensgefährten Herbert Kirchhoff und später allein. Mit seinen fotografischen Selbstdarstellungen hatte er die längste Zeit seines Lebens kein Publikum erreicht, weswegen mir die Zuordnung zur Kunstfotografie nicht ungebrochen möglich scheint, zumindest wenn öffentliche Wahrnehmung zum Kriterium für Kunst erhoben wird.[26] Es ist nicht bekannt, dass Becker die Absicht hatte, seine Fotografien einem breiten Publikum zuteilwerden zu lassen. Hinweise auf eine Vereinbarung mit Rezipient*innen lassen sich nur im Kontext semiöffentlicher Briefwechsel nachvollziehen. Die Empfänger*innen seiner Briefe wurden aber nicht als Kunstrezipient*innen adressiert, sondern als Personen, mit denen er sich mittels seiner Fotografien über Tätowierungen und Körpermodifikationen auszutauschen hoffte.[27]

24 Vgl. Homi K. Bhabha: *Die Verortung der Kultur*, aus d. Engl. v. Michael Schiffmann / Jürgen Freudl. Tübingen: Stauffenburg 2000.

25 Vgl. Sternweiler: *Fotos sind mein Leben*, S. 19, 21, 24.

26 Vgl. Dietmar Kammerer: Vorwort. In: Ders.: *Vom Publicum. Das Öffentliche in der Kunst*. Bielefeld: Transcript 2012, S. 7–11.

27 Vgl. Albrecht Becker: Briefe. Archiv Schwules Museum Berlin, Karton AB*Tattoo*7* Ordner 1*Briefwechsel.

Wenn also Kunst ihre Qualität dadurch erlangt, dass es eine Vereinbarung mit den Empfänger*innen gibt und einen Kontakt zwischen Produzent*innen, Vermittler*innen und Betrachter*innen,[28] dann müsste konstatiert werden, dass es sich bei Beckers Fotografie nicht vordergründig um Kunst handelt.

Eine andere Frage ist, anhand welcher verwendeter Techniken und Ästhetiken sich seine Fotografie als Kunst nobilitieren ließe. Eine solche Einordnung kann jedoch nur im Kontext der jeweils zeitgenössischen Kunstdiskurse erfolgen. Formbewusstsein ist historisch gesehen nicht zu allen Zeiten Kunst. Wenn ich heute behauptete, Beckers Fotografie sei Kunst, so bliebe die Frage offen, ob ich sie zu einem früheren Zeitpunkt ebenso als Kunst wahrgenommen hätte. So gab es z. B. eine Zeit, in der äußert vehement darüber diskutiert wurde, ob das Medium der Fotografie überhaupt Kunst sein könne.[29] Bezogen auf den historischen Moment, in dem Fotografie zur Kunst erhoben wurde, also um die Wende vom 19. zum 20. Jahrhundert, galt es z. B. als besonders künstlerisch, wenn Fotograf*innen sich in die Insignien der zeitgenössischen Malerei einschrieben: Impressionistische Unschärfen und weiche, diffuse Abzüge waren Merkzeichen des Piktorialismus, der transatlantischen fotografischen Bewegung, die sich darum bemühte, Fotografie als bildende Kunst – als bildmäßige Medientechnik – zu inaugurieren.[30] Sprechakte rund um die Fotografie, die der Auratisierung der Fotografie zuarbeiteten,[31] umkreisten gleichermaßen die Ästhetik des diffusen Lichts. Becker hätte um die Jahrhundertwende vermutlich Piktorialist

28 Vgl. Werner Hofmann: *Kunst – was ist das?* Hamburg: DuMont 1977, S. 78; Walter Koschatzky: *Die Kunst der Photographie. Technik, Geschichte, Meisterwerke.* München: dtv 1987, S. 19.

29 Geoffrey Batchen gibt implizit zu verstehen, welch ideologischer Kampf mit dieser Medienzäsur einherging, indem er sagt, die Fotografie sei für die Kunstgeschichte und deren Stabilität als Disziplin eine Bedrohung. Um die Wende vom 19. zum 20. Jahrhundert verstärkte sich dieser Kampf, weil Fotograf*innen beanspruchten, dass ihre Arbeit als Kunst verstanden wird. Vgl. Geoffrey Batchen: Snapshots. Art History and the Ethnographic Turn. In: *Photographies* 1,2 (2008), S. 121–142, hier S. 121.

30 Vgl. Wolfgang Ullrich: *Die Geschichte der Unschärfe.* Berlin: Wagenbach 2009, S. 54–67.

31 Indem Walter Benjamin aufgrund der technischen Reproduzierbarkeit von Bildern beispielsweise durch die Fotografie einen Verlust der für Kunstwerke typischen Aura befürchtete, befeuerte er implizit das Bewusstsein, Fotografie als Kunst zu denken, um diese schließlich überlebensfähig zu machen. Koschatzky bescheinigte der Fotografie, dass sie nicht wegen ihrer Reproduzierbarkeit zu Veränderungen der bildenden Künste geführt habe, sondern zu einer Reinigung „der durch unkünstlerische Aufgaben so belasteten manuellen Kunst". Allein durch die Beschreibung der Fotografie als etwas, das nicht in ihrer technischen Reproduzierbarkeit verankert ist, wird Fotografie in ihrer Kunstfähigkeit veranschaulicht. Vgl. Walter Benjamin: *Das Kunstwerk im Zeitalter seiner technischen Reproduzierbarkeit.* Frankfurt am Main: Suhrkamp 2006, S. 19; vgl. Koschatzky: *Die Kunst der Photographie*, S. 20.

sein müssen, um als Künstler Anerkennung zu bekommen. Dieses Gedankenspiel führt im Folgenden zu der Frage, ob seine Fotografien zu bestimmten Zeiten im Laufe der kunsthistorischen Veränderungen des 20. Jahrhunderts hätten als Kunst angesehen werden können. Hinter dieser Frage steht der Wunsch, einen Orientierungsrahmen zu entwerfen, der es mir ermöglicht, Beckers Ästhetik in ihrer Bedeutung für schwule Kultur zu bestimmen. Dabei geht es mir weder darum, sie festzulegen noch in den Kanon einzuschreiben. Zudem möchte ich dafür plädieren, Beckers Fotografie nicht auf formalästhetische Aspekte zu reduzieren, da sie gerade an den Grenzen des Sichtbaren operiert und daher mehr ist als nur visueller Ausdruck. In diesem *mehr* eignet sich schließlich das Material seine Nicht-Kontrollierbarkeit wieder an.

Was waren zu Beckers Schaffenszeit die etablierten Techniken und Formsprachen der künstlerischen Fotografie, die er vermutlich hätte bedienen müssen, um als Künstler eine breitere Öffentlichkeit zu erreichen? Ähnliches ließe sich fragen, würde ich Becker als Amateurfotografen charakterisieren wollen. Mit Amateur*innen (franz., von latein. *amator* Liebhaber) sind hier leidenschaftliche Verehrer*innen und Rezipient*innen von Kunst gemeint. Sie zitieren Künstler*innen und „eifer[n den Vorbildern nach, um sie besser zu verstehen“[32]. Auch wenn ich die 175-jährige Fotografiegeschichte – zu der Becker knapp 80 Jahre lang beitrug – hier nicht erschöpfend darlegen kann, will ich doch die für das 20. Jahrhundert vermeintlich prägendsten Einflüsse auf dem Gebiet der künstlerischen Fotografie erwähnen und sie mit der künstlerischen Visualisierungsgeschichte von Schmerz verbinden.

Die Foto-Avantgarde (1920er bis 1930er Jahre)

Formalästhetisch hatte sich mit dem Schaffen und Engagement Alfred Stieglitz' ab den 1910er Jahren die *straight photography* durchgesetzt, also eine sich gegen den Piktorialismus wendende realistische und unverstellte, ‚reine' und ohne Unschärfen auskommende Formensprache.[33] In Europa setzte diese sich erst nach 1920 durch. International erlebte sie in den 1950er Jahren mit der

32 Vgl. Dieter Daniels: *Kunst als Sendung*. München: Beck 2002, S. 187. Hierbei muss bedacht werden, dass Amateur*innen historisch gesehen einen wesentlichen Einfluss darauf hatten, dass Fotografie als Kunst anerkannt wurde. So hebt etwa Alfred Lichtwark in seinem programmatischen Text *Die Bedeutung der Amateur-Photographie* das künstlerische Wesen der Amateurfotografie hervor. Vgl. Georg Stanitzek: Dilettant. In: *Verstärker* 3,3 (1998), S. 1–5; Christine Heidemann: *Dilettantismus als Methode. Mark Dions Recherchen zur Phänomenologie der Naturwissenschaften*. Unveröffentlichte Dissertation, Justus-Liebig-Universität Gießen 2005; Alfred Lichtwark: *Die Bedeutung der Amateur-Photographie*. Hamburg: Druck der Aktien-Gesellschaft Neue Börsen-Halle 1893, S. 11; Koschatzky: *Die Kunst der Photographie*, S. 135.

33 Vgl. Peter Wollen: Fotografie und Ästhetik. In: Hubertus v. Amelunxen (Hrsg.): *Theorie der Fotografie IV. 1980–1995*. München: Schirmer / Mosel 2000, S. 210–222, hier S. 211–212.

international wandernden Ausstellung *The Family of Man* des Direktors der Fotoabteilung des New Yorker Museum of Modern Art, Edward Steichen, ihren Höhepunkt.

Diese neue und von der pittoresken Absicht abgelöste Fotografie stand in den 1920er Jahren nicht nur mit der Dokumentation (von Straßenszenen wie bei Atget) im Zusammenhang, sondern auch mit der Entdeckung neuer und unbekannter Formen.[34] Die Abstrahierung hin zu Flächen, Lichtstrukturen und Schattenwürfen, wie sie sich im Kubismus herausgebildet hatte, vollzog sich auch in der Fotografie (Paul Strand, Edward Weston). Anstelle einer Kunst der Nachahmung etablierte sich Fotografie als eine Kunst der Vorstellung.[35] Bedeutete dies im Rahmen des Futurismus, Bewegung mittels neuer Verfahren für die Fotografie zu entdecken (Anton Giulio Bragaglia), waren es im Dadaismus collagehafte Montagen, die fantastische Formen zu generieren ermöglichten (Christian Schad, Raoul Hausmann, Hannah Höch).

Für die Frage der Visualisierung von Schmerz ist im Zusammenhang mit Futurismus und Dadaismus die Handlung, das Event, die Aktion bzw. das experimentelle Tun wesentlich. Das heißt, dass sich im zweidimensionalen Bild des Futurismus die Geste des Schmerzes als Dynamik verewigt.[36] Im dadaistischen Experimentieren mit massenmedialen Bildern setzt sich hingegen die Ablehnung bürgerlicher Seeleneigenschaften wie Liebespathos und soldatischem Schmerzenskult in Form von Zergliederung, groben Zusammenschnitten und ungelenken Montagen durch.[37] Die kontemplative Sicht auf Kunst und die immunisierende Versenkung etwa in den Schmerz wird damit abgewendet.[38] Futuristische Bewegungsfotografien und dadaistische Fotomontagen lassen sich daher als Varianten der Dekonstruktion der medialen Herstellung bürgerlicher Subjekte verstehen, die sich im Anblick von Schmerz zu erheben gedenken. Dass sie dabei, anders als so manches Mal von den Dadakünstler*innen unterstellt, für die Erneuerung statt Demontage von Kunst mit fototechnischen Mitteln sorgten, steht auf einem anderen Blatt, das hier nicht aufgeschlagen werden kann.

34 Vgl. Jean-Luc Daval: *Die Photographie. Geschichte einer Kunst*, aus d. Franz. v. Eva Gärtner. Stuttgart: AT 1983, S. 134; Wolfgang Kemp: *Geschichte der Fotografie. Von Daguerre bis Gursky*. München: Beck 2011, S. 38.

35 Vgl. Koschatzky: *Die Kunst der Photographie*, S. 159; Kemp: *Geschichte der Fotografie*, S. 41.

36 Vgl. Umberto Boccioni zit. n. Elisabeth Jappe: *Performance, Ritual, Prozess. Handbuch der Aktionskunst in Europa*. München: Prestel 1993, S. 11.

37 Vgl. Karin Harrasser: *Prothesen. Figuren einer lädierten Moderne*. Berlin: Vorwerk 8 2016, S. 183.

38 Vgl. Helge Meyer: *Schmerz als Bild. Leiden und Selbstverletzung in der Performance Art*. Bielefeld: Transcript 2008, S. 19.

Der Surrealismus knüpfte, wenngleich auch weniger aktionistisch, an die Fotografie als Medium zur Imagination einer anderen Welt an: In Anlehnung an die Psychoanalyse übersetzte er die dem Verstand enthobene kreative Wirkung des Unter- und Unbewussten ins Fotografische. Die von Man Ray geschaffenen Fotogramme (die nach ihm benannte Rayografie) lassen sich als die Psychogramme einer vom Ersten Weltkrieg erschütterten Gesellschaft lesen, aber auch als „Traumgebilde über erotische Tiefen“[39]. Sie geben nur noch assoziativ wirksame Lichtgebilde, geometrische Formen oder zweckentfremdete Objekte zu erkennen. Gleichzeitig artikulieren sie ähnlich wie Man Rays sonstige Foto- und Objektkunst das Begehren, Objekte zu zerstören. Aus diesem destruktiven Impuls wurde eine masochistische Komponente aus seinem Werk abgeleitet,[40] die auch im Zusammenhang mit Sadismus diskutiert wurde,[41] insofern sie den Blick auf Fragen der Misogynie[42] und des Kolonialrassismus[43] lenkt. Schmerz wird demnach im Zusammenhang des zu dieser Zeit populären Enthusiasmus für sexuelle und kulturelle Differenz, für die Frau als Muse und Afrika als Inspiration visualisiert.[44] An dieser Stelle sind auch Hans Bellmers fotografische Zerlegungsfantasien weiblicher Anatomien anzuführen.

39 Koschatzky: *Die Kunst der Photographie,* S. 165.

40 Vgl. Janine Mileaf: *Please Touch. Dada and Surrealist Objects After the Readymade.* Hanover / London: New England UP 2010, S. 208–209.

41 Ebd., S. 57. Janine A. Mileaf meint, dass Man Rays Arbeiten als masochistisch verstanden werden können, weil die Betrachter*innen vom destruktiven Objekt kastriert würden. Gleichzeitig macht sie darauf aufmerksam, dass dieses masochistische Begehren in die sadistische Lust verkehrt würde, das Objekt in seiner gefährdenden Dimension zu neutralisieren, das heißt zu verobjektivieren oder zu verletzen.

42 Da es sich bei den destruktiven Objekten zumeist um Frauen, Frauenkörper oder Allegorien des Weiblichen handelt, wurden Man Rays Arbeiten neben anderen Werken des Surrealismus im Kontext von Misogynie diskutiert. Vgl. Mary Ann Caws / Rudolf E. Kuenzli / Gloria Gwen Raaberg (Hrsg.): *Surrealism and Women.* Cambridge / London: MIT 1991; Penelope Rosemont: *Surrealist Women. An International Anthology.* Austin: Texas UP 1998; David Bate: *Photography and Surrealism. Sexuality, Colonialism and Social Dissent.* London / New York: Tauris 2004.

43 Zur kritischen Auseinandersetzung mit den kolonialrassistischen und ethnographischen Mustern des Surrealismus im Allgemeinen und Man Rays Werk im Besonderen vgl. James Clifford: On Ethnographic Surrealism. In: Ders. (Hrsg.): *The Predicament of Culture. Twentieth-Century Ethnography, Literature, and Art.* Cambridge / London: Harvard UP 2002, S. 117–151; Whitney Chadwick: Fetishizing Fashion / Fetishizing Culture. Man Ray's „Noire et blanche“. In: *Oxford Art Journal* 18,2 (1995), S. 3–17.

44 Vgl. Wendy Grossmann: Con(text) and Image: Reframing Man Ray's „Noire et blanche“. In: Alex Hughes / Andrea Noble (Hrsg.): *Phototextualities: Intersections of Photography and Narrative.* Albuquerque: New Mexico UP 2003, S. 119–135; Gabriele Dietze: *Weiße Frauen in Bewegung. Genealogien und Konkurrenzen von Race- und Genderpolitiken.* Bielefeld: Transcript 2013, S. 175–250.

Im Zuge des Post-Dadaismus (Hannah Höch) und des Post-Surrealismus (László Moholy-Nagy) stellten in den 1930er Jahren Fotomontagen irreale Realitäten, unbekannte Wirklichkeiten und Absurditäten her, ohne ausschließlich ästhetische Provokation zu sein, wie es beim Dadaismus zum Programm gehörte.[45] Die Basis für die Relativierung des Anspruchs, eine künstlerische „Anti-Haltung“[46] generieren zu wollen, ist die Einbeziehung wissenschaftlicher Möglichkeiten des Mediums Fotografie sowie kunsthandwerklicher Techniken. In die Geste der ästhetischen Provokation mischten sich Aspekte des technologischen Wissens,[47] der kunsthandwerklichen Fertigung und diskursiven Ordnung. Widmete sich Hannah Höch Techniken der japanischen Porzellanreparatur, um beschädigte Körper im Bild als Schmuckstücke zu nobilitieren,[48] so war es bei László Moholy-Nagy die wissenschaftliche Fachfotografie,[49] die zu einer Versachlichung führte und weiter zum Bauhaus-Prinzip, also zu einem Ästhetik, Handwerk und Technik vereinenden Gesamtkonzept.[50] Bei Hannah Höch kommt der Blick hinzu, den sie auf die diskursiven Ordnungen z. B. des Museums richtet, um die von diesen Ordnungen ausgehenden Beschädigungen exotisierter weiblicher Körper zu kommentieren.[51]

45 Vgl. Oliver Ruf: *Zur Ästhetik der Provokation. Kritik und Literatur nach Hugo Ball.* Bielefeld: Transcript 2012, S. 201.

46 Gerhard Schaub: Dada avant la lettre. Ein unbekanntes „Literarisches Manifest“ von Hugo Ball und Richard Huelsenbeck. In: Pirmasens (Hrsg.): *Huga Ball Almanach 9–10.* Pirmasens: Stadt Pirmasens 1985, S. 63–180, hier S. 133.

47 Neben dem Wissenschaftler ist hier die Figur des Amateurs zentral. Amateure, die Lucia Moholy als Strukturkünstler bezeichnet, zeichnen sich durch Technikbegeisterung aus. Als „diener des apparats“ prägen sie neue Sehmöglichkeiten. Vgl. Esther Ruelfs: Das Auge der Masse. Die Demokratisierung der Fotografie durch die Amateure. In: Dies. / Beyerle (Hrsg.): *Amateurfotografie,* S. 8–15, hier S. 10; Lucia Moholy: Briefe, Texte, Dokumente. In: Rolf Sachsse: *Lucia Moholy. Bauhaus Fotografin*. Berlin: Museumspädagog. Dienst 1995, S. 44–110, hier S. 76.

48 Vgl. Ralf Burmeister: *Hannah Höch. Aller Anfang ist DADA.* Ostfildern: Hatje Cantz 2007; Harrasser: *Prothesen*, S. 186.

49 Vgl. Ulrich Hägele: Ethnographische Surrealisten und visuelle Ethnographen. Zum Verhältnis von Kunst, Fotografie und Feldforschung in Frankreich 1930 bis 1940. In: Beate Binder (Hrsg.): *Kunst und Ethnographie. Zum Verhältnis von visueller Kultur und ethnographischen Arbeiten*. Münster: Lit 2008, S. 73–82, hier S. 74.

50 Vgl. Koschatzky: *Die Kunst der Photographie*, S. 169.

51 In dem Zyklus *Aus einem ehtnographischen Museum* (1924–30) formuliert Höch eine frühe Institutionenkritik. Sie richtet sich insbesondere an die innerhalb der Ethnologie vertretene Ideologie der ‚Rassenmischung‘. Vgl. Ulrike Bergermann: Zur Universalität von Whiteness und Hate Pictures. Candice Breitz’ schneidende Bildtechniken. In: Dies. / Nanna Heidenreich (Hrsg.): *total. Universalismus und Partikularismus in post_kolonialer Medientheorie*. Bielefeld: Transcript 2014, S. 253–267; Christian Kravagna: Konserven des Kolonialismus. Die Welt im Museum. In: *postcolonial displays, eipcp – European Institute for Progressive Cultural Policies*, 2008. https://transversal.at/transversal/0708/kravagna/de (Zugriff am 03.02.2020).

Zur Zeit der Blüte der europäischen Avantgarde, die mit ihren futuristischen Bewegungsunschärfen, Fotogrammen und Fotomontagen Auswirkungen auf den fotografischen Ausdruck der 1920er Jahre hatte, inszeniert sich Becker – soweit bekannt – im Muster der weniger urban-avantgardistischen Lebensreformbewegung.[52] Die Kunstfotografie, wie sie sich im Kontext der soeben beschriebenen Bewegungen formierte, schien für das Schaffen Beckers in den 1920er und 1930er Jahren nur wenig prägend gewesen zu sein. Obwohl sich Beckers Schmerz, wie in späteren Fotografien zu sehen ist, durch den Zusammenschnitt von Fotografien materialisiert (siehe Kap. VII), fügen sich seine Inszenierungen dieser Zeit nicht in den Kanon der Avantgarde ein. Weniger als die Fragmentierungen und Dynamisierungen der den Massenmenschen kritisch reflektierenden avantgardistischen Strömungen klingt in manchen seiner zeitgenössischen Posen der Neoklassizismus an, die *lingua franca* der schwulen Fotografie seit Wilhelm von Gloeden.[53] Mit diesen Anklängen ergibt sich eher eine Nähe zur (Mode-)Fotografie der Weimarer Zeit, die mit Vertretern wie George von Hoyningen-Huene, Herbert List und Cecil Beaton eine spezifisch schwule Spielart des Neoklassizismus schuf.[54] Im Zentrum ihres Ausdrucks stand die Schönheit und Würde des (männlichen) Körpers als unberührt, schmerzfrei und in sich ruhend.

Die Neue Sachlichkeit (1930er Jahre)

Ein anderer potenzieller Einfluss, den es zu untersuchen gilt, ist die Neue Sachlichkeit. Sich weder auf die piktorialistische Tradition noch dadaistische, futuristische oder surrealistische Bewegung beziehend, versuchten junge Künstler*innen die in US-Amerika geprägte *straight photography* weiterzuentwickeln, also die kühle, sachliche Ausdrucksweise, die sich der gesellschaftlichen, politischen und ökonomischen Unordnung der späten 1920er Jahre stellte. Vor allem die

52 Es soll nicht ausgespart werden, dass die Lebensreformbewegung auch als Geburtsstätte der historischen Avantgarden bezeichnet wird. Die Überlappung zwischen Avantgarde und Lebensreformbewegung ist somit größer, als hier behauptet wird. Da es mir jedoch um das Szenario des von der Enge der Stadt befreiten Körpergefühls im ländlichen Raum geht, in dem Becker zu sehen ist, lasse ich diesen Gegensatz an dieser Stelle so gelten. Vgl. Birgit M. Körner: *Hebräische Avantgarde. Else Lasker-Schülers Poetologie im Kontext des Kulturzionismus.* Köln / Weimar / Wien: Böhlau 2017, S. 57; Peter Sprengel: Nacktkultur mit Püriermaschine. Literatur und Lebensreform. In: Kai Buchholz / Rita Latocha / Hilke Peckmann / Klaus Wolbert (Hrsg.): *Die Lebensreform. Entwürfe zur Neugestaltung von Leben und Kunst um 1900*, Bd. 1. Darmstadt: Institut Mathildenhöhe 2001, S. 307–313.

53 Vgl. Martin Jaeggi: Mapplethorpes Doppelspiel. In: Felix Hoffmann (Hrsg.): *Robert Mapplethorpes Photographs.* Berlin: C/O Berlin 2011, S. 58–75, hier S. 68.

54 Ebd.

innerhalb der Neuen Sachlichkeit entwickelte Portraitfotografie,[55] durch August Sanders Fotoserie *Menschen des 20. Jahrhunderts* verbreitet und spätestens durch Diane Arbus seit den 1950er Jahren popularisiert, könnte Einfluss auf Becker gehabt haben.

Die Klarheit im Ausdruck war das zentrale Merkzeichen der Neuen Sachlichkeit, auch dann noch, wenn sie das ‚Abseitige' der Gesellschaft zeigen wollte. So widmete sich Sander in der letzten Gruppe des Zyklus *Menschen des 20. Jahrhunderts* den sozial ausgegrenzten, versehrten und durch Alter, Krankheit, Krieg und Tod gezeichneten Menschen. Da er sich dabei das archivalische Paradigma der Fotografie, also das instrumentell-realistische Programm der Typologisierung, Systematisierung und schließlich Regulierung aneignete,[56] stellt sich die Frage, wie er den Schmerz dieser Menschen visualisierte. Allan Sekula argumentiert, dass das fotografische Portrait hier eine Rolle übernehme, die sich nicht aus der nobilitierenden Portraittradition heraus entwickelt habe, sondern der Tradition der wissenschaftlichen Typologie.[57] Das heißt, dass sich in der neusachlichen Portraitdarstellung gesellschaftlich verletzter Menschen Elemente der das Andere verzeichnenden und vermessenden Fotografie finden. Diese Elemente inkludierten, das Andere des verallgemeinerten Gefühlszustands herzustellen, sprich diejenigen Gefühls- und Affektäußerungen, die nicht im normativen Diskurs der Innerlichkeit, Ausgeglichenheit und des Pathos verankert waren. Den ‚letzten Menschen'[58] wurde Andersheit mittels der fotografischen Methode des instrumentellen Realismus nicht nur auf Körper, Geschlecht und Alter bezogen unterstellt, sondern auch auf Gemütszustand, Affektäußerung und Schmerzdarstellung. Dies hatte wiederum die Aufwertung der bürgerlichen Affektnorm zur Folge. So beschreibt Susan Sontag bezogen auf die auf Sander zurückgreifende Fotografie von Diane Arbus, dass mit Mitteln des Dokumentarischen das ‚Schäbige' gezeigt werde, um dadurch die hinter der Fotografie stehende Person

55 Mit dieser Einschränkung auf Portraitfotografie wird verzerrt, dass ein Großteil der neusachlichen Fotografie der Architektur galt. Allein der Begriff der Neuen Sachlichkeit geht auf die gegen den Historismus gerichtete Architekturbewegung zurück. Das Bild des Menschen als Individuum spielt nur eine nachgeordnete Rolle. Für die hier vorliegende Arbeit ist jedoch die Darstellung des Menschen von vordergründigem Interesse. Vgl. Annika Baacke: *Fotografie zwischen Kunst und Dokumentation. Objektivität und Ästhetik im Werk von Bernd und Hilla Becher, Albert Renger-Patzsch, August Sander und Karl Blossfeldt*. Berlin: Epubli 2014, S. 82; Boris von Brauchitsch: *Kleine Geschichte der Fotografie*. Stuttgart: Reclam 2002, S. 91.

56 Allan Sekula: Der Körper und das Archiv, aus d. Engl. v. Wilfried Prantner. In: Herta Wolf (Hrsg.): *Diskurse der Fotografie. Fotokritik am Ende des fotografischen Zeitalters*. Frankfurt am Main: Suhrkamp 2003, S. 269–334, hier S. 329.

57 Vgl. Sekula: Der Körper und das Archiv, S. 329.

58 Die siebte Gruppe seines Zyklus nennt August Sander *Die letzten Menschen*. Vgl. August Sander: *Menschen des 20. Jahrhunderts. 7. Die letzten Menschen*. Ausstellungskatalog Die Photographische Sammlung / SK Stiftung Kultur. München / Paris / London: Schirmer / Mosel 2002.

zu immunisieren. „Kunst als Härtetest"[59] meint dann nicht Mitgefühl, sondern das Gefühl, immun zu sein.

Die Funktion des Portraits bestand für Becker, wie ich hervorheben möchte, *nicht* vordergründig in der für die in der Neuen Sachlichkeit auch nach dem Zweiten Weltkrieg wirkmächtigen unnachsichtigen, klaren und sachlichen Kritik sozialer Missstände. Becker geht auf zwei Ebenen umgekehrt vor: Er fügt in vermeintlich dokumentarische Bilder Techniken des Schäbigen ein, nicht um das fotografierende Subjekt als die Norm und das im Bild vertretene Objekt als das Andere hervorzukehren, sondern das Alltägliche queeren Begehrens zu inkorporieren (siehe Kap. III). Nach dem Zweiten Weltkrieg fügt er dann das Schäbige und Schmerzhafte dieses Begehrens in Form materieller Spuren ein. Indem er vor allem nach 1945 Negative und Positive kratzte oder verschmutzte, widersprach Becker dem in der Neuen Sachlichkeit ‚triumphierenden' direkten, also nicht mit Bürste oder Nadel bearbeiteten Abzug.[60]

Zwischen Reportage und subjektiver Fotografie (1950er bis 1960er Jahre)

Zur Fotografie der deutschen Nachkriegszeit scheint Beckers Bildprogramm bis Ende der 1950er Jahre antithetisch zu operieren. Nachdem der Nationalsozialismus die Avantgardekünstler*innen vernichtet oder aus Europa vertrieben hatte, war es vorerst zu einer dem romantischen Ruinenkult verschriebenen (Richard Peters, Willy Roßner, Herbert Tobias) oder systematisierenden Fotografie (August Sander) gekommen. Letztere war geprägt durch eine neue, sich im Feld der Reportage entwickelnde Dominanz[61] des Dokumentarischen (Life-Photography, Magnum-Photography). Zusammen mit dieser Dominanz zeichnete sich eine weitere Entwicklung ab: die Betonung des entscheidenden Moments, der aus dem Schnappschuss ein Kunstwerk werden ließ und aus dem profanen Straßenbild (Atget)[62] ein Meisterwerk (Henri Cartier-Bresson). Die dabei

59 Susan Sontag: *Über Fotografie*, aus d. Engl. v. Mark W. Rien / Gertrud Baruch. Frankfurt am Main: Fischer 2003, S. 44.

60 Vgl. Wollen: Fotografie und Ästhetik, S. 212.

61 Vgl. Koschatzky schreibt, dass die Fotografie über die Reportage, vor allem im Kontext der Magnum-Fotografie, wieder zur Kunst gekommen sei. Diese Kunst zeichne sich aber nicht mehr durch Naturalismus aus, sondern durch den „geistigen Realismus", das Metaphysische. Koschatzky: *Die Kunst der Photographie*, S. 206.

62 Peter Wollen merkt an, dass Benjamin mit seiner Einschätzung, bei Atgets Straßenfotografien handle es sich um profane und sich an polizeilichen Fahndungsfotografien orientierende Aufnahmen, verkannt habe, dass die Fotograf*innen dieser Zeit im Begriff waren, einen neuen Typus Aura zu konstruieren. Diese Einschätzung Wollens ließe sich aus heutiger Sicht aber auch als Beispiel einer impliziten Abwertung von profanen Bildtraditionen verstehen. Vgl. Wollen: Fotografie und Ästhetik, S. 215.

ins Metaphysische abwandernde Rhetorik, sprich die das allgemein Humane adressierende Rede, bewirkte die noch bei Walter Koschatzky nachklingende Verschleierung des gestalterischen Eingreifens in die Erfassung des Moments.[63]

Nun ist gerade das den Moment in die Länge ziehende Gestalterische bei Becker wesentlich. Dass es sich bei seinen Fotografien nicht um dokumentarische Momentaufnahmen handelt, sondern aufwändige Inszenierungen des das Selbst erfassenden Blicks, deutet darauf hin, dass es für Becker andere formalästhetische Vorbilder gegeben haben muss als die der künstlerischen Schnappschussfotografie.

Neben den bereits erwähnten neusachlichen Portraitdarstellungen, die nach dem Zweiten Weltkrieg ihre Fortsetzung fanden, lohnt sich ein Blick auf die in der ‚Wirtschaftswunderzeit' prosperierende Mode- und Starfotografie (Horst P. Horst, Richard Avedon), die sich im Setting und im bildkompositorischen Aufbau der frühen Studiofotografie annäherte. Daneben können hochgradig inszenierte Portraitdarstellungen, die der Celebrity-Kultur der 1950er und 1960er Jahre entsprangen, aber auch Ganzkörperaufnahmen, die der Physique-Kultur[64] samt ihrer schwulen Ableger entstammen, in Erwägung gezogen werden. Insbesondere die bei Celebrity-Darstellungen hervorgekehrte Ambivalenz zwischen dem Begehren nach der Authentizität des Starbildes und der Verweigerung einer Garantie, es könne sich um nicht trügerische Erscheinungen handeln,[65] ist für die Frage der Maskenbilder Beckers (siehe Kap. IV) von Interesse. Diese Bilder setzen schließlich die Ambivalenz zwischen der Sehnsucht nach schwuler Authentizität und queerem Trug in Szene.[66]

63 Vgl. Koschatzky: *Die Kunst der Photographie*, S. 208–209.

64 In den 1950er Jahren erfreuten sich *physique pictorials* vornehmlich US-amerikanischen Ursprungs hoher Beliebtheit: Amateur-Modelle posieren, dem bereits in Kalifornien populären Body-Building-Kult entsprechend, wettkämpferisch, muskelspielend. Vgl. Peter Rehberg: Happy Homos. Über Tom of Finlands schwule Superhelden. In: Barbara Eder / Elisabeth Klar / Ramón Reichert (Hrsg.): *Theorien des Comics. Ein Reader*. Bielefeld: Transcript 2011, S. 383–400, hier S. 387.

65 Vgl. Richard Dyer: A Star Is Born and the Construction of Authenticity. In: Christine Gledhill (Hrsg.): *Stardom. Industry of Desire*. London: Routledge 1991, S. 136–144, hier S. 132.

66 Die Slang-Wendung „queer as a threedollar bill" spielt darauf an, dass männliche Homosexualität historisch mit dem Etikett des Betrugs und des Schwindels belegt wurde. Da männliche Homosexualität als artifiziell galt, wurde sie oft mit Attributen der Fälschung und des Betrugs ausgestattet. Ähnlich verhält es sich mit Masochismus. Hartmut Böhme diskutiert die Frage der Artifizialität am Beispiel der literarischen Beschreibung von Masochismus in der Novelle *Venus im Pelz* (1870) von Leopold von Sacher-Masoch: Severin, der Hauptprotagonist, würde der Natur keine Stimme verleihen und sich nur der Artifizialität in Form der Maske bedienen. Täuschung würde hier zum Merkzeichen des Masochismus. Indem ich sage, dass Becker eine Sehnsucht nach queerem Trug inszeniert, geht es mir um die queer-politische Aneignung dieser einst pejorativen Engführung von Homosexualität bzw. Masochismus und

Mit dem Verweis auf Mode- und Celebrity-Fotografie kündigt sich bereits an, dass sich Becker an den Grenzen zur Kunstfotografie bewegt. Bevor ich diese Grenzüberschreitung in den folgenden Abschnitten fokussiere, möchte ich noch die weiteren Entwicklungen innerhalb der künstlerischen Fotografie ab den 1950er Jahren skizzieren.

Fotografie nach dem Zweiten Weltkrieg kann nicht auf den Realismus der dokumentarischen Fotografie beschränkt werden. Zumal es sich bei der den Universalismus des Menschlichen behauptenden Wanderausstellung *The Family of Man* um das vorerst letzte Aufbäumen der vermeintlich wirklichkeitsgetreuen Fotografie handelte. Stattdessen wurde die subjektive Fotografie und die damit im Zusammenhang stehende subjektive Kreativität und Rezeption zur durchgängigen Signatur einer ganzen Epoche.[67] Subjektivität artikulierte sich jedoch nicht nur durch die Selbstdarstellung oder autoportraitistische Markierung schöpferischer Kreativität, sondern auch durch das technisch informierte Gestaltungsvermögen und die von Bedeutung befreite, also wieder abstrakte und surreale Form.[68] Ein Beispiel hierfür ist die Fotografie Pierre Moliniers, die ich auch deshalb anführe, weil sich über ihr masochistisches und fetischisierendes Vokabular der subjektive Gestaltungswille transportiert, was eine Nähe zu der von BDSM mitbestimmten Fotografie Beckers vermuten lässt. Der Gestaltungswille Moliniers ist der subjektiven Fotografie entsprechend surrealistisch und entwirft einen der anatomischen ‚Korrektheit' widersprechenden imaginären Körper. Molinier zerstückelt die Bilder seines Körpers in weiblichem Drag und montiert die Fragmente zu einer Collage, die die Zeichenhaftigkeit und somit Austauschbarkeit des weiblichen Körpers im fetischisierenden Blick zur Darstellung bringt. (Abb. 9) In der Travestie wird der weibliche Körper zum Objekt des subjektiven Ausdrucks, ohne dabei im Verhältnis zu einem sozialen oder politischen Programm zu stehen.[69] Becker hingegen montiert weder in dieser

Betrug bzw. Maskenhaftigkeit. Vgl. Tom Dalzell (Hrsg.): *The Routledge Dictionary of Modern American Slang and Unconventional English*. New York / London: Routledge 2009, S. 793; Hartmut Böhme: Bildung, Fetischismus und Vertraglichkeit in Leopold Sacher-Masochs „Venus im Pelz". In: Ingrid Spörk / Alexandra Strohmaier (Hrsg.): *Leopold von Sacher-Masoch*. Graz: Droschl 2003, S. 11–40, hier S. 17.

67 Vgl. Wolfgang Kemp: Theorie der Fotografie 1945–1980. In: Ders. (Hrsg): *Theorie der Fotografie III. 1945–1980*. München: Schirmer / Mosel 1983, S. 13–39, hier S. 19.

68 Vgl. Brauchitsch: *Kleine Geschichte der Fotografie*, S. 196.

69 Wie Dieter Wellersdorf in Boris von Brauchitschs Fotografiegeschichte zur Auskunft gibt, verdankt sich die Subjektive Fotografie keinem spezifischen sozialen, moralischen oder psychologischen Engagement. Auch führt sie nicht auf eine bestimmte Betroffenheit zurück. Ebd., S. 199.

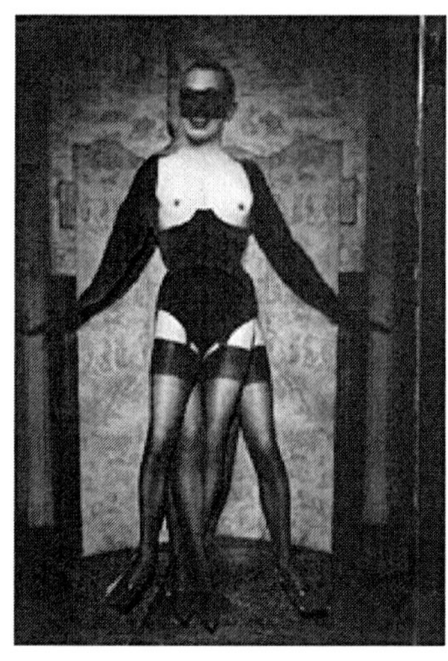

Abb. 9
Pierre Molinier: *Untitled*, ca. 1967.

technisch ambitionierten Weise, noch lassen sich seine später zu diskutierenden Travestien als dergestalt abgekoppelt vom gesellschaftlichen Diskurs verstehen.

Neoavantgardistische Schmerzensmänner (1960er Jahre)

Mit Molinier ist die Schwelle zum Aufbruch zu neuen Formensprachen seit den 1960er Jahren beschrieben: Seine Fotomontagen und Retuschen sind zwar noch im Stil des Surrealismus verfasst, verweisen aber auf inhaltlicher Ebene bereits auf die sich intensivierende Tendenz, das Selbst auf figurative und zugleich destruierende und schmerzhafte Weise in den Vordergrund zu stellen. So lassen sich auch manche Arbeiten der Neoavantgarde verstehen, die sich ab den 1960er Jahren im deutschsprachigen Raum entwickelt.

In denselben zeithistorischen Grundkonflikt involviert wie die Student*innenbewegung im deutschsprachigen Raum ging es Künstlern wie Joseph Beuys, Günter Brus, Rudolf Schwarzkogler und Arnulf Rainer um eine kritische Aufarbeitung des Nationalsozialismus und den damit im Zusammenhang stehenden kollektiven Täter-,Traumatisierungen'.[70] Auf ästhetischer Ebene wurden Elemente der Zergliederung und Montage der Avantgarde der 1920er Jahre entnommen und zu einem Bildprogramm zusammengestellt, das Fotografie neben

70 Damit es nicht zu Verwechselungen mit den Traumatisierungen von Opfern des NS kommt, hebe ich hervor, dass Folie der künstlerischen Auseinandersetzung die psychische Auswirkung ist, der Täter*innen-Nation anzugehören. Vgl. Gerald Schröder: *Schmerzensmänner. Trauma und Therapie in der westdeutschen und österreichischen Kunst der 1960er Jahre*. München: Fink 2011; Bernhard Giesen / Christoph Schneider: *Tätertrauma. Nationale Erinnerungen im öffentlichen Diskurs*. Konstanz: UVK 2004.

anderen Medien wie Video beinhaltete und gleichzeitig umgestaltete.[71] Christliche Motiviken der Schmerzdarstellung wurden dabei nicht ausgespart, was den neoavantgardistischen Ausdruck an die Frage des Schöpferischen und Erhabenen knüpfte.[72] So zielten die fotografischen Selbstdarstellungen des „Wanderprediger[s] und Menschheitserlöser[s]"[73] Joseph Beuys auf Bildmuster der Selbsterniedrigung mit dem Zweck, Kunst als Universalreligion einer vom rationalen Denken befreiten Kreativität geltend zu machen. Entsprechend ließen sich auch die Fotografien der Selbstamputationen Rudolf Schwarzkoglers anführen. Diese setzen Schmerz ins Bild, indem sie Verwundungen und Selbstverstümmelungen zeigen. Jedoch besteht das Zeigen hier auch im Verbergen: Bandagen verdecken die unmittelbar verletzte Männlichkeit, Augenbinden verstellen den verletzenden Blick, der Kopf – in der Psychoanalyse gängiges Symbol der Kastration – wird nicht auf einem Silbertablett serviert, sondern aus dem Bild herausgeschnitten. (Abb. 10) Der Schmerz wird dadurch ins Jenseits des Bildausschnitts, ins Verborgene verschoben. Gerald Schröder argumentiert im Anschluss an Christian Metz, dass das Off der Fotografie bzw. des Sichtbaren in der Fotografie zum Fetisch, zum Begehrten würde.[74] Schwarzkoglers Fotografien entsprächen folglich einer Form der heilsamen Distanzierung vom Realen.[75] Dieses Bildprogramm widerspricht dem Beckers: Hier fungiert Fotografie nicht als Distanzierung, sondern als Affizierung.
Eine Differenz besteht auch gegenüber den Selbstbildnissen Arnulf Rainers. Wenngleich auch Becker Farbauftragungen und malerische Überarbeitungen zum Zwecke der Sprengung männlicher Identitätsnormen vornimmt, entfaltet

71 Zum Stellenwert der Fotografie im Kontext der Performance- und Body-Art finden sich verschiedene Positionen. Peggy Phelan argumentiert, dass die Flüchtigkeit das politisch Widerständige von Performance-Kunst ausmache, Philip Auslander verweist auf die wechselseitige Bedingtheit von Ereignis und medialer Reproduktion. Fotografien seien demnach nicht einfach nur Medien der Aufzeichnung performativer Körperinszenierungen, sondern Inszenierungen, die in einem engen wechselseitigen Abhängigkeitsverhältnis zur Performance selbst stehen. Inszenierte Fotografien konnten, wie am Beispiel der Wiener Aktionskunst diskutiert wird, performative Kunstformen vorbereiten. Barbara Engelbach geht noch weiter und behauptet, Fotografie und Videokunst hätten diese Inszenierungen erst hervorgebracht. Vgl. Peggy Phelan: *Unmarked. The Politics of Performance*. London / New York: Routledge 1993; Philip Auslander: *Liveness. Performance in a Mediatized Culture*. London / New York: Routledge 1999; Schröder: *Schmerzensmänner*, S. 424; Barbara Engelbach: *Zwischen Body Art und Videokunst. Körper und Video in der Aktionskunst um 1970*. München: Schreiber 2001.

72 Vgl. Rosemarie Brucher: *Subjektermächtigung und Naturunterwerfung. Künstlerische Selbstverletzung im Zeichen von Kants Ästhetik des Erhabenen*. Bielefeld: Transcript 2013.

73 Schuster: Der Künstler als Christus, S. 134–135.

74 Vgl. Schröder: *Schmerzensmänner*, S. 432.

75 Ebd., S. 453.

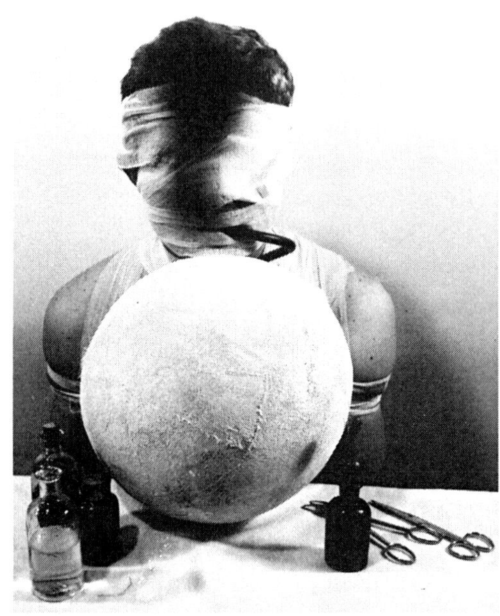

Abb. 10
Rudolf Schwarzkogler:
2. Aktion, 1965.

sich in den fotografischen Selbstportraits Rainers ein Ausdruck, den Becker meinen Analysen zufolge nicht adaptiert. Rainers im Fotoautomaten entstandene Momentaufnahmen mimischen Ausdrucks verarbeiten auf künstlerische Weise die fotografischen Aufzeichnungen bzw. Inszenierungen von Ausdrucksbewegungen (Abb. 11), die im psychologischen und physiologischen Diskurs seit Ende des 19. Jahrhunderts vorgenommen wurden.[76] In Beckers Fotografien spielt das bewegte, im Schmerzmoment grimassierende Gesicht jedoch eine sehr untergeordnete Rolle. Die Grimasse, die eine Form der Entlastung vom Schmerz darstellt,[77] ist in Beckers Fotografien bis auf wenige Ausnahmen absent.

Die schmerzzentrierte Bildschöpfung der Body-Art (1960er und 1970er Jahre)

Die entlastende und kathartische Wirkung der Körperbewegung, wie sie bei Rainer in Form der grimassierenden Ausdrucksbewegung eine Rolle spielt, ist

76 Vgl. Georges Didi-Huberman: *Die Erfindung der Hysterie. Die photographische Klinik von Jean-Martin Charcot*, aus d. Franz. v. Silvia Henke / Martin Stingelin / Hubert Thüring. München: Fink 1997; Petra Löffler: *Affektbilder. Eine Mediengeschichte der Mimik*. Bielefeld: Transcript 2004.

77 Vgl. Schröder: *Schmerzensmänner*, S. 524.

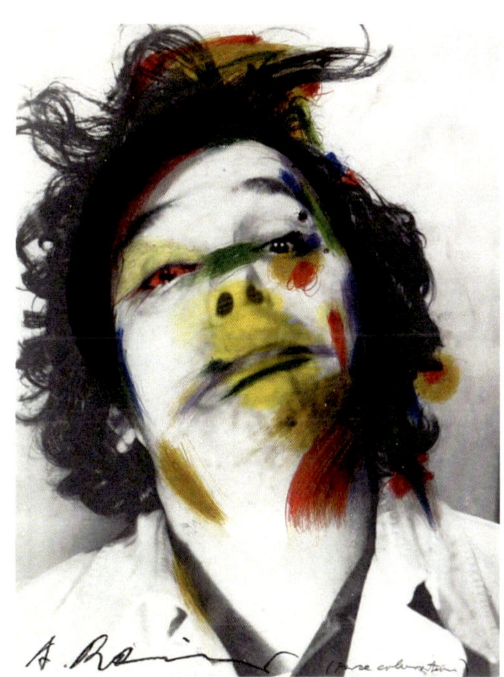

Abb. 11
Arnulf Rainer: *Face Farces (Face Coloration)*, 1969.

für die sich um 1970 etablierende Body-Art[78] zentral.[79] In Reaktion auf gesellschaftliche und militärische Gewalt, etwa im Vietnam-Krieg, brachen Künstler*innen wie Vito Acconci, Chris Burden, Dennis Oppenheim, Valie Export, Ulrike Rosenbach oder Gina Pane aus dem Tafelbild heraus, um sich in selbstdestruktiven Aktionen als Märtyrer*innen anzubieten.[80] Medien wie die Fotografie ermöglichten eine Inszenierung des Schmerzes und eine Heroisierung der Aktion, der Handlung und der Bewegung, wie Barbara Engelbach behauptet.[81] Dabei bleibt die Frage offen, wie sich die fotografische Heroisierung des Schmerzes mit der Absicht verträgt, die Inter-Aktion zwischen Künstler*in und Rezipient*in in den Mittelpunkt der Praxis zu stellen, ja sie gar als Kunstobjekt zu reklamieren.[82] Sollte die narrative Struktur beim Einsatz von Fotografie die

78 Anders als Körperkunst im Allgemeinen, zu der Tanz, Theater und Körperbemalungen gehören, bezieht sich Body-Art auf die Aktionskunst um 1970. Vgl. Engelbach: *Zwischen Body Art und Videokunst*, S. 11.

79 Vgl. Kathy O'Dell: *Towards a Theory of Performance Art*. Unveröffentlichte Dissertation, City University of New York 1992.

80 Vgl. Engelbach: *Zwischen Body Art und Videokunst*, S. 150.

81 Ebd.

82 Vgl. Koschatzky: Die Kunst der Photographie, S. 265.

Betrachter*innen involvieren[83] und die in Bildserien und Tableaus übersetzte Bewegung der Körper einen Austausch mit dem Publikum garantieren,[84] so ist von diesem Vorhaben oft nur das dokumentarische Portrait der sich durch Schmerz transzendierenden Subjektivität der Künstler*innen geblieben.[85] Dennoch könnte die Epoche der Body-Art – mit ihrem Verweis auf den feministischen Anspruch einer sich vom Hetero-Patriarchat emanzipierenden Darstellung weiblichen Schmerzes – einen Resonanzraum für die Selbstverletzungsfotografien Beckers zur Verfügung gestellt haben. Das Verwunderliche und zugleich Interessante ist, dass seine Fotografien weder inhaltlich noch formalästhetisch oder auf den Gebrauch bezogen auf die Body-Art reagieren, die kunsthistorisch im Zusammenhang radikaler gesellschaftlicher Umbrüche wie der Liberalisierung von Homosexualität steht. Motiviken, formalästhetische Qualitäten und materielle Verarbeitungen in Herstellung und Gebrauch verändern sich bei Becker zu dieser Zeit nur wenig. Auch bricht seine Fotografie nicht in die sich öffentlich artikulierende sexuelle Revolution mit auf. Sie bleibt weiterhin Teil des privaten Medienhandelns und durchläuft nicht das zu dieser Zeit verstärkt einsetzende *outgoing* schwuler, lesbischer und Trans*Repräsentationen. Diese Beobachtung evoziert zwei Fragen: Hielt Becker die sich um ihn herum ereignenden Geschehnisse für zu wenig aussagekräftig, um sich motiviert zu fühlen, mit seinen Fotografien an die Öffentlichkeit zu gehen? War die Zeit für das Sichtbarwerden der Schmerzdarstellungen Beckers noch nicht gekommen? Das ist schwer zu glauben, betrachte ich die Schlachtfeiern Otto Mühls und die in ihrer Drastik kaum zu überbietenden, existenziell bedrohlichen Selbstverwundungen Chris Burdens oder Rudolf Schwarzkoglers. War die Zeit noch nicht reif, weil Schmerz bei Becker im Zusammenhang mit Sexualität stand? Auch das ist unwahrscheinlich. Die sexuelle Emanzipierung stand schließlich im Zentrum der feministischen Avantgarde. Blieb er also im Verborgenen, weil männliche Homosexualität noch immer nur in einem bestimmten Muster öffentlich zum Ausdruck kommen konnte?

83 Vgl. Engelbach: Zwischen Body Art und Videokunst, S. 192.

84 Vgl. Helge Meyer: Empfindnis and Self-Inflicted Pain in Performance Art. In: Maria Pia Di Bella / James Elkins (Hrsg.): *Representations of Pain in Art and Visual Culture*. New Haven / London: Routledge 2013, S. 39–51, hier S. 39.

85 Zur Kritik z. B. an Marina Abramović vgl. Caroline A. Jones: Staged Presence. In: *Artforum* 48,9 (2010), S. 213–219; Amelia Jones: „The Artist Is Present". Artistic Re-enactments and the Impossibility of Presence. In: *TDR, The Drama Review* 55,1 (2011), S. 16–45; Amelia Jones: On Sexism in the Art World. In: *Artnews*, 2015. http://www.artnews.com/2015/05/26/on-sexism-in-the-art-world/ (Zugriff am 16.01.2020).

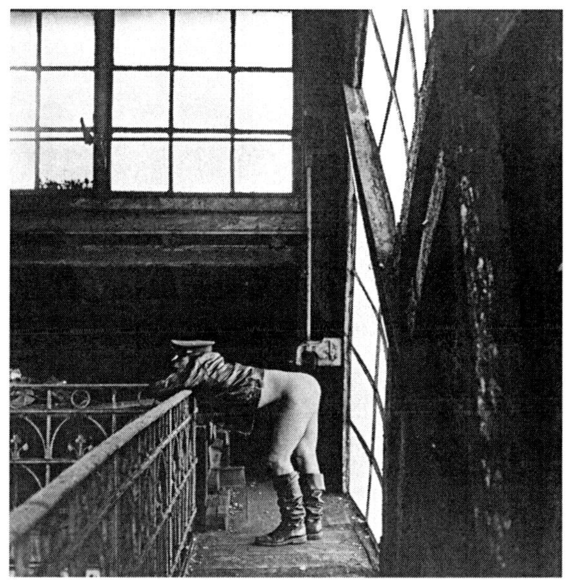

Abb. 12: Herbert Tobias: *Ledermann 1975, Hamburg, Alte Fischhalle a. Fischmarkt*, 1975.

Gay Pain und die Aids-Krise (1980er und 1990er Jahre)

Mit Blick auf die späten in Hamburger Fabrikhallen entstandenen BDSM-Fotografien Herbert Tobias' (Abb. 12) oder die neoklassizistischen Hochglanzästhetisierungen Robert Mapplethorpes (Abb. 13) erscheint es denkbar, dass Beckers Schmerzausdruck dem im schwulen Kunstkontext Möglichen vorgriff. Zwar spielte Schmerz als Folie des Begehrens z. B. in den Bildern Mapplethorpes eine Rolle, aber er wurde idealisiert dargestellt. Mapplethorpes Bildsprache entsprach dabei der Paradoxie, sich zwar als schwuler Fotograf outen zu können, allerdings nur im Kontext einer spezifischen und in sich wiederum paradoxen Ästhetik. In dieser traf Minimalismus auf Kirchenkunst, begegnete bildhauerische Präzision pornografischer Autoerotik und wurden realistische Sexbilder in Prunkrahmen gespannt. Um Schmerz als „entwirklichtes ritualisiertes Theater der Grausamkeit"[86] zu inszenieren bzw. schwule Fotografie als Kunst zu etablieren, perfektionierte Mapplethorpe das Spiel mit den Gegensätzen. Das erklärt, warum er in beiden Welten Anerkennung erlangte, in der Kunst ebenso wie in der schwulen Subkultur.

86 Jaeggi: Mapplethorpes Doppelspiel, S. 64.

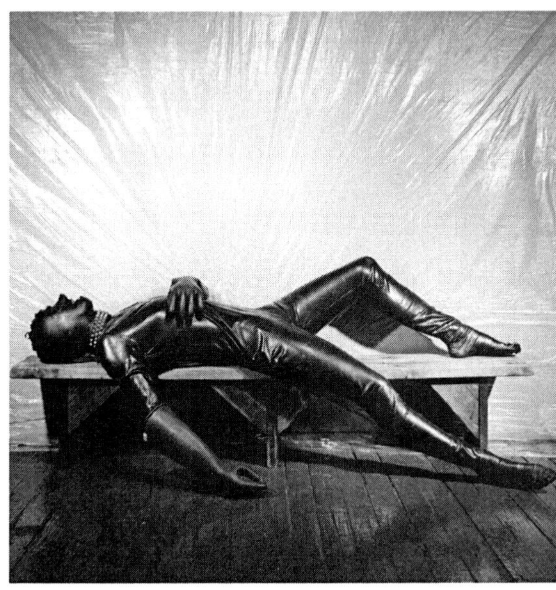

Abb. 13
Robert Mapplethorpe:
Joe/Rubberman, 1978.

Aids setzte einen Strich unter diese eher Schmerz entwirklichenden Entwicklungen. Während Mapplethorpe sich in einem letzten Akt der steinernen Perfektion griechischer Statuen zuwandte, begannen andere schwule Fotografen wie Jürgen Baldiga, Mark Morrisroe oder David Wojnarowicz (Abb. 14), die Erfahrung der eigenen und gleichsam kollektiven Sterblichkeit anhand von Stichen, körperlichen Verletzungen oder Brüchen ins Bild zu setzen. Auch queere Performance-Künstler wie Ron Athey oder Bob Flanagan präsentierten ihre kranken Körper als verletzlich, durchdringbar und undicht. Amelia Jones argumentiert, dass sie sich dadurch vom männlichen Körper und insbesondere von den Kodierungen patriarchaler Normen lösten.[87] Catherine Opies Fotografien von Ron Athey zelebrieren diesen queeren Moment. (Abb. 15) Indem Opie die nobilitierende und auf Betrachtung ausgerichtete[88] Dimension des Renaissance-Portraits aktiviert, werden sozial abjekte Figuren als Objekte der Schönheit und Erhabenheit

87 Vgl. Amelia Jones: Rupture. In: *Parachute* 123 (2006), S. 15–37; Amelia Jones: *Self/Image. Technology, Representation and the Contemporary Subject.* New York: Routledge 2006, S. 179–182; Mary Richards: Ron Athey, AIDS and the Politics of Pain. In: *Bodies, Space and Technology* 3,2 (2003), S. 163–80; Dominic Johnson: Ron Athey's Vision of Excess. Performance after George Bataille. In: *Papers of Surrealism* 8,1 (2010), S. 1–12.

88 Ich erwähne dies, weil auch die Möglichkeit bestanden hätte, sich auf die Berührungsdimension im Kontext der kultischen Verehrung schmerzgezeichneter Heiliger zu beziehen.

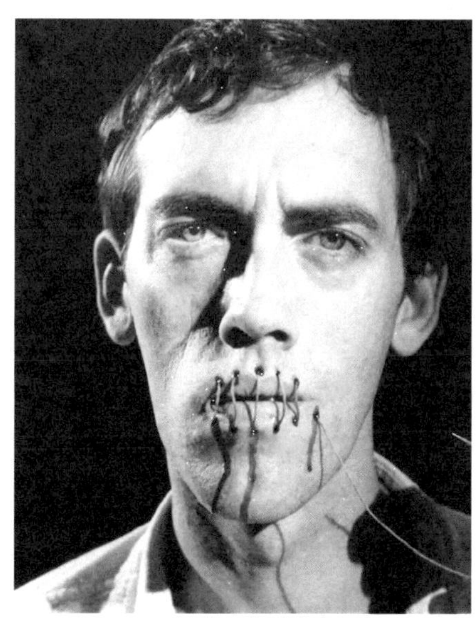

Abb. 14
Andreas Sterzing:
David Wojnarowicz: Silence=Death, 1989 / 2014.

behandelt.[89] Dass Opie – wie Mapplethorpe – mittels ästhetischer Perfektion, etwa durch die sehr hohe Farbauflösung oder den präzisen kompositorischen Bildaufbau, die offizielle Sprache der Kunstwelt trifft, unterscheidet ihre Bilder von denen Beckers, wenngleich es Ende der 1990er Jahre zaghafte Ansätze gab, seine Fotografie in den Stand der Kunst zu heben.[90]

Zu dem Zeitpunkt, zu dem in der Kunst die Auseinandersetzung mit der schmerzhaften Materialisierung des vergesellschaftlichten Hasses auf homosexuelle Männer und queere Subjekte in Fotografien gesucht wird, ist Becker bereits über 80 Jahre alt. In einem Moment, in dem sein fotografisches Werk mehr oder weniger als abgeschlossen gelten kann, schließt die Kunst allmählich mit seinem Bildschaffen auf. Daher – so lässt sich sagen – liefen bei Becker formalästhetisch Entwicklungen zusammen, die in dieser Kombination in den zeitgenössischen Kunstdiskursen vor 1990 nicht präsent waren. Dies gilt für den sich nur wenig surrealistisch ausnehmenden Montagestil, den dem dokumentarischen Realismus nicht entsprechenden Inszenierungsgrad, die sich nur über ein eingeschränkt technisches Können artikulierende Subjektivität oder die fehlende, aber für die Body-Art zentrale Narrativierung von Fotografie. Alle diese Absenzen

89 Vgl. Jennifer Doyle: *Hold It Against Me. Difficulty and Emotion in Contemporary Art*. Durham / London: Duke UP 2013, S. 58; Schaffer: *Ambivalenzen der Sichtbarkeit*, S. 128–130.

90 Wie in der Einleitung bereits erwähnt, widmete sich der Fotograf Hervé Joseph Lebrun Becker als Künstler und organisierte eine Ausstellung über seine Fotografie.

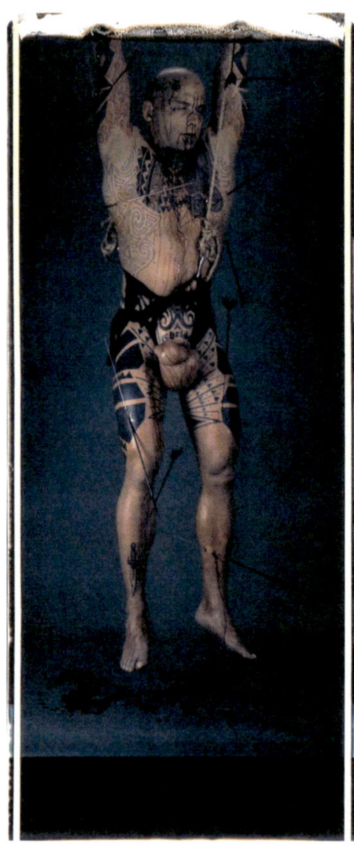

Abb. 15
Catherine Opie: *Ron Athey / Sebastian (from Martyrs & Saints)*, 2000.

in Beckers fotografischem Schaffen deuten darauf hin, dass er einen ganz eigenen Stil geprägt hat, was allerdings nicht heißt, dass dieser nicht künstlerisch ist. Im Gegenteil, ich werde darauf zu sprechen kommen, dass Becker künstlerisch vorbildend war. Nur konnte dieser nicht in seiner Zeit als Künstler wirkmächtig werden. Becker ‚kunstete' gewissermaßen in die Zukunft hinein. Gleichzeitig legt dieser grobe Überblick die Vermutung nahe, dass er seine Inspiration nur bruchstückhaft den ihn umgebenden Kunstsprachen entnommen hat. Vorbilder dürfte Becker auch bei anderen Bildtraditionen gefunden haben. In diesem Zusammenhang lohnt es sich zu fragen, inwieweit er als Amateurfotograf oder Medienamateur operierte.

I.2.1.2 Zu den Medienamateur*innen

Als Medienamateur*innen werden all jene nicht-professionellen Produzent*innen von Fotografien oder Filmen bezeichnet, die heute als Internetakteur*innen auch Prosumer[91], Produtzer[92] oder schlicht User genannt werden.[93] Mediengeschichtlich handelt es sich um sich engagierende Nicht-Profis, die seit 1900 aus Liebhaberei als Foto-, Film- und Funkamateur*innen im Privaten, aber auch in semiöffentlichen Vereinen agieren.[94] Dabei hatte der Amateurbegriff lange Zeit eine abwertende Dimension. Seit der deutschen Klassik wurde er mit Dilettantismus[95] und, wie in Alfred Lichtwarks programmatischer Schrift deutlich wird, Weiblichkeit[96] verbunden. Diese pejorativen Konnotationen scheinen sich durch die alltägliche Praxis mit digitalen Medien seit der Jahrtausendwende sukzessive und zugunsten einer allgemeinen Aufmerksamkeit für Amateurisches seitens professioneller Medien, Wissenschaft und Kunst aufzulösen.[97] Aus dieser

91 Den Begriff *prosumer* prägte Alvin Toffler im Rahmen seiner Utopie einer Technokultur, in der Konsumierende aktiv an den Produktionsprozessen beteiligt werden. Vgl. Alvin Toffler: *Die Zukunftschance. Von der Industriegesellschaft zu einer humaneren Zivilisation*. München: Bertelsmann 1980.

92 Axel Bruns zufolge ist der *produser* der „aus eigenem Antrieb aktive, kreative Ersteller und Weiterbearbeiter neuer Inhalte, wie er heutzutage in Projekten von der Open-Source-Software über die Wikipedia bis hin zu Second Life zu finden ist". Dieser unterscheidet sich vom *prosumer* dahingehend, dass er abseits von kommerziellen Interessen nutzergesteuerte Kollaborationsprojekte gestaltet. Axel Bruns: Vom Prosumer zum Produser. Ein neues Verständnis nutzergesteuerter Inhaltserschaffung. In: *produsage.org*, 2009. http://produsage.org/node/55 (Zugriff am 28.10.2015).

93 Vgl. Susanne Regener / Katrin Köppert: Medienamateure in der homosexuellen Kultur. In: Dies. (Hrsg.): *privat/öffentlich. Mediale Selbstentwürfe von Homosexualität*. Wien / Berlin: Turia + Kant 2013, S. 7–18, hier S. 12.

94 Vgl. Timm Starl: *Knipser. Die Bildgeschichte der privaten Fotografie in Deutschland und Österreich von 1880 und 1980*. München: Münchner Stadtmuseum 1995, S. 12; Regener: Medienamateure.

95 Vgl. Heidemann: *Dilettantismus als Methode*, S. 67.

96 Lichtwark, indem er meint einen Gag zu machen, sagt, dass der Frau Dilettantismus zu verzeihen sei, Männern hingegen nie. Dieser Geschlechtergeschichte des Amateurischen Aufmerksamkeit zu widmen, wäre durchaus interessant. Es ließe sich fragen, in welchem Zusammenhang die feministische Emanzipation im Rahmen der zweiten Frauenbewegung ab den 1970er Jahren mit der zunehmenden Aufwertung des Medienamateurischen im Zusammenhang steht. Konnte das Dilettante Anerkennung erfahren, weil auch Frauen zunehmend öffentlich präsent wurden, vice versa? Aus Platzgründen kann ich diese Frage hier nur oberflächlich streifen. Vgl. Lichtwark: *Die Bedeutung der Amateur-Photographie* (1894), S. 6.

97 Dies bedarf im Zuge dessen, dass die politischen Machtzentren soziale Medien wie Twitter für sich entdecken, unter Umständen einer neuerlichen Einschätzung. Nichtsdestotrotz ist festzustellen, dass im Zuge sozialer Medien und der Instagramierung von Gesellschaft Amateurfotografie museal geworden ist bzw. private Fotografie das künstlerische Interesse weckt. Vgl. Thomas Walther / Mia Fineman (Hrsg.): *Other Pictures. Anonymous Photographs From the Thomas Walther Collection*. Ausstellungskatalog. Santa Fe: Twin Palms 2000; Sarah Greenough / Diane Waggoner (Hrsg.): *Art of the American Snapshot 1888–1978. From the Collection of Robert E. Jackson*. Ausstellungskatalog National Gallery of Art. Washington: Princeton UP 2008; Douglas R. Nickel: *Snapshots. The Photography of Everyday Life 1888 to the Present*. San Francisco: San Francisco Museum of Modern Art 1998.

Perspektive lohnt es sich, die Geschichte der Medienamateur*innen rückblickend noch einmal neu zu bewerten: Diese hatten nicht nur entscheidenden Anteil beispielsweise an der Überführung der Fotografie in den Status der Kunst,[98] sondern auch daran, Medientechnologien im Moment ihrer Aneignung in Fragen ihrer Reichweite und Bedeutsamkeit für die Mediengeschichte zu bestimmen.[99] Was mich besonders interessiert ist die Frage, woran sich Medienamateuer*innen in diskursiver, technischer und ästhetischer Hinsicht orientierten.
Alfred Lichtwark hob in seiner Schrift zu Amateurfotograf*innen die ökonomischen Aspekte ihres Handelns hervor.[100] Er versuchte die Amateurfotografie aufzuwerten, indem er auf ihren volkswirtschaftlichen Nutzen anspielte. Hiermit wurde diskursiv begründet, was auch konstitutiv für die digitalen Amateur*innen ist: Das Subjekt der Amateur*innen konstituiert sich in einem Terrain, das in Prozesse der Ökonomisierung und Vermarktung eingebunden ist.[101] Schon um die Jahrhundertwende bedienten sich Amateurfotograf*innen Diskursen der ökonomisch durchdrungenen und auf Konkurrenzialität beruhenden Selbstoptimierung. Neueste technologische Entwicklungen nutzend wetteiferten sie in Vereinen um „durchgehende Glattheit, Gleichmäßigkeit und Schärfe“[102]. Die Technologie, die nicht von ihren ökonomischen Bedingungen abgekoppelt werden kann, schien den Rahmen des ästhetischen Ausdrucks mitzubestimmen. Immer bessere Linsen, Kameras und Filmrollen, die es zu erwerben galt, mit denen zu experimentieren es gelüstete, formulierten das Ziel, „alles klar und deutlich auf die Platte zu bringen“[103]. In die Liebhaberei – dies wird hier deutlich – schreibt sich so nicht nur ein ästhetischer Ausdruck von Präzision und Schärfe ein, sondern auch ein Diskurs wahrer Könnerschaft. Dies entspricht einer Rationalisierung und Maskulinisierung des ansonsten eher mit Weiblichkeit konnotierten Dilettantismus. Auch wenn andere, wie Dieter Daniels, für bestimmte mediengeschichtliche Perioden behaupten,[104] es gäbe keine zweckorientierte Nutzung und es ginge ‚nur‘ um die meisterhafte Beherrschung von Technik um der Technik willen,[105] verweist die gesellschaftliche und geschlechtliche

98 Vgl. Koschatzky: *Die Kunst der Photographie*, S. 135.

99 Vgl. Daniels: *Kunst als Sendung*, S. 207.

100 Vgl. Lichtwark: *Die Bedeutung der Amateur-Photographie* (1894), S. 6.

101 Vgl. Ramon Reichert: *Amateure im Netz. Selbstmanagement und Wissenstechnik im Web 2.0*. Bielefeld: Transcript 2008, S. 13.

102 Lichtwark: *Die Bedeutung der Amateur-Photographie* (1893), S. 9.

103 Ebd. S. 8.

104 Vgl. Daniels: *Kunst als Sendung*, S. 210.

105 Zuromskis kritisiert im Anschluss an Geoffey Batchen den Technikdeterminismus der Debatte rund um Amateur- und Schnappschussfotografie. Diese sei weniger von der Technologie durchdrungen als vielmehr vom Begehren nach dem fotografischen Bild. Ausschlaggebend

Strukturierung des Amateurdiskurses aus meiner Sicht durchaus auf eine deutliche Orientierung: Man(n) will fotografierend am vorherrschenden Diskurs partizipieren, um sich nicht länger als Dilettant effeminiert wahrnehmen zu müssen. Die Maskulinisierung des Amateurs ist eng mit der Aufwertung des Partizipationserlebnisses verflochten,[106] weswegen Vereinsstrukturen und gemeinschaftlich organisierte Ausstellungen damals von hoher Relevanz waren – so wie es soziale Medien heute sind. Die Partizipation an der Öffentlichkeit bzw. die Orientierung hin zu einer teilhabenden Öffentlichkeit scheint, entgegen der Behauptung, es ginge den Amateur*innen nur um die bloße Technikbeherrschung, ein wesentliches Charakteristikum des Medienamateur-Begriffs zu sein. Diese Feststellung soll nicht negieren, dass die Aneignung von Technik, Ästhetik und Öffentlichkeit durchaus zu Brüchen und die Mediengeschichte mitunter entscheidend beeinflussenden Verschiebungen[107] geführt hat. Reichert[108] hat im Anschluss an Foucaults Technologien des Selbst[109] und Butlers Theorie der Subjektivation[110] darauf verwiesen, dass amateurische Selbstpraktiken zwar an Ordnungswissen gebunden sind, aber stets auch performative Momente bereithalten, die das normative Wissen unterlaufen.

Nichtsdestotrotz gilt mein Fokus zur Bestimmung der Fotografie Beckers dem Aspekt der Orientierung von Medienamateur*innen. Sara Ahmed verweist in *Queer Phenomenology* darauf, dass allein schon die Orientierung auf etwas Welt formt.[111] Es macht ihr zufolge einen Unterschied, was oder wem wir uns zuwenden. Wie sich unsere Körper formen, wie sich unser gestalterischer Ausdruck bildet, kann nicht auf eine Verschiebung reduziert werden, die sich in

für die Bestimmung des Bildes sei das Begehren, das in einen gesellschaftlichen Rahmen eingebunden ist. Vgl. Zuromskis: *Snapshot Photography*, S. 323, 21; Geoffrey Batchen: *Burning With Desire. The Conception of Photography*. Cambridge: MIT 1999; Brian Coe / Paul Gates: *Schnappschuß Photographie. Die ersten hundert Jahre Amateurphotographie*, aus d. Engl. v. Karl Steinorth. München: Laterna magica 1979.

106 Reichert bezieht sich auf Computer-Amateur*innen. Diese würden das Internet als Bühne begreifen und sich auf dieser als Subjekte in Szene setzen, um soziale Erfolge zu erzielen oder Aufmerksamkeit zu erlangen. Vgl. Reichert: *Amateure im Netz*, S. 15–16.

107 Wenn ich in dieser Arbeit immer wieder von *Verschiebung* spreche, dann weil Derrida behauptet, dass sich die Dekonstruktion der klassischen Gegensätze unter der Bedingung der Verschiebung des Systems die Mittel verschafft, zu intervenieren. Vgl. Jacques Derrida: Signatur Ereignis Kontext, aus d. Franz. v. Donald Watts Tuckwiller. In: Ders.: *Die différance. Ausgewählte Texte*. Stuttgart: Reclam 2004, S. 68–109, hier S. 105.

108 Vgl. Reichert: *Amateure im Netz*, S. 28–29.

109 Vgl. Michel Foucault: *Technologien des Selbst*, aus d. Franz. v. Michael Bischoff. Frankfurt am Main: Fischer 1993.

110 Vgl. Butler: *Psyche der Macht*.

111 Vgl. Sara Ahmed: *Queer Phenomenology. Orientations, Objects, Others*. Durham / London: Duke UP 2006, S. 1–2.

der Wiederholung von etwas ereignet, wie es Butlers Performativitätsbegriff besagt.[112] Nein, die Form des Körpers, der Fotografie, des Selbst hängt auch davon ab, wohin wir uns wenden. Ebenso wie sich Medienamateur*innen im Rahmen ihrer diskursiven Einfassung nicht nur zufällig einer normativ vorstrukturierten Öffentlichkeit zuwenden, ist es von Bedeutung, zu fragen, wohin sich Becker wendet.

Meine These ist, dass Becker sich nicht an Öffentlichkeit im Muster normativer und standardisierter Vorstellungen orientiert. Seine Orientierung gilt dem Schmerz und der sich mit dem Schmerz ergebenden Macht der Affektion. Unterstützung findet meine These in den Lücken, die sein Nachlass beinhaltet. Weder gibt es Hinweise darauf, dass Becker in einem Verein organisiert war, noch schien er sich über Amateurzeitschriften und -ratgeber informiert oder mit anderen über Equipment,[113] technische Praxis oder Rezeptionserfahrungen ausgetauscht zu haben. Zwar befand Becker sich seit den 1950er Jahren im Briefwechsel, dieser diente jedoch eher der gegenseitigen Information darüber, wie der eigene Körper zu modifizieren und zu verletzen sei. Die Eingravierung des Körpers – und im prothetischen Sinne der Fotografie – stellte die Sozialisierung seines Körpers dar,[114] nicht aber die Medienreflexion oder Verständigung über das richtige Bild oder das meisterhafte Beherrschen der Medientechnik. Kurzum: Die Öffentlichkeit und der in ihr stattfindende normative Diskurs über die Könnerschaft in der Fotografie scheint mir schlichtweg uninteressant für das, was Becker in der Fotografie zu suchen schien.

Vielmehr orientierte er sich an dem, was an den Rändern dieses Diskurses wimmelte, was irgendwie in der Welt war, aber im Sinne von Intelligibilität nicht zu ihr gehörte: an auf der Straße getauschten Privataufnahmen, in geheimen Verteilern zirkulierenden Kontaktanzeigen-Blättchen, auf denen sich Menschen mehr schlecht als recht (halb-)nackt und vollständig tätowiert abgelichtet hatten (Abb. 16), an Schnappschüssen Tätowierter und BDSM-Begeisterter, an der Amateurpornografie im Sinne billig hergestellter Bildchen. Wenn Becker an Kunst interessiert war, dann oft im Kontext seiner Orientierung hin zum Alltäglichen und zu vernakulären Praktiken. Er schnitt fotografisch reproduzierte Repräsentationen von Kunst aus Magazinen aus, bekritzelte sie und unterwarf sie

112 Vgl. Butler: *Das Unbehagen der Geschlechter.*

113 Es ist bekannt, dass Becker 1927 eine Leica erworben hatte. Mit dieser fotografierte er noch nach dem Zweiten Weltkrieg. Da er später eine Stativkamera mit zeitmechanischem Auslöser genutzt hat, ist davon auszugehen, dass er noch einmal ein neues Modell erworben hat. Dabei beließ er es dann. Was den permanenten Neuerwerb von Technik angeht, kann Becker nicht als besonders passioniert gelten.

114 Vgl. Harrasser: *Prothesen*, S. 13–14.

der Technik des Scrapbookings, des DIY. (Abb. 17) Die kunsthistorische Bedeutung der Montage, wie ich sie am Beispiel der Avantgarde der 1920er Jahre sowie der subjektiven Fotografie bzw. der Neoavantgarde der 1950er und 1960er Jahre dargelegt habe, findet im Kontext einer Medienpraxis statt, die ich dem Spektrum der vernakulären Kultur zurechne. Es handelt sich dabei um eine Kultur, die der Kunst zeitlich nie nachgeordnet war und die ihr ästhetisch und politisch in nichts nachstand,[115] die sich aber auf das Private und Intime hin orientiert.

I.2.1.3 Zum Begriff des Vernakulären

Der Begriff des Vernakulären bezieht sich in dieser Arbeit auf den im US-amerikanischen verwendeten Terminus der *vernacular culture*. Der Begriff beschreibt kulturelle Artefakte des alltäglichen Herstellens und Gebrauchens von Fotografien und popkulturellen Bildern wie Familienschnappschüssen, Fotoalben, Scrapbooks, Sammel-, Souvenir- und Postkartenbildern.[116] Diese Beschreibung impliziert, dass es sich nicht nur um Artefakte handelt, sondern auch um Medienpraktiken des Knipsens und nachlässigen Entwickelns, des Schnipselns und Schneidens, des Anordnens und Montierens, des *scrapping*. Eingebettet in diese Medienpraktiken handelt es sich bei der vernakulären Fotografie um eine soziale Praxis im doppelten Sinne: Einmal im realen Sinne der Interaktion beim Fotografieren und Betrachten von Fotoalben und einmal im Rahmen des Erschaffens einer Fantasie sozialer Relationen. Ein Publikum wird durchaus mitgedacht, weswegen jede noch so einsame Aufnahmesituation eine soziale ist. Nach Catherine Zuromskis schließt diese Adressierung auch die Imagination alternierender, alternativer Realitäten und dadurch auch queerer Öffentlichkeiten ein.[117] Sie geht hierbei über Pierre Bourdieus Lesart der vernakulären Fotografie hinaus.[118] Hatte dieser behauptet, die „illegitime Kunst“[119] des Schnappschusses hänge von einem rigiden Set bedeutungsgebender Praktiken ab und stelle den Inbegriff kulturell vorgeschriebener familiärer Normalität dar, hebt Zuromskis das dieser Normalität Gegenläufige in der vernakulären

115 Vgl. Batchen: Snapshots; Katrin Köppert: Scrap-Book of Tears. Entwürfe des Selbst im (Zeit-)Gefüge von Schmerz und Hoffnung. In: Dies. / Regener (Hrsg.): *privat/öffentlich*, S. 175–204.

116 Vgl. Stacey McCarroll Cutshaw / Ross Barrett: *In the Vernacular. Photography of the Everyday.* Ausstellungskatalog. Boston: Boston University Art Gallery 2008, S. 8.

117 Vgl. Zuromskis: *Snapshot Photography*, S. 13.

118 Vgl. Pierre Bourdieu: Die gesellschaftliche Definition der Photographie, aus d. Franz. v. Udo Rennert. In: Ders. / Luc Boltanksi (Hrsg.): *Eine illegitime Kunst. Die sozialen Gebrauchsweisen der Fotografie.* Hamburg: EVA 2006.

119 Bourdieu: Die gesellschaftliche Definition der Photographie.

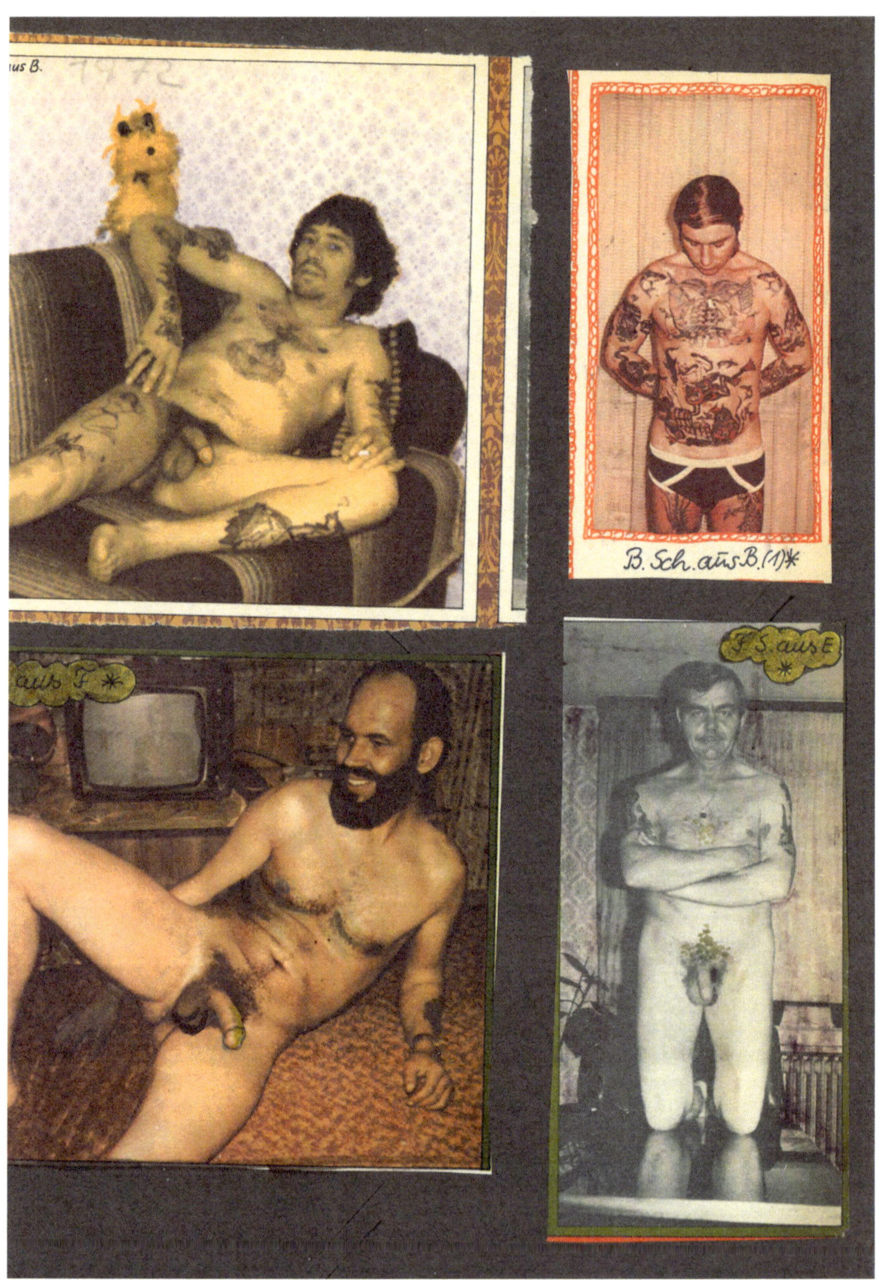

Abb. 16: Fotograf*innen unbekannt: *Mail-Order-Kontaktanzeigen*, ca. 1972.

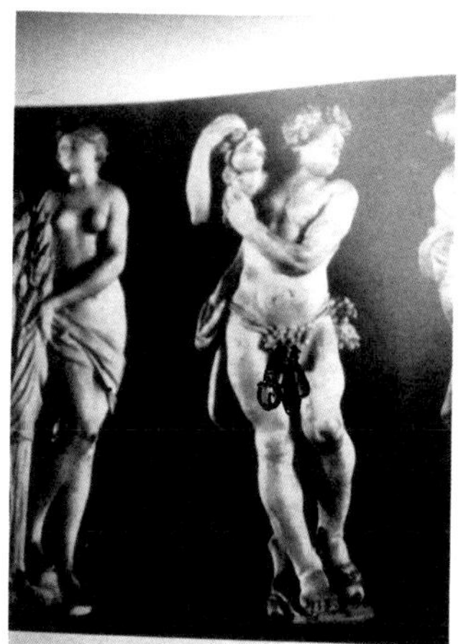

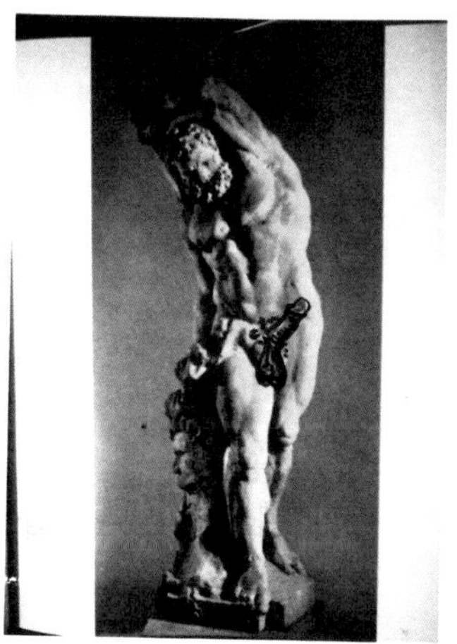

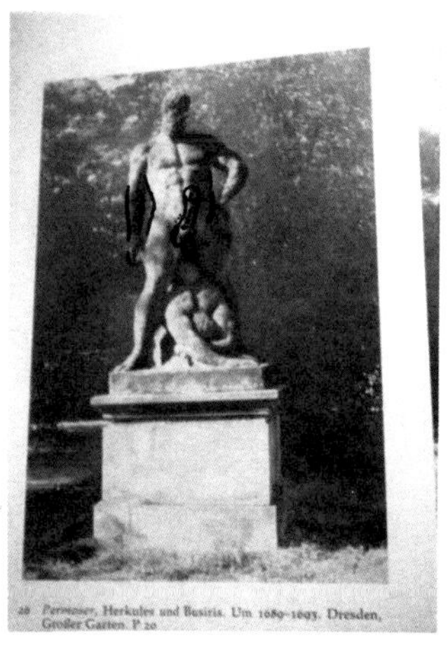

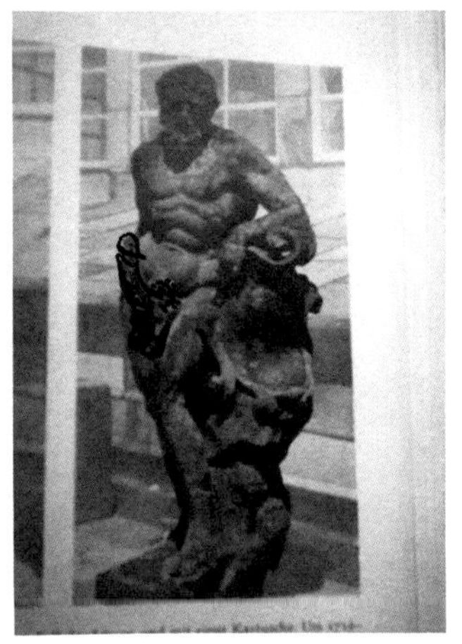

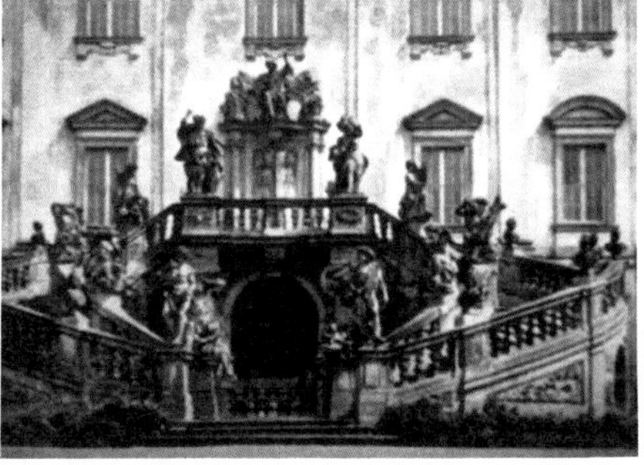

Abb. 17: Fotograf*innen unbekannt: *Bekritzelte Kunst*, o. D.

Fotografie hervor.[120] Allein schon der Umstand, dass in Beckers Fotografien die für die Schnappschussfotografie typischen Darstellungen von Familienfeiern,[121] Hochzeiten oder Geburten fehlen und Reiseaufnahmen vornehmlich im Kontext seiner Arbeit beim Film entstehen (siehe Kap. IV), markiert die Imagination einer alternativen Realität vernakulärer Praktiken. Die Tatsache, dass ich anstelle der positiven Gefühle, des Lächelns[122] oder des Festlichen im privaten Bild Nacktheit, schwules Begehren und verletzte Männlichkeit sehe, bekräftigt die These, dass die seit der digitalen Wende nostalgisch verklärten[123] Merkzeichen der Knipserfotografie, wie Timm Starl sie beschreibt,[124] durch Becker umgearbeitet und gequeert wurden. Aus dieser Perspektive lassen sich soziale Beziehungen imaginieren bzw. realisieren, die einem auf Besitz basierenden heteronormativen Familienmodell Formen queerer Sozialität entgegensetzen.

120 Vgl. Zuromskis: *Snapshot Photography*, S. 13.

121 Pierre Bourdieu schreibt in seinem Aufsatz „Die gesellschaftliche Definition der Photographie" davon, dass Amateurfotografie „niemals etwas anderes festhält als Momente, die ihrer Feierlichkeit wegen dem Zeitablauf entrissen werden". Bourdieu: Die gesellschaftliche Definition der Photographie, S. 88.

122 War es bis in die 1880er Jahre nahezu unmöglich, den Fotografierten in den langen fotografischen Sitzungen, in denen es zudem darauf ankam, still zu sitzen, ein Lächeln abzuringen, so wurde dies durch verbesserte Technik und kürzere Belichtungszeiten ermöglicht und durch Kodak auch werbewirksam für den privaten Markt inszeniert. Vgl. Fred E. H. Schroeder: Say Cheese! The Revolution in the Aesthetics of Smiles. In: *Journal of Popular Culture* 32,2 (1998), S. 103–145; Christina Kotchemidova: Why We Say ‚Cheese'. Producing the Smile in Snapshot Photography. In: *Critical Studies in Media Communication* 22,1 (2005), S. 2–25; Tanya Sheehan: Looking Pleasant, Feeling White. The Social Politics of the Photographic Smile. In: Elspeth H. Brown / Thy Phu (Hrsg.): *Feeling Photography*. Durham / London: Duke UP 2014, S. 127–157.

123 Batchen bemerkt, dass der private analoge Schnappschuss Eingang in die Museen und Kunstkataloge gefunden hat, weil er im Zuge der digitalen Wende zur Vergangenheit gehört. Er habe, so Batchen, die Rolle eines Denkmals inne und erinnere im melancholischen Gestus nicht nur an die industrielle Phase der Moderne, sondern auch an das mit dieser Phase verbundene Repräsentationssystem. Das betrifft neben der technischen Ausstattung der „rectangles of gelatin silver or vivid color" auch bestimmte Bildwerte der heterosexuellen Mittelklasse. So fokussierte z. B. die Ausstellung *Snapshot Chronicle. Inventing the American Photo Album* in der Douglas F. Cooley Memorial Art Gallery des Reed College 2005 ausschließlich auf Familienfotoalben. Die Ausstellung *Lieber Aby Warburg, Was tun mit Bildern?* im Museum der Gegenwartskunst in Siegen 2012 stellte Künstler*innen aus, die sich mehrheitlich dem guten Leben in privaten Bildern widmete. Gleiches lässt sich für die Ausstellung *Privat. Das Ende der Intimität* in der Schirn Kunsthalle Frankfurt 2012–13 behaupten. Wo der Schnappschuss erwähnt wird, stehen ‚unschuldige' Archive hetero-familiärer Heiterkeit im Mittelpunkt. Auch der Band *Die große Geschichte der zeitgenössischen Photographie. 1960 bis heute* umfasst in der Sektion zur Schnappschussfotografie lediglich Motive bürgerlicher Familiarität. Vgl. Batchen: Snapshots, S. 130; Quentin Bajac / Lucy Gallun / Roxanna Marcoci / Sarah Hermanson Meister: *Die große Geschichte der zeitgenössischen Photographie. 1960 – heute*. München: Schirmer / Mosel 2015.

124 Vgl. Starl: *Knipser*, S. 23.

Indem Aspekte des Queerings innerhalb des Vernakulären ihren Ausdruck finden, lassen sich die im Dispositiv der Schnappschussfotografie dominante Hetero-Familiarität und Konventionalität infrage stellen. Für mein Vorgehen bedeutet das, den Begriff der Schnappschuss- oder Knipserfotografie zu vermeiden. Diesen empfinde ich auf verschiedenen Ebenen als zu eng. Das betrifft zum einen die soeben erwähnte Ebene der Motive. Zum anderen adressiert der Begriff des Schnappschusses einen Diskurs, der aktuell daran arbeitet, Fotografien aus ihrem historischen Kontext herauszulösen.[125] Den Schnappschuss von der Tyrannei des Albums zu befreien, wie es Douglas R. Nickel formuliert,[126] verstehe ich jedoch als ein heteronormatives Privileg. Für eine schwule Kultur muss es erstmal darum gehen, ein solches Album zu schaffen. Darüber hinaus waren Beckers Fotografien niemals bloße Schnappschüsse im Sinne geknipster Momentaufnahmen oder schnell geschossener Erinnerungsbilder. Vielmehr handelt es sich um mitunter aufwändige Inszenierungen, Posen und Bildkompositionen. Zwar möchte ich im Unterschied zu Timm Starl[127] behaupten, dass jedem Schnappschuss auch eine Komposition zu Grunde liegt, der Moment also nicht rein intuitiv eingefangen wird, sondern auf der Grundlage kultureller Voreinstellungen zur Aufnahme gelangt. In Beckers Bildern lässt sich jedoch ablesen, dass bestimmte Motive und Momente allein aufgrund des Kamerablicks und des Wissens um die Fotografie zustande gekommen sind. Die Darstellungen Beckers sind nicht *trotz* der Kamera entstanden, sondern *wegen* der Kamera und *für* die Kamera.

Medialisierungen des Intimen: PorNO?

Da die vernakulären Medienpraktiken bei Becker in engem Zusammenhang mit seinem Begehren stehen, erweitere ich den Begriff des Vernakulären um die Dimension des Intimen. Damit ist nicht nur eine Praxis gemeint, die den Zweck hat, sich in ein sich selbst bewusstes Verhältnis zu bringen. Anstelle von Selbstbestimmung geht es darum, im Rahmen nicht normativer Setzungen intim zu werden. Daher möchte ich in diesem Abschnitt die Dimension der Medialisierung des Intimen als queere soziale Praxis verhandeln. Dies setzt die kritische Kontextualisierung der Debatten über die Medialisierung und Visualisierung

125 Vgl. Weston Naef: Preface. In: Ders. / D.J. Waldie Deborah Gribbon (Hrsg.): *Close to Home. An American Album*. Los Angeles: Getty Trust 2004, S. 3–5; Ruelfs: Das Auge der Masse, S. 13.

126 Vgl. Douglas R. Nickel: The Snapshot – Some Notes. In: Ders.: *Snapshots. The Photography of Everyday Life 1888 to the Present.* Ausstellungskatalog. San Francisco: San Francisco Museum of Modern Art 1998, S. 9–15, hier S. 83.

127 Vgl. Starl: *Knipser*, S. 23.

von Intimität und Sexualität im Zusammenhang mit dem fotografischen Akt bzw. der erotischen und pornografischen Fotografie voraus. In dieser Auseinandersetzung werde ich zeigen, dass sich die konventionelle Mediengeschichte der Intimität, wie sie bezogen auf erotische bzw. pornografische Fotografie z. B. Abigail Solomon-Godeau beschreibt,[128] verschiebt. Bei Becker geht es vielmehr um eine Medienpraxis, die aufgrund vernakulärer Handhabungen das hierarchisierte Subjekt-Objekt-Verhältnis implodieren lässt und eine Form der Sozialität begründet, die auf Affizierung beruht. In der Folge verstehe ich Beckers Fotografien als Bilder, die gleichermaßen das Genre der Aktfotografie und das der erotischen bzw. pornografischen Amateurfotografie alterieren.

Solomon-Godeau diskutiert in ihrem Aufsatz über die erotische Fotografie eine Daguerreotypie einer nackten Frau von hinten, die in Beaumont Newhalls *The History of Photography*[129] als künstlerische Aktdarstellung eingeführt wird. Sie behauptet, dass es sich bei dieser kontextualisierenden Einbettung um ein Beispiel für eine Auslassung bzw. Unterdrückung der Pornografie in der Fotografiegeschichte handelt. Um nicht erwähnen zu müssen, dass wir es hier mit einer pornografischen Darstellung zu tun haben, die in ihrem formalästhetischen Ausdruck Teil von Fotografiegeschichte ist, würde sie „in die hohe Kunst des Akts verwandelt“[130]. Diese Verwandlung von Pornografie zu Kunst würde ermöglicht durch die Pose der Frau. Das Posieren sei neben dem nackten Körper eines der wesentlichen Merkmale für den erotischen fotografischen Akt.[131] Weil die weibliche Pose in der Malerei bis ins 19. Jahrhundert zum klassischen Repertoire der Akademien zähle, sei es auch möglich, dieses fotografische Bild der Kunst zuzuordnen. Interessant ist, wie Solomon-Godeau im Folgenden die Pose dekonstruiert und als für die Pornografie des 19. Jahrhunderts typische Ausdrucksweise herausstellt. Die Rückenansicht, der Anschnitt der Beine sowie die im Halbdunklen auf dem Oberschenkel der Frau ruhende Hand widersprechen den konventionalisierten, also sich durch frontale Darstellungen in der Totalen auszeichnenden Posen im Feld der fotografischen Aktstudien zu dieser Zeit.[132]

128 Vgl. Abigail Solomon-Godeau: Erotische Fotografie erneut betrachtet. Bemerkungen zu einem historischen Bergungsprojekt, aus d. Engl. v. Maja Figge. In: Kathrin Peters / Andrea Seier (Hrsg.): *Gender & Medien-Reader*. Zürich / Berlin: Diaphanes 2016, S. 139–157.

129 Vgl. Beaumont Newhall: *The History of Photography. From 1839 to the Present Day*. New York: Museum of Modern Art 1984.

130 Solomon-Godeau: Erotische Fotografie erneut betrachtet, S. 144.

131 Ebd., S. 154–155; Linda Williams: Pornografische Bilder und die „körperliche Dichte des Sehens“, aus d. Engl. v. Johanna Schaffer / Jo Schmeiser. In: Wolf (Hrsg.): *Diskurse der Fotografie*, S. 226–266, hier S. 255–256.

132 Vgl. Solomon-Godeau: Erotische Fotografie erneut betrachtet, S. 145.

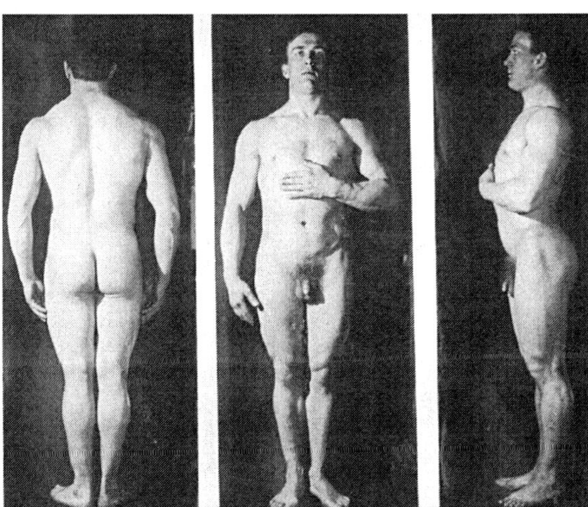

Abb. 18: Gustav Fritsch: *Lionel Strongfort*, o. D.

Da Becker sich in den meisten seiner Fotografien frontal ablichtet, bin ich Solomon-Godeaus folgend erst einmal geneigt, seine Fotografie nicht als Pornografie, sondern als Anleihe an die frühe Aktfotografie wahrzunehmen. Mit der Form der Inszenierung des nackten Körpers in frontaler Stellung ergibt sich zudem eine Nähe zu den Künstleranatomien gegen Ende des 19. Jahrhunderts. Diese hatten durch die frontale Darstellung des nackten Körpers versucht, ein Idealbild des modernen Menschen zu kreieren.[133] Im Genre dieses fotografischen Akts drücken sich sowohl naturwissenschaftliches Wissen als auch klassizistische Ästhetik in einem Bild aus. Darstellungen Beckers, in denen er sich eingefroren der Kamera zuwendet und die Hand auf seinem Bauch ablegt (Abb. 4), rufen etwa die um die Jahrhundertwende entstandenen fotografischen Studien Gustav Fritschs auf. (Abb. 18) In diesen diente die Hand als Maßeinheit, um Körperproportionen nachvollziehbar zu machen. Auch die Dreier- und Viererserien, die Becker von sich in Vorder-, Rücken- und Profilansicht herstellte (Abb. 19), erinnern an die fotografischen Tafeln Fritschs. Diese folgen zudem der anthropometrischen Fotografie, die mannigfach im kriminologischen Bilddiskurs zum Einsatz kam.[134]

Wenn ich also von Intimisierung spreche, beziehe ich mich vor dem Hintergrund meiner Ausführungen nicht zwangsläufig auf Pornografie oder pornografische

133 Vgl. Kathrin Peters: *Rätselbilder des Geschlechts. Körperwissen und Medialität um 1900.* Zürich / Berlin: Diaphanes 2010.

134 Vgl. Susanne Regener: *Fotografische Erfassung. Zur Geschichte medialer Konstruktionen des Kriminellen*. München: Fink 1999.

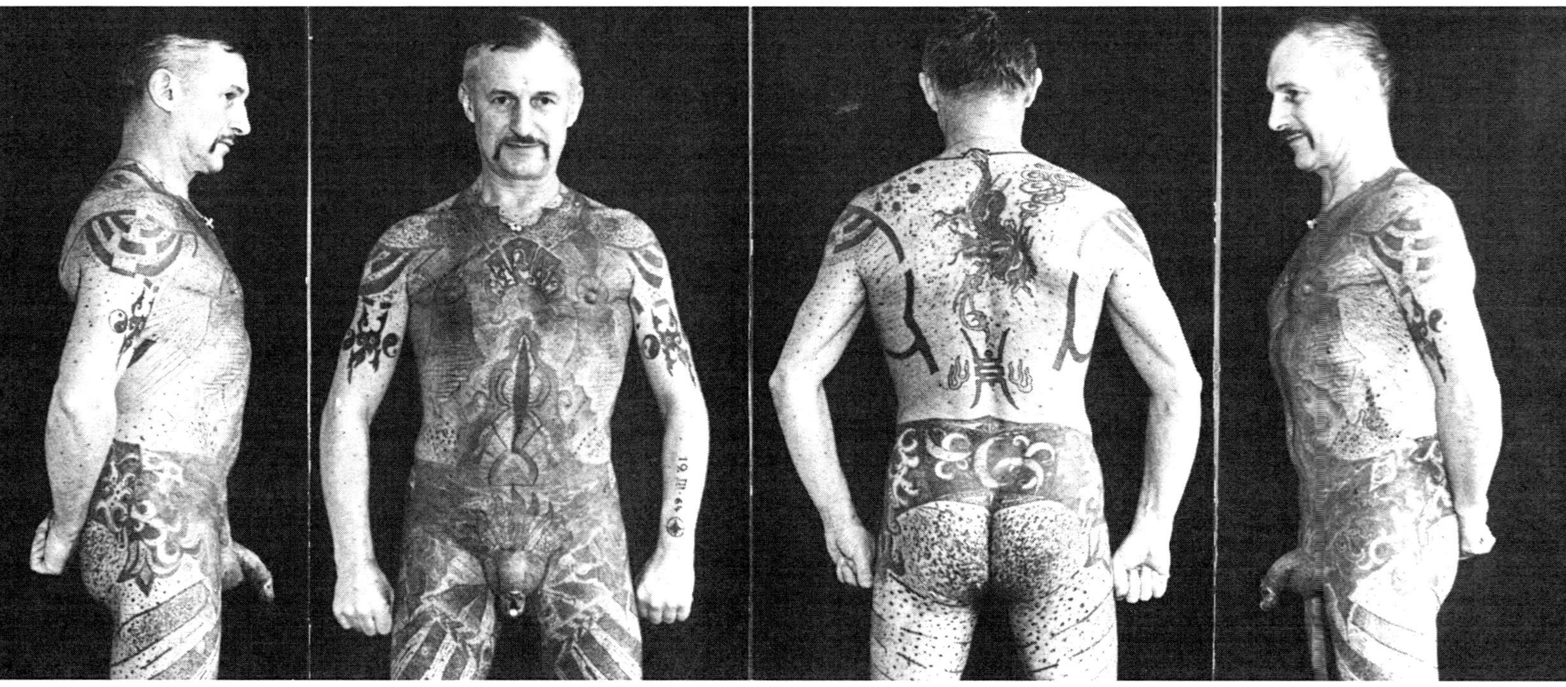

Abb. 19: Albrecht Becker: *Viererserie*, o. D.

Fotografie im konventionellen Sinne. Für eine solche Zuordnung scheinen Beckers Posen zu sehr auf das Feld der künstlerischen Aktfotografie bzw. der künstlerischen Anatomien zu verweisen. Dennoch gibt es Hinweise darauf, dass Aspekte des pornografischen Genres Eingang in Beckers Fotografie gefunden haben. Diese Einflüsse lassen sich auf der Ebene des Inhalts, der Blickkonstellation und des darüberhinausgehenden Produktions- und Rezeptionsrahmens finden.

Die Erotisierung des Blicks

Als Beispiel für einen Aspekt, der Pornografie vermuten lässt, möchte ich auf motivischer Ebene die Inszenierung von Vorhängen, Stoffen und Textilien anführen, die um Becker und sein Genital hängen. (Abb. 20) Stoffe und Draperien spielen eine gewichtige Rolle bei der Inszenierung des Erotischen, die neben dem Zu-sehen-Geben immer auch aus dem Verhüllen bestand. Erst im Wechselspiel von direkter Zurschaustellung und Verbergen werden die Fantasie der Enthüllung und die Lust nach der Entdeckung angeregt.[135] Zusätzlich zu den Stoffen sind Beckers Tätowierungen Teil dieses Spiels. Sie unterminieren den direkten Blick auf die nackte Haut. Tätowierte Haut stellt eine Herausforderung für das explorative Schauen dar. Das macht sie nicht weniger interessant oder begehrenswert, ganz im Gegenteil: Sie ist eine Einladung, genauer hinzuschauen, intim zu werden. Die Hautmusterung ist ähnlich wie die partielle Verhüllung durch Stoffe eine ästhetische Taktik und Medienpraxis der Intimisierung. Durch sie werden Beckers Fotografien auch pornografisch. Schließlich formatieren Medientechniken, die den Blick in einen privaten konvertieren und erotisieren, das Genre der Aktfotografie neu – sie produzieren Pornografie.[136] Dies zumindest ist die Annahme der auf psychoanalytischen Theorien beruhenden feministischen Blicktheorie. Ihr zufolge wurde das Sehen durch bestimmte Medientechniken und -technologien sexualisiert. Um diese Erotisierung des Blicks soll es im Folgenden gehen.

Die Entwicklung der erotischen und pornografischen Fotografie in der zweiten Hälfte des 19. Jahrhunderts ist – der feministischen Film- und Fotografietheorie zufolge – auf intime Weise mit dem Aufkommen der Warenkultur, der

135 Vgl. Linda Hentschel: Das Pornotopische Begehren der Kunst. In: Thomas Ballhausen (Hrsg.): *The Porn Identity. Expeditionen in die Dunkelzone.* Wien: Verlag für moderne Kunst 2009, S. 67–75, hier S. 67.

136 Vgl. Solomon-Godeau: Erotische Fotografie erneut betrachtet; Linda Hentschel: *Pornotopische Techniken des Betrachtens. Raumwahrnehmung und Geschlechterordnung in visuellen Apparaten der Moderne.* Marburg: Jonas 2001.

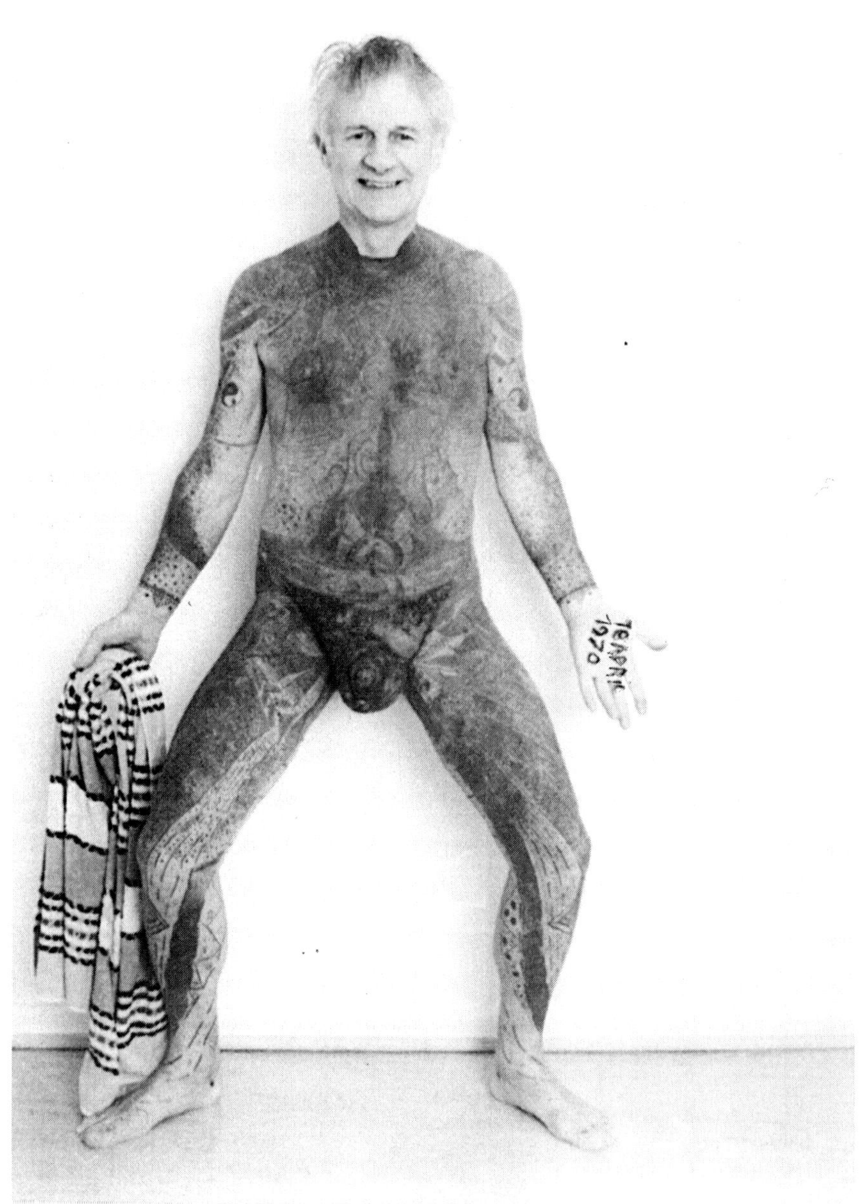

Abb. 20: Albrecht Becker: *Stoffdraperien*, 1970.

wissenschaftlichen Exploration der Sexualität[137] und dem bis dahin beispiellosen fotografischen Realismus[138] verbunden. Diese Fotografie hat die Spektakularisierung des nackten weiblichen Körpers vorangetrieben[139] – und zwar nicht nur im Rahmen der Amateurpornografie, sondern auch in der Kunst.[140] Fotografie, die Sexualität nicht als Handlung, sondern als Spektakel zur Aufführung brachte, machte die Frau zum Objekt und zu einem unaufhörlich Begehren produzierenden Fetisch. Dies geschah in der bildenden Kunst, in der Werbung und im Film. Der Gebrauch bestimmter Technologien wie der stereoskopischen Daguerreotypie, bestimmter technischer Verfahren wie der Kolorierung oder der Fragmentierung sowie bestimmter Modi der Inszenierung wie Posen, Gesten und Requisiten[141] trugen zu einer Version visueller Intimität bei. Per Blick wurden die abgebildeten Körper tiefengeöffnet, penetriert, besessen und unterworfen. Dabei fand, wie Linda Hentschel herausgearbeitet hat,[142] eine Verschiebung vom weiblichen Körper im Bild zum weiblichen Bildkörper statt. Der Blick soll nicht nur in das abgebildete Objekt eindringen, sondern auch in den Bildraum, der weiblich konnotiert wird. Laura Mulvey[143] und Linda Williams[144] haben dieses gewaltvolle und misogyne Blick-Begehren am Beispiel des Films bzw. des Pornofilms beschrieben. Zwei Dinge standen dabei für sie im Fokus: Die Struktur des Schauens unterliege erstens einer hierarchischen Unterscheidung zwischen Subjekt und Objekt bzw. Raum und sei zweitens vergeschlechtlicht, sprich die Position des Subjekts sei maskulinisiert und die des Objekts/Raums feminisiert.

137 Linda Williams behauptet, Pornografie sei eine Antwort auf die wissenschaftliche Exploration der Sexualität, wie sie etwa Foucault diskursanalytisch herausgearbeitet hat. Vgl. Linda Williams: *Hardcore. Power, Pleasure and the „Frenzy of the Visible“*. Berkeley / Los Angeles: California UP 1989, S. 34–36; Foucault: *Der Wille zum Wissen*.

138 Abigail Solomon-Godeau argumentiert, dass die Pornografie ihren Stellenwert gerade aufgrund der Thematisierung der Fotografie als Spur des Realen erlangen konnte: Der Umstand, „dass das Objekt des erotischen oder pornografischen Bildes eine reale Person war, die vor der Linse posiert oder performt hat“, verändere „zweifellos die Erfahrung des Betrachters“. Solomon-Godeau: Erotische Fotografie erneut betrachtet, S. 154.

139 Ebd., S. 142.

140 Linda Hentschel diskutiert die Medientechnologie der Zentralperspektive, die ihr zufolge erheblichen Einfluss darauf hatte, dass auch die Kunst eine für sie ungewöhnliche Tiefenraumöffnung und Erotisierung des Blicks vornahm. Mit der Betonung der Zentralperspektive setzt Hentschel den Zeitpunkt der Pornografisierung von Kunst jedoch noch vor der Erfindung der Fotografie an, nämlich etwa zur Zeit der Renaissance. Vgl. Hentschel: *Pornotopische Techniken des Betrachtens*.

141 Hier spielen Tücher, Spitze, Fächer eine entscheidende Rolle. Vgl. Solomon-Godeau: Erotische Fotografie erneut betrachtet, S. 147; Williams: *Hardcore*, S. 40.

142 Vgl. Hentschel: Das Pornotopische Begehren der Kunst, S. 69.

143 Vgl. Laura Mulvey: *Visual and Other Pleasures*. Bloomington: Indiana UP 1989.

144 Vgl. Williams: *Hardcore*.

Abigail Solomon-Godeau, Mary Ann Doane und bell hooks ergänzten in kritischer Auseinandersetzung mit Mulvey, dass die Vergeschlechtlichung des Blicks keinem Biologismus unterläge, das heißt, aus dem biologischen Geschlecht kein bestimmter Blick folge. Wie homosexuelle Erotika oder auch die hier behandelten Pin-Ups von Becker verdeutlichen, können Männer durchaus von Frauen oder von schwulen Männern und so in einer sonst nur Frauen zugeschriebenen Position betrachtet werden.[145] Genauso ist es möglich, dass *weiße* Frauen Trägerinnen eines männlichen Blicks auf Schwarze Frauen sind.[146]

Was nun wiederum bei den theoretischen Positionen von Solomon-Godeau, Doane und hooks unberührt blieb, ist die Annahme, dass die visuelle Lust und das Modell des Sehens per se männlich und voyeuristisch sind. Unabhängig vom Geschlecht der betrachtenden Person – so die Annahme – sei der Blick männlich und damit zugleich phallisch, aktiv und invasiv. Das schließt unter anderem eine Form des visuellen Genießens aus, das auf der Passivität des introjektiven Blicks beruht, wie es vor allem Ende der 1980er Jahre – zu Beginn der Blütezeit[147] visueller Repräsentationen von BDSM – reklamiert wurde.[148] Zugleich bedeutet diese ahistorische Generalisierung des Blicks als männlich auch eine Entkörperlichung und mithin Transzendierung des betrachtenden Subjekts.[149] Außerdem zementiert sich die Wahrnehmung des Objekts als körperliche, nicht zur Transzendenz fähige Präsenz.

Die geschilderten Blicktheorien reduzieren visuelle Intimität auf die binäre Reziprozität zwischen Subjekt und Objekt. Dabei sind die Rollen klar verteilt: entweder entkörperlichtes Subjekt oder verkörpertes Objekt. Was hier gedanklich fehlt, ist die Möglichkeit, dass sich ein Subjekt materialisiert oder ein Objekt transzendiert. Mit anderen Worten: Im Kontext der blicktheoretischen Betrachtung von Pornografie wurde lange nicht diskutiert, ob es möglich sei, dass sich Personen in

145 Vgl. Solomon-Godeau: Erotische Fotografie erneut betrachtet, S. 140.

146 Vgl. Mary Ann Doane: Remembering Women. Psychical and Historical Construction in Film Theory. In: Ann Kaplan (Hrsg.): *Psychoanalysis and Cinema*. New York / London: Psychology 1990, S. 46–63; bell hooks: Der oppositionelle Blick. Schwarze Frauen als Zuschauerinnen, aus d. Engl. v. Karin Meissenburg. In: Peters / Seier (Hrsg.): *Gender & Medien-Reader*, S. 91–106.

147 Die zwei Bände *Phantom der Lust. Visionen des Masochismus in der Kunst* verdeutlichen auf imposante Weise, wie sehr sich Darstellungen im Feld von BDSM vermehrten und popularisierten. Vor allem die Mode griff in den 1990er Jahren die Ästhetik von Lack und Leder auf. Vgl. Peter Weibel: *Phantom der Lust. Visionen des Masochismus in der Kunst.* München: Belleville 2003.

148 Vgl. Gaylyn Studlar: *In the Realm of Pleasure. Von Sternberg, Dietrich, and the Masochistic Aesthetic.* Urbana: Illinois UP 1988; Kaja Silverman: Masochism and Male Subjectivity. In: *Camera Obscura* 6,2 (1988), S. 31–66.

149 Vgl. Williams: Pornografische Bilder, S. 231.

der Position des abgebildeten Objekts als Subjekte realisieren, oder dass umgekehrt die betrachtenden Subjekte zu Objekten werden. Noch viel weniger spielte die Überlegung eine Rolle, ob sich das abgebildete Objekt als Subjekt realisieren könne, nicht im Sinne einer über sich verfügenden Autonomie, sondern sich verschiebenden Artikulation des Körperlichen. Dieser Gedanke, dass sich das Objekt durch nicht fixierbare körperliche Artikulationen subjektivieren könne, impliziert eine Umformulierung des Subjektbegriffs, die ich für die Frage queerer Repräsentationen fruchtbar finde. In einem ihrer späteren, die früheren Überlegungen revidierenden Texte hat Linda Williams mit dem Konzept der Dichte des Sehens versucht, diesen Gedanken in ihren Ansatz zu integrieren.[150] Dieser erscheint mir in Bezug auf die Medienpraktiken Beckers, die ich in der bisher geschilderten Standard-Mediengeschichte der visuellen Intimität nicht repräsentiert sehe, als besonders interessant. Das liegt zum einen daran, dass Becker in seinen Fotografien gleichermaßen Objekt und Subjekt des Blicks ist. Zum anderen liegt es am Einsatz vernakulärer Praktiken, durch die Beckers Körper mit dem Medium der Fotografie konvergiert, das heißt durch die das Medium der Fotografie als Mittel der Selbsteinsetzung Körper wird. Das hat Auswirkungen nicht nur auf die Frage der medialen Subjektivierung, sondern auch auf die politische Bedeutung von Intimität. Diese wird inmitten erotischer oder pornografischer Darstellungen nämlich zur Möglichkeit queerer Sozialität.
Nachdem ich im Folgenden den Ansatz von Williams vorstelle, möchte ich vorschlagen, Beckers Fotografie als Praktik der queeren Solidarisierung und gerade nicht der verobjektivierenden Erotisierung des Blicks zu verstehen.

Die Affizierung des Subjekts

Linda Williams betont mit Rückgriff auf Jonathan Crary[151] die verkörperte Präsenz des betrachtenden Subjekts.[152] Betrachter*innen sind demnach nicht entkörpert, distanziert und zentrisch, sondern durch Sensationen affiziert und damit direkt ins Bildgeschehen involviert. Diese Involvierung lässt das Subjekt-Objekt-Verhältnis im konventionellen Sinne implodieren. Ein Beispiel, das Williams zur Veranschaulichung anführt, ist ein *stag film*, also ein nicht-narrativer und billig produzierter Pornofilm, in dem der erigierte Penis des Filmenden im Moment der oralen Befriedigung zu sehen ist. Der Körper des durch die Kamera betrachtenden Subjekts ist hier als sexuelles Objekt im Bild zu sehen und als

150 Ebd.

151 Vgl. Jonathan Crary: *Techniques of the Observer. On Vision and Modernity in the Nineteenth Century*. Boston: MIT 1992.

152 Gleichzeitig betont Williams ihre Kritik an Crarys „seltsam neutrale[r] Definition des Betrachters, der kein Geschlecht zu haben scheint". (Williams: Pornografische Bilder, S. 236.)

empfindsames, sexuell erregtes Objekt unmittelbar zu erleben. Indem dieses Objekt als fragmentiert und affiziert wahrgenommen wird, kann keine ganzheitliche Subjektposition des Filmenden mehr angenommen werden. Dies lässt sich als Destabilisierung des vorher dargelegten starren theoretischen Verständnisses von Blickverhältnissen lesen: Der Blick des Subjekts ist nicht mehr ausschließlich ein entkörperlichter, sondern auch ein sich im Bild materialisierender. Beckers Bilder fesseln neben dem Auge auch den Körper hinter der Kamera und holen ihn ins Bild. Das zeigt sich daran, dass sie Beckers Körper als Objekt vor der Kamera, aber auch als Subjekt hinter der Kamera zu erkennen und zu erspüren geben. Nicht nur weil ich den Körper des fotografierenden Subjekts im Bild sehe, sondern vor allem weil ich ihn in Form materieller Spuren (verkörpert durch Schnitte, Schmutz und Körpersäfte) wahrnehmen kann, erlebe ich eine Form der Intimisierung, die das konventionelle Paradigma der erotischen bzw. pornografischen Fotografie alteriert. Die Erotisierung des Bildes erlebe ich nicht allein durch die Sexualisierung des Blickes, sondern durch die Sensualisierung und Affizierung der Fotografie. Vernakuläre Medientechniken des Beschneidens, Bemalens und Besamens seiner Fotografien lassen das Bild seines Körpers mit seiner körperlichen Präsenz konvergieren, die ohne Organe auskommt.[153] Erotik und Intimität entstehen folglich im sinnlichen Erfassen und Erfasst-Werden des Körpers ohne Organe. Dies verändert das Genre der Pornografie insofern, als der Frage der sinnlichen Wahrnehmung eine besondere Bedeutung zukommt. Diese sinnliche Wahrnehmung steht schließlich im Zusammenhang mit der sozialen Bedeutung der Medienpraxis der Intimisierung und Erotisierung, die weniger hierarchischen Strukturierungen entsprechen. Das weniger hierarchisierte Soziale des Intimen bzw. im Intimen ist das Merkmal vernakulärer Praktiken, die ich am Beispiel der Fotografie Beckers als queer-politisch behaupte.
Diese soziale Komponente der sinnlichen Wahrnehmung ist auch im Kontext schwuler (Amateur-)Pornografie relevant. Die Praktiken Beckers knüpfen an soziale Gebrauchsweisen in diesem Feld an, erweitern sie aber in Hinsicht einer queeren Politik des Sozialen.

Der soziale Gebrauch schwuler (Amateur-)Pornografie

Richard Dyer betonte die verschwimmende Grenze zwischen Repräsentation und Praxis in der schwulen Pornografie.[154] Schwule Pornos seien immer auch Anlass, sich zu berühren und miteinander Sex zu haben. Viele Darstellungen in

153 Hiermit beziehe ich mich auf das Konzept des organlosen Körpers von Deleuze und Guattari. Demnach artikuliert sich der Körper nicht in Form einer Ansammlung in sich ganzheitlicher und funktionstüchtiger Organe, sondern als Assemblage, also noch nicht feste Form, als Bewegungs- und Intensitätszone. Vgl. Deleuze / Guattari: *Tausend Plateaus*.

154 Vgl. Richard Dyer: Male Gay Porn. Coming to Terms. In: *Jump Cut* 30 (1985), S. 27–29.

schwulen Porno-Magazinen oder Amateuraufnahmen (darunter auch die von mir in den Archivbeständen gesichteten) lassen sich als Re-Stagings genau dieser Bedeutung lesen: Pornos anzuschauen, heißt auch Sex zu haben, sich auszutauschen, intim zu sein.[155] Darüber hinaus schuf die Nähe zur zunehmend am Geschehen partizipierenden Kamera einen Modus der Intimität zwischen Mensch und Technologie. Thomas Waugh schildert, wie in der schwulen Amateurpornografie die Kamera herumgereicht wurde, zum Teil des sexuellen Spiels wurde.[156] Vor diesem Hintergrund diskutiert Waugh *personal illicit photography* als mediatisierten sexuellen Akt.

Wenngleich Becker die Mediatisierung seiner sexuellen Praktiken meistens alleine vornahm und nicht als Teil eines orgiastischen kommunalen Szenarios, wie es viele der von Waugh zusammengetragenen Aufnahmen verdeutlichen, so werde ich trotzdem behaupten, dass sich in den Medientechniken Beckers eine Sozialität realisiert. Denn selbst, wenn andere Menschen nur selten direkt in den Bildern vorkommen und auch, wenn die Kamera im Spiel visuell abwesend bleibt, thematisieren die Fotografien die Imagination sozialer Relationen bzw. die Realisierung queerer Sozialität. Wenngleich seine Bilder in erster Linie Darstellungen des Selbst zu sein scheinen, artikulieren sie mittels vernakulärer Medienpraktiken eine Form sozialer Verbundenheit. Obwohl Becker allein im Bild ist, ist er nicht von anderen abgetrennt.

Konkret heißt das, dass Beckers Fotografien der Erregung anderer dienten, wie aus Briefwechseln hervorgeht. Das heißt, dass ihr Gebrauch nicht nur in der Imagination seiner Gegenwart eine queere Sozialität begründete, sondern auch in der Realität. Dies wird besonders deutlich bei Menschen, die nicht wie Becker homosexuell waren und dennoch positiv auf seine Fotosendungen reagierten. Sie beschreiben, wie seine Fotografien bei ihnen eigene sexuelle und körpermodifizierende Experimente anregten und das eigene Queersein bestärkten.[157]

Gleichzeitig binden Beckers Bilder die Betrachter*innen. Sie affizieren und berühren aufgrund der ihnen durch vernakuläre Medienpraktiken eingelagerten körperlichen Präsenz. Im Kontext vernakulärer Praktiken stellen Beckers Fotografien die Potenzialität oder auch Realität eines sozialen Bandes dar, das nicht auf hierarchischen Blickverhältnissen beruht, sondern auf intimen Momenten der Berührung.

155 Vgl. Thomas Waugh: *Hard to Imagine. Gay Male Eroticism in Photography and Film From Their Beginnings to Stonewall.* New York: Columbia UP 1996.

156 Vgl. Waugh: *Hard to Imagine*, S. 340.

157 Da Allianzen sexueller Minoritäten jenseits der Kategorien ‚lesbisch', ‚schwul', ‚trans' Strategie queerer Politiken des Postporn sind, wie Peter Rehberg den Stand der Forschung zusammenfasst, ließe sich Beckers Fotografie als Beispiel des Genres bezeichnen. Vgl. Rehberg: *Hipster Porn*, S. 48–50.

Diese Ausführungen zur Bedeutung des Intimen in Beckers Fotografie zeigen, dass diese nicht einfach als fotografische Aktfotografie oder als Pornografie im normativen Sinne verstanden werden kann. Damit möchte ich noch einmal auf den Zwischenraum verweisen, aus dem die Bilder operieren. Beckers Fotografie ist weder nur Kunstfotografie noch nur Amateur- oder Schnappschussfotografie. Jedoch ist sie aufgrund der Medienpraktiken der Veralltäglichung und Intimisierung, die Sozialisierung und Solidarisierung bedeuten, Teil vernakulärer Kultur. Doch wo genau lässt sich dieser Begriff des Vernakulären theoretisch verorten?

I.2.1.4 Das Vernakuläre im Feld der visuellen Kultur

Der Begriff vernakuläre Kultur ist vor allem im Kontext der Visual Culture Studies[158] bedeutsam geworden. Die Cultural Studies nach Richard Hoggart[159] und Stuart Hall,[160] die entscheidenden Einfluss auf die Studien zur visuellen Kultur hatten,[161] trugen seit den 1960er Jahren zu einer Erweiterung des zuvor auf die ‚Hochkultur' beschränkten Begriffs der Kultur um Aspekte der Alltags-, Massen- und Subkultur bei.[162] In diesem Zusammenhang richtete sich das Interesse auch auf die Produktion, Verwendung und Rezeption kultureller Produkte minorisierter Gruppen. Visuelle Erzeugnisse wurden hinsichtlich der Alltagssituation ihrer Entstehung oder Übertragung untersucht. In diesem Sinne werde auch ich mich Beckers Fotografie aus der Perspektive des Alltags, der privaten Räume

158 Während Abigail Solomon-Godeau der Meinung ist, dass sich der Begriff *Visual Culture* bereits auf das Forschungsobjekt, den Modus der Analyse und eine neue akademische Disziplin bezieht, vertreten andere die Position, dass erst die Formulierung *Visual Culture Studies* hervorhebt, dass es sich um die Aktivität des Forschens handelt. Ich werde in dieser Arbeit von visueller Kultur, Studien zur visuellen Kultur und Visual Culture Studies sprechen. Ich verwende die genannten Begriffe abwechselnd, weil ich bei der Entscheidung für einen Begriff die Gefahr einer disziplinären Standardisierung sehe. Visual Culture Studies verstanden sich zum einen von Anfang als Transdisziplin und wollten zum anderen keinen in seinen methodologischen Ansprüchen homogenen Studiengang hervorbringen. Vgl. Abigail Solomon-Godeau: Rubrics Cubed. In: *Bookforum* 33,3 (1998), S. 39–40; James Elkins: *Visual Studies. A Sceptical Introduction*. New York / London: Routledge 2003, S. 4–5; W. J. T. Mitchell: *Bildtheorie*, aus d. Engl. v. Heinz Jatho / Jürgen Blasius / Christian Höller. Frankfurt am Main: Suhrkamp 2008, S. 314–315; Irit Rogoff: Studying Visual Culture. In: Nicholas Mirzoeff (Hrsg.): *The Visual Culture Reader*. London / New York: Taylor & Francis 1998, S. 14–26.

159 Hoggart gründete 1964 das Birmingham Center for Contemporary Cultural Studies.

160 Vgl. Stuart Hall: *Ausgewählte Schriften*, Bd. 3: Cultural Studies. Ein politisches Theorieprojekt, aus d. Engl. v. Nora Räthzel. Hamburg: Argument 2000.

161 James Elkins weist darauf hin, dass die Cultural Studies Voraussetzung für das Entstehen der Visual Culture Studies seit etwa 1990 waren. Vgl. Elkins: *Visual Studies*, S. 4–6.

162 Vgl. Sigrid Schade / Silke Wenk: *Studien zur Visuellen Kultur. Einführung in ein transdisziplinäres Forschungsfeld*. Bielefeld: Transcript 2011, S. 57.

und der intimen Praktiken annähern. Im Mittelpunkt meiner Betrachtung sollen die eigens hergestellten Fotografien Beckers stehen. Daneben behandle ich aber auch die aus massen- und subkulturellen Zusammenhängen entnommenen und bearbeiteten Bilder, darunter z. B. die aus Tattoo-Zeitschriften ausgeschnittenen Abbildungen (Abb. 21) und pornografischen Zeichnungen. (Abb. 22 Hintergrund)

Meine Analyse bezieht sich auf Theoretiker*innen, die die Verflechtung der Fotografie mit alltäglichen Praktiken und dem Leben thematisiert haben, ohne Letzteres zur anthropologischen Konstante[163] zu erheben und ohne damit eine ethnografische Wende[164] zu beschreiben. Geoffrey Batchen diskutiert kritisch, dass einige Kunsthistoriker*innen, wie z. B. Hal Foster,[165] befürchteten, die Hinwendung zur vernakulären Fotografie hieße, sich der Fotografie im Rahmen eines anthropologischen Modells der historischen Praxis zuzuwenden.[166] Dabei geht es unter anderem um die Befürchtung, mit diesem *turn* treten ein Relativismus und eine Geschichtsvergessenheit ein, die das für die Kunstgeschichte notwendige Urteil über ästhetische Werte überflüssig machten.[167] Dass ich mich der Fotografie Beckers aus der Perspektive einer alltäglichen, intimen und sozialen Praxis zuwende, heißt nicht, deren kulturelle und historische Spezifität aus dem Blick zu verlieren. Ich beteilige mich nicht an dem Projekt der anthropologischen

163 Roland Barthes zufolge könne das mit der Fotografie verquickte Leben keine Konstante ergeben. Barthes bezeichnet Fotografie daher als anthropologische Revolution. Damit spricht er sich gegen die Vorstellung aus, die Fotografie könne eine für den Menschen universale und gleichbleibende Bedeutung haben. Wie der Begriff der Revolution zum Ausdruck bringt, handelt es sich bei der Fotografie um etwas ohne Gleichen. Vgl. Roland Barthes: *Die Rhetorik des Bildes*, aus d. Franz. v. Dieter Hornig. Frankfurt am Main: Suhrkamp 1990, S. 39.

164 Geoffrey Batchen thematisiert, dass einige Vertreter*innen der Kunstgeschichte befürchteten, die Hinwendung zur vernakulären Fotografie bedeute einen kulturellen Relativismus, der kulturelle und historische Spezifitäten überflüssig mache. Vgl. Batchen: Snapshots, S. 127; Batchen: *Burning With Desire*; Geoffrey Batchen: Vernacular Photographies. Responses to a Questionnaire. In: *History of Photography* 24,3 (2000), S. 229–231; Elspeth Brown: *The Corporate Eye. Photography and the Rationalization of American Commercial Culture*. Baltimore: Johns Hopkins UP 2005; Tina Campt: *Image Matters: Archive, Photography, and the African Diaspora in Europe*. Durham: Duke UP 2012; Shawn Michelle Smith: *American Archives: Gender, Race and Class in Visual Culture*. Princeton: Princeton UP 1999.

165 Vgl. Hal Foster: Archives without Museums. In: *October* 77 (Summer 1996), S. 97–119.

166 Vgl. Batchen: Snapshots.

167 Ebd., S. 121. Diesem Versuch der Unterscheidung zwischen Kunstgeschichte und der an vernakulären Medienproduktionen interessierten Visual Culture Studies müssen jedoch die sich auch aus der Kunstgeschichte heraus entwickelten Tendenzen gegenübergestellt werden, die sich den Visual Culture Studies ähnlich um Rahmungen des Zu-sehen-Gegebenen bemühten. Als eine der frühen kunsthistorischen Arbeiten, die sich den alltäglichen visuellen Techniken und Praktiken zuwendete vgl. Michael Baxandall: *Die Wirklichkeit der Bilder. Malerei und Erfahrung im Italien der Renaissance*, aus d. Engl. v. Hans Günter Holl. Berlin: Wagenbach 1999.

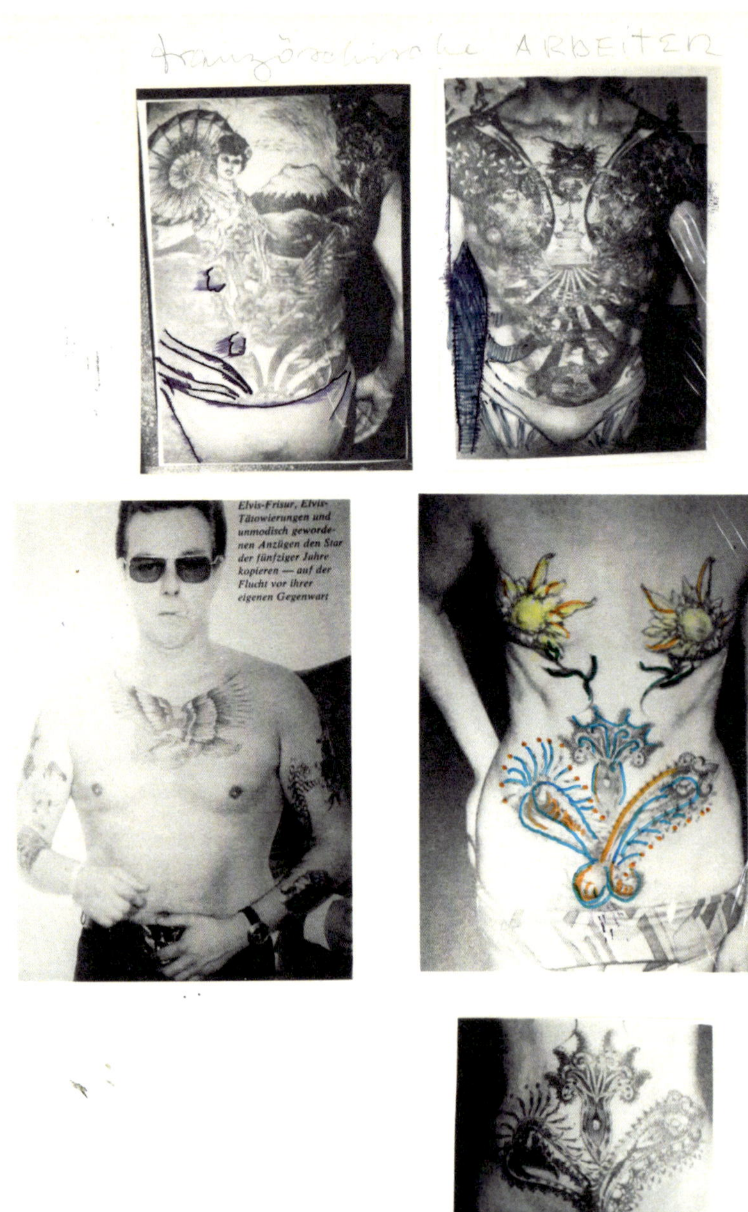

Abb. 21: Fotograf*innen unbekannt: *Cuttings*, o. D.

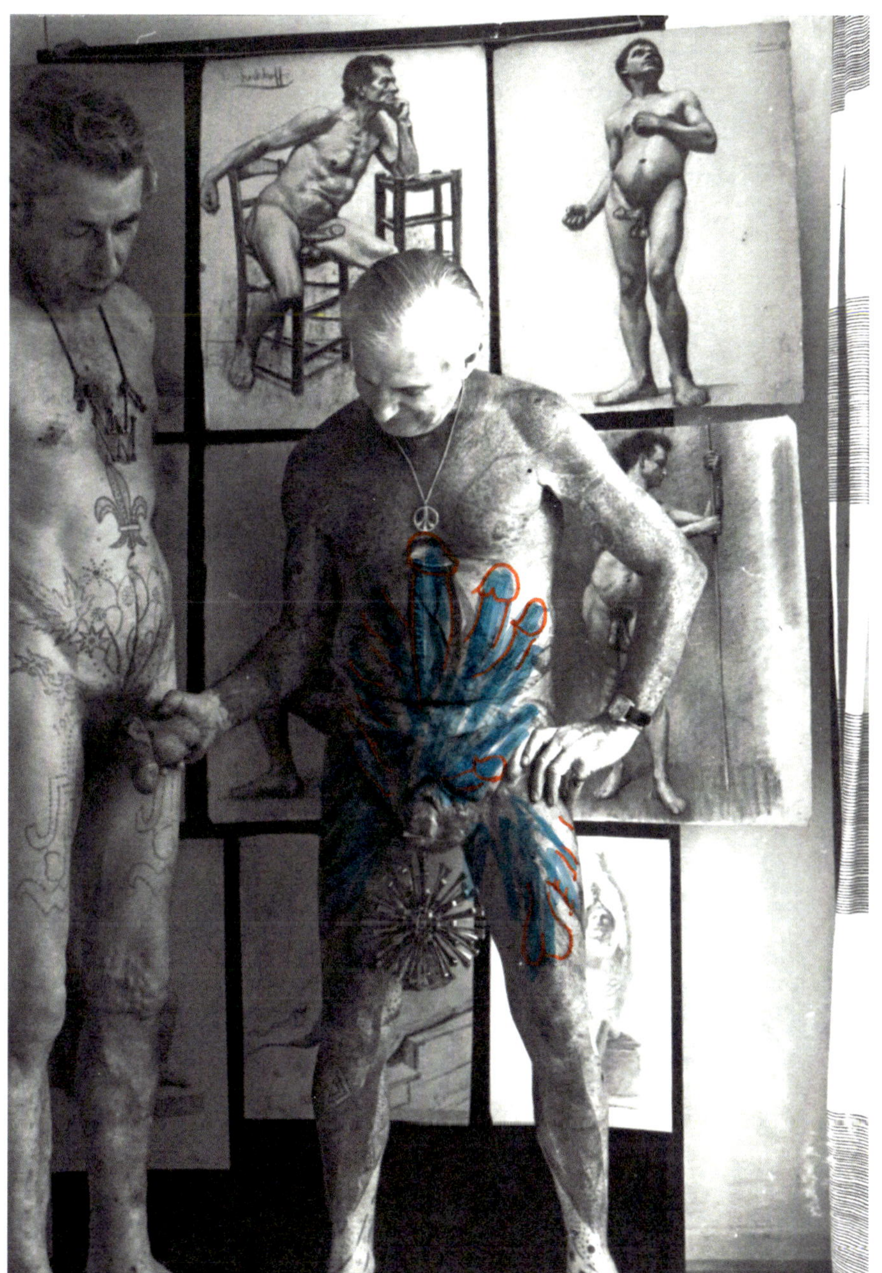

Abb. 22: Albrecht Becker: *Sex-Sketches*, o. D.

Verstetigung universaler Annahmen über den Menschen als *weiß*, männlich und heterosexuell. Vielmehr schließe ich mich jenen Strömungen der Visual Culture Studies bzw. der kulturwissenschaftlichen Kunstgeschichte an, die sich der Differenz und insbesondere der Temporalität von Differenz zuwenden, nämlich den Gender[168], Queer[169] und Postcolonial[170] Studies. Sie sind entscheidend für die kritische Auseinandersetzung mit Naturalisierungseffekten bei der Repräsentation von Geschlechterdifferenz, sexueller Differenz und rassisierter Differenz und leiten darin meine Studie an.

Meine Arbeit, die nach der Fotografie als Affizierung fragt, beabsichtigt weder das Visuelle der Fotografien zu essentialisieren, wie es mitunter den Visual Culture Studies vorgeworfen wurde,[171] noch intendiert sie, den Rahmen der Fotografien zu anthropologisieren. Stattdessen will ich die wirkmächtigen kulturellen und historischen Bedingungen der Fotografien transparent machen. Letzteres betone ich, um mich auch dezidiert von einer Auslegung der Visual Culture Studies abzugrenzen, die im Feld der visuellen Anthropologie dazu tendiert, das Forschungsobjekt in den Vordergrund zu stellen, den kulturellen Rahmen der

168 Für den deutschsprachigen Kontext vgl. u. a. Ines Lindner / Sigrid Schade / Silke Wenk / Gabriele Werner: *Blick-Wechsel. Konstruktionen von Männlichkeit und Weiblichkeit in Kunst und Kunstgeschichte*. Berlin: Reimer 1989; Sigrid Schade / Silke Wenk: Inszenierungen des Sehens. Kunst, Geschichte und Geschlechterdifferenz. In: Hadumod Bußmann / Renate Hof (Hrsg.): *Genus. Zur Geschlechterdifferenz in den Kulturwissenschaften*. Stuttgart: Kröner 1995, S. 340–407; Hildegard Frübis: Kunstgeschichte. In: Christina von Braun / Inge Stephan (Hrsg.): *Gender Studies. Eine Einführung*. Stuttgart / Weimar: Metzler 2000, S. 262–275; Hentschel: *Pornotopische Techniken des Betrachtens*; Barbara Paul: Kunstgeschichte, Feminismus und „Gender Studies". In: Hans Belting / Heinrich Dilly / Wolfgang Kemp / Willibald Sauerländer et al. (Hrsg.): *Kunstgeschichte. Eine Einführung*. Berlin: Reimer 2008, S. 297–336.

169 Für den deutschsprachigen Kontext vgl. u. a. *FKW // Zeitschrift für Geschlechterforschung und visuelle Kultur* 21 (1996); Barbara Paul / Johanna Schaffer (Hrsg.): *Mehr(wert) queer – Queer Added (Value). Visuelle Kultur, Kunst und Gender-Politiken – Visual Culture, Art, and Gender Politics*. Bielefeld: Transcript 2009; Renate Lorenz: *Queer Art. A Freak Theory*. Bielefeld: Transcript 2012.

170 Für den deutschsprachigen Kontext vgl. u. a. Viktoria Schmidt-Linsenhoff: Postkolonialismus. In: *Kunsthistorische Arbeitsblätter* 7/8 (2002), S. 61–72; dies.: *Ästhetik der Differenz. Postkoloniale Perspektiven vom 16. bis 21. Jahrhundert*. 2 Bde. Marburg: Jonas 2010; Sebastian Conrad / Shalini Randeria (Hrsg.): *Jenseits des Eurozentrismus. Postkoloniale Perspektiven in den Geschichts- und Kulturwissenschaften*. Frankfurt am Main: Campus 2002.

171 Sigrid Schade und Silke Wenk resümieren in Rückgriff auf Mieke Bal, dass innerhalb der Visual Studies die Gefahr einer Essentialisierung des Visuellen bestünde, die an die Stelle semiologischer Analysen trete. Es würde nur noch das Zu sehen Gegebene betrachtet, wohingegen das Sagbare, das nicht sichtbar sein müsse, außen vor bliebe, ebenso wie die Praktiken des Visuellen, die nicht zwangsläufig zu sehen sind. Vgl. Schade / Wenk: *Studien zur Visuellen Kultur*, S. 62–63; Mieke Bal: Visual Essentialism and the Object of Visual Culture. In: *Journal of Visual Culture* 2,1 (2003), S. 5–32.

Analyse jedoch nicht zu benennen, zu situieren oder zu kritisieren.[172] Wenn ich mich also den intimen Praktiken Beckers zuwende, dann geschieht dies unter der Prämisse, selbst und in meiner Positionierung ‚in den Blick der Quelle' zu geraten. Im Anschluss an Irit Rogoff möchte ich nicht aus einer überlegenen und in ihrer Überlegenheit unmarkierten Positionierung der Forscherin[173] *über* Beckers Fotografien und Praktiken sprechen.[174] Vielmehr werde ich auch an Trinh T. Minh-Ha[175] anknüpfend versuchen, *mit* ihnen zu sprechen, mit ihnen als Quellen, die nicht das Andere von mir bilden, sondern als das Andere inhärenter Teil von mir sind. Doch ich greife vor. Im Abschnitt I.2.4 werde ich noch einmal ausführlicher darauf zu sprechen kommen.

Zusammenfassend geht es mir mit dem Begriff der vernakulären Kultur nicht darum, einen Graben zwischen Alltags-, und Amateurfotografie einerseits und Kunstfotografie andererseits zu ziehen. Vielmehr möchte ich auf das Private, Intime und Alltägliche im kreativen und künstlerischen Ausdruck hinweisen, also auf eine Dimension, die innerhalb der kulturwissenschaftlichen

172 Hier spiele ich auf die Tradition fotografischer Taxonomien des Anderen an, die in der Geschichte der visuellen Anthropologie lange Zeit unreflektiert blieben. Das mag damit zu tun haben, dass sich diese Bildkonvention touristische Bilder und Reisefotografien anverwandelt hat. Vgl. Elizabeth Edwards: Andere ordnen. Fotografie, Anthropologie und Taxinomien, aus d. Engl. v. Wilfried Prantner. In: Wolf (Hrsg.): *Diskurse der Fotografie*, S. 335–358; Stephen Greenblatt: *Wunderbare Besitztümer. Die Erfindung des Fremden: Reisende und Entdecker*. Berlin: Wagenbach 1994; Christian Kravagna: Far, Far at Home. Blättern in (post)kolonialen Reisealben. In: Nina Möntmann / Dorothee Richter (Hrsg.): *Die Visualität der Theorie vs. Die Theorie des Visuellen. Eine Anthologie zur Funktion von Text und Bild in der zeitgenössischen Kultur*. Frankfurt am Main: Revolver 2004, S. 161–185.

173 Zu meiner Positionierung gehört mein *Weißsein*. *Weißsein* ist – ähnlich wie Männlichkeit – die unmarkierte Norm westlicher Wissensproduktion. Dieser Norm möchte ich mich kritisch stellen. Indem ich *Weißsein* als für die Wissensproduktion richtungsgebende Dimension benenne, strebe ich eine Denaturalisierung an und hoffe, die Last der Differenz anders zu verteilen, das heißt diese nicht nur dem nicht-*weißen* Anderen aufzubürden. Dies wird vor allem dann relevant, wenn ich mich in Kapitel VI Bildern des Anderen widme, die Eingang in Beckers visuelles Archiv gefunden haben. Aber auch in Kapitel III werden mich Repräsentation des Leids Anderer beschäftigen. Vgl. Ruth Frankenberg: *Displacing Whiteness. Essays in Social and Cultural Criticism*. Durham: Duke UP 1997; Gabriele Dietze / Claudia Brunner / Edith Wenzel (Hrsg.): *Kritik des Okzidentalismus. Transdisziplinäre Beiträge zu (Neo-)Orientalismus und Geschlecht*. Bielefeld: Transcript 2009; M. Jacqui Alexander / Chandra Talpade Mohanty: Introduction: Genealogies, Legacies, Movements. In: Dies. (Hrsg.): *Feminist Genealogies, Colonial Legacies, Democratic Futures*. New York / London: Routledge 1997, S. xiii–xlii, hier S. xviii.

174 Vgl. Rogoff: Studying Visual Culture, S. 18.

175 Ich beziehe mich hier auf das Konzept des *speaking nearby* von Trinh T. Minh-Ha. Es besagt, dass es um eine Form des Schreibens oder – wie in ihrem Fall – auch des Filmemachens geht, die, statt aus der Ferne zu objektivieren, versucht, dem Subjekt nah zu werden, ohne es für die eigenen Interessen zu beanspruchen. Vgl. Trinh T. Minh-ha: „Speaking Nearby". A Conversation with Trinh T. Minh-ha. In: *Visual Anthropology Review* 8,1 (1992), S. 82–91, hier S. 87.

Kunstgeschichte und der visuellen Kultur von Interesse ist. Aus diesem Fokus ergibt sich eine Reformulierung des Privaten als Kunst. Beckers Fotografie lässt sich damit in eine Reihe künstlerischer Arbeiten der queeren Subkultur stellen, die erst ab den späten 1980er Jahren öffentlichkeitswirksam wurden (Mark Morrisroe, Jürgen Baldiga, Ron Athey, Bob Flanagan). Für diese war Becker vorbildend, jedoch nicht, weil seine Kunst schon früher öffentlich geworden oder auf Öffentlichkeit ausgerichtet gewesen war. Die künstlerische Bedeutung von Beckers Fotografien knüpft an das Private an. Ich werde mich deshalb im folgenden Abschnitt mit dem Privaten als Raum queerer Ästhetik sowie mit der Politik queerer Solidarisierung auseinandersetzen.

I.2.2 Privatheit / Öffentlichkeit: Zur Bedeutung der *kleinen Fotografie*

I.2.2.1 Die kleinen Gebrauchsweisen und das Politische im Privaten

Beckers Bildserien des Schmerzes erlauben es, das Private als künstlerisch und das Künstlerische als privat anzusehen. Dabei spielt auch die Frage, wie politisch das Private ist, eine entscheidende Rolle.

Aus Gründen nachhaltiger Repressionen fotografierte sich Becker seit seinem Umzug nach Hamburg 1949 im Privaten; erst in einer kleinen Wohnung, die er allein mietete, später im selbstgebauten Haus, das er mit seinem langjährigen Lebenspartner Herbert Kirchhoff bewohnte. Indem er die geheimen und heterotopen[176] Orte dieses Hauses, wie den Keller oder den Dachboden, als Bühne für seine Inszenierungen nutzte, strich er das Private als einen politischen Ort heraus. Dass Becker das Private als Potenzial künstlerischen Ausdrucks und mikropolitischer Allianzen annahm und gestaltete, wird auch dadurch bestätigt, dass er keine großen Anstrengungen unternahm, seine Fotografien zu veröffentlichen. Erst in den 1990er Jahren übergab er sie dem Archiv des Schwulen Museums Berlin.[177]

In Anlehnung an Gilles Deleuze und Félix Guattari[178] möchte ich Beckers Bilder als *kleine Fotografien* bezeichnen und behaupten, dass das Private darin nicht nur einen politischen, sondern auch einen kollektiven Ort markiert. Deleuze und Guattari haben in Bezug auf Franz Kafka von der kleinen oder minderen

176 Foucault versteht unter heterotopen Orten Räume, die tatsächlich realisierte Utopien darstellen, also Gegenplatzierungen zu innerhalb der Kultur gültigen Plätzen. Vgl. Michel Foucault: *Andere Räume*, aus d. Franz. v. Walter Seitter. Leipzig: Reclam 1992, S. 39.

177 Vgl. Sternweiler: *Fotos sind mein Leben*, S. 96.

178 Vgl. Deleuze / Guattari: *Kafka*.

Literatur[179] gesprochen und auf das politische Potenzial des Ortes verwiesen, den sie als Sackgasse betrachteten. Bei der Sackgasse handelt es sich im Falle Kafkas um die Gleichzeitigkeit zweier Unmöglichkeiten: die Undenkbarkeit, irgendetwas könne ihn daran hindern zu schreiben, und die Unmöglichkeit aufgrund des grassierenden Antisemitismus als deutscher Jude in Prag überhaupt Autor sein zu können.[180] Übertragen auf Beckers Positionierung hieße das: Die Gleichzeitigkeit der Unmöglichkeit, auf das Fotografieren verzichten zu können, und der Undenkbarkeit, als homosexueller Mann in einer heteronormativen visuellen Kultur mit seinen Fotografien öffentlich wahrnehmbar zu werden. Die deterritorialisierte Bildsprache homosexueller BDSM Männlichkeit in der Territorialität der heterosexuellen Dominanzkultur der Nachkriegszeit bot sich Becker nur für „‚kleine[...]' Gebrauchsweisen" im „enge[n] Raum"[181] privater Zurückgezogenheit an. Dieser enge Raum bewirkt jedoch, dass jede „individuelle Angelegenheit mit der Politik verknüpft" ist und „um so [*sic*] notwendiger und unverzichtbarer"[182] wird, je mehr sich in ihm eine ganz andere Geschichte als die nur individuelle abspielt. Die spätkapitalistische, heteronormative, familienzentrierte Geschichte der Bundesrepublik seit den 1950er Jahren, die sich in den individuellen Angelegenheiten von Beckers Sexualität und seines Körpers ereignet, bekommt im engen Raum seines fotografischen Ausdrucks eine existenzielle[183] und mithin politisch dringlichere Bedeutung als in dem weiten Raum der Öffentlichkeit, in dem alles irgendwie und augenblicksweise zusammenhängt.

Der Befund, dass im engen Raum alles politisch dringlicher ist, sagt noch nichts darüber aus, mit welcher Form des Politischen wir es zu tun haben bzw. welche Politik sich im fotografischen Raum Beckers unverzichtbar artikuliert. Deleuze und Guattari verweisen darauf, dass in kleinen Literaturen aufgrund des Mangels an großen Talenten die Bedingungen für individuelle Aussagen

179 Der Begriff lautet im französischen Original *littérature mineure* und wurde als *minor literature* ins Englische übersetzt. Daher merkt die Übersetzerin an, dass sich die kleine Literatur auch als mindere Literatur übersetzen lässt. Vgl. Gilles Deleuze / Félix Guattari: *Kafka. Pour une littérature mineure.* Paris: Minuit 1975; Gilles Deleuze / Félix Guattari: *Kafka. Toward a Minor Literature.* Minneapolis: U of Minnesota P 1986; Deleuze / Guattari: *Kafka*, S. 24.

180 Deleuze und Guattari erklären das damit, dass Kafka als deutsch-schreibender Jude in Prag weder Teil der tschechischen Nationalität noch der deutschen Minderheit sein konnte, da Juden von letzterer ausgeschlossen waren. Vgl. Deleuze / Guattari: *Kafka*, S. 24.

181 Ebd., S. 25.

182 Ebd.

183 Deleuze und Guattari sprechen davon, dass das augenblicksweises Zusammenlaufen von individuellen und gesellschaftlichen Angelegenheiten im „weiten Raum" der großen Literatur im „engen Raum" der kleinen Literatur die Entscheidung über Leben und Tod bedeute. Ebd., S. 25.

fehlen. Daher könne sich gerade hier etwas Kollektives, etwas die Erzählung großer „Meister“[184] Unterminierendes artikulieren. Dieser These folgend möchte ich Beckers Fotografie als subversiv Kollektives, als Moment *queerer* Politik beschreiben.

Ein queerer Moment beginnt dort, wo das System der auf Einzelsubjekten und subjektiven Rechten fokussierenden Gesellschaft an seine Grenze stößt,[185] wo die im Kapitalismus greifende Individualisierung nicht mehr auf fruchtbaren Boden fällt. Die *kleinen Fotografien* Beckers, die für seine Erfindung als ‚Meister‘ zur damaligen Zeit nicht taugten, bilden den queeren Moment einer Sozialität, die auf einer vom Anderen durchdrungenen Subjektivität beruht. Schmerz spielt hierfür – in der Weise, wie ich ihn perspektivieren möchte – eine entscheidende Rolle. Bevor ich genauer auf diese Rolle des Schmerzes eingehe, möchte ich jedoch noch diskutieren, was Beckers Fotografie zu der gegenwärtig so lebhaft debattierten Frage nach der Veränderung der Öffentlichkeit beiträgt. Lässt sich mit Blick auf Beckers Archiv sagen, wie dem aktuell durch Mediendemokratisierung angestoßenen Wandel von Öffentlichkeit mit einem Begriff des Privaten begegnet werden kann, der Privatheit nicht als per se vermachtet, sondern solidarisch begreift? Demokratische Medienproduktion, also Medienproduktion durch professionelle, aber eben auch nicht-professionelle, amateurische Akteur*innen, wird zur Zeit als Diffusion des von Macht durchzogenen Privaten ins Öffentliche diskutiert. Effekt dieser Diffusion sei, dass Öffentlichkeit mehr und mehr zur Privatsphäre würde.[186] Mit Blick auf Beckers Fotografie stellt sich die Frage, was geschieht, wenn das Private sich im Privaten gegen Vermachtung stellt. Welche Öffentlichkeit entsteht? Ich möchte im Anschluss an diese Fragen im Folgenden nach den Möglichkeiten für eine Neujustierung des Politischen im Privaten fragen, für eine Politik des Privaten, die nicht auf Individualismus abzielt, sondern auf eine Sozialität, die solidarisch ist.

I.2.2.2 Von der intimen Öffentlichkeit zur Öffentlichkeit der Intimität

Der digitale Wandel führte zu einer Demokratisierung der Medien. Öffentliche Medienproduktion und -inhalte verteilen sich vermehrt auf eine größere Anzahl von Akteur*innen, nicht nur im kommerziellen und journalistischen Spektrum. Auch Selfies, Amateurvideos oder Podcasts sind mittels digitaler Technologien

184 Deleuze / Guattari: *Kafka*, S. 25.

185 Vgl. Hark: *Koalitionen des Überlebens*, S. 27.

186 Vgl. Stefan Münker: *Emergenz digitaler Öffentlichkeiten. Die sozialen Medien im Web 2.0.* Frankfurt am Main: Suhrkamp 2009.

und entsprechender Softwareangebote massenhaft produzierbar. Soziale Medien und Apps machen sie distributierbar und per Klick millionenfach rezipierbar. Ein Effekt dieser gestiegenen Partizipationsmöglichkeit durch das Internet ist eine Scheinöffentlichkeit,[187] das heißt die in von Markt und Staat kontrollierte Öffentlichkeit in Netzwerken.[188] Zwar können sich aufgrund niedrigschwelliger Zugänge mehr Menschen öffentlich äußern, nur werden sie zunehmend über Protokolle reguliert und überwacht. Damit geht die Befürchtung einher, Öffentlichkeit im Sinne einer tendenziell politischen Gegenöffentlichkeit könne entpolitisiert werden.[189] Grundlage dieser Befürchtung ist die Annahme, Öffentlichkeit stelle ein legitimes Feld des Politischen jenseits der Zugriffe durch Markt und Staat dar. So formulierte Jürgen Habermas die These, die politische Öffentlichkeit biete den geeigneten Raum für den Austausch von *Argumenten* sowie für die politische Gestaltung.[190]

Diese mit Begründungsmustern des Argumentativen und Rationalen einhergehende Aufwertung der politischen Öffentlichkeit riskiert dabei wiederholt die Abwertung des Privaten als Raum des nur irrationalen, affektiven Handelns bzw. der politisch nicht bedeutsamen Äußerung.[191] Ähnlich wie Hannah Arendt es für die Nachkriegszeit diskutiert hatte, scheint sich die gegenwärtige Öffentlichkeit mit einer Kollektivierung des Privaten im Sinne entweder apolitischer Gefühlsäußerungen und Sentimentalitäten oder des Eigentums[192] konfrontiert

187 Der von Oskar Negt und Alexander Kluge in den 1970er Jahren geprägte Begriff der Scheinöffentlichkeit bezog sich darauf, dass es in der Klassengesellschaft keine Öffentlichkeit geben könne, die eine gesamtgesellschaftliche Synthese aus Identität und der Gesellschaft als Gemeinschaft bilde. Daraus resultiere auch nur der Schein einer Partizipation aller Gesellschaftsmitglieder. Die These, dass es sich nur um einen Schein der Partizipation handele, lässt sich durchaus auf das Internet beziehen: In den von Konzernen und Staatsorganen kontrollierten Netzwerken äußern wir nur scheinbar unsere Meinung. Tatsächlich ist sie durch Protokolle der Überwachung und Kapitalakkumulation beeinflusst. Vgl. Oskar Negt / Alexander Kluge: *Öffentlichkeit und Erfahrung. Zur Organisationsanalyse von bürgerlicher und proletarischer Öffentlichkeit*. Frankfurt am Main: Suhrkamp 1990, S. 104–105, 134–135.

188 Vgl. Alexander R. Galloway / Eugene Thacker: *The Exploit. A Theory of Networks*. Minneapolis: Minnesota UP 2007.

189 Vgl. Chris Tedjasukmana: *Mechanische Verlebendigung. Ästhetische Erfahrung im Kino*. Paderborn: Fink 2014.

190 Vgl. Jürgen Habermas: *Strukturwandel der Öffentlichkeit. Untersuchungen zu einer Kategorie der bürgerlichen Gesellschaft*. Frankfurt am Main: Suhrkamp 2013.

191 Chris Tedjasukmana: Affektive Öffentlichkeiten – Zur politischen Ästhetik des Online-Videoaktivismus. Vortrag, IFK Wien, 20.11.2017. http://www.ifk.ac.at/kalender-detail/affektive-oeffentlichkeiten-zur-politischen-aesthetik-des-online-videoaktivismus.html (Zugriff am 17.02.2020).

192 Arendt wies darauf hin, dass die Kollektivierung des Privaten vor allem die Kollektivierung des privaten Haushalts meint und damit als eine Frage der Ökonomie und nicht der Politik zu problematisieren ist. Vgl. Hannah Arendt: *Vita activa oder Vom tätigen Leben*. München: Piper 2007, S. 39.

zu sehen. Das Eindringen des Privaten ins Öffentliche führe zu einer Unterhöhlung des politischen Begriffs von Öffentlichkeit. Paul Virno spricht in diesem Zusammenhang von einem „Öffentlichsein ohne Öffentlichkeit“[193]. Dieser Befund ist Anlass, ein breiteres Verständnis von Öffentlichkeit zu entwickeln. Hier sei noch einmal das Konzept der Gegenöffentlichkeit erwähnt.[194] Damit sind ästhetische Kodierungen und Verkörperungen gemeint, die nicht auf rationalen Argumenten beruhen und die als Widerstandsmomente einer verwirkten politischen Öffentlichkeit betrachtet werden.[195] Auch Begriffe wie *intimate public*[196] oder affektive Öffentlichkeit[197] versuchen, die komplexen Ineinanderlagerungen von Privatheit und Öffentlichkeit für dieses neue Verständnis von Öffentlichkeit[198] auszuloten.

In diesem Zusammenhang kommt den Fotografien Beckers eine besondere Rolle zu, jedoch nicht im Sinne einer in der Öffentlichkeit verhandelten Intimität, sondern als einer in der Privatheit artikulierten politischen Öffentlichkeit. In Beckers Fotografien kommt das Private als eine Form der politischen Öffentlichkeit zum Ausdruck – und zwar im Sinne eines Politikbegriffs, der sich gegen das (markt-)liberale und (staats-)regulierte Subjektverständnis stellt. Damit lässt sich auch noch einmal der feministische Slogan „Das Private ist politisch!“ überdenken. Dieser wird schließlich oft angeführt, um darauf hinzuweisen, dass es im Rahmen von feministischen Bestrebungen eine Haltung gab, die sich gegen ein Verständnis von Privatheit als Raum der Abwesenheit gesellschaftlicher Strukturen wandte. Jedoch lag dem Slogan im historischen Moment ein Begriff des Politischen zugrunde, der das private und liberale Subjekt in seiner Forderung um Anerkennung und gleiche Rechte ins Zentrum stellte.[199] Ausgehend von

193 Paul Virno: *Grammatik der Multitude. Öffentlichkeit, Intellekt und Arbeit als Lebensformen*, aus d. Ital. v. Klaus Neundlinger. Wien: Turia + Kant 2005, S. 51.

194 Vgl. Negt / Kluge: *Öffentlichkeit und Erfahrung*.

195 Vgl. Michael Warner: *Publics and Counterpublics*. New York: Zone Books 2005.

196 Vgl. Lauren Berlant: Introduction. The Intimate Public Sphere. In: Dies.: *The Queen of America Goes to Washington City: Essays on Sex and Citizenship*. Durham / London: Duke UP 1997, S. 1–24; dies.: *The Female Complaint. The Unfinished Business of Sentimentality in American Culture*. Durham: Duke UP 2008, S. viii; Tedjasukmana: Feel Bad Movement.

197 Vgl. Jens Eder / Britta Hartmann / Chris Tedjasukmana: *Bewegungsbilder. Politische Videos im Social Web*. Berlin: Bertz + Fischer 2020.

198 Lauren Berlant wendet sich im Rahmen dieser begrifflichen Formulierung der Sentimentalität zu. Die Kollektivierung von Frauen im Moment des sentimentalen Ergriffenseins, etwa beim Betrachten von *chick lit*-Filmen, entspräche einer „Kritik ohne Bewusstsein“, einer Kritik nicht im Darstellungsmodus der Rationalität, sondern des Mitfühlens. Vgl. Berlant: *The Female Complaint*; Lauren Berlant: Critical Inquiry, Affirmative Culture. In: *Critical Inquiry* 30 (2004), S. 445–451, hier S. 450; Anja Michaelsen: *Kippbilder der Familie. Ambivalenz und Sentimentalität moderner Adoption in Film und Video*. Bielefeld: Transcript 2017, S. 15.

199 Vgl. Butler: *Das Unbehagen der Geschlechter*.

diesem Subjekt, das „ein privates, sich selbst und anderes besitzendes, letztlich eigengesetzlich gedachtes Subjekt“[200] ist, lässt sich das Politische von Privatheit durchaus in den Kontext eines Liberalismus stellen, in dem „die eigene Gesellschaftlichkeit und die damit verbundene konstitutive Verwiesenheit auf Andere“[201] verleugnet wird.

Ich plädiere dagegen für einen Politikbegriff des Privaten, der Subjektivität von der Frage des Besitzes, des Besitzens und des Über-etwas-Verfügens entkoppelt. Dabei geht es auch um den Affekt. Die Begründung des eigengesetzlich gedachten und sich selbst besitzenden Subjekts wird durch die Lust an der Macht der Affektion unterminiert. Vom Affekt aus zu denken und aus der Perspektive unseres permanenten und alltäglichen[202] Affiziert- und Verwiesen-Seins, ermöglicht, das Öffentliche im Sinne von Vergesellschaftung und Solidarisierung als Teil des Privaten zu verstehen. Das macht das Private nicht nur politisch, sondern erklärt auch die politische Dringlichkeit des Privaten als Widerstand. Indem ich im Folgenden den Aspekt des Affekts und der Affizierung am Beispiel von Schmerz vertiefe, wird diese politische Dimension des Privaten noch deutlicher.

I.2.3 Schmerz als Solidarisierung: Konzeptionelle Annäherungen

I.2.3.1 Koexistenz im Schmerz

Das Potenzial von Schmerz als einer Form der Sozialität, die nicht auf dem subjektiven Recht moderner Liberalität beruht, thematisiert Judith Butler sowohl im Rahmen ihrer Auseinandersetzung mit dem Begriff der Gefährdung als auch mit dem Begriff der Enteignung.[203] Dabei steht für Butler die Anerkennung des eigenen Selbst als Verwiesenes, nicht über sich selbst Verfügendes im Vordergrund. Gegen das Verständnis des bürgerlich liberalen Rechts, das Individuen als eigengesetzlich gedachte Subjekte inthronisiert, setzt Butler einen Autonomiebegriff, der auf die wechselseitige Verwiesenheit und Angewiesenheit zielt.[204]

200 Hark: *Koalitionen des Überlebens*, S. 37.

201 Hannah Meißner: *Jenseits des autonomen Subjekts. Zur gesellschaftlichen Konstitution von Handlungsfähigkeit im Anschluss an Butler, Foucault und Marx*. Bielefeld: Transcript 2010, S. 247.

202 Von der Bedeutung der Permanenz und Alltäglichkeit von Affekt und speziell Schmerz spricht auch Lauren Berlant. Vgl. Lauren Berlant: Das Subjekt wahrer Gefühle. Schmerz, Privatheit und Politik, aus d. Engl. v. Katja Wiederspahn / Dagmar Fink / Elisabeth Holzleithner. In: Andrea Baier / Christa Binswanger / Jana Häberlein / Yv Eveline Nay et al. (Hrsg.): *Affekt und Geschlecht. Eine einführende Anthologie*. Wien: Zaglossus 2014, S. 87–116, hier S. 88.

203 Vgl. Butler: *Gefährdetes Leben*; Judith Butler / Athena Athanasiou: *Die Macht der Enteigneten*, aus d. Engl. v. Thomas Atzert. Zürich / Berlin: Diaphanes 2014.

204 Vgl. Butler / Athanasiou: *Die Macht der Enteigneten*, S. 17.

Autonomie kann demnach nur in Sozialität gedacht werden.[205] Butler zufolge existiert keine „Gemeinschaft gegenseitig isolierter Einzelner"[206], sondern nur eine Gemeinschaft voneinander abhängiger, in Interdependenz zueinander stehender Wesen. Daraus folgt, dass die Gefährdung des Anderen, etwa durch Diskriminierung, Hass oder Ausgrenzung, immer auch mich selbst betrifft. Auch der Schmerz der Anderen steht damit in unmittelbarer Relation zu meiner eigenen Gefährdungsmöglichkeit, selbst wenn diese durch andere Parameter der sozialen Ungleichheit bestimmt ist.[207]

Die Anerkennung unserer Verwiesenheit an Andere bildet schließlich den Ausgangspunkt für Koalitionen, wie es Sabine Hark im Anschluss an Butler beschreibt.[208] Damit wendet sich Hark gegen das Denken eines Gegeneinander-Aufrechnens von Verletzungen entlang unterschiedlicher sozialer Positionierungen. Für sie zählt nicht die Frage, wer wie viel von wem verletzt wurde oder wie sich das subjektive Recht zur Durchsetzung von Wehrhaftigkeit etablieren ließe, sondern der Versuch, sich gegen die liberale Ideologie der Vereinzelung von Diskriminierung sowie die individualisierten Rechte zur Bekämpfung von Diskriminierung zur Wehr zu setzen. Hark zufolge gehe es um eine neue „Grammatik der Solidarität"[209]. Diese beruhe auf der Erkenntnis, dass alle den Anderen von Anfang an ausgeliefert seien und dass wir uns niemals als nicht ko-existent zu Anderen begreifen könnten.

Beckers *kleine Fotografien* haben eine solche Grammatik des Sozialen miterfunden und bilden somit ein queeres Moment in der bisher nur selten als queer bezeichneten Nachkriegsgeschichte. Ich werde im Einzelnen darlegen, wie sich im engen Raum seines fotografischen Wirkens seine Schmerzerfahrungen mit denen anderer, in ihrer Sexualität unterdrückter Menschen verbinden. Punktuell wird darüber hinaus zu sehen sein, dass der mediatisierte Schmerz eine Brücke zur unterdrückten Arbeiter*innenklasse (siehe Kap. VI), zur Rassismus ausgesetzten Schwarzen Bevölkerung (siehe Kap. V–VI), zu gefährdeten Trans*-Personen sowie marginalisierten Frauen und Lesben (siehe Kap. VII) ist. Des Weiteren werde ich aufzeigen, auf welche anderen Weisen sich im fotografischen Dispositiv[210] queere Affizierungen ereignen. Hierfür werde ich das Verhältnis

205 Vgl. Hark: *Koalitionen des Überlebens*, S. 41.

206 Ebd.

207 Ebd., S. 45.

208 Ebd., S. 52.

209 Ebd.

210 In Anlehnung an Foucaults Dispositiv-Begriff verstehe ich das „Fotografische als komplexes Handlungsgefüge, dem spezifische historische, technisch-mediale, soziale, kulturelle und ästhetische Bedingungen zugrunde liegen". Das fotografische Dispositiv,

von handlungsmächtiger Materialität und nicht-nur-mensch-menschlicher Sozialität besprechen (siehe Kap. III, V, VI, VII). Um auch diese Art von Affizierungen, Verbindungen und Solidarisierungen zu veranschaulichen, werde ich den Begriff des Schmerzes an der Grenze zu den von Butler verwendeten Begrifflichkeiten Gefährdung, Prekarität, Verletzlichkeit, Verwundbarkeit und Enteignung diskutieren. Dabei setze ich mich unter anderem mit den in den letzten zwei Jahrzehnten innerhalb der Queer Theory ausdifferenzierten Begriffen des Affektes, der Affektion, der Affizierung und der Affizierbarkeit auseinander. Diese Begriffe interessieren mich besonders in Bezug auf einen Schmerzbegriff, der das Potenzial besitzt, über die Grenzen festgelegter Identitäten hinausgehende Relationen zu ermöglichen sowie Verflechtungen zwischen verschiedenen Akteur*innen und Agenzien zu mobilisieren.

I.2.3.2 Gefährdung, Verwundbarkeit, Schmerz

Ausgehend vom Begriff der Prekarität, einer „Rubrik, die Frauen, Queers, Trans*-Personen, Arme, unterschiedliche Befähigte, Staatenlose, aber auch religiöse und rassisierte Minderheiten“[211] zusammenbringt, konturiert Butler den Begriff der Gefährdung. Diesem Begriff nach sind Verletzung und Verwundung, aber auch der mit diesen Schädigungen einhergehende physische und psychische Schmerz Potenzialität, das heißt optional eintretende Schädigungen. Gefährdung, aber auch Verletzlichkeit und Verwundbarkeit beschreiben die *Möglichkeit* von Verletzung, Verwundung und Schmerz. Das Bewusstsein über die Möglichkeit, verletzt werden zu können, stellt für Butler den Ausgangspunkt für Handlungsfähigkeit dar. Diese wird nicht einem bestimmten Subjekt zugeschrieben, sondern allen, die gleichermaßen gefährdet sind – wenn auch aufgrund anderer Achsen der sozialen Ungleichheit.[212]

Neben der *möglichen* Gefährdung spricht Butler auch von der *tatsächlichen* Verletzung und Enteignung unserer Körper, Rechte, Heimat und Mittel. Verletzung meint dann die physische Versehrung und den Schmerz als medizinisches bzw.

Graduiertenkolleg Hochschule für Bildende Künste Braunschweig. https://gepris.dfg.de/gepris/projekt/207700493?context=projekt&task=showDetail&id=207700493& (Zugriff am 31.07.2020); vgl. Michel Foucault: *Dispositive der Macht. Über Sexualität, Wissen und Wahrheit*, aus d. Franz. v. Jutta Kranz / Hans-Joachim Metzger. Berlin: Merve 2000.

211 Judith Butler: *Anmerkungen zu einer performativen Theorie der Versammlung*, aus d. Engl. v. Frank Born. Berlin: Suhrkamp 2016, S. 80.

212 Die Formulierung spielt auf den Buchtitel *Achsen der Ungleichheit* an. Der Band bestimmt unterschiedliche Relationen von Ungleichheit in den Dimensionen von Klasse, Geschlecht und Ethnizität und stellt diese in einen gesellschaftstheoretischen Horizont. Vgl. Cornelia Klinger / Gudrun-Axeli Knapp / Birgit Sauer (Hrsg.): *Achsen der Ungleichheit. Zum Verhältnis von Klasse, Geschlecht und Ethnizität*. Frankfurt am Main: Campus 2007.

neurologisches Phänomen.[213] Enteignung bedeutet der unter Zwang entstandene reale Verlust von etwas. Der Begriff der Enteignung entspricht im übertragenen Sinne dem in der Psychoanalyse dominanten Konzept des Mangels oder Traumas.[214] Im Kontext der Psychoanalyse ist eine durch äußere Umstände herbeigeführte Mangelsituation für psychische und phantasmatische Prozesse der Trauerarbeit, der Melancholie, der Verdrängung, aber auch der Imagination von Ganzheit konstitutiv. All diese Prozesse, die vor dem Hintergrund dieses Diskurses thematisiert und problematisiert werden, drängen auf die Wiedererlangung des modernen autonomen Subjektes.

Indem Butler nun darauf aufmerksam macht, dass wir uns trotz der tatsächlichen Verletzung und Enteignung nicht unabhängig von verletzenden und enteignenden Mächten denken können, fasst sie auch den Begriff des Schmerzes neu und weist über den psychoanalytischen Duktus hinaus. Anstatt Schmerz an den normativen Diskurs autonomer Subjektivität rückzubinden, argumentiert Butler, dass sich im realen Schmerz die Möglichkeit verbirgt, „etwas uns Äußerliches, noch vor jeder Möglichkeit [...] enteignet zu werden"[215], anzuerkennen. Selbst in der schmerzhaften Realität des Mangels und der Enteignung streicht Butler das Potenzial heraus, sich als sozial verbundenes Wesen anzuerkennen. Ich erwähne dies, weil Schmerz auch bei Becker nicht nur als *Potenzialität* von Verletzung zum Tragen kommt, sondern einen wichtigen Aspekt der *Realität* seiner fotografischen Praxis darstellt. Beckers Fotografien sind ohne den ihm *tatsächlich* zugefügten physischen und psychischen Schmerz nicht zu verstehen. Allgemeiner gesprochen ermöglicht uns der Schmerz in beiden Formen, als Potenzialität und als Realität, uns als nicht von Anderen unabhängige Wesen wahrnehmen zu können.

I.2.3.3 Schmerz, Affizierbarkeit, Affektion

Bei Butlers Begrifflichkeiten fällt auf, dass sie einer Definition des Anderen verhaftet bleibt, die im Anthropologischen zu suchen ist. In der Fotografie Albrecht Beckers – so meine These – lässt sich aber nicht nur ein, wie Butler es formuliert,

213 Vgl. Butler / Athanasiou: *Die Macht der Enteigneten*, S. 16–17.

214 Indem ich mich hier auf Butler beziehe, schließe ich mich der Überzeugung an, dass der Dualismus von Körper und Seele, Physis und Psyche nicht trägt. Dass sich der Dualismus von physischem Schmerz und psychischem Trauma so nicht halten lässt, verdeutlicht bereits der Begriff des Traumas. Er ist der Medizin entlehnt und bezeichnet, gemäß seines griechischen Ursprungs, die Wunde bzw. Verletzung des Gewebes durch äußere Krafteinwirkung. Vgl. Schröder: *Schmerzensmänner*, S. 36.

215 Butler / Athanasiou: *Die Macht der Enteigneten*, S. 17.

Ausgesetzt-Sein dem Anderen gegenüber ergründen, das allein im Humanen verortet ist. Vielmehr artikulieren seine Bilder auch ein Ausgesetzt-Sein gegenüber Dingen, Aussagen, Materialien und deren Vermögen, sich zu multiplizieren, transformieren und intensivieren. Vor diesem Hintergrund erscheint es mir notwendig, eine Reihe weiterer Konzepte zur Perspektivierung von Schmerz im Moment von queer zu betrachten. Hierzu macht Gilles Deleuze,[216] auf den sich gegenwärtige Affekttheorien im Feld der Cultural und Gender Studies[217] sowie der Medienphilosophie[218] beziehen, ein Angebot.

Anstelle von Mangel spricht Deleuze vom Begehren. Damit wendet er sich gegen das psychoanalytische Konzept mit seinen gesellschaftlichen Auswirkungen auf die Konstituierung einer kapitalistischen Produktionsmaschinerie.[219] Mit Begehren meint Deleuze ein Heterogenen-Gefüge, ein gemeinsames Funktionieren von Dingen und Äußerungen, genauer von Dingen, die die Grenze des Sprachlichen und mithin Menschlichen ausmachen und Äußerungen, die das Subjekt bereits als kollektives Äußerungsgefüge verstehen.[220] Ausgehend von diesem Gefüge verschiedener Agenzien betont Deleuze die Macht der Affektion.[221] Darunter versteht er einen beständigen Prozess des Affizierens und Affiziert-Werdens. Laut Deleuze befindet sich alles in einem Prozess der gegenseitigen Durchdringung, sodass keine dauerhaften oder beständigen Einheiten des Subjekts oder Objekts mehr identifizierbar sind.

216 Vgl. Gilles Deleuze: *Lust und Begehren*, aus d. Franz. v. Henning Schmidgen. Berlin: Merve 1996.

217 Berlant: *Cruel Optimism*; Teresa Brennan: *The Transmission of Affect*. Ithaca: Cornell UP 2004; Patricia T. Clough / Jean Halley: *The Affective Turn. Theorizing the Social*. Durham: Duke UP 2007.

218 Vgl. Michaela Ott: *Affizierung. Zu einer ästhetisch-epistemischen Figur*. München: Text + Kritik 2010; Marie-Luise Angerer: *Affektökologie. Intensive Milieus und zufällige Begegnungen*. Lüneburg: Meson 2017.

219 Freud hat den Begriff des Wunsches, der in der psychoanalytischen Theorie um ein ursprünglich Verlorenes oder Verdrängtes kreist und somit Ausdruck des Mangels ist, ins Private und in familiäre Instanzen verschoben. In kritischer Auseinandersetzung mit dieser Verlagerung ins Private haben Deleuze und Guattari darauf hingewiesen, dass der Wunsch immer schon gesellschaftlich bedingt ist und als gesellschaftliches Produkt den Neoliberalismus insofern befeuere, als er darauf ausgerichtet sei, durch Eigentum Mangel zu kompensieren. Vgl. Gilles Deleuze / Félix Guattari: *Anti-Ödipus. Kapitalismus und Schizophrenie*. Frankfurt am Main: Suhrkamp 1977; Ralf Krause / Marc Rölli: *Mikropolitik. Eine Einführung in die politische Philosophie von Gilles Deleuze und Félix Guattari*. Wien / Berlin: Turia + Kant 2010, S. 64–65.

220 Vgl. Deleuze: *Lust und Begehren*, S. 20; Deleuze / Guattari: *Kafka*, S. 115.

221 Vgl. Deleuze: *Lust und Begehren*, S. 21.

Trotz der innerhalb dieses Prozesses wirksamen „Dispositive der Macht“[222] – Butler beschreibt diese als Dispositive der Regierung und Rechtsordnung,[223] Deleuze selbst spricht von der Feudalmacht oder Kirche[224] – besteht immer die Möglichkeit der Affizierbarkeit. Dieser Begriff ist bei Deleuze so positiv besetzt, dass er den Schmerzbegriff in seinen destruktiven Bedeutungen aufhebt. An der Stelle des Schmerzes und des Mangels steht bei Deleuze stets das Gefüge des Begehrens, das die Macht der Affektion und – mit Butler gesprochen – die Macht der Sozialität und der Solidarität darstellt. Ich behalte den Schmerzbegriff bei, verstehe ihn aber in dieser von Deleuze beschriebenen Dimension des Begehrens. Damit geht zweierlei einher:

1) Mit Deleuze Schmerz als Begehren zu betrachten, erlaubt es, ihn nicht als gänzlich von Sprache entkoppelte Intensität zu verstehen, wie Elaine Scarry herausgearbeitet hat.[225] Schmerz als Begehren, als nach Deleuze gedachtes Heterogenen-Gefüge aus Äußerungen und Dingen widersetzt sich nicht per se der Sprache. Dennoch ist Schmerz mehr als nur semiotische Sinnproduktion. Er produziert Sinn, Sinnlichkeit und Sozialität auch auf ontologischer Ebene. Mir ist also wichtig, dass, wie Deleuze es in Bezug auf Begehren formulierte, die Untrennbarkeit von sprachlichen und ontologischen Konstruktionen den von mir in dieser Arbeit argumentierten Begriff von Schmerz bestimmt.

2) Die Entscheidung, den Begriff des Schmerzes beizubehalten und nicht durch Deleuzes Begriff des Begehrens zu ersetzen, begründet sich auch durch eine Sensibilität gegenüber der Kritik an Deleuzes vitalistischen Duktus. Diese Kritik behauptet, er kehre – dem Irrationalismus huldigend – die „Logik der großen Prinzipen-Philosophie“[226] um. Das heißt, bei Deleuze würde das, was die Philosophie als Erkenntnishindernis betrachte, in den Mittelpunkt rücken: das Leben, die Biologie, das Werden und Wuchern. Damit verfolge er das Ziel, eine Ethik zu generieren, die auf der Transformation negativer Gefühle bzw. destruktiver Affektionen in positive beruhe, wie es Rosi Braidotti emphatisch diskutiert.[227] Die Problematik dieser Transformation betrachtet die Queere Theorie in

222 Deleuze: *Lust und Begehren*, S. 20.

223 Vgl. Butler / Athanasiou: *Die Macht der Enteigneten*, S. 17.

224 Vgl. Deleuze: *Lust und Begehren*, S. 20.

225 Vgl. Elaine Scarry: *Der Körper im Schmerz. Die Chiffren der Verletzlichkeit und die Erfindung der Kultur*, aus d. Engl. v. Michael Bischoff. Frankfurt am Main: Fischer 1992.

226 Friedrich Balke: *Gilles Deleuze*. Frankfurt am Main: Campus 1998 S. 106.

227 Vgl. Rosi Braidotti: Affirming the Affirmative. On Nomadic Affectivity. In: *rhizomes* 11,12 (2006), Paragraf 18.

Bezug auf die neoliberale Verwertbarkeit, das heißt die Ausstattung von Begehren mit einem Marktwert kritisch.[228] Die Neoliberalisierung positiver Gefühle wie Happiness und Optimismus arbeiten vor allem Sara Ahmed[229] und Lauren Berlant[230] als die emotionalen Grundprinzipien neoliberaler Mechanismen heraus. Anna Hickey-Moody und Mary Lou Rasmussen[231] verteidigen Deleuze im Band *Deleuze and Queer Theory*[232] hingegen. Sie argumentieren, dass seine Ethik der Transformation niemals unabhängig von negativen Erfahrungen wie Verlust, Schmerz, Trauer oder Melancholie zu verstehen ist.[233] Allerdings plädieren sie für einen Umgang mit Schmerz, Mangel oder Trauma, der nicht voreilig die Möglichkeit verwirft, dass darin ein Potenzial für Produktives, für queere Solidarisierungen enthalten ist.[234] Hieran möchte ich anknüpfen, wenngleich aufmerksam gegenüber der Valorisierung negativer Gefühle bleiben: Es geht mir um das affizierende Potenzial von Schmerz, ohne Schmerz als negativen, also verletzenden Empfindungs- und Erfahrungshintergrund zu verleugnen. Auch daher behalte ich Schmerz terminologisch bei.

Darüber hinaus haben Beckers Fotografien und seine fotografischen Gebrauchsweisen den Kontakt zur einschneidenden Erfahrung der Entrechtung durch den Nationalsozialismus nicht verloren. Zudem bleibt Schmerz in Form von Selbstverletzung stets der reale Bezugsrahmen seiner Fotografien. Allerdings muss hier unterschieden werden: Der Kontakt zu diesen Erfahrungen determiniert kein (sexuelles) Verhalten, dass im Rahmen ideologisch durchwirkter Vorstellungen von Geschlecht und sexueller Identität zu bewerten wäre, wie es bei der Psychoanalyse der Fall ist. Der Schmerz, der Beckers Fotografie durchdringt, ist nicht im psychoanalytischen Sinne eines Begehrens zu verstehen, das durch ein Trauma konstituiert wurde und in Folge dieses Traumas die invertierte sexuelle

228 Vgl. Antke Engel: *Bilder von Sexualität und Ökonomie. Queere kulturelle Politiken im Neoliberalismus*. Bielefeld: Transcript 2009; AG Queer Studies (Hrsg.): *Verqueerte Verhältnisse. Intersektionale, ökonomiekritische und strategische Interventionen*. Hamburg: Männerschwarm 2009; Paul / Schaffer: *Mehr(wert) queer – Queer Added (Value)*.

229 Vgl. Sara Ahmed: *The Promise of Happiness*. Durham / London: Duke UP 2010.

230 Vgl. Berlant: *Cruel Optimism*.

231 Vgl. Anna Hickey-Moody / Mary Lou Rasmussen: The Sexed Subject in-between Deleuze and Butler. In: Chrysanthi Nigianni / Merl Storr (Hrsg.): *Deleuze and Queer Theory*. Edinburgh: Edinburgh UP 2009, S. 37–53.

232 Vgl. Chrysanthi Nigianni / Merl Storr (Hrsg.): *Deleuze and Queer Theory*. Edinburgh: Edinburgh UP 2009.

233 Vgl. Hickey-Moody / Rasmussen: The Sexed Subject in-between Deleuze and Butler, S. 43.

234 Ebd., S. 41.

Funktion von Schmerz darstellt.[235] Der Schmerz in Beckers Fotografie ist auch nicht als pathologisierte Inversion des Lustprinzips von Interesse, also als das vom Todestrieb beherrschte masochistische Begehren, wie es Freud beschrieb und wie es in Rückgriff auf psychoanalytische Modelle in der Nachkriegszeit[236] und bis in die Gegenwart verstanden wird.[237] Die Definition von Masochismus als destruktives Verhalten des Individuums sich selbst gegenüber bzw. als Wunsch, sich durch eine andere Person verletzt zu sehen,[238] wird verändert. Schmerz verstehe ich in dieser Arbeit nicht als ein vom zwanghaften Wunsch nach Heilung regiertes destruktives Verhalten. Er ist auch nicht mit einer mit Selbstrepression bezahlten Anpassung eines Subjekts verbunden.[239] Vielmehr betrachte ich Schmerz als die Macht der Affektion von Dingen und Äußerungen. Der Effekt dieser Affektion ist eine solidarische Sozialität, die nicht auf vorausgesetzten Identitäten beruht und die nicht in majoritäre Ideen von Gender und Sexualität mündet. Bei den Fotografien Beckers geht es mir darum, eine queere Solidarität jenseits individueller Identität und jenseits auch der durch die Psychoanalyse personalisierten Begrenzung des Kapitalismus aufzuzeigen.

I.2.4 Fotografie als Affizierung: Im Forschungsfeld der visuellen Kultur

Ausgehend von meinen konzeptionellen Überlegungen zum Begriff des Schmerzes sowie der vorherigen Bestimmung der Fotografie Beckers als vernakuläre Fotografie möchte ich im Folgenden diskutieren, was dies für die Medialisierung von Schmerz bedeutet. Hierzu werde ich in diesem Abschnitt die medientheoretischen Rahmenbedingungen von Beckers Fotografie erörtern. Da die Grundlage dieser Arbeit das Medium der Fotografie ist, bedarf es einer Ergänzung der bereits erfolgten kunsthistorischen Bezüge (siehe Kap. I.2.1.) um medien- und vor allem fotografietheoretische Ansätze. Diese werden im Rahmen kultureller Formationen entwickelt, die ich zugleich aus kulturwissenschaftlicher Perspektive reflektieren möchte.

235 Vgl. Jean Laplanche / Jean-Bertrand Pontalis: *The Language of Psycho-Analysis*, aus d. Franz. v. Donald Nicholson-Smith. New York: Norton 1973, S. 323.

236 Vgl. Wilhelm Reich: *Die Massenpsychologie des Faschismus*. Köln: Kiepenheuer & Witsch 1971; Theodor W. Adorno: Die revidierte Psychoanalyse. In: Ders.: *Gesammelte Schriften*, Bd. 8: Soziologische Schriften, hrsg. v. Rolf Tiedemann. Darmstadt: WBG 1998, S. 20–41; Theodor W. Adorno: Zum Verhältnis von Soziologie und Psychologie. In: Ebd., S. 41–86.

237 Vgl. LaLove: *Selbsthass & Emanzipation*.

238 Vgl. Laplanche / Pontalis: *The Language of Psycho-Analysis*, S. 401–403.

239 Vgl. Krause / Rölli: *Mikropolitik*, S. 68.

Das transdisziplinäre Forschungsfeld der visuellen Kultur erlaubt es, kulturwissenschaftliche, kunstwissenschaftliche und medienwissenschaftliche Ansätze miteinander zu verbinden und zusammen zu diskutieren. Wenn ich also im Folgenden die Medialisierung von Schmerz am Beispiel der Fotografie als vernakuläre Politik der Affizierung bespreche, erfolgt dies im Feld der visuellen Kultur. Dies setzt allerdings eine Erweiterung der visuellen Kultur um Ansätze post-poststrukturalistischer Affekttheorien voraus. Daher folgen im Anschluss Betrachtungen zum Verhältnis von Repräsentation und Affekt.

I.2.4.1 Repräsentation und Affekt

Im Kontext der auf sozialen und historischen Relationen beruhenden visuellen Kultur beschäftigt mich das Verhältnis zwischen Affekt und Repräsentation bzw. Schmerz und Darstellung. Mit Repräsentation ist in dieser Arbeit nicht die Idee einer unverstellten Vermittlung oder Abbildung von Realität gemeint. Mein Begriff von Repräsentation beinhaltet daher bereits die Kritik an dem konventionellen Verständnis, das Darstellung mit Abbildung gleichsetzt. Ich gehe davon aus, dass Repräsentation auf situierte Vorstellungen, Imaginationen und Fantasien angewiesen ist.[240] Sie ist in diesem Sinne nicht Darstellung, sondern Herstellung. Mit dieser Begriffsbestimmung steht im Zusammenhang, den in der Bildwissenschaft verhandelten Aspekt der eigengesetzlichen und gänzlich vom Zeichen losgelösten Bildmacht zu hinterfragen. Die Vorstellung, dass Bilder aus sich selbst heraus agieren und von Sprache, aber auch von kulturellen Kodierungen losgelöst existieren, lässt sich vor dem Hintergrund des erwähnten und dieser Arbeit zugrundeliegenden Repräsentationsbegriffs nicht aufrechterhalten.[241] Das Bild kann sich nicht durch sich selbst darstellen. Es ist stets in den Rahmen eines historisch und kulturell spezifischen Produktions-, Rezeptions- und Betrachtungsverhältnisses eingespannt.

Genau dieses In-den-Rahmen-gespannt-Sein und diese Vermitteltheit, die für poststrukturalistisches Denken wesentlich sind, stießen um die Jahrtausendwende zunehmend auf Skepsis. Es schälte sich eine Hinwendung zur Unmittelbarkeit, zur Unbändigkeit, zur Nicht-Regierungsfähigkeit des Körpers und des Korporalen heraus. Für diese Hinwendung stand auch der Affekt, der als präreflexive, körperliche Bewegung und Intensität der stärker subjektiv-kognitiven

240 Vgl. Maja Figge: Einleitung Repräsentationskritik. In: Peters / Seier (Hrsg.): *Gender & Medien-Reader*, S. 109–117, hier S. 109–110.

241 Vgl. Schade / Wenk: *Studien zur Visuellen Kultur*, S. 8.

Emotion und dem individualistischen Gefühl gegenübergestellt wurde.[242] Der Begriff des Affekts reihte sich ein in das Programm der Theoriebewegung des *New Materialism*.[243] Dieser wandte sich gegen den Poststrukturalismus mit dem Vorwurf, er bürge mit seiner Betonung des Symbolischen die Gefahr einer machtakkumulierenden Zentrierung des Menschen.[244] Angesichts des menschengemachten Klimawandels sowie des menschlichen Raubbaus an der Natur begann der *New Materialism* andere Akteur*innen ins Zentrum der Analyse zu stellen: Tiere, Pflanzen, Bakterien, unbelebte Materie wie Steine, aber auch Technologien, Atmosphären, Artefakte und nicht zuletzt Bilder gerieten in den Fokus der Betrachtung. Bedeutungsproduktion und Welterzeugung, auch als *wording* und *worlding*[245] bezeichnet, wurden in der Verantwortung der soeben erwähnten Akteur*innen, Aktant*innen[246] und Agenzien gesehen.[247] Wissen dürfe demnach

242 Dass diese rigide Unterscheidung zwischen Affekt, Gefühl und Emotion so nicht funktioniert, hat Massumi später selbst diskutiert. Vgl. Brian Massumi: *Parables of the Virtual. Movement, Affect, Sensation*. Durham / London: Duke UP 2002, S. 28; Rosi Braidotti: *Nomadic Subjects. Embodiment and Difference in Contemporary Feminist Theory*. New York: Columbia UP 1994.

243 Ähnlich wie beim Begriff *affective turn* muss auch beim *New Materialism* das Sprechen von Wenden und Zäsuren reflektiert werden. Vor allem um queer-feministische Genealogien der Auseinandersetzung mit Materialität sowie Affekt, Emotionalität und Gefühl nicht zu verschleiern, braucht es das Denken in Kontinuitäten. Vgl. Clough / Halley: *The Affective Turn*; Patricia T. Clough: The Affective Turn. Political Economy, Biomedia, and Bodies. In: Gregg / Seigworth (Hrsg.): *The Affect Theory Reader*, S. 206–225; Ursula Degener / Andrea Zimmermann: Politik der Affekte. In: *FZG Freiburger Zeitschrift für Geschlechterstudien* 20,2 (2015), S. 5–23, hier S. 8–9.

244 Vgl. Marie-Luise Angerer: *Vom Begehren nach dem Affekt*. Zürich / Berlin: Diaphanes 2007, S. 9–10.

245 Der Begriff *worlding* geht u. a. auf Kathleen Stewart zurück, die ihn innerhalb einer posthumanistischen Phänomenologie ansiedelt. Beim *worlding* sind Materialitäten und Sensibilitäten in Modi des Agierens und Reagierens miteinander verbunden, sodass Erfahrungen über Subjektivität hinaus möglich sind. Vgl. Kathleen Stewart: Afterword. Worlding Refrains. In: Gregg / Seigworth (Hrsg.): *The Affect Theory Reader*, S. 339–354, hier S. 340.

246 Um Bruno Latour und seiner Akteur-Netzwerk-Theorie herum wird von Aktant gesprochen. Dies sind mit Eigenschaften und Kompetenzen ausgestattete Dinge oder Substanzen, die im netzwerkähnlichen Zusammenhang wirken. Vgl. Bruno Latour: *Die Hoffnung der Pandora. Untersuchungen zur Wirklichkeit der Wissenschaft*, aus d. Engl. v. Gustav Roßler. Frankfurt am Main: Suhrkamp 2000; Bruno Latour: A Cautious Prometheus? A Few Steps Toward a Philosophy of Design. In: *bruno-latour.fr*, 2008. http://www.bruno-latour.fr/sites/default/files/112-DESIGN-CORNWALL-GB.pdf (Zugriff am 17.01.2018).

247 Vgl. Donna J. Haraway: *When Species Meet*. Minneapolis / London: Minnesota UP 2008; Stacy Alaimo: *Bodily Natures. Science, Environment, and the Material Self*. Bloomington: Indiana UP 2010; Myra J. Hird: Animal Transex. In: *Australian Feminist Studies* 21,49 (2006), S. 35–50; James Ryan: *Posthuman Plants. Rethinking the Vegetal Through Culture, Art, and Poetry*. Champaign / Illinois: Common Ground 2015; Anna Lowenhaupt Tsing: *The Mushroom at the End of the World. On the Possibility of Life in Capitalist Ruins*. Princeton: Princeton UP

nicht nur beim Menschen gesucht werden, sondern müsse auch als Dimension des Nicht-Menschlichen Berücksichtigung finden. Donna J. Haraway[248] und Karen Barad[249] sprechen in diesem Zusammenhang von Epistemontologie.
In Folge der Entwicklung von *New Materialism* und Posthumanismus, deren Teil die hier vorgestellten Affekttheorien sind, wurde die Kritik geübt, die Verdienste des Sozialkonstruktivismus der letzten Jahrzehnte seien infrage gestellt.[250] Viel und heftig wurde auch die Befürchtung diskutiert, es handle sich bei den theoretischen Strömungen um eine Abkehr vom Menschen, welche die Differenz zwischen Natur und Kultur zugunsten des Natürlichen, Affektiven und Vor-Kognitiven wieder betonen wolle. So merkt Sara Ahmed kritisch an, dass mit dem Fokus auf Affekt die Gefahr bestünde, die Dichotomie zwischen nicht-intentionalem Affekt und intentionalem Gefühl zu verstärken.[251] Marie-Luise Angerer befürchtet, mit der Aufwertung des Affektiven würden die für jede Subjektivierung unabdingbaren Symbolisierungsakte unterschlagen.[252]
Diese Reaktionen auf die Affekttheorien, die selbst nahezu affektiv sind,[253] berücksichtigen nur unzureichend, dass viele Vertreter*innen der Affekttheorie selbst dafür plädieren, die diskursiven Bedingungen von Affekten einzubeziehen. Massumi,[254] dem unterstellt wurde, mit der Behauptung einer Autonomie des Affekts eine ontologische Wende eingeleitet zu haben,[255] stellt die Konstruiertheit von Affekt selbst gar nicht infrage. Lediglich vertritt er die Auffassung, dass Natur bzw. Affekt über deren Konstruiertheit hinaus eine eigene Dynamik

2015; Mel. Y. Chen: *Animacies. Biopolitics, Racial Mattering, and Queer Affect.* Durham / London: Duke UP 2012; Jeffrey Jerome Cohen: The Sex Life of Stone. In: E. Jane Burns / Peggy McCracken (Hrsg.): *From Beasts to Souls. Gender and Embodiment in Medieval Europe.* Notre Dame: Notre Dame UP 2013, S. 17–38; Katherine N. Hayles: *How We Became Posthuman. Virtual Bodies in Cybernetics, Literature, and Informatics.* Chicago / London: Chicago UP 1999; Katherine N. Hayles: Computing the Human. In: Jutta Weber / Corinna Bath (Hrsg.): *Turbulente Körper.* Wiesbaden: VS 2003, S. 99–118.

248 Vgl. Joseph Schneider: *Donna Haraway: Live Theory.* London / New York: Bloomsbury 2005, S. 22.

249 Vgl. Karen Barad: Posthumanist Performativity. Towards an Understanding of How Matter Comes to Matter. In: *Signs. Journal of Women in Culture and Society* 28,3 (2003), S. 801–831.

250 Vgl. Clare Hemmings: Invoking Affect. Cultural Theory and Ontological Turn. In: *Cultural Studies* 19,5 (2005), S. 548–567.

251 Vgl. Sigrid Schmitz / Sara Ahmed: Affect/Emotion. Orientation Matters. A Conversation Between Sigrid Schmitz and Sara Ahmed. In: *FZG Freiburger Zeitschrift für Geschlechterstudien* 20,2 (2014), S. 97–108.

252 Vgl. Angerer: *Vom Begehren nach dem Affekt.*

253 Vgl. Ott: *Affizierung*, S. 19.

254 Vgl. Massumi: *Parables of the Virtual.*

255 Vgl. Hemmings: Invoking Affect.

besäßen. Auch Melissa Gregg und Gregory Seigworth führen aus, dass Affekt und Kognition niemals getrennt voneinander zu denken seien.[256] Nach diesem Verständnis ist Kognition immer auch verkörpert und Affekt immer auch semiotisch. Affekt entspringt folglich nicht einem Biologismus, der die Materie allen gesellschaftlichen Verhältnissen voraussetzt. Wohl aber wohnt dem Affekt im Rahmen seiner sozialen Verankerung ein Vermögen inne, das sich der semiotischen Verfasstheit partiell und punktuell entwinden kann.[257] Diese Dynamik begreife ich im Anschluss an Massumi als „bodily capacity"[258] von Affekt, also als materielle, körperliche Fähigkeit, die agierend, organisierend und gestaltend die Grenzen des Sag- und Verstehbaren mitbestimmen, aber auch überschreiten kann. Um diese Kapazität, die mit Offenheit und Dynamik konnotiert ist, zu betonen, spreche ich im Anschluss an Michaela Ott auch von *Affizierung* anstelle von Affekt.[259]

Der Begriff der Affizierung verweist auf zwei Varianten von Schmerz gleichzeitig: einmal auf das intendierte Begehren nach Schmerz im Muster konstruierter Praktiken bzw. weltgebundener visueller Diskurse und einmal auf den die Konstruktionen umlenkenden, weltlosen[260] Schmerz im Modus der Affizierung und mithin der körperlichen Kapazität. Dabei ist mir wichtig hervorzuheben, dass Weltlosigkeit nicht Unverbundenheit oder Anti-Sozialität bedeutet. Lauren Berlant sagt in Rückgriff auf Brian Massumi und Teresa Brennan, dass affektive Atmosphären geteilt und nicht einsam oder narzisstisch sind und daher ein Potenzial für Annäherungen und Verschmelzungen von in sich instabilen Gebilden besitzen.[261] Somit lässt sich nicht behaupten,[262] Affekt würde auf den Aspekt der Begegnung von Körpern reduzieren, ohne auf Fragen der Intersubjektivität abzuheben. Wer Subjektivität aber nicht länger nur an die Frage des Menschlichen knüpft, kann in der Begegnung von Körpern auch Formen sozialer Relationen erkennen, eine neue Grammatik der Solidarität.

256 Melissa Gregg / Gregory J. Seigworth: An Inventory of Shimmers. In: Dies. (Hrsg.): *The Affect Theory Reader*, S. 1–25, hier S. 3.

257 Vgl. Massumi: *Parables of the Virtual*; Brian Massumi: The Future Birth of Affective Fact. The Political Ontology of Threat. In: Gregg / Seigworth (Hrsg.): *The Affect Theory Reader*, S. 52–70; Brennan: *The Transmission of Affect.*

258 Massumi: *The Future Birth of Affective Fact*, S. 5.

259 Ott: *Affizierung.*

260 Aus der Perspektive queerer Theoriebildung und mit Blick auf Beckers Fotografie verstehe ich Weltlosigkeit als eine Kritik an der Unterstellung, nur Sprache könne an Welt binden bzw. nur Sprache könne den Zugang zu einer Realität herstellen, die ‚Welt macht'. Darin eingelagert ist die Kritik an einer nur rational sich erklärenden Welt.

261 Vgl. Berlant: *Cruel Optimism*, S. 14.

262 Vgl. Sara Ahmed: *Willful Subjects.* Durham / London: Duke UP 2014.

Welche Auswirkungen hat diese Theoretisierung von Schmerz auf das Verhältnis von Repräsentation und Affekt, Darstellung und Schmerz? Kann Schmerz im Modus der Affizierung das Reservoir für eine queere Repräsentation sein; eine Repräsentation, die Umformulierungen der herrschenden Machtstrukturen ermöglicht? Was geschieht mit dem Betrachtungsverhältnis? Um zu Beckers Fotografien zurückzukehren: Wenn ich das fotografierende Subjekt als von Agenzien des Schmerzes durchdrungen verstehe und das betrachtende Subjekt als von der Fotografie affiziert und die Fotografie affizierend, wo beginnt dann das Bild, wo das Subjekt? Was heißt das wiederum für die Frage des Schmerzes, den ich als Affizierungspotenzial mit dem Effekt einer solidarischen Sozialität betrachte? Entsteht allein schon im Betrachten von Schmerz eine auf den Parametern der Solidarität beruhende Sozialität, weil ich als Betrachtende affiziert und von der Fotografie als dem Anderen durchdrungen bin? Durchdringe ich in dieser Betrachtung Fotografie? Durchdringe ich Becker, der wiederum von der Fotografie durchzogen ist? Und wenn ja, verbünde ich mich mit Becker und seinem Schmerz? Verbündet er sich mit meinem und bilden wir eine Form der Sozialität, die auf der Relationalität im Betrachtungsprozess gründet?
Um mich diesen Fragen anzunähern und um Fotografie als eine Form der Sozialität ermöglichenden Affizierung zu etablieren, werde ich zunächst erläutern, was das Spezifische der Fotografie im Kontext der visuellen Kultur ist.

I.2.4.2 Fotografie. Von der Indexikalität zur Affizierung

Ein Merkmal wurde am Medium der Fotografie vielfach als spezifisch hervorgehoben: die Indexikalität, also die physische Spur des Zeichens, die darauf verweist, dass etwas bereits da gewesen sein muss, um dann in der Fotografie sichtbar werden zu können.[263] Bis in die zweite Hälfte des 20. Jahrhunderts war die Fotografietheorie von dem Eindruck beherrscht, das Medium Fotografie konstituiere sich allein durch seine referentiellen Bezüge zur Realität.[264] Dabei wurde häufig vernachlässigt, dass zur Sichtbarmachung ein fotografierendes Subjekt in einer bestimmten Positionierung beteiligt gewesen sein muss. Das Argument, dass Fotografie in der Lage sei, die physische Spur des Referenten, also des Gegenstands, auf das sich das visuelle Zeichen bezieht, aufzuzeichnen, ebnete jedoch auch den Weg dafür, das fotografierende Subjekt argumentativ in der Fotografie präsent zu halten.[265] Dieser Überlegung folgend ist allem Anschein

263 Vgl. Roland Barthes: *Die helle Kammer. Bemerkungen zur Photographie*, aus d. Franz. v. Dietrich Leube. Frankfurt am Main: Suhrkamp 1989, S. 95; Sontag: *Über Fotografie.*

264 Vgl. Rahel Ziethen: *Kunstkommentare im Spiegel der Fotografie. Re-Auratisierung – Ver-Klärung – Nicht-kontingente Experimente.* Bielefeld: Transcript 2013, S. 77.

265 Vgl. Schade / Wenk: *Studien zur Visuellen Kultur*, S. 81.

zum Trotz keine Relation zur Fotografie denkbar, die nicht durch das um das Subjekt herum organisierte Zeichen determiniert wäre.[266] Die physische Spur des Referenten führe – auch wenn dies dem Subjekt selbst nicht bewusst ist – immer auf das Subjekt zurück. Die Absicherung des Subjekts allein wäre noch nicht problematisch. Dieser theoretische Ansatz installierte jedoch ein normatives Bild von Subjektivität, ohne es kenntlich zu machen. Mit der Auslegung, die sich auf die vermeintliche Objektivität der Realität beruft,[267] wurde *weiße*, männliche, aktive, autonome Subjektivität als Ausgangspunkt der Spurlegung, das heißt der künstlerischen Produktion verschleiert, was sie für visuelle Bildgebungen umso mächtiger machte.
Die hermeneutische Fotografiekritik distanzierte sich von diesem Verständnis und versuchte, das Subjekt samt seiner Gefühle als Verursacher des Kunstwerks in den Fokus der Analyse zu stellen.[268] Dennoch operierte sie innerhalb desselben Musters: Auch diese Theorie, die sich um die hinter der Fotografie stehenden Subjekte bemühte, arbeitete gleichermaßen am Bild des männlichen Schöpfers, nur mit dem Unterschied, dies unverblümter zu tun.
Die poststrukturalistische Fotografietheorie wandte sich gegen diese Entwicklungen und sprach sich dafür aus, Fotografie als Produkt bestimmter Technologien zu denken und im Referenzrahmen spezifischer institutioneller Bedingungen zu analysieren.[269] Feministische Vertreterinnen dieser Denkweise sahen vor allem die aus diesen Bedingungen resultierende Unterordnung des fotografierten Objekts kritisch. Ihre Kritik bezog sich darauf, dass das im Bild ‚eingefangene' Objekt schließlich nur ein Vehikel für die Vergewisserung sei, dass es ein männlich konnotiertes fotografierendes Subjekt gab (siehe hierzu auch die Auseinandersetzung mit feministischen Theorien des Blicks im Abschnitt I.2.1.3).
Amelia Jones merkt im Anschluss an die poststrukturalistische Fotografietheorie an, dass es zwar notwendig sei, sich innerhalb der kulturwissenschaftlichen Kunsttheorie bzw. der visuellen Kultur den Rahmungen von Fotografie zu widmen, dass dadurch aber auch etwas verlorengehe.[270] So würden in der

266 Vgl. Elspeth H. Brown / Thy Phu: Introduction. Dies. (Hrsg.): *Feeling Photography*. Durham / London: Duke UP 2014, S. 1–28.

267 Als zentrale Figur dieser lange Zeit wirkungsmächtigen Fotografietheorie lässt sich Henry Fox Talbot mit seinem Konzept der Fotografie als „Zeichenstift der Natur" anführen. William Henry Fox Talbot: *The Pencil of Nature*. New York: Da Capo 1968.

268 Zur Kritik an dieser Fotografiekritik vgl. Victor Burgin: Einleitung zu „Thinking Photography", aus d. Engl. v. Wilfried Prantner. In: Wolf (Hrsg.): *Diskurse der Fotografie*, S. 25–37, hier S. 27.

269 Vgl. Tagg: *The Burden of Representation*, S. 3; Burgin: Einleitung zu „Thinking Photography".

270 Vgl. Amelia Jones: *Seeing Differently. A History and Theory of Identification and the Visual Arts*. London / New York: Routledge 2012.

Fotografieanalyse die weniger rationalen und semiotisch vorgeprägten Aspekte vernachlässigt, die die Betrachtung ebenso beeinflussen.[271] Hier kommt der Affekt ins Spiel und mit ihm Roland Barthes.
Eine seiner gern zitierten Passagen[272] stellt dem reflexiven *studium* der Fotografie im Sinne des Poststrukturalismus das *punctum* zur Seite, also den Affekt:

> Affect was what I didn't want to reduce. As Spectator I was interested in Photography only for ‚sentimental' reasons; I wanted to explore it not as a question (a theme) but as a wound.[273]

Fotografie kann demnach nicht nur nüchtern, aus sicherer emotionaler Distanz betrachtet werden, sondern auch berühren oder gar verletzen. Mit anderen Worten: Das Bild besitzt ein Potenzial oder eine Fähigkeit zur Affizierung. Daraus lassen sich Barthes zufolge neue Erkenntnisse ableiten. Barthes dienen diese durch das *punctum* beeinflussten Erkenntnisse jedoch auch der Bestätigung des betrachtenden Subjekts. Barthes elegische Meditation darüber, Fotografie und die Geschichten abgebildeter Subjekte unter anderem auch aufgrund des physischen Kontakts zu fühlen, diente – wie Fred Moten problematisiert – der emotionalen Identifikation.[274] Barthes knüpfe an das affektive Potenzial der Fotografie an, um sich selbst ins Bild zu rücken.[275] Sein Ziel war es dabei, der persönlichen Reflexion über die eigene Vergänglichkeit Raum zu geben.[276] Diese Reflexion diente schließlich weniger dazu, im eigenen Minoritär-Werden das Potenzial zu erkunden, sich auf andere Weise zu verbinden. Vielmehr stellte sie die Möglichkeit dar, sich im Verhältnis zu sich selbst zu vergewissern.
Vor dem Hintergrund neuerer und posthumanistisch informierter Affekttheorien in der visuellen Kultur und in Abgrenzung zu den soeben zusammengeführten fotografietheoretischen Bewegungen versuche ich nun im Verlauf dieser Arbeit zu erläutern, wie Affizierung im Betrachtungsverhältnis so

271 Ebd., S. 2.

272 Die Aussage findet sich z. B. bei Shawn Michelle Smith im Band *Feeling Photography* von Elspeth H. Brown und Thy Phu oder auch bei Michaela Ott in einer auf die Fotografie bezogenen Fußnote im Buch *Affizierung*. Vgl. Shawn Michelle Smith: Photography Between Desire and Grief. In: Brown / Phu (Hrsg.): *Feeling Photography*, S. 29–46, hier S. 29; Brown / Phu: Introduction; Ott: *Affizierung*, S. 363.

273 Roland Barthes: *Camera Lucida*. New York: Hill & Wang 1981, S. 21.

274 Vgl. Fred Moten: Black Mo'nin'. In: Eng / Kazanjian (Hrsg.): *Loss*, S. 56–76.

275 Vgl. Jo Spence: *Putting Myself in the Picture. A Political, Personal and, Photographic Autobiography*. London: Camden 1986.

276 Shawn Michelle Smith: Race and Reproduction in Camera Lucida. In: J. J. Long / Andrea Noble / Edward Welch (Hrsg.): *Photography. Theoretical Snapshots*. London: Routledge 2009, S. 98–111.

destabilisierend auf das Subjekt wirkt, dass anstelle von einer Dichotomie bzw. Hierarchie zwischen Subjekt und Objekt Bündnisse zwischen beiden entstehen, die es ermöglichen, Fotografie als Mediatisierung von Solidarität begreiflich zu machen. Das bedeutet, dass ich das Betrachtungsverhältnis nicht länger auf Identitäten beruhend verstehe, sondern auf der Einsicht des dem Anderen Ausgesetzt-Seins, also der Verletzbarkeit.

Einen Ansatz zu diesem Vorhaben habe ich bereits im Rahmen meiner Auseinandersetzung mit Linda Williams Konzept der Dichte des Sehens geschildert (siehe Abschnitt I.2.1.3). Dabei tritt der Körper des fotografierenden und/oder betrachtenden Subjekts sinnlich und materiell in das Bild und verbindet sich so mit der Spur des dargestellten Objekts. Ein anderer Ansatz wäre, die materielle Spur des fotografierten Objekts als etwas zu betrachten, das sich dem Begehren des betrachtenden Subjekts durch Affizierung entzieht. Diese Überlegung greife ich auf und möchte argumentieren, dass die Affizierung des Subjekts durch das Objekt dem Objekt ermöglicht, sich vom machtvollen Zugriff des Subjekts im Herstellungs- und auch Betrachtungsverhältnis zu lösen. Um diese beiden Ansätze herauszuarbeiten, werde ich zwei Arten der Affizierung diskutieren:

1) Zum einen interessieren mich im Anschluss an Michaela Ott bestimmte Schraffuren, Oberflächenstrukturen, Ornamente, Licht- und Schattenbildungen, Farbverläufe oder Unschärfen der Fotografien, die entpersonalisierend wirken.[277] Das heißt, dass durch formalästhetische Aspekte, die Becker in den Fotografien bewusst oder unbewusst erzeugt hat, Affizierung Effekt im Betrachtungsverhältnis ist. Der Effekt dieser Affizierung ist, dass sich Becker als fotografiertes Objekt meinem Versuch, seine Bilder nach rationalen Gesichtspunkten zu lesen, widersetzt und dass sich meine Subjektposition von personalisierenden Sicherheiten entfernt. Im Moment dieser Verunsicherung oder Gefährdung kulturhistorisch tradierter Auffassungen über Subjekt und Objekt entsteht ein Nahverhältnis zwischen scheinbar Disparatem und wird Solidarität neu denkbar.

2) Zum anderen betrachte ich fotografische Affizierungen auf der Ebene, materiell angesprochen zu werden, das heißt durch die Materialität der Fotografie buchstäblich angefasst zu sein. Es geht darum, die visuelle Kultur, die nie auf die Kategorie des Sichtbaren reduzierbar ist,[278] um die Dimensionen der sensuellen und haptischen Erfahrung, also der Berührung, des Geruchs und Gehörs

277 Ott: *Affizierung*, S. 38.

278 Sigrid Schade und Silke Wenk verweisen darauf, dass nicht nur der Augensinn für visuelle Kultur relevant sei, benennen im Weiteren aber nur die Dimension des Hörens und Lesens. Schade / Wenk: *Studien zur Visuellen Kultur*, S. 9.

zu erweitern. Ich argumentiere, dass die Fotografien Beckers nicht nur aufgrund ihrer sichtbaren Beschaffenheiten (siehe 1), sondern auch durch materielle Verkörperungen Affizierungsverhältnisse auslösen. Die durch Schnitte, Stiche, Punktierungen und Bemalungen bearbeiteten und damit verletzten Fotografien entziehen sich der Rationalisierung und ergreifen Betrachter*innen auch auf einer sinnlichen, also haptischen, auditiven und olfaktorischen Ebene. Die Prekarität dieser den Schmerz Beckers in sich tragenden Krater, Kratzer und Verschmutzungen auf den Fotografien knüpfen im Moment der Berührung, des Klangs und des Geruchs daran an, dass ich als Betrachterin affizierbar und den Dingen und Äußerungen Anderer ausgesetzt bin. An die reale Verletzung der Fotografie bindet sich die Möglichkeit, selbst verletzt werden zu können. Daraus leitet sich die Chance auf eine Gegenzukunft ab, eine Zukunft, die nicht länger in die Auffassung liberaler Subjektivität investiert, sondern in die Möglichkeit, sich gerade im Moment der Gefährdung zu verbinden und zu solidarisieren.

Um die Überlegungen dieses Abschnitts noch einmal zusammenzufassen: Schmerz verstehe ich im Zusammenhang mit der Fotografie Beckers als Affizierung, das heißt als ästhetische Erfahrung, die nicht allein ein Akt des Sehens oder der Sichtbarkeit ist, sondern auch des verkörperten Wahrnehmens. Diese Wahrnehmung definiert sich durch die entpersonalisierende Körperlichkeit des fotografischen Materials (verletzte, poröse Oberflächen, Verfärbungen, Verschmutzungen, toxische Umgebungen) als ein Modus des Affiziert-Werdens. Gleichzeitig handelt es sich um eine Affizierung der Fotografien und zwar im Sinne des Ins-Bild-Eingreifens, nicht jedoch, um sich im Bild als unüberwindlich selbstbehauptende Instanz zu implantieren, sondern sich als affizierbare Verkörperung zu prekarisieren.
Vor allem dieser letzte Aspekt hängt mit den konkreten Bedingungen des Forschens im Archiv und dem unmittelbaren Umgang mit den Fotografien zusammen. Diese Archivbedingungen prägen nicht nur meinen konzeptionellen Zugang, sondern fördern auch Prozesse des Affiziert-Werdens durch Fotografie und des Affizierens von Fotografie.

I.3 Archiv, Affekt, Wissen: Methodologische Überlegungen

I.3.1 Entgrenzte Quellen

Umfangreiche Quellenrecherchen in deutschen und US-amerikanischen Archiven bilden die Grundlage meines Arbeitsarchivs. Es handelt sich um elf komplette Nachlässe, 13 Teilnachlässe, diverse Einzelalben und Scrapbooks sowie Kontextmaterialien wie Zeitschriften der homosexuellen Presse, Amateurfotografie-Ratgeber und Amateurzeitschriften, Audiomaterialien, Fotosammlungen, Videos, graue Literatur und Ephemera wie Flyer, Eintrittskarten, Werbung usw. Aus dieser Materialvielfalt hat sich das Konvolut von Albrecht Becker in den Vordergrund gearbeitet. Seine kunst- und medienwissenschaftliche Analyse vermag, diverse Forschungslücken in den Bereichen der Medienamateurforschung, der *carnal aesthetics*,[279] also der auf Affekt und Sinnlichkeit bezogenen visuellen Kultur, sowie der Queer Theory zu schließen.

Um dieses Potenzial zu verdeutlichen, werde ich einigen ausgewählten Fotografien in Form eines Close-Readings nachgehen. Die Auswahl der Quellen basiert darauf, was diese im Rahmen des Rezeptions-Settings *Archiv* mit mir gemacht haben. Ich stieß auf das Konvolut Beckers in einem archivarisch sehr unzureichend bearbeiteten Zustand. Aufgrund der Archivsituation war es daher nicht möglich, eine vorherige Bestimmung oder thematische Eingrenzung in Bezug auf das Konvolut vorzunehmen. Das zu untersuchende ‚Feld' war sehr offen und erschwerte eine Festlegung auf bestimmte thematische Schwerpunkte, motivische oder ästhetische Merkzeichen. Selbst die disziplinäre Herangehensweise ergab sich erst im Verlauf der Sichtungen und war nicht Ergebnis einer im Voraus getroffenen Entscheidung. Diese Kontingenz habe ich jedoch nie als Nachteil betrachtet. Im Gegenteil, im Rahmen kritischer Ansätze der Gender Studies wie der Transdisziplinarität, Intersektionalität, Interdependenz und Queer Theory erschien sie mir als besonders naheliegend.[280] Schließlich haben all diese

279 Vgl. Monika Wagner: *Das Material der Kunst. Eine andere Geschichte der Moderne*. München: Beck 2001; Bettina Papenburg / Martina Zarzycka (Hrsg.): *Carnal Aesthetics. Transgressive Imagery and Feminist Politics*. London / New York: Tauris 2013; Estelle Barrett / Barbara Bolt: *Carnal Knowledge. Towards a „New Materialism" Through the Arts*. London / New York: Tauris 2013.

280 Vgl. Sabine Hark: Transreflexionen. Transformation von Wissenschaft – intersektionaler Feminismus – transdisziplinärer Beziehungssinn. In: Gerline Malli / Susanne Sackl-Sharif (Hrsg.): *Wider die Gleichheitsrhetorik. Soziologische Analysen – theoretische Interventionen*. Münster: Westfälisches Dampfboot 2014, S. 195–206; Katharina Walgenbach / Gabriele Dietze / Antje Hornscheidt / Kerstin Palm (Hrsg.): *Gender als interdependente Kategorie. Neue Perspektiven auf Intersektionalität, Diversität und Heterogenität*. Opladen / Farmington Hills:

Ansätze darauf hingewiesen, dass die wissenschaftlichen Disziplinen „mit dem Versuch, ihre Grenzen zu sichern, ein exklusives Forschungsfeld abzustecken und ihr Untersuchungsobjekt zu fixieren“[281], in eine Krise geraten waren. Ich ließ es also zu, dass die Quellen und das Archiv – auf die besonderen Archivbedingungen komme ich noch zu sprechen – eine Dekonstruktionsarbeit leisteten. Sie steigerten die „Potenz zur Dekonstruktion und Destabilisierung von Kategorien“[282], zum Verfehlen von Kategorien,[283] zur permanenten Infragestellung der Bestimmung der Fotografie, aber auch ihrer Positionierung. Zwar stehen auf den ersten Blick Fotografien eines *weißen* schwulen Mannes im Zentrum der Analyse, doch arbeiteten die Quellen im Kontext des Archivs immer wieder gegen diese Subjektposition an. Ich habe versucht, diesen Prozess in der Auswahl der Fotografien zu berücksichtigen. Ich widme mich daher vor allem Bildern, die den vermeintlich naheliegenden Annahmen über die soziale Positionierung Beckers zuwiderlaufen und stelle deren interdependente und queere Aspekte in den Vordergrund meiner Analysen.

Becker selbst teilte seinen Nachlass noch persönlich auf und vermachte ihn zwei verschiedenen Archiven. Seinen professionellen Nachlass gab er 1988 an das Archiv der Deutschen Kinemathek in Berlin, zusammen mit dem Arbeitsnachlass seines langjährigen Lebenspartners Herbert Kirchhoff. Kirchhoff war ein in der Bundesrepublik Deutschland bekannter Szenenbildner und Filmarchitekt. Becker fungierte viele Jahre als Kirchhoffs Assistent und war später selbst als Film- und Fernseharchitekt tätig. Teilweise wurden aus dem Arbeitsnachlass Beckers Fotografien dem Archiv des Schwulen Museums übergeben. Dabei handelt es sich um die der Meinung des Archivars nach privaten und nicht den Beruf betreffenden Fotografien. Weil manche seiner Bilder nicht nur sozialhistorische Quellen für Kinoarbeit darstellen, sondern auch Teil seiner

Budrich 2007; Gabriele Dietze / Elahe Haschemi Yekani / Beatrice Michaelis: „Checks and Balances.“ Zum Verhältnis von Intersektionalität und Queer Theory. In: Dies. / Walgenbach / Hornscheidt / Palm (Hrsg.): *Gender als interdependente Kategorie*, S. 107–139.

281 Wendy Brown: Die Unmöglichkeit der Women’s Studies. In: Gabriele Dietze / Sabine Hark (Hrsg.): *Gender Kontrovers. Genealogien und Grenzen einer Kategorie*. Königstein: Helmer 2006, S. 125–153, hier S. 131.

282 Dietze / Haschemi Yekani / Michaelis: „Checks and Balances“, S. 109.

283 Vgl. Isabel Lorey: Kritik und Kategorie. Zur Begrenzung politischer Praxis durch neue Theoreme der Intersektionalität, Interdependenz und Kritischen Weißseinsforschung. In: *kritik, eipcp - European Institute for Progressive Cultural Policies*, 2008. http://eipcp.net/transversal/0806/lorey/de.html (Zugriff am 17.01.2020).

sexuellen Praktiken waren, wurden sie mehrheitlich dem für Sexualität zuständigen Archiv zugewiesen.[284]
Seinen privaten und sehr viel umfänglicheren fotografischen Nachlass hinterließ Becker 1993 dem Archiv des Schwulen Museums Berlin. Allein dieser private Nachlass umfasst 24 von insgesamt 36 Kartons[285] , die nahezu ausschließlich Fotografien und Fotoordner bzw. Fotoalben beinhalten. Schätzungen ergeben eine Anzahl von circa 100.000 fotografischen Selbstdarstellungen Beckers. Da Becker den Nachlass selbst ins Archiv gegeben hat und sich insgesamt nur wenige Negative in den Kartons befinden, ist davon auszugehen, dass es sich bei den allermeisten Fotografien um Originalabzüge handelt. Das heißt, dass die Menge der Fotografien höchstwahrscheinlich auf ihn zurückgeht und nicht auf die Archivar*innen, die zum Zwecke der Publikation[286] oder Ausstellung 1993 Bilder reproduziert und dem Nachlass zugefügt haben.[287]
Da es sich zudem häufig um nahezu A4-formatige Fotografien handelt, von denen nur wenige die Kennung eines Fotolabors aufweisen, ist anzunehmen, dass Becker die meisten selbst entwickelt und abgezogen hat. Das ist deswegen wichtig zu erwähnen, weil ein Teil meiner Argumentation auf die spezifische Bearbeitung und materielle Handhabung der fotografischen Materialien abzielt. Dass diese Bearbeitungen vom Archiv unberührt geblieben sind und so auf Becker als Verursacher schließen lassen, ist auch den konkreten Bedingungen des Archivs des Schwulen Museums Berlin geschuldet.

I.3.2 Archiv und Bedingungen des Forschens

Das Schwule Museum Berlin gilt als Nachfolgeprojekt der von schwulen und lesbischen Aktivist*innen kuratierten und 1984/85 im Berlin Museum gezeigten Ausstellung *Eldorado – Geschichte, Alltag und Kultur homosexueller Frauen und*

284 Damit im Zusammenhang steht, dass diese Fotografien aufgrund der das Archiv des Schwulen Museums marginalisierenden Politiken schwerer zugänglich wurden. Damit meine ich, dass Quellen in marginalisierten Archiven durchaus Gefahr laufen können, nicht von einer breiteren Menge wahrgenommen zu werden – zumal die fehlenden Mittel dieser Archive eine archivarischen Standards entsprechende Aufarbeitung selten gewährleisten können. Dies erschwert, Zugang zu Quellen zu bekommen. Vgl. Halberstam: *In a Queer Time and Place*, S. 169; Katrin Köppert: Queere Archive des Ephemeren. Raum, Gefühl: Unbestimmtheit. In: *sub/urban. zeitschrift für kritische stadtforschung* 3,2 (2015), S. 67–90.

285 Die meisten Kartons sind im Format 44 x 32 x 15 cm.

286 Sternweiler: *Fotos sind mein Leben*.

287 Reproduktionen von Seiten des Archivs sind interessanterweise und vermutlich für die Ausstellung 1993 im Schwulen Museum vor allem bei den Jugenddarstellungen vorgenommen worden. Vgl. Albrecht Becker. Archiv Schwules Museum Berlin, Karton AB*Jugend*Kassetten.

Männer, 1850–1950. 1988 zog das Schwule Museum in notdürftig eingerichtete Räume im Hinterhof des Hauses Mehringdamm 61. Die Entscheidung, in eigene Räumlichkeiten zu ziehen, folgte dem Wunsch nach Unabhängigkeit von öffentlichen Institutionen wie dem Berlin Museum. Ab 1995 teilte sich das Schwule Museum das Gebäude mit dem SchwulenZentrum (SchwuZ). Spätestens seit diesem Zeitpunkt operierte es in einer nicht mehr nur emotionalen, sondern auch räumlichen Nähe[288] zur schwulen Emanzipationsbewegung.[289] Das Archiv des Schwulen Museums stand über viele Jahre aufgrund dieser Nachbarschaft dem gelebten Alltag schwuler Männer nahe, den es dokumentieren wollte, und blieb lange Zeit ein *hidden place.* Es wurde beispielsweise von akademischen Institutionen in Deutschland häufig nicht wahrgenommen[290] und musste beharrlich um öffentliche Zuwendungen kämpfen.[291] Erst 2013, mit dem Umzug in die Lützowstraße 73, verbesserte sich dessen öffentliche Wahrnehmung.[292] Und dennoch: Das Archiv wird neben der Bibliothek noch immer mehrheitlich von ehrenamtlich Tätigen betreut und ist aufgrund der Nähe zum Museum vielleicht eher als eine Sammlung, denn als Archiv zu betrachten.[293]

288 Die Räume des Schwulen Museums und des SchwuZ' befanden sich bis 2013 im selben Gebäude. Auch die meisten Veranstaltungen (Lesungen und Partys) richtete das Schwule Museum in den Räumen des SchwuZ' aus.

289 Das SchwuZ war 1971 aus der Homosexuellen Aktion West-Berlin (HAW) hervorgegangen, die sich zur aufbegehrenden, linken Schwulenbewegung rechnete. Vgl. Patrick Henze: „Die lückenlose Kette zwischen Politik und Schwul-Sein aufzeigen." Aktivismus und Debatten in der Homosexuellen Aktion Westberlin zwischen 1971 bis Juni 1973. In: Andreas Pretzel / Volker Weiß (Hrsg.): *Rosa Radikale. Die Schwulenbewegung der 1970er Jahre.* Hamburg: Männerschwarm 2012, S. 124–142.

290 Diese Information entnehme ich der Aussage des zur Sichtung zuständigen Archivars Jens Dobler bei der Tagung *Sichern – Bewahren – Erforschen. Das Erbe der Berliner Sexualwissenschaft* am 6. Mai 2013 in Berlin. Im Rahmen seines Vortrags kam Dobler darauf zu sprechen, dass deutsche Wissenschaftler*innen das Schwule Museum Berlin lange Zeit nicht für ihre Forschung nutzten. Das hat sich seit dem Umzug des Archivs verändert, seitdem wird es von Forschenden öfter frequentiert und wahrgenommen.

291 Das Schwule Museum wurde erst 2009 in die institutionelle Förderung des Berliner Senats aufgenommen. 2012 wurde die Förderung durch das Kulturinvestitionsprogramm (KIP) bekannt gegeben – eine Initiative der Berliner Kulturverwaltung, die sich aus Mitteln des Europäischen Fonds für regionale Entwicklung (EFRE) speist.

292 Vgl. Köppert: Queere Archive des Ephemeren.

293 Obwohl der Begriff des Archivs durchaus unterschiedlich verwendet wird, lässt sich für das Archiv des Schwulen Museums fragen, ob es sich aufgrund seines aktivistisch-ehrenamtlichen Hintergrundes tatsächlich um ein Archiv (mit funktionalem Zusammenhang und regelgeleiteter Struktur) handelt oder eher um eine Sammlung im Sinne einer Serialität von Objekten, die weniger auf einer gemeinsamen Herkunft der Objekte beruht, als vielmehr dem Begehren, das sich an sie gekettet hat. Diese Serialität der Objekte materialisiert sich in der Unordnung und

Da meine Archivsichtung noch am alten Standort Mehrdingdamm stattfand, fließen die damaligen Bedingungen in meine Wahrnehmung der Fotografien Beckers mit ein. Vor meiner Beschäftigung wurde der Nachlass Beckers von Seiten des Archivs lediglich einmal grob geordnet und inventarisiert, nämlich von dem Kunsthistoriker und ehrenamtlichen Kurator des Schwulen Museums, Andreas Sternweiler, anlässlich der 1993 gezeigten Ausstellung mit anschließender Publikation. Aus diesem Grund haben die einzelnen Objekte, Artefakte, Dokumente und Fotografien keine Signaturen. Lediglich die Kartons, in denen sich die Materialien durcheinandergewürfelt und unabhängig von ihrer Provenienz und ihrer Gattung befinden, sind mit Beschriftungen versehen. Diese entsprechen jedoch in keiner Weise den Standards einer bibliothekarisch-archivarischen Signatur.

Die zeitliche Zuordnung einzelner Fotografien sowie mancher Fotoordner beruht auf ersten Einschätzungen Sternweilers. Die übrigen Ordner wurden noch von Becker selbst zusammengestellt. Innerhalb dieser Ordner lässt sich keine konsequente Chronologie erkennen. Nur vereinzelt hat Becker seine Fotografien datiert.

Erwähnenswert ist auch, dass seine Fotografien nicht nach gängigen Standards konserviert wurden. Weder befanden sie sich in einem separaten Archivraum für Fotosammlungen noch in ungepuffertem Archivpapier, das sie vor dem Kontakt mit anderen Fotografien oder dem Karton hätte schützen können.

Diese Bedingungen der Archivierung haben einen entscheidenden Einfluss darauf gehabt, wie ich mich den Fotografien näherte. Dazu kam, dass sich nicht nur der Nachlass Beckers, sondern das gesamte Archiv in einem Zustand des organisierten Chaos befand. Weder gab es einen Arbeitsplatz, der mir eine professionelle Sichtung ermöglicht hätte, noch war der Raum, in dem ich arbeitete, den Anforderungen eines Archivs entsprechend gepflegt.

I.3.3 Archiv, Wissen und Affekt

Im Lager des stickigen und schlecht gepflegten Archivs begegneten mir also die Fotografien Beckers – und zwar auf unvorhergesehene Weise. Die wenigen Beschriftungen oder Benennungen ließen nur vage auf etwas schließen. Jeder Karton war eine Überraschungskiste, was die Sichtung angesichts des Inhalts, der Beschaffenheit der Fotografien und der Umgebung zu einer emotional

der zum Teil auch beliebig anmutenden Ansammlung von Dokumenten, Gegenständen etc. Vgl. Isabelle Schwarz: *Archive für Künstlerpublikationen der 1960er bis 1980er Jahre*. Köln: Salon 2008, S. 417–423; Jones: *Seeing Differently*; Köppert: Scrap-Book of Tears, S. 150.

anstrengenden Arbeit machte. Schmerz, der visuell auf explizite und mitunter extreme Weise zu sehen war, Fotografien, die sich durch Schnitte, Risse und Verschmutzungen in ihrer Verletzlichkeit mitteilten, Schmutz und starke Gerüche aufgrund mangelhafter Lagerung haben immer wieder Ekel und Widerwillen ausgelöst. An diese Erfahrung schließt sich meine methodologische Reflexion des Verhältnisses von Quelle, Archiv und Affekt an.

Bei dieser Reflexion ist nicht nur zu klären, *dass* ich als affizierte Forscherin im Archiv arbeitete, sondern *was* diese Affizierung mit meinem Denken und Schreiben gemacht und *wie* Affekte meine Wissensproduktion an- und umgeleitet haben. Zur dieser Reflexion gehören auch die kulturellen Vorstellungen, auf die Affekte wie Ekel verweisen: Geprägt durch historisch spezifisch anzusiedelnde Hygiene-Vorstellungen ekelte ich mich vor verklebten Fotografien, Spermarückständen, penetranten Gerüchen, die vor allem aus den Kartons stammten, in denen sich die Dildos befanden, mit denen sich Becker – wie auf vielen seiner Fotografien zu sehen ist – befriedigte. Diese Objekte widersprechen dem, was sich seit dem 18. Jahrhundert als Hygiene diskursiv in den Vordergrund westlicher, bürgerlicher und heteronormativer Körpergeschichte gearbeitet hat: keimfreie Sauberkeit.[294] Meine Ekelgefühle im Archiv sind folglich Wiedergängerinnen der situierten Wissensproduktion und normativ voreingestellten Auffassung vom sauberen (Archiv-)Raum und weiter: vom reinen Körper, gesunden Sex, klaren Bild und ungetrübten Blick.

Gleichzeitig besitzen Affekte das Potenzial, über ihre kulturellen Einfassungen hinauszugehen.[295] Indem sie selbst produktiv und unbestimmt sind, können sie Verbindungen auch auf wenig vorhersehbare Weise herstellen und dadurch Interpretationen umlenken.[296] Doch inwieweit gilt das auch für den Ekel?

Sianne Ngai platziert Ekel auf ihrer Skala der *ugly feelings* am äußersten Rand, am weitesten entfernt von Vergnügen, Genuss und Begehren. Ekel führe, anders als andere negative Affekte zu einer Abwendung vom Objekt, das den Ekel erregt. Bei keinem anderen Affekt, so Ngai, werde die Grenze zwischen dem Selbst und dem kontaminierenden Anderen so entschieden wiedererrichtet.[297] Und dennoch sagt Ngai, bestehe auch im Ekel die Möglichkeit dafür, das Andere im Moment

294 Vgl. Philipp Sarasin: *Reizbare Maschinen. Eine Geschichte des Körpers 1765–1914.* Frankfurt am Main: Suhrkamp 2001, S. 17–18.

295 Vgl. Massumi: *Parables of the Virtual.*

296 Käthe von Bose thematisiert Ekel im Rahmen ihrer Analyse des Krankenhausraumes in genau dieser doppelten Bedeutung: als einerseits kulturell konstituiert und andererseits kreativ vermögend. Vgl. Käthe von Bose: *Klinisch rein. Zum Verhältnis von Sauberkeit, Macht und Arbeit im Krankenhaus.* Bielefeld: Transcript 2017, S. 42.

297 Vgl. Sianne Ngai: *Ugly Feelings.* New Haven: Harvard UP 2005, S. 332.

seines Ausschlusses zu inkludieren.[298] Dies führe zu einer merkwürdigen Form der Sozialität, die nicht auf moralischen Deutungen beruhe,[299] sondern die der Dringlichkeit im spezifischen Moment der Ansteckung entspräche. Die Dringlichkeit der affektiven Reaktion verhindere eine auf Sympathie oder Mitleid beruhende Identifikation mit dem Objekt, weswegen eine Beziehungsförmigkeit eintreten könne, die nichts mit der Kommensurabilität des postmodernen Pluralismus zu tun habe. Vielmehr beruhe sie darauf, sich in der Unmöglichkeit, das Ekelerregende zu verdauen, zu entpersonalisieren. Dies – so Ngai weiter – verdeutliche sich in der Transformation des „being disgusted to being disgusting"[300].

Die Fotografien Beckers stellen aufgrund der besonderen Weise, in der sie bearbeitet, dem Archiv überlassen und dort eingelagert wurden, eine Herausforderung für die einfühlende Identifikation dar. Bei der Sichtung befand ich mich in einem sehr spezifischen Affizierungsverhältnis zu Beckers Fotografien. Da mich seine Bilder nicht nur physisch berührten, sondern auch immer wieder anekelten, sah ich mich mehr als einmal an den Rand dessen gebracht, was Forschung meint: die eingehende Beschäftigung mit Quellen. Nichtsdestotrotz waren diese Ekelgefühle ganz im Sinne Ngais der Anlass für eine tiefergehende Auseinandersetzung. Diese bedeutete für mich nicht, mich mit dem Schicksal Beckers zu identifizieren oder mir seinen Schmerz untertan zu machen. Es sollte mir (aus guten Gründen) nicht gelingen, den Schmerz in meine Untersuchung so zu inkludieren, dass er meiner Selbst-Erbauung als Wissensproduzentin dienlich geworden wäre. Eher setzte ein – im Sinne von Deleuze und Guattari[301] – Klein- oder Minderwerden meiner Person als Forscherin ein. Dieses Klein- oder Minderwerden begreife ich jedoch weniger als Problem, denn als Chance für eine kritische Wissensproduktion. Wissen, das nicht von autonomen Subjekten, sondern von sich in multiplen Abhängigkeitsverhältnissen zu den Quellen befindenden Äußerungsgefügen produziert wird, macht mir Hoffnung auf eine kritische Auseinandersetzung mit Fragen epistemischer Gewalt.[302] Somit stellt

298 Ngai verdeutlicht dieses Potenzial einer Inklusion des abzustoßenden Objekts anhand des mystischen Romans *Passion According to G. H.* (1964) von Clarice Lispector. In dem Roman isst die Protagonistin eine Kakerlake, die sie zuvor aus Ekel getötet hatte. Unfähig das Nicht-zu-Tolerierende zu absorbieren und transzendieren, übergibt sie sich und externalisiert die Mechanismen der religiös infiltrierten Ideologie der Transzendenz. Ngai: *Ugly Feelings*, S. 346–348.

299 Ebd., S. 336.

300 Ebd., S. 353.

301 Vgl. Deleuze / Guattari: *Kafka*.

302 Der Begriff der epistemischen Gewalt bezeichnet die Gewaltförmigkeit von Wissen (-schaft) vor allem in post-kolonialen Kontexten. Ich beziehe mich hier auf die von Gayatri Chakravorty Spivak thematisierte Dimension des Begriffs. In kritischer Auseinandersetzung mit der ursprünglichen Verwendung des Begriffs bei Foucault hatte Spivak auf dessen eigene

diese Arbeit eine Anerkennung negativer Affekte wie z. B. Ekel und eine Anerkennung ihrer Wirkung auf die Produktion herrschaftskritischen und queeren Wissens dar. Mich selbst im Verlauf der Forschung immer wieder an der Schwelle des Ekels zu befinden, durch die Quellen angeekelt zu werden und das Lesepublikum potenziell anzuekeln, weil ich Beckers Bilder nicht ausspare und in meinen Beschreibungen ihrer Beschaffenheit nicht reduziere, betrachte ich als inhärenten Teil queerer Wissensproduktion. Nur an dieser Schwelle können wir lernen, Wahrheiten zu verlernen.

gewaltvollen Entnennungen asymmetrischer Machtkonstellationen im globalen Kontext verwiesen und damit auf die Gewalt, die nicht im Körperlichen, sondern im Epistemischen verankert ist. Vgl. Gayatri Chakravorty Spivak: Can the Subaltern Speak? In: Cary Nelson / Lawrence Grossberg (Hrsg.): *Marxism and the Interpretation of Culture*. Urbana: Illinois UP 1988, S. 271–313; Michel Foucault: Nietzsche, Genealogy, History, aus d. Franz. v. Donald F. Bouchard / Sherry Simon. In: Dies. (Hrsg.): *Language, Counter-Memory, Practice: Selected Essays and Interviews*. Ithaca: Cornell UP 1980, S. 139–164; Claudia Brunner: *Wissensobjekt Selbstmordattentat. Epistemische Gewalt und okzidentalistische Selbstvergewisserung in der Terrorismusforschung*. Wiesbaden: VS 2011, S. 31.

II
Tauschbilder des Schmerzes

Zu Pfingsten 1924 habe ich eine Reise am Neckar entlang gemacht, von Reutlingen über Tübingen nach Horb. Dort habe ich mir die Stadt angesehen, habe fotografiert. Ich hatte mir, nach Beendigung meiner Lehre in Quedlinburg, eine bessere Fotokamera gekauft. Das war eine kleine längliche Filmkamera, eine Rollette von Ernemann aus Dresden. Damit konnte man Aufnahmen im Format von viereinhalb mal sechs Zentimetern machen, und als Endresultat hatte man diese kleinen Bildchen im Format des Negativs. Die Rollette war schon eine Kamera mit Namen. Die habe ich bis 1927 benutzt. Und zwischendurch habe ich noch die Bergheil von meinem Vater genommen, keine sehr wertvolle Kamera, aber es war ein normaler, richtiger Apparat mit doppeltem Bodenauszug und allem Drum und Dran.
Am Neckar in Horb sprach mich dann ein seriöser, gutaussehender Herr von ungefähr fünfundvierzig Jahren an und fragte mich, ob er mich fotografieren dürfe. Ich habe natürlich gleich begeistert ja gesagt, weil mir der Mann gut gefallen hat. Er hat mich fotografiert, und wir sind danach spazieren gegangen. Ich wollte eigentlich wieder zurück nach Reutlingen fahren, aber der Herr hat mich eingeladen, mit [*sic!*] ihm zu übernachten.[1]

In dieser Passage der von Andreas Sternweiler zusammengetragenen Biografie resümiert Albrecht Becker über den Zusammenhang zwischen privater Fotografie und Cruising – der sexuellen Kultur, die aus Flirt, Anmache und anonymem Sex im (semi-)öffentlichen Raum besteht und die sich noch heute großer

1 Sternweiler: *Fotos sind mein Leben*, S. 21.

Beliebtheit erfreut.[2] Fotografie, die Becker leidenschaftlich betrieb, wie anhand seiner technischen Ausführungen über die verschiedenen Fotoapparate deutlich wird, war häufig Vorwand für sexuelle Ansprache und übernahm in der Weimarer Republik die mediale Funktion der Intimitätserzeugung. Obwohl sich in seiner Beschreibung andeutet, dass die Bilder nicht explizit erotischen Inhalts sind, spielt Fotografie als Mittel der Verführung eine wesentliche Rolle. Fotografie ist somit ein mediatisierter Akt der sexuellen Kontaktaufnahme und nicht bloß eine Aufzeichnung sexueller Handlungen.[3] Als Kulturtechnik männlich-homosexueller Kommunikation folgt sie eigenen und mithin anderen Regeln, als sie für Amateurfotografie im Allgemeinen gelten.

Thomas Waugh bezeichnet Fotografie im Zusammenhang mit Verführung als „ice-breaker“[4]. Die Praxis, mittels Fotografien Kontakt zu knüpfen, stellt Waugh für die männlich-homosexuelle Amateurpornografie ab den 1930er Jahren fest. Fotografie wird als Mittel der Erregung im Genre der Amateurpornografie inszeniert. In Beckers Beschreibung ist sie in ein Kommunikationshandeln eingelassen, das sich über die Inszenierung mediatisierter Erregung hinaus auf das Cruising und den Moment der Anbahnung erstreckt. In diesem Kapitel werde ich mich daher im Kontext von Cruising mit der Fotografie als mediatisierter Intimitätserzeugung beschäftigen. Dabei spielt der Tausch eine wichtige Rolle.

Mit Tausch meine ich den mit Cruising-Praktiken eng verflochtenen Austausch von Fotografien. Dabei betrachte ich private Fotografien nicht nur als Anlass und Akte intimer Kontakte, sondern auch als Tausch-Produkte. Das heißt, dass Fotografien, die der Kontaktaufnahme dienen, im Endeffekt ähnlich wie mann-männliche Sexualität im öffentlichen Raum zirkulieren und netzwerkbasierten Tauschbedingungen unterliegen. Tausch soll aber auch auf einer weiteren Ebene diskutiert werden: der vertauschten, zirkulierenden Bildbedeutung. Dabei gehe ich von der Annahme aus, dass Bilder – für einen bestimmten Zweck geschaffen – erst in ihrer Beziehung zu einem sozialen Netzwerk inklusive der darin stattfindenden Praktiken, Ökonomien und Überzeugungen bedeutsam

2 Zwar war das Cruising aufgrund der Aids-Krise in den 1980er und 1990er Jahren stark rückläufig, hat es sich aber inzwischen reorganisiert. Das Internet als öffentlicher Raum spielt inzwischen eine entscheidende Rolle bei der Anbahnung von sexuellem Austausch. Es ist „spezifischer medialer Intimitätsgenerator“. Vgl. Martin Stempfhuber: Limited Intimacy? Die mediale Herstellung von Intimität am Beispiel von Grindr. In: *Feministische Studien* 32,1 (2014), S. 49–62, hier S. 49; Katrin Köppert: Touch of Concern. Queere Mikropolitiken affektiver Reproduktion bei GayRomeo und Grindr. In: Andreas Heilmann / Gabriele Jähnert / Falko Schnicke / Charlott Schönwetter et al. (Hrsg.): *Männlichkeit und Reproduktion: Zum gesellschaftlichen Ort historischer und aktueller Männlichkeitsproduktionen*. Wiesbaden: Springer 2015, S. 329–348.

3 Vgl. Waugh: *Hard to Imagine*, S. 338.

4 Ebd., S. 339.

werden.[5] Ändert sich das Netzwerk, z. B. aufgrund einer historisch oder räumlich veränderten Verflechtung von Ökonomie, Ideologie und Medienpraxis oder wandert ein Bild von dem einen zu einem anderen Netzwerk, ändert sich der Bildgehalt und mit ihm das Format.[6] Mit der Wanderung eines Bildes in einen anderen Kontext transformiert sich auch die Bildbedeutung, wechseln Zuordnungen z. B. des Genres wie auch Umgangs- und Rezeptionsweisen. Tauschverhältnisse dieser Art lassen sich oft im Zusammenhang mit fotografischen Ikonisierungen nachvollziehen.

In der Geschichte waren bildsetzende Akte, meist die Visualisierung von Gewalt oder siegreichen Eroberungen, an vielfältige und durchaus widersprüchliche Nutzungs- und Wirkungsweisen gebunden. Bildikonen wie *Falling Soldier* (1936) von Robert Capa, *Migrant Mother* (1936) von Dorothea Lange, *Iwo Jima* (1945) von Joe Rosenthal, *Reichstagsflagge, 2. Mai 1945* (1945) von Jewgeni Chaldej, aber auch die Bilder der vor Napalm-Angriffen fliehenden Kinder in Vietnam (1972) oder der in Abu Ghraib gefolterten Gefangenen (2004) sind für diese Austauschverhältnisse beispielhaft.[7] Sie alle teilen die Geschichten der historischen Performanz, das heißt der „Wirkung weit über den reinen Akt der Aufnahme hinaus"[8]. Dabei kann die politische Wirkung der Bilder sehr unterschiedlich sein. Durch die sich aus dem Austausch ergebende Veränderung der Bildbedeutung kann, wie am Beispiel von Beckers Fotografien zu sehen sein wird, Verletzung entstehen, wo vorher Ermächtigung war. Kontextuell variierende Bedeutungszuschreibungen, etwa durch eine andere Gebrauchsweise oder die Verwendung in einer anderen Institution[9] können diejenigen gefährden, die sich von denselben Bildern zuvor ermächtigend angesprochen gefühlt haben bzw. die durch diese Bilder souveräne Subjektivität und Kollektivität erlangt haben.

Die Fotografien, die während der Weimarer Republik im Umfeld Beckers und als Teil von zahlreich beschriebenen Cruising-Situationen zirkulierten und konstitutiv für die homosexuelle Subkultur waren, erfuhren im Rahmen der Denunziation und Überführung eine ebensolche Umkodierung. Fotografien, deren Wert vorher darin bestand, Becker eine Interpretation von sich selbst

5 Vgl. Batchen: Snapshots, S. 128.

6 Das Format schließt Semantisierungsweisen nicht aus, macht aber darüber hinaus auf Trägermedien und ästhetisch-visuelle Konventionsbildungen und Gattungs- und Genrezuordnungen aufmerksam. Vgl. Barbara Paul: FormatWechsel, Bilderzirkulation und visuelle queere Politiken. Iké Udé und das strukturelle Paradox des Cover Girls. In: *FKW // Zeitschrift für Geschlechterforschung und visuelle Kultur* 51 (2011), S. 60–72, hier S. 61.

7 Vgl. Bernd Stiegler: *Montagen des Realen. Photographie als Reflexionsmedium und Kulturtechnik*. München: Fink 2009.

8 Ebd., S. 19.

9 Vgl. Paul: FormatWechsel, Bilderzirkulation und visuelle queere Politiken, S. 61.

zu vermitteln, erfuhren nun einen Austausch, nach dem sie ihn als kriminellen Delinquenten konstituierten. Mehr noch griffen sie aufgrund getauschter Bedeutungen fundamental in seine Lebenswirklichkeit ein und schufen für ihn die Wirklichkeit eines Lebens hinter Gittern. Becker wurde von den Nationalsozialisten im Januar 1935 verhaftet, wegen des vermeintlichen Vergehens gegen § 175 RStGB als Homosexueller verurteilt und drei Jahre lang in Nürnberg inhaftiert. Beckers Identifizierung und strafrechtliche Überführung als homosexueller Mann geschah mit Hilfe von Cruising-Bildern.

Im weiteren Verlauf dieses Kapitels wird es darum gehen, dass Becker diese fotobasierte Verfolgung in eine Medienpraxis des Schmerzes rücktauschte. Ich werde herausarbeiten, dass die von der Gestapo angewandten Modi der zeichenbasierten Evidenzerzeugung durch Becker in eine visuelle Verfahrensweise verwandelt werden, in der das Sehen nicht allein auf rationalem Auslesen beruht, sondern auch auf Körperlichkeit. Becker realisiert Schmerz durch Medientechniken der Selbstverletzung und der Tätowierung, und zwar nicht auf eine derealisierende, sondern auf eine verlebendigende und relationierende Weise. Seine Medienpraxis stellt damit bereits zum Zeitpunkt seiner Inhaftierung ein machtkritisches, queeres Potenzial dar. Ich möchte behaupten, dass dieser *verkörperte* Gebrauch von Fotografie angesichts der eingeschränkten Möglichkeiten, über die Becker während seiner Inhaftierung verfügte, das Potenzial einer kaum wahrnehmbaren, dafür umso dringlicheren Unterwanderung des (visuellen) Regimes darstellt. Im Moment des körperlichen Zu-Sehen-Gebens des durch die Gestapo derealisierten Schmerzes wirkt Schmerz affizierend und solidarische Verbindungen herstellend. Damit möchte ich auch darauf hinweisen, welchen bisher selten erforschten, aber tatsächlich genutzten Spielraum es gab, um während des Nationalsozialismus partiell widerständig[10] zu agieren. Am Ende des Kapitels werde ich daher eine gequeerte, affizierte Version des Tauschbilds vorschlagen. Der doppelte Verwendungszusammenhang des Begriffs Tauschbild – real getauschte Fotografien und ausgetauschte Bildbedeutungen und -funktionen – erfährt hier eine Erweiterung. Die Frage des konkret getauschten Bildes im Kontext von Cruising und des Austauschs von Bildbedeutung aufgrund von Bilderwanderung und/oder Kontextwechsel erhält im Rahmen von Affizierung eine weitere, eine machtkritische Dimension.

10 Aufgrund der Verwendung des Begriffs *widerständig* ziele ich nicht darauf ab, einen Widerstand im Sinne einer Bewegung zu behaupten. Ich setze daher mit einem sehr weiten Begriff des Widerständigen an. Zu diesem zählt auch die Ebene der kaum wahrnehmbaren, aber dennoch kulturelle Codes beeinflussenden Wirkungsweisen affektiven Schmerzhandelns.

Dieses Kapitel teilt sich also in drei Abschnitte. Zunächst werde ich kurz auf die Bedeutung der Fotografie und des Bildertauschs im Kontext von Cruising zu sprechen kommen. Hierzu sei erwähnt, dass die Rekonstruktion von Beckers Gebrauch der Fotografie in der Weimarer Zeit vornehmlich auf Grundlage der Vernehmungsprotokolle der Gestapo[11] erfolgen kann. Die Bilder selbst wurden mehrheitlich durch die Gestapo,[12] zum Teil aber aus Gründen der Vorsorge auch von betroffenen Männern selbst vernichtet. Diese Bilder können hier deswegen nur in ihrer Abwesenheit zur Sprache kommen. Neben wenigen Hinweisen aus den Gesprächen, die Sternweiler mit Becker für die Publikation geführt hatte,[13] habe ich vor allem durch die Brille der Gestapo-Akten Zugang zu Beckers Praktiken vor und während der Inhaftierung. Dies mitzudenken ist wichtig. Schließlich muss berücksichtigt werden, dass es im Kontext der Geständnistechniken zu einer Anreizung des Sprechens über Sex gekommen war.[14] Der kriminologische Diskurs ko-konstituierte die gesprächige Perspektive auf die Bedeutung von Fotografie für sexuelles Erleben.

Im zweiten Abschnitt ist diese Bedeutung innerhalb der männlich-homosexuellen Subkultur des Cruising Anlass herauszuarbeiten, inwiefern sie im Kontext der polizeilichen Vernehmung ausgetauscht wurde. Dabei wird zu sehen sein, dass dem Tauschverhältnis eine Simultanität von Authentifizierung und Abstraktion von Begehren zugrunde liegt. Die Fotografien als mediatisierte Akte sexuellen Erlebens wurden anästhetisiert. Dies erstreckt sich über drei Strategien, die es näher zu untersuchen gilt: Moralisierung, Deindexikalisierung und Monetarisierung.

Der dritte Abschnitt beschäftigt sich mit Beckers Versuchen, im Gefängnis diesen anästhetischen Bildern entgegenzuwirken. Becker konfrontiert die Abstrahierung, indem er das Bild körperlich werden lässt und sich zu tätowieren und verletzen beginnt. Der Bildwerdungsprozess schließt sich mit der Körperlichkeit des Schmerzes zusammen: Das Bild wird von Becker affiziert und kann so wiederum affizieren.

11 Die hier erwähnten Akten lagern in der Gestapostelle des Staatsarchivs Würzburg.

12 So geht aus Akte 8873 hervor, dass erotische Bilder vernichtet wurden. Die Praxis des Vernichtens von Bildern steht für mich im Zusammenhang mit dem, was George Didi-Huberman in *Bilder trotz allem* zum Ausdruck brachte: Er merkt an, dass die Vernichtung der fotografischen Archive durch die Nationalsozialist*innn die Chance minderte, dass irgendjemand glauben bzw. für wahr halten könnte, was Menschen in den Konzentrationslagern erdulden mussten. Mit der Vernichtung der Fotografien beabsichtigten die Nationalsozialist*innen, das Gedächtnis der Vernichtung zum Verschwinden zu bringen. Vgl. Staatsarchiv Würzburg Gestapostelle Würzburg, Gestapo-Akte 8873, Bl. 232; Georges Didi-Huberman: *Bilder trotz allem*, aus d. Franz. v. Peter Geimer. München / Paderborn: Fink 2007, S. 35–37.

13 Vgl. Sternweiler: *Fotos sind mein Leben*.

14 Vgl. Foucault: *Der Wille zum Wissen*.

II.1 Cruising Photography: (N)A(c)ktbilder zwischen Straße und Wohnung

Becker erwähnt im Zusammenhang mit dem Erwerb seiner ersten Leica im Jahre 1927 seine künstlerischen Ambitionen. Dabei verweist er immer wieder auch auf die Erregung oder das Erleben von Sex als Funktion von Fotografie. So erwähnt er bei der Erzählung über die Kontaktaufnahme zu Josef Friedrich Abert,[15] einem seiner Liebhaber, dass er für (N)A(c)ktaufnahmen posiert hätte: „Ich habe dann nackt für ihn getanzt, und er hat mich mit seiner Bergheil fotografiert."[16] In Beckers Aussage spiegelt sich wieder, was Thomas Waugh für private Fotografien im Kontext von Cruising erst ab den 1930er Jahren festgestellt hat: Bereits das Schauen durch den Sucher, um eine Pose zu fixieren, die zukünftig der Erregung dienen könnte, ist Teil des sexuellen Vergnügens.[17]

Ein weiteres Motiv findet in den Aussagen Beckers seine frühe Artikulation: Aus dem Vernehmungsprotokoll eines Bekannten Beckers geht hervor, dass dieser sich mit seinen Sexpartnern an Bildern zu erregen wusste: „[Wir] sprachen über die photographische Kunst. Dabei zeigte ich ihm meine Aufnahmen, worunter auch Aktaufnahmen waren. Hierauf onanierte ich bei I."[18] In der Vernehmung im Verfahren gegen seinen Bekannten Leopold Obermayer gibt Becker an: „Obermayer hat mir, um mich sozusagen anzugeilen, verschiedene Nacktaufnahmen und sonstige homosexuelle Aktaufnahmen gezeigt."[19] Damit wird das in der männlich-homosexuellen Amateurpornografie später beliebte und verbreitete Motiv männlicher Subjekte, die sich Bilder zur Erregung anschauen, um damit wiederum das Subjekt zu erregen, das das Bild betrachtet, heraufbeschworen. Fotografien und Blickverhältnisse, die in das männlich-homosexuelle Erleben integriert sind oder in Form bestimmter Inszenierungen als männlich-homosexueller Sex empfunden werden, erfahren durch diesen Kontext eine entsprechende Bedeutungszuschreibung. Sie werden – wie ich es nennen möchte – gecruist, das heißt mit männlich-homosexuellem Begehren aufgeladen. In Folge verändern sich Genre und Rezeption.

15 Die Namen von zitierten Personen werde ich im Folgenden nur dann erwähnen, wenn diese bereits in der Biografie von Sternweiler genannt wurden. Die Namen von zitierten Personen, die bisher nur in Gestapo-Akten auftauchen und über deren Coming-Out ich nichts weiß, werde ich hingegen anonymisieren.

16 Sternweiler: *Fotos sind mein Leben*, S. 24.

17 Waugh: *Hard to Imagine*, S. 338.

18 Vernehmungsprotokoll von Albrecht Becker, 23.04.1935, Staatsarchiv Würzburg Gestapostelle, Würzburg, Gestapo-Akte 18070, Bl. 25.

19 Vernehmungsprotokoll von Albrecht Becker, 23.01.1935, Staatsarchiv Würzburg Gestapostelle, Würzburg, Gestapo-Akte 8873, Bl. 295.

Was das Genre betrifft, scheint es kaum eine Rolle zu spielen, ob es sich beim Betrachten um künstlerische Aktfotografien oder selbst hergestellte Nacktbildchen handelt, denn, so Solomon-Godeau: „[U]nabhängig von den Elementen, die eine künstlerische Fotografie eines [männlichen] Akts [...] von einem fotografischen Pin-up unterscheiden, [...] erzeugen und fördern sie Fantasien." Ich möchte jedoch behaupten, dass die Funktion der Fantasie- und Intimitätsbeschwörung umgekehrt den Diskurs über und den Status von Fotografie mitbestimmt. Das hat durchaus Konsequenzen. Künstlerische Aktfotografien, die am Diskurs privater Fotografie partizipieren und qua Verwendungszusammenhang ins Genre der Alltagsfotografie wechseln, erfahren eine Form der Delegitimierung, die für Fotografie im Feld sexuellen Begehrens bezeichnend ist. Sie profitieren nicht länger vom Kunst-Alibi, sondern sind in gecruister Version regelrecht pornografisch und somit verräterisch. Unabhängig von ihrem Genre wurden Fotografien, die im Kontext von Cruising Intimität erzeugten, in Interaktion mit bezahlten Spitzeln und einer denunziationsbereiten Bevölkerung zu belastendem Material.
Was lässt sich über die Rezeption dieser Bilder sagen? Als Fotografien, die Cruising mitbestimmen, cruisen die Fotografien. Dass die Bilder in nur einem Archiv lagerten, geschah ebenso selten wie manch homosexueller Mann in nur einem Bett schlief. Zumindest Becker schilderte das sexuelle Erleben und Cruisen in der Weimarer Zeit als sehr promisk. Entsprechend wechselhaft schien sich das Leben der Bilder gestaltet zu haben. Aufnahmen, die Becker zeigen, wanderten in die Archive anderer Männer. So wurde ein Bild Beckers im Bestand der „Männer-Kartei"[20] Obermayers zum Aufhänger für dessen Verhaftung. Andere Bilder, die Becker von (un-)bekannten Sexpartnern anfertigte, gingen in seinen und deren Bestand über.[21]

20 Laut eines Schreibens der Direktion der bayrischen politischen Polizei an die Vorsitzenden der Strafkammer in Würzburg vom 12.08.1936 verwahrte Obermayer in seiner Wohnung neben marxistischer Literatur auch erotische Bücher, „Photos und Platten unzüchtiger Aufnahmen" sowie „Apparate die zur Aufnahme und Vergrößerung dienten". Becker konkretisierte diese Angabe und sprach von einer Sammlung Obermayers. Diese beinhaltete Männerfotografien und eine Kartei, die Einzelheiten über die fotografierten Männer festhielt. Aus der Strafanzeige gegen Obermayer vom 09.01.1935 geht zudem hervor, dass Obermayer Lichtbilder erotischer Art in seinem Schließfach in der Handelsbank verwahrte und den Schlüssel in seiner Wohnung versteckt hielt. Die Sammlung wurde Beckers Kenntnis nach vernichtet. Gestapo-Akte 8873, 12.08.1936, Staatsarchiv Würzburg Gestapostelle, Würzburg, Bl. 232, Bl. 276.

21 Zu selbst gefertigten Fotografien kamen häufig Bildreproduktionen der homoerotischen Presse oder Bestellungen aus damals beliebten Bilderkatalogen hinzu, die geteilt und getauscht wurden. Waugh legt in seiner Studie über schwule erotische Bilder überzeugend dar, wie sich Medien unterschiedlicher Herkunft in privaten Archiven durchmischten. Auch Becker erwähnt, dass er durch einen Freund auf Medien der Homosexuellen-Presse der 1920er Jahre wie *Die Insel* und *Der Freund* aufmerksam geworden war. Vgl. Waugh: *Hard to Imagine*; Sternweiler: *Fotos sind mein Leben*, S. 20.

Bildertausch und Bilderwanderung fanden an den sich überlappenden Rändern von Privatheit und Öffentlichkeit, Straße und Wohnung statt. Ein Beispiel hierfür ist, dass Becker Männer, die er im Kontext einer Cruising-Situation auf der Straße[22] kennenlernte, zu Hause ablichtete (manchmal auch, weil sie sich den Gang zu professionellen Fotograf*innen nicht leisten konnten)[23] und die Abzüge (von denen er immer auch welche für sich behielt) später wieder auf der Straße überreichte. So gibt einer der Vernommenen an, nach erfolgter Ablichtung durch Becker seien ihm, [„d]ie gefertigten Lichtbilder [...] später auf der Strasse [*sic*] übergeben"[24] worden. Der Austausch visueller Materialien wie künstlerisch und selbst produzierte Aktfotografien und Nacktbildchen entwickelte sich in einem Netzwerk, das zwischen Straße und Wohnung changierte und aus Freundschaften, Bekanntschaften und Liebschaften bestand. Dieser Austausch stellt eine ebenso seltene wie alltägliche und nicht-kommerzielle Version des Bilderhandels dar. Bisher ist vor allem die kommerzielle Verteilung visueller Materialien in den 1930er Jahren bekannt.[25] Hier verband sich der Bilderhandel häufig mit anderem Handel, etwa von Kondomen.[26] Private und nicht-kommerzielle Tauschaktionen waren bisher nur vermutet worden. Dass diese nun ausgerechnet auf Grundlage der Strafverfolgungsakten nachgewiesen werden können, entbehrt nicht eines gewissen Zynismus.

Gerade weil die alltagskulturelle Fertigung und Zirkulation homoerotischer Materialien in der Weimarer Zeit in einem Geflecht privater Netze und anonymer Sexkontakte nachvollziehbar ist, hatte die Fotografie für die Verfolgung männlicher Homosexueller weitreichende Folgen, die in verschiedene Kreise reichten, bis hin zur SA.[27] Diesen Umstand möchte ich im folgenden Abschnitt näher erläutern. Dabei wird es auch um eine kritische Re-Lektüre des bisher vermittelten Eindrucks gehen, *cruising photography* hätte genauso stattgefunden wie

22 Vor allem während seiner Besuche in großen Städten wie München oder Berlin macht Becker Bekanntschaften nicht in homosexuellen Bars, wie er sagt, sondern auf der Straße. Sternweiler: *Fotos sind mein Leben*, S. 29, 31.

23 Gestapo-Akte 8485, Staatsarchiv Würzburg Gestapostelle, Würzburg, Bl. 86–87; Gestapo-Akte 18070, Staatsarchiv Würzburg Gestapostelle, Würzburg, Bl. 25.

24 Gestapo-Akte 8485, Staatsarchiv Würzburg Gestapostelle, Würzburg, Bl. 86–87.

25 Vgl. Waugh: *Hard to Imagine*, S. 198.

26 Ebd., S. 289.

27 Dazu gehört ein Fall, der sich aus dem Verfahren gegen Becker entnehmen lässt. Becker gab an, mit Ludwig Neubauer verkehrt zu haben, der später SA-Truppführer wurde. Günter Grau und Claudia Schoppmann und Burkhard Jellonnek beschreiben, wie viele SA / SS-Männer nach § 175 RStGB verfolgt wurden. Vgl. Günter Grau / Claudia Schoppmann: *Homosexualität in der NS-Zeit. Dokumente einer Diskriminierung und Verfolgung*. Frankfurt am Main: Fischer 1993; Burkhard Jellonnek: *Homosexuelle unter dem Hakenkreuz. Die Verfolgung von Homosexuellen im Dritten Reich*. Paderborn: Schöningh 1990.

geschildert. Es darf nicht vergessen werden, dass die Beschreibung dieser Praxis auf Aussagen beruht, die in einem Verfolgungskontext entstanden sind, der gerade ein Interesse daran hatte, die Promiskuität der Bilder und ihren Zusammenhang mit den sexuellen Praktiken der Betroffenen zu plausibilisieren.

II.2 Fotografie in Ge*wahr*sam: Wahrheitsproduktionen der Gestapo

Fotografien als zwischen Wohnzimmern ‚gehandelte' und auf der Straße zu tauschende Medienerzeugnisse, die zugleich Anlass für intime Kontakte waren, wechselten im Kontext der nationalsozialistischen Verfolgungspraxis zunehmend ihre Bedeutung und Funktion.

Susan Sontag verwies indirekt darauf, welche Wirkung Fotografien in den Händen disloyaler Gruppen haben können:

> Die Absichten des Fotografen bestimmen die Bedeutung des Fotos nicht, das vielmehr zwischen den Launen und Loyalitäten der verschiedenen Gruppen, die etwas mit ihm anfangen können, seinen eigenen Weg geht.[28]

Durch den kriminalpolizeilichen Gebrauch wurden die Fotografien aus Beckers privaten Archiven zu Indizien und dienten seiner Identifizierung und Überführung. Seine Sexualität wurde mittels privater Fotografien in den Diskurs des Strafrechts überführt. Dies vollzog sich vor dem Hintergrund des von Foucault ausführlich problematisierten Diskurses aus Überwachen, Kontrolle und Verurteilung. Dessen Wahrheitstechniken verbanden sich seit dem 19. Jahrhundert zunehmend mit der Fotografie. Diese wurde als „Sehmaschine" eingesetzt, „die eine Art Dunkelkammer zur Ausspähung der Individuen war"[29]. Die vermeintliche Evidenz folgte dabei aus dem

> Zusammenwirken der neuen Techniken [...], der Entwicklung eines Netzwerks disziplinarer Institutionen und den Humanwissenschaften, die den Körper und sein Umfeld zu ihrem Forschungsbereich gemacht hatten.[30]

Private Fotografien und deren Distributionswege blieben im Rahmen der Untersuchung dieses Zusammenwirkens jedoch meistens Forschungsdesiderat. Auf dieses Desiderat soll hier reagiert werden.

Wie den Aussageprotokollen in den Gestapo-Akten entnommen werden kann, spielten private Fotografien als Mittel der Nachweisführung eine zentrale Rolle und ergänzen die Erfassungsfotografie, die dazu dient, den Typus des

28 Susan Sontag: *Das Leiden anderer betrachten*, aus d. Engl. v. Reinhard Kaiser. Frankfurt am Main: Fischer 2010, S. 48.

29 Michel Foucault: *Überwachen und Strafen. Die Geburt des Gefängnisses*, aus d. Franz. v. Walter Seitter. Frankfurt am Main: Suhrkamp 1994, S. 267.

30 Kerstin Brandes: *Fotografie und „Identität". Visuelle Repräsentationspolitiken in künstlerischen Arbeiten der 1980er und 1990er Jahre*. Bielefeld: Transcript 2010, S. 76.

homosexuellen Mannes zu erarbeiten.[31] Die fotografische Erfassung, die in Form des Berliner Verbrecheralbums seit 1876 der systematischen Überwachung der Community sexueller Minoritäten diente, war entscheidend für die theoretische Konstruktion sexueller Typologien und sozialer Identitäten.[32] Bilder für dieses Album wurden in einem eigens hergerichteten Fotoatelier hergestellt.[33] Sie müssen daher von den hier diskutierten privaten Aufnahmen unterschieden werden, die ebenfalls der Identitätsermittlung dienten. Während Fotografien für das Verbrecheralbum speziell für diesen Zweck produziert wurden und den sexualwissenschaftlichen Diskurs unmittelbar informierten,[34] wurden die privaten Aufnahmen dem Alltag entrissen.

Allerdings schützte dieses alltagskulturelle Setting ihrer Entstehung die privaten Bilder nicht davor, ebenfalls zu Konstrukteurinnen männlich-homosexueller Delinquenz zu werden. Private Fotografien durchliefen durch den strafrechtlichen Gebrauch und die Ingewahrsamnahme einen Prozess der Authentifizierung: Als Produzentinnen eines spezifischen Bildes homosexueller Männlichkeit wurden sie zum Nachweis ebendieser. Die privaten Fotografien, die gewissermaßen in Gewahrsam genommen wurden, sollten ein authentisches Bild liefern – die Wahrheit.

Diese vermeintliche Authentizität bezog sich anders als bei den Erfassungsfotografien nicht vordergründig auf die Physiognomie der Abgebildeten, sondern heftete sich neben der Tatsache, dass im Bild nackte Männlichkeit zu sehen war, an das im Bild Unsichtbare, nämlich an die Rahmung, den durch üppigen Bildertausch operierenden polygamen und öffentlichen Sex. Das Cruising wurde spätestens an dieser Stelle zum Charakteristikum mann-männlicher Sexualität, zum Stereotyp. Noch Jahre später beklagte Alfred Kinsey, dass sich das Bild des in der Öffentlichkeit ausschweifend sexuell verkehrenden homosexuellen Mannes zementiert hätte und keinen Spielraum mehr für Nuancen bereithielte.[35] Auch Rosa von Praunheims legendärer Film *Nicht der Homosexuelle ist pervers, sondern*

31 Hierbei beziehe ich mich auf den von Susanne Regener entwickelten Begriff der *Fotografischen Erfassung*. Mit der Funktion der Täterfeststellung im Kontext der Kriminologie geht Regener zufolge ein wissenschaftliches Bild einher, das der Vermessung, Inventarisierung, Archivierung und Musealisierung dient. Vgl. Regener: *Fotografische Erfassung*, S. 17.

32 Vgl. Robert Beachy: *Gay Berlin. Birthplace of a Modern Identity*. New York: Vintage 2015, S. 56.

33 Vgl. Andreas Roth: *Kriminalitätsbekämpfung in deutschen Grossstädten 1850–1914. Ein Beitrag zur Geschichte des strafrechtlichen Ermittlungsverfahrens*. Münster: Schmidt 1997, S. 96.

34 Beachy: *Gay Berlin*, S. 57.

35 Vgl. Alan P. Bell / Martin S. Weinberg: *Homosexualities: A Study of Diversity Among Men and Women*. New York: Simon & Schuster 1978, S. 84.

die Situation, in der er lebt von 1971 lässt sich als kritische Auseinandersetzung mit diesem stereotypen Bild schwuler Sexualität verstehen. Michel Foucault nimmt ebenso Abstand von diesem zu engen Bild, demzufolge Homosexualität nichts anderes sei als „a kind of immediate pleasure, of two young men meeting in the street, seducing each other with a look, grabbing each other's asses and getting each other off in a quarter of an hour"[36].

Bevor es später um die Rezeption und Umeignung dieses Stereotyps gehen soll (siehe Abschnitt II.3), möchte ich zunächst dessen Konstruktion am Beispiel der während des Nationalsozialismus strafrechtlich relevant gemachten Fotografien nachzeichnen. Ich versuche zu rekonstruieren, mit welchen Strategien die Bilder zur Produktion einer Wahrheit über männliche Homosexualität beitrugen und wie sie zu einem Bedrohungspotenzial umfunktioniert wurden, das die Immunisierungsmöglichkeit homosexueller Männer unterminierte.

II.2.1 Zur Produktion von Wahrheit im Mediengebrauch

Die Darstellung nackter, männlicher und nur manchmal in Interaktion zu sehender Körper kann allein nicht der Grund für die Obsession der Verfolgungsorgane gewesen sein, zirkulierende Privatfotografien zu beschlagnahmen. Nicht nur galten Repräsentationen nackter Männlichkeit im Diskurs lebensreformerischer Leibesertüchtigung als intelligibel, sie waren als propagandistische Fotografien auch anschlussfähig an den Diskurs heroischer und dadurch hegemonialer Männlichkeit.[37] Es gab also jenseits der bildlichen Darstellung nackter Männlichkeit etwas, dass jene privaten Fotografien aus den Archiven homosexueller Männer diskreditierte, die nicht Bestandteil „einer Landschaft männlicher Skulpturen"[38] waren.

Aus einem Schreiben an die politische Polizei in Nürnberg aus den Akten des Verfahrens gegen Obermayer geht hervor, dass dieser zwar junge Leute angehalten hätte, sich von ihm nackt fotografieren zu lassen,[39] allerdings ohne explizit zu machen, dass es für das Bild zu sexuellen Handlungen gekommen sei. Auch die bereits zitierte Aussage Beckers, er habe für seinen Freund Friedrich Abert getanzt und für dessen Fotografien posiert, lässt nicht vermuten, dass die Bilder selbst sexuelle Handlungen zwischen Männern zeigten, die eigentlich eine

36 Michel Foucault: Friendship as a Way of Life, aus d. Franz. v. Robert Hurley. New York: New 1997, S. 136.

37 Vgl. Waugh: *Hard to Imagine*, S. 285.

38 Wolfgang Schmale: *Geschichte der Männlichkeit in Europa (1450–2000)*. Köln / Weimar / Wien: Böhlau 2003, S. 202.

39 Vgl. Gestapo-Akte 8873, Staatsarchiv Würzburg Gestapostelle, Würzburg, Bl. 264.

Strafverfolgung erst ermöglichten. Nach dem Wortlaut des § 175 RStGB sollten nur beischlafähnliche Handlungen wie gegenseitige Onanie oder Oralverkehr geahndet werden.

Mit der Nutzung der wahrheitserbringenden Funktion der Fotografien durch die Gestapo änderte sich die Verfolgungspraxis: Nicht mehr die im Bild sichtbaren sexuellen Handlungen, sondern die Kenntnis eines sexuellen Verwendungszusammenhangs reichte für eine Verfolgung aus. Die Gebrauchsweise der privaten Bilder im Kontext des homosexuellen Cruisings legitimierte die Verfolgung. Private Fotografien wurden zu Wahrheitsagenten der Verfolgung nicht, weil sie Intimität zeigten, sondern weil ihr Einsatz und Gebrauch Intimität ermöglichte. Das private Bild wird zum Authentischen wegen der Authentifizierung des Gebrauchs. Fotografien dienten also auch dann als Grundlage für Verhaftungen, wenn sie keine unmittelbaren sexuellen Handlungen zwischen Männern zeigten. Die Wahrheit über den strafrechtlich relevanten Tatbestand männlicher Homosexualität wurde nicht mehr primär aus dem indexikalischen Verweis des auf dem Bild zu Sehenden entschlüsselt. Stattdessen bestimmte der durch die Aussagen in den Verhören hervorgekitzelte polygame und zirkulierende Gebrauch der Bilder ihren Status als homosexuelle Pornografie. Der Gebrauch verfügte die Erotisierung des Bildes. Diese Beobachtung zeigt die „Instabilität des fotografischen Evidenzdiskurses auf“[40] und verdeutlicht, wie Wahrheit über homosexuelle Männlichkeit in einer Ambivalenz aus Sichtbarkeit und Unsichtbarkeit erarbeitet wurde.[41]

II.2.2 Wahre Männlichkeit: Die Anästhetisierung des Blicks

Da sich die inkriminierte Sexualität nicht in sichtbaren Bildzeichen materialisiert hatte, musste über sie gesprochen werden. Das visuelle Wissen entstand nicht im Bild, sondern um das Bild herum. Deshalb erschien eine bis in die Niederungen ‚schmutziger‘ Details hinabgleitende Befragung notwendig. Den Akten sind Befragungstechniken zu entnehmen, die unermüdlich um das erschnüffelte Bild in seiner Verwendung kreisen.

Es ist zu vermuten, dass durch dieses viele Sprechen über die Benutzung der Bilder auch auf Seiten der verhörenden Beamten Vorstellungsbilder entstanden. Thomas Waugh schreibt, wenngleich nicht auf den historischen Kontext der nationalsozialistischen Homosexuellenverfolgung bezogen, Fotografie sei

40 Brandes: *Fotografie und „Identität“*, S. 77.

41 Schaffer: *Ambivalenzen der Sichtbarkeit.*

neben ihrer inkriminierenden Nachweisfunktion immer auch Fetisch.[42] Folglich unterlag dem ‚objektiven' Blick der vernehmenden Beamten auf den ‚homosexuellen Verbrecher' immer auch das fetischisierende, magische Begehren nach dem homoerotischen Objekt.[43] Durch die Fotografie, die die Wahrheit über den Homosexuellen erkennen lassen sollte, lagerte sich die *Lust* nicht nur in das Sprechen über den Sex ein,[44] sondern auch in das Betrachten männlicher Körper. Eine solche Homoerotisierung des männlichen Blicks[45] – oder Affizierung – galt es jedoch aus Sicht der Strafverfolger unbedingt zu vermeiden. Innerhalb eines Systems, das auf die Vernichtung delinquenter homosexueller Subjektivität setzte, musste dieser Affizierung entgegengewirkt werden. Ein Mittel dazu war die Anästhetisierung, also die vergeistigte Einstellung zu Affekten.

II.2.2.1 Zur modernen Geschichte der Anästhetisierung

Im antikisierenden Zeitalter der klassischen Moderne im 18. Jahrhundert und mit der Entwicklung der medizinischen Anästhesie im 19. Jahrhundert[46] bildete sich auch eine „spirituelle Anästhesie"[47] heraus. Für das Betrachtungsverhältnis bedeutete dies den Versuch, sich gegenüber dem affizierenden, also erregenden Bild zu immunisieren. Affekte galt es zu beherrschen und durch den geistigen Akt des Sehens der Kontrolle des eigenen Bewusstseins zu unterwerfen.[48] Dieser Prozess der Rationalisierung und Vergeistigung von Sinneswahrnehmungen folgte dem westlichen bürgerlichen Ideal der Ordnung und Einhegung von Gefühlen. Insbesondere Männlichkeit galt es im Verlauf des 19. Jahrhunderts

42 Waugh: *Hard to Imagine*, S. 369.

43 In „Bilder und Phantasiebilder" beschreibt Robert Castel die archaische, magische Dimension des Gebrauchs von Fotografien als die „Jagd nach Bildern". Erbeutet wurden nicht nur leblose Kopien, sondern Bilder, in denen das Verlangen aufgenommen sei. Robert Castel: Bilder und Phantasiebilder, aus d. Franz. v. Udo Rennert. In: Bourdieu / Boltanksi (Hrsg.): *Eine illegitime Kunst*, S. 235–266, hier S. 246.

44 Vgl. Foucault: *Der Wille zum Wissen*.

45 Hentschel beschreibt, wie im Zuge medientechnologischer Bemühungen blickende Männlichkeit in den Hintergrund der Anstrengung tritt, ein bestimmtes Bild von Weiblichkeit zu produzieren. Sie verweist dabei darauf, dass trotz dieser dominanten Diskurse erotische Spannungen im Blickverhältnis nicht auszuschließen waren und dass diese für affektive Männlichkeiten sprechen. Vgl. Hentschel: *Pornotopische Techniken des Betrachtens*, S. 30.

46 Vgl. Simon Strick: *American Dolorogies. Pain, Sentimentalism, Biopolitics*. Albany: SUNY 2014

47 Dietrich von Engelhardt: *Krankheit, Schmerz und Lebenskunst. Eine Kulturgeschichte der Körpererfahrung*. München: Beck 1999, S. 111.

48 Vgl. Hentschel: *Pornotopische Techniken des Betrachtens*.

immer stärker von Affektiertheit zu befreien.[49] Diese ‚Emanzipierung' vom unterstellt expressiven Affekt sollte sich in der vermeintlich authentischen Gefühlsäußerung reiner, da nicht triebbelasteter Innerlichkeit zeigen.[50] Die beschriebene Eindämmung des Affekts[51] in der bürgerlichen Rhetorik wurde zum Maßstab aufgeklärter Fortschrittlichkeit, wie es Ernst Jünger 1934 unter dem Eindruck des Ersten Weltkrieges in dem Essay „Über den Schmerz"[52] subsumierte. Anstelle abschwächender Begriffe wie der Dämpfung oder Dämmung von Gefühlen schrieb dieser gar von „Stählung": „Denn nichts anderes bedeutet die Disziplin, sei es die priesterlich-asketische, die auf Abtötung, sei es die kriegerisch-heroische, die auf Stählung gerichtet ist."[53] Wer dies nicht anerkenne, verfalle einem „romantischen Dandyismus", so Jünger, „in dem sich der feinere Geist inmitten eines uferlos demokratischen Zustands gerne gefällt"[54].
Der Seitenhieb gegen Dandytum und Homosexualität, der sich gegen den Adel und das gehobene Bürgertum richtete,[55] verschränkt zugleich Homosexualität mit Affektiertheit und der Artifizialität oberflächlicher Gefühle. Der homosexuelle Schriftsteller Oscar Wilde, der mit Emblemen der Oberfläche und des Tands spielte, mag die Vorlage für den von Jünger in seiner nationalistischen Ideologie wiederaufgelegten Konnex gewesen sein. Retrospektiv verwundert es wenig, dass die NSDAP sich zur Verurteilung männlicher Homosexualität folgendermaßen äußerte: „[L]eben kann [das deutsche Volk] nur, wenn es kämpfen will,

49 Vgl. Karin Hausen: Die Polarisierung der „Geschlechtscharaktere". Eine Spiegelung der Dissoziation von Erwerbs- und Familienleben. In: Werner Conze (Hrsg.): *Sozialgeschichte der Familie in der Neuzeit Europas. Neue Forschungen*. Stuttgart: Klett 1976, S. 363–393; Ute Frevert: Bürgerliche Meisterdenker und das Geschlechterverhältnis. Konzepte, Erfahrungen, Visionen an der Wende vom 18. zum 19. Jahrhundert. In: Dies. (Hrsg.): *Bürgerinnen und Bürger: Geschlechterverhältnisse im 19. Jahrhundert. Zwölf Beiträge*. Göttingen: Vandenhoeck & Ruprecht 1988, S. 17–48; dies.: Soldaten, Staatsbürger. Überlegungen zur historischen Konstruktion von Männlichkeit. In: Thomas Kühne (Hrsg.): *Männergeschichte – Geschlechtergeschichte. Männlichkeit im Wandel der Moderne*. Frankfurt am Main: Campus 1996, S. 68–87; Claudia Honegger: *Die Ordnung der Geschlechter*. Frankfurt am Main: Campus 1991; Schmale: *Geschichte der Männlichkeit*.

50 Vgl. Katharina Sykora: Einleitung. In: Dies. / Ludger Derenthal / Esther Ruelfs (Hrsg.): *Fotografische Leidenschaften*. Marburg: Jonas 2006, S. 7–18, hier S. 8.

51 Ebd.

52 Vgl. Ernst Jünger: Über den Schmerz. In: Ders.: *Sämtliche Werke*, Bd. 7: Betrachtungen zur Zeit. Stuttgart: Klett-Cotta 2002, S. 145–191.

53 Ebd., S. 159.

54 Ebd., S. 153.

55 Vgl. Claudia Bruns: Skandale im Beraterkreis um Kaiser Wilhelm II. Die homosexuelle „Verbündelung" der „Liebenberger Tafelrunde" als Politikum. In: Susanne zur Nieden (Hrsg.): *Homosexualität und Staatsräson. Männlichkeit, Homophobie und Politik in Deutschland 1900–1945*. Frankfurt am Main / New York: Campus 2005, S. 52–80.

denn leben heißt kämpfen. Und kämpfen kann es nur, wenn es sich mannbar hält. Mannbar bleiben kann es aber nur, wenn es Zucht übt, vor allem in der Liebe“[56]. Mannhaftigkeit bedeutet dementsprechend Diszipliniertheit vor allem in Fragen der Liebe und des Gefühls. Leidenschaft, etwa beim flüchtigen Sex, galt somit nicht nur als undiszipliniert, sondern auch als unmännlich.
Der kriminologische Diskurs, um den es mir in diesem Abschnitt geht, stellt ein disziplinäres Gefüge der Rationalisierung und Regulierung von Affekt dar. Er bedingt eine affektarme Einübung von Macht, die im Kontext der Konfiszierung der Bilder sowie der Verhöre zum Ausdruck der gesellschaftlichen Hegemonie[57] wurde. Im Folgenden soll es um die drei Strategien gehen, durch die diese Anästhetisierung des Affekts im Nationalsozialismus meiner Untersuchung zufolge noch weiter verstärkt wurde: Deindexikalisierung, Moralisierung und Monetarisierung.

II.2.2.2 Deindexikalisierung: Fotografie als Wahrheitshülle

Bei der Eindämmung der affizierenden Macht des Bildes spielte die Zurückdrängung der indexikalischen Referenz, also der physischen Spur eines vormals Präsenten, eine zentrale Rolle (siehe Abschnitt I.2.4.1). Vernakuläre Fotografie wurde zum Beweis im strafrechtlichen Sinne nicht aufgrund ihres affizierenden indexikalischen Verhältnisses – also der materiellen Referenz nackter Körper oder sexueller Akte – sondern aufgrund ihres symbolischen, also innerhalb eines Regelsystems vereinbarten Zeichencharakters und ihres diskursiven Bewertungsrahmens, also der moralisch bewerteten Weise ihrer Nutzung. Die Fotografie wurde ihrer potenziell ansteckenden denotativen Referenzialität (Index) enthoben und auf die konnotative Zeichen- und Diskursebene (Symbol) reduziert. Die konfiszierten Bilder sollten nach Gesichtspunkten der Symbolik und des

56 Zitiert nach Jellonnek: *Homosexuelle unter dem Hakenkreuz*, S. 54.

57 Ich bemühe hier den auf Antonio Gramsci zurückgehenden sowie von Ernesto Laclau und Chantal Mouffe weiterentwickelten Begriff der Hegemonie als Beschreibung gesellschaftlicher Machtverhältnisse. Hegemonie verstehen sie als grundlegenden Mechanismus der Konstruktion von Bedeutung, Identität und Körper. Dieser Mechanismus basiert auf einer diskursiven und somit fragilen und immer nur vorläufigen Konzeption des Sozialen. Das heißt, dass er von der Fantasie der Schließbarkeit von Strukturen befreit ist und Antagonismen impliziert. Dies sollte jedoch nicht zu der täuschenden Annahme führen, dass es nicht auch beständige Bemühungen um Strukturierung und Regulierung gäbe. Diese Bemühungen, von Laclau und Mouffe als „Diskurs oder Gesellschaft“ bezeichnet, streben nach Vereindeutigung, Vereinheitlichung oder artikulatorischer Verfestigung. Vgl. Ernesto Laclau / Chantal Mouffe: *Hegemonie und radikale Demokratie. Zur Dekonstruktion des Marxismus*, aus d. Engl. v. Michael Hintz. Wien: Passagen 1991; Martin Nonhoff: Diskurs, radikale Demokratie, Hegemonie. Einleitung. In: Ders. (Hrsg.): *Diskurs, radikale Demokratie, Hegemonie. Zum politischen Denken von Ernesto Laclau und Chantal Mouffe*. Bielefeld: Transcript 2007, S. 7–24, hier S. 7, 9.

durch Symbolik mitgenannten Regelsystems bzw. Diskurses analysierbar sein und nicht aufgrund des affizierenden Indexes. Die symbolische Zeichenhaftigkeit soll dabei Bildschutz garantieren, also Schutz vor der Affizierung durch den materiellen Abdruck von Körperlichkeit im Bild. Dadurch kann sich die Aufmerksamkeit der Beamten voll auf die Anstrengung richten, Homosexualität als Delinquenz herzustellen, und zwar frei von der Angst, sich von den Fotografien angesprochen, angeregt oder erregt zu fühlen.

Damit geht einher, dass die indexikalische Referenz des Bildes als Potenzial der punktierenden Affizierungskraft – wie es Barthes mit dem *punctum* hervorzuheben suchte[58] – zurückgedrängt wurde. Die polizeistaatliche Auswertungs- und Verwendungsweise von *cruising photography* im Nationalsozialismus reiht sich somit ein in die zu dieser Zeit bereits etablierte und vom aufklärerischen Denken dominierte *straight photography*. Damit sind eine sozialdokumentarische Fotografierweise und die sich daran anschließende fotografietheoretische Richtung gemeint. Diese widmete sich zwar dem Index, aber nicht in seiner affizierenden, sondern realistischen, wahrheitsbringenden Wirkung, wie es Elspeth H. Brown und Thy Phu in ihrer Einleitung zu *Feeling Photography* subsumieren.[59] Die Anästhetisierung des Blicks – zum Schutze des Ideals einer affektreduzierten Männlichkeit[60] – bedeutete im Kontext der Praxis der Verfolgungsbehörden also eine Deindexikalisierung bzw. Abschwächung der affizierenden Kraft des Indexes. Die Ablösung des Affekts vom fotografischen Index steht in dem größeren Zusammenhang der abendländischen Rationalisierung, die eines moralischen Kompass' nicht entbehrt bzw. als Erklärungsmuster für moralische Setzungen operiert.

II.2.2.3 Moralisierung: Fotografie als Verführung

Affizierung konnte mittels moralischer Narrative, die um die Bilder herum implementiert wurden, zurückgedrängt werden. Um den Typus des Homosexuellen auch ohne die indexikalische Referenz sexueller Praktiken bestimmen und abwerten zu können, mussten die Bilder in ihrer moralisch zu verurteilenden Funktion diskutiert werden. Einer dieser moralischen Diskurse war der der Verführung.

In den Vernehmungsakten folgt auf die Schilderung Beckers, Obermayer habe junge Leute für die fotografische Ablichtung posieren lassen, der Verweis, dass

58 Vgl. Barthes: *Die helle Kammer*.

59 Vgl. Brown / Phu: Introduction, S. 2–4.

60 Vgl. Martina Kessel: Das Trauma der Affektkontrolle. Zur Sehnsucht nach Gefühlen im 19. Jahrhundert. In: Claudia Benthien / Anna Fleig / Ingrid Kasten (Hrsg.): *Emotionalität. Zur Geschichte der Gefühle*. Köln / Weimar / Wien: Böhlau 2000, S. 156–177.

er damit „junge Deutsche […] ins Unglück getrieben hätte“[61]. Fotografie wird hier als Mittel der Verführung ‚Unschuldiger‘ bedeutsam und erwirkt die Identifikation des homosexuellen Mannes als Verführer der Jugend, die die ‚Zukunft des Deutschen Reiches‘ repräsentiere.[62] Auch im antisemitischen Hetzblatt *Der Stürmer* wurde Fotografie in den Zusammenhang von Verführung und Ausnutzung gestellt:

> Dem seiner Erziehungsgewalt anvertraute […] Lehrling legte er unsittliche Bilder vor, auf denen nackte Frauen und Männer abgebildet sind. […] Er ließ ihn sogar die Nacktbilder nachzeichnen, um die Wirkung so stark zu gestalten, daß er ihn schließlich dazu brachte, sich völlig zu entkleiden.[63]

Das Sprechen über die verführende Bildmacht – die hier vor allem im körperlichen und partizipativen Akt des Nachzeichnens aufscheint – ermöglichte eine Typologisierung des homosexuellen Mannes als gefährlich.

II.2.2.4 Monetarisierung: Fotografie als Währung

Die Drohkulisse des homosexuellen Mannes als Verführer wurde auch in einem anderen Setting entworfen: dem Hustling, also der durch ökonomische Interessen ‚korrumpierten‘ Sexualität. Bei der Abwertung homosexueller Männer, die für Sex mit Bildern handelten und für Bilder Sex hatten, übernimmt die Fotografie eine zentrale Rolle. Sie basierte auf der Konstruktion von Fotografie als Währung. Um ‚wahre Bilder‘ von der männlichen Homosexualität zu produzieren, wurde Fotografie als Währung der Ware ‚Liebe‘ konstituiert und mithin zur Wechselstelle von Begehren und Schmerz.

Anfang des 20. Jahrhunderts wird – auch aufgrund der nunmehr tragbaren Fotokameras – der öffentliche Raum der Straße zunehmend als ein Erscheinungsraum konstruiert, der Identifikationsprozesse sichtbar werden lässt.[64] Der

61 Gestapo-Akte 8873, Staatsarchiv Würzburg Gestapostelle, Würzburg, Bl. 264.

62 Hans-Georg Stümke erachtet als zentralen Grund der Verfolgung homosexueller Männer die Obsession, das Bevölkerungswachstum ankurbeln zu wollen. Homosexuelle Männer, die, weil sie keine Kinder bekommen würden, verfolgt gehörten, wurden daher als Verführer der Jugend konstruiert. Vgl. Hans-Georg Stümke: *Homosexuelle in Deutschland*. München: Beck 1989, S. 92–95; Alexander Zinn: *Aus dem Volkskörper entfernt? Alltag und Verfolgung homosexueller Männer im „Dritten Reich“*. Unveröffentlichte Dissertation, Universität Erfurt 2016.

63 Der Stürmer: Jüdische Knabenverbrecher. Die Berliner Polizei räumt auf. Eltern achtet auf Eure Kinder! In: *Der Stürmer. Deutsches Wochenblatt zum Kampfe um die Wahrheit* 13 (1936), S. 2.

64 Vgl. Christina Natlacen: Passanten im Fokus. Straßenfotografie und (Selbst)Darstellung. In: *Medienamateure. Wie verändern Laien unsere visuelle Kultur?*, 2008. http://www.medienamateure.de/pdfs/NatlacenPassanten.pdf (Zugriff am 17.1.2020).

potenzielle Einsatz mobiler Kameras hatte Einfluss auf die Selbstwahrnehmung von Passant*innen im öffentlichen Raum. Im Zusammenhang von Homosexualität bietet die Straße Raum für einen Identifikationsprozess, in dem der Tausch von Fotografien Faktor ist. Männlich-homosexuelle Identität bildet sich weniger durch das öffentliche Posieren vor den Augen der Straßenfotograf*innen, sondern durch der heteronormativen Öffentlichkeit vorenthaltene Codes der Ansprache, des Blick- und Bildertauschens. Diese konstituierten die Weise, wie sich homosexuelle Männlichkeiten den öffentlichen Raum im Zusammenhang von Cruising aneigneten. Als sich nun an diese Praktiken des Bildertauschs der Diskurs der männlichen Prostitution heftete und eine Monetarisierung stattfand, setzte sich die Ereigniskette Verfolgung – Verhaftung – Versehrung in Gang. Weil dieser Punkt einer umfänglicheren Argumentation bedarf, möchte ich ihm den nun folgenden Abschnitt widmen.

II.2.3 Ware Männlichkeit: An der Wechselstelle von Sex und Fotografie

Die Straße war der Raum des männlich-homosexuellen Cruisings, aber auch der männlichen Prostitution, weswegen die Grenzen zwischen nicht-kommerziellem Sex und käuflicher Liebe verschwimmen konnten. Anders als weibliche Prostituierte unterlagen männliche Hustler – zumindest in Berlin – nicht dem Verbot des Straßenstrichs, weswegen sie sich unter die Cruiser mischen konnten.[65] Zur an sich schon benachteiligenden Situation, Sexualität nur eingeschränkt in privaten Räumlichkeiten ausleben zu können, kam die Furcht der homosexuellen Männer, von männlichen Prostituierten ausgenutzt zu werden. Aufgrund der Angst vor Erpressung war männliche Sex-Arbeit in homosexuellen Kreisen gefürchtet und wurde mitunter dämonisiert.[66] Zahlreiche (Medien-)Berichte und Gerichtsverfahren zeugen davon, dass männliche Prostituierte die Gefährdungslage homosexueller Männer zu ihren finanziellen Gunsten nutzten. Dies erklärt die Stigmatisierung der Hustler durch die männlich-homosexuelle Community selbst. Folgende kurze Sequenz, die Becker beschreibt, verdeutlicht das

65 Beachy: *Gay Berlin*, S. 66.

66 Magnus Hirschfeld beispielsweise tat männliche Prostitution als „Pest" der männlich-homosexuellen Szene ab und denunzierte sie als „pseudohomosexuell". Vgl. Kerwin Kaye: Male Prostitution in the Twentieth Century. Pseudohomosexuals, Hoodlum Homosexuals, and Exploited Teens. In: *The Journal of Homosexuality* 46,1/2 (2003), S. 1–77, hier S. 5; Magnus Hirschfeld: *Von einst bis jetzt. Die Geschichte einer homosexuellen Bewegung 1897–1922*. Berlin: Männerschwarm 1986, S. 23; ders.: Aus der Erpresserpraxis. In: *Jahrbuch für sexuelle Zwischenstufen* 13,3 (1913), S. 288–325; ders.: Die Verfolgung der Homosexuellen durch Erpresser und Chanteure. In: Ders.: *Die Homosexualität des Mannes und des Weibes*. Berlin: Marcus 1914, S. 873–898.

abschätzige, von Figuren wie Täuschung und Hinterlist geprägte Bild von den ‚Strichjungen':

> An meinen Besuch im Frühjahr 1927 erinnere ich mich sehr gut. Ich wohnte in einem kleinen Hotel am Anhalter Bahnhof. Auf der Straße sprach mich ein distinguiert aussehender Herr an und stellte sich als der schwedische Diplomat Gösta Lindgren vor. Wir gingen in sein Hotelzimmer. Nachdem wir miteinander geschlafen hatten, wollte er mir Geld geben. Ich war sehr beleidigt, daß er mich offensichtlich für einen Strichjungen gehalten hatte, und wies sein Geld zurück. Er schien darüber erleichtert, und wir nahmen in aller Freundschaft Abschied.[67]

Die Erleichterung des Diplomaten in Beckers Schilderung ist eine vielsagende Aussage. Sie markiert seine Angst, die geteilte Leidenschaft könne durch das Becker unterstellte finanzielle Interesse betrogen worden sein. Zugleich erfahren wir durch die beleidigte Reaktion Beckers von der geringschätzigen Haltung männlichen Sex-Arbeitern gegenüber.

Mit Hilfe des Komplexes der männlichen Prostitution ließen sich nun Anstrengungen der Säuberung[68] legitimieren und zwar auch gegenüber jenen homosexuellen Männern, die potenziell von sogenannten Strichjungen und deren Erpressungen bedroht waren.[69] Die für homosexuelle Männer eine potenzielle Bedrohung darstellende männliche Prostitution schien prädestiniert dafür, nicht nur die Straße als gefährlichen Raum zu brandmarken, sondern auch die auf ihr verkehrenden Subjekte. Diese Markierung wirkte sich jedoch nachteilig nicht nur auf die Hustler aus, sondern auch auf die betroffenen homosexuellen Männer. So auch gerät Becker selbst in den diskursiven Strudel. Dass sich in die kollektive Identität homosexueller Männer abgesetzte Vorurteil gegenüber männlichen Sex-Arbeitern, die ihre Sex-Partner verführen, täuschen und mitunter denunzieren würden, wurde im Zuge der Verfolgung im Nationalsozialismus nicht nur für die Naturalisierung des Zusammenhangs von Sex-Arbeit und Täuschung operationalisiert, sondern auch für den von Homosexualität und Verführung.

Bei dieser Operationalisierung spielte wiederum die Fotografie eine spezifische Rolle. Sie fungierte als Medium der Verführung und wurde damit gewissermaßen

67 Sternweiler: *Fotos sind mein Leben*, S. 31.

68 Ein Chronist des *Westdeutschen Sittlichkeitsvereins* schrieb, dass mit dem Machtantritt der NSDAP „die Straßen unserer Städte […] wieder sauber wurden [und] der Schmutz und Schund […] aus der Öffentlichkeit" verschwand. Zit. n. Stümke: *Homosexuelle in Deutschland*, S. 92.

69 Vgl. Beachy: *Gay Berlin*, S. 71–73.

zur Währung von Verrat und Verfolgung. Dem bereits erwähnten Vernehmungsprotokoll ist die Behauptung zu entnehmen, Becker habe Fotografie als Lockmittel benutzt, um mit Männern intim werden zu können. Er habe Unbekannten, die sich den Gang zu professionellen Fotograf*innen nicht leisten konnten, auf der Straße angeboten, sie abzulichten.[70] In dieser Darstellung wurde Becker zu einer paradoxen Figur, nämlich gleichzeitig zum Stricher und zum Freier: Er tauschte Fotografie gegen Sex und Sex gegen Fotografie. Er bot eine fotografische Dienstleistung an, erhielt dafür im Gegenzug Sex und honorierte diesen wiederum in Form von Abzügen. Fotografie und Sex befinden sich nach dieser Lesart in einem Tauschverhältnis. Mal sei Sex die Belohnung für das fotografische Ablichten und mal sei die Fotografie die Entlohnung für die Ware Sex. Aus den spezifischen sozialen Praktiken des Crusings, so der Tenor der Gestapo-Akten, erwächst Fotografie als materielles Objekt, das als Währung und Wert operiert.[71] In dieser Funktion wurde die Fotografie von den Nationalsozialisten zum verräterischen Medium kriminalisierter Homosexualität erhoben. Das auf freier Übereinkunft beruhende Cruising wurde also – so meine These – durch den Diskurs über den Tauschhandel umgedeutet zu einer auf ökonomischen Interessen basierenden ‚kriminellen' Verführung im Diskurs männlicher Sex-Arbeit. Dieser Diskurs verfolgte letztlich das Ziel, homosexuelle Männer zu kriminalisieren und so von den Straßen verschwinden zu lassen.
Wesentlich für die erfolgreiche Konstruktion von Fotografie als Währung im Diskurs männlicher Prostitution war, wie bereits erwähnt, der Umstand, dass sie nicht im indexikalischen Verbund mit Sex begriffen wurde. Das heißt, die Fotografie konnte als Beleg für Verführung und sexuelle Handlungen angesehen werden, ohne diese auch nur im Entferntesten im Bild zeigen zu müssen. Fotografie musste nicht materiell Sex verbürgen, um als *Zeichen* für Sex einen Tauschwert zu haben. Indem der vorherige Gebrauchswert der Fotografie (Sex) durch den neuen Tauschwert (Währung) ersetzt wurde,[72] konnte sie in Strafrechtsverfahren eine kriminalisierende Wirkmächtigkeit entfalten. Fotografie war mit anderen Worten in der Lage, Sex einzutauschen, ohne eine materielle Referenz auf Sex auszuweisen.

70 Vgl. Gestapo-Akte 8485, Staatsarchiv Würzburg Gestapostelle, Würzburg, Bl. 86–87.

71 Vgl. Peter Geimer: Was ist kein Bild? Zur „Störung" der Verweisung. In: Ders. (Hrsg.): *Ordnungen der Sichtbarkeit. Fotografie in Wissenschaft, Kunst und Technologie.* Frankfurt am Main: Suhrkamp 2002, S. 313–341, hier S. 319.

72 Vgl. Allan Sekula: Handel mit Fotografien, aus d. Engl. v. Wilfried Prantner. In: Herta Wolf (Hrsg.): *Paradigma Fotografie. Fotokritik am Ende des fotografischen Zeitalters.* Frankfurt am Main: Suhrkamp 2002, S. 255–290, hier S. 286.

Meine These ist nun, dass ‚der homosexuelle Mann' an der „Wechselstelle"[73] steht, an der der Körper (Sex) gegen das Zeichen (Fotografie) ausgetauscht wurde. An der Stelle, wo Sex und Fotografie ausgewechselt wurden, befand sich ‚der homosexuelle Mann', der aufgrund dieser Positionierung für verwerflich erklärt werden konnte. Ich lehne mich hier – ohne eine simple Analogiesetzung produzieren zu wollen – an die Erzählung einer anderen folgenreichen Auswechslung an. An anderer Wechselstelle steht nämlich – wie Christina von Braun kulturgeschichtlich aufgearbeitet hat – ‚der Jude'.[74] Er stellt die Rematerialisierung des abstrakt gewordenen Geldzeichens dar und musste spätestens mit dem Nationalsozialismus für die Geschichte der Immaterialisierung des Geldes mit dem millionenfachen Tod zahlen. Da der dem Materialwert enthobene Handel mit Zinsgeld[75] und der mit dem Judentum assoziierte ‚Spekulantenwahn' im NS als gesellschaftszersetzend galten, folgte unter anderem die Verfolgung und Vernichtung des Judentums, so von Braun.[76] Das Stereotyp des Geldjuden hat eine sehr viel zentralere Stellung im Antijudaismus und Antisemitismus, als ich sie für das Stereotyp der männlichen Prostitution im Kontext von Homophobie behaupten möchte. Dennoch scheint mir nicht unwesentlich, dass ‚der homosexuelle Mann' für die Abstrahierungsgeschichte der Fotografie bürgt und als Personifizierung des Abstrakten im Rahmen der Verfolgung im Nationalsozialismus mit Leib und Leben zahlen musste. Der Schmerz, der mit dieser Rematerialisierung der Fotografie, die auf das abstrakte Zeichen zusammengekürzt worden war, einhergeht, wurde gleichsam derealisiert und unsichtbar gemacht. Judith Butler verweist darauf, dass der gewaltsame Rahmen, der die vom Körper enthobenen Bilder umgibt, selten bis nie „Bestandteil des Gesehenen"[77] ist, obwohl er aktiv ist, ausgrenzt und Leben gefährdet.[78] So auch im Falle von Becker. Die Gewalt, die

73 Christina von Braun: Einleitung. In: Dies. / Eva-Maria Ziege (Hrsg.): *Das bewegliche Vorurteil. Aspekte des internationalen Antisemitismus.* Würzburg: Königshausen & Neumann 2004, S. 11–42, hier S. 36.

74 Vgl. Christina von Braun: *Der Preis des Geldes. Eine Kulturgeschichte.* Berlin: Aufbau 2012.

75 Im Gegensatz zum Zins steht die harte Währung, also die sich durch Materialität ausweisende Werthaltigkeit von Geld. Je schwerer die Münze, desto wertvoller. Horst Bredekamp gibt das Beispiel des Abdrucks von Blättern auf Banknoten an. Diese wurden in Metall eingeprägt. Die Materialität sollte der Banknote Wert, Authentizität und Stabilität verleihen und vor Fälschungen schützen. Vgl. Horst Bredekamp: *Theorie des Bildakts.* Frankfurt am Main: Suhrkamp 2010, S. 182.

76 Vgl. Braun: *Der Preis des Geldes.*

77 Judith Butler: Folter und die Ethik der Fotografie. In: Linda Hentschel (Hrsg.): *Bilderpolitik in Zeiten von Krieg und Terror. Medien, Macht und Geschlechterverhältnisse.* Berlin: b_books 2008, S. 205–228, hier S. 207.

78 Ebd., S. 208.

sich mit der Verfolgung an die an sich unschuldigen privaten Aufnahmen heftete, hatte eklatante Auswirkungen auf Leib und Leben Beckers.
In diesem kriminalisierenden Diskurs war Becker gezwungen, Fotografie als gewaltvolles Mittel der Diffamierung, Erfassung und Überführung kennenzulernen.[79] Interviewpassagen machen deutlich, dass Becker sich in der retrospektiven Erinnerung über seine Biografie schmerzlich darüber bewusst wurde, dass sein visuelles Archiv zu Zwecken der Denunziation fremdgenutzt wurde.[80] Die Fotografie, die er leidenschaftlich betrieb und für die er in seinem Umfeld bekannt war,[81] wandte sich nun gegen ihn: Das Begehren, das sich an die Fotografien richtete, erfuhr durch die Gewalt im kontextuell veränderten Gebrauch eine Verletzung. Waren Fotografien einst Projektionsräume sexueller Sehnsucht z. B. beim Fotografieren von Sportlern seines Turnvereins[82] oder dienten sie der Herstellung von Intimität, so verwandelten sie sich nach der Durchsuchung seiner Wohnung und ihrer Beschlagnahmung zu Agenten des Regimes.[83] Viele

79 Die Prozessualität dieses ‚Lernen-Müssens' wird besonders dann deutlich, wenn Becker – unsicher, welche Informationen welche Effekte bei der Gestapo zu produzieren in der Lage sind – in seinen Aussagen pendelt. So gibt er bezüglich eines Bekannten an: „Bei der unsittlichen Handlung selbst hat er sich ziemlich passiv verhalten und bin ich der Anschauung, daß I. [Anonym. K. K.] die Schweinereinen mehr aus Neugierde mitgemacht hat und daß es nicht das erste Mal war, daß I. [Anonym. K. K.] gleichgeschlechtliche Handlungen an sich gefallen ließ." In dem Versuch, den hier Angeklagten dadurch zu schützen, dass dieser sich nur aus Neugierde und Gelegenheit beteiligt habe, gibt Becker gleichermaßen zu verstehen, dass der Angeklagte die ‚Tat' wiederholt begangen hätte. Vgl. Vernehmungsprotokoll Albrecht Becker, 23.04.1935, Staatsarchiv Würzburg Gestapostelle, Würzburg, Gestapo-Akte 18070, Bl. 25–26.

80 Sternweiler: *Fotos sind mein Leben*, S. 45.

81 Becker selbst sagt aus: „Photographiert habe ich [...], weil ich als Liebhaber-Photograph bekannt war." Gestapo-Akte 8873, Staatsarchiv Würzburg Gestapostelle, Würzburg, Bl. 304.

82 Vgl. Sternweiler: *Fotos sind mein Leben*, S. 35.

83 Die Bezeichnung von Bildern bzw. Bildzeugnissen als *Agenten* geht vor allem auf W. J. T. Mitchell zurück, aber auch auf Horst Bredekamp. Mitchell thematisiert im Sinne des *pictorial turn* eine „critical history of images that emphasizes their role as ‚living' historical agents at turning points in human affairs and human understanding". Während Mitchell die Rolle von Bildern als lebende historische Agenten betont, begreift Bredekamp sie mit seiner Theorie des Bildakts als Akteure oder handlungsstiftende Agenten. Demnach seien Bilder keine Erzeugnisse, die selbst leben, sondern die Handlungen anstiften. Den Begriff des Bildes als Agenten nimmt auch Antke Engel auf. Sie beschreibt das Bild in Anlehnung an Sigrid Adorf als Ereignis und Objekt, das in einer spezifischen Interaktion zwischen Bild und Subjekt handle. Nur durch die Relation zu Subjekten ließen sich Bilder in ihrer Handlungsfähigkeit verstehen. Mit Bildern als Agenten der Gouvernementalität, wie sie Engel im Anschluss an Foucault beschreibt, würden demnach Bedingungen und Möglichkeiten des Handelns beeinflusst. Die Gouvernementalität von Bildern bedeute demzufolge, dass Wahrscheinlichkeiten produziert würden, „die davon abhängen, die die [*sic!*] Handlungsmächtigkeit von Subjekten zu aktivieren". Bilder seien demnach nicht von der Handlungsmächtigkeit von Subjekten losgelöst. Vgl. Asbjørn Grønstad / Øyvind Vågnes: What Do Pictures Want? Interview mit W. J. T. Mitchell. In: *Image and Narrative. Online Magazine of the Visual Narrative*, 2006. http://www.imageandnarrative.be/

Bilder aus seiner Fotosammlung belasteten Bekannte Beckers, die in der Folge zu Verhören einbestellt wurden.[84] Seine Fotografien wurden zu einem integralen Bestandteil des Systems fotobasierter Befragung. Mit jedem fotografisch gestützten Bekenntnis bei der Gestapo und vor Gericht bestimmten sie verletzende Diskriminierungen und schmerzhafte Derealisierungen mit. Am Bild ausgetauscht wurden Begehren und Schmerz.

Becker reagierte auf diesen Tausch mit Medienpraktiken und Visualisierungsweisen, die ich im nächsten Abschnitt beschreiben möchte und als Beispiele für eine deterritorialisierende queere Reaffizierung ansehe.

inarchive/iconoclasm/gronstad_vagnes.htm (Zugriff am 28.10.2015); Bredekamp: *Theorie des Bildakts*; Engel: *Bilder von Sexualität und Ökonomie*, S. 32, 33, 34 FN 16; Sigrid Adorf: Nicht unmittelbar, sondern bedingt. Zum performativen Verhältnis von Subjekt und Bild am Beispiel einer Videoprojektion. In: *FKW // Zeitschrift für Geschlechterforschung und visuelle Kultur* 44 (2007), S. 14–22, hier S. 16.

84 Vgl. Gestapo-Akte 8873, Staatsarchiv Würzburg Gestapostelle, Würzburg, Bl. 301–303.

II.3 Medienpraktiken der Reaffizierung: Zur Tätowierung

Nachdem Beckers private Fotografien nicht mehr dem Begehren dienten, sondern schmerzbesetzt waren, kam es im Gefängnis zu einer medialen Intensivierung des Schmerzes. Bevor der Schmerz in Beckers Fotografien ikonografisch wurde (etwa ab 1945), fand er schon im Gefängnis Eingang in seine Medien- und Kulturtechnik der Tätowierung und Selbstverletzung. Becker erinnert sich:[85]

> [I]n den [...] Monaten [meiner Gefangenschaft] habe ich auch meine ersten Experimente mit masochistischen Empfindungen gemacht, in Selbstversuchen. Es gab einige Gefangene, die tätowiert waren, und diese Tätowierungen haben mich sehr fasziniert und auch erregt.[86]

Becker – so meine These – reaffizierte den Schmerz, den er als Erfahrung diskriminierender Verletzung und Diffamierung erdulden musste, mittels der schmerzhaften Medienpraxis des Tätowierens und des verletzenden Bearbeitens seines Körpers. Diese Intensivierung von Schmerz äußerte sich nun als Wunde auf seiner Haut, die einerseits der Geschlossenheit des soldatischen Körperpanzers im Sinne nazistischer Männlichkeit und andererseits dem fotografischen Dispositiv abstrakter Zeichenhaftigkeit entgegenstand. Beckers Körper wurde zu einem Bildagenten, der ein eigenes Programm verfolgte, nämlich die Visualisierung, die ohne das mit dem Körper verflochtene Zeichen nicht auskommt.

Einige Hinweise Beckers lassen vermuten, dass für ihn weniger Tattoo-Bildmotive von Bedeutung waren als vielmehr die Praxis des Schmerzes. So schreibt Becker z. B. auf dem ersten Einleger des Scrap-Ordners, der die Geschichte seiner Tätowierungen unter anderem anhand von Selbstdarstellungen belegt, seine „Hobbytätowierungen" seien im Kontext seiner „sexualen sadomasochistischen"[87] Vorlieben zu verstehen. Mir erscheint es daher nachvollziehbar, dass seine Tatowierungen an der Stelle ansetzten, die symbolisch den Ort der ‚Kastration' durch die Gestapo markierten und der zudem physisch besonders empfindlich ist: Gemeint sind sein Genital und der kurz darüber liegende Bauchbereich.

85 Dass Erinnerungen stets Re-Konstruktionen von Vergangenem sind, wird im lücken- oder fehlerhaften Erzählen deutlich. So zeigt etwa die von Andreas Sternweiler verfasste Biografie, dass Becker unterschiedliche Angaben zu seiner ersten selbst vorgenommenen Tätowierung macht. An dieser Stelle gibt er an, sich im Gefängnis das erste Mal tätowiert zu haben, an anderer spricht er jedoch davon, sich an der Front erstmalig selbst tätowiert zu haben.

86 Sternweiler: *Fotos sind mein Leben*, S. 48.

87 Albrecht Becker: Einleger Ordner B 1938 1944 1970. Archiv Schwules Museum Berlin, AB*60–70err*Tattoo*Selbst*Ordner original von AB angelegt.

Die Praxis, sich am symbolischen Ort der Entmännlichung mittels Tätowierung Schmerz zuzufügen, betrachte ich dabei nicht als problematisch im Sinne einer sich gegen sich selbst richtenden Introjektion von Hass und Gewalt in Folge von Traumatisierung. Es scheint mir nicht so zu sein, dass Becker „die Furcht vor der Wiederholung"[88] der Gewalterfahrung dergestalt plagte, dass er sich destruierte, um dieses Trauma nicht durcharbeiten zu müssen. Stattdessen hat er den Schmerz, der sich durch die entwürdigende Geständnispraxis und den Gefängnisaufenthalt offenbarte, affiziert, intensiviert und politisiert. Schmerz lässt sich insofern nicht mehr nur als Ausdruck destruktiver Gewalt verstehen, sondern auch als politisch wirksame Möglichkeit, Leben, Begehren und Sozialität zu artikulieren. So beschrieb Becker den Beginn seiner BDSM Praxen im Gefängnis als eine Erfahrung sich wieder ins Leben zu fühlen: „Von diesem Tag an wusste ich, daß ich nicht aufgeben würde. Mein Lebenswille war wieder da."[89] Durch den Schmerz fühlte sich Becker wieder lebendig. Dadurch ergab sich für ihn auch die Möglichkeit, sich mit denen zu verbinden, die im Gefängnis auf das Existenziellste zurückgeworfen wurden. Es eröffnet sich damit eine Lesart, Tätowierung weder als Ausdruck von Selbsthass noch als Mittel der Einschreibung in maskulinistische Gefängniskulturen und Identitätsentwürfe[90] zu verstehen, sondern als Herstellung von (Begehrens-)Relationen auf der Grundlage geteilter Schmerzempfindungen. Zudem deutet sich ein Verständnis von Schmerz als visueller Politik relationalisierender Affizierung an. Dieses Verständnis möchte ich noch einmal entlang zweier auf verschiedenen Ebenen operierenden Stränge verdeutlichen: einmal am Beispiel der Reaffizierung als Protest im Gefängnis und einmal anhand der politischen Dimension der Reaffizierung von Visualität.

II.3.1 Reaffizierung als Protest im Gefängnis

Tätowierung bzw. Körpermodifikation als Versinnlichung von Gewalt und Macht[91] kann als „‚key agent[...] in the diffusion of new subcultures' of protest in prison"[92] verstanden werden. Die Praxis des Tätowierens im Gefängnis

88 Michael Geyer zit. n. Harrasser: *Prothesen*, S. 21.

89 Sternweiler: *Fotos sind mein Leben*, S. 48.

90 Zur Funktion der Tätowierung als Identitätsmittel im Gefängnis vgl. Klaus Pichler: *Fürs Leben gezeichnet. Gefängnistätowierungen und ihre Träger*. Salzburg: Fotohof Edition 2011; Arkady Bronnikov: *Russian Criminal Tattoo Police Files*. London: Fuel 2014.

91 Foucault wies darauf hin, dass die Macht mit Hilfe von Verhören den sexuellen Körper umgreift, was auch eine *Versinnlichung* der Macht bedeutet. Ich möchte jedoch für eine Form der Versinnlichung argumentieren, die ein queer-politisches und somit machtkritisches Potenzial birgt. Vgl. Foucault: *Der Wille zum Wissen*, S. 49.

92 Patricia O'Brien: *The Promise of Punishment. Prisons in Nineteenth-Century France*. Princeton: Princeton UP 1982, S. 88.

lässt sich als widerständige Aneignung der historischen Signatur der Brandmarkung devianten Verhaltens seit dem Römischen Reich lesen.[93] Dass sich auch die Nationalsozialisten dieser Bestrafungstechnik bedienten, geht aus Berichten Beckers hervor: Er erzählte von seiner Bekanntschaft zu einem Mann, dem SS-Männer im Konzentrationslager, nachdem sie entdeckt hatten, dass er Tätowierungen trug, zum Zwecke der öffentlichen Stigmatisierung das gesamte Gesicht tätowierten.[94]

Die selbst vorgenommene Tätowierung ist ein Akt der Rückeroberung des eigenen Körpers und der Identitätsbildung.[95] Daneben wird argumentiert, dass Tätowierungen subkulturelle Gruppenzugehörigkeit symbolisieren und vor allem im Gefängnis auf emanzipative Weise die kollektive Identität des Outlaws auszubilden helfen.[96] Tätowieren kann daher als kommunikationsstiftender und community-bildender Akt angesehen werden.

Bei Becker und seinem Blick auf tätowierte Männer, der seine eigenen Tätowierungen anregte, sowie der von ihm als lustvoll empfundenen Intensität des Stechens handelt es sich darüber hinaus um einen Akt des Begehrens. Die Medientechnik des Tätowierens entwickelt dadurch als Praxis der Affizierung erotischer Konstellationen und Relationen ein zusätzlich subversives Potenzial. Sexualität und Begehren unterwandern so die menschenverachtende Ideologie des während des Nationalsozialismus brutalisierten Gefängnissystems,[97] beruhend auf dem Entzug von Freiheit, Essen, körperlicher Intimität und Sexualität.[98] Beckers Verweis auf den affizierten, erregten Blick und die ‚Ausflüge' in die Kellerduschen zum gegenseitigen Onanieren[99] scheinen neben der Schmerztechnik des

93 Vgl. Mindy Fenske: *Tattoos in American Visual Culture*. New York: Palgrave Macmillan 2007, S. 15.

94 Vgl. Sternweiler: *Fotos sind mein Leben*, S. 67.

95 Vgl. Abby M. Schrader: Branding the Other / Tattooing the Self. Bodily Inscription Among Convicts in Russia and the Soviet Union. In: Jane Caplan (Hrsg.): *Written on the Body*. Princeton: Princeton UP 2000, S. 174–192, hier S. 175.

96 Vgl. Margot Mifflin: *Bodies of Subversion. A Secret History of Women and Tattoo*. New York: Juno 1997, S. 38.

97 Trotz dieser Brutalisierung soll hiermit nicht gesagt werden, dass die Situation in den Gefängnissen gleich der in den NS-Konzentrationslagern gewesen wäre. In Konzentrationslagern gab es zum Teil systematische Morde an Homosexuellen. Viele in KZs Inhaftierte starben zudem an Schwäche, Hunger, Krankheiten oder den Folgen von Zwangsarbeit oder Folter. Vgl. Andreas Sternweiler: Chronologischer Versuch zur Situation der Homosexuellen im KZ Sachsenhausen. In: Ders. / Joachim Müller (Hrsg.): *Homosexuelle Männer im KZ Sachsenhausen*. Berlin: Rosa Winkel 2000, S. 29–55, hier S. 46.

98 Nicht ohne Grund sagt Becker, das Gefängnis sei wie ein Kloster gewesen. Sternweiler: *Fotos sind mein Leben*, S. 48.

99 Ebd.

Begehrens Versuche darzustellen, der Grausamkeit ein Stück Menschlichkeit abzuringen und mithin das System – wenngleich nicht in Form offenen Widerstands – zu unterlaufen. Thematisch und ästhetisch hat dies Jean Genet in seinem Film *Un chant d'amour* von 1950 aufgegriffen. Auch hier dienen intensive körperliche Momente der Selbstberührung,[100] des Behauchens und des Tanzens dem Unterminieren der auf Separation und Berührungslosigkeit beruhenden Gefängnislogik.

II.3.2 Reaffizierung von Visualität

Tätowierung und experimentelle Selbstverletzung lassen sich als mediale Modi der Affizierung, also Versinnlichung und Verkörperlichung von Visualität verstehen. Indem sie den an den Sehsinn geknüpften geistigen Akt der Bildwerdung destabilisieren, vermittelt sich ein queer-politisches Potenzial.

Wenn Beckers Körper zum Bild wird, also zur bebilderten Leinwand bzw. dem materiellen Träger, kann von einem Bildakt ausgegangen werden, dem der Index nicht verloren geht.[101] Das heißt, dass, wenn Beckers Körper durch Tätowierung zum Bild wird bzw. das Bild – insofern es mit seinem Körper verbunden ist – als Körper erscheint, die Sinnlichkeit und sinnlich erfahrbare Ebene von Visualität beibehalten bleibt. Der hegemoniale Diskurs affektreduzierter und sich im körperlosen Zeichen ausdrückender Visualität erfährt eine Reaffizierung, die, indem es sich um eine schmerzhafte Intensivierung im Bildgebungsverfahren handelt, nicht mit Stabilität zu verwechseln ist, wie sie dem Index anheimgestellt ist. Diese fehlende Stabilität assoziiere ich mit dem queeren Potenzial.
Der Index, der als physische Spur des Referenten auf das verweist, was gewesen sein muss, damit wir es sehen können, begründet üblicherweise die Stabilität der Bildbedeutung. Die materielle Präsenz der Vergangenheit, des Objekts oder Körpers im Bild soll die von Beschreibungen und historisch-diskursiven Rahmungen unverwüstliche Wahrheit liefern. Im schmerzhaften Verhältnis von physischer Spur und Visualität in Form von Tätowierung entsteht jedoch keine stabile Wahrheit oder Identität, wie ich argumentieren möchte. In der materiell

100 Besonders augenfällig ist, dass sich einer der Protagonisten des Films durch die Berührung seiner Tätowierung auf dem Oberarm erotisiert.

101 Es handelt sich daher nicht um einen substitutiven Bildakt, bei dem Körper und Zeichen immer nur im wechselseitigen Austausch wahrnehmbar sind, wie es Bredekamp als Grundmotiv der westlichen Bildgeschichte beschreibt. Bei Beckers Bildpraxis handelt es sich vielmehr um die sicht- und spürbare Simultanität von Körper und Zeichen, von Haut und Fotografie. Vgl. Bredekamp: *Theorie des Bildakts*, S. 173–191.

spürbaren Schaffung einer visuellen Intensitätszone werden Fixierungen instabil und wirkt mit Schmerz verbundene Affizierung verunsichernd. Insofern handelt es sich bei Beckers Medienpraxis nicht um eine die Indexikalität unverändert erneuernde Technik, sondern um eine Praxis der nicht fixierenden Reaffizierung. Dies hat aus dreierlei Gründen eine zumindest potenziell queer-politische Wirkung: Erstens ist kein einheitliches Bild von Becker im Sinne einer stabilen männlich-homosexuellen Identität zu entwerfen möglich. Seine Identität wird zur Fluchtlinie des Begehrens, auf der sein Körper und sein Selbst mitgerissen und aufgerissen wird, auf der sein Selbstbild zur potenziell unkalkulierbaren Relationalität wird. Zweitens bleiben im Schmerz der Tätowierung Bündnisse immer temporär, das heißt, dass sich die durch Affizierung ergebenden Relationen zu Personen (inklusive der Betrachter*innen seines Körpers) entlang körperlich und intensiv geteilter Momente konfigurieren, die nicht zu verstetigen möglich sind. Drittens ist Visualität affektiv, das heißt nicht, wie im Kontext der abendländischen Kultur oft unterstellt, nur auf den Sehsinn und den damit apportierten Bedeutungen der Erkenntnis und des rationalen Wissensgewinns fokussiert.

In diesem Kapitel habe ich Tauschbilder in ihrer doppelten Dimension des Bildertauschs und des Bedeutungstauschs diskutiert. Der Gebrauch privater Bilder in Form von Tausch, Zirkulation, Wanderung diente im Kontext der männlich-homosexuellen Kultur in der Weimarer Zeit der Intimisierung. Im Nationalsozialismus wurden Fotografien in dieser Funktion vor allem zu Agenten des Regimes: Sie ermöglichten Verrat und Verleumdung. Im Hinblick auf diese enteignende Gebrauchsweise zirkulierender, cruisender Fotografien durch das NS-Regime wurde deutlich, dass die körperliche und sinnliche Spur der Fotografien abgelöst wurde. Verschiedene Strategien dienten dazu, einerseits im Rahmen der Verhöre eine Affizierung durch die Bilder zu vermeiden und andererseits die Fotografien zum Indiz für eine warenhafte, mit Prostitution verbundene männliche Homosexualität zu machen.
Der Austausch von Bildbedeutung erhält dann durch die Medientechnik des Tätowierens bei Becker eine erneute Transformation. Tauschbilder des Schmerzes sind nicht länger Schmerz verursachende Mittel der Verfolgung. Stattdessen ist Schmerz im Rahmen der Kultur- und Medientechnik der Tätowierung die Reaffizierung von Bildlichkeit und das Macht verunsichernde Potenzial des Tauschs von Körper, Selbst und Fotografie.

III
Tarnbilder des Schmerzes

Tauschbilder, also Fotografien als zirkulierende Bilder und mit vertauschten Bildbedeutungen bzw. Verwendungsweisen, spielen auch in diesem Kapitel eine Rolle. Ich möchte ihnen nun in ihrer Funktion als Tarnbilder nachgehen. An der Front im Zweiten Weltkrieg getauschte Bilder dienten Becker, so wie er sie als Kompaniefotograf gestaltete, der Tarnung seines Begehrens beim Blick auf seine Kameraden. So dienten Fotografien, die sich in die Seh- und Abbildgewohnheiten von Soldaten einfügten, neben der Funktion des Erinnerns an den Krieg auch der Möglichkeit homosexuellen Begehrens an der Front. Sie stellten damit ein subversives Potenzial seiner Gegenwart an der Front einerseits und des zukünftigen Erinnerns andererseits zur Verfügung.
Nachdem Becker aus der Haft entlassen wurde, meldete er sich 1940 zum Kriegsdienst, weil ihm in „Würzburg so ganz ohne Männer einfach zu langweilig war“[1]. Diese retrospektive Kommentierung stößt aus heutiger Sicht bitter auf und erscheint perfide, da der Kriegsdienst im Zweiten Weltkrieg vor allem an der Ostfront, wo er stationiert wurde, Verheerungen, massenhafte Tötungen und Exekutierungen auch der Zivilbevölkerung inkludierte. Sich aus Gründen sexuellen Begehrens freiwillig zu melden, erscheint zudem unverständlich, war er doch gerade wegen dieses Begehrens vorher in Haft gewesen. Intimität und Sex in der Mitte des Systems zu suchen, das Homosozialität gelten ließ, Homosexualität jedoch aufs Schärfste sanktionierte, könnte Aufschluss über die Mentalität männlicher Homosexueller zu dieser Zeit geben. Eine solche verallgemeinernde Aussage werde ich jedoch nicht verfolgen können. Eher werde ich nah an Beckers Soldatenalbum entlang argumentieren, wie Tarnbilder dieses

1 Sternweiler: *Fotos sind mein Leben*, S. 50.

Paradox medialisieren. Das später noch genauer vorzustellende Album versammelt seine fotografischen Kriegsansichten, stellt aber gleichzeitig einen Begehrensraum zur Verfügung. Die Tarnung dieses Begehrens ist der mediale *modus operandi*. Wie das Medienhandeln der Tarnung Eingang in das Album findet und welche Effekte es auf die Frage des queeren Potenzials fotografischer Affizierung hat, wird mich in diesem Kapitel beschäftigen.
Visuelle Zeugnisse, die den Widerspruch von Verfolgung und Realisierung homosexuellen Begehrens repräsentieren, sind eine Rarität und wurden von der Forschung weitestgehend übersehen. So ist im Falle der Untersuchung von Soldatenalben aus dem Zweiten Weltkrieg zu beobachten, dass mediale Techniken der Thematisierung von Homosexualität nicht diskutiert werden. Studien, die fotografierte Freizeitaktivitäten an der Front behandeln, wie den Besuch von Sehenswürdigkeiten oder Badespaß, haben Homosexualität als die diese Aktivitäten womöglich mitstrukturierende Vergesellschaftungsform selbst dann ausgeklammert, wenn es Hinweise auf homosexuelles Begehren gegeben hat.[2] Timm Starl, der mit *Knipser. Die Bildgeschichte der privaten Fotografie in Deutschland und Österreich von 1880 bis 1980* ein Standardwerk zur privaten Fotografie im deutschsprachigen Raum vorgelegt hat, gibt im Kapitel „Private Ansichten im Zweiten Weltkrieg“ ein Aktfoto aus einem Album eines homosexuellen Soldaten wieder, kommt aber nicht auf die Rolle von Homosozialität und -sexualität

2 Ich beziehe mich bei dieser Feststellung ausschließlich auf Studien, die sich der privaten Fotografie deutscher Soldaten im Zweiten Weltkrieg an der Front widmen. Unberücksichtigt bleibt dabei, dass es bezüglich der Wandervogelbewegung vor dem Nationalsozialismus eine ausschweifende Diskussion über das Verhältnis von männerbündischen Gesellschaften und Homosozialität gibt. Doch auch in diesem Zusammenhang gibt es kaum Untersuchungen, die sich der fotografischen Dokumentation und Konstruktion von Homosexualität widmen. Vgl. Julia S. Torrie: „Our Rear Area Probably Lived Too Well“. Tourism and the German Occupation of France, 1940–1944. In: *Journal of Tourism History* 3,3 (2011), S. 309–330; Linda Conze / Ulrich Prehn / Michael Wildt: Sitzen, baden, durch die Straßen laufen. Überlegungen zu fotografischen Repräsentationen von „Alltäglichem“ und „Unalltäglichem“ im Nationalsozialismus. In: Annelie Ramsbrock / Annette Vowinckel / Malte Zierenberg (Hrsg.): *Fotografien im 20. Jahrhundert. Verbreitung und Vermittlung*. Göttingen: Wallstein 2013, S. 270–298; Julius H. Schoeps: Sexualität, Eros und Männerbund. Hans Blüher und die deutsche Jugendbewegung. In: Julius H. Schoeps / Joachim H. Knoll (Hrsg.): *Typisch deutsch. Die Jugendbewegung. Beiträge zu einer Phänomenengeschichte*. Opladen: Leske+Budrich 1988, S. 137–154; Susanne zur Nieden: Homophobie und Staatsräson. In: Dies. (Hrsg.): *Homosexualität und Staatsräson. Männlichkeit, Homophobie und Politik in Deutschland 1900–1945*. Frankfurt am Main / New York: Campus 2005, S. 17–51; Claudia Bruns: *Politik des Eros. Der Männerbund in Wissenschaft, Politik und Jugendkultur (1880–1934)*. Köln / Weimar / Wien: Böhlau 2008; Katrin Köppert: „Alle waren sportlich, jugendlich und jungenhaft.“ Fotografische Selbstzeugnisse des jungen- und jugendbewegten Medienamateurs Heinz Dörmer. In: Meike Sophia Baader / Susanne Rappe-Weber (Hrsg.): *Jugendbewegte Geschlechterverhältnisse*. Schwalbach: Wochenschau 2010, S. 195–209.

bei der Konstruktion von ,Bilderfronten' zu sprechen.[3] Auch im Katalogband zur Ausstellung *Fremde im Visier. Foto-Erinnerungen an den Zweiten Weltkrieg* wird das Thema ausgespart.[4] Inwiefern diese Aussparungen unter anderem auf die Frage der Tarnung und das Tarnbild zurückzuführen sind, werde ich anhand von Beckers Soldatenalbum aufzeigen. Damit liegt eine Quelle zugrunde, die bisherige Auseinandersetzungen mit fotografischen Selbstzeugnissen an der Front nicht nur ergänzt, sondern zum Teil neu aufstellt.

Becker, der als Funker an der Ostfront kurz hinter der Frontlinie stationiert war, stellte Fotografien von sich und seinen Kameraden her und tauschte diese, nachdem er sie in Würzburg hatte entwickeln lassen, mit seinen Kameraden. Aufgrund dieses Tauschvorgangs wurden die Bilder zu Tarnbildern. Denn sie dienten, wie sich herausstellen wird, nicht nur der Erinnerung an die Soldatenzeit, sondern auch der Ermöglichung von Intimität. In Form dieser Intimisierung verliert sich der in der Forschung herausgearbeitete Anspruch von Soldaten, sich mittels der Frontfotografien zu immunisieren und zu heroisieren. Die Dimension der Intimisierung, die ich an den Beispielen der ikonografischen und materiellen Inszenierung von Tarnung sowie der Anordnung von Bildern zum Zweck der Tarnung als eine der fotografischen Affizierung etablieren werde, markiert das queer-politische Potenzial der vernakulären Frontfotografie bzw. des fotobasierten Kriegserinnerns. Affekte bzw. Affizierung werden durch fotografische Praktiken da eingebracht, wo Schmerzvermeidung und Begehrensunterdrückung dominant waren: an der Front, wie aber auch im fotografischen Erinnern an die Front. Diese Affizierung betrachte ich als potenziell subversiv.
Als Quelle liegen diesem Kapitel einige Ausführungen in der Biografie Beckers, einige Briefe, vor allem aber sein Soldatenalbum zugrunde. Dieses befindet sich als Teil seines Konvoluts im Archiv des Schwulen Museums Berlin und wurde ohne gesonderte Hervorhebung in einem Karton archiviert. Weitere Dokumente und Artefakte aus Beckers Soldatenleben, wie z. B. der von Soldaten so genannte ,Gefrierfleisch-Orden' für den Kampf an der Ostfront im Winter 1941/42, lassen sich verteilt über die restlichen Kartons aufstöbern. Ohne hieraus voreilige Schlüsse zu ziehen, deutet sich an, dass der Zweite Weltkrieg und die damit einhergegangenen Soldatenjahre im Konvolut keinen gesonderten

3 Vgl. Starl: *Knipser*, S. 111–112, 120.

4 Vgl. Petra Bopp: *Fremde im Visier. Fotoalben aus dem Zweiten Weltkrieg*. Bielefeld: Kerber 2009.

Status, keine Trophäenbedeutung innehaben.[5] Im Gegenteil: Gemessen an den späteren Selbstdarstellungen stellen die fotografischen Selbstzeugnisse aus der Soldatenzeit quantitativ und qualitativ nur einen Bruchteil seines Konvoluts dar. Dies sagt noch lange nichts über die Bedeutsamkeit der Soldaten-Fotografien aus. Beim Lesen der etwa 20 überlieferten Briefe,[6] die Becker von ehemaligen Kameraden erhalten hat, nachdem diese ihn Anfang der 1990er Jahre ausfindig gemacht hatten, wird jedoch eins deutlich: Für Becker waren die Fotografien weniger aufgrund der Erinnerung an den Krieg von Interesse, sondern als konstitutiver Teil seines Selbstverständnisses als Fotograf mit eigener Agenda. Aus den Briefen geht auch hervor, dass sein Interesse, sich nach knapp 50 Jahren mit den ehemaligen Kameraden zu treffen, weniger dem Wunsch nach heroischer Vergewisserung kameradschaftlicher Soldatenfreundschaft folgte, sondern vielmehr dem Bedürfnis, aus der Isolation des Alters herauszutreten und noch einmal Männer ablichten zu können.[7] Das sexuell motivierte Begehren soll hier nicht als Beschwichtigung missverstanden werden. Es geht mir nicht darum, Becker von seiner historischen Verantwortung zu entlasten. Dennoch legt das auch hier wieder mit Schmerz bzw. Verletzbarkeit im Zusammenhang stehende Begehren der Bilder die potenziell subversive Kraft fotografischen Erinnerns nahe.

Das Kapitel teilt sich wie folgt auf: Bevor ich Tarnbilder als Qualität der affizierenden Destabilisierung fotografischen Kriegserinnerns zu beschreiben versuche, möchte ich in kritischer Auseinandersetzung mit Ernst Jüngers Ausführungen in „Über den Schmerz" veranschaulichen, welchen Stellenwert Tarnung im Sinne von Täuschung im Zusammenhang von Fotografie und Krieg hatte.[8] Davon ausgehend widme ich mich einer ersten Lektüre des Soldatenalbums, die gleichzeitig einer eingehenden Quellenkritik dienen soll. Mit dieser Analyse von Autorschaft, Fundumstand und Verwendungszweck will ich nicht nur der Sorgfaltspflicht

5 Wie bereits erwähnt, wurde das Konvolut bisher kaum archivarisch erschlossen. Unter welchen Bedingungen das Soldatenalbum in einen eigenen Karton gelangte, lässt sich schwer rekonstruieren. Zumindest ließen sich keine Hinweise auf einen Wunsch Beckers finden, so zu verfahren. Briefe, die Becker Anfang der 1990er Jahre von ehemaligen Kameraden erhielt, befinden sich zusammen mit späteren Selbstdarstellungen Beckers im Karton AB*80–90er*Briefe*-Dokumente. Damit will ich sagen, dass durch die archivarischen Verfahren Beckers kein Sinnzusammenhang ‚Soldatenzeit' geschaffen wurde. Vgl. Albrecht Becker: Briefe. Archiv Schwules Museum Berlin, AB*80–90er*Briefe*Dokumente.

6 Vgl. Albrecht Becker: Briefe. Archiv Schwules Museum Berlin, AB*80–90er*Briefe*Dokumente.

7 Vgl. Albrecht Becker: Briefe von Alfons Späth, 07.03.1990, 13.06.1990, 17.06.1991, 04.06.1993, Archiv Schwules Museum Berlin, AB*80–90er*Briefe*Dokumente.

8 Jünger: Über den Schmerz.

gegenüber solch historisch bedeutsamen Quellen nachkommen,[9] sondern auch die Möglichkeit erproben, die Quelle durch ihre Einbettung in den weiteren Kontext des Konvoluts in einen neu zu evaluierenden historischen Zusammenhang zu stellen. Im Anschluss an die kritische Exegese werde ich daher eine zweite Lektüre von Beckers Soldatenalbum vornehmen. Dabei wird auch der Begriff des Tarnbildes etabliert und einer neuen, queeren Bedeutung zugeführt: Die Tarnung bezieht sich nicht mehr auf die soldatische Selbstimmunisierung für den zukünftigen Erinnerungsprozess, sondern auf die potenziell destabilisierende Affizierung. Das Kapitel werde ich mit der Frage beschließen, in welcher Weise die hergeleiteten Modi der fotografischen Affizierung das Verhältnis zwischen Bildern der Gewalt und Betrachter*innen dieser Bilder verändern. Die von Horst Bredekamp problematisierte Kompliz*innenschaft, die im betrachtenden Umgang mit Bildern der Gewalt entsteht,[10] möchte ich auf Grundlage meiner These kritisch diskutieren.

9 Dieter Reifarth und Viktoria Schmidt-Linsenhoff problematisieren in ihrem bedeutsamen Aufsatz „Die Kamera der Henker“, dass die unkritische und oberflächliche Umgangsweise mit den Bildquellen auffällig sei und dazu führen würde, sie lediglich als Evidenz dafür heranzuziehen, dass es den Naziterror gegeben habe. Die Frage nach dem *warum* bliebe hingegen unberührt. Zu dieser Frage werde ich aufgrund meines Erkenntnisinteresses auch nichts Wesentliches beitragen können. Vgl. Dieter Reifarth / Viktoria Schmidt-Linsenhoff: Die Kamera der Henker. Fotografische Selbstzeugnisse des Naziterrors in Osteuropa. In: *Fotogeschichte* 3,7 (1983), S. 57–71, hier S. 58.

10 Vgl. Horst Bredekamp / Ullrich Raulff: Handeln im Symbolischen. Ermächtigungsstrategien, Körperpolitik und die Bildstrategien des Krieges. In: *kritische berichte. Zeitschrift für Kunst- und Kulturwissenschaften* 33,1 (2005), S. 5–11.

III.1 Camouflage an der Front: Das Soldatenalbum

III.1.1 Getarnte Blicke, gepanzerte Soldaten

Die Betrachtungen Ernst Jüngers, mit denen ich in das Kapitel einsteige, verdeutlichen den historischen Diskurs des fotografischen Sehens im Kontext kriegerischer Auseinandersetzungen und sollen später als Kontrastfolie für die Beschäftigung mit Beckers Album dienen.

Jünger, der sein eigenes Kriegstagebuch mit fotografischen Aufzeichnungen des Ersten Weltkrieges bebilderte, sinnierte in dem sich schon auf den nahenden Zweiten Weltkrieg richtenden Essay „Über den Schmerz" über die Funktion der Fotografie.[11] Er markierte Fotografie als Waffe und das Sehen als Angriffsakt.[12] Damit konstituierte er auch die Metapher des fotografischen Schnapp*schusses*. Vor allem in kriegerischen Auseinandersetzungen sei Tarnung ratsam, also das Verstecken des angreifenden fotografischen Blicks, so Jünger.[13] Um dem Krieg die heroischen, tatsächlich aber grausamen Ereignisse abzuringen, müsse die Kamera versteckt und der Blick getarnt werden. Das „künstliche Auge"[14] müsse unsichtbar gemacht werden und unverletzlich sein, was am besten erzielt werden könne, wenn die Kamera gleich in die Waffe eingebaut würde. Erst dann könne garantiert werden, dass sie ihrem „teleskopische[n] Charakter" entsprechend Kriegsszenarien beurkunde und „dem menschlichen Auge verschlossen[e]"[15] Räume und Bewegungen der Kampfhandlungen zur Ansicht liefere, ohne dabei selbst zu sehen zu sein. Mit der Tarnung der Kamera wird Jünger zufolge der Schutz des Sehens abgesichert. Dieser Schutz wiederum ermögliche eine „Vergegenständlichung"[16] des hinter der Kamera stehenden Menschen, sprich die Panzerung seelischer Vorgänge zum Ziel der Steigerung des Maßes

11 Vgl. Jünger: Über den Schmerz.

12 Vgl. Philippe Dubois: *Der fotografische Akt. Versuch über ein theoretisches Dispositiv*, hrsg. v. Herta Wolf, aus d. Franz. v. Dieter Hornig. Amsterdam / Dresden: Verlag der Kunst 1998, S. 163–165.

13 Jünger veröffentlichte seine Gedanken zum „fotografierenden Krieger [als] Repräsentanten eines ‚neuen Typus'" 1934, also zu einem Zeitpunkt, an dem sich der nächste Krieg bereits andeutete. Anhand seiner eigenen Kriegschronik wird kenntlich, dass die Art der fotografischen Dokumentation des Ersten Weltkrieges diesen 1934 entwickelten Überlegungen noch nicht vollständig entsprochen hat. Vgl. Julia Encke: *Augenblicke der Gefahr. Der Krieg und die Sinne*. München: Fink 2006, S. 21.

14 Jünger: Über den Schmerz, S. 181.

15 Ebd., S. 182.

16 Ebd., S. 183.

an Schmerz,[17] das zur Erlangung einer „höheren Ordnung"[18] ertragen werden müsse. Daraus resultiert meiner Ansicht nach folgende Aufnahmesituation: Der Schmerz im Bild und die Verwundung der Soldaten werden maximiert dargestellt, der Blick des Fotografierenden jedoch geschützt. Dies schafft eine Distanz zu dem Schmerz, den die Versehrten erleiden müssen, bewirkt aber nicht dessen Unsichtbarmachung. Schmerz wird im Bild beibehalten (oder für das Bild geschaffen),[19] aber durch den getarnten und somit geschützten Blick auf Distanz gehalten, um sich als fotografierende Person härten und schließlich erheben zu können. Distanz und Abstand sind maßgeblich, um einen „tieferen Sinn [des Schmerzes und Krieges zu] rechtfertigen"[20]. Jünger versteht also Tarnung als Mittel der Schmerzverherrlichung zum Zwecke der Panzerung des fotografierenden Soldaten.
Er äußerte sich dabei nicht dazu, ob er sich auf Soldaten als Fotografen (Amateurfotografen) oder Fotografen als Soldaten (Kriegsreporter) bezog.[21] Erst die sehr viel später einsetzende Forschung zur Rolle der Amateur- und Knipserfotografie im Zweiten Weltkrieg machte deutlich, wie sich die „distanzierende Wahrnehmung durch die Kamera als Strategie der Abwehr"[22] von Körperlichkeit, Schmerz und Angst bei fotografierenden Soldaten durchgesetzt hatte.
Die mittels der Kamera hergestellte Distanz ermöglichte es, Krieg zum Objekt werden zu lassen und ihm in der Erinnerung den „Charakter des Präparats zu verleihen"[23]. Diese angestrebte ‚Präparierung' des Krieges zur Erzielung einer höheren Ordnung lässt sich auch als Modus der Orchestrierung von privaten Kriegs- und Soldatenalben konstatieren, der sich der in diesem Feld zentralen

17 Ebd., S. 184.

18 Ebd., S. 159.

19 Jünger verweist darauf, dass der eigentliche Sinn manch politischer Prozesse und Kämpfe Kommunikation und „Übertragung", also die Vermittlung durch Bilder, sei. Bredekamp problematisierte diese Position in Hinblick auf die Folterbilder aus Abu Ghraib. Hier sei gerade mit der Absicht gefoltert worden, Bilder zu erzeugen, die als Gewalt wirksam werden sollten. Ebd., S. 183; vgl. Horst Bredekamp: Wir sind befremdete Komplizen. In: *Süddeutsche Zeitung*, 28.05.2004, S. 17.

20 Jünger: Über den Schmerz, S. 183.

21 Beide Möglichkeiten sind plausibel. Anton Holzer merkt an, dass der Erste Weltkrieg das fotografische Bild in Form der offiziellen Dokumentation und der privaten Fotografie mobilisiert hatte. Vgl. Anton Holzer: Die Kamera und der Henker. Tod, Blick und Fotografie. In: *Fotogeschichte* 20,78 (2000), S. 43–62, hier S. 45.

22 Reifarth / Schmidt-Linsenhoff: Die Kamera der Henker, S. 68; vgl. Kathrin Hoffmann-Curtius: Trophäen und Amulette. Die Fotografien von Wehrmachts- und SS-Verbrechen in den Brieftaschen der Soldaten. In: *Fotogeschichte* 20,78 (2000), S. 63–76, 70.

23 Jünger: Über den Schmerz, S. 183.

Forschung zufolge etabliert hatte.[24] Der ordnende und mithin distanzierte Blick auf die entwickelten Fotografien kam einer Reproduktion der Immunisierung im Moment der Erstellung von Fotoalben des Krieges gleich. Diese sollte beim Anlegen von Fotoalben davor schützen, mit den Schrecken des Krieges auf Tuchfühlung zu gehen und von den Gräuel im Erinnerungsmoment berührt zu werden.

Diese Ausführungen möchte ich nun mit Blick auf Beckers Soldatenalbum kritisch untersuchen. Dem möchte ich voranstellen, dass mich beim Anblick des Albums von Becker und selbst noch beim Schreiben dieser Zeilen immer wieder das Unbehagen überkommt, Beckers Album stehe nicht im Widerspruch zu Jüngers sich in den Fotografie- und Fotoalbumtechniken manch anderer Soldaten realisierten Perspektive.[25] Was hätte es für Konsequenzen für meine Arbeit, wenn Beckers Album sich als Artefakt eines den Krieg und die Kameradschaft bejahenden Soldaten entpuppte, eines Soldaten, der Krieg und Schmerz als Heroismus des ‚neuen Typus'[26] ins Bild bannte? Die These, dass Beckers Fotografie ein affektives Potenzial von Schmerz und damit eine Ästhetik queerer Bündnisse in sich trägt, wäre mehr als schwer vereinbar mit einem Soldatenalbum, das als gewaltverherrlichend, nationalistisch und maskulinistisch verstehbar ist. Um meinem Unbehagen Raum zu geben, werde ich das Album im Folgenden zunächst mit Blick auf die Funktion der sadistischen Gewaltverherrlichung diskutieren. Letztlich soll jedoch deutlich werden, dass innerhalb dieses Deutungsmusters einiges nicht stimmig ist. Deshalb werde ich im darauffolgenden Schritt den Versuch unternehmen, die Quelle mit anderen Augen zu sehen. Bei dieser Betrachtung sollen Momente der queerenden Affizierung im Vordergrund stehen, also Momente, die irritieren, verwundern oder berühren. Ich werde versuchen zu zeigen, dass Beckers Album angesichts dieser Momente nicht nur auf die Funktion der Reproduktion bestehender Sichtweisen und Kräfteverhältnisse reduziert werden kann. Tarnung, so das Argument, ist bei Becker im Gegensatz zu Jüngers Auffassung als affektive queere Form der Täuschung zu verstehen; gewissermaßen als Vorspiegelung falscher Tatsachen nicht zum Zwecke des Selbstschutzes und der Heroisierung, sondern der Affizierung und zaghaften Infragestellung heroischer Gesten.

24 Vgl. Reifarth / Schmidt-Linsenhoff: Die Kamera der Henker; Starl: *Knipser*.

25 Vgl. Starl: *Knipser*; Sandra Starke: „Papi macht Witzchen." SS-Soldaten als Knipser. In: *Medienamateure. Wie verändern Laien unsere visuelle Kultur?*, 2008. http://www.medienamateure.de/starke.html (Zugriff am 21.1.2010); Bopp: *Fremde im Visier*.

26 Der ‚neue Typus', auf den ich hier anspiele, ist der von Jünger formulierte medientechnisch aufgerüstete neue Mensch, der in der Vergegenständlichung Schmerz zu ertragen weiß.

III.1.2 Soldatische Andachtsbilder

Das Soldatenalbum ist in einem Holzumschlag eingefasst und besteht aus 40 kartonierten, von Becker durchgehend nummerierten Blättern im Format 36.5 x 25.5 cm. Auf jeder Seite sind zwischen sechs und neun kleinformatige Schwarz-Weiß-Fotografien zu je 10 x 7 cm zu sehen, meist angeordnet in einem Raster von drei mal drei Fotografien. Die Fotografien weisen den für Knipserfotografien typischen Büttenrand auf und scheinen auf einen ersten Blick in der Chronologie der Abläufe der Kriegsgeschehnisse angeordnet zu sein.
Das Album beginnt auf Blatt 1 mit der Überschrift „Regensburg 1940" und verweist damit auf den Ort, an dem Becker zu Beginn seines Kriegsdienstes stationiert war, um unter anderem zum Funker ausgebildet zu werden. Die Überschrift „Einmarsch nach Russland" auf Blatt 5 und die Bildunterschrift „Beresina" geben einen Hinweis darauf, dass die Einheit, der Becker angehörte, in der Sowjetunion eingesetzt wurde, was im Jahr 1941 gewesen sein muss. Auf Blatt 12 befindet sich die Bildunterschrift „nach Dnjepr" und verweist vermutlich auf einen Zeitpunkt nach der sogenannten Dnepr-Offensive 1943. Blatt 16 zeigt Landschaftsbilder aus dem Winter 1943/1944. Hier endet mehr oder weniger die Chronologie. Im August 1944 wurde Becker verwundet und kam ins Lazarett. Er musste nicht wieder an die Front zurückkehren. Dennoch setzte er das Album fort. Im Anschluss an die Winterbilder zeigt es Portraitaufnahmen von Beckers Kameraden, die einer Ahnengalerie ähnlich angeordnet und mit den Namen der Abgebildeten versehen sind. Die weiteren Seiten zeigen in einem Mix aus Zeiten und Stilen unterschiedliche Situationen des Kriegsalltags sowie weitere Portraits und Selbstdarstellungen.
Alben wie das von Becker, in denen Einzelbilder versammelt sind, stellen fotografische Chroniken eines persönlichen Bezugs zur Geschichte dar. Sie halten Aktionen fest, „an denen die Fotografen selbst als Ausführende oder Zuschauer beteiligt waren"[27]. Beckers Album lässt sich aufgrund des Fundumstands und der Ausgestaltung der Gattung der privaten Erinnerungsfotografie zurechnen. Als Teil des Konvolutes, das er dem Archiv des Schwulen Museums übergeben hat, war es anders als sein Arbeitsarchiv, das sich in der Deutschen Kinemathek befindet, nicht einer größeren Öffentlichkeit zugedacht. Daher und aufgrund der Ausgestaltung des Albums erörtere ich es im Geflecht der Forschung zu privaten Soldatenalben aus dem Zweiten Weltkrieg. Wesentlich ist dabei, die Dimension der Nachträglichkeit fotografischen Erinnerns zu bedenken: Anders als bei Einzelbildern spielt bei Fotoalben die nachträgliche Anordnung der Fotografien eine entscheidende Rolle. Sie bedingt, wie wir die Einzeldarstellungen wahrnehmen und interpretieren.

27 Reifarth / Schmidt-Linsenhoff: Die Kamera der Henker, S. 59.

III.1.2.1 Kriegsmotive privater Erinnerung

Um mich in einem ersten Schritt der Motivik der Bilder im Album anzunähern, beginne ich mit einem Zitat Julia Enckes aus *Augenblicke der Gefahr. Der Krieg und die Sinne*.[28] Es beschreibt die privaten Erinnerungsfotografien Ernst Jüngers, die sein Kriegstagebuch *In Stahlgewittern* in der Erstausgabe von 1920 ‚zieren'.

> [D]er größte Teil der Aufnahmen [umfasst] statische Erinnerungsbilder: Portraits und gestellte Gruppenfotos aus dem Frontalltag, die Soldaten das Gewehr in lässiger Pose im Anschlag haltend oder als Eroberer vor den zerstörten Tanks und abgestürzten Flugzeugen des Feindes.[29]

Becker choreografiert mit ganz ähnlichen von Portraits und Gruppen-Selbstdarstellungen geprägten Anblicken den ‚Krieg als Abenteuer', sodass es fast keine Rolle zu spielen scheint, dass sich Encke auf Fotografien aus dem Ersten Weltkrieg bezieht. Beckers nachträgliche Beschreibung des Überfalls auf Russland im verklärten Duktus einer Reiseillustration rahmt, was wir auf den Bildern zu sehen in der Lage sind. Er schrieb: „Wir sind durch malerische russische Dörfer marschiert und haben auf Stroh in Bauernhäusern übernachtet, die von Bewohnern verlassen worden waren."[30] Der hier geschilderte Eindruck zeigt sich im Album als Unwirklichkeit verlassener Gegenden und ist mit Aufnahmen von Soldaten angereichert, die diese Landstriche durchstreifen und verheeren.
Auf Blatt 3 in der Mitte oben zeigt ein Bild eine Rauchsäule in der Ferne. Darunter befindet sich ein Bild, auf dem zwei Männer mit Pferd vor einem Feld abgebildet sind. (Abb. 23) Dieses lässt Krieg wie einen Western erscheinen – mit dem Unterschied, dass es hier nicht den ‚wilden Westen'[31] zu erobern galt, sondern den rauen und in anderen Fotografien durch Winterbilder überzeichneten Osten. Rauchzeichen und verlassene Häuser werden zu Codes des Todes. Sie verweisen implizit darauf, dass der Fotografie das Leid von Tod und Vertreibung vorangegangen sein muss. Ähnlich wie Anton Holzer für Fotografien aus dem Ersten Weltkrieg argumentiert,[32] konzentrieren sich auch die Darstellungen in Beckers Album auf das Davor (also den Kriegsalltag) oder das Danach (das heißt

28 Encke: *Augenblicke der Gefahr*.

29 Ebd., S. 20.

30 Sternweiler: *Fotos sind mein Leben*, S. 52.

31 Ich spiele hier auf die romantisch verklärte gewaltvolle Eroberung, Besetzung und Kolonisierung der westlich des Mississippi gelegenen Gebiete der heutigen Vereinigten Staaten an. Diese wurden Anfang des 19. Jahrhunderts von Europäer*innen und ihren Nachfahr*innen unterworfen.

32 Vgl. Holzer: Die Kamera und der Henker, S. 45.

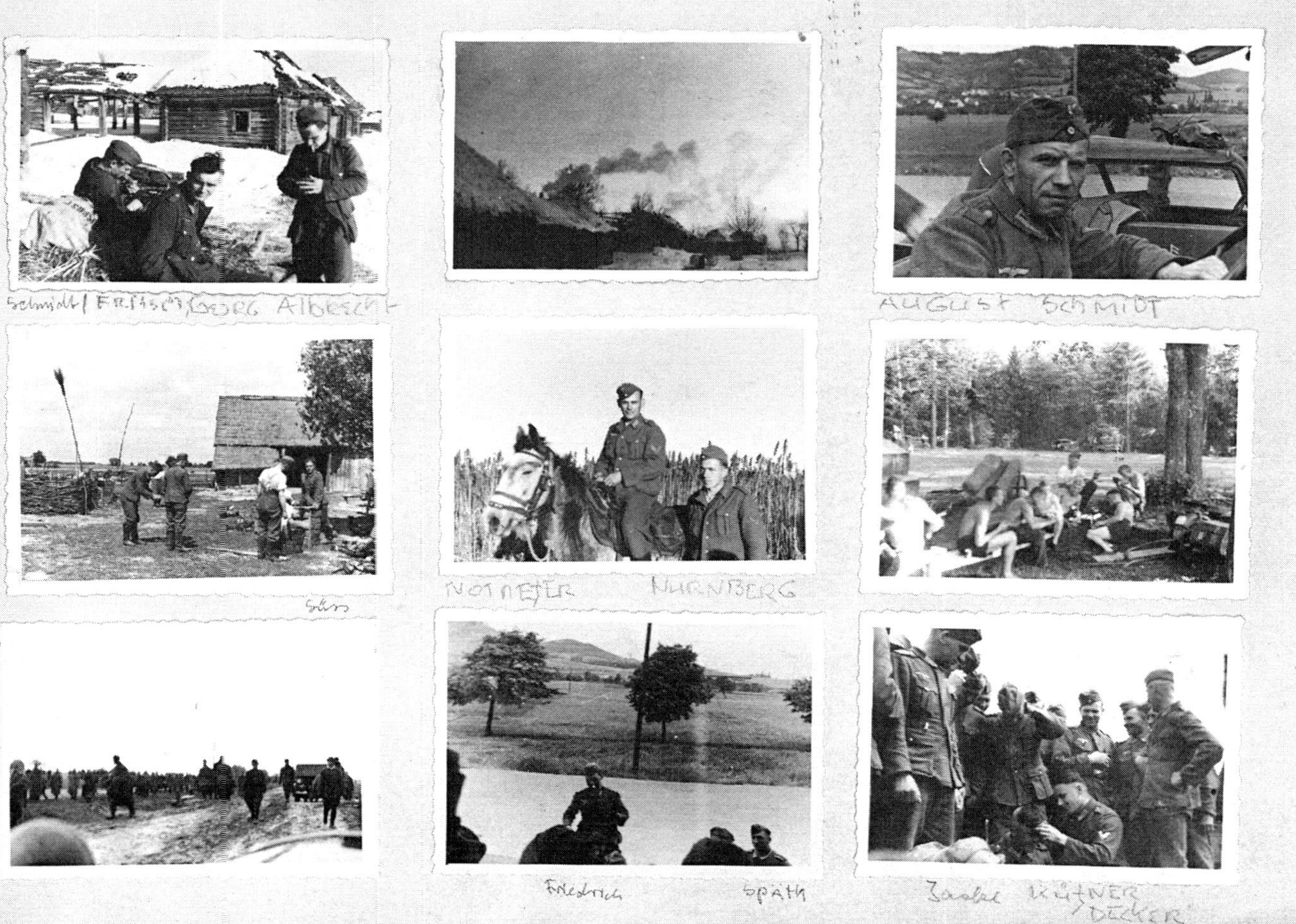

Abb. 23: Albrecht Becker: *Krieg als Western*, 1940–44.

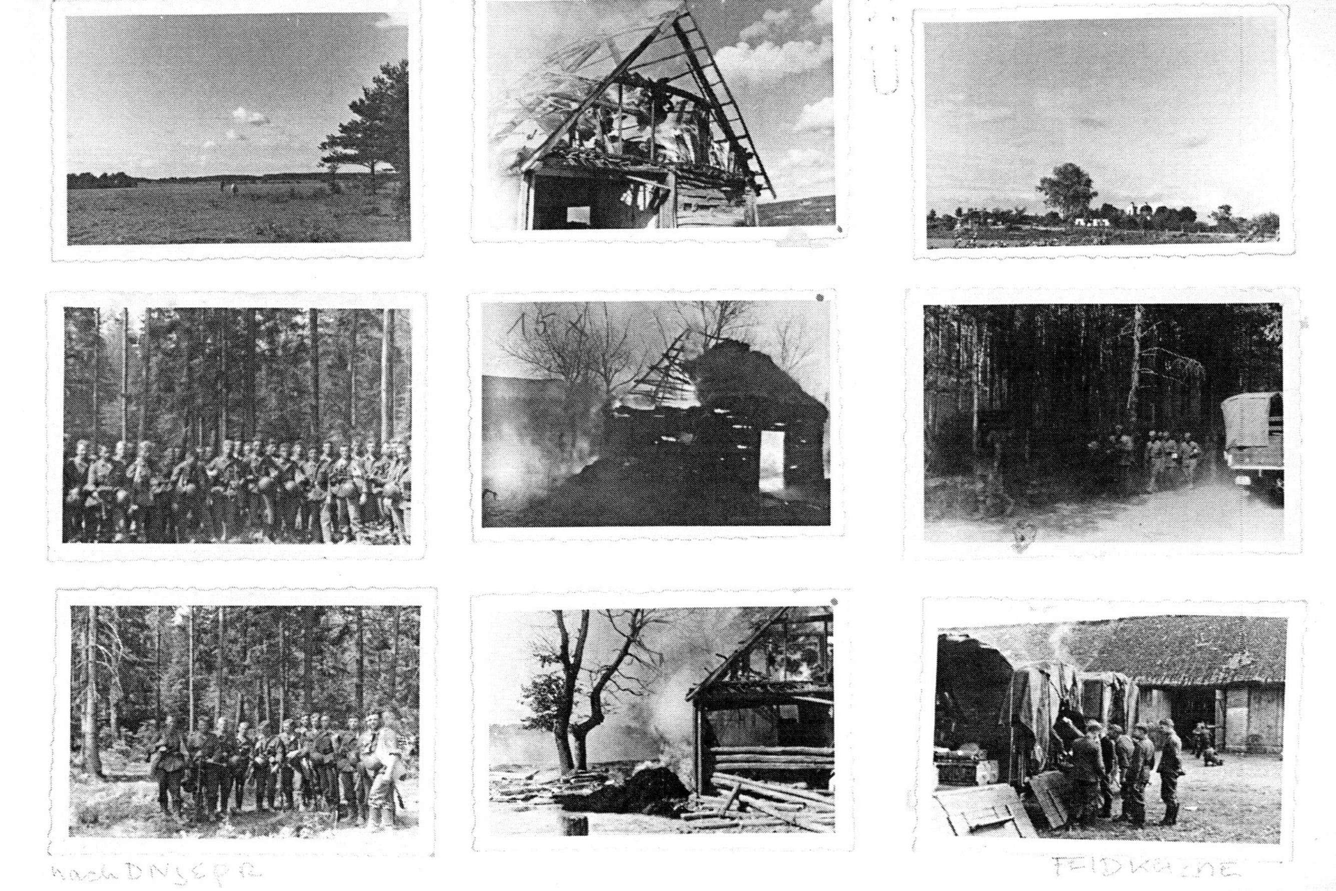

Abb. 24: Albrecht Becker: *Der Tod als Kulisse für den Kriegsalltag*, 1940–44.

die verheerten Landschaften). Die ‚Krise', also der Tod und die Vertreibung, ist dabei nicht ausgespart, sie spendet aber aufgrund der visuellen Abwesenheit des unmittelbaren Schmerzes imaginäre Sicherheit und stiftet ein Zusammengehörigkeitsgefühl.[33] Ähnlich lässt sich auch Blatt 12 lesen. (Abb. 24) Hier rahmte Becker drei Fotografien brennender Häuser mit Aufnahmen, die eine Kompanie (Abb. 24 unten und Mitte links) sowie die Alltäglichkeit des Kochens in der Feldküche (Abb. 24 unten rechts) illustrieren. Der Zweck dieser Anordnung scheint mir weniger zu sein, das Grauen unmittelbar zum Bild werden zu lassen, als vielmehr, dieses in seiner Andeutung zur Konstitutionsbedingung des Zeigens eines homosozialen familiären Zusammenhalts und einer gemeinschaftlichen Stärke zu machen. Deswegen auch präsentieren sich die Verbrechen im *Danach* – die brennenden Häuser sind nurmehr die Nachhut dessen, was an Grausamkeit dem Bild vorangegangen ist. Die Ruinen dienen dem Alltag als Kulisse.[34]

III.1.2.2 Amulett-Bilder

Die Betonung des Alltags scheint umso wichtiger, als die Kriegsereignisse an der Ostfront aufgrund der ausgetragenen Schlachten und Witterungsbedingungen als besonders hart dargestellt wurden.[35] ‚Harmlose' Fotografien, die Soldaten als Urlauber inszenieren oder bei alltäglichen Verrichtungen zeigen, sind eigentlich eher für die Westfront typisch,[36] während Soldatenalben von der Ostfront eher Strapazen, Zerstörungen und Tötungen schonungslos zeigen.[37] Dass Becker die Geschehnisse an der Ostfront mit Urlaubsbildern, Gruppendarstellungen und Alltagseindrücken unterlegt, verweist auf sein Bedürfnis, ‚Normalität'

33 Vgl. Linda Hentschel: Einleitung. In: Dies. (Hrsg.): *Bilderpolitik in Zeiten von Krieg und Terror. Medien, Macht und Geschlechterverhältnisse.* Berlin: b_books 2008, S. 7–28, hier S. 18.

34 Vgl. Conze / Prehn / Wildt: Sitzen, baden, durch die Straßen laufen, S. 285; Encke: *Augenblicke der Gefahr*, S. 29.

35 Dies zumindest ergibt sich aus Historisierungen, die – im Gegensatz zu der Okkupation Frankreichs – die Kämpfe im Süden und Osten als brutaler beschreiben. Peter Jahn sieht darin die stärkere Aufmerksamkeit, die der Ostfront zukommt, begründet. Vgl. Peter Jahn: Vorwort. In: Ders. / Ulrike Schmiegelt (Hrsg.): *Foto-Feldpost. Geknipste Kriegserlebnisse 1939–1945.* Berlin: Elephanten 2000, S. 7–12, hier S. 7; Julia S. Torrie: Visible Trophies of War. German Occupiers' Photographic Perceptions of France, 1940–44. In: Paul Betts / Jennifer Evans / Stefan-Ludwig Hoffmann (Hrsg.): *The Ethics of Seeing: 20th Century German Documentary Photography Reconsidered, London.* New York / Oxford: Berghahn 2018, S. 108–137.

36 Vgl. Torrie: Visible Trophies of War.

37 Vgl. Reifarth / Schmidt-Linsenhoff: Die Kamera der Henker; Starl: *Knipser*, S. 116; Hoffmann-Curtius: Trophäen und Amulette; Bopp: *Fremde im Visier*; Sandra Starke: Fenster und Spiegel. Private Fotografie zwischen Norm und Individualität. In: *Historische Anthropologie* 19,3 (2011), S. 447–474, hier S. 468.

herzustellen und dem Krieg ‚würdige' und alltägliche Momente abzuringen. Unabhängig von der Tatsache, dass seine Einheit hinter der Frontlinie stationiert und nur selten unmittelbar in Kampfhandlungen involviert war,[38] ist zu vermuten, dass er den „Spannungsbogen zwischen der ins Extreme gesteigerten Kriegssituation und einem Fotografierhabitus, der vom Privatleben geprägt war"[39], zugunsten des Privaten auflöste, um ein Gefühl der Sicherheit zurückzugewinnen. Z. B. nach der – wie ich nur vermuten kann – überstandenen Dnepr-Offensive, wie der Bildunterschrift unten links auf Blatt 12 zu entnehmen ist, in Gruppenformation zu posieren (Abb. 24 unten links), dient der Wiederherstellung von Gemeinschaftlichkeit. Solche Fotografien, ebenso wie jene, die Kameraden vor oder auf zerstörten Objekten posierend zeigen (Abb. 25 oben 2. v. r.), beschwören den Moment des Danach und ermöglichen die Deutung, es handele sich um eine kollektive Abwehr der vorangegangenen Zerstörungssituation.[40] In diesem abwehrenden Sinne handele es sich bei den Aufnahmen um Amulett-Bilder. Damit sind Bilder gemeint, die den Tod und die Zerstörung des Feindes im Bild verbrieften und während des Krieges wie Amulette in Brieftaschen, also nah am Körper getragen wurden. Kathrin Hoffmann-Curtius verweist auf den apotropäischen Charakter dieser Amulett-Bilder, das heißt auf die Eigenschaft, das Unheil während des Krieges von sich abzuwehren.[41] Im Anschluss an diese These könnte konstatiert werden, dass Fotografien in der Funktion der Schmerzabwehr Eingang in Beckers Album finden. Noch im Erinnerungsprozess dienen sie – wenngleich nicht im unvermittelten, sondern indirekten Zeigen des Todes – dem Schutz vor dem eigenen Tod.

III.1.2.3 Bilder als Andenken und Trophäen

Neben der erwähnten schutzspendenden Funktion dienen Beckers Bilder seinen Kameraden auch als Andenken[42] und visuelle Trophäen.[43]
Jüngers Worte „Anbei Ansicht von Kasino mit zerschossener Tür. Hebt bitte alle meine Bilder auf, ich möchte sie als Andenken sammeln"[44] vermitteln eine Idee davon, weshalb sich auch in Beckers Album eine Aufnahme befindet, die seine

38 Vgl. Sternweiler: *Fotos sind mein Leben*, S. 53.

39 Jahn: Vorwort, S. 7.

40 Vgl. Holzer: Die Kamera und der Henker, S. 56.

41 Vgl. Hoffmann-Curtius: Trophäen und Amulette, S. 71.

42 Vgl. Bodo von Dewitz: *So wird bei uns Krieg geführt! Amateurfotografie im ersten Weltkrieg*, München: Tuduv 1989, S. 134.

43 Vgl. Holzer: Die Kamera und der Henker, S. 49; Hoffmann-Curtius: Trophäen und Amulette, S. 71.

44 Zitiert nach Encke: *Augenblicke der Gefahr*, S. 22.

Kameraden auf dem Dach einer zerstörten Hütte zeigt. (Abb. 25 oben Mitte) Sie gilt dem Andenken, dem sich die Soldaten hingeben können, um sich selbst als lebendig zu vergewissern. Das soldatische Gedenkbild erzeugt jedoch nicht nur Selbstvergewisserung im erinnernden Gedenken,[45] sondern stellt auch ein Objekt des Triumphes dar, dem eigenen Tod entkommen zu sein.
Das Bild als Trophäe lässt den Krieg durch das Bild zum Objekt werden. Krieg wird zum Fetisch-Objekt der Instandsetzung des eigenen Lebens, weswegen es – wie im Falle Jüngers – zwanghaft notwendig ist, zu ihm zurückzukehren. Auch die sich im Nachlass Beckers befindlichen Briefe[46] ehemaliger Kameraden bezeugen diesen Zwang, sich durch Fotografien perpetuierend auf den Krieg zu beziehen.

Als Zwischenresümee ist wichtig zu betonen, dass Beckers Album vordergründig betrachtet Schmerz und Tod nicht unmittelbar darstellt, sondern im Synekdochen-Modus, das heißt im substitutiven Verhältnis von Tod und zerschossener Tür oder von Schmerz und brennendem Haus. Der amateurfotografische Diskurs, der sich im Ersten Weltkrieg durch statische Erinnerungs- und Andachtsbilder aufgestellter Gruppen vor Toten auszeichnete,[47] wirkt zwar – wie auch bei anderen Soldaten des Zweiten Weltkrieges – in Beckers Album nach, dennoch fehlen auf seinen Bildern aus dem Sujet ‚Gruppen-Selbstportrait mit einem Toten' die Toten. Hierin besteht eine nicht unwesentliche Differenz zu der unverblümten Darstellung von Tod und Tötung, um die viele fotografietheoretische Auseinandersetzungen kreisen. Mit dieser Leerstelle widerspricht das Album auch Jüngers prospektiver, schon auf den Zweiten Weltkrieg gerichteten und radikalisierten Auffassung der Funktion der Fotografie im Krieg.
In „Über den Schmerz" reflektiert Jünger über Fotografie als Angriffs- und Tötungsmaschine, um den Schmerz – wie ich weiter oben ausgeführt habe – direkt ins Bild zu setzen.[48] Die Unmittelbarkeit der Darstellung von Gewalt

45 Vgl. Bredekamp / Raulff: Handeln im Symbolischen, S. 9.

46 Vgl. Albrecht Becker: Briefe. Archiv Schwules Museum Berlin, AB*80–90er*Briefe*Dokumente.

47 Sontag verweist darauf, dass die Fotoberichterstattung im Ersten Weltkrieg systematisch reguliert wurde. Das erklärt unter anderem auch, warum es nur wenige Bilder direkter Kampfhandlungen gab. Auch im Zweiten Weltkrieg herrschte Zensur. Privates Fotografieren abseits propagandistisch instrumentalisierter Amateurfotografie war für Soldaten verboten. Diverse Fotografierverbote und Erlässe von Heinrich Himmler und Reinhard Heydrich, Chef der Sicherheitspolizei, sollten verhindern, dass Hinrichtungs-Bilder zur antifaschistischen Propaganda oder Aufklärung der deutschen Bevölkerung publik wurden. Vgl. Sontag: *Das Leiden anderer betrachten*, S. 77; Reifarth / Schmidt-Linsenhoff: Die Kamera der Henker, S. 62.

48 Vgl. Jünger: Über den Schmerz.

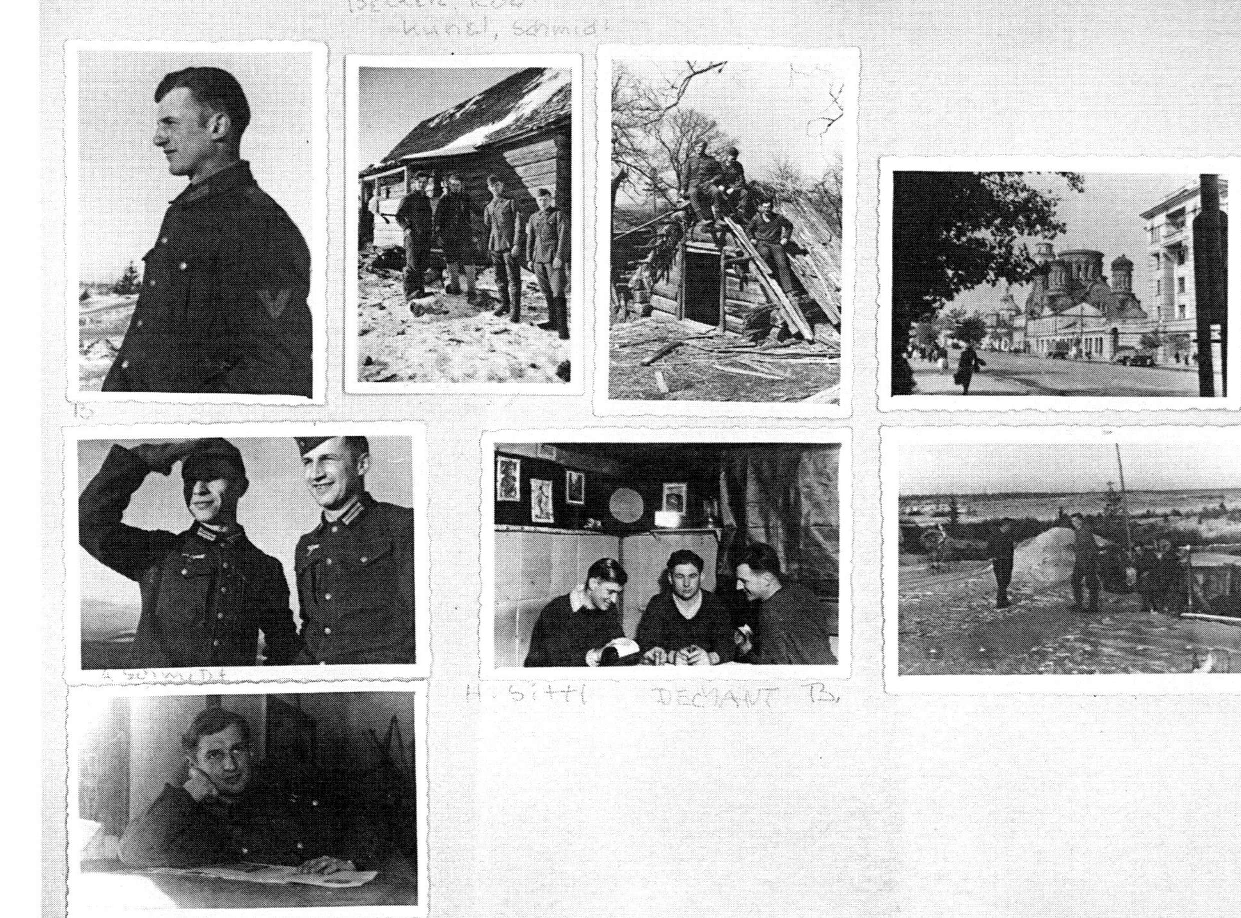

Abb. 25: Albrecht Becker: *Amulett-Bilder*, 1940–44.

war elementar für Jüngers Auffassung, der Mensch könne sich nur im direkten Angesicht von Schmerz und Tod stählen. Eine zerschossene Tür darzustellen, dürfte dieser Vorstellung zufolge einem Euphemismus gleichkommen und nicht der Idee der Fotografie als Tötungsmaschine entsprechen. Bilder gehängter ‚Partisanen' an der Ostfront, wie sie Hoffmann-Curtius ihrer Studie zugrunde legt,[49] oder massenexekutierter Jüd*innen bzw. Widerstandskämpfer*innen, wie sie Reifarth / Schmidt-Linsenhoff analysieren,[50] wären vermutlich eher Repräsentantinnen von Jüngers visueller Ideologie in den 1930er Jahren gewesen. Solche Bilder fehlen jedoch im Album Beckers. Was sagt es aus, wenn darin die Grausamkeiten des Krieges im Erinnerungsmodus ‚Abenteuer' und ‚Alltag' operieren und Schockbilder ausbleiben? Ist Fotografie, die nicht, wie im Sinne Jüngers, Protagonistin von Krieg mittels der Inszenierung feindlichen Schmerzes und immunisierten Schauens ist,[51] in der Lage, auf etwas hinzudeuten, das über die Funktion selbstimmunisierenden Erinnerns hinausgeht? Auf die Dimension der Veralltäglichung und Vergemeinschaftung, die im Zeichen der Selbstvergewisserung, aber auch des Vergessens steht,[52] habe ich bereits hingewiesen. Was ich im Folgenden versuchen möchte herzuleiten, greift den Aspekt der Tarnung auf und die Frage, welche andere Funktion als die Immunisierung Tarnung in der Fotografie haben könnte. Bei Jünger bedeutete Tarnung, den Schmerz des Feindes maximal darzustellen, um die eigenen Schmerzgefühle abzutöten. Ich behaupte im Folgenden, dass Becker Tarnung umfunktionalisierte. Bei ihm hieß Tarnung, einen Blick auf Soldaten zu ermöglichen, der sein Begehren schützte und ihn gleichzeitig als affizierbares und affiziertes Wesen konstituierte – und nicht als gestähltes. Tarnung sollte nicht immunisieren, sondern affizieren. Aus diesem Grund – so meine ich – sind auch die Toten in Beckers Bildern abwesend. Deren Darstellung hätte zur Folge gehabt, dass die Bilder mit „kaltem"[53] und vom Gefühls- und Begehrensleben entkoppelten Blick zu betrachten gewesen wären.

49 Vgl. Kathrin Hoffmann-Curtius: Trophäen in Brieftaschen. Fotografien von Wehrmachts-, SS- und Polizei-Verbrechen. In: Gisela Ecker / Claudia Breger / Susanne Scholz (Hrsg.): *Dinge – Medien der Aneignung, Grenzen der Verfügung*. Königstein: Helmer 2002, S. 114–135.

50 Vgl. Reifarth / Schmidt-Linsenhoff: Die Kamera der Henker.

51 Schmerz als visuellen Ausdruck auf Seiten des Feindes zu zeigen, war im Rahmen der propagandistisch instrumentalisierten Amateurfotografie im Nationalsozialismus zulässig, wohingegen die Darstellung von Schmerz bei deutschen Soldaten durch die Zensur unterbunden wurde. Vgl. Sontag: *Das Leiden anderer betrachten*.

52 Vgl. Barbie Zelizer: *Remembering to Forget. Holocaust Memory Through the Camera's Eye*. Chicago / London: Chicago UP 1998.

53 Reifarth / Schmidt-Linsenhoff: Die Kamera der Henker, S. 66. Reifarth / Schmidt-Linsenhoff beschreiben die „kalten Augen" als Ergebnis einer Distanzierung vom Geschehen, die durch den Apparat erfolgt. Die Technisierung des Augensinns bewirke, dass das grausame Tötungsgeschehen nicht in die Seele eindringe.

III.1.3 Tarnung eines Kompaniefotografen

Dass das Soldatenalbum sich in Format und Gestaltung deutlich vom restlichen Nachlass Beckers abhebt, machte mich bei der Sichtung zunehmend neugierig. Wie bereits erwähnt, ist es innerhalb des Gesamtkonvolutes kaum prominent platziert. In seiner ästhetischen und gestalterischen Beschaffenheit sticht es jedoch heraus. Andere Ordner – selbst, wenn sie thematisch eine Form der Sortierung gefunden haben oder nach Jahrzehnten geordnet sind – besitzen keine derartig nachvollziehbare Chronologie, noch weisen sie gestärktes Albumpapier, kleinformatige Fotografien mit Büttenrand oder einordnende Bildunterschriften[54] auf. Auch die Motivik des Albums unterscheidet sich grundsätzlich von sämtlichen zeitlich darauffolgenden Darstellungsweisen, was den singulären Status dieser Quelle in Beckers Nachlass deutlich macht. Beckers Soldatenalbum scheint einer anderen Logik zu folgen. Dieser möchte ich im Folgenden nachgehen und sie im Hinblick auf die Funktion der Tarnung diskutieren. Dabei ist mir wichtig herauszuarbeiten, dass Beckers Technik der Tarnung von Jüngers Verständnis zu unterscheiden ist. Um dies kenntlich zu machen, spreche ich auch von der Strategie der queeren Camouflage – nicht, weil der Begriff wie der der Tarnung im Sinne Jüngers die Maximierung des Schmerzes des Anderen meint, sondern weil er den Schutz homoerotischen Lebens an der Front bedeutete. Effekt dieser Strategie ist die Affizierung, nicht die Immunisierung. Doch bevor ich auf die Affizierung zu sprechen komme, möchte ich darlegen, weshalb es für Becker notwendig war, sich der Technik der Camouflage zu bedienen.

III.1.3.1 Zur Tarnung von homosexuellem Begehren an der Front

Ab 1941 als Funker an der Ostfront stationiert, kam Becker die Funktion zu, ein visuelles Archiv seiner Einheit zu erstellen. Somit gehörte er zu den schätzungsweise zehn Prozent der Soldaten, die im Besitz einer Kamera waren[55] und den Anordnungen zur propagandistischen Amateurfotografie folgend fotografierten. Auf der ersten Seite von Beckers Soldatenalbums steht:

> Sämtliche Fotos sind mit einer Leica gemacht worden. Die Leica hatte ich immer in einer Hosentasche dabei. Belichtete Negative ging mit Feldpost nach Würzburg zum

54 Nur vereinzelt kommen in Beckers zahlreichen anderen Fotoordnern Bildunterschriften vor. Meist sind diese im Modus einer Gebrauchsanweisung formuliert, das heißt als Anleitung, Schmerz durch bestimmte Anwendungen der Selbstverletzung zu produzieren.

55 Vgl. Bernd Boll: Vom Album ins Archiv. Zur Überlieferung privater Fotografien aus dem Zweiten Weltkrieg. In: Anton Holzer (Hrsg.): *Mit der Kamera bewaffnet. Krieg und Fotografie.* Marburg: Jonas 2003, S. 167–178, hier S. 167.

> Fotohändler, der sie wieder mit Abzügen 6 x 9 zurückschickte und dann Die [*sic!*] Nachbestellungen für die Kameraden machte![56]

Becker operierte innerhalb seiner Truppe als Fotograf und Fotohändler mit dem (semi-)offiziellen Auftrag seiner Kameraden, Kriegsansichten zu liefern. Als Kompaniefotograf[57] versorgte er seine Kameraden an der Front mit Abzügen[58] und fungierte damit als Zulieferer zukünftiger Erinnerungsbilder. Diese Nachbestellungen und die Tatsache, dass Becker seine Bilder nicht wie zuvor selbst entwickelte, sondern entwickeln ließ, verdeutlichen, dass er bereits beim Fotografieren bedacht haben dürfte, dass seine Fotografien auch Teil eines öffentlichen Blicks werden würden. Sein inoffizielles Interesse, Bilder wie in Kapitel II beschrieben als Mittel der Erregung und für sexuelle Fantasien zu nutzen, musste daher im Kontext der Frontfotografie camoufliert werden. Beckers Begehren im Blick auf seine sich waschenden und badenden Kameraden an der Front, wie auf Blatt 25 (Abb. 26) zu sehen ist, ging über die dem Soldatenalltag inhärente Homosozialität hinaus. Ich vermute daher, dass er seinen begehrenden Blick tarnte. Diese Camouflage hatte eine schützende Funktion für die Homoerotisierung und die damit in Zusammenhang stehende Affizierung.

Während Homosozialität unter Soldaten legitim war, war es Homosexualität nicht. Homosexuelle und BDSM Handlungen galt es daher zu überdecken.[59] Becker konnte an der Front weder seine Sexualität mit anderen Männern,[60] noch seine BDSM informierten Tätowier- und Schmerzpraktiken ausleben, ohne sich vor fremden Blicken schützen zu müssen. So geht aus seinen Gesprächsnotizen hervor, dass er im Bunker einen Vorhang vor seinem Bett aufhängte, wenn er lustbringende Schmerzhandlungen an seinem Körper vollzog und sich sein Genital dilettantisch mehr massakrierte als tätowierte.[61] Den Vorhang, den er vor

56 Albrecht Becker: Eintrag in Soldatenalbum. Archiv Schwules Museum* Berlin, AB*Würzburg* bis*1947.

57 Petra Bopp spricht von Kompaniefotografen, die die Erlaubnis hatten, für ein Kriegstagebuch zu fotografieren und hierfür auch Bildwünsche ihrer Kameraden zu erfüllen. Dass Becker diese Wünsche erfüllt, geht unter anderem aus einem Blatt des Soldatenalbums von Becker hervor, das die Adressen der ehemaligen Kameraden listet. Vgl. Bopp: *Fremde im Visier*, S. 101–103.

58 Auf der Rückseite der Fotografien befinden sich Angaben, wie viele Kopien der Bilder jeweils nachbestellt wurden. Vgl. Sternweiler: *Fotos sind mein Leben*, S. 52.

59 Ebd. Becker gibt an, dass sich die Soldaten ihre nackten Körper nicht angeschaut hätten. „Schwulerein", so Becker, „gab es schon gar nicht".

60 Ebd., S. 54. In der Biografie Beckers findet sich die Aussage, Becker habe erst nach dem Ende des Krieges wieder sexuellen Kontakt mit Männern gehabt. Auch ein eindeutiges Angebot eines anderen Soldaten habe er abgelehnt.

61 Ebd., S. 53.

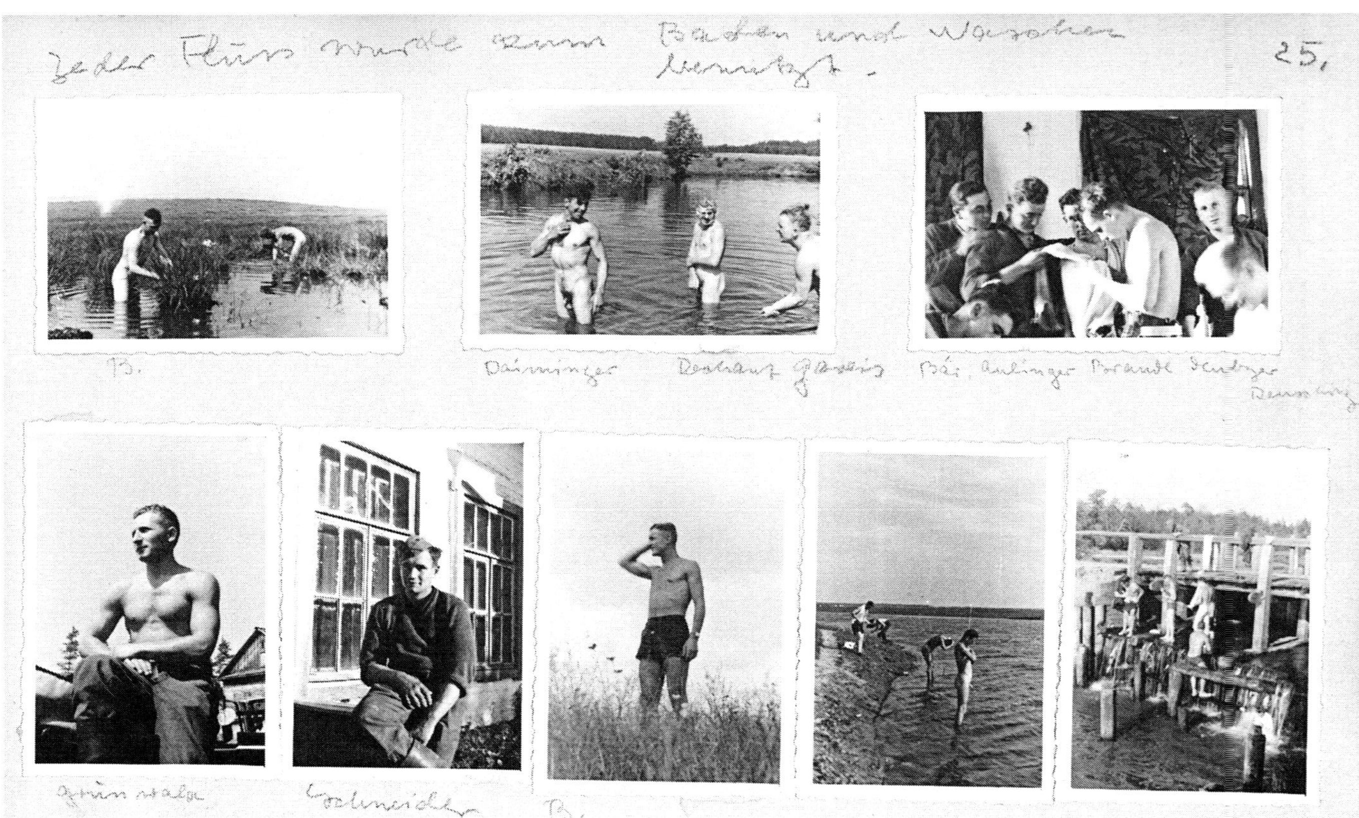

Abb. 26: Albrecht Becker: *Camoufliertes Begehren*, 1940–44.

seine Lagerstatt zog, zog er auch in seine Fotografie ein. Es galt, Blicke, die sich auf dem schmalen Grat zwischen legitimen Medienpraktiken und illegitimer Sexualität bewegten, mittels verschiedener fotografischer Anpassungsleistungen an bestimmte Motive sowie Blickanordnungen zu tarnen. Doch wodurch zeichnete sich diese Tarnung motivisch und formalästhetisch aus? Und was ist ihr rezeptionsästhetischer Effekt?

III.1.3.2 Motivisches Tarnen, formalästhetisches Vertuschen

Motivisch betrachtet sind Beckers Ansichten von Soldaten bei alltäglichen Verrichtungen, wie etwa beim Reinigungsakt, nur oberflächlich betrachtet Darstellungen, die – im Anschluss an Hoffmann-Curtius – die „Reinheit des Volkskörpers"[62] propagieren sollten. Wenngleich sie sich dem zeitgenössischen fotografischen Diskurs anlehnen, beherbergen sie meinem Eindruck nach eine sehr viel profanere Bedeutung: Sie dienen dem begehrenden Blick auf nackte Männer. Indem Becker seine Kameraden mit Bildmaterial im motivischen Duktus des damaligen visuellen Diskurses für deren Angehörige oder später anzulegende Fotoalben versorgt, wendet er eine Technik der Camouflage an, die sein Fotografie-Begehren konstituiert und schützt.

Zu diesen Anleihen an den fotografischen Diskurs gehört auch die formalästhetische Gestaltung der Fotografien. Dazu zählte z. B. der Büttenrand. Ohne abschließend klären zu können, ob Becker selbst oder der Würzburger Fotohändler die Verantwortung für diese gestalterische Entscheidung trug, sind die Fotografien mit diesem für Beckers visuellen Ausdruck sonst unüblichen Merkmal ausgestattet. Der Büttenrand ist ein typisches Gestaltungsmittel privater Erinnerungsbilder und wurde von Amateur*innen, die um einen ästhetischen und möglichst sachlichen zeitlosen Ausdruck bemüht waren, nicht verwendet.[63] Wenn schon zeitlose Sachlichkeit nicht unbedingt zum Markenzeichen des ästhetischen Ausdrucks Beckers gehörte (siehe Abschnitt I.2.1), so war es der Büttenrand erst recht nicht. Er scheint Ausdruck eines pragmatischen Kompromisses zu sein. Um fotografieren und schließlich – wenn auch imaginiert – Sex haben zu können, nahm Becker den Büttenrand in Kauf.

Der Aufbau des Albums ist ein weiteres Beispiel für die Tarnung von Beckers Fotografie. Das Fotoalbum spielte im Kontext von Propaganda im Zweiten Weltkrieg eine besondere Rolle und wurde, um es regulieren zu können, gezielt

62 Vgl. Hoffmann-Curtius: Trophäen und Amulette, S. 67. Wehrmachtsheftchen, die Soldaten an der Front mitgegeben wurden, enthielten Bilder weiblicher Akte, die sich reinigen. Hoffmann-Curtius misst diesen die Funktion der politischen Propagierung der Reinheit des Volkskörpers bei.

63 Vgl. Bopp: *Fremde im Visier*, S. 47–49.

durch Presseorgane wie die *Photoblätter* beworben. Zudem bot der Reichsarbeitsdienst vorgedruckte Soldatenalben an oder es konnten beim Fotohändler Motive zur Ausschmückung bestellt werden.[64] Die Anordnung des Albums von Becker ermöglicht es, dieses als genretypisches Soldatenalbum zu lesen. Da Becker vermuten konnte, dass ehemalige Kameraden nach dem Krieg Einsicht in sein Album nehmen würden, etwa um Bildbestellungen aufzugeben, erscheint es nachvollziehbar, dass er eine chronologische und dem Genre entsprechende Anordnung der Fotografien vornahm. Ich behaupte daher, dass sich Becker – im Wissen um die Öffentlichkeit des Albums – intelligibler Ästhetiken und Techniken fotografischen Erinnerns bediente, auch um die Funktion des Albums als Begehrensraum und damit als für das NS-Regime unliebsamen Raum zu tarnen.

III.1.3.3 Rezeptionsästhetische Effekte

Dass die hier vorgestellten Ästhetiken und Techniken der Camouflage erfolgreich waren, ergibt sich aus der Rezeption des Albums. Aus den Briefwechseln Beckers mit seinen ehemaligen Kameraden in den 1990er Jahren geht hervor, dass die Fotografien für die ehemaligen Soldaten vornehmlich als Erinnerungsstützen für ihre verblassende, aber in ihrem Heroismus nicht nachlassende Kriegserinnerung fungierten.[65] Das heißt, dass – obwohl seine ehemaligen Kameraden nun Kenntnis von seiner Homosexualität hatten und sie in der Lage gewesen sein dürften, seine Blicke auf sie anders zu interpretieren – die Fotografien noch immer ungebrochen als Erinnerungsdefibrillatoren an einen Krieg funktionierten, in dem ihrer Einschätzung nach homoerotisches Begehren nicht vorkam. Selbst rückwirkend sind die Fotografien über jeden Zweifel erhaben. Dies wirkt sich auch auf die forschende Rezeption aus.

Wie im Falle der bereits erwähnten Untersuchungen von Soldatenalben aus dem Zweiten Weltkrieg zu beobachten ist, können Techniken der Überdeckung, Lesarten anstiften, die Homosexualität – und sogar Homosozialität – ausblenden. Studien, die fotografierte Freizeitaktivitäten thematisieren, haben Homosexualität ausgeklammert, selbst wenn es Hinweise auf homosexuelles Begehren gegeben hat. Haben sich diese Studien von den Taktiken homosexueller Männer täuschen lassen? Zwar ist davon auszugehen, dass das Forschungsinteresse dieser Studien ein anderes war und sie visuelle Anklänge homosexuellen Begehrens an der Front aufgrund ihrer Fragestellung nicht interessierte. Dennoch lohnt es sich festzuhalten, dass die Auslassungen eine Forschungslücke aufspüren, die sich als

64 Bopp: *Fremde im Visier*, S. 37–39.

65 Vgl. Albrecht Becker. Archiv Schwules Museum Berlin, AB*80–90er*Briefe*Dokumente.

Frage formulieren lässt:[66] Welche Bedeutung hatte der alltägliche und medienbasierte Umgang homosexueller Männer mit dem nationalsozialistischen System und dem Frontgeschehen im Zweiten Weltkrieg für die Konstitution visuellen Erinnerns? Während die Konstruktion von Homosexualität einerseits im Kontext der nationalsozialistischen Verfolgungs- und Vernichtungspolitik und andererseits im Kontext des kommunistischen Widerstands gegen den Nationalsozialismus erforscht wurde[67] und auch die Figur des homosexuellen Nazis in der Forschung ihren Stellenwert hat,[68] wurden die medienbasierten Alltagstechniken derer, die weder ideologisch überzeugte Nazis noch Widerstandskämpfer*innen waren, vernachlässigt. Daher ist Beitrag dieses Kapitels, fotografische Tarnung bzw. Camouflage als Alltagstechnik homosexueller Männer an der Front zu veranschaulichen. Im Folgenden werde ich diese Technik als eine minoritäre politische Strategie behaupten, deren Effekte die Affizierung und Solidarisierung inmitten des dominant wirksamen Diskurses der Immunisierung andeuten. Diese Effekte begreife ich als das queere, durchaus machtkritische Potenzial von Camouflage.

66 Diese Forschungslücke bezieht sich auf Studien zum visuellen Erinnern. In historischen Analysen werden homosexuelle Kontakte an der Front zum Teil adressiert. Regina Mühlhäuser verweist z. B. indirekt auf homosexuelle Kontakte deutscher Soldaten an der Ostfront. Indem sie die Handlungsspielräume von Offizieren im Umgang mit Soldaten, welche sich über die NS-Propaganda hinwegsetzen und miteinander verkehrten, diskutiert, gibt sie indirekt Auskunft über homosexuelle Intimkontakte. Vgl. Regina Mühlhäuser: ‚Mannestrieb' und ‚Manneszucht'. NS-Politiken im Umgang mit Vergewaltigung, Prostitution, hetero- und homosexuellen Verhältnissen deutscher Soldaten während des Krieges in der Sowjetunion (1941–1945). In: Anette Dietrich / Ljiljana Heise (Hrsg.): *Männlichkeitskonstruktionen im Nationalsozialismus. Formen, Funktionen und Wirkungsmacht von Geschlechterkonstruktionen im Nationalsozialismus und ihre Reflexion in der pädagogischen Praxis.* Frankfurt am Main / Berlin / Bern: Lang 2013, S. 99–119, hier S. 113; Geoffrey Giles: A Gray Zone Among the Field Gray Man. Confusion in the Discrimination Against Homosexuals in the Wehrmacht. In: Jonathan Petropoulos / John K. Roth (Hrsg.): *Gray Zones. Ambiguity and Compromise in the Holocaust and Its Aftermath.* New York: Berghahn 2005, S. 127–146.

67 Nieden: Homophobie und Staatsräson.

68 Vgl. Jörn Meve: *Homosexuelle Nazis. Ein Stereotyp in Politik und Literatur des Exils.* Hamburg: Männerschwarm 1990; James W. Jones: „Gegenwartsbewältigung". The Male Homosexual Character in Selected Works About the Fascist Experience. In: Helmut F. Pfanner (Hrsg.): *Der Zweite Weltkrieg und die Exilanten. Eine literarische Antwort.* Bonn: Bouvier 1991, S. 303–310; Alexander Zinn: *Die soziale Konstruktion des homosexuellen Nationalsozialisten. Zu Genese und Etablierung eines Stereotyp.* Frankfurt am Main: Lang 1997; Geoffrey J. Giles: The Denial of Homosexuality. Same-Sex Incidents in Himmler's SS and Police. In: *Journal of the History of Sexuality* 11,1/2 (2002), S. 256–290.

III.1.4 Queer Fake. Zur zweifachen Logik des Tarnbilds

Bei Jünger bezog sich Tarnung auf die Verleugnung des Kamerablicks, um den Schmerz im Bild maximal zu visualisieren und das Subjekt hinter der Kamera gegen diesen zu immunisieren. Bei Becker zielt die Tarnung jedoch darauf ab, sich einerseits vor einer neuerlichen Gefährdung durch das homophobe System des Frontregimes zu schützen, und sich andererseits als sinnliches und affizierbares wie affiziertes Wesen wahrzunehmen. Die fotografische Tarnung in Beckers Album vollzieht sich also vor dem Hintergrund der konventionellen Sehweisen seiner Zeit, gewissermaßen als geheimer Code. Dieser Code ist zwar kein „offenes Fenster", aber auch keine unüberwindbare oder den Blick verstellende „Mauer"[69]. Tarnbilder unterliegen – ähnlich Kippbildern – einer zweifachen Kodierung: Einerseits erweckt das Album den Anschein, als handle es sich um ein Dokument des Krieges und der Frontgeschehnisse. Andererseits bezeugt es inmitten dieser gefährlichen und potenziell schmerzhaften Situation schwules und BDSM Begehren. In der für Kippbilder typischen Logik des *Sowohl-als-auch* erscheint die Ambiguität des Aspektwechsels.[70] Mit dieser Ambiguität geht einher, dass die von Jünger konzeptionierte Tarnung eine Bedeutungsverschiebung erfährt und als queere Camouflage – in diesem Abschnitt als *queer fake*, also zu herrschaftskritischen Effekten führende Täuschung bezeichnet – Faktor der Verunsicherung ideologischer Werte an der Front, aber auch des ideologisch besetzten visuellen Erinnerns wird. Dabei – und das ist mir wichtig hervorzuheben – ist die potenzielle Gefährdung der Ideologie der Immunisierung durch Erotisierung und Affizierung die *kleine Politik* queerer Destabilisierung und ist das kodierte Begehren die ‚mindere' Politik queerer Irritation (zur Bedeutung des *Kleinen* und *Minderen* der Fotografie Beckers siehe Abschnitt 1.2.2).

Affiziert zu werden bedeutet in diesem Zusammenhang, sich angesichts der lauernden Gefahr der Entdeckung des Begehrens sensorisch vergegenwärtigt wahrzunehmen. Indem er durch Fotografie affektive Intensität schuf, konnte Becker dem normativen Diskurs der Affektreduktion Momente abringen, die es ihm ermöglichten, diesen Diskurs in einer für andere kaum wahrnehmbaren Weise zu unterwandern. Im Zusammenhang mit Beckers BDSM Begehren wird Tarnung auch zu einem queeren Potenzial von Schmerz. Sie ist also nicht als fotografische Technik der Immunisierung oder der Anästhetisierung zu verstehen. Die Technik der fotografischen Tarnung oder Camouflage steht vielmehr im

69 Anton Holzer: Du sollst Dir ein Bild machen! Georges Didi-Huberman: Bilder trotz allem. In: *Fotogeschichte* 27,106 (2007), S. 55–56, hier S. 56.

70 Vgl. Martina Heßler / Dieter Mersch: Einleitung. Bildlogik oder Was heißt visuelles Denken? In: Dies. (Hrsg.): *Logik des Bildlichen. Zur Kritik der ikonischen Vernunft.* Bielefeld: Transcript 2009, S. 8–62, hier S. 24.

Zusammenhang mit Beckers Praktiken der Verkörperung, Affizierung und Intensivierung von Schmerz und Begehren an der Front. Die Motive, die ich weiter oben als Kennzeichen der Alltags- und Selbstvergewisserung Beckers inmitten der kriegerischen Auseinandersetzungen aufgeführt habe, stiften diese andere Lesart an. Auch Aspekte der Bildanordnung oder der materiellen Verarbeitung der Fotografien lassen sich so einer Re-Lektüre unterziehen. Durch dieses erneute Lesen von Beckers Album versuche ich im Folgenden meine These vor allem anhand von vier Beispielen zu stützen, die sich um die Pose ranken: der geknickten Männlichkeit, der ‚rostenden' und misslungenen Posen sowie der gefährdenden Blicke. Im Sinne meiner Untersuchung von *Fotografie als Affizierung* will ich dabei vor allem auf Aspekte der Berührung und der Sensualität eingehen.

III.1.4.1 Geknickte Männlichkeit

Ikonografisch betrachtet ist die von Becker aufgegriffene Inszenierungsform der Pose (Abb. 26 unten Mitte, Abb. 27 oben 2. v. r.) insofern als Camouflage verstehbar, als sie sich in die Visualisierungsweisen inszenierter Männlichkeit während des Nationalsozialismus einfügt. Diese motivische Inszenierungsweise ist mit dem NS-Bilddiskurs kompatibel. Sie stützt sich auf unversehrte ‚arische' Männlichkeit und greift das Bildrepertoire der sportelnden Freikörperkultur bzw. des heroischen Arbeiters oder Bauern auf. (Abb. 27 unten rechts) Mit dem Spaten im Anschlag scheint der ‚neue Typus', den Jünger beschrieb und den das NS-Regime in seiner Arbeiter-Bauern-Soldaten-Analogie propagierte, visuell nachgebildet zu werden. Die Froschperspektive unterstützt bei einigen Aufnahmen (Abb. 27 oben 2. u. 3. v. r.) zusätzlich den Eindruck der auf den Sockel gehobenen statuesken Männlichkeit.[71] Die Posen Beckers waren in diesem Zusammenhang unverdächtig gegenüber der Feldpost-Zensur oder dem Fotohändler in Würzburg, der die Bilder entwickelte. Auch auf die Familien der Kameraden, die sich über visuelle Lebenszeichen – noch dazu solch vitale (Abb. 27) – freuten, wirkten sie nicht verräterisch.

71 Maiken Umbach diskutiert Sammelbilder, die während der Olympischen Spiele 1936 zirkulierten, und zeigt sich verwundert darüber, dass Unschärfen oder flüchtige Momente trotz der maximalen Bewegung der Sportler*innen in den Bildern ausradiert wurden. Stattdessen sei das Statueske im Bild betont worden, unter anderem durch die Froschperspektive. Diese ermögliche es, die Sportler*innen auf einem Podest stehend zu inszenieren, während der Hintergrund wolkig und unscharf bleibe. Vgl. Maiken Umbach: Citing Tradition and Narrating Modernity in Documentary Photography During the Third Reich. Vortrag, German Historical Institute, The Ethics of Seeing: 20th Century German Documentary Photography Reconsidered, London, 24.05.2013; Aleida Assmann / Ute Frevert: *Geschichtsvergessenheit – Geschichtsversessenheit. Vom Umgang mit deutschen Vergangenheiten nach 1945*. Stuttgart: DVA 1999.

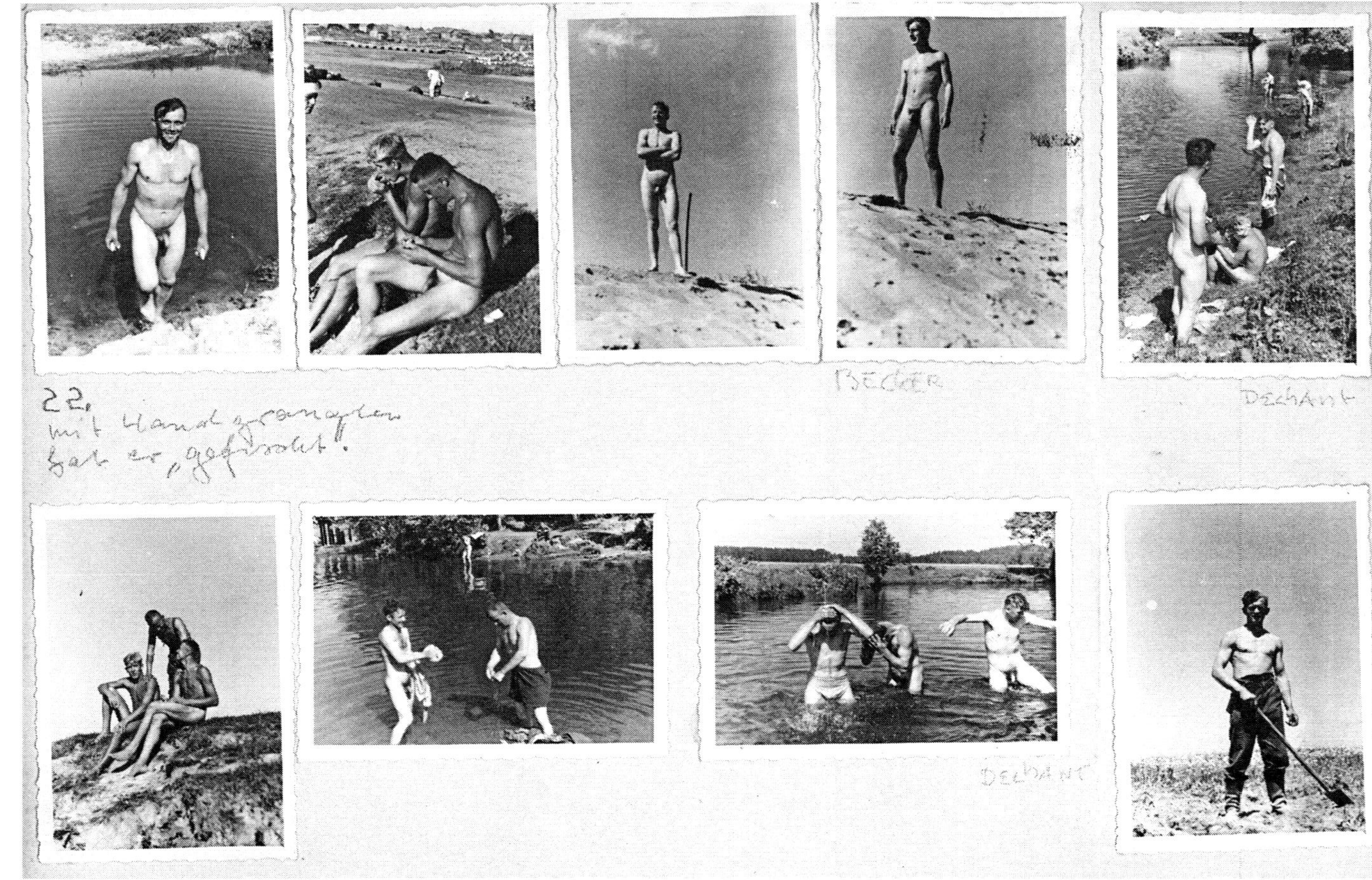

Abb. 27: Albrecht Becker: *Die Pose zwischen Heroisierung und Affizierung*, 1940–44.

Beckers Bildinszenierungen knüpfen gewissermaßen an den kunsthistorischen und bildpolitischen Diskurs seiner Zeit an, das Leid der eigenen Soldaten visuell zu minimieren bzw. zu abstrahieren.[72] Dieser Diskurs fand sich auch in den Zensurmaßgaben des NS-Regimes wieder: Bilder von verletzten deutschen Soldaten sollten weder produziert werden noch zirkulieren.[73] Anzeichen des Schmerzes auf der nicht-feindlichen Seite galt es durch eine beherrschte Körpersprache in den Bildern zu neutralisieren und anästhetisieren. Die sich an der Antike und Klassik orientierenden ideologischen Großskulpturen des NS-Propaganda-Bildhauers Arno Breker lassen sich als Sedimentierung dieses Diskurses verstehen.
Das Bild, das Becker in Kontrapost-Pose zeigt (Abb. 27 oben 2. v. r., siehe auch Abb. 26 unten Mitte), scheint sich als heroische Geste in das vom klassischen Ideal durchtränkte Bildregime des Nationalsozialismus einzufügen. Ich möchte jedoch argumentieren, dass die Heldenfigur der soldatischen Männlichkeit gerade nicht bruchlos affirmiert, sondern buchstäblich gebrochen wird, indem Becker einen affizierenden Aspekt der Inszenierung in das Bild einschleust und es so zum queeren Tarnbild macht. Becker, der hier durch die Selbstinszenierung als Bildgeber auftritt, posiert inmitten eines sommerlichen Szenarios in Kontrapost. (Abb. 28 oben 2. v. r.) Sein Blick weist über den Bildrahmen hinaus und markiert dadurch eine sich nach Außen öffnende Männlichkeit. Was mich in diesem Bild stutzig werden ließ, ist Beckers rechter Arm. Dieser ist nicht ausgestreckt, sondern angewinkelt (geknickt), sodass er eine Selbstberührung ermöglicht. Die durch Berührung angedeutete Selbstaffizierung unterliegt der erschwerten Situation, in der Öffentlichkeit an der Front Männer berühren zu können, noch dazu im Moment des Fotografierens. Das macht sie so prekär, wie politisch dringlich. Affizierende Sensualität hintertreibt das klassische Ideal der Immunisierungsanstrengung. Die Inszenierung des angewinkelten Arms wird zum *fake* der heroischen Affektreduktion des klassischen und vom Nationalsozialismus reproduzierten Ideals.

72 Godehard Janzing befasst sich mit dem kunsthistorischen Diskurs antikisierter Opferhelden, die den Schrecken zwar antizipieren, aber nicht im Gemälde zeigen. Susan Sontag bespricht dies im Kontext der Bilderpolitik des 20. Jahrhunderts, die zunehmend davon geprägt war, Schreckensbilder der nicht-feindlichen Seite zu zensieren oder durch *embedded journalism* zu vermeiden. Vgl. Godehard Janzing: Thermopylai / Stalingrad. Krise des Helden und Mythos der Niederlage. In: Hentschel (Hrsg.): *Bilderpolitik in Zeiten von Krieg und Terror*, S. 139–158, hier S. 143; Sontag: *Das Leiden anderer betrachten*, S. 76–77; Linda Hentschel: Haupt oder Gesicht? Visuelle Gouvernementalität seit 9/11. In: Dies. (Hrsg.): *Bilderpolitik in Zeiten von Krieg und Terror*, S. 185–200, hier S. 195.

73 Vgl. Petra Bopp: „... ich habe ja nun aus Rußland genug Bilder." Soldatenalltag im Sucher eines Amateurfotografen im Zweiten Weltkrieg. In: Irene Ziehe / Ulrich Hägele (Hrsg.): *Der engagierte Blick. Fotoamateure und Amateurfotografen dokumentieren den Alltag*. Münster: Lit 2007, S. 73–95, hier S. 83, 90; Torrie: Visible Trophies of War.

Bei Becker artikuliert sich die Pose der Schmerzvermeidung simultan mit der affizierenden Geste der Selbstberührung, einer Geste, die es dem Selbst ermöglicht, sich als temporär veränderbares Wesen wahrzunehmen. Dies verstehe ich als potenziell queerende Hintertreibung gepanzerter Männlichkeit. Beckers visionärer Blick im Modus kommandierender Männlichkeit erfährt im sensuellen Moment der Berührung seines Kopfes einen Bruch und macht sie so zur geknickten Männlichkeit.

III.1.4.2 Rostende Posen

Die im Bild ikonografisch symbolisierte Berührung erreichte mich als Betrachterin des Bildes (Abb. 28 oben 2. v. r.) vor allem auch in Form seiner materiellen Beschaffenheit. Das Bild oder vielmehr die auf ihm abgelagerten materiellen Spuren begegneten mir im Archiv physisch. Die besondere Form der Materialität der Fotografien beeinflusste meine Betrachtung der Bilder entscheidend. Durch die materiellen Spuren auf dem Bild, allen voran der hinterlassene Rost einer Büroklammer, veranlassten mich zu fragen, warum sich ausgerechnet auf diesem Bild Ablagerungen befinden. Auffällig ist, dass sich die Rostrückstände nicht nur auf der Fotografie selbst ertasten lassen, sondern sich auch über den Bildrand hinaus auf der Albumseite abzeichnen. Daher vermute ich, dass das Bild nicht irgendwo anders angeheftet worden war, sondern dass einst eine Büroklammer der Hervorhebung dieses Bildes im Album diente. Der Rost vergegenwärtigt die besondere Bedeutung, die das Bild womöglich für Becker hatte, und lenkte so meinen Blick auf die Bildsprache, die – wie eben geschildert – durch Selbstberührung Affizierung versinnbildlicht.

Im Rahmen meiner methodologischen Überlegungen habe ich auf die Bedeutung materieller Spuren für die Wissensbildung insbesondere für fotografische Affizierungsprozesse hingewiesen (siehe Abschnitt I.3). Meine methodologische Perspektive ist auch das Ergebnis der haptischen Erfahrungen, die ich im Umgang mit den visuellen Zeugnissen Beckers machte. Dabei mag es Zufall sein, dass Rost, der selbst porös ist und eine geringe Festigkeit besitzt, auf die riskante Geste von Beckers Selbstberührung hindeutet. Es mag auch nicht von Becker intendiert sein, dass das Material Rost als Spur die Wirkung erzeugt, auf Codes im Bild zu schauen und sich von ihnen affizieren zu lassen. Es war jedoch der Effekt des Rostes, der mich erahnen ließ, welchen Status intensive Momente der Berührung, der Sensualisierung und Selbstaffizierung für Becker in einer Zeit gehabt haben müssen, in der die Abkoppelung von Schmerzempfindungen für das eigene Überleben essenziell war.

Rost ist in diesem Sinne in der Lage, auf rostende Posen zu verweisen und darauf, dass die Berührung im Bild das Porös-Werden männlicher Selbstidentifikation

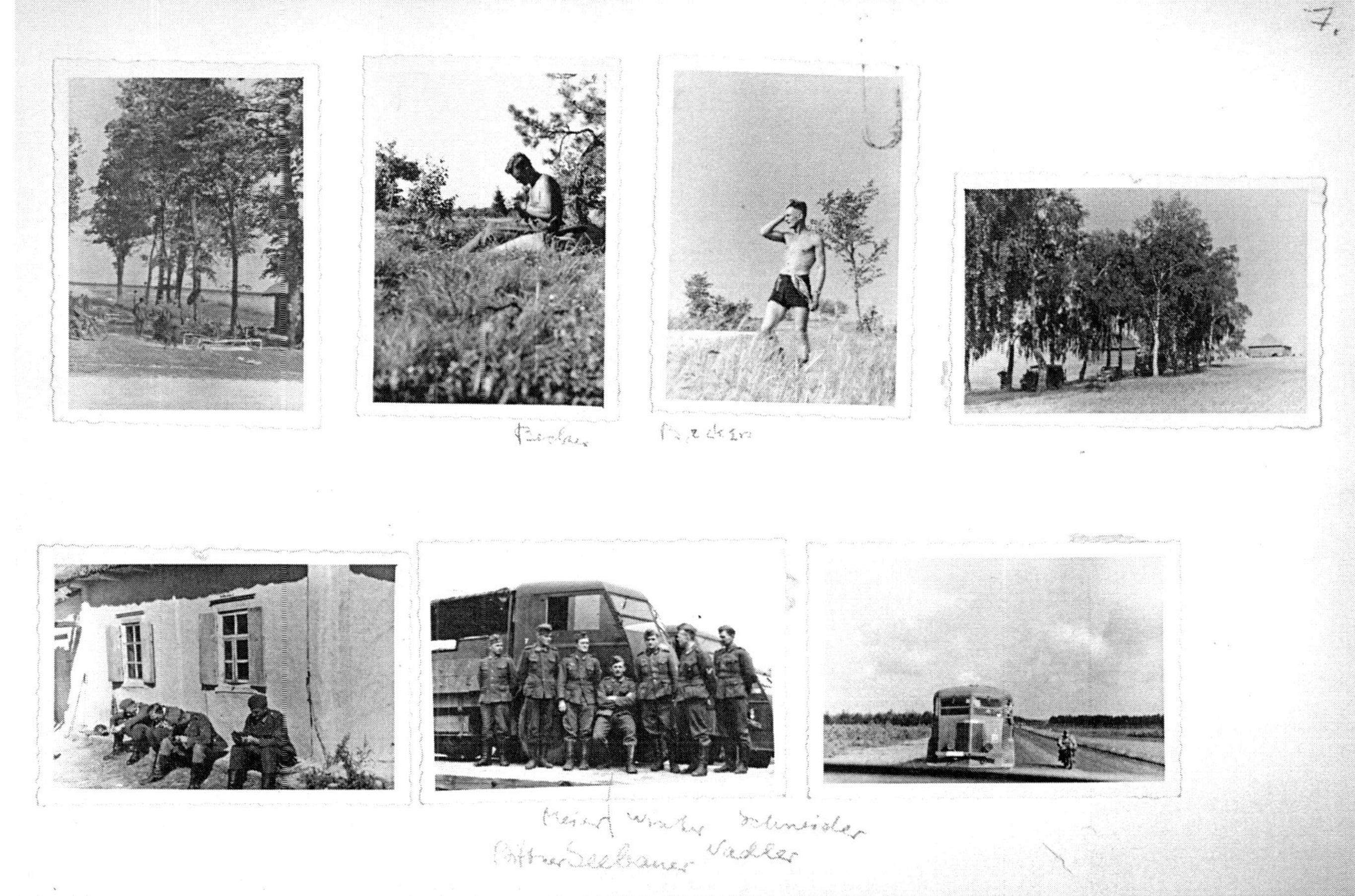

Abb. 28: Albrecht Becker: *Selbstberührung*, 1940–44.

bedingt. Der angewinkelte Arm transformiert sich durch die Einwirkung des Rosts zu einem Symbol des Affizierens und mithin des Brüchig-Werdens. Der Arm setzt Berührung durch, wo Sensualität und Affekt diskursiv reglementiert waren, und versinnbildlicht aufgrund des Knicks Revisionierbarkeit. Zur Ansicht gelangt eine sich durch Berührung affizierende, geknickte Männlichkeit.

Diese Überlegung findet Bestätigung darin, dass das Bild sich im Album neben einer Aufnahme befindet, die Becker sitzend, mit nach unten geneigtem Kopf und gedankenverloren auf seine Hände schauend zeigt. (Abb. 28 oben 2. v. l.) Obwohl ich nicht wissen kann, ob Becker hier im Bewusstsein agiert, gerade fotografiert zu werden (wer die Aufnahme machte, ist unbekannt), transportiert allein die Anordnung der Bilder eine Aussage, die es mir erlaubt, die Codes der Affizierung inmitten der Tarnung zu thematisieren. Becker präsentiert hier ein Bild der Nachdenklichkeit und der Isolierung, das mit seinem Blick auf seine Hände Affizierung anklingen lässt. Diese Darstellung ist im Kontext solcher Soldatenalben ungewöhnlich, die Selbst- und Gruppeninszenierungen vor Toten zeigen. In diesen finden sich die Hände der Täter hinter deren Rücken.[74] Die Hände Beckers sind nicht hinter dem Rücken verschränkt, sondern bilden das Zentrum des Bildes, das melancholische Objekt. Die Hände als Objekt, dessen Unschuld aufgrund des Beteiligtseins am Zweiten Weltkrieg verloren ist, bilden den Anziehungspunkt der Aufmerksamkeit. Auf sie wird sich im melancholischen Gestus bezogen. Dennoch verkörpern die Hände in dieser Form der Inszenierung nicht die leblosen, passiven Gegenstände, mit denen sich der ins Bild gesetzte ‚Melancholiker' Becker identifiziert. Eher erscheinen die Hände durch die Objekt-Blick-Beziehung aktiviert und für Affizierungen empfänglich zu sein. Die Potenzialität für andere ‚Handarbeiten' als das Töten ist hier offengehalten (wobei Becker als Funker nicht unmittelbar getötet hat).

Durch die Fokussierung auf die Hände als Sinnbild für Berührung schreibt sich Affizierung in die Fotografie ein. Diese Affizierung transformiert die Pose soldatischer Männlichkeit. Der Pose als Doppelbedeutung der Subjektivation und der Unterwerfung[75] kommt eine andere Bedeutung zu. Sie ist nicht länger nur die heroische männliche Geste fixierter, regulierter Affekte, die der soldatischen Subjektivierung dient. Auch ist sie nicht die sich einem bestimmten ideologischen Bild unterwerfende Anpassung. Stattdessen verstehe ich sie im Zusammenhang mit der Versinnbildlichung von Berührung als Ausdruck von

74 Vgl. Reifarth / Schmidt-Linsenhoff: Die Kamera der Henker, S. 64–65.

75 Vgl. Renate Lorenz: *Aufwändige Durchquerungen. Subjektivität als sexuelle Arbeit.* Bielefeld: Transcript 2009, S. 116.

Affizierbarkeit, das heißt einer Form der Verletzbarkeit, die Nahbarkeit heißt. Nahbarkeit inmitten des Kriegsgeschehens zu inszenieren, empfinde ich als Geste, die nicht nur Selbstrevision implizieren kann, sondern die als Versuch, sich – dem eigenen Sicherheitsbedürfnis zum Trotz – Anderen (inklusive Feinden) gegenüber zu öffnen, destabilisierende Effekte auf das Gefüge gehabt haben könnte. In diesem Zusammenhang ist Camouflage nicht nur als überlebenssicherndes Verstecken oder als Versuch zu sehen, sich durch die Kamera schützen zu wollen, sondern auch Ausdruck der Affizierbarkeit in auf Stählung setzenden Kriegszeiten.

Zwei weitere Beispiele, die ich im Zusammenhang mit der doppelgesichtigen Funktion der Tarnung diskutieren möchte, sind zum einen die Bedingungen der Affizierung und Sensualisierung, die das Gelingen der Pose, das heißt die gelungene Nachahmung nationalsozialistischer Posen unterlaufen, und zum anderen die affizierende Nacktheit an der Front.

III.1.4.3 Misslungene Posen

Becker bedient sich angesichts der Kriegsbedingungen bestimmter Techniken, die jedoch im Rahmen der Camouflage seines Blicks auf Kameraden das Gelingen ihrer von der Bildideologie des NS durchdrungenen Posen vor der Kamera unterlaufen. Die Situationen, in denen Becker fotografierte, machten es – auch aufgrund dessen, dass sein Blick vom Begehren nach den Kameraden mitregiert war – nicht immer möglich, Lichtverhältnisse, Materialien und Blickwinkel im Sinne einer idealen Aufnahme posierender Soldaten einzuhalten. Die Abweichung vom fotografischen Ideal kann als fehlendes Gelingen betrachtet werden oder als nachlässige Inszenierung. Die Nachahmung des Ideals ist daher lediglich „genügend gut“[76]. Als nachlässige Annäherung unterläuft seine Fotografie die Pose als sonst dichotome Anordnung von Subjektivation und Unterwerfung. In der Nachlässigkeit liegt die Abweichung und entsteht Spielraum für Widerständiges, „ohne den Prozess der Identifikation gänzlich zurückgewiesen“[77] zu haben.

Das Sinnbild der Leica in der Hosentasche ist symptomatisch für Beckers heimlichen Blick. (Abb. 29 oben links, Abb. 30 Mitte rechts) Mobile und kompakte Geheimkameras, die nicht nur in Hosentaschen, sondern auch Knopflöcher passen, traten vor allem im Zusammenhang der frühen Straßenfotografie und

76 Ich lehne mich hier an Renate Lorenz' Lesart der Besprechung von Cindy Shermans Fotografien durch Kaja Silverman an. Silverman hatte behauptet, dass die Nachahmung Shermans nur „good enough“ ist. Zit. n. Lorenz: *Aufwändige Durchquerungen*, S. 118.

77 Ebd.

von Momentaufnahmen ahnungsloser Passanten auf. Die daraus resultierende Ästhetik angeschnittener Rückenansichten oder schiefer Froschperspektiven bezeugt die Heimlichkeit der fotografischen Praxis.[78] Sie ist auch Teil des visuellen Ausdrucks des Soldatenalbums (Abb. 30 Mitte 2. v. r.) und verweist darauf, dass Becker darauf angewiesen war, seinen begehrenden Blick zu maskieren. Den offiziell wirkenden Portrait- und Gruppenaufnahmen seiner Kameraden stehen momenthafte Blicke gegenüber, die darauf hindeuten, dass sein Begehren abseits des Erlaubten lag.

Auffällig ist, dass Beckers Momentaufnahmen häufig in Situationen erfolgen, in denen sich Männer berühren. (Abb. 29 oben links, Abb. 30 Mitte rechts) Becker, der allem Anschein nach versuchte, Momente der Intimität zwischen den Männern einzufangen, musste möglicherweise zusätzlich verdeckt und weniger für alle sicht- und spürbar agieren. Zudem ließen sich diese kurzen sensuellen Momente nicht planen. Die Aufnahmen konnten daher nicht immer Rücksicht auf fotografische oder ästhetische Regeln nehmen. Das erklärt die schrägen Blickwinkel und die unscharfen Einstellungen.

Mit der Praxis, sich Momente der Berührung zu verschaffen und diese in Form des Fotografierens zu nobilitieren, durchbricht Becker die Konventionen der fotografischen Pose vor allem in Aktdarstellungen. Er untergräbt auch die Knipserfotografie in ihrer Erinnerung bewahrenden Andachtsfunktion. Gilt die Momenthaftigkeit bei der Knipserfotografie als Ausdruck einer sozialen Funktion, die Erinnerung bewahren soll, ging es Becker zusätzlich darum, den Moment der Berührung im fotografischen Schnappschuss zu konstituieren und sein marginalisiertes Begehren inmitten einer Umgebung maximaler Gefährdung zu implementieren. Die Momentfotografie operierte in diesem Setting nicht nur als Garant von Erinnerung, der Moment sollte also nicht nur festgehalten werden. Vielmehr diente das Fotografieren dazu, einen intimen Moment zu schaffen – sei es zwischen den abgelichteten Soldaten oder sei es zwischen der fotografierten und der fotografierenden Person. Becker ließ diese momenthafte Berührung entstehen, um sich des Lebens und seiner sensuellen Wahrnehmung zu vergewissern. Effekt dieser sensuellen Vergewisserung ist dabei weniger die idealisierende Beglaubigung seines Selbst, sondern der widerständige Spielraum inmitten der Anstrengungen, sich zu tarnen.

Becker fertigte Fotografien aufgrund eines sexuellen und sensuellen Begehrens an, das keinerlei gesellschaftliche Legitimation besaß.[79] Seine Aufnahmen können daher nicht nur als visuelle sozialhistorische Dokumente des Krieges gelesen

78 Vgl. Didi-Huberman: *Bilder trotz allem*, S. 53–55.
79 Vgl. Lorenz: *Aufwändige Durchquerungen*, S. 121.

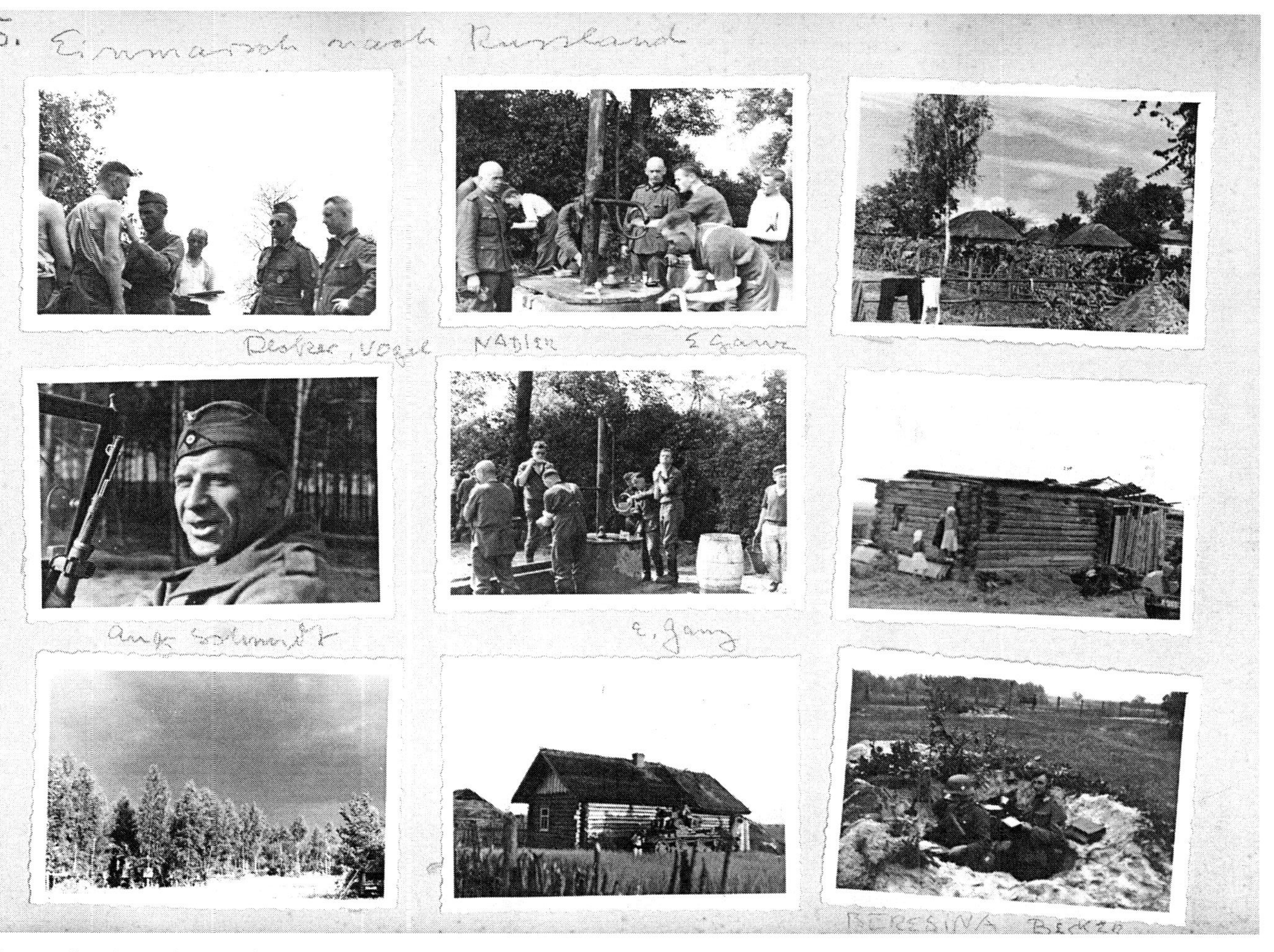

Abb. 29: Albrecht Becker: *Misslungene Posen*, 1940–44.

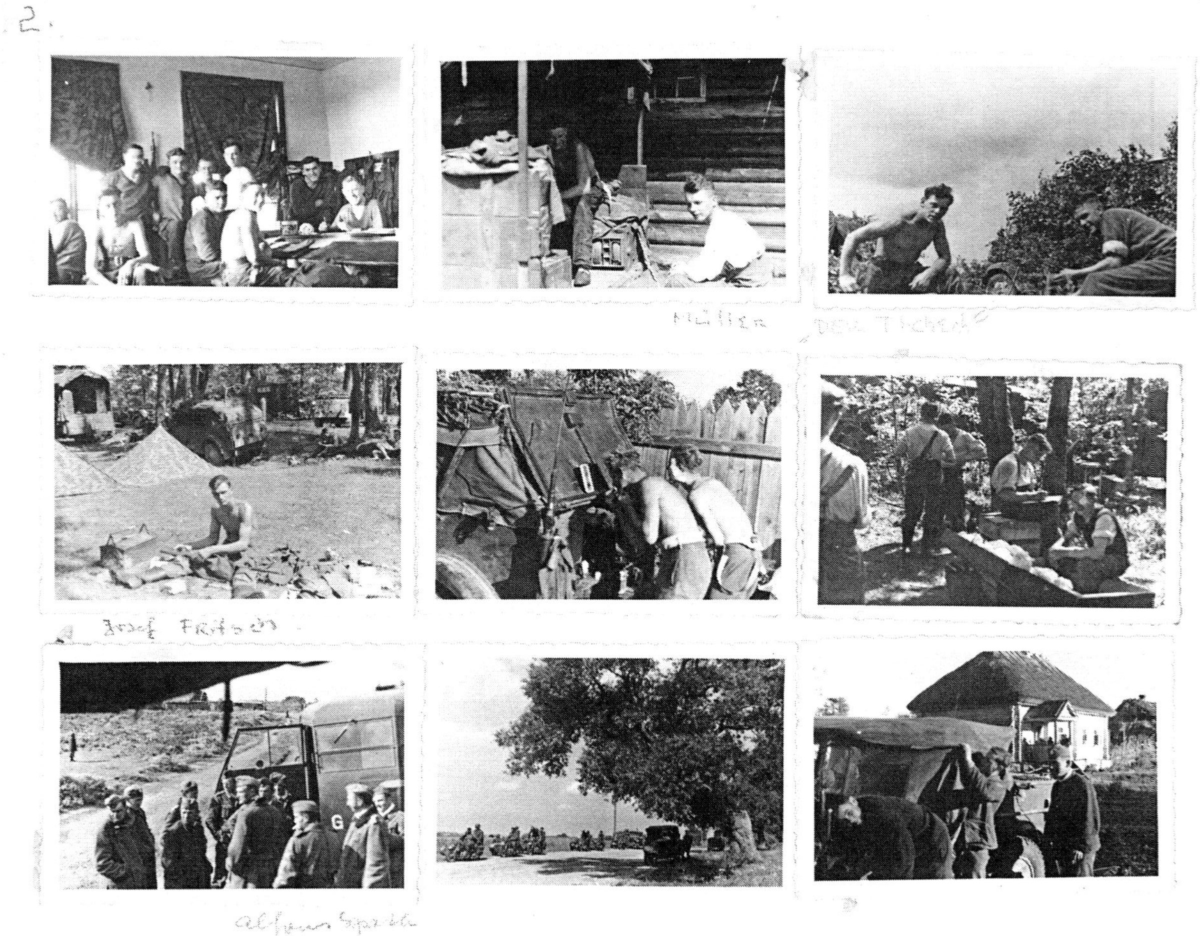

Abb. 30: Albrecht Becker: *Intime Blicke*, 1940–44.

werden, sondern auch als konstitutive Elemente einer queeren Politik des Affekts an der Front.

III.1.4.4 Gefährdende Blicke

Die Heimlichkeit der Situation, in der Becker fotografisch eine Intimität zwischen Männern herstellte, veranlasst mich dazu, noch einmal über nackte Männlichkeit im Blick nachzudenken. Dabei habe ich jene Aufnahmen im Hinterkopf, die Beckers Kameraden nackt, etwa beim Baden oder Waschen zeigen. Abhängig vom historisch wirksamen „Verhältnis von Bildern, Macht und Begehren"[80] sowie von disziplinär divergierenden und sich dennoch gegenseitig bedingenden Konstellationen wurde nackte Männlichkeit in der visuellen Kultur seit dem 18. Jahrhundert zunehmend motivisch sichtbar. Das galt jedoch nicht für jede Männlichkeit gleichermaßen. Um sichtbar werden zu können, war entscheidend, welche Machtposition die abzubildende Männlichkeit innerhalb der visuellen Kultur einnahm und welche Dynamiken des männlichen Blicks auf männliche nackte Körper zulässig waren.[81] Seit Ende des 18. Jahrhunderts, im Zuge der sich herausbildenden bürgerlichen Geschlechterordnung und dem dazugehörigen Herausdrängen des Weiblichen aus der Öffentlichkeit, wurde es zunehmend wichtiger, soziale Bindungen zwischen Männern zu konsolidieren. In diesem Zusammenhang wurde es möglich, Männlichkeit abzubilden.[82] Aufgrund der Herausbildung mann-männlicher Bünde konnten so sogar androgynisierte Repräsentationen von Männlichkeit sichtbar werden, jedoch nur im Rahmen einer Darstellungsweise, die sie als rationalisiert und nicht erotisiert oder gar affektiv zeigte.[83]

Die Sichtbarkeit nackter Männlichkeit allein ist daher mit Blick auf die Darstellungsgeschichte kein Grund zur Annahme, das Verhältnis von Männlichkeit, Rationalität und Blickmacht werde verunsichert. Die Angst, die Männlichkeit der zu sehen gegebenen nackten Soldaten könne im Moment der Betrachtung affiziert und erotisiert werden, gründet also nicht auf der Darstellung von Nacktheit an sich. Was bewirkte also die Irritation souveräner Männlichkeit? Wie musste, wenn nackte Männlichkeit selbst in der Bildsprache des Nationalsozialismus eine prominente Rolle spielte, der fotografische Umgang gestaltet sein, um das mit Männlichkeit konnotierte geistige Sehen zu desavouieren? Was

80 Schade / Wenk: *Studien zur Visuellen Kultur*, S. 53.

81 Vgl. Abigail Solomon-Godeau: *Male Trouble. A Crisis in Representation*. New York: Thames & Hudson 1997.

82 Ebd.

83 Ebd.

unterschied den Blick auf nackte Männlichkeit in Beckers Album von diesen Darstellungen? Worauf gründet sich meine Behauptung, Beckers Tarnung sei nicht nur eine mitlaufende Anpassung, sondern queere Hintertreibung gewesen? Hierzu möchte ich zwei Beobachtungen anstellen: Erstens versuche ich zu zeigen, dass Beckers Aufnahmen visuelle Deflorationen seiner nackten Kameraden, also deutscher Soldaten darstellen und diese dadurch gewissermaßen zu visuellen Trophäen werden. Zweitens behaupte ich, dass die den Bildrand überschreitenden Blickanordnungen homosexuelle Promiskuität an der Frontlinie erzeugen.

Nackte Soldaten als visuelle Trophäen

Die penetrierende, deflorierende Wirkung des Blicks auf nackte Männlichkeit scheint mir ein widerständiger Akt im Sinne *kleiner Politiken* zu sein, weil er an genau dem Ort entsteht, an dem die Vorstellung unversehrter Männlichkeit für einen militärischen Sieg – und damit den Fortbestand des homophoben Regimes – essenziell wichtig war. War einst Becker bei seiner Verhaftung schutzlos den Blicken der Erfassungskamera unterworfen, ist er es nun, der Soldaten schutzlos seiner Kamera aussetzt. Gemessen an der Häufigkeit der Nacktbilder in seinem Album, schien er die potenzielle Gefährdung der Männer regelrecht zu zelebrieren und damit die geltende Anweisung für hinter der Kampflinie stationierte Truppen zu hintertreiben. Diese hatten sich nicht in Badesachen zu befinden. Geschweige denn, dass sie hätten nackt sein können. „Bei rückwärtigen Teilen von Truppen, die im Kampf stehen, muss immer eine erhöhte Alarmbereitschaft bestehen. Die Mannschaften müssen immer vollständig angezogen sein, (nicht in Badehosen)“[84], lautet es im Fahrtbericht eines Kommandierenden. Beckers Nacktbilder von Wehrmachtsoldaten stellen – so ließe sich folgern – visuelle Trophäen dar. Und zwar nicht, weil sie versuchen, Gräuel im Bild festzuhalten, um die Furcht zu bannen, die Kontrolle verlieren zu können, wie Petra Bopp im Anschluss an Hoffmann-Curtius argumentiert,[85] sondern um im Blick auf Nacktheit die sich ihrer selbst bewussten Soldaten symbolisch anzufechten. Die Adaption der Affektregulierung durch die Pose, die Becker ermöglicht, sich als Frontfotograf zu behaupten, desavouiert er durch die affizierende Anfechtung im camouflierten Blick. Die Pose, die den Affekt als nicht existent erscheinen lässt, sondern ihn sozusagen camoufliert, wird durch den erotisierten Blick affiziert und intensiviert. Der subjektive Blick, der durch die Suggestion von Objektivität in der Form der fotografischen Dokumentation des Krieges

84 Zitiert nach Conze / Prehn / Wildt: Sitzen, baden, durch die Straßen laufen, S. 289.

85 Vgl. Bopp: *Fremde im Visier*, S. 155–157.

getarnt ist, wird affektiv. Die Tarnung des Blicks entfaltet dabei eine spezifische Wirkung – sie produziert Nähe anstelle von Distanz. Die Täuschung enttäuscht nicht eine verloren geglaubte Intimität,[86] sondern ermöglicht die Konstitution von Intensität, Intimität und Nähe. Damit trägt sie zu der Möglichkeit einer Destabilisierung des nur auf körperlicher Distanz und Abstrahierung beruhenden Diskurses der Homosozialität an der Front und der apotropäischen Sakralisierung der Furcht bei.

Promiske Blickanordnungen

Becker als Fotograf fordert den heimlichen Blick von unten auf einen nackten Mann heraus (Abb. 27 oben Mitte) und montiert im Album rechts daneben ein Bild (Abb. 27 oben 2. v. r.), das ihn selbst porträtiert und so zum Zielobjekt des Blicks werden lässt. Die komplexe Verflechtung von Blicken konstruiert ein Begehrensnetz, das die Camouflage der einzelnen Fotografien verändert. Auf beiden Bildern sind nackte Männer zu sehen, die aufgrund der Froschperspektive und der Kontrapost-Stellung im Duktus der legitimierten Männlichkeitsdarstellung bildhaft gemacht wurden. Durch die Anordnung der Bilder ergibt sich jedoch ein mehrdimensional gerichtetes Begehrensverhältnis. Dem mir nicht bekannten Fotografen unterstellt Becker durch Montage im rechten Bild ein Blick-Begehren, indem er den Blick auf sich als Fotoobjekt inszeniert. (Abb. 27 oben 2. v. r.) Indem er diesen Blick durch die Anordnung im Album an den Mann im Bild links weitergibt (Abb. 27 oben Mitte), betont er das Verhältnis der sich aufeinander beziehenden Männer. Dabei handelt es sich um eine Form der In-Bild-Setzung, die über den Bildrahmen hinausgeht und sich nicht durch die Repräsentation in Einzelbildern verstehen lässt, sondern nur durch die sich an den Bildrändern treffenden Blicke. Blicke, die über den Bildrahmen hinausgehen, schaffen eine im Bild nicht direkt verhandelte Promiskuität.[87] Becker zieht inmitten des Erinnerns an das Frontgeschehen im buchstäblichen Sinne seine Kreise: Indem er den Blick des Fotografen aufnimmt und auf das andere Bild links lenkt, öffnet sich die Ausrichtung und verläuft statt zwischen zwei Bildern in einem Kreis. Mit diesem Rand-‚Spiel' fingiert Becker eine

86 Sontag beschreibt, dass Fotografien, von denen erwartet wird, dass sie etwas zeigen (und nicht nur andeuten), enttäuschend wirkten, wenn sie sich als Fälschung erweisen. Sontag: *Das Leiden anderer betrachten*, S. 56, 65.

87 Dana Seitler thematisiert in ihrer Analyse zweier Portraitfotografien Catherine Opies jene Blicke, die am Blick der Betrachter*innen vorbeigehen. Dies interpretiert Seitler als Mittel, mit dem der visuelle Austausch zwischen Subjekt und Objekt geöffnet und durch den Blick des Bildobjekts auf etwas jenseits des Bildrahmens erweitert wird. Vgl. Dana Seitler: Making Sexuality Sensible. Tammy Rae Carland's and Catherine Opie's Queer Aesthetic Forms. In: Brown / Phu (Hrsg.): *Feeling Photography*, S. 47–70, hier S. 56.

Rotationsbewegung der Blicke, die der diskursiv dominanten, binären Struktur der Kategorienbildung und Subjektivierung widerspricht. Der Rand fungiert nicht mehr als Abgrenzung zwischen zwei Bildern, sondern artikuliert ein kreiselndes Spiel der gegenseitigen Ansteckung. Der Rand ist die dynamisierende Grenze der Wahrnehmung verschiedener Aspekte mit dem Effekt, die Elemente in beständiger Transformation zu sehen bzw. das eine immer auch als Teil des anderen.[88] Das Tarnbild wird hier aufgrund des durch Blicke dynamisierten Randes zum Kippbild. Zwar lässt sich aus der Darstellung einer Ente nicht die eines Hasen aus dem Hut ziehen, wie es bei Wittgensteins Entenhasen der Fall ist. Dennoch behaupte ich, dass beim Betrachten eines Aspektes in Beckers Bildern immer auch ein anderer Aspekt mittransportiert wird.[89] Auch wenn dieser zweite Aspekt nicht zwingend im Bild repräsentiert ist, ist er doch als Spur in den Fotografien Beckers enthalten, wie in diesem Fall, wo sich die Spur über den Rand des Bildes erstreckt.

Die posierende Männlichkeit verschweigt das trotz aller Vernichtungsanstrengungen wirkmächtige mann-männliche Begehren nicht, nur weil es sich im Bild getarnt darstellt. Geheime Codes, rostige Spuren, misslungene Posen und gefährdende Blicke artikulieren die Anwesenheit einer im Bild nicht immer unmittelbar sichtbaren, aber aufgrund materieller Gegebenheiten und kontextueller Wissensbestände spürbaren Dimension des Affektiven.
Da die Wahrnehmung dieser Dimension als gewissermaßen queere Verschiebung von Tarnung auf meinem situierten Wissen basiert, möchte ich zum Abschluss dieses Kapitels auf die Frage meiner eigenen Positionierung im Kontext der Analyse von Bildern des Krieges und der Gewalt zu sprechen kommen. Worauf gründet sich dabei meine ethische Haltung gegenüber Bildern von Krieg und Gewalt, wenn das Rezipieren der Spuren, die auf die queere Camouflage und das Potenzial der Affizierung verweisen, an mein eigenes affektives Wissen anknüpft?

88 Deleuze / Guattari: *Tausend Plateaus*, S. 335.

89 Vgl. Sybille Krämer: Operative Bildlichkeit. Von der „Grammatologie" zu einer „Diagrammatologie"? Reflexionen über erkennendes „Sehen". In: Heßler / Mersch (Hrsg.): *Logik des Bildlichen*, S. 94–122, hier S. 114–117.

III.2 Zum Betrachten von Bildern der Gewalt: Kompliz*innenschaft revisited

Welchen Zugang zu Beckers Album würde ich ohne meine eigenen Erfahrungen mit Homophobie und den daraus resultierenden Auseinandersetzungen mit der Geschichte der Homosexualität sowie der Queer Theory haben? Würde ich es in der Tradition des affirmativen Kriegserinnerns verstehen? Könnte ich das Album ohne die Nähe, die aufgrund bestimmter Erfahrungen mit diskriminierenden Machtapparaten zwischen Becker und mir besteht, in der von mir beschriebenen Form rezipieren? Füge ich den Bildern etwas hinzu, das gar nicht in ihnen steckt und erst dadurch präsent wird, dass ich sie mit meinen Erinnerungen, Erfahrungen und Gefühlen überforme? Riskiere ich mit diesem Vorgehen, mich ins Bild zu montieren? Falls ja, wäre das nicht anmaßend, gar verstörend? Nivelliert meine Rezeption, die durch meine eigene affektive Involvierung beeinflusst ist, den Entstehungskontext des Albums, nämlich die nationalsozialistische Gewalt? Mache ich mich durch das Verfahren, das Bild als in Relation zu meinen eigenen Erfahrungen stehende Quelle zu betrachten, zur Komplizin der Gewalt, die schließlich den größeren Rahmen der Bilder bildet? Mit dem Begriff der Kompliz*innenschaft rekurriere ich auf Horst Bredekamp, der schrieb, dass das „willentliche Ansehen" von Bildern der Gewalt, deren Zweck ist, betrachtet zu werden, „Komplizenschaft"[90] bedeutet. Bin ich in Folge Komplizin visueller Zeugnisse, deren Kontext die Vernichtung ist, noch zudem ich statt der Gewaltdurchwirktheit der Bilder ihre affizierende Kraft in den Vordergrund stelle?

Diesen Fragen werde ich im Folgenden nachgehen, indem ich zum Ersten noch einmal betone, was die Funktion der Bilder Beckers meiner Ansicht nach war. Zum Zweiten werde ich reflektieren, welche Effekte die diese Funktion konstituierenden Bildelemente auf mein Verhältnis zu den Bildern hatten. Eine wesentliche Rolle spielt, wie mich die formalästhetischen Elemente der Unschärfe, der schrägen Blicke und misslungenen Posen als situierte Betrachterin ergriffen, sodass sich Aspekte in den Bildern in den Vordergrund spielten, die eher deren zu solidarischen Verbindungen führende Verletzlichkeit, als deren zerstörerische Gewalt thematisieren.

90 Bredekamp / Raulff: Handeln im Symbolischen, S. 10, 11. Bredekamp schreibt: „Wenn das Töten eines Menschen den Zweck hat, seinen Tod zum Bild werden zu lassen, dann ist das Betrachten dieses Bildes unabdingbarer Akt der Beteiligung."

III.2.1 Dem Grauen Bilder entreißen

Meiner Darlegung zufolge ist für die Darstellung beispielsweise eines brennenden Hauses Tod und Gewalt nicht vordergründig. Die Funktion von Beckers Bildern war nicht die Produktion von Schmerz und Auslöschung beim feindlichen Gegenüber durch die Darstellung des Todes. Mache ich mich damit zu der Komplizin einer solchen Grausamkeit, die darin bestanden hat, den Tod nicht unmittelbar zu zeigen, um ihn unglaubwürdig erscheinen zu lassen? Ich bin mir nicht sicher.

Naheliegend scheint jedoch: Die sich im heimlichen, verrutschten und unscharfen Blick auf badende nackte Soldaten artikulierenden Affekte und Begehrensrelationen in Beckers Fotografien entrissen der für homosexuelle Männer tendenziell irrealen Situation an der Front homoerotische Wirklichkeit. Die Nicht-Vergleichbarkeit voranstellend schreibt Didi-Huberman in *Bilder trotz allem* bezogen auf vier Fotografien, die KZ-Häftlinge 1944 der Hölle Auschwitz entrissen, dass die Heimlichkeit des sich in ihnen verrutscht darstellenden Blicks und ihre Unschärfe die Bedingungen, unter denen die Bilder entstanden, und die gefährdete Situation der fotografierenden Person speicherten.[91] Dadurch, dass die Bilder so gut wie nichts zu sehen geben, sind sie die „unersetzlichen Überreste“[92] des Grauens. Nun lassen sich diese vier Fotografien aufgrund dessen, dass sie die Exekutionen im Konzentrationslager aus Perspektive der Holocaust-Opfer trotz des Fotografierverbots[93] in den Vernichtungslagern darstellen, nicht mit denen des Soldatenalbums Beckers vergleichen. Trotzdem bleibt die Frage, ob sich – bezogen auf die potenziell gefährliche Situation, als homosexuell begehrender Mann an der Front beteiligt zu sein – durch Unschärfen, heimliche Blicke, misslungene Posen die affektiven Bedingungen, unter denen er den Fronterlebnissen Gesten der Berührung und der Intimität abrang, transportieren können. Vulnerabilität, die innerhalb seiner Anstrengungen, sich durch Tarnung zu schützen, beibehalten blieb, stellt eine solche affektive Bedingung seines Fotografierens dar.

Ich möchte im Folgenden thematisieren, wie sich beim Betrachten solcher Bilder, die ‚trotz allem‘ entstanden sind, Kompliz*innenschaft konstelliert. Von was werde ich beim Betrachten von Bildern, deren Funktion auch das Transportieren

91 Vgl. Didi-Huberman: *Bilder trotz allem.*

92 Ebd., S. 255.

93 Habbo Knoch belegt in seiner Studie hingegen, dass es zu einer „Politisierung der toten und zerstörten Körper“ gekommen sei, die propagandistischen Zwecken diente. Das heißt, dass die nationalsozialistische Propaganda eine gezielte Visualisierung von Konzentrationslagern vornahm. Vgl. Habbo Knoch: *Die Tat als Bild. Fotografien des Holocaust in der deutschen Erinnerungskultur*. Hamburg: Hamburger Edition 2001, S. 63.

von Affizierung unter den Bedingungen der Frontgeschehnisse ist, Komplizin? Daran schließt sich die Frage, was mit Kompliz*innenschaft geschieht, wenn die durch Unschärfen und schräge Blickwinkel erzeugte Affizierung die Bedingung dafür ist, Bilder des Soldatenalbums mit Erfahrungen anzureichern, die im Bereich meiner Verletzung oder meines Begehrens liegen. Das *punctum* – so meine ich – hat Auswirkungen darauf, wie Kompliz*innenschaft sogar im Kontext von Kriegsbildern zu überdenken möglich ist.

III.2.2 Zur Revision von Distanz im Betrachtungsverhältnis

Cornelia Brink versteht Distanz als Voraussetzung für ein kritisches Sehen und Betrachten von Gewalt in Bildern des Nationalsozialismus sowie als Mittel, um sich vor der Kompliz*innenschaft, wie sie Horst Bredekamp im Zusammenhang mit Bildern der Gewalt bezeichnet, zu schützen.[94] Ähnlich argumentierte Susan Sontag in *Das Leiden anderer betrachten*: Aus Gründen der ethischen Verantwortung sollten sich Betrachter*innen gegen ein Übermaß an Emotionen bei der analytischen Betrachtung von Leidensbildern absichern.[95] Es gelte sich auf den Standpunkt analytischer Fotografietheorie zurückzuziehen, da Gefühle paralysierend wirken können und der Verzicht auf Distanz die ethische Handlungsfähigkeit einschränke.[96] Mit Blick auf die institutionellen Rahmenbedingungen der Konstruktion und Zirkulation von Bildbedeutungen solle sich dem *studium* von Fotografie gewidmet werden – unter anderem, um lähmende und entpolitisierende Gefühle wie Mitleid, Empathie, Scham zu umgehen.[97] Im Zuge dieser auf die „thinking‘ rubric“[98] beschränkten Verengung[99] von Fotografietheorie vor allem in Hinblick auf Schreckensbilder wurden, wie Elspeth H. Brown und Thy Phu kritisch anmerken, Gefühl und Nähe zu epistemologischen Problemen erhoben, die es zu vermeiden gelte, anstatt sie als politisch fruchtbar anzusehen. Dem entgegen steht nun aber meine Schutzlosigkeit gegenüber den kleinen Details und materiellen Bedingungen des Bildes, wie z. B. des Rostes, der mich

94 Vgl. Cornelia Brink: Vor aller Augen. Fotografie-wider-Willen in der Geschichtsschreibung. In: *WerkstattGeschichte* 47 (2008), S. 61–74, hier S. 63.

95 Vgl. Sontag: *Das Leiden anderer betrachten*.

96 Vgl. Brown / Phu: Introduction, S. 4.

97 Vgl. Sontag: *Das Leiden anderer betrachten*, S. 119.

98 Brown / Phu: Introduction.

99 In diesem Zusammenhang kann nicht unerwähnt bleiben, dass die Verengung Folge des disziplinären Verteidigungskampfes von Fotografie gegenüber entpolitisierten Vereinnahmungen im kunsthistorischen und museologischen Kontext ist. Insofern hat die Verengung Berechtigung solchen Ansätzen gegenüber, die Fotografie zu rein illustrativen oder biografischen Zwecken nutzen. Ebd., S. 3.

beim Betrachten ergriff. Das *punctum*, das mir als Rost begegnete, ist die Bedingung der Relation, die zwischen Beckers Album und mir entstand, die – auch wenn sie sich nicht zwingend als Gefühl in mir artikuliert – Fantasien und Assoziationen anregt, die mit meinen eigenen verkörperten emotionalen Erfahrungen zu tun haben. Aufgrund der durch das *punctum* erwirkten Nähe der Bilder zu mir, meinen Erfahrungen und meiner bisherigen Arbeit im Bereich der Geschichte der Homosexualität, der Queer Theory und der postkolonialen Diaspora Studies kann ich den Bildern etwas hinzufügen, das vorher zu sehen unter anderen Umständen nicht möglich gewesen wäre. Olin bezeichnet diese Form eines relationalen Gefüges zwischen Fotografie und Betrachter*in als „performative index"[100]. Diesem performativen Index zufolge beginnt das Bild zu kippen und sich je nachdem, was aufgrund der Punktierung und meiner affektiven Einbindung wahrzunehmen möglich ist, zu verschieben. Durch diese Verschiebung entstehen neue Bedeutungen und vermischen sie sich mit den Resultaten des *studiums.*[101] Das Bild wird aufgrund dieses relationalen Verhältnisses, wie Amelia Jones schreibt, wieder prozessual und kann sich auf eine Zukunft hin öffnen.[102] Es kann gegenüber einer Zukunft hin offen werden, die nicht bedeutet, den Status des Bildes entweder auf den der Ikone des Horrors oder den des Dokuments des Krieges zu reduzieren.[103]
Komplizin bin ich also, weil mich das *punctum* trifft und sich die Distanz zwischen dem Bild und mir im punktierenden Moment aufhebt, ich förmlich in das Bild gezogen werde. Das bedeutet jedoch nicht Komplizin dessen zu sein, was sich mir qua *studium* im Bild erschließt. Die Unvorhersehbarkeit des *punctum* verunmöglicht eine Kompliz*innenschaft, die die Wiederholung dessen bewirkt, was wir als ‚offenes Fenster' im Bild lesen können – also das Leid, das sich in die glühenden Häuserskelette im Soldatenalbum eingebrannt hat. Bilder können so auch nicht zu Ikonen des Entsetzens stilisiert oder als Dokumente abgetan werden, in denen nichts mehr zu sehen ist.[104] Stattdessen kreiert die Kompliz*innenschaft – oder die affektive Nähe – eine Bewegung, bei der alles auf der Kippe steht: die denotative und konnotative Bildbedeutung, der historisch neu einzuordnende Bildkontext sowie das Betrachtungsverhältnis.

100 Margaret Olin: *Touching Photographs*. Chicago / London: Chicago UP 2012, S. 69.

101 Die Dichotomisierung von *studium* und *punctum*, die ich hier vornehme, um mein Argument überzeugender darzulegen, ist zugespitzt. Mir ist bewusst, dass beide Formen der Betrachtung eines Bildes ineinander verflochten sind.

102 Vgl. Jones: *Seeing Differently*.

103 Vgl. Didi-Huberman: *Bilder trotz allem*.

104 Ebd., S. 53–55.

Die Bildbedeutung, die sich nach konventioneller Sichtweise aus der künstlerischen Intention, dem ikonografischen Zeichen und dem diskursiven Rahmen ergibt, erfährt durch die affektive Involvierung eine Veränderung. Aspekte des Begehrens und des Schmerzes, die aufgrund hegemonialer Lesarten oft getrennt voneinander diskutiert wurden (der homosexuelle Mann als Nazi versus der homosexuelle Mann als Opfer des NS Regimes), verketten sich aufgrund meiner Kompliz*innenschaft, die sich durch Affizierungen ergibt. Aus dieser Form der Kompliz*innenschaft schließlich lässt sich selbst einer solch schwierigen Quelle eine Zukunft abtrotzen, die nicht aus der Wiederholung destruktiven Schmerzes besteht, sondern der Schaffung solidarischer Bündnisse, die auf der Erfahrung des Schmerzes beruhen. Das kann bedeuten, dass durch den heutigen Blick auf das Soldatenalbum nicht der Schmerz in seiner brutalen und vernichtenden Dimension reproduziert wird, sondern Verbindungen entstehen, die auf dem affizierenden Potenzial der Fotografie Beckers beruhen. Das kann auch bedeuten, wahrzunehmen, dass bereits Becker den Bildern des Soldatenalbums die von mir durch Affizierung vorgenommene Öffnung der Lesart abgerungen haben könnte. Diese Öffnung tritt in einem anderen Ordner[105] deutlicher zu Tage – und zwar als Vision affektiver Querverbindungen. Durch Beckers Anordnung der Bilder in diesem Ordner, der seine Praktiken der Selbstverletzung während der Kriegszeit illustriert und Portraits von tätowierten Soldaten, aber auch Zivilisten in Russland zeigt, schafft er Verbindungen zu Personen, die Schmerz nicht in einer destruktiven, sondern in einer ästhetischen, gestalterischen Weise zum Ausdruck brachten. Dass Becker dabei über die von der nationalsozialistischen Ideologie gezogenen Kamerad-Feind-Grenzen an der Front hinausging und im Rahmen der Intensivierung von Schmerz eine (visuelle) Nähe zu russischen Zivilisten und auch feindlichen Soldaten produzierte,[106] deutet die kleinen, kaum für möglich gehaltenen Momente der Nahbarkeit unabhängig von nationalen und sexuellen Identitätsgrenzen an. Diese produzieren eine Öffnung in der Frage, wie sich das Soldatenalbum Beckers verstehen lässt.

Semiöffentlichkeit, die inhärenter Teil der Zweckbestimmung der Fotografie Beckers vor dem Zweiten Weltkrieg in der Weimarer Republik war, war während

105 Vgl. Albrecht Becker: Ordner B 1938 1944 1970. Archiv Schwules Museum Berlin, AB*60–70er*Tattoo*Selbst*Ordner original von AB angelegt.

106 So schildert Becker, dass er eine männliche Person in Russland, die er eigentlich hätte melden müssen, ignorierte. Auch notierte er neben einer Portraitaufnahme eines Wolgadeutschen, dass er dessen Tätowierungen zum Anlass nahm, sich selbst dieser Praxis zuzuwenden. Vgl. Albrecht Becker: Ordner B 1938 1944 1970. Archiv Schwules Museum Berlin, AB*60–70er*Tattoo*Selbst*Ordner original von AB angelegt; Sternweiler: *Fotos sind mein Leben*, S. 52.

des Nationalsozialismus nicht mehr möglich. Die Tarnung des eigenen Begehrens wurde überlebensnotwendig. Becker entwickelte unter diesen Bedingungen Tarnbilder des Schmerzes. Der Schmerz, den er selbst durch seine Verfolgung während des Nationalsozialismus erleben musste, bewirkte eine Transformation seines fotografischen Schaffens: Tarnbilder von der Front durchlaufen eine Form der Affizierung, sodass sie nicht nur in der Lage waren, Schutz zu gewährleisten, sondern ein riskantes Spiel an der Schwelle zwischen Versteck und Verrat, Begehren und Leben zu realisieren. Hierin verbirgt sich das Potenzial, visuelle Politiken der Idealisierung soldatischer Männlichkeit zu unterlaufen. Indem er in die Techniken der Tarnung intensive Momente symbolisch sowie auf der Ebene der materiellen Bearbeitung und der Bildanordnungen im Album einfügte, unterlief er die Unterstellung, soldatische Männlichkeit sei (noch im Tod) stählerne und von Affekten befreite Männlichkeit. Gleichzeitig trotzte Becker den politisch determinierten Rahmungen, innerhalb derer männlich-homosexuelles Leben an der Front als nicht existent angenommen wurde,[107] Sensualität und somit Existenz ab. Aus der Derealisierung homosexuellen Begehrens wurde die Realisierung, ohne dabei den Prozess der Identifikation zu überhöhen.

107 Vgl. Judith Butler: *Krieg und Affekt*, aus d. Engl. v. Judith Mohrmann / Juliane Rebentisch / Eva von Redecker. Zürich / Berlin: Diaphanes 2009, S. 9.

IV
Maskenbilder des Schmerzes

Im vorangegangenen Kapitel kamen Techniken der Camouflage zur Sprache, die das Begehren Beckers an der Front verdeckten und es zugleich wahrnehmbar werden ließen. Die Wahrnehmbarkeit von Begehren stützte sich auf das materielle, sensuelle und affektive Erleben der Fotografien im Soldatenalbum. Dieses Erleben evozierte queere Effekte. Galt die Tarnung der Bewahrung eines bestimmten Bildes soldatischer Männlichkeit, wurde sie durch diese Effekte revidiert. Sie oszillierte nun in einem risikoreichen Spiel zwischen der drohenden Aufdeckung und der potenziellen Irritation soldatischer Gewissheiten. Becker mimte während seiner Soldatenzeit im Nationalsozialismus die Pose des nackten ganzheitlichen Mannes, um sein potenziell subversives Begehren zu konstituieren. In diesem Kapitel soll es nun darum gehen, wie sich diese Praxis Beckers nach 1945 einerseits fortsetzte und andererseits stark veränderte.

Das Jahr 1945 stellt nicht nur politisch, sondern auch für die fotografische Arbeit Beckers eine Zäsur dar. Mit seinen Soldatenfotografien hatte Becker einen Blick-Raum des Begehrens und der Berührung kreiert, der normative Vorstellungen von Männlichkeit hintertrieb, und zwar weniger auf eine sichtbare und offenkundige Weise der Darstellung von Versehrung, als vielmehr – wie in Kapitel III beschrieben – mittels einer Affizierung, die sich nahezu unentdeckt in das Album schlich. Nach 1945 hingegen führte er das mit Selbstverletzung zunehmend verkoppelte Begehren als offene, nicht mehr getarnte und sichtbare Zergliederung seines Körpers und als Selbstzersetzung fotografisch auf. Schmerz vermittelt sich in den Fotografien seit 1945 auf Ebene sichtbarer Zeichen als Zerstörung des ganzheitlichen und gepanzerten Selbst. Der männliche Körper, der häufig als unangreifbare Hülle und unverwundbare Rüstung verstanden wurde und den Ernst Jünger mit Worten wie „geschlossen“, „starr“, „einseitig“,

„unberührt", „versteinert" oder „seelenlos"[1] beschrieb, bricht im Bild buchstäblich auf, wird arabesk und löchrig. Indem wir verletzte Haut und das von Einstichen, Injektionen und körpermodifizierenden Eingriffen versehrte Geschlecht Beckers sehen (Abb. 4–6), übersetzt sich der Schmerz dieser Selbstverletzungen unmittelbar ins Bild. In diesem Kontext kommt nun der Maskerade eine besondere Bedeutung zu. Indem Becker den sichtbar ins Bild tretenden Schmerz mit einem Aufführungsspiel, einer Maskerade in Verbindung bringt, wird deutlich, dass sich hinter dem Schmerz keine Wahrheit über ihn verbirgt. Schmerz soll als performativer Affekt verstanden werden und nicht – wie es innerhalb mancher Affekttheorien behauptet wird – vordiskursiver Affekt. Damit im Zusammenhang steht eine Dekonstruktion der diskursiv mit Schmerz assoziierten homosexuellen Männlichkeit. Verletzte homosexuelle Männlichkeit wird zur Maskerade.[2] Indem der Schmerz als Performance gezeigt wird, ist auf eine *Konstruktion* des homosexuellen Mannes als versehrter sexueller Identität verwiesen. Mehr noch: Ich werde Beckers Maskenbilder des Schmerzes als queere Bezugnahmen auf einen Schmerz herausarbeiten, der im Zuge der Renationalisierung Bundesdeutschlands nach dem Zweiten Weltkrieg verdrängt wurde. Diese Bilder stellen das Abdrängen von Scham- und Schuldgefühlen aus, die Maskierung von Gefühl. Gleichzeitig findet durch die spezifische Medialisierung von Maskerade Affizierung statt und werden Identitätskonstruktionen mobilisiert und zur queeren Passage.

Ich werde mich in diesem Kapitel schwerpunktmäßig drei Aspekten zuwenden. Im ersten Teil skizziere ich, ohne auf die mannigfache Forschung dazu detailliert eingehen zu können, die Neukonstitution Nachkriegsdeutschlands als Nation vor dem Hintergrund der millionenfachen Tötung und Versehrung von Menschen im NS. Dabei möchte ich zeigen, inwiefern Gefühle von Scham und

1 Jünger: Über den Schmerz, S. 165, 174, 183, 186.

2 Diese Formulierung spielt auf Joan Rivières Artikel „Weiblichkeit als Maskerade" an. Rivière behauptete, dass sich unter der Maskerade der Weiblichkeit nichts genuin Weibliches aufdecken ließe, es sich bei der Maskerade vielmehr um den Hinweis auf die Konstruiertheit von Weiblichkeit handele. Das Argument der sozialen und diskursiven Konstruktion von Geschlecht, das sich in der Beschreibung der Maskerade Rivières verbirgt, wurde zum zentralen Topos der Gender Studies ab den 1990er Jahren. Es ließe sich auch in Bezug auf homosexuelle Männlichkeit behaupten, dass es sich bei der Maskerade um die „performative Hervorbringung einer sexuellen Ontologie" handelt, die wiederum nur das *Versprechen* einer vorhandenen Essenz sei, der „Schein der Substanz". Joan Rivière: *Weiblichkeit als Maskerade*, hrsg. v. Liliane Weissberg, aus d. Engl. v. Ursula Riedt. Frankfurt am Main: Fischer 1994; vgl. Butler: *Das Unbehagen der Geschlechter*, S. 79, 60; Claudia Benthien: Das Maskerade-Konzept in der psychoanalytischen und kulturwissenschaftlichen Theoriebildung. In: Dies. / Inge Stephan (Hrsg.): *Männlichkeit als Maskerade. Kulturelle Inszenierungen vom Mittelalter bis zur Gegenwart*. Weimar / Wien: Böhlau 2003, S. 36–59, hier S. 40.

Schuld in Alltagspraktiken übersetzt wurden, die versuchten, Schmerz zu vermeiden. Hierbei spielte zum einen die private Fotografie eine wichtige Rolle, zum anderen aber auch der Konsum von Filmbildern. Diese strukturierten Imaginationen nationaler Ganzheitlichkeit und Unverwundbarkeit entscheidend mit. Daher auch beschäftige ich mich im zweiten Teil mit der Rolle Beckers als Bühnenbildner beim Film. In dieser Funktion war er daran beteiligt, das Bedürfnis einer Neukonstitution als Nation mit Bildern zu befriedigen. Daran schließt sich im dritten Teil eine Analyse von Beckers privaten Bilderbühnen an. Hier wird die Figur der Maskerade eine zentrale Rolle spielen. Sie stellt sich in den Fotografien als bühnenreife Inszenierung des schützenden Maskierens und schmerzenden Demaskierens her. In der privaten Medienpraxis diente Maskerade also der Herstellung von Schmerz. In dieser schmerzerzeugenden Funktion steht sie den nachkriegsdeutschen Anstrengungen, sich im privaten Bereich auf die konsumistische Glückseligkeit zurückzuziehen, gegenüber. Sollte die ‚Ehrverletzung', sich im Selbstbild deutscher Vormachtstellung getäuscht zu haben, bei der Mehrheit der deutschen Nachkriegsbevölkerung keinen Entfaltungsspielraum bekommen und neben den Scham- und Schuldgefühlen verdrängt werden, findet Verletzung in Beckers private Fotografie Eingang. Hierbei kommt der schwellenhafte Moment von Maskierung und Demaskierung zum Tragen. Ich möchte aufzeigen, dass in diesem Moment das Potenzial einer queeren Politik des Schmerzes angelegt ist. Das heißt, dass durch die Inszenierung der Schwelle zwischen Maskierung und Demaskierung Schmerz intensiviert statt verdrängt wird. Queere Effekte dieser Intensivierung bzw. Affizierung sind 1) die Verschiebung der Wahrnehmung eines naturalisierten Zusammenhangs zwischen männlicher Homosexualität und Melancholie bzw. Schmerz und 2) die Schaffung von queeren Bündnissen, die im Verhältnis von Betrachtetem und Betrachtenden quer zu fixierten geschlechtlichen und sexuellen Identitäten liegen.
Im Rahmen dieser queer-politischen Medialisierung von Maskerade entsteht der Eindruck, die bundesdeutsche Nachkriegszeit sei weniger eng gewesen als vermutet, sei *queer before gay* gewesen. Damit ist gemeint, dass sich noch vor der Emanzipation von schwullesbitransinter* Lebensweisen in den 1970er Jahren und der sich daraus entwickelnden Affirmation von Identitätspolitiken in den vernakulären Fotografien Beckers aus den 1950er und 1960er Jahren queere Medienpraktiken finden lassen. Diese wenden sich gegen heteronormative Verhältnisse einerseits und identitäre Engführungen von Homosexualität andererseits. Darüber hinaus erlauben die Medienpraktiken, Vulnerabilität als Potenzialität einer „Grammatik der Solidarität"[3] zu verstehen, die sich nicht auf naturalisierte Annahmen der eigenen geschlechtlichen und sexuellen Identität stützt.

3 Hark: *Koalitionen des Überlebens*, S. 52.

IV.1 Nachkriegsmühen: Deutsche Schuld und Scham

Schmerz in Form der Darstellung verwundeter, toter und abgemagerter Menschen gelangte spätestens mit der gezielten und auf „Konfrontation"[4] setzenden Veröffentlichung von ‚Schockbildern'[5] der Insassen befreiter Konzentrationslager durch die Alliierten in die Mitte der deutschen Nachkriegsgesellschaft. Während des Zweiten Weltkrieges zeigten Schockbilder, also Aufnahmen Verwundeter oder Versehrter nur feindliche Soldaten oder Zivilist*innen. Sie dienten einer Heroisierung des Dritten Reiches. Bilder aus den Konzentrationslagern wurden hingegen zensiert. Nach der Befreiung NS-Deutschlands setzten Fotografien das Entsetzen der NS-Verfolgungs- und Vernichtungspolitik im Rahmen einer „Ökonomie der Grausamkeit"[6] ins Bild. Diese Bilder inszenierten den Schmerz, die Brutalität, den Hass, die Gewalt drastisch, sodass auch Emotionen wie Scham und Schuld[7] die nationale Identitätsbildung der Deutschen in den folgenden Jahrzehnten maßgeblich prägen sollten. Gleichzeitig trug der in den weitläufig zirkulierenden Bildern verbriefte Schmerz der NS-Opfer bei den betrachtenden Deutschen zu einer „Verletzung des eigenen Selbstbildes" bei, zu einer „Versehrung, die aufgehoben werden will"[8].

Ohne auf die vielfältigen Bedeutungen von Scham und Schuldgefühl in der erinnerungskulturellen und -politischen Auseinandersetzung im Detail eingehen zu können, scheint doch mit Blick auf die historische Entwicklung, dass dem Bedürfnis nach Aufhebung, also Entlastung oder Ungeschehen-Machen von Scham und Schuld, der Schutzmantel entsprungen ist, der sich um die Privatsphäre weiter Teile nachkriegsdeutscher Gesellschaft legte und der negative Gefühle abwehrte. Das soll nicht heißen, dass die Öffentlichkeit davon befreit

4 Knoch: *Die Tat als Bild*, S. 123–125.

5 An dieser Stelle sei angemerkt, dass der Begriff der *Schockbilder* mit dem Vorwurf, sie hätten eine Auseinandersetzung mit dem NS eher verhindert, auch als Begriff gegen die Alliierten verwendet wurde. Vgl. Assmann / Frevert: *Geschichtsvergessenheit – Geschichtsversessenheit.*

6 Peter Geimer: „Wir müssen diese Bilder zeigen". Ikonografie des Äußersten. In: Karin Harrasser / Thomas Macho / Burkhardt Wolf (Hrsg.): *Folter*. München: Fink 2007, S. 119–131, hier S. 119.

7 Auf die „Bedeutung dieser Emotionen [Scham und Schuld, Anm. K. K.] in der erinnerungskulturellen und politischen Auseinandersetzung mit den Verbrechen des Nationalsozialismus" geht u. a. die Anthologie *Scham und Schuld. Geschlechter(sub)texte der Shoah* ein. Maja Figge / Konstanze Hanitzsch / Nadine Teuber: Einleitung. In: Dies. (Hrsg.): *Scham und Schuld. Geschlechter(sub)texte der Shoah*. Bielefeld: Transcript 2010, S. 9–17, hier S. 9; Konstanze Hanitzsch: *Deutsche Scham. Gender . Medien . „Täterkinder". Eine Analyse der Auseinandersetzungen von Niklas Frank, Beate Niemann und Malte Ludin*. Berlin: Metropol 2013

8 Lerke Gravenhorst: NS-Verbrechen. Männerdominanz und Frauenresonanz. In: Archiv der Arbeiterbewegung (Hrsg.): *Macht und Gesellschaft. Männer und Frauen in der NS-Zeit. Eine Perspektive für ein zukünftiges NS-Dokumentationszentrum in München*. München: Selbstverlag 2004, S. 24–38, hier S. 27.

gewesen wäre, die kollektive Beschämung zu verhandeln – dadurch sich entweder selbst als Opfernation zu stilisieren[9] oder sich durch Heimatfilmkulissen von der Idylle Deutschlands zu überzeugen.[10] Mit den Fotografien Beckers stehen aber die private Sphäre und deren Visualisierung im Zentrum dieser Arbeit. Um später Beckers Bilder einordnen zu können, interessiert mich daher, wie im Privaten Verdrängung und Schuldabwehr Aufarbeitungsstrategien darstellten. Insofern als die Emotionen der Scham und des Schuldgefühls einen geschlechterspezifischen Subtext in sich tragen, das heißt Scham und Schuld kulturgeschichtlich als weibliche Gefühle codiert sind,[11] ist Geschlecht in diesem Zusammenhang Analysekategorie.

Auf der persönlichen Ebene fand nur sehr bedingt eine Auseinandersetzung mit dem Nationalsozialismus statt.[12] Die familienzentrierte private Sphäre riegelte sich mehrheitlich ab und ließ der Beschämung das Tabuisieren von Scham und das Abdrängen von Verantwortung folgen.[13] In den allermeisten Familien wurde die eigene Schuld oder das Zugeständnis, Täter*innen gewesen zu sein, nicht artikuliert. Höchstens von einer naiven Mitläufer*innenschaft war die Rede.[14] Das private Heim wurde so zu einem Ort des Friedens, der ‚heilen Welt', die vor äußeren Einflüssen geschützt war.[15] Galt während des Zweiten Weltkrieges die

9 Vgl. Lars Breuer: *Kommunikative Erinnerung in Deutschland und Polen. Täter- und Opferbilder in Gesprächen über den Zweiten Weltkrieg.* Wiesbaden: Springer 2015, S. 17.

10 Vgl. Norbert Frei: *Vergangenheitspolitik. Die Anfänge der Bundesrepublik und die NS-Vergangenheit.* München: Beck 2012; Assmann / Frevert: *Geschichtsvergessenheit – Geschichtsversessenheit.*

11 Vgl. Christina von Braun: *Versuch über den Schwindel. Religion, Schrift, Bild, Geschlecht.* Zürich / München: Pendo 2001; Peters: *Rätselbilder des Geschlechts.*

12 Vgl. Aleida Assmann: Trauma und Tabu. Schattierungen zwischen Täter- und Opfergedächtnis. In: Jochen Landkammer / Thomas Noetzel / Walther Ch. Zimmerli (Hrsg.): *Erinnerungsmanagement. Systemtransformation und Vergangenheitspolitik im internationalen Vergleich.* München: Fink 2006, S. 235–257.

13 Vgl. Norbert Frei / Sybille Steinbacher: *Beschweigen und Bekennen. Die deutsche Nachkriegsgesellschaft und der Holocaust.* Göttingen: Wallstein 2001, S. 137–158; Helmut König: *Die Zukunft der Vergangenheit. Der Nationalsozialismus im politischen Bewusstsein der Bundesrepublik.* Frankfurt am Main: Fischer 2003, S. 24–30.

14 Vgl. Iris Wachsmuth: Tradierungsweisen von Geschlechterbildern. Der Umgang mit familiengeschichtlichen Verstrickungen in den Nationalsozialismus. In: Elke Frietsch / Christina Herkomer (Hrsg.): *Nationalisozialismus und Geschlecht. Zur Politisierung und Ästhetisierung von Körper, „Rasse" und Sexualität im „Dritten Reich" und nach 1945.* Bielefeld: Transcript 2009, S. 443–441, hier S. 436.

15 So schreibt Iris Wachsmuth unter anderem in Rekurs auf Lerke Gravenhorst, dass noch in der dritten Generation, die Familie in der NS-Gesellschaft als „asymmetrischer Verbrechensverbund" in der Erinnerung ausgeblendet wird. Vgl. Gravenhorst: NS-Verbrechen, S. 27; Wachsmuth: Tradierungsweisen von Geschlechterbildern, S. 440.

Front als sensibler Ort, an dem die deutsche Nation verletzbar war, so schien es in den 1950er Jahren vor allem das private Heim zu sein, das, um sich in ihm wohlig einzurichten, geschützt werden musste.
Am heimischen Herd wurden nicht nur die Geschlechterverhältnisse restauriert und die Frau auf den mit Hausarbeit assoziierten Innenraum verpflichtet.[16] Es war auch der Ort, an dem die empfundene Scham durch Überlegenheitsgefühle überdeckt wurde, die sich auf die wirtschaftliche Prosperität[17] der Nation beriefen. Dabei ging der wirtschaftliche Erfolg der BRD nach dem Krieg mit dem die Scham aufhebenden Bedürfnis einher, Heim und Garten zu technisieren und Freizeit zu automobilisieren. Dies verdeutlichen Studien im Bereich von Wohn-, Freizeit- und Amateurkultur.[18] Kurzum: Das private Heim ist für die Rekonstitution der Nation bedeutsam, die sich von Schuld- und Schamgefühlen befreien wollte. Und weil Geschlecht und Nation in einem engen, sich gegenseitig durchdringenden Verhältnis stehen,[19] wurden auch dort die Geschlechterverhältnisse im Muster tradierter Vorstellungen bestimmt. Demnach sollte wieder das private Heim als Wirkungsbereich der Frau definiert werden[20] – unter anderem auch, um sie dem traditionellen Schema passiver und unpolitischer Küchentätigkeit

16 Zwar stieg die Erwerbsquote von Frauen in den 1950er Jahren deutlich an – Frauen galten nicht länger nur als helfende Hände ihrer Ehemänner – aber sie waren weiterhin in der Rolle der Hausfrau gefangen und wurden in ihren Küchen eingesperrt. Vgl. Betty Friedan: *Der Weiblichkeitswahn oder die Mystifizierung der Frau*, aus d. Engl. v. Margaret Carroux. Reinbek: Rowohlt 1966; Kathrin Peters: Einleitung. In: Dies. / Seier (Hrsg.): *Gender & Medien-Reader*, S. 325–335, hier S. 326; Ute Frevert: Umbruch der Geschlechterverhältnisse? Die 60er Jahre als geschlechterpolitischer Experimentierraum. In: Axel Schildt (Hrsg.): *Dynamische Zeiten: Die 60er Jahre in den beiden deutschen Staaten*. Hamburg: Christians 2000, S. 642–660; Ulrike Lindner: Rationalisierungsdiskurse und Aushandlungsprozesse. Der moderne Haushalt und die traditionelle Hausfrauenrolle in den 1960er Jahren. In: Matthias Frese / Julia Paulus / Klaus Teppe (Hrsg.): *Demokratisierung und gesellschaftlicher Aufbruch. Die sechziger Jahre als Wendezeit der Bundesrepublik*. Paderborn: Schöningh 2003, S. 59–82; Antonia Surmann: Die Küche als Ausdruck von Gesellschaftsbildern. In: *kunsttexte*, 2010. http://edoc.hu-berlin.de/kunsttexte/2010-1/surmann-antonia-8/PDF/surmann.pdf (Zugriff am 28.10.2015).

17 „[D]er steile und lang andauernde Anstieg der Löhne und Gehälter in den 1950er Jahren [war] eine beispiellose generationentypische und ‚zentrale Erfahrung der westdeutschen Bevölkerung'." (Axel Schildt: *Die Sozialgeschichte der Bundesrepublik Deutschland bis 1989/90*. München: Oldenbourg 2007, S. 23.)

18 Vgl. Margot Tränkle: Neue Wohnhorizonte. Wohnalltag und Haushalt seit 1945 in der Bundesrepublik, Bd. 5: 1945 bis heute, Aufbau Neubau Umbau. In: Ingeborg Flagge (Hrsg.): *Geschichte des Wohnens*. Stuttgart: DVA 1999, S. 687–806; Daniels: *Kunst als Sendung*; Lindner: Rationalisierungsdiskurse und Aushandlungsprozesse; Hornung / Gold / Kuni / Nowak (Hrsg.): *DIY. Die Mitmach-Revolution*.

19 Vgl. Nira Yuval-Davis: *Geschlecht und Nation*, aus d. Engl. v. Marcel Stoetzler / Lars Stubbe. Emmendingen: Die Brotsuppe 2001.

20 Vgl. Robert G. Moeller: The „Remasculinization" of Germany in the 1950s. Introduction. In: *Sign. Journal of Women in Culture and Society* 24,1 (1998), S. 101–106, hier S. 103.

zu überantworten. In diesem Zusammenhang sollte auch die Täterinnenschaft oder Mittäterinnenschaft von Ehefrauen und Müttern im Nationalsozialismus ungeschehen gemacht werden.[21] Männlichkeit, die während des Nationalsozialismus mit soldatischer Tapferkeit assoziiert und nun mit dem Schuldgefühl belastet war, für ein verbrecherisches System gekämpft zu haben,[22] konnte hingegen durch die Rolle des Familienernährers wieder aufgewertet werden. In Rekurs auf die Versorgerrolle erstritt sich Männlichkeit, nachdem sie durch den verlorenen Krieg Erschütterungen erfahren hatte, wieder ihr Anrecht auf Führungsanspruch.[23]

Ein Beispiel, an dem sich die für die Renationalisierung bedeutsame Rekonstitution der tradierten (Geschlechter-)Ordnung im Privaten veranschaulichen lässt, ist die Amateur- und Knipserfotografie. Ich hebe sie deswegen heraus, weil sie als Kontrastfolie für die Spezifik der später diskutierten vernakulären Fotografie Beckers wichtig ist.
Um Schuldgefühle abdrängen zu können, galt es auch in der Amateurfotografie der 1950er Jahre, den Mann wieder als unhinterfragtes Oberhaupt und Versorger der Familie zu installieren. Im Ratgeber *Knipsen kann jeder!* von 1958 werden vor allem Männer animiert, sich der Amateurfotografie im familiären Bereich zu widmen. Es wird sinniert:

> „Neulich schenkte ein Vater seinem Sohn zum 21. Geburtstag, also zum Tage seiner Großjährigkeit, ein Fotoalbum. ‚Unser Junge' stand drauf. Es enthielt vom Hochzeitsbild der Eltern und von der Wiege des Stammhalters an die besten Fotos, die der Vater von seinem Sprößling im Laufe der langen Jahre gemacht hatte. Glauben Sie nicht auch, daß dieses Album als das zauberhafteste Andenken ans Elternhaus generationenlang Freude spendet? Bildberichterstatter der Familie zu sein, das wäre doch auch etwas für Sie!"[24]

Die Aufforderung, „Bildberichterstatter der Familie"[25] zu werden, wird von Abbildungen lustiger und knipsender Väter flankiert. (Abb. 31) Spätestens der

21 Vgl. Figge / Hanitzsch / Teuber: Einleitung, S. 11.

22 Vgl. Margit Reiter: *Die Generation danach. Der Nationalsozialismus im Familiengedächtnis*. Innsbruck / Wien / Bozen: Studienverlag 2006; Iris Wachsmuth: Geschlechterbilder im intergenerationellen Transfer. Erbschaften aus dem Nationalsozialismus. In: *Österreichische Zeitschrift für Geschichtswissenschaften* 19,2 (2008), S. 185–193.

23 Vgl. Moeller: The „Remasculinization" of Germany in the 1950s, S. 102.

24 Heinz Tischer: *Knipsen kann jeder! Die Constanze Fotofibel*. Hamburg: Constanze 1958, S. 15.

25 Ebd.

Blick auf die Bilder in ähnlichen Ratgebern – z. B. in *How to Make Good Pictures* der Eastman Kodak Company (Abb. 32)[26] – verdeutlicht die Rolle des Mannes als Familienfotograf. Mittels der Inszenierung von Männlichkeit als fürsorgende Vater-Ernährer-Potenz mit einem Lächeln[27] im Gesicht werden deutsche Schuldgefühle vom Wohnzimmer aus überspielt.

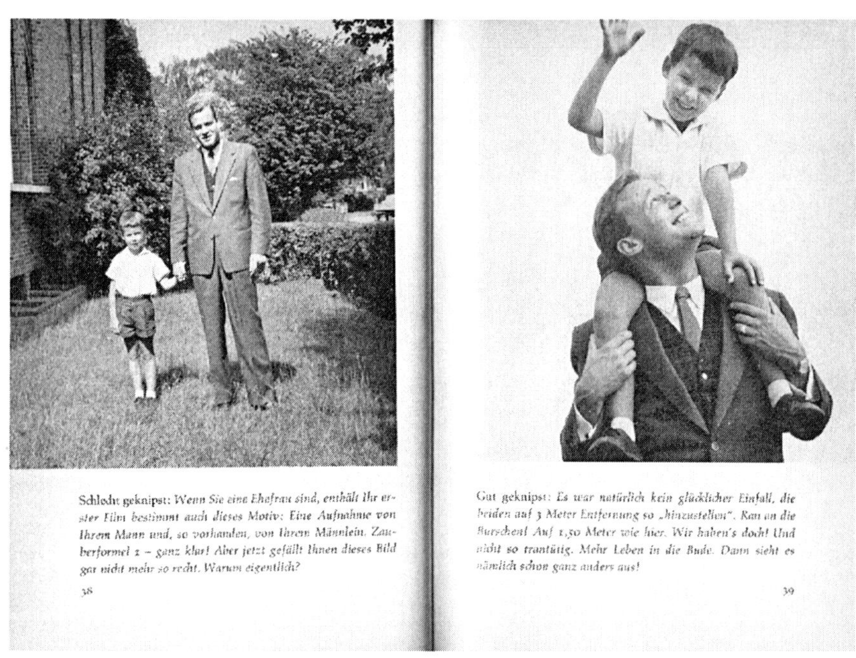

Schlecht geknipst: *Wenn Sie eine Ehefrau sind, enthält Ihr erster Film bestimmt auch dieses Motiv: Eine Aufnahme von Ihrem Mann und, so vorhanden, von Ihrem Männlein. Zauberformel 1 – ganz klar! Aber jetzt gefällt Ihnen dieses Bild gar nicht mehr so recht. Warum eigentlich?*

38

Gut geknipst: *Es war natürlich kein glücklicher Einfall, die beiden auf 3 Meter Entfernung so „hinzustellen". Ran an die Burschen! Auf 1,50 Meter wie hier. Wir haben's doch! Und nicht so trantütig. Mehr Leben in die Bude. Dann sieht es nämlich schon ganz anders aus!*

39

Abb. 31: Fotograf*innen unbekannt: *Knipsende Väter*, 1958.

26 Der in den USA seit Anfang des 20. Jahrhunderts vertriebene und enorm beworbene Amateurratgeber wurde auch ins Deutsche übertragen und über die Kodak-Gesellschaft Berlin vertrieben. Vgl. Kodak: *Wie erzielt man gute Aufnahmen? Ein Buch für Amateurphotographen*. Berlin: Kodak 1937.

27 Das Lächeln ist symptomatischer Ausdruck des sich im 20. Jahrhundert verstärkenden Amateur-Diskurses. Schmerzhafte und unangenehme Aspekte alltäglichen Lebens sollten dem massenwirksamen Marketing Kodaks zufolge ausradiert werden. Vgl. Nancy Martha West: *Kodak and the Lens of Nostalgia*. Charlottesville / London: Virginia UP 2000.

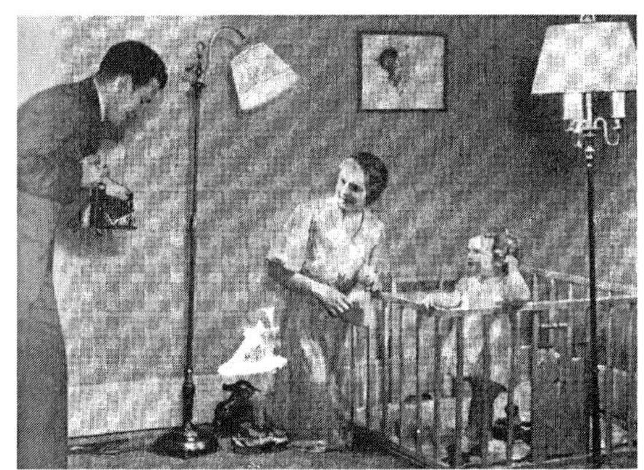

Abb. 32
Fotograf*in unbekannt:
How to make the modern family, 1945.

Neben der privaten Fotografie sind es auch gesellschaftlich verbreitete Filmbilder, die „die imaginäre Überwindung des an die Verbrechen des Nationalsozialismus gebundenen Schuldgefühls in Aussicht“[28] stellen und eine Versöhnung mit der nationalen Identität versprechen. Da Becker als Bühnenbildner für Filmproduktionen an der Generation dieser filmischen Bilder beteiligt war, widme ich mich im Folgenden seiner Rolle innerhalb des Dispositivs Film, das neben den Bildern auch die den Film umgebenden Diskurse und Praktiken umfasst. Hierbei sei erwähnt, dass es sich bei der Beschäftigung mit seinen Bühnenbildern um einen Exkurs handelt, der eher skizzenhaften Charakter hat. Dennoch lohnt sich zur Einordnung seiner später in diesem Kapitel behandelten privaten Fotografie in den 1950er und 1960er Jahren ein Blick auf sein Schaffen beim Film.

28 Maja Figge: *Deutschsein (wieder-)herstellen: Weißsein und Männlichkeit im bundesdeutschen Kino der fünfziger Jahre*. Bielefeld: Transcript 2015, S. 13.

IV.2 Nachkriegsbühnen: Becker als Bühnenbildner

Becker wurde nach 1945 Dekorateur und Bühnenbildner im Film- und Fernsehgeschäft. Durch seine Bekanntschaft mit Herbert Kirchhoff, der als Bühnenarchitekt 1943 zum Film gekommen war, lernte Becker in der Nachkriegszeit die Filmbranche kennen. Als Kirchhoffs Assistent war er etwa ab 1947 bei verschiedenen Filmproduktionen vornehmlich für die Textilausstattung und die Dekoration, später für den Bühnenbau verantwortlich. Zusammen mit Kirchhoff bepolsterte er mittels üppiger Dekors das Selbstbild Nachkriegsdeutschlands[29] und wattierte kollektive Scham- und Schuldgefühle.

Da Ruinen und von Zerstörung geprägte Landstriche als Hintergründe bei Dreharbeiten überwiegend[30] vermieden wurden, bestand die Notwendigkeit, Kulissen für die Imagination einer heilen Nation in Innenräumen zu entwerfen.[31] In den 1950er und 1960er Jahren wurden die meisten Filme in Studios mit künstlichen Kulissen gedreht.[32] Daraus resultierte eine Blütezeit des Kulissenkinos und der Filmarchitektur[33] sowie der cineastischen „Textil- und Einrichtungswelle“[34]. Das Kino wurde zum prädestinierten Spielplatz für Beckers Improvisation und Dekoration. Vor allem das Genre des Revuefilms, das die Kinokassen klingeln lassen sollte, bot Becker Gelegenheit, sich gestalterisch auszuleben.[35] Deshalb werde ich im Folgenden vor allem auf dieses Genre und insbesondere auf Kirchhoffs und Beckers Rolle darin eingehen.

29 Vgl. Claudius Seidl: Die Verlorenen. Über Schauplätze, Standpunkte und Zeitrechnungen des deutschen Fünfziger-Jahre-Films. In: Christoph Winkler / Johanna von Rauch (Hrsg.): *Tanzende Sterne und nasser Asphalt. Die Filmarchitekten Herbert Kirchhoff und Albrecht Becker und das Gesicht des deutschen Films in den fünfziger Jahren*. Hamburg: Dölling & Galitz 2001, S. 16–45.

30 Ebd., S. 25. Es gab Ausnahmen. Vor allem sehr frühe Nachkriegsfilme – sogenannte Trümmerfilme – wurden in Ruinen verwirklicht. Sie dienten als Projektionsflächen des ruinierten Selbstbewusstseins und kaum der politischen Aufarbeitung.

31 Ebd., S. 24–25.

32 Erst ab den 1960er Jahren konnte mit leistungsstärkerem und weniger umfangreichem Equipment an Originalschauplätzen gedreht werden.

33 Vgl. Felix Graßmann: Ein Schritt hin zum Fabelhaften. Die Filmarchitekten Herbert Kirchhoff und Albrecht Becker. In: Winkler / von Rauch (Hrsg.): *Tanzende Sterne und nasser Asphalt*, S. 46–207, hier S. 54.

34 Ebd., S. 48.

35 Vgl. Walter Schobert: Vorwort. In: Ders. / Hilmar Hoffmann (Hrsg.): *Zwischen gestern und morgen. Westdeutscher Nachkriegsfilm 1946–1962*. Frankfurt am Main: Deutsches Filmmuseum 1989, S. 3–7, hier S. 5; Figge: *Deutschsein (wieder-)herstellen*, S. 15.

IV.2.1 Deutsche Nachkriegskulissen: Das Ornament im Revuefilm

In Anlehnung an das Revuetheater der 1920er Jahre spielte die Ornamentierung, also üppige Verzierung, und Exotisierung der Kulisse inklusive der darin eingebundenen Darsteller*innen eine große Rolle für die Aufmerksamkeitsökonomie und die Zuschauer*innenbindung der Filme. Da es für Filmproduktionen keine weitere ökonomisch brauchbare Verwendungsmöglichkeit als die Ausstrahlung im Kino gab (das Fernsehen strahlte noch keine Kinofilme aus), mussten Filme kommerzielle Erfolge und daher gefällig sein.[36] Die Ornamentierung spielte als Bemusterung des Leichten und Spielerischen eine wesentliche Rolle für die Vermarktung. Hierbei fallen auch die Anklänge an die tanzenden Menschenornamente in den Revueshows der 1920er Jahre auf.[37]

In den Shows stellte die Anordnung der tanzenden Menge als Ornament einen „ästhetischen Reflex der von dem herrschenden Wirtschaftssystem erstrebten Rationalität“[38] dar. Die angestrebte Rationalität übersetzte sich also in ein Ornament, das auch für Formstrenge stand. Vor dem Hintergrund, dass es nach 1945 notwendig schien, Kriegsverluste zumindest imaginativ auszugleichen, war die strengen und rationalen Abläufen gehorchende und formalisierte Fragmentierung im Ornament auch für den Nachkriegsfilm unabdingbar. Anne Fleig schreibt – nochmal zurück auf die 1920er Jahre bezogen –: „Gemessen an der Zerstückelung der Körper und dem Verlust einzelner Glieder durch die Kriegsmaschinerie behaupteten die Beine in der Revue eine Eigenständigkeit, die das Verhältnis von Teilen und Ganzem umkehrte.“[39] Fragmentierte und in Teile zerstückelte Körper im Takt einer Revuenummer verweisen also auf die Ganzheit des gesamten (Nationen-)Körpers. Diese Ganzheit und Geschlossenheit galt es auch nach Ende des Zweiten Weltkrieges erneut zu konstituieren. Zwar wurde dabei nicht auf die im faschistischen Aufmarsch uniformierte Masse zurückgegriffen, dennoch halfen die sich ins ornamentale Muster einfügenden Fraktale, Zusammenhalt und Sicherheit der Masse herzustellen.

36 Vgl. Graßmann: Ein Schritt hin zum Fabelhaften, S. 54.

37 Vgl. Jost Lehne: Massenware Körper. Aspekte der Körperdarstellung in den Ausstattungsrevuen der zwanziger Jahre. In: Michael Cowan / Kai Marcel Sicks (Hrsg.): *Leibhaftige Moderne. Körper in Kunst und Massenmedien 1918 bis 1933*. Bielefeld: Transcript 2005, S. 264–278, hier S. 273.

38 Siegfried Kracauer: *Das Ornament der Masse. Essays*. Frankfurt am Main: Suhrkamp 1977, S. 54.

39 Anne Fleig: Tanzmaschinen. Die Girls im Revuetheater der Weimarer Republik. In: Sabine Meine / Katharina Hottmann (Hrsg.): *Puppen, Huren, Roboter. Körper der Moderne in der Musik zwischen 1900 und 1930*. Schliengen: Argus 2005, S. 102–117, hier S. 114.

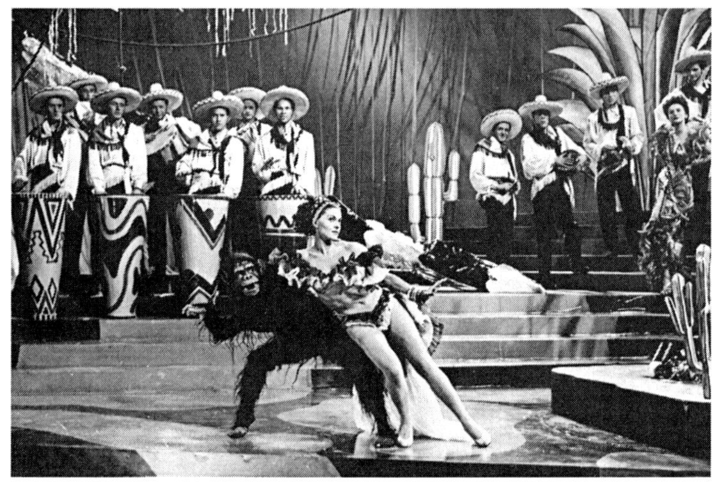

Abb. 33: *Der Affe als Platzhalter für das ‚Primitive'*, 1950.

Mit einer spielerischen Freude widmeten sich Kirchhoff und Becker barocken Dekors und üppigen Mustern.[40] Gleichzeitig entwickelten sie grafische Strukturen und geometrische Figuren als wesentliche Stilmittel. Sie schachtelten gebaute und gemalte Kulissen ineinander, mischten echte Statist*innen mit Pappstatisten und ließen Einzeldekors wie Säulen, Portale etc. mit dem Hintergrund verschmelzen. Damit bedienten sie die Ornamentierung auf den zwei Ebenen des barocken Schwulsts und der modernen Sachlichkeit, des US-amerikanischem Hollywood-Kitschs und der neusachlichen Ästhetik der Weimarer Republik. Auch versorgten Kirchhoff und Becker die deutsche Nachkriegsgesellschaft mit blümeranten Ornamenten und exotischen Dekorationen. Vor allem die auf die Konstruktion des ‚primitiven Anderen' (Abb. 33) verweisenden und/oder zeitlich in der Zukunft liegenden[41] Dekorationen (Abb. 34) können als Kunstgriffe verstanden werden, um die deutsche Identität wiederherzustellen. Filme, an denen Kirchhoff und Becker beteiligt waren, wie *Die Blume von Hawaii* (1953) oder *Die Dritte von rechts* (1950), sehe ich als Beispiele dafür, wie die Sehnsucht nach

40 Vgl. Uwe Köhnholdt: Zwei Freunde. In: Winkler / von Rauch (Hrsg.): *Tanzende Sterne und nasser Asphalt*, S. 7–15, hier S. 13.

41 Symptomatisch für das Erreichen einer deutschen nationalen Identität ist die inszenierte Überschneidung von Gegensätzlichkeiten. Im Film *Bühne frei für Marika* (1958) zeichnet sich unter Beteiligung von Kirchhoff und Becker das Revuebild neben dem durch üppige Dekorationen gestalteten Urwald durch moderne Linienführungen aus. Zudem landet die Protagonistin inmitten dieses Bildes mit einer Rakete. (Abb. 34) Figurationen des Primitivismus und Futurismus in ein Bild gesetzt, ermöglichen die Illusion des Fremden zur Konstitution des Eigenen.

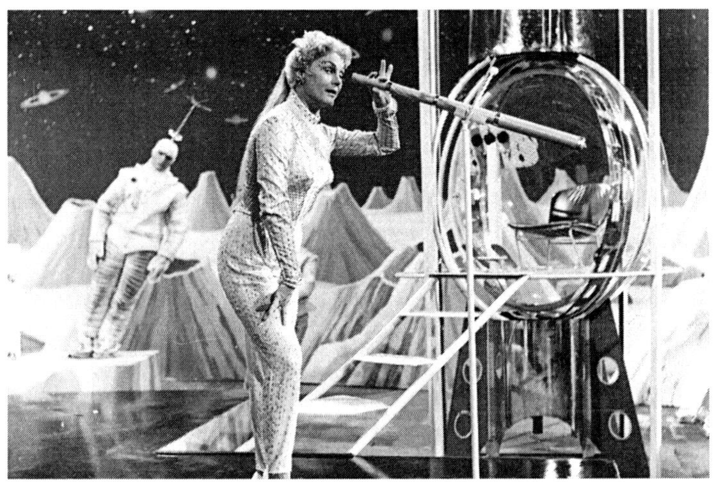

Abb. 34: *Marika schaut fern*, 1958.

dem Exotischen, wie Monika Albrecht es formuliert, eine Sprache des Mangels in Bezug auf die eigene Kultur, die eigene Nation ausgleichen soll.[42] Die der Mangelsituation entspringenden Sehnsüchte hatten den Effekt einer Rezentrierung des Eigenen. Die Sprache der Filmarchitektur Kirchhoffs und Ausstattung Beckers überspielt mit dem exotisierenden und rassisierenden Griff auf das Andere die mit Schuld und Scham besetzte deutsche Nation. Die Figur des ins Lächerliche gezogenen und exzentrisch ausgeschmückten „schwarzen Clowns und infantilen Kaspers aus der Tradition der Minstrel Shows"[43] diente im Nachkriegsfilm oft der Vertreibung der deutschen Scham- und Schuldgefühle. Hier ist es die Figur der halbnackten Bastrocktänzerin im exotischen Bühnendesign von Kirchhoff und Becker (Abb. 35), die dem Lustgewinn beim Differenzkonsum behilflich ist.[44]

42 Vgl. Monika Albrecht: *„Europa ist nicht die Welt": (Post)Kolonialismus in Literatur und Geschichte der westdeutschen Nachkriegszeit*. Bielefeld: Aisthesis 2008, S. 9–11.

43 Linda Hentschel: Strange Fruit: Die visuelle Kultur des Lynchens in den USA. In: Anna Pawlak / Kerstin Schankweiler (Hrsg.): *Ästhetik der Gewalt – Gewalt der Ästhetik*. Weimar: Verlag und Datenbank für Geisteswissenschaften 2013, S. 165–178, hier S. 107; vgl. Linda Hentschel: Black Cock. Betrachten und Bestrafen. In: Katharina Sykora / Kristin Schrader / Dietmar Kohler / Natascha Pohlmann et al. (Hrsg.): *Valenzen fotografischen Zeigens*. Kromsdorf: Jonas 2016, S. 128–143.

44 Zum massenkulturellen Konsum rassisierter Differenz als spezifischer Form des Exotismus vgl. Figge: *Deutschsein (wieder-)herstellen*, S. 12; Anne McClintock: *Imperial Leather. Race, Gender and Sexuality in the Colonial Contest*. New York: Routledge 1995; Kien Nghi Ha: *Hype um Hybridität. Kultureller Differenzkonsum und postmoderne Verwertungstechniken im Spätkapitalismus*. Bielefeld: Transcript 2005.

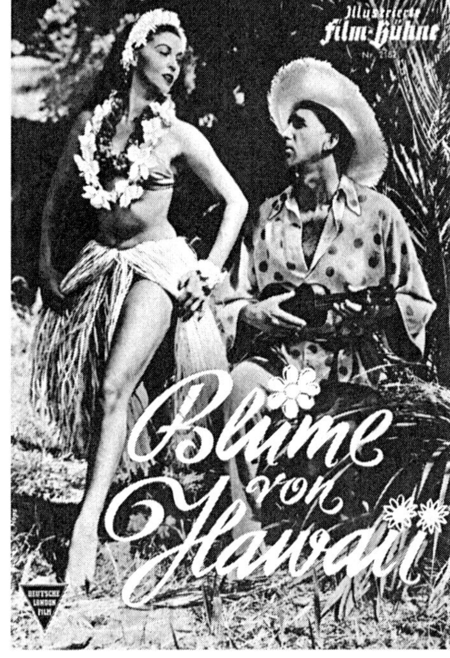

Abb. 35
Deutsche Selbstvergewisserung im Baströckchen, 1953.

IV.2.2 Exzentrische Männlichkeit im Kino der Nachkriegszeit

Kirchhoff und Becker, die als homosexuelle Männer in der Nachkriegszeit marginalisiert waren, stützten ihre öffentliche Anerkennung beim Film auf die Nationalisierung und Vermarktung des Exotischen, Fabelhaften und Flamboyanten, das sich in dekorreichen und mitunter exzentrischen Ästhetiken ausdrückte. Dies erinnert an die historische Konstellation der homosexuellen Vertreter der auf den Piktorialismus zurückgreifenden Modefotografie wie Adolphe de Meyer.

Die Modefotografie der 1920er Jahre, die sich aus dem homoerotischen Umfeld des Piktorialismus entwickelt hatte, zeichnete sich durch affektiv exzentrische und exzessive Inszenierungen und mondäne Bildkompositionen aus.[45] Elspeth H. Brown, auf die ich mich hier beziehe, betrachtet in Anlehnung an José Esteban Muñoz[46] affektiven Exzess der homosexuellen Modefotografen in Abgrenzung zum hegemonial reduzierten Affekt (z. B. der Neuen Sachlichkeit). Affektiver

45 Vgl. Elspeth H. Brown: De Meyer at Vogue. Commercializing Queer Affect in First World War-Era Fashion Photography. In: *Photography & Culture* 2,3 (2009), S. 253–274.

46 Vgl. José Esteban Muñoz: Feeling Brown. Ethnicity and Affect in Ricardo Bracho's The Sweetest Hangover (and Other STDs). In: *Theatre Journal* 52,1 (2000), S. 67–79.

Exzess geht mit einer Ästhetik des Überflusses von Objekten, Texturen, Geweben und Blumen einher.[47] Dieser Exzess erwirkte eine Produktbindung und regte die Konsumkultur an. Aufgrund dieser den Konsum anregenden Wirkung des Exzesses konnte sich z. B. der Fotograf Adolphe de Meyer, der Teil des Zirkels effeminiert männlicher Ästheten und homosexueller Künstler*innen in New York war, in seinem Schwulsein legitimieren und vor homophober Diskriminierung schützen.

Von der Marktfähigkeit der Ästhetik des affektiven Exzesses konnten Kirchhoff und Becker im Nachkriegsfilmgeschäft auch profitieren. Dies war in Anbetracht ihrer unsicheren und von Homophobie geprägten Position am Filmset nicht irrelevant. Wenngleich die deutsche Filmwelt der Nachkriegsjahre eine größere Offenheit gegenüber homosexuellen Menschen bot als es in Hollywood der Fall war,[48] war vor allem Becker, der den engen Kontakt zu männlichen Komparsen, Statisten und Bühnenarbeiten suchte, gefährdet, als homosexueller Mann am Set entlarvt zu werden.[49] Daher ließe sich sagen, dass der von Becker mitverantwortete Einsatz einer affektiv exzentrischen Ästhetik in diesem historischen Moment der deutschen Filmgeschichte auch eine Schutzfunktion darstellte. Gleichzeitig ist sie als Mittel der Einbindung in eine auf Konsum orientierte Affektökonomie des Filmgewerbes kritisch zu sehen – vor allem, wenn die im Film durch exzentrische Ästhetiken erzeugte Rassisierung und Exotisierung des Anderen ein Teil davon ist.

47 Vgl. Brown: De Meyer at Vogue, S. 261.

48 Jedoch schreibt Vito Russo in *The Celluloid Closet*, dass schwule Drehbuchautoren, Regisseure, Schauspieler und Techniker, die darauf angewiesen waren, *in the closet* zu bleiben, die Architekten des US-amerikanischen Traumes waren und heterosexuelle Fantasien US-amerikanischer Majorität anregten. Diese Aussage trifft auf die in der homophilen Presse verbreitete Idee, es gäbe einen Zusammenhang zwischen Homosexualität und überlegener Kreativität. Vgl. Vito Russo: *The Celluloid Closet. Homosexuality in the Movies*. New York: Harper & Row 1981, S. 62; Gavin Butt: *Between You and Me. Queer Disclosures in the New York Art World, 1948–1963*. Durham / London: Duke UP 2005, S. 56; Alice A. Kuzniar: *The Queer German Cinema*. Stanford: Stanford UP 2000, S. 159.

49 So erinnert sich der Archivar der Deutschen Kinemathek, Gerrit Thies – mit dem ich im Rahmen meiner Sichtung der Archivbestände dort am 03.12.2013 ein informelles Gespräch über Beckers Übergabe von Kirchhoffs Nachlass sowie seines eigenen arbeitsbezogenen Teilvorlasses ans Archiv 1988 führte –, dass Becker in den 1950er Jahren beinah gekündigt worden war, weil er Kollegen zu nah gekommen sei. In der Publikation *Tanzende Sterne und nasser Asphalt* gibt es einen Vermerk, demzufolge Geza von Cziffra Becker hinauskomplementiert habe, weil er mit seinen Entwürfen unzufrieden gewesen sei. Es kann spekuliert werden, ob mit dieser Begründung ein anderer, womöglich homophober Grund überdeckt werden sollte. Vgl. Christoph Winkler / Johanna von Rauch (Hrsg.): *Tanzende Sterne und nasser Asphalt. Die Filmarchitekten Herbert Kirchhoff und Albrecht Becker und das Gesicht des deutschen Films in den fünfziger Jahren*. Hamburg: Dölling & Galitz 2001; Graßmann: Ein Schritt hin zum Fabelhaften, S. 125.

Vor allem im Film operieren in Ökonomien der Andersheit[50] eingebundene Ästhetiken biopolitisch: Indem sich Töne, Bilder und Wünsche – wie Hito Steyerl sagt – mit ökonomischen Bedingungen verflechten, werden Affekte strukturiert, die selbst wiederum die Wahrnehmung von Differenz als exzentrisch, exotisiert und rassisiert determinieren.[51] Affekte, die im diskursiven System der Filmindustrie in den 1950er Jahren die Ökonomie der Andersheit mitbedingen, sind als Bindemittel des Begehrens nach einem besseren und von Schuld befreiten Leben deutscher Nachkriegskinogänger*innen kritisch zu diskutieren. Kirchhoff und Becker sind mit ihren ornamentalen Filmbauten und mit ihrer ästhetischen Exzentrik Teil dieser diskursiven Schuldabwehr.
Unterläuft diese Exzentrik mit den soeben benannten Effekten der Schuldabwehr meinen Begriff der Affizierung, wie ich ihn für Beckers private Medienpraktiken in dieser Arbeit behaupte? Ich werde später in diesem Kapitel (siehe Abschnitt IV.3) herausarbeiten, dass die nationalökonomische Einbindung der affektiven Exzentrik in der Ästhetik der von Becker geschaffenen Filmausstattungen im Kontrast zu seinen privaten Medientechniken der Maskerade steht. Die orientalisierenden Filmkulissen in ihrer Ornamentierung stehen im besonderen Gegensatz zu Beckers vernakulären Maskeraden. Bevor ich jedoch darauf eingehe, möchte ich mich noch einem weiteren zu problematisierenden Arbeitsfeld Beckers widmen: seinen fotografischen Arbeitsstudien zur Erprobung späterer Filmkulissen. Es handelt sich um im Modus der neokolonial informierten Reisefotografie verfasste Studien. Diese möchte ich im Folgenden diskutieren, um zu veranschaulichen, dass Beckers Fotografie je nach Herstellungs- und Verwendungskontext sehr unterschiedliche politische Aussagen generiert.

IV.2.3 Drehorte deutscher Selbstvergewisserung

In den Archiven der Deutschen Kinemathek und des Schwulen Museums Berlin befinden sich Ordner mit Bilderserien, die Becker bei der Recherche und Vorbereitung auf neu zu entwickelnde Filmkulissen dienten. Diese Ordner lassen sich auf die 1950er Jahre datieren und sind in ihrer Funktion und Motivik von Beckers privaten Selbstdarstellungen zu unterscheiden.

50 Hito Steyerl bezieht sich auf die von Bill Nichols, Christian Hansen und Catherine Needham beschriebenen „economies of otherness“ und thematisiert diese als „komplexe diskursive Systeme, ganze Welten, in denen sich Töne, Bilder und Wünsche ineinander verflechten und mit ökonomischen Bedingungen in ein Verhältnis setzen“. (Hito Steyerl: Postkolonialismus und Biopolitik. In: Dies. / Encarnación Gutiérrez Rodríguez (Hrsg.): *Spricht die Subalterne Deutsch? Migration und Postkoloniale Kritik*. Münster: Unrast 2003, S. 38–55, hier S. 41.)

51 Steyerl: Postkolonialismus und Biopolitik, S. 41.

Die Fotografien, die für Arbeitsstudien auf Reisen und an internationalen Drehorten entwickelt wurden, sind – im Unterschied zu den Anordnungen von Beckers vernakulären Fotografien – in Serien geordnet. Kontaktabzüge wurden gereiht und ergeben mitunter Bewegungs-, Tätigkeits- und Feldstudien – z. B. von Straßenakrobatik, Fischerei oder Stierkampf. So sind auf einer mit „Nice 1953" überschriebenen Ordnerseite aufgeklebte Kontaktabzüge zu sehen, die eine Reihe junger Athleten in Badehose und bei der Verrichtung von Körperübungen zeigen. (Abb. 36) Kombiniert sind diese mit Strand- und Stadtportraits, die den Eindruck erzeugen, ein Reisender würde Ansichten der Fremde versammeln. Aufgrund des Kontextes dieser Bilder wissen wir, dass ihre Funktion die Verzeichnung der Fremde zum Zwecke der Erstellung eines filmisch zu verwertenden Portfolios ist. Mithin transformiert sich der touristische Blick zum ethnologischen. Dieser auf Einheimische, Landarbeiter*innen und andere Kulturen sowie deren soziale Strukturen, religiöse Praktiken, Kleidungsstile etc. gerichtete Blick, der der verzeichnenden Beschreibung[52] des Anderen dient, bringt meinem Eindruck nach ein Kulturgefälle hervor. Die Überschneidung dieses Blicks mit dem der Bewegungsfotografie verstärkt diesen Eindruck: Der ethnologische Blick, der im Machtgefälle von Betrachter*in und Objekt das Andere im archaischen Ausdruck des Portraits konstituiert, wird um die Bewegungsfotografie, die im Duktus von Filmstreifen angeordnet Emblem für Fortschreiten und Fortschrittlichkeit ist, ergänzt.[53] Die Verschränkung von ethnologischem Blick und Bewegungsfotografie bedeutet eine Potenzierung dessen, wofür beide stehen: *weiße*, maskulinistische, patriarchale Strukturen westlicher Fortschrittsgläubigkeit, Rationalität und Affektkontrolle. Insofern können Beckers Arbeitsstudien als Beispiele für die Verstetigung solcher Strukturen im Filmgeschäft der frühen Bundesrepublik aufgefasst werden.

52 Christine Hanke merkt an, dass anders als bei der Anthropologie bei der Ethnologie nicht vermessen, sondern über Zeichnungen und Fotografien präsentiert und *beschrieben* wird. Da der ethnologische Diskurs von einem Konzept unterschiedlicher Kulturhöhen ausginge, ermöglichten die verzeichnenden Beschreibungen verschiedener Kulturen die Markierung von Differenzen in der Kulturhöhe. Vgl. Christine Hanke: Zwischen Evidenz und Leere. Zur Konstitution von „Rasse" im physisch-anthropologischen Diskurs um 1900. In: Dies. / Hannelore Bublitz / Andrea Seier (Hrsg.): *Der Gesellschaftskörper. Zur Neuordnung von Kultur und Geschlecht um 1900.* Frankfurt am Main / New York: Campus 2000, S. 179–235, hier S. 216.

53 Das grundlegende Argumentationsraster des ethnologischen Diskurses und der soziologische und gesellschaftliche Evolutionismus kommen in der fotografischen Technik der Bewegungsfotografie zum Tragen, die durch die diachronische Perspektive eine Entwicklungsgeschichte von ‚Naturvolk' zum ‚Kulturvolk' konzipiert. Vgl. Hanke: Zwischen Evidenz und Leere, S. 216; Elspeth H. Brown: Racializing the Virile Body: Eadweard Muybridge's Locomotion Studies 1883–1887. In: *Gender & History* 17,3 (2005), S. 627–656.

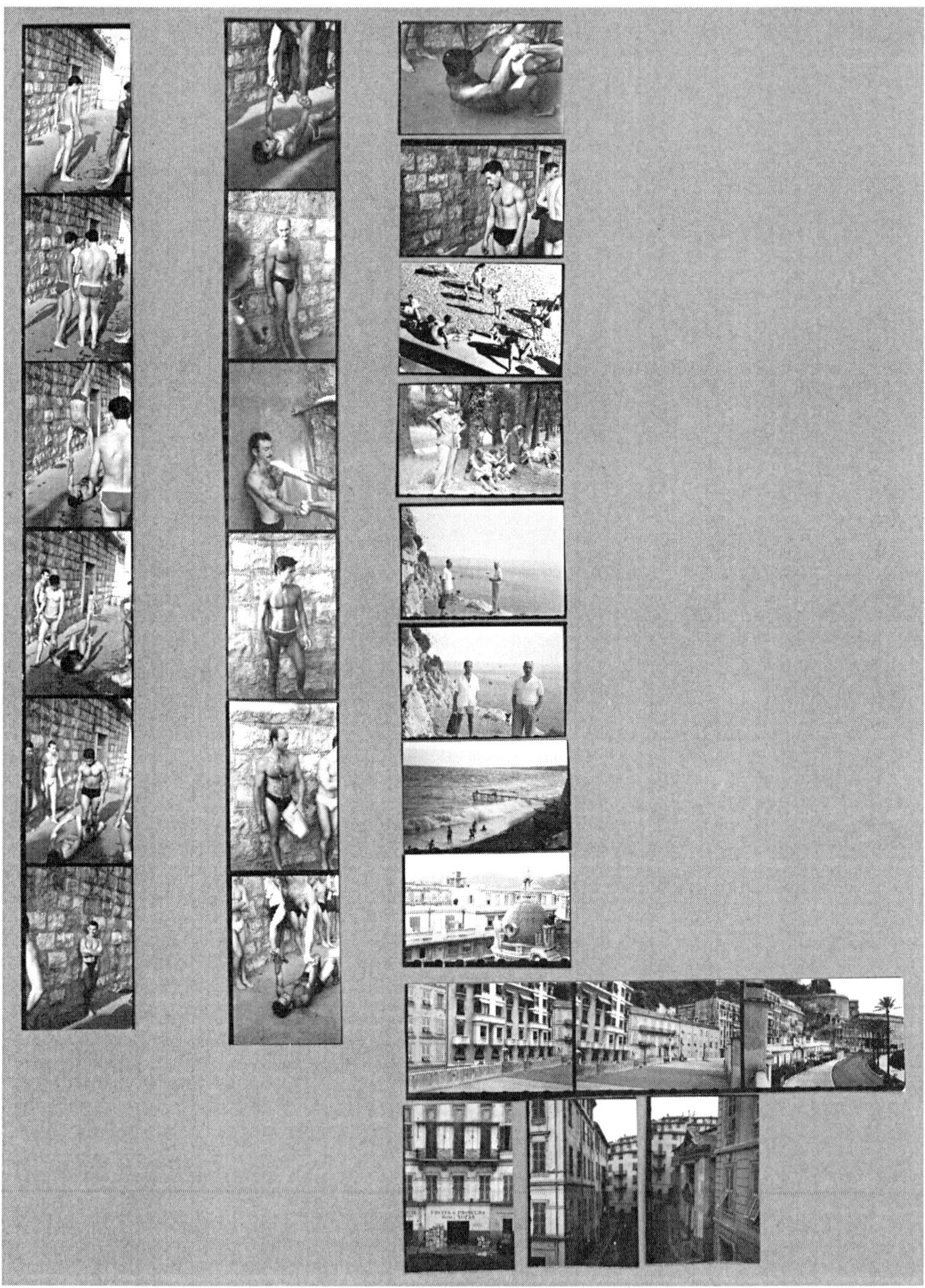

Abb. 36: Albrecht Becker: *Kontaktabzüge Nice*, 1953.

Davon, dass Beckers fotografische Reisestudien in einer Bildsprache verfasst wurden, die sich aus dem visuellen Diskurs der deutschen Nachkriegszeit speist, zeugt auch der öffentliche Blick. Da Kirchhoff in Beckers berufliche Arbeiten einbezogen war und die beiden Dienstreisen häufig zusammen unternahmen, gehe ich davon aus, dass diese Bild-Ordner von mehr als einem Augenpaar gesehen wurden. Ähnlich wie im Falle des Soldatenalbums (siehe Kap. III) wurden die Bilder in diesen Ordnern auch von anderen Personen als Becker rezipiert. Aufgrund dieser geteilten Rezeption fügen sich z. B. die Darstellungen halbnackter Männer am Strand (Abb. 36) in den Bilddiskurs der zu dieser Zeit virulenten Beefcake-Magazine[54] einerseits und den der ethnologisch durchdrungenen Reisereportagen andererseits.

Diese Anmerkung soll das mit diesem Blick produzierte Othering auf den Filmreisen nicht beschönigen, sondern die Differenz zu Beckers privatem fotografischen Schaffen veranschaulichen. Ich möchte behaupten, dass Beckers Fotografien nicht verstanden werden können, ohne sich vor Augen zu halten, dass der Grad der Öffentlichkeit ihren ästhetischen Ausdruck mitbestimmte. Dies wiederum verlangt nach einer Reflexion des interdependenten Verhältnisses von Nation, *race* und Sexualität: Beckers Ausdruck variiert, weil er im Unterschied zu seinen privaten Bilderwelten in der Öffentlichkeit seine Sexualität anders zu Nation und *race* ins Verhältnis setzen musste. Um sich am Arbeitsplatz vor Homophobie zu schützen, machte er mit seinen Vorstudien scheinbar Zugeständnisse gegenüber der ethnisierten Filmsprache, die in der Funktion stand, dem bedrohten deutschen Bevölkerungskörper Sicherheit zu geben.[55] Das soll nicht heißen, dass Werte der Öffentlichkeit nicht auch bei seiner privaten Fotografie eine Rolle spielten, nur führten sie zu einem differenten ästhetischen Ausdruck. Es lässt sich vorausschicken, dass dieser im Folgenden besprochene Ausdruck unschwer als eine Ästhetik zu erkennen ist, die die Grenze des gesellschaftlich Legitimierten zum Zeitpunkt ihrer Entstehung überschritt. Daher entstand sie im Privaten.

54 Es handelt sich um die zwischen 1930 und 1960 vornehmlich in US-Amerika vertriebenen Magazine, die muskuläre halbnackte junge Männer in athletischer Pose zeigen. Eigentlich als Publikationen gedacht, die Gesundheit und Fitness fördern sollten, wurden sie vor allem von schwulen Männern konsumiert, die sonst nur sehr erschwert Zugang zu fotografischen Darstellungen halbnackter Männlichkeit hatten.

55 Vgl. Hanke: Zwischen Evidenz und Leere, S. 217.

IV.3 Nachkriegsmaskeraden: Becker als Bilderbühne

Als *Bühnenbildner* arbeitete Becker an der filmischen Wiederherstellung und Legitimation deutschen Nationalgefühls mit. Gleichzeitig trug er als mit Tätowierungen und Kostümierungen bebilderte Bühne, als *Bilderbühne*, zur Verunsicherung dieser nationalen Selbstvergewisserung bei. Dies legen Beckers vernakuläre Fotografien der Maskerade nahe. Bevor ich mich anhand ausgewählter Beispiele diesen Fotografien widme, möchte ich einige Überlegungen zu meiner Einschätzung der Positionierung Beckers im Kontext der Aufarbeitung des Nationalsozialismus anstellen.

IV.3.1 Mimikry als Grenzverwirrung des ‚Täter-Opfer-Diskurses‘[56]

Die ambivalente Positionierung Beckers gegenüber dem Nationalsozialismus wurde bereits bei der Lektüre seines Soldatenalbums (siehe Kap. III) deutlich. Beckers private fotografische Arbeiten aus der Nachkriegszeit zeigen erneut, wie schwierig es ist, zu seinen Fotografien im Komplex der diskursiven Bedingungen eine Haltung zu entwickeln. Einerseits bin ich geneigt, einer feministischen Perspektive zu folgen, die meint, dass die Vergeschlechtlichung der Zuschreibungen von ‚Opfern‘ und ‚Tätern‘ eine kritische Erforschung des Nationalsozialismus erschwere.[57] Würde Becker trotz seiner Verfolgung nach §175 RStGB nicht als Opfer angesehen, weil Männlichkeit per se mit Täterschaft assoziiert sei, wäre der Komplexität nicht Rechnung getragen – so in Anlehnung an diese feministische Kritik. Becker, der nach seiner Haftentlassung als Soldat für NS-Deutschland an der Front kämpfte, ausschließlich als Täter zu verstehen, wäre zu einfach. Gestützt wird dieses Argument durch eine Kritik an einer Ausweitung des Opferbegriffs. Vor allem in der unmittelbaren Nachkriegszeit herrschte in Deutschland eine Tendenz vor, die Deutschen – auch die Schuldigen – als Opfer des Krieges oder der Nazis zu verstehen und ein „Bild der nationalen Opfergeschichte“[58] zu zeichnen. In den letzten 15 Jahren erlebte dieser

56 Indem ich diesen Begriff in einfache Anführungszeichen setze, distanziere ich mich von der Dichotomie, die ich durch die Verwendung reproduziere. Um mir über Beckers Positionierung klar werden zu können, braucht es jedoch diese künstliche Trennung der an sich nicht immer zu trennenden Diskurse des ‚Opfers‘ und ‚Täters‘.

57 Vgl. Insa Eschebach / Sigrid Jacobeit / Silke Wenk (Hrsg.): *Gedächtnis und Geschlecht. Deutungsmuster in Darstellungen des nationalsozialistischen Genozids.* Frankfurt am Main / New York: Campus 2002; Susanne Lanwerd / Irene Stoehr: Frauen- und Geschlechterforschung zum Nationalsozialismus seit den 1970er Jahren. In: Johanna Gehmacher / Gabriela Hauch (Hrsg.): *Frauen- und Geschlechtergeschichte des Nationalsozialismus. Fragestellungen, Perspektiven, neue Forschungen.* Innsbruck / Wien / Bozen: Studienverlag 2007, S. 22–68.

58 Braun: *Versuch über den Schwindel*, S. 264.

Opferdiskurs eine erstaunliche Renaissance.[59] Dieser Diskurs könnte auf problematische Weise dazu anstiften, Becker nicht nur als Opfer nach §175 RStGB zu verstehen, sondern als in seinem ‚heroischen Kampf fürs Vaterland' gescheiterten Deutschen.
Beckers Fotografien bedürfen daher einer genaueren Untersuchung. Sie sind daraufhin zu prüfen, ob sie der Opfererzählung dienen oder ob sie zu einer kritischen Auseinandersetzung mit dem Schmerz beitragen, den Becker einerseits erdulden musste, den er aber andererseits als Soldat auch aktiv repräsentierte.

Die brutale Vergegenwärtigung des Schmerzes, z. B. beim Anblick der Bilder aus den befreiten Konzentrationslagern, die einer These folgend die Realität von Auschwitz nicht dekonstruierbar werden lassen,[60] löste verschiedene Modi des Umgangs mit Schmerz aus. Becker reagierte mit verschiedenen Techniken der Intensivierung von Schmerz. Aufgenommen im trauten Heim fungieren diese Bilder als Gegenpol zu einer scham- oder schuldbesetzten Vermeidung von Schmerz im Gewand der heimischen Idylle. In Beckers Fotografien konstituiert sich Schmerz mit seinem Körper als Bühne in der Darstellung diverser Selbstverletzungen und Selbstzergliederungen. Beckers Schmerzfotografien sind jedoch kein Beispiel für eine Vereinnahmung des Schmerzes der NS-Opfer durch die deutsche Mehrheitsgesellschaft. Vielmehr sind sie Teil einer Maskerade, die im Moment des bühnenreifen Verkleidungsspiels die Demaskierung und Enthüllung des Schmerzes zelebriert, um im Deleuz'schen Sinne der politischen Dringlichkeit *kleiner Fotografien* eine Kritik an der Vereinnahmung zu ermöglichen. Um diese Figur der Maskerade und ihre Wirkung bezüglich der Positionierung Beckers im zeitgeschichtlichen Kontext zu erklären, möchte ich nun – wenngleich notgedrungen verkürzt – die kultur- und geschlechterwissenschaftliche Konzeptionierung der Maskerade umreißen. Weil diese auf der Grundlage der psychoanalytischen Tradition beruht, ist auf sie zu verweisen.
Joan Rivière deutete in ihrem für die feministische Forschung wichtigen Text „Weiblichkeit als Maskerade" darauf hin, dass die Maske der Weiblichkeit, also die Inszenierung weiblicher Gesten und femininer Attribute, der Kompensation

59 Maja Figge, Konstanze Hanitzsch und Nadine Teuber fassen zusammen, dass sich in "renommierten wissenschaftlichen Werken […] eine zunehmende Begriffsaufweichung und -aneignung vermerken lässt". Die Verdrehung von Opferbegriffen finde sich vor allem in wissenschaftlichen Auseinandersetzungen mit Kriegsheimkehrern und Flucht und Vertreibung von Deutschen. Figge / Hanitzsch / Teuber: Einleitung, S. 15.

60 Vgl. Bini Adamczak: Antisemitismus dekonstruieren? Essentialismus und Antiessentialismus in queerer und antinationaler Politik. In: A. G. Gender-Killer (Hrsg.): *Antisemitismus und Geschlecht. Von „effeminierten Juden", „maskulinisierten Jüdinnen" und anderen Geschlechterbildern*. Münster: Unrast 2005, S. 223–238.

männlicher Ausdrucksweisen diene, derer sich die Frau zuvor angenommen hatte.[61] Diese Kompensation sei notwendig, um sich vor der Vergeltung des Mannes zu schützen, der nicht akzeptieren könne, dass Frauen nicht seinem Bild des Mangelhaften, Kastrierten und Unfertigen entsprächen. Maskerade bedeutet in diesem Zusammenhang Täuschung. Weiblichkeit wird vorgegeben, um Männlichkeit als inhärenten Teil von Weiblichkeit zu verbergen. Diese Tarnfunktion der Maske bedeutet daher auch Schutz: Schutz vor der Sanktionierung durch Männer, Schutz des Anspruches von Frauen auf ihre Männlichkeit. Zugleich bedeutet die Maskerade auch Erniedrigung für die Frau, die mit der Maske der Weiblichkeit wieder auf den Platz des Mangelwesens verwiesen wird. In dieser vielfältigen Funktion ist die Maskerade jedoch nicht beliebig einsetzbar. Wird etwa umgekehrt vom Mann Männlichkeit als Maskerade eingesetzt, führt dies nicht zu einer Situation, in der sich der Mann erniedrigt.[62] Psychoanalytisch betrachtet steigert ein Mann, der sich die Maske des Männlichen aufzieht, vielmehr noch seine Potenz, seine Fülle und seine Vollständigkeit.[63] In diesem Sinne ist auch die Maskierung von Schmerz vergeschlechtlicht. Wenn Schmerz Teil der Männlichkeitsmaskerade und damit der Inszenierung männlicher Attribute wird, wird diese nicht zwingend zu einer Selbsterniedrigung. Es steht im Gegenteil zu befürchten, dass der Schmerz im Rahmen einer solchen Maskerade zum Ausweis männlicher Stärke wird.

Was bedeutet dies für die Betrachtung der Fotografien von Becker, also eines homosexuellen Mannes? Da männliche Homosexualität meist als effeminierte Männlichkeit wahrgenommen wurde, ist es alles andere als eindeutig, welches Geschlecht in seinen Fotografien maskiert wird. Diese Frage führt mich, zusammen mit Beckers Spiel von Ver- und Enthüllung zu folgender Vermutung: Bei Beckers Fotografien handelt es sich um die inszenatorische Affirmation des Potenzials, verletzt zu werden – und zwar weder um sich als Mann zu heroisieren oder sich als Frau zu viktimisieren, sondern um in der Ambivalenz zwischen den Geschlechtern und den dazugehörigen Täter-Opfer-Zuweisungen offen und vulnerabel zu bleiben.

Zur historischen Einordnung von Beckers fotografischer Praxis muss gesagt werden, dass das Outing männlicher Homosexualität in der Nachkriegszeit auf juristischer Ebene eine strafrechtliche Verfolgung und auf gesellschaftlicher Ebene Denunziation und Diskriminierung nach sich zog.[64] Homosexuelle

61 Vgl. Rivière: *Weiblichkeit als Maskerade*, S. 36.

62 Vgl. Benthien: Das Maskerade-Konzept, S. 55.

63 Ebd., S. 56.

64 Die 1935 von den Nationalsozialisten verschärfte Fassung des §175 StGB blieb in der BRD bis 1969 in Kraft.

Praktiken – insbesondere unter Männern – waren daher weiterhin diskret zu behandeln. Daraus folgte eine öffentliche mediale Selbstdarstellung von männlichen Homosexuellen, die ihre Sexualität sublimierte und Nacktheit bis zur Unkenntlichkeit ästhetisierte. So wurden beispielsweise Fotografien nackter Männlichkeit in homosexuellen Presseorganen vermieden und durch Zeichnungen antikisierter Statuen ersetzt.[65] Diese Form der Visualisierung erinnert an Formen der Tarnung, die Becker an der Front praktizierte: Nacktheit kam als (wenngleich bei Becker bewusst misslungenes) Imitat ideologietreuer Posen zur Darstellung. In Beckers Nachkriegsfotografien stellt sich sein Umgang mit Tarnung jedoch gänzlich anders dar.

Hier konstruiert er einen Blick auf sich, der sich durch verschiedene Szenarien der Maskerade, also des Ver- aber eben auch des Enthüllens auszeichnet. Insofern als die noch genauer darzulegenden Operationen des Enthüllens die des Verhüllens konterkarieren, lassen sich die Szenen nicht als Beispiele gelungener Assimilation an intelligible Bilderwelten diskutieren, sondern als Formen der Hybridisierung. Damit ist im Sinne Homi K. Bhabhas eine Ambivalenz der Imitation gemeint.[66] Imitation (Verhüllung) bedeutet also immer auch deren Unterminierung (Enthüllung). Im Anschluss daran bezeichnet der bei Bhabha im Rahmen postkolonialer Theorien entwickelte Begriff der Mimikry eine „Nachahmung ohne Original“[67], das heißt eine Imitation eines nicht bestehenden Originals. Aufgrund des fehlenden Originals ist Nachahmung die Konstruktion von etwas, was schließlich die Verwirrung der Vorstellung bewirkt, es gäbe etwas, auf das wir uns originär beziehen könnten. In diesem Sinne verstehe ich Beckers Fotografie als „Mimikry als Grenzverwirrung“[68].

Diese Verwirrung bezieht sich auch auf die Frage von Täter- und Opferzuschreibungen. Die Maskerade als inszenierte Ambivalenz verhindert gerade, dass einseitig Täterschaft oder Opfersein fetischisiert werden. Stattdessen wird eine Intensivierung von Vulnerabilität ausgelöst, die fruchtbar für Politiken der Affizierung ist, die es schafft, Verbindungen gerade dort zu erreichen, wo sie nur

65 Vgl. Clayton J. Whisnant: Styles of Masculinity in the West German Gay Scene, 1950–1965. In: *Central European History* 39,3 (2006), S. 359–393, hier S. 383; David S. Churchill: Transnationalism and Homophile Political Culture in the Postwar Decades. In: *GLQ A Journal of Lesbian and Gay Studies* 15,1 (2008), S. 31–66, hier S. 40.

66 Bhabha: *Die Verortung der Kultur.*

67 Walter Erhart / Britta Herrmann: XY ungelöst: Männlichkeit als Performance. In: Therese Steffen (Hrsg.): *Masculinities / Maskulinitäten. Mythos – Realität – Repräsentation – Rollendruck.* Stuttgart: Metzler 2002, S. 33–53, hier S. 34.

68 Claudia Breger: Mimikry als Grenzverwirrung. Parodistische Posen bei Yoko Tawada. In: Claudia Benthien / Irmela Marei Krüger-Fürhoff (Hrsg.): *Über Grenzen. Limitation und Transgression in Literatur und Ästhetik.* Stuttgart: Metzler 1999, S. 176–206.

schwer vorstellbar sind. Becker visualisiert Linien und Kontraste als Schwellen, sodass Ambivalenzen an die Stelle scheinbar unüberwindbarer Differenzen treten. Es sind eher Übergänge und Durchgänge, die die Fotografien Beckers charakterisieren. Die Maskerade dient der möglichen Affizierung und nicht der Verdeckung oder einer Kostümierung mit dem Zweck der Gefühlsbewältigung und -überwältigung.
Diese Momente der Ambivalenz oder Schwellenmomente werde ich im Folgenden anhand von zwei Beispielen genauer beleuchten: Ich verleihe ihnen die metaphorischen Überschriften *Schwellenbilder des Privaten* und *Kontrastbilder der Scham*. Mit dem Schwellenbild wird es mir um verschiedene Inszenierungen des Übergangs zwischen Privatheit und Öffentlichkeit gehen. Dabei interessiert mich die Bedeutung des Übergangs zwischen dem Maskieren in der Öffentlichkeit und dem Demaskiert-Sein im Privaten für die Produktion eines Schmerzes, der hegemoniale Affektreduktionen bekämpft. Beim Kontrastbild gehe ich der Frage nach, wie der im Bild inszenierte harte Kontrast seine Funktion verliert, beschämte Männlichkeit durch eine Maskerade der Männlichkeit wettzumachen.

IV.3.2 Schwellenbilder des Privaten

Auf Abb. 6 steht Becker in einem geschlossenen Raum frontal der Kamera zugewandt. Einem Echo gleich scheint er die auf einem Stativ aufgebockte Kamera zu kopieren, will ihr konfrontativ begegnen. Seine Arme stemmt Becker provokant in seine Hüften, sein Blick ist unvermittelt, direkt, herausfordernd. Fast scheint es, als wäre sein Blick nach vorn der einzige Ausweg aus der Beengtheit des Ausschnitts. Seine Ellbogen werden vom Bildrand begrenzt, rechts zu sehen ist ein Türrahmen, knapp hinter ihm befindet sich ein Holzregal, an dem er sich bei einem Schritt nach hinten stoßen würde. Eine helle Wand, mit einem abstrakten Gemälde ausgestattet, begrenzt zusätzlich Beckers Bewegungsraum nach hinten. Das Wohnzimmer wirkt so einschränkend wie eine Gefängniszelle. Damit erscheint das Symbol heteronormativen Familienglücks als Ort des Freiheitsentzugs und der Einschränkung – gewissermaßen als Schrank.[69] Die Lebendigkeit des heimischen Fernsehens,[70] das in der amateurischen Fotografie

69 Der Begriff spielt auf die Wendung *in the closet* an. Vgl. Sedgwick: *Epistemology of the Closet*.

70 Starl: *Knipser*, S. 125–141. Timm Starl widmet sich im Kapitel über die Nachkriegszeit seiner Bildgeschichte der privaten Fotografie unter anderem dem Fernseher. Er zeigt unterschiedliche Amateuraufnahmen, die das Ereignis des Fernsehens im familiären Kreis inszenieren. Zur Bedeutung des Fernsehens in den 1950er Jahren auch für die Organisation von queerem Leben vgl. Amy Villarejo: *From Ethereal Queer*. Durham / London: Duke UP 2013.

der Nachkriegszeit zum Ausdruck kommt, ist bei Becker zur Stasis einer Frontal-Inszenierung geronnen. Das Laufgitter, das im Kodak-Ratgeber (Abb. 32) in eine belebte Szene nuklearfamiliärer Glückseligkeit eingebettet ist, hat sich in der Fotografie Beckers in eine formalästhetisch strenge Form übertragen: Die Gitterstangen realisieren sich durch die Verengung des Bildraums, der Becker, einem Türrahmen ähnlich, einsperrt. Obwohl kein Schmerz im Sinne einer verzerrten Mimik oder einer starken Ausdrucksbewegung zu sehen ist, überkommt mich im Anblick dieser fast schon martialischen Strenge ein beklemmendes Gefühl. Becker übersetzt, sehr zum Kontrast seiner spielerischen Bühnenbilder, den engen Horizont der Nachkriegsgesellschaft, die homosexuelle Lebensweisen einschränkte, in ihrer Beengtheit und Erstarrung ins Bild.

Die Linie, die als Abschlusskante von Beckers Jackett und in Verlängerung des sich hinter ihm befindenden Regalbodens das Bild durchzieht, trennt nicht nur seinen Ober- von seinem Unterkörper, sondern teilt auch den Raum auf und lässt ihn noch enger erscheinen. Gleichzeitig verstehe ich diese Linie als eine Inszenierung der Schwelle, also des Moments, an dem sich etwas im Übergang zu etwas anderem befindet. Als Schwelle setzt die Linie für mein Empfinden eine Dynamik in Gang, die sich um die Gegensatzpaare des Maskierens und Demaskierens, Versteckens und Entdeckens, des Verheimlichens und Verratens, des Privaten und Öffentlichen dreht. Die Gegensätze erleben im Rahmen dieser Dynamik keine dichotome Auftrennung. Sie befinden sich im Übergang. Die im Folgenden zu erläuternde Dynamik begreife ich als wesentlich für die queere Affektpolitik der Maskenbilder des Schmerzes, das heißt die nicht zu Vermachtungen führende affizierende Kraft der bühnenhaften Inszenierung von männlichem Schmerz.

IV.3.2.1 Queere Linienführung zwischen Öffentlichkeit und Privatheit

Die genannte horizontale Linie in Abb. 6 unterbricht zunächst die ganzheitliche Darstellung Beckers und markiert zugleich die Differenz zwischen seinem öffentlichen Auftreten und seinem privaten Leben. Die Linie trennt Beckers öffentliche Erscheinung von der seines ‚nackten Lebens' – hier meine ich Nacktheit sowohl im wortwörtlichen Sinne seiner nackten Erscheinung als auch in der metaphorischen Bedeutung des Privaten. Als visuelle Thematisierung der Trennung von Privatheit und Öffentlichkeit lässt sich die Linie mit der veränderten Bedeutung erklären, die der private Raum für Becker nach seiner Rückkehr in das zivile Leben hatte.

Becker war nach dem Zweiten Weltkrieg und während der für homosexuelle Menschen weiterhin bedrohlichen Nachkriegszeit darauf angewiesen, seine Sehnsüchte und Vorlieben im privaten Bereich auszuleben. Beckers Praxis, sich selbst Schmerzen zuzufügen, war außerdem nicht gesellschaftsfähig und musste daher stillschweigend geschehen. Unter den Bedingungen der Konformitäts- und Normativitätserwartungen in Nachkriegsdeutschland galten spezifische Normen der Männlichkeit: Es galt, sich – wie schon während des Krieges – gegen psychische und physische Verletzungen, gegen die Niederlage, aber auch gegen die Präsenz von Frauen in der Öffentlichkeit – die sogenannten Trümmerfrauen[71] – zu immunisieren. Sich selbst zu versehren – erst recht auf einer nicht nur fantasmatischen Ebene – war nicht vorgesehen. In dieser Fotografie lässt sich nun nicht nur anhand Beckers tätowierter und damit verletzter Haut, sondern vor allem in Form des Loches in seiner Peniseichel eine solche Versehrung erkennen. Fotografien, die derlei Selbstverletzungen in Szene setzen, konnten in den 1950er Jahren – anders als einige Jahrzehnte später – nicht öffentlich werden. Fotografien wie die hier gezeigte konnten als Medien des Schmerzes aufgrund der Zensur[72] auch nach dem Zweiten Weltkrieg nur Beckers privatem Gebrauch dienen. Seine selbst entwickelten Fotografien und die von ihm angelegten Ordner wurden folglich nicht in der Annahme produziert, eine größere Öffentlichkeit zu erreichen. Selbst über den Tausch dieser Fotografien im Rahmen seiner Brieffreundschaften war Becker sich unsicher.[73] Seine Bilder entstanden nicht in der Überzeugung, Teil von Mail-Order-Katalogen[74] werden zu können.

71 Die Trümmerfrau war in der Nachkriegszeit bestimmende Figur und sorgte im Gegensatz zu der des Fräulein für die Rekonstitution des Kollektivkörpers. Der weibliche Körper, der „einerseits den Kollektivkörper, andererseits das Unberechenbare oder Auszuschließende der Gemeinschaft" symbolisiert, fand in der Trümmerfrau seine vergemeinschaftende Funktion und im Fräulein seine bedrohliche. Mit dem Fräulein sollten die Frauen abgewertet werden, die sich nach dem Zweiten Weltkrieg mit afrodeutschen alliierten Soldaten ‚einließen'. Mit dem Mythos der Trümmerfrau verband sich hingegen die Hoffnung auf eine positive nationale Repräsentation. Die Trümmerfrau war Schablone dafür, die Krisenhaftigkeit des Mannes wettzumachen. Christina von Braun: Gender, Geschlecht und Geschichte. In: Dies. / Inge Stephan (Hrsg.): *Gender Studien. Eine Einführung*. Stuttgart / Weimar: Metzler 2000, S. 10–51, hier S. 29; vgl. Leonie Treber: *Mythos Trümmerfrauen. Von der Trümmerbeseitigung in der Kriegs- und Nachkriegszeit und der Entstehung eines deutschen Erinnerungsortes*. Essen: Klartext 2014.

72 Die technischen Möglichkeiten, die ab den 1950er Jahren wieder die Publizierbarkeit privater Amateuraufnahmen in Zeitschriften etc. erhöhten, konnten die gesetzlichen Verhinderungspraktiken nicht ausgleichen. 1953 wurde das „Gesetz über die Verbreitung jugendgefährdender Schriften" erlassen, das nicht nur zu Indizierungen und Verboten homosexueller Zeitschriften führte, sondern auch zur Unsichtbarmachung homosexueller Amateurfotografie, die vormals Teil der subkulturellen Presse gewesen war.

73 Selbst 1996 schrieb Becker noch einem Bekannten, das die dem Brief beigelegten Collagen sexuellen Inhalts für dessen Privatsammlung bestimmt seien und später wohl in „einer der ‚vielen' Becker Kisten verschwinde[n]" würden. Vgl. Albrecht Becker: Briefe. Archiv Schwules Museum Berlin, AB*80–90er*Briefe*Dokumente.

74 Diese Kataloge hatten in den 1950er Jahren Hochkonjunktur, zeigten aber vornehmlich harmlose Darstellungen athletischer Männerkörper. Im Gegensatz zu expliziten Aufnahmen, die nur lokal und unter dem Ladentisch gehandelt wurden, kursierten Mail-Order-Kataloge nahezu weltweit. Vgl. Waugh: *Hard to Imagine*, S. 238, 324.

Die Gewissheit, *nicht* Teil eines öffentlichen Archivs zu werden, gab Becker jedoch die Freiheit seines kreativen Ausdrucks. Pornografische Praktiken und schmerzhafte Körpermodifikationen waren im Privaten auf ästhetisch außergewöhnliche Weise darstellbar. Interessant dabei ist, dass Becker trotz dieser kreativen Freiheit im Privaten Mittel wählt, die von der Öffentlichkeit samt ihrer ästhetischen Anforderungen nicht befreit sind. Er zieht eine Linie ins Bild (Abb. 6), die seiner Nacktheit und der deutlichen Sichtbarkeit seines Genitals Attribute bürgerlich konservativer Männlichkeit an die Seite stellt. Wieso inszeniert Becker mittels der Anzugsjacke Verhüllung? Dient ihm die Jacke als Scharnier, das ihn mit den Werten der Öffentlichkeit verbindet? Vor dem Hintergrund der sich in den 1950er Jahren an diese Werte zunehmend anpassenden homophilen Szene wäre dies naheliegend. Das gepflegte und möglichst unauffällige Auftreten – etwa im Anzug – stellte für das Funktionieren der Homophilenbewegung seit 1949 eine wichtige Komponente ihrer Anerkennungsbemühungen dar. Karl Meier, der Herausgeber der Zeitschrift *Der Kreis*, bis Ende 1950 Sprachrohr der deutschen Homophilenszene, meinte, dass antihomosexuellen Kampagnen nur „durch Unauffälligkeit zu entgegnen“[75] sei. Der Anzug als Markenzeichen von Unauffälligkeit und Konformität machte Sinn in dieser Zeit, in der männliche Homosexualität unverändert unter Strafe stand und in der es in diesem Sinne bedrohlich war, aus dem Rahmen zu fallen. Dieser Hintergrund erklärt aber nicht, warum sich Becker im Kontext seiner privaten und mit nur wenigen Personen geteilten fotografischen Szenarien[76] mit einer Anzugjacke einkleidet, zumal diese den Blick auf seine Nacktheit noch verstärkt.

75 Andreas Sternweiler: *Selbstbehauptung und Beharrlichkeit. Zweihundert Jahre Geschichte.* Berlin: Schwules Museum 2004, S. 129. Donald Webster Cory, wichtiger Aktivist der Homophilenszene in den USA, schreibt: „The dominant factor in my life, towering above all others, is a consciousness that I am different. In one all-important respect, I am unlike the great mass of people always around me, and the knowledge of this fact is with me at all times, influencing profoundly my every thought, each minute activity, and all my aspirations. It is inescapable, not only this being different, but more than that, this constant awareness of a dissimilarity.“ Die sich in das Selbstverständnis abgesetzte Erfahrung, sich als anders und unähnlich zur Masse wahrzunehmen, führte zu Gefühlen der Scham und Schuld. Aus diesen Scham- und Schuldgefühlen resultierten Anpassungsleistungen – wenngleich nicht in allen Teilen der Homophilenbewegung, so steht z. B. Cory für den eher politisierten, eng mit der Kunstwelt verschränkten Strang. Donald Webster (Pseud. Edward Sagarin) Cory: *The Homosexual in America. A Subjective Approach.* New York: Greenberg 1951, S. 6–7; vgl. Butt: *Between You and Me*, S. 52.

76 Ab ca. 1970 ist in manchen seiner Ordner, die sich auf Tätowierungen und BDSM-Praktiken beziehen, ein Mann zu sehen, den er an verschiedenen Stellen seiner Biografie und Notizen als seinen Gärtner vorstellt. Außerdem ist seinen Briefwechseln mit Freunden, die seine Tätowier- und BDSM-Leidenschaft teilen, zu entnehmen, dass er Bilder mitgeschickt haben muss. Vgl. Albrecht Becker: Briefe. Archiv Schwules Museum Berlin, AB*80–90er*Briefe* Dokumente.

Ich möchte argumentieren – und hiermit komme ich auf eine der zentralen Thesen dieses Kapitels zu sprechen –, dass Becker mit der Trennlinie zwischen Ober- und Unterkörper die Grenze und Unterbrechung des Blicks auf seinen nackten Körper einzieht, um das Szenario der ihn gefährdenden potenziellen Enttarnung zu reinszenieren und im Kontext seines Begehrens nach Schmerz zu affirmieren. Becker belebt den drohenden Verrat, der nach Kriegsende Teil des gelebten Alltags in der Öffentlichkeit war, inmitten seiner privaten Foto-Stagings wieder. Um den Moment des Enttarnens zu zelebrieren, maskiert er seinen Körper und staffiert ihn mit Accessoires des Auftretens in der Öffentlichkeit aus. Diese Ausstattungsmerkmale ermöglichen eine Nachbildung von Szenarien, wie etwa dem möglichen Auffliegen am Arbeitsplatz. Der Anzug soll imaginativ die Wahrscheinlichkeit erhöhen, entdeckt und somit potenziell verletzt werden zu können. Der Anzug als Maskerade verweist auf das Potenzial der Entdeckung, der Gefährdung, der Verletzung.

Es ist wichtig, diese Potenzialität des Verrats und der Verletzung hervorzuheben, um verstehen zu können, inwiefern sich Beckers Taktiken von kollektiven Mustern der fixierenden Selbstvergewisserung unterschieden. Die Inszenierung fehlender Gewissheit hintertreibt Verstetigungen von Wissen. Vielmehr treibt sie ein Spiel an, das, anstatt Sicherheit zu garantieren, Offenheit und Angreifbarkeit proklamiert. So erklärt sich die Inszenierung der Linie auf dem Bild, die als Rand zwischen den Welten heteronormativer und schwuler BDSM Männlichkeit, öffentlichem Wirtschaftswunder und strafrechtlicher Verfolgung eine Dynamik oder Grenzverwirrung im Sinne der vorher beschriebenen Mimikry bewirkt. Die Dynamik besteht darin, Körper und Bilder als Schwellen an sich zu begreifen, als Schwellen zwischen dem Bestimmbaren, der Sichtbarkeit und der Öffentlichkeit einerseits sowie dem Erlebten, der Unsichtbarkeit und der Privatheit andererseits.

Durch diese Dynamik gelangte genau jene Sphäre zu einer veränderten Bedeutung, die in der Nachkriegszeit nicht unwesentlicher Faktor des wirtschaftlichen Booms und der nationalen Restauration Bundesdeutschlands war: das Private. Indem der Privatbereich zur Bühne und Performance wird, die Aspekte des öffentlichen Lebens in ihrer mitunter für schwule Männer gefährlichen Ambivalenz verhandelt, kann er als politischer Raum der Desavouierung des spätkapitalistischen Nationalismus Bundesdeutschlands begriffen werden. Hierin sehe ich eine Verschiebung des Begriffs des *back stage* bei Erwin Goffman.[77] Zwar hatte Goffmann auf die dramaturgischen Momente *back stage* verwiesen, aber er hatte auch beschrieben, *back stage* würde aller Ballast abfallen, könne der

77 Vgl. Erving Goffman: *The Presentation of Self in Everyday Life*. Edinburgh: Edinburgh UP 1956.

performer entspannen und zu seiner Sprache zurückkehren.[78] Folgte ich Goffmans Begriff des *back stage* in dieser Ausformulierung, so wäre das Heim als Symbol von authentischer Identität zu verstehen. Durch den Aufführungscharakter, der die potenziell verletzenden Diskurse und Wirklichkeiten im öffentlichen Raum visuell beibehält, wird das Private in der Fotografie Beckers jedoch als ein der Rekreation und Entlastung dienender Raum infrage gestellt. Stattdessen adressiert Becker den privaten Bereich mittels kleiner Bühnenbauten, stilistisch weitgreifender Dekorationen und Maskeraden als einen Raum der Performance, der eine Form der politischen Öffentlichkeit bildet – und zwar, indem er aufgrund von sichtbarer Schmerzaffinität gegenöffentliche Vorstellungen und Verkörperungen geschlechtlicher, sexueller und nationaler Identität konstruiert (siehe Abschnitt I.2.2). Damit wird dieser Raum als ein Schwellenraum begreiflich, als ein privater Raum politischer Öffentlichkeit.
Hierzu möchte ich noch zwei weitere Beispiele erörtern. Das erste soll noch einmal nachspüren, in welcher Weise sich die Maskeraden Beckers von anderen homophilen Welten in der Nachkriegszeit unterscheiden. Das zweite beschäftigt sich mit der Türschwelle als symbolischem Ort der gegenseitigen Durchdringung von Öffentlichkeit und Sexualität.

IV.3.2.2 An der Schwelle – Maskeradenpassagen

Für die Ikonografie der einschlägigen homosexuellen Publikationsorgane der 1950er Jahre war die Inszenierung von Maskerade charakteristisch. Die Maske galt als Sinnbild des *closet* – also des in der Öffentlichkeit versteckten homosexuellen Begehrens. Hinter ihr sollte das in der Gesellschaft Verdrängte und Tabuierte zu vermuten sein, wie es exemplarisch das Cover des *Boston Area Mattachine Newsletter* (Abb. 37) vom Mai 1959 illustriert.[79] Die Träne der Maske, wie auf dem Cover der Oktober-Ausgabe von *The Ladder* 1957[80] (Abb. 38) zu sehen, versinnbildlicht den Schmerz, der mit dem in der Öffentlichkeit getarnten Leben assoziiert wurde. Erst beim Übertreten der Türschwelle zu homosexuellen Bars oder anderen *safe spaces* konnte die Maske hinter sich gelassen und buchstäblich an den Nagel gehängt werden. Im Moment des Eintretens in *safe spaces* sowie des Abnehmens der Maske trocknen die Tränen, Erleichterung kündigt sich an.

78 Vgl. Goffman: *The Presentation of Self in Everyday Life*, S. 70.

79 Tatsächlich leitet sich der Name der zentralen homophilen Organisation der USA, *The Mattachine Society*, von dem arabischen Wort für Maske (arab. *maskharat*) ab. Vgl. Craig M. Loftin: *Masked Voices. Gay Men and Lesbians in Cold War America*. Albany: SUNY 2012, S. 11.

80 *The Ladder* ist das erste und wichtigste lesbische Periodikum der USA und wurde von den *Daughters of Bilitis* herausgegeben – in den 1950er Jahren neben der *Mattachine Society* und *ONE, Inc.* eine zentrale Organisation der Homophilenbewegung.

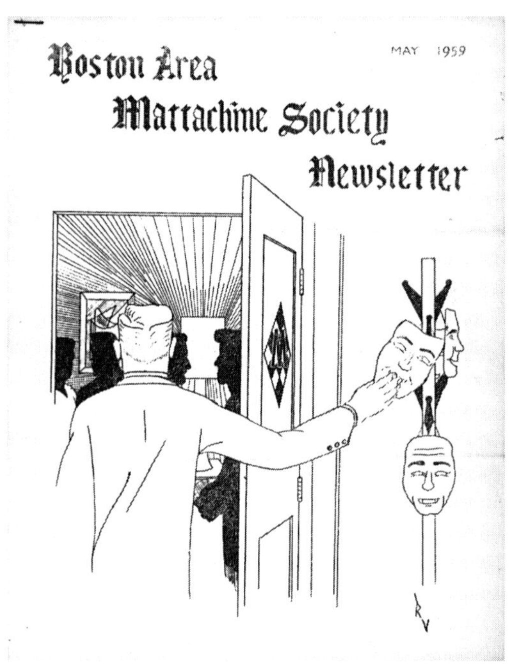

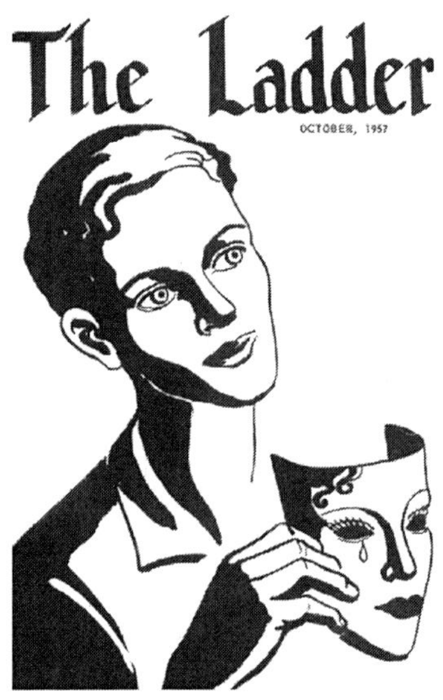

Abb. 37: *Die Maske bleibt draußen*, 1959.

Abb. 38: *Die Tränen der Maske*, 1957.

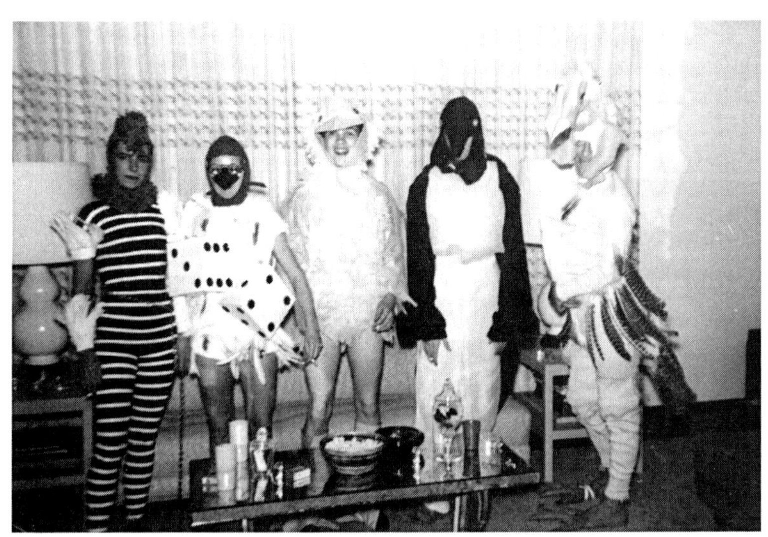

Abb. 39: Fotograf*in unbekannt: *Five dressed as birds at a house party, Henry Wooton Grace 'Japanese'-Party*, ca. 1951–1958.

Was aber, wenn die Maske als integraler Teil des privaten und hinter verschlossenen Türen versteckten schwullesbitransinter* Lebens inszeniert wird? Masken und Kostüme sind in den 1950er und 1960er Jahren nicht nur auf semiöffentlichen Maskenbällen zu sehen, sondern auch in privaten Fotografien etwa von Hauspartys,[81] die sich heute im Zuge des *archival turn*[82] großer Beliebtheit erfreuen.[83] (Abb. 39)

Auch in den Fotografien Beckers, die den Augen der Öffentlichkeit entzogen waren, spielt die Maske eine wesentliche Rolle und wird in verschiedenen Ausführungen adaptiert. Ein schönes Beispiel ist die Weihnachtsmannlarve und -kostümierung, die Becker zur fotografischen Maskerade aufzieht. (Abb. 40) Allein in seiner Wohnung, später in verborgenen Räumen des mit Herbert Kirchhoff geteilten Hauses, lichtet er sich in Kostümen, Behängen und mit Masken in Form von Hutbedeckungen oder Gesichtsbemalungen (Abb. 41) ab. Wieder interessant und auffällig ist dabei, dass die Öffentlichkeit und damit auch die in ihr präsenten, verletzenden Diskurse in den Bildern sichtbar bleiben. Auch im Moment des Maskierens affirmiert Becker die Schwelle zwischen Maskierung und Demaskierung. Am auffälligsten wird dies, wenn er vor dem Wäscheschrank posiert (Abb. 42) und Vorher-Nachher-Bilder (Abb. 43) montiert oder die Simultanität von Verkleidung und Nacktheit in einem Bild (Abb. 6) darstellt. Becker spielt auch mit der Frage von Sichtbarkeit und Unsichtbarkeit, indem er den Bauarbeiterhelm mit einem durchsichtigen Gaze-Umhang kontrastiert (Abb. 44), der mehr zu sehen gibt, als er verdeckt.

Anstatt die Maske als Notwendigkeit tränenreich zu betrauern, wie es das Cover von *The Ladder* (Abb. 38) andeutet, verwendet Becker die Maske lustvoll, in einer Perspektive, die Wahrheit und Lüge, Ursprung und Maskierung verschwimmen lässt. Neben der Maskierung ist die Demaskierung eingefügt. Neben der Demaskierung, also der Entlastung von der Notwendigkeit, sich im Öffentlichen maskieren zu müssen, ist wiederum die Kostümierung zu sehen. Becker legt offen, dass alles Werden letztlich Maskieren ist und dass die Maskerade nicht auf einen Ursprung verweist bzw. auf eine im Privaten angesiedelte Vorstellung unverstellter Natürlichkeit.

81 Susanne Regener: Vom Wohnzimmer auf die Straße. Zum Motiv der Maskerade in der Schwulenbewegung. In: Dies. / Köppert (Hrsg.): *privat / öffentlich*, S. 41–70.

82 Vgl. Danbolt: *Touching History*; Kate Eichhorn: *The Archival Turn in Feminism. Outrage in Order*. Philadelphia: Temple UP 2013.

83 Immer wieder tauchen Zeitungsartikel über frühe Maskenball- und Verkleidungsbilder auf. Ich vermute, dass deren Beliebtheit auch auf eine gesteigerte Sichtbarkeit von Trans*Personen im öffentlichen Diskurs zurückzuführen ist. Ein derzeit prominentes Beispiel ist die Serie *Transparent* des Streaming-Diensts Amazon Prime. Im Vorspann sind private Fotografien von Maskenbällen und Verkleidungen im Vintage-Stil zu sehen.

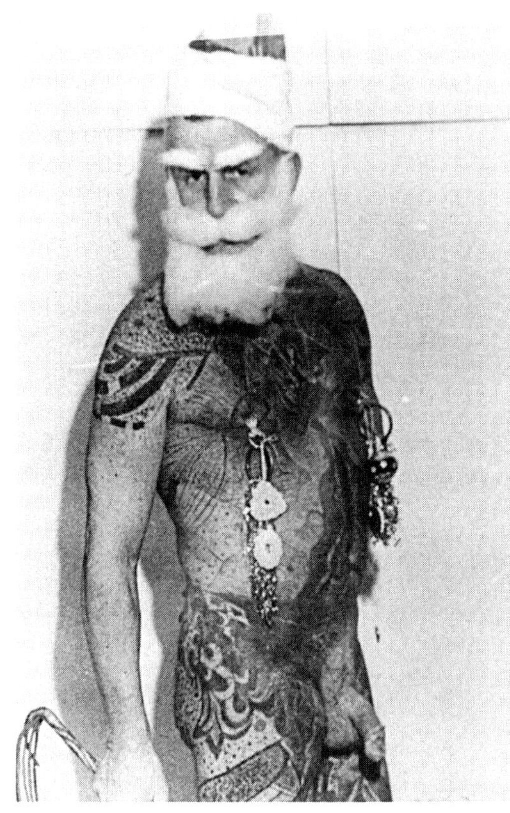

Abb. 40
Albrecht Becker:
Weihnachtslarve, o. D.

Für Becker liegt im Maskieren das Versprechen einer Alltagsgeschichte, die nicht *gay*, aber *queer* ist. Das bedeutet, dass seine Fotografie nicht auf Selbstfindung oder einen in Kohärenz gebrachten Selbstausdruck ausgerichtet ist, sondern auf ein sich in performativen Maskeraden konstituierendes Anders-Werden. Hierin unterscheidet sich Becker von öffentlichen Narrativen der Maskerade, wie sie etwa durch die homosexuelle Presse der Nachkriegszeit mitbestimmt wurden. Seine vernakuläre Version der Maskerade scheint mir eher quer zu diesen Narrativen zu stehen und spätere poststrukturalistische Ansätze der Konstruktion von Identität[84] und der performativen Parodie[85] im Feld des Alltäglichen vorwegzunehmen.
Beckers Taktik sehe ich im Zusammenhang mit Foucaults Begriff der Genealogie. Statt auf Erlösung (symbolisiert durch das Abnehmen der Maske in der

84 Vgl. Michel Foucault: *Die Sorge um sich. Sexualität und Wahrheit 3*, aus d. Franz. v. Ulrich Raulff / Walter Seitter. Frankfurt am Main: Suhrkamp 1989.
85 Vgl. Butler: *Das Unbehagen der Geschlechter.*

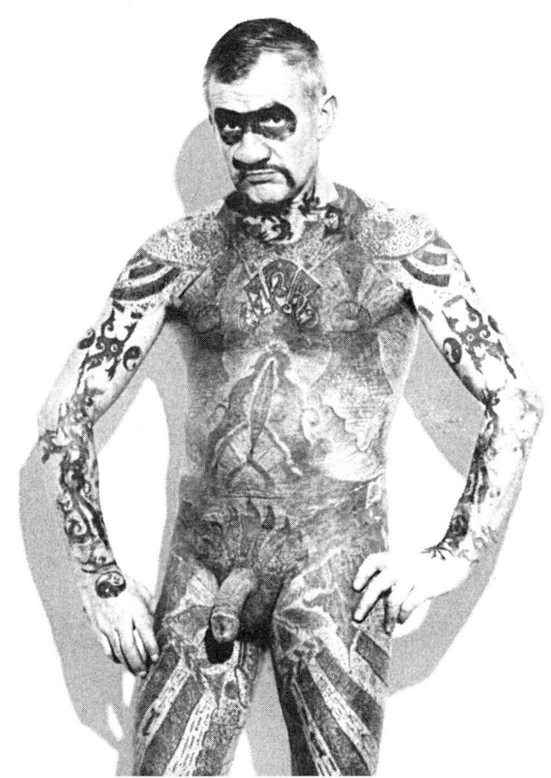

Abb. 41
Albrecht Becker: *Zorro*, o. D.

Öffentlichkeit) zu setzen, soll das Schwellenhafte des Prozesses von Maskierung und Demaskierung besetzt und die vermeintlich auf Verwurzelung zurückgehende Einheit von Identität unterbrochen werden. Erst dann könne Geschichte kurativ sein – nicht im Sinne von Erlösung, sondern im Sinne von Potenzialität.

> Die genealogisch aufgefaßte Historie will nicht die Wurzeln unserer Identität wiederfinden, vielmehr möchte sie sie in alle Winde zerstreuen; sie will nicht den heimatlichen Herd ausfindig machen, von dem wir kommen, jenes erste Vaterland, in das wir den Versprechen der Metaphysiker zufolge zurückkehren werden; vielmehr möchte sie alle Diskontinuitäten sichtbar machen, die uns durchkreuzen.[86]

86 Michel Foucault: Nietzsche, die Genealogie, die Historie, aus d. Franz. v. Walter Seitter. In: Ders.: *Von der Subversion des Wissens*. Frankfurt am Main / Berlin / Wien: Ullstein 1978, S. 83–109, hier S. 106.

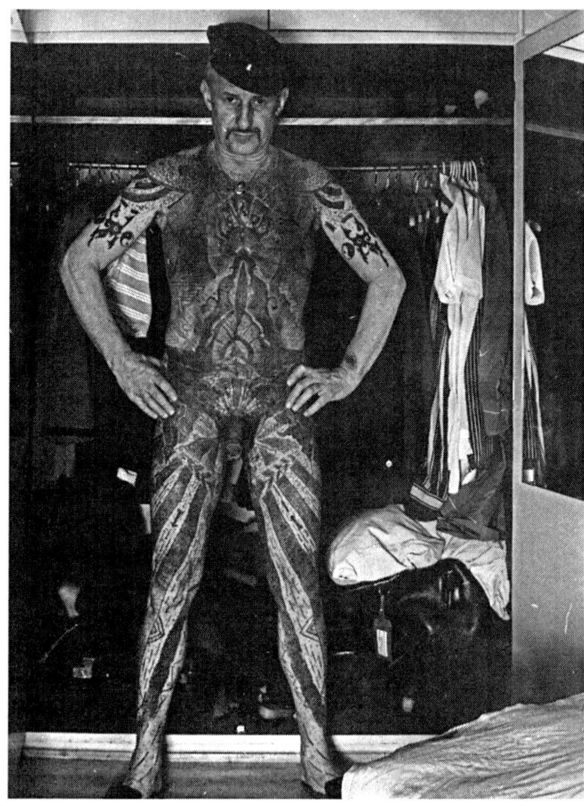

Abb. 42
Albrecht Becker:
in front of the closet, o. D.

Auch Becker fragt nicht nach den Wurzeln von Identität. Stattdessen überlässt er sich der durch die Maskeraden zum Ausdruck gebrachten Schwellen- und Passagenhaftigkeit von Identität. Dies bringt Heterogenitäten und Diskontinuitäten zum Vorschein, die gewöhnlich von Auffassungen des Selbst maskiert sind, die nur *eine* Formation von Identität kennen.[87]

Beckers Affirmation dieser Diskontinuitäten im privaten Raum erstaunt vor dem Hintergrund von Publikationsorganen, die nach einer Erlösung von der Notwendigkeit der Maskierung in der Öffentlichkeit strebten und diese als politische Strategie zur Schmerzlinderung verstanden. Sie betrieben eine tragische Inszenierung der Maske, weil sie die Unmöglichkeit einer Preisgabe der ‚wahren Identität' in der Öffentlichkeit symbolisierte. Diese Tragik legt Becker in

87 Vgl. Foucault: Nietzsche, die Genealogie, die Historie, S. 106; Heather Love: „Spoiled Identity". Stephen Gordon's Loneliness and the Difficulties of Queer History. In: *GLQ A Journal of Lesbian and Gay Studies* 7,4 (2001), S. 487–519, hier S. 496–497.

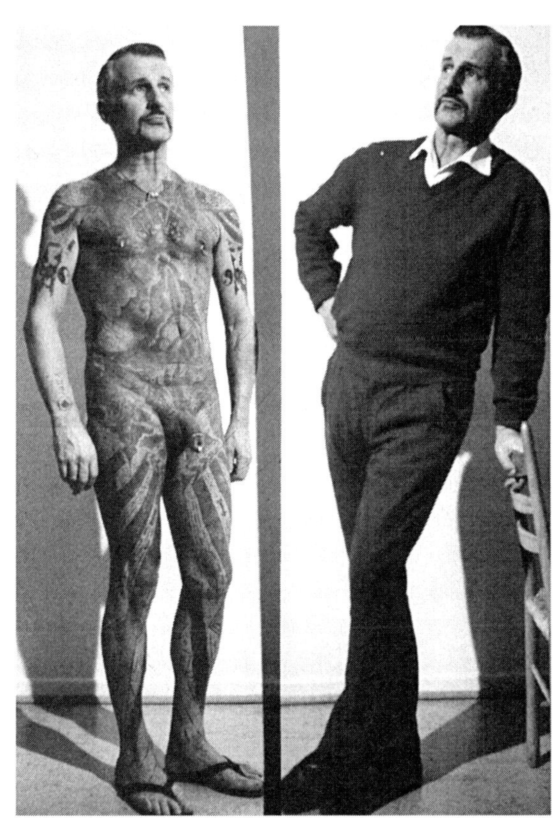

Abb. 43
Albrecht Becker:
Vorher-Nachher, o. D.

seiner privaten Maskerade nicht ab, sondern affirmiert sie und deutet sie in queerpolitische Potenzialität um. Diese Praxis steht auch im Kontrast zu bei festlichen Anlässen in privaten Haushalten stattfindenden Kostümfesten, wie sie in zahlreichen privaten Fotografien der 1950er Jahre zu sehen sind. Sie dokumentieren einen erlösenden Ausnahmemoment, eine ‚Narrenfreiheit', die in der alltäglichen Öffentlichkeit gerade nicht gegeben war.[88] Die Aufnahmen zeigen, wie sich als Harlekin oder als Gockel (Abb. 39) verkleidet, ausgelebt und Erleichterung verschafft wird. Dabei dienen die Kostüme der Imagination einer nicht greifbaren, utopischen Realität: einer Realität, die von der Außenwelt unbeeinflusst ist. Anders scheint es bei Becker zu sein: Hier verharren die Außenwelt und mit ihr einhergehenden Vorurteile, Stigmata und Anpassungserwartungen als sicht- und spürbare Horizonte in den Bildern. Dies geschieht im Zusammenspiel von lustvoller Maskerade und erniedrigender Verletzung. Visualisierungen

88 Vgl. Regener: Vom Wohnzimmer auf die Straße.

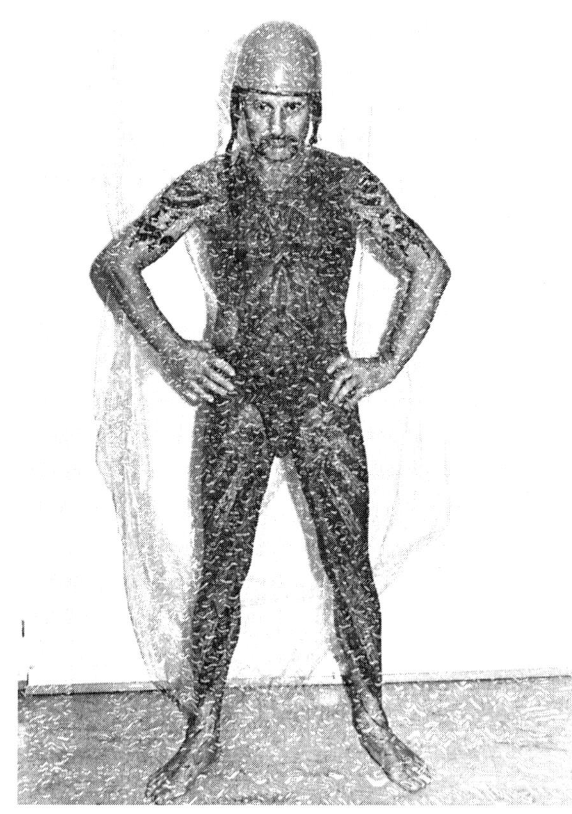

Abb. 44
Albrecht Becker:
Becker in Gaze, o. D.

schmerzhafter Selbstverletzungen wie aber auch Inszenierungen des potenziell schmerzhaften Moments der Demaskierung in der Öffentlichkeit – des Outings – weisen der Fotografie eine Funktion zu, die über die bloße Dokumentation von Kostümierung hinausgeht. Bei Becker stellen Fotografien Enttarnung und den damit verbundenen Schmerz her. Gleichzeitig sind sie Anlass für die Maskierung. Becker maskiert sich, um sich mittels der Fotografie imaginativ einer potenziellen Entlarvung und mithin Verletzung auszusetzen. Anstatt sich im karnevalesken Foto-Staging vom Schmerz der Gegenwart zu befreien (wie bei den erwähnten Kostümpartys), dient die Maskerade Becker gerade dazu, den potenziell verletzenden Blick auf sich zu intensivieren. Dies verstehe ich als eine Form der Affizierung durch die fotografische Inszenierung von Maskerade. Die Maske ist insofern nicht nur Symbol für Blickschutz und Tarnung oder Heterotopie und ‚närrische Freiheit', sondern auch Affizierungsmodul und Schmerzerzeugungsmedium.

Mit anderen Worten dient die Maske Becker sowohl der Unkenntlich-Werdung als auch der maximalen Sichtbarmachung. Es geht ihm also nicht nur darum, unkenntlich zu werden oder sich im Karnevalsrausch zu transzendieren. Vielmehr bietet die Maske immer auch das Potenzial, sichtbar zu werden und ist damit für das Kameraauge interessant. Die zu möglichen Verletzungen führende Intensität des Exponierens vor der Kamera (die umso stärker wirkt, als Techniken der Maskierung auf Demaskierung hinweisen), scheint mir Anlass fotografischer Maskeraden im Kontext von BDMS-Begehren zu sein. Dies bewirkt unter anderem eine Verunsicherung von hegemonialen und auf Schmerzvermeidung basierenden Männlichkeitsvorstellungen. Maskerade – so lässt sich zusammenfassend sagen – ist die Bedingung eines queeren Zugangs zu Männlichkeitskonzeptionen. Abseits der Öffentlichkeit und in der Zurückgezogenheit des Privaten entstehen Bedingungen, die eine Destabilisierung hegemonialer Männlichkeit ermöglichen.

IV.3.2.3 An der Türschwelle – Performative Durchgänge

Im hier analysierten Bild (Abb. 45) steht Becker, sich gerade entkleidend, im Türrahmen.[89] Er hebt seinen Arm und hält ihn, einem Sichtschutz ähnlich, vor sein Antlitz. Er befindet sich auf der Türschwelle, in einer Situation zwischen Innen- und Außenraum. Diese Position wird visuell von der Simultanität von Enthüllen und Sich-hinter-dem-Arm-Verstecken begleitet. Aufgrund der fotografisch inszenierten Passage werden Privatheit und Öffentlichkeit zueinander in ein Verhältnis gesetzt, das an der Schwelle ist, das also im Begriff ist, etwas zu werden, und das nicht vorgibt, etwas zu sein. Viele Bilder, die Becker im Türrahmen stehend oder an der Grenze zwischen Innenraum und Vor- bzw. Außenraum zeigen, produzieren diesen Moment an der Schwelle.
Die von Becker fotografierten Räumlichkeiten changieren zwischen Bühne, Atelier und privatem Rückzugsraum. Die „Markierung einer Grenzlinie und Etablierung eines Raumes, der dem Schutz des Gesetztes entzogen ist" – also der private Raum des „natürlichen Daseins" oder „bloßen Lebens" bzw. „nackten Lebens" – wird zwar vollzogen, aber an der Schwelle zum im Bild sichtbar gehaltenen öffentlichen und mithin „rechtlichen"[90] Raum. Die Wohnung ist folglich weder ausschließlich Raum des bloßen Daseins noch Ort der politischen

89 Vermutlich handelt es sich um das Haus, das Becker seit 1955 in Hamburg-Eppendorf zusammen mit seinem Lebenspartner Herbert Kirchhoff bewohnte.

90 Thomas Lemke: Die Regel der Ausnahme. Giorgio Agamben über Biopolitik und Souveränität. In: *Deutsche Zeitschrift für Philosophie* 52,6 (2004), S. 943–963, hier S. 943. Thomas Lemke bezieht sich hier auf den Text *Homo sacer. Die souveräne Macht und das nackte Leben* von Giorgio Agamben. Mit dem ‚bloßem Leben' verwies Agamben auf die Bedeutung des

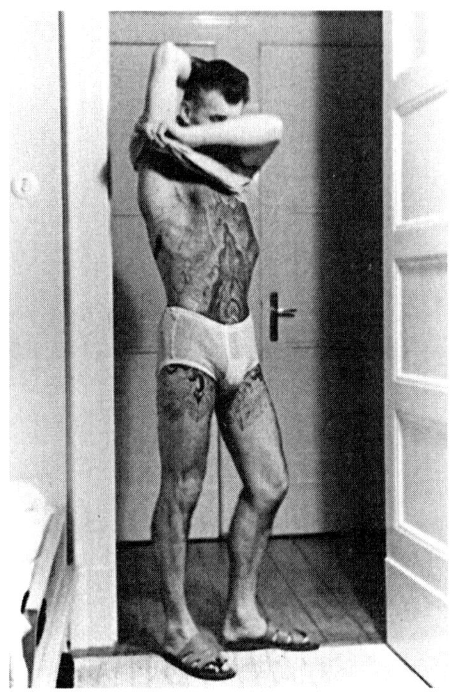

Abb. 45
Albrecht Becker:
Im Türrahmen, o. D.

Existenz. Die „gesellschaftliche Dynamik der Beziehungen zwischen ‚bloßem Leben' und ‚politischer Existenz'"[91] vollzieht sich als Schwellenraum. Der mit dem Wohnraum korrespondierende Bildraum bildet die Schwelle zwischen natürlichem Dasein und politischer Existenz und markiert so die Unmöglichkeit einer undurchlässigen Polarisierung zwischen Innen und Außen, Eigenem und Fremden. Die geöffnete Tür im Bild symbolisiert, dass weder die Sphäre der Öffentlichkeit von der Privatheit losgelöst noch der Innenraum vom Außenraum unbeeinflusst ist. Diese Behauptung möchte ich im Folgenden etwas ausführlicher unterlegen. Ich betrachte dabei zunächst die Diffusion von Außenraum zu Innenraum.

Der Türrahmen konterkariert das nackte Leben, das sich durch Beckers Entkleiden symbolisiert. (Abb. 45) Er versinnbildlicht die Einbindung in ein Konstruktionsverhältnis, eine In-Rahmen-Setzung. Da dieser Rahmen durch die sich

vermeintlich zivilisatorisch Unterentwickelten für die westliche Kulturgeschichte der Selbsterfahrung. Vgl. auch Giorgio Agamben: *Homo sacer. Die souveräne Macht und das nackte Leben*, aus d. Ital. v. Hubert Thüring. Frankfurt am Main: Suhrkamp 2002.

91 Lemke: Die Regel der Ausnahme, S. 945.

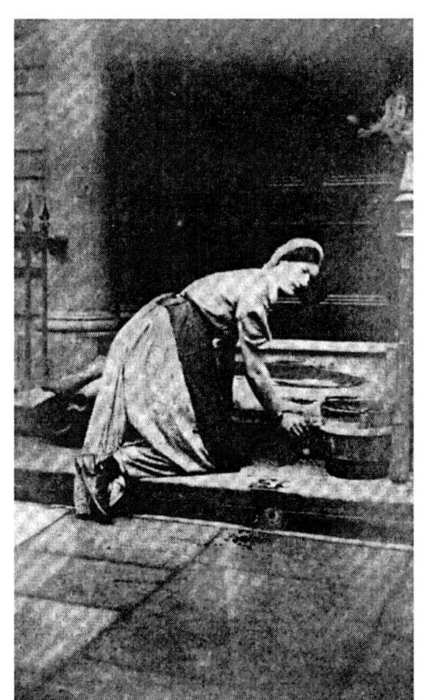

Abb. 46
Hannah Cullwick:
taken in the streets, 1872.

im Hintergrund abzeichnende zweite Tür selbst noch einen weiteren Rahmen erhält, verfestigt sich der Eindruck, dass jeder Moment des bloßen Daseins Konstruktionsleistungen unterliegt und daher nicht mit vordiskursiver Natürlichkeit zu verwechseln ist. Das Rahmen-in-Rahmen-Verfahren, also die Sichtbarmachung rahmensetzender Konventionen, hebt hervor, dass Sexualität, Körper und Geschlecht konstruiert sind. Diese Konstruktionen diffundieren in das Private. Gleichzeitig diffundiert dieses in die Konstruktionsweisen, in den Rahmen. Ich komme daher auf die Diffusion von Innenraum zu Außenraum zu sprechen. Renate Lorenz betont mit Blick auf eine fotografische Inszenierung Hannah Cullwicks[92] auf der Türschwelle (Abb. 46), dass dem „sozialgeschichtlichen Bild [des hier verhandelten ökonomischen Ausgeliefertseins an den Hausherren] ein Bild aus einem anderen Archiv, dem der sexuellen Phantasien, die zunächst

92 Cullwick wurde bekannt durch Tagebuchaufzeichnungen, Briefe und Fotografien, die sich ihrem Arbeits- und Sexleben während des viktorianischen Zeitalters in England widmeten. Sie war unter anderem Hausangestellte bei Arthur Munby, mit dem sie eine sadomasochistische Beziehung pflegte. Vgl. Diane Atkinson: *Love and Dirt. The Marriage of Arthur Munby and Hannah Cullwick*. London: Macmillan 2003.

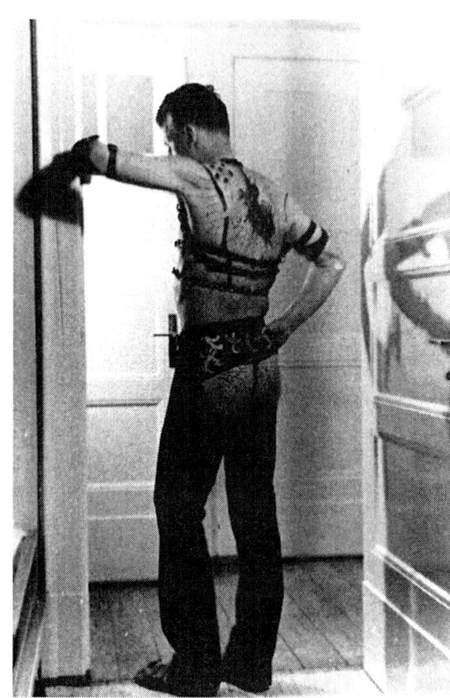

Abb. 47
Albrecht Becker: *Das sexuelle Archiv der Türeinfassung*, o. D.

geheim gehalten wurden“[93], hinzugefügt wurde. Die sexuellen Fantasien Cullwicks sind als BDSM Praktiken (Sich-in-kniender-Haltung-Erniedrigen) ins Bild gesetzt und konstitutiver Teil der Inszenierung auf der Türschwelle.
Die Verbildlichung sexueller Fantasien des BDSM verdeutlicht sich auch bei der Inszenierung Beckers in Ledergarnitur auf der Türschwelle. (Abb. 47) In diesem Bild setzt sich das sexuelle Archiv in Form der BDSM-Bildsprache des Leder- und Kettenfetischs recht unverblümt durch. Hinzu kommt die im Stile Cullwicks devot lesbare Rückenansicht Beckers. Aber auch der Türrahmen lässt sich als ein Stilmittel begreifen, das das innerhalb sexueller Praktiken des BDSM vorgenommene fixierende Einfassen symbolisiert. Ähnlich wie in der zuvor diskutierten Fotografie (Abb. 6) drückt sich das sexuelle Archiv durch den bewegungseinengenden Rahmen aus, der Becker als kinky[94] konstituiert. Der Rahmen, der das Konstruktionsgefüge symbolisiert, wird von Becker für die sexualisierte Funktion des In-den-Rahmen-Spannens affirmiert. Der Rahmen symbolisiert nicht nur das, was Becker in seiner Existenz bedroht und einengt,

93 Lorenz: *Aufwändige Durchquerungen*, S. 121.
94 Ich verwende „kinky“ analog zu BDSM.

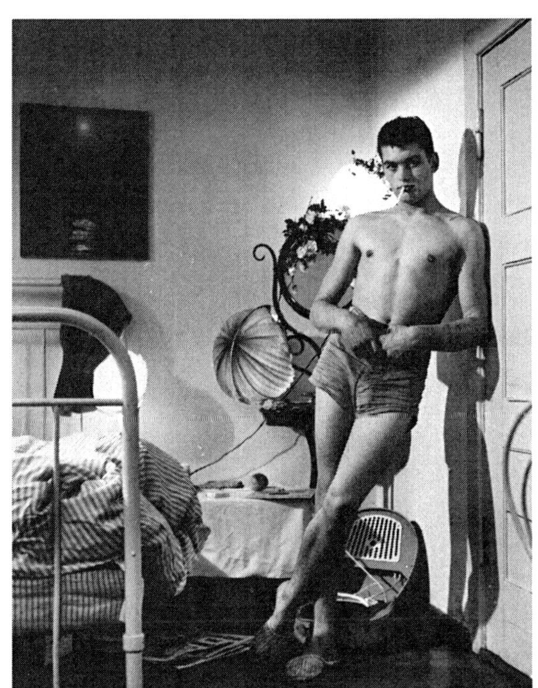

Abb. 48
Herbert Tobias: *Ohne Titel (Portrait Manfred Schubert)*, 1956.

sondern auch das, was ihn als Korsett oder Geschirr mit einer Existenz ausstattet, die im Kaleidoskop sexueller Praktiken des Schmerzes zu suchen ist.
Der Türrahmen fungiert als Schwelle gesellschaftlicher Determiniertheit und sexuell lustvoll konnotierter Einengung. Daraus ergibt sich eine politische Existenz, die nicht auf der Behauptung einer entweder nur von diskursiven Konstruktionen determinierten oder ausschließlich individualistisch hervorgebrachten Identität basiert, sondern auf Dynamisierung – entsprechend der offenen Tür, die als Schwelle immer auch eine Offenheit evoziert.[95] Dass in Abb. 45 genau im Moment des Ausziehens ausgelöst wurde, verstärkt den Eindruck der Prozessualität und Dynamik.

Ich möchte für diesen Abschnitt ein letztes Beispiel erwähnen, das verdeutlichen soll, dass Beckers Schwellenbilder in Differenz zu anderen auf den ersten Blick ähnlichen Fotografien homosexuellen Begehrens in der Nachkriegszeit funktionieren. Ein Bild von Herbert Tobias (Abb. 48) zeigt den *pick-up guy* Manfred

95 Vgl. Lemke: Die Regel der Ausnahme, S. 945.

lasziv neben einer geschlossenen Tür stehend und in die Kamera schauend. Dieses Bild konfrontiert uns, so Jennifer Evans,

> with a gaze that mixes innocence with trust and playfulness with seduction. Tobias pulls back any veneer of respectability and privacy in this image, implicating the viewer in the construction of an embodied erotic sensuality that virtually penetrates the lens[96].

Tobias entziehe dem Bild, so Evans, durch den direkten Blick Manfreds jedweden Schutz und lasse Betrachter*innen unvermittelt an einer Version des Privaten teilhaben, die durch die geschlossene Tür von der Öffentlichkeit abgetrennt sei. Hier taucht also wieder das Motiv der von der Öffentlichkeit befreiten Privatheit auf, das Motiv, erleichtert und bei sich sein zu können, wenn die Maske, die in der Öffentlichkeit getragen werden muss, fällt.

Im Unterschied dazu orchestriert Becker Privatheit als Schwelle und verweist damit auf eine Dynamik. Aufgrund der geöffneten statt wie bei Tobias geschlossenen Tür und der Prozessualität des Entkleidens findet bei Becker keine Vereinseitigung der Sphären Privatheit und Öffentlichkeit statt. Auch ist sein Blick nicht wie bei Tobias' Protagonisten Manfred direkt und fixierend, sondern wirkt in dem einen Bild (Abb. 45) verdeckt, im anderen (Abb. 47) ausweichend. Der ausweichende Blick sollte jedoch nicht pauschal als Unsichtbarmachung des Selbst verstanden werden. Durch die Schwelle wird vielmehr suggeriert, dass es sich hier um eine andere Form der Konstruktion des Selbst handelt; eine, die nicht aus Sicht- oder Unsichtbarkeit an sich besteht, sondern die Ambivalenz zum Ausdruck bringt.

Die Spannung aus Privatheit und Öffentlichkeit, Sichtbarkeit und Unsichtbarkeit, Darüber und Darunter wird durch die Schwelle inszeniert. Sie markiert das Scheitern der Sichtbarkeit, aber immer auch die aufscheinende Möglichkeit, etwas sehen zu können.[97] Die Schwelle ist der Horizont des Möglichen, trotz oder aufgrund der zugleich durch sie artikulierten Diskriminierungserfahrungen in der Öffentlichkeit.

96 Jennifer V. Evans: Seeing Subjectivity. Erotic Photography and the Optics of Desire. In: *American Historical Review* 118,2 (2013), S. 430–462, hier S. 454.

97 Ich rekurriere unter anderem auf Jack Halberstams (ich verwende hier nicht mehr den Vornamen, den Halberstam zum Zeitpunkt der Veröffentlichung des Buches führte) Auseinandersetzung mit der Kunst von Judie Bamber, die den Horizont in ihren Gemälden als den Ort des Scheiterns von Sichtbarkeit inszeniert und damit „art about limitation" produziert. Vgl. Halberstam: *The Queer Art of Failure*, S. 105–106.

IV.3.3 Kontrastbilder der Scham

Meine Überlegungen zum Kontrastbild der Scham gehen von der in Beckers Fotografie (Abb. 6) inszenierten Linie aus. Die Linie bildet einen harten Kontrast zwischen seinem angezogenen Oberkörper und nackten Unterkörper. Die durch den Kontrast mitverhandelte Demaskierung und Beschämung Beckers, verhaftet und verfolgt worden zu sein, wird nicht mit einer Maskerade der Männlichkeit, die hegemoniale Gesten der Schamabwehr repräsentiert, kompensiert. Diesen Gedanken werde ich, nachdem ich den theoretischen Hintergrund dargelegt habe, an zwei Beispielen diskutieren. Zum einen wird mich der in der Fotografie dargestellte Stoff als Bildelement der Affizierung interessieren, die geschlechtliche Kodierungen von Scham unterläuft. Zum anderen thematisiere ich das im Bild zu sehende Loch in der Peniseichel als eine zu Affizierung führende Tiefendimension. Die Auswirkungen dieser Affizierung auf das Verhältnis des Betrachteten und der Betrachtenden beschäftigt mich in einer das Kapitel beschließenden Überlegung.

IV.3.3.1 Maskerade von Scham – Maskerade als Scham

In ihrer Theorie der weiblichen Maskerade beschrieb die Psychoanalytikerin Joan Rivière die Erfahrung einer ihrer Patientinnen: Diese schämte sich dafür, sich mit einem intellektuellen Vortrag in vermeintlich männliches Terrain vorgewagt zu haben. Zugleich versuchte sie im Anschluss an ihren Vortrag, diese Scham durch Weiblichkeitscodes zu verdecken. Das Beispiel zeigt, dass Weiblichkeit nicht nur der Abwehr einer möglichen Vergeltung durch Männer dient, die Frauen in ‚ihren' Gefilden nicht akzeptieren, sondern auch einer Maskierung der Scham über die eigene ‚Dreistigkeit', als Frau intellektuell tätig zu sein. Die Scham der Frau, einen Vortrag in Männerrunde gehalten zu haben, wurde mit Gesten der Weiblichkeit, wie etwa der Koketterie maskiert, aber auch mit Schamhaftigkeit. Durch Gesten des verschämten Lachens versuchte sie zu kaschieren, dass sie sich durch den erwartbaren Ausschluss aus dem männlichen Raum beschämt fühlte. Gleichzeitig bildet die Entblößung der *Scham*[98] und die Zurschaustellung der sexuellen Attraktivität eine Maske des Weiblichen – so Rivière. In der Scham laufen Entblößung und Maskierung zusammen. Daher fallen in visuellen Thematisierungen der Scham Nacktheit und Verschleierung stets in eins. Bei der Antonie Canovas Venus sehen wir beispielsweise im schamhaften Moment sowohl die freigelegte Brust als auch das zusammengeraffte Tuch. Die Linie, die ich weiter oben als den geraden Strich und harten Kontrast zwischen bedecktem Oberkörper und nacktem Unterkörper in der Fotografie

98 An dieser Stelle möchte ich darauf hinweisen, dass die Scham nicht nur das Schamgefühl meint, sondern auch das Geschlecht, also die Schamgegend bezeichnet.

Beckers (Abb. 6) beschrieben habe, verläuft bei der Venus-Skulptur im buchstäblichen Sinne fließend. In der Bildkomposition der Venus reproduziert die wellige Verlaufsform der Linie die Kongruenz von Weiblichkeit und Weichheit. Durch die Identifikation mit weichen, natürlichen Formen wird die Weiblichkeit auf ihren kulturell subordinierten Platz verwiesen.

Anders verhält es sich bei der Theoretisierung von Männlichkeit als Maskerade. Männer, die versuchen, durch Männlichkeitscodes eine von ihnen zuvor vorgenommene Weiblichkeitsperformance zu überdecken, bestätigen im Anschluss an diese Feminisierung ihre männliche Identität, indem sie ihre Stärke, Präsenz und Authentizität unterstreichen. Männlichkeit als Maskerade reorganisiert Mächtigkeit in Reaktion auf eine kulturell codiert „beschämende soziale Abwertung"[99].

Beckers Inszenierung (Abb. 6) ließe sich durchaus als Beispiel für eine solche männliche Maskerade anführen. Mit der Anzugsjacke und seinen in die Hüften gestemmten Händen unterstreicht Becker seine Männlichkeit. Nach den Effeminationserfahrungen, die er im Zuge seiner Inhaftierung während des Nationalsozialismus durchleben musste, wendet er in der Nachkriegszeit eine Männlichkeitsmaskerade an, die die von ihm erlebte Beschämung relativieren soll. Dazu bringt er die Anzugsjacke als Maske von Männlichkeit in Kongruenz mit dem harten Kontrast und der geraden Linie, mit Formfestigkeit und Stabilität. Becker weist seine Scham zurück, indem er Männlichkeitskodierungen wie Geradlinigkeit, Rationalität und Formstrenge einübt. Gleichzeitig markiert die aufgrund der im Bild sichtbaren Nacktheit fragile Inszenierung der Anzugjacke den Umstand, dass eine ähnliche Beschämung angesichts der Kontinuität der Verfolgung homosexueller Männer in den 1950er Jahren jederzeit wieder eintreten kann. Die Jacke als Blickschutz wird zum Sinnbild für die wirkmächtige schamhafte Besetzung homosexueller Praktiken in den 1950er Jahren. Sie steht folglich nicht nur für die Überwindung von Scham, sondern repräsentiert auch Scham. Als eine solche Repräsentation von Scham geht sie über hegemoniale Kodierungen hinaus.

Wie bereits erwähnt, werden Gesten der Scham kulturhistorisch betrachtet eher mit Weiblichkeit konnotiert,[100] mit ‚natürlicher', also kurvig gewundener Nacktheit weiblicher Schönheit. Die Scham in Beckers Bild steht als Stasis der geraden Linien im Kontrast zum Bilddiskurs weiblicher Scham. Die Scham in ihrer diskursiven Verweiblichung wird so zur Disposition gestellt. Dadurch wird ein visueller Gegenentwurf ermöglicht. Dass dieser so eindeutig nicht ist, möchte

99 Benthien: Das Maskerade-Konzept, S. 55.

100 Vgl. Braun: *Versuch über den Schwindel*; Peters: *Rätselbilder des Geschlechts*, S. 99.

ich im Folgenden darlegen. Hierzu setze ich mich noch einmal mit der in der Fotografie (Abb. 6) inszenierten geraden Linie zwischen oben und unten und der durch sie aufgeworfenen Frage des Kontrasts auseinander.
Die Linie zwischen Beckers dunkler Anzugsjacke und seinem gemusterten nackten Unterleib ergibt einen Kontrast, von dem ich behaupten möchte, dass er eine politische Ressource queerer Affizierung darstellt. Dabei betrachte ich die Inszenierung von Kontrast nicht als Mittel der essentialisierenden Grenzziehung oder Genrebildung.[101] Vielmehr scheint mir die Kontrastierung die Funktion einer affizierenden Desorientierung zu besitzen. Nayland Blake schreibt in Bezug auf den Kontrast von Meer und Himmel in den Seelandschaften Judie Bambers, dass „[f]rom a place of completion we gaze into a haze of potential that arrests our gaze and yet offers nothing back that could orient us“[102]. Anstatt uns also im Blick auf Differenz sicher zu fühlen, erleben wir eine Form der Desorientierung, die in Bezug auf die Frage, welches Land wir erobern, welchen Körper wir territorialisieren, welche Genres wir behaupten, (geschlechter-)politische Auswirkungen hat. Die Kontrastierung dient nicht dem Festzurren einer Dichotomie, sondern der Deterritorialisierung. Das hängt damit zusammen, dass die Fotografie Beckers derart durch materielle Spuren und Affizierungen bestimmt ist, dass Scham nicht im Muster konventioneller Geschlechterrepräsentation zur Darstellung kommt. Um diese These zu erläutern, gehe ich zunächst der in Beckers Bild (Abb. 6) vermittelten Stofflichkeit nach. In einem zweiten Schritt widme ich mich dem Penis-Loch in der hier diskutierten Fotografie, das die vergeschlechtlichte Kodierung von Scham herausfordert.

IV.3.3.2 Zur Stofflichkeit des Bildes

Becker war zu Beginn seiner Karriere als Dekorateur in der Film- und Fernsehbranche darauf angewiesen, seine Tätowierungen und Körpermodifikationen am Arbeitsplatz zu verbergen. Noch bis ins hohe Alter war er bei öffentlichen Auftritten in der Vollmontur bürgerlicher Männlichkeit – dem Anzug – zu sehen. Auch seine privaten Fotografien, in denen er das Verkleidungsspiel inszeniert (Abb. 43), deuten darauf hin, dass es Ansichten auf Becker gab, die ihn nicht nackt, verletzt und tätowiert zeigten. Der Stoff seiner Kleidung musste – so stelle ich es mir vor – für Becker mit reichlich Bedeutung aufgeladen sein. Dazu könnte gehören, dass er durch die Kleidung affiziert wurde, weil sie ihn auf eine

101 Zur kunsthistorischen Bedeutung von Kontrast vgl. Torben Lohmüller: *Die verschlagene Lust. Zur ästhetischen Subversion im Masochismus*. Heidelberg: Winter 2006, S. 112.

102 Nayland Blake: Further Horizons. In: Pomona College Museum of Art (Hrsg.): *Judie Bamber: Further Horizons*. Ausstellungskatalog. Claremont: Pomona College Museum of Art 2005, S. 5–9, hier S. 9.

sinnliche Weise berührte und inmitten der Versstecksituation mit Sinnlichkeit und Begehren ausstattete. Trotz der Unkenntlichmachung der Verkörperungen seines Begehrens in der Öffentlichkeit war Becker durch den Stoff immer mit dem verbunden, was sich unter der Oberfläche verbarg, also mit seiner Körperlichkeit und auch mit der Medialität seines Begehrens. Beckers frakturierte Haut, sein blessiertes Geschlechtsteil, sein durch Injektionen geschwollenes Körpergewebe blieben, sensuell durch den Stoff seines Anzugs vermittelt, spürbarer Horizont des mit seinem Begehren affizierten alltäglichen Erlebens. Dieses Spüren von Begehren drückte in die Öffentlichkeit, stellte einen Abdruck her. So wurde berichtet, dass er am Filmset auffiel, weil er sich – oftmals abgebunden, frisch tätowiert oder verwundet – in einer Weise bewegte, die sein unter dem Stoff verborgenes Geheimnis für Andere spürbar werden ließ.[103]
Ich behaupte, dass Becker diese soeben beschriebenen sensuellen Erlebnisse in seinen Fotografien in Szene setzte. Dadurch wird Fotografie auch als Medium der Affizierung realisiert. Dabei hat der Stoff nicht nur die Funktion der im Bild (Abb. 6) durch die Linie vermittelten kontrastiven Aufteilung von Sichtbarkeit und Unsichtbarkeit, sondern bewirkt auch eine sich den Registern der Sichtbarkeit entziehende Sensualisierung. Stoff wird als eine Art Grenzerfahrung der visuellen Kultur ins Bild gesetzt. Die Linie als Begrenzung des Anzugs ermöglicht, den Stoff ins Bewusstsein zu bringen. Dadurch rückt die Frage danach, was wir im Bild sehend erkennen können, tendenziell in den Hintergrund. Die Stofflichkeit, die durch die Linie hervorgearbeitet wird, erlaubt, die Fotografie als „textural medium of the senses"[104] zu thematisieren. Aufgrund der Strukturierung durch Stoffe wird die Fotografie als sinnliches Medium erfahrbar. Dies gilt umso mehr, als dem Stoff zusätzlich noch Verwundungen an die Seite gestellt sind. Dana Seitler argumentiert bezogen auf Catherine Opies Fotografie *Self Portrait/Pervert* (1994, Abb. 49), dass die gleichzeitige Präsentation von Stoffen und Texturen im Stile der Portraitmalerei einerseits und destruktiver Stiche und Hautverwundungen andererseits eine Intensivierung der Sinne produziert.[105]
Die Stiche, die Becker in der Tradition zeremonieller Selbstdarstellungen mit Stoffen kombiniert, vermitteln die Vitalität sensueller Empfindungen. Sie schaffen eine Intensität, die affizierend ist.
Der Stoff von Beckers Anzug sowie der durch das Gemälde im Bild texturierte Hintergrund adressieren unsere Sinne auch auf Ebene der haptischen

103 Der Archivar der Stiftung Deutsche Kinemathek, Gerrit Thies, berichtete in einem Gespräch, dass Becker ihm bei der Übergabe von Kirchhoffs Nachlass sowie seines eigenen Vorlasses erzählte, wie seine Kolleg*innen am Set auf ihn und seine Erscheinung reagiert hatten.
104 Seitler: Making Sexuality Sensible, S. 54.
105 Ebd.; Sekula: Der Körper und das Archiv, S. 273.

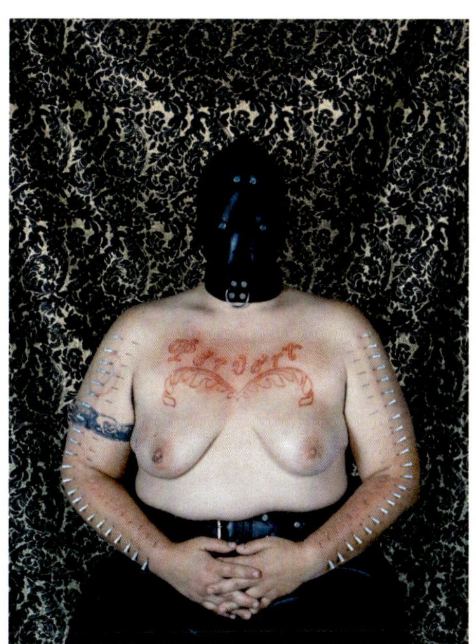

Abb. 49
Catherine Opie:
Self-Portrait / Pervert, 1994.

Wahrnehmung. Diese Taktilität steht mit der Affizierung der Betrachter*innen im Zusammenhang. Insofern Affizierung unberechenbar ist und die eingetretenen Pfade kunst- und kulturhistorischer Interpretation verlassen kann, lässt sich behaupten, die formalästhetisch strenge Repräsentation von Scham würde verändert: Die harte Linie, die sich nach der anfangs dargestellten Lesart als Männlichkeitsperformance, als Abwehr sozialer Beschämung und als Rationalisierung auffassen lässt, wird aufgrund der durch Stofflichkeit vermittelten Affizierung brüchig, weich und wellig. Da weiche Linien, wie bereits dargelegt, historisch und diskursiv mit weiblicher Scham konnotiert sind, löst sich Beckers Männlichkeits-Maskerade auf und nähert sich weiblichen Vergeschlechtlichungen an. Die Linie, die der Anzug zieht und die den Kontrast im Bild herstellt, erzeugt einen Blick, der aufgrund der sinnlichen Medialisierung durch Stoffe und Strukturen nicht nur Männlichkeit, sondern auch Weiblichkeit transportiert. Dies betrachte ich als ein queerendes Potenzial fotografischer Affizierung.

IV.3.3.3 Zum Loch im Bild

Um weiterhin das Potenzial der fotografischen Affizierung des harten Kontrasts zwischen Maskierung und Demaskierung herauszuarbeiten, beschäftige ich mich im Folgenden mit der Bedeutung der Darstellung des Lochs in der Peniseichel Beckers. (Abb. 6) Das Loch evoziert – ähnlich wie der Stoff – Affizierung. In dieser Wirkung transformiert es die Maskerade der Männlichkeit, die sich im Bild aufgrund von effeminierender Beschämung zu vergewissern sucht.

Amelia Jones betrachtet die Visualisierung des Lochs in queer-feministischen künstlerischen Werken. Ihr zufolge stellt das Loch eine Tiefe her, die Identität prozessual werden lässt.[106] Jones diskutiert Valie Exports *Aktionshose: Genitalpanik* (1969) und das Loch, das sich in Form der gespreizten Beine und des freien Blicks auf die Vulva im Bild öffnet. Das Loch stellt die Verletzlichkeit weiblicher Subjekte in der Zeit der 1960er Jahre aus. Zugleich ist es im Rahmen dieser fotografischen Performance auch Artikulation weiblicher Ermächtigung. Entgegen der Behauptung Rivières thematisiert Jones das Loch nicht nur als Beispiel der Maskerade von Scham durch das Ausstellen von Weiblichkeit bzw. vom weiblichen Genital. Stattdessen sagt sie, dass das Zeigen des Lochs – der Scham – eine radikale Relationalität der Identifikation und Desidentifikation anstößt.[107] Sie begründet diese Relationalität damit, dass das Loch einen in seinen einer anderen Zeitlichkeit unterworfenen Bann zieht, noch bevor wir beginnen, das Zeigen des Lochs als Weiblichkeitsmaskerade zu interpretieren und zu fixieren. Aus diesem Bann wieder entlassen sieht die betrachtende Subjektpositionen im Loch vielleicht nicht mehr Scham, sondern weibliche Agency.

Wenn der harte Kontrast und die den weiblichen Kodierungen von Scham gegenläufige Geradlinigkeit in der Fotografie Beckers (Abb. 6) den Versuch darstellt, seine beschämte Männlichkeit zu maskieren und seine Scham zu retuschieren, dann ist das Loch also das Element im Bild, das mich mit meinen klaren geschlechtlichen Identitätsschablonen einsaugt und als etwas Desidentifiziertes wieder ausstößt. Ergebnis einer solchen Affizierung könnte daher schon sein, dass sich der Kontrast zwischen Männlichkeit und Weiblichkeit auflöst.

Aus der Relationalität von Identifikation und Desidentifikation – so Jones – resultieren also neue und nicht binäre Formen der sozialen Interaktion. Das heißt auch, dass das Betrachtungsverhältnis nicht mehr durch reziproke Blicke zwischen dem Betrachteten und den Betrachtenden bestimmt ist, das eine hierarchische Anordnung der Subjekte determiniert (siehe Abschnitte I.2.1.3, I.2.4.2). Stattdessen wird durch das Loch im Bild eine Lücke geöffnet, in der nichts zu sehen ist und aufgrund der sich auch in der Subjektivität der Betrachtenden eine Lücke öffnet. Innerhalb dieser Lücke sind Relationen möglich, die sich nicht oppositionell, sondern verwoben und überlappend gestalten.[108]

106 Vgl. Jones: *Seeing Differently*, S. 174.

107 Ebd., S. 171.

108 Ebd., S. 172.

Im Loch des Penis von Becker verschwinden in Anlehnung an Jones alle meine Projektionen, die immer wieder versuchen, Becker entweder als marginalisiertes Objekt oder minorisierendes Subjekt zu verstehen.[109] Das Loch aber ist es, das Prozesse der Identitätsbildung reaktiviert,[110] da es im Bild eine Darstellung der Tiefe ermöglicht, in der alle Wahrheitsbehauptungen verschwinden. Dieses Verschwinden ist aber nicht mit einer destruktiven Negation[111] zu verwechseln. Vielmehr handelt es sich um eine Form der Verneinung, die

> der Ausgangspunkt eines Vorgangs [ist], der nicht darin besteht, zu negieren oder zu zerstören, sondern vielmehr den Rechtsgrund dessen, was ist, anzufechten und dieses gleichsam in einen Zustand der Schwebe oder der Neutralisierung zu versetzen, in dem jenseits des Gegebenen neue Horizonte des nicht Gegebenen aufscheinen.[112]

Diese neuen Horizonte des nicht Gegebenen ermöglichen, Tiefe als etwas zu verstehen, das soziale Relationen auf der Ebene affektiver Verbindungen durch Bildbetrachtungen stiftet. Hier setzt eine queere Affektpolitik des Schmerzes an. Durch das Loch entsteht eine Form der sich über fixe Identitäten hinwegsetzenden Sozialität, die über die Affizierung im Betrachtungsverhältnis bestimmt ist.

In diesem Kapitel ging es mir im ersten Abschnitt darum, die Anstrengungen nachzuzeichnen, die die deutsche Nachkriegsgesellschaft unternahm, um sich von den Scham- und Schuldgefühlen angesichts ihrer Beteiligung an den

109 Aufgrund dessen, dass durch das Loch meine Projektionen verschwinden, ließe sich Beckers Penisdarstellung als ein frühes Gegenbild zu Robert Mapplethorpes Fotografie Bild *Man in Polyester Suit* (1980) verstehen. Dem später ikonisch gewordenen Bild wurde die Fetischisierung Schwarz rassisierter Männlichkeit vorgeworfen. Kobena Mercer zufolge fetischisierte Robert Mapplethorpe Schwarz rassisierte Männlichkeit mittels des glänzenden Polyesterstoffes des Anzugs und der lederschimmernden Haut des schwarzen Penis zu einer Ware. Beckers Fotografie bildet einen Gegensatz dazu. Der Vergleich wird allerdings dadurch eingeschränkt, dass Becker *weiße* Männlichkeit visualisiert und Mapplethorpe nicht. Vgl. Kobena Mercer: Reading Racial Fetishism. The Photographs of Robert Mapplethorpe. In: Ders.: *Welcome to the Jungle. New Positions in Black Cultural Studies*. New York: Routledge 1994, S. 171–219.

110 Jones: *Seeing Differently*, S. 174.

111 Die Negation strebt Deleuze zufolge als transzendentales Prinzip und totalisierende Idee nach dem absoluten Verbrechen, der absoluten Zerstörung und absoluten Entsagung von Zeugung, Erhaltung, aber auch Metamorphose und Umordnung. Dieses für den Sadismus leitende Prinzip ist vom Prinzip der masochistischen Verneinung zu unterscheiden. Vgl. Gilles Deleuze: Sacher-Masoch und der Masochismus, aus d. Franz. v. Gertrud Müller. In: Leopold Sacher-Masoch: *Venus im Pelz. Mit einer Studie über den Masochismus von Gilles Deleuze*. Frankfurt am Main / Leipzig: Insel 1980, S. 163–281, hier S. 181.

112 Deleuze: Sacher-Masoch, S. 185.

NS-Verbrechen abzulösen. Bei dieser Ablösung stand die Verdrängung von Schmerz samt seiner Medialisierungen im Vordergrund, vor allem im privaten Bereich. Dazu gehörte einerseits die Inszenierung familiären Glücks, etwa in der Amateurfotografie, und andererseits der Konsum des ‚Stimmungsaufhellers' Film. Das Kino der Nachkriegszeit war der prominenteste Schauplatz der zur Ermunterung und Selbstvergewisserung führenden Inszenierung von Differenz. Becker war als Filmbühnenbildner mit seinen ornamentalen Ausschmückungen daran beteiligt, Exotisches, Fremdes und Ungewöhnliches für das Filmpublikum begehrlich zu machen. Daher widmete ich mich im zweiten Abschnitt Beckers beruflichem ästhetischen Ausdruck. Seine Bühnenausstattungen, aber auch seine fotografischen Studien zu späteren Filmen stehen im starken Kontrast zu seinen privaten fotografischen Selbstdarstellungen aus derselben Zeit, die ich im dritten Abschnitt behandelte. Dabei handelt es sich um Maskeraden, die inmitten des affektreduzierten Nachkriegsdiskurses die Funktion haben, Verletzlichkeit zu zeigen, indem sie die Verfolgung und Bedrohung homosexueller BDSM-Männlichkeit als Demaskierung und Entblößung nachspielen. Diese Maskenbilder des Schmerzes, also Bilder, die mit dem Mittel der Maske die Verletzung zelebrieren, dienen jedoch nicht der Degradierung des Selbst im Sinne einer fixierenden Verobjektivierung oder Heroisierung des verletzten Selbst. Vielmehr versuchte ich am Ende des Kapitels jene Aspekte in den Maskeraden hervorzuheben, die durch eine Adressierung auf der sinnlichen und taktilen Ebene der Fotografie Verstetigungen der Subjektpositionierung aufweichen. An diese Aufweichungen knüpft sich schließlich das an, was die Grundthese meiner Arbeit darstellt: das queerende Potenzial der fotografischen Affizierung: Es geht um die sozialen Relationen, die sich im Verhältnis zwischen dem Betrachteten und den Betrachtenden über vermeintlich feststehende geschlechtliche und sexuelle Identitäten hinwegsetzen und sich durch eine geteilte Politik der Machtkritik herstellen.

V
Schriftbilder des Schmerzes

Ein Kapitel zu Schriftbildern des Schmerzes in diese Arbeit über das affektive Potenzial von Schmerz zu integrieren, erfordert, sich der Verzahnung von Sprache und Affekt detailliert zu widmen. Dies werde ich am Beispiel des Schriftbildes unternehmen, das heißt dem Bild als Schrift und der Schrift als Bild. Dabei wird zu sehen sein, dass in der Fotografie Beckers Affizierung eine zentrale, nämlich verkörpernde Rolle im Rahmen der Ausgestaltung von Schriftbildern spielt. Diese Form der affizierten Schriftbildlichkeit verstehe ich als eine frühe Artikulation der Verkreuzung poststrukturalistischer Theorien einerseits und Affekttheorien andererseits. Diese interveniert in so manche ideologisch unterfütterten Reduktionen der Felder des Poststrukturalismus und des *New Materialism*, sowie der Visuellen Kultur und der Bildwissenschaften (siehe Abschnitt I.2.4).
Im Zuge des *affective turn* war der Eindruck entstanden, Affekt befreie Gefühle aus den Fesseln sprachtheoretischer Regelwerke, sodass sie phänomenologisch betrachtet werden können und nicht mehr per se als sprachlich strukturiert gelten.[1] Die Erforschung von Affekt erfolgte innerhalb affekttheoretischer Auseinandersetzungen mit dem Ziel, Phänomene des Übergangs, des „Dazwischens“[2] und des Werdens zu etablieren. Dies geschah nicht immer im Bewusstsein, Sprache als gesellschaftskonstituierende Kraft mitzudenken, wie es etwa

1 Vgl. Hartmut Böhme: Gefühle, Leidenschaften, Sinne: phänomenologisch. In: Catherine Nichols / Gisela Staupe (Hrsg.): *Die Leidenschaften: Ein Drama in fünf Akten*. Göttingen: Wallstein 2012, S. 10–18, hier S. 12.

2 Gregg / Seigworth: An Inventory of Shimmers, S. 2.

poststrukturalistische und dekonstruktivistische Ansätze vornehmlich taten.[3] Diese beiden Theorieansätze rückten die Auseinandersetzung mit historischen Diskursformationen ins Zentrum und beschäftigten sich hauptsächlich mit Sprache und ihren wirklichkeitskonstituierenden Funktionen.[4]

Wie meine Beschäftigung mit Affekt bzw. Affizierung in dieser Arbeit verdeutlicht, gehe ich nicht davon aus, dass Sprache der alleinige Faktor diskursiver Konstitution ist. Nichtsdestotrotz möchte ich mich in diesem Kapitel der Visualisierung von Schriftzeichen bzw. dem Schriftzeichen als visuellem Zeichen in Beckers Fotografien widmen. Dabei möchte ich deutlich machen, dass diese Sprache in den Zusammenhang von Körperlichkeit und Sinnlichkeit rückt. Dies widerlegt aus meiner Sicht das Argument, Sprache sei fleischlos und Schrift sei das Produkt einer Abstraktionsleistung[5] bzw. das „Gesetz einer mechanischen Ökonomie“[6]. In dieser Widerlegung sehe ich eine Möglichkeit, die These eines queeren Potenzials des Affekts zu entwickeln, welches das Verhältnis zwischen Geist und Körper bzw. zwischen Subjekt und Objekt als Phänomen des Übergangs reorganisiert. Außerdem möchte ich eine visuelle Kultur, die um das Wahrnehmungsfeld des Affekts und des Sinnlichen bereichert ist und nicht mehr nur um die Frage des rein kognitiv-rationalen Lesens von Bildern kreist, als queer-politisch behaupten.

Meine Überlegungen werde ich anhand einer Auswahl von Bildern entwickeln, die sich durch spezifische Motive, Formgebungen und Techniken bestimmt, die Becker im Verlauf seiner fotografischen Inszenierungen nach 1945 wiederholt anwendete. Zu diesen gehört die Selbstbeschriftung im Kontext des künstlerischen Verfahrens der Signierung von Kunstwerken, das heißt der Markierung einer künstlerischen Arbeit mit der eigenen Unterschrift, dem eigenen Kürzel, der Signatur. Die von Becker in Form des Monogramms spezifisch angewandte Signierung wird vor dem Hintergrund der vornehmlich europäischen Geschichte des Alphabets behandelt. Eine andere von Becker wiederholt angewandte Visualisierungsform von Schrift ist das Figurenalphabet. Gemeint ist damit die Körperpose als Buchstabe. Diese Pose sowie die Verfahren der Verkörperung von Schrift oder der Körperlichkeit von Schrift werden mich ebenso

3 Vgl. Angelika Baier / Christa Binswanger / Jana Häberlein / Yv Eveline Nay et al.: Affekt und Geschlecht: Eine Einleitung in Affekt-Theorien aus einer feministischen, queeren und post/kolonialen Perspektive. In: Dies. (Hrsg.): *Affekt und Geschlecht. Eine einführende Anthologie*, S. 11–56, hier S. 14.

4 Vgl. Barbara Bachmann-Medick: *Cultural Turns. Neuorientierungen in den Kulturwissenschaften*. Reinbek: Rowohlt 2007, S. 34.

5 Vgl. Braun: Gender, Geschlecht und Geschichte; Braun: *Der Preis des Geldes*.

6 Derrida: Signatur Ereignis Kontext, S. 74.

beschäftigen. In die Frage der Körperlichkeit von Schrift lagert sich auch die des Affekts, speziell des Schmerzes, sodass ich im Verlauf auch von Schriftbildern des Schmerzes spreche.

Sämtliche in diesem Kapitel zu verhandelnden Ausprägungen des Schriftbildes des Schmerzes treten vor allem in den späten 1960er und 1970er Jahren auf. Sie fallen damit in eine Zeit, die von einer tiefgreifenden gesellschaftlichen Emanzipation von Schwulen, Lesben und Trans*Personen geprägt ist. In Folge des Stonewall-Aufstands 1969 kam es zu einem Selbstbestimmungsprozess, der sexuelle Identität auch als einen Identitätsentwurf verifizierte, der eindeutige, sichtbare Codes voraussetzt.[7] Gleichzeitig handelt es sich um die Hochphase der geisteswissenschaftlichen Theorieentwicklung des Poststrukturalismus, der im Zusammenhang mit der Auseinandersetzung mit Geschlecht und (Homo-) Sexualität[8] soziale Wirklichkeit als Produkt von Sprache und sprachlicher Praxis annimmt. Beckers Schriftbilder des Schmerzes stellen vor diesem Hintergrund einen aufschlussreichen und abweichenden Zugang zu den sich überkreuzenden Entwicklungen von Emanzipationsbewegung und Poststrukturalismus dar.

Zur Einordnung meines Zugangs zu Schriftbildern beziehe ich mich im Verlauf des Kapitels auf Jacques Derridas Ausführungen zur Schrift. Da Bilder im Zuge poststrukturalistischer Ansätze der visuellen Kultur in ihrer Zeichenhaftigkeit betrachtet werden, lassen sich Derridas Überlegungen gut auf Bilder beziehen. Vor allem der in seinem Text „Signatur Ereignis Kontext"[9] diskutierte Zweischritt mit der Behauptung, Schrift sei die Abwesenheit von 1) Sender und 2) Empfänger,[10] eignet sich dafür, die Struktur des Kapitels vorzugeben. Jedoch werde ich sie nutzen, um die von Derrida abweichende und queer-politische Spezifik der Fotografie Beckers untersuchen zu können.

7 Vgl. Katz: Nicht versteckt, aber auch nicht sichtbar, S. 72–73.

8 Zum Stellenwert von Foucaults Homosexualität für so zentrale Werke wie *Der Wille zum Wissen* siehe Didier Eribon. Barthes' erst 1988 posthum veröffentlichte *Begebenheiten* wurden bereits 1968/69 verfasst. In dem 1988 herausgegebenen gleichnamigen Band befanden sich auch die 1979 verfassten *Pariser Abende*. An diese beiden Texte schloss die Diskussion um Barthes Homosexualität an. Vgl. Foucault: *Der Wille zum Wissen*; Didier Eribon: *Rückkehr nach Reims*, aus d. Franz. v. Tobias Haberkorn. Frankfurt am Main: Suhrkamp 2016, Roland Barthes: Begebenheiten. In: Ders.: *Begebenheiten Incidents*. Mainz: Dieterich 1988, S. 9–49; ders.: Pariser Abende. In: Ebd., S. 53–93; James S. Williams: The Moment of Truth. Roland Barthes „Soirèes de Paris" and the Real. In: *Neophilologus* 79 (1995), S. 33–51.

9 Vgl. Derrida: Signatur Ereignis Kontext.

10 Wenn ich im Folgenden von Sender und Empfänger spreche, ohne, wie sonst im Rahmen dieser Arbeit üblich, geschlechtergerechte Sprache zu verwenden, dann weil ich mich auf die von Derrida diskutierten *Konzepte* beziehe. An Stellen, an denen ich nicht von Konzepten, sondern Personen spreche, die senden und empfangen, werde ich wiederum das Gendering der Sprache vornehmen.

Derrida hatte sich gegen die Hermeneutik als Praxis der Interpretation, die von den als Homogenität und Kontinuität gedachten Autor*innen eines Textes ausgeht, gewandt und behauptet, Schrift könne – unabhängig von Sender (Autor*innen) und Empfänger (Rezipient*innen) – allein wegen ihrer Iterabilität, also Wiederholbarkeit lesbar werden. Wenngleich aus meiner Sicht nichts gegen die Performativität von Schrift spricht, möchte ich darlegen, wie durch eine spezifische, nämlich affizierende Form der Bildlichkeit, Sender und Empfänger in das Schriftbild eingefügt sind, ohne dabei hegemoniale Vorstellungen der originären, homogenen und kontinuierlichen Subjektivität von Sender und Empfänger zu reproduzieren.

Dieses Kapitel beginnt mit einer kurzen Auseinandersetzung mit dem historischen Verhältnis zwischen Alphabet und Schmerz, gefolgt von einer ausführlicheren Veranschaulichung der beiden von Derrida behaupteten *Abwesenheiten*. Im Anschluss wird es mir um die körperliche *Anwesenheit* des Senders in den Bildern gehen, die ein affektives Betrachtungsverhältnis begründet, das den Empfänger ins Bild holt und auf subversive Weise anwesend sein lässt. Mit subversiv meine ich, dass Fotografien aufgrund der Affizierung des Empfängers Schriftbilder zum Erklingen bringen und dabei festgelegte und universalisierende Bedeutungen im Zuge von Semiotik ins Stottern kommen. Ich werde in diesem Zusammenhang von Sonifizierung sprechen.

V.1 Das Alphabet des Schmerzes

Hartmut Böhme schreibt, dass es „keineswegs selbstverständlich [ist] von einer Sprache der Gefühle zu sprechen“[11]. Gefühle wurden schließlich oft im Bereich der Psychologie, der Biologie, also Naturwissenschaften vermutet. Somit könnte es verwunderlich erscheinen, dass Becker der Visualisierung von Schmerz in Form von Tätowierungen (Abb. 50, 51), Piercings und Einschnürungen (Abb. 52) ein Schriftzeichen, einen Buchstaben verleiht: Er steht in einer Haltung, die an den Buchstaben ‚A‘ erinnert. (Abb. 50–52) In vielen seiner Fotografien steht Becker breitbeinig, frontal der Kamera zugewandt, den Kopf so gedreht, als würde er damit die oberen Serifen eines ‚A‘ nachempfinden. (Abb. 50) Auf anderen Bildern bilden seine Füße zu seinen Beinen quasi die unteren Serifen eines ‚A‘. (Abb. 51, 52) Den Querbalken des ‚A‘ wiederum bringt Becker durch Inszenierungen von Gürteln, ob in Form von Tätowierungen (Abb. 50, 51) oder Leder- bzw. Eisengürteln (Abb. 52), zum Ausdruck. Er wird durch seine aufgestellten Arme erweitert und betont. (Abb. 51, 52)

Warum aber verwendet Becker so auffällig den Buchstaben ‚A‘, um Schmerz zu visualisieren? Hängt dies damit zusammen, dass er die lautmalerische Artikulation von Schmerzausrufen wie ‚Ah‘ und ‚Au‘ anzeigt? Oder damit, dass der Buchstabe ‚A‘ wie der einem Schmerzensschrei gleichkommende Geburtsschrei am Anfang nicht nur des Lebens, sondern auch des Alphabets steht? Ein kurzer Blick auf die vornehmlich europäische Geschichte des Alphabets soll im Folgenden aufzeigen, dass sich schrift- und kulturgeschichtlich Schmerz an den Buchstaben ‚A‘ und seine Entwicklung heftete. Dieser Blick verdeutlicht, was ich als Charakteristikum von Schrift problematisieren werde: die Abstraktion von Sprache und Schmerz. Als kleine Vorausschau soll der Hinweis dienen, dass es sich in den Posen Beckers, anders als sich vermuten ließe, nicht um Schriftlichkeit per se handelt, sondern um die Verkörperung und Figürlichkeit von Schrift, die Schmerz nicht nur als lesbares Schriftzeichen konstituieren, sondern als affektiv wahrnehmbares adressieren.

V.1.1 Zur Gefühlsgeschichte des Alphabets

Bettina Mathes schreibt in einer Zusammenfassung der Ausführungen von Alfred Kallir und Christina von Braun, dass der erste Buchstabe des hebräischen, arabischen, griechischen und lateinischen Alphabets „auf das Engste mit dem

11 Böhme: Gefühle, Leidenschaften, Sinne, S. 13.

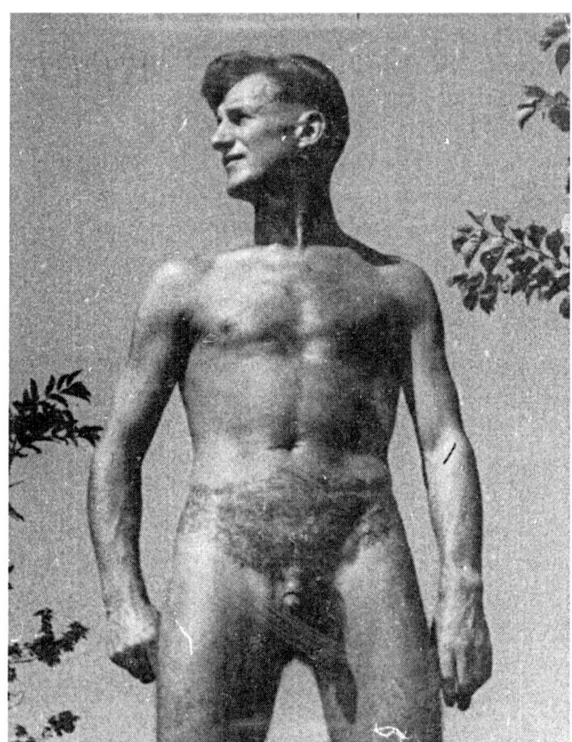

Abb. 50
Albrecht Becker:
Becker als A, mit tätowiertem Gürtel, 1944.

männlichen Genital verbunden“[12] sei. Indem das *Alpha* in diesen genannten Alphabeten einen Stierkopf darstellte, inkarnierte es die Konnotation von männlicher Fruchtbarkeit mit Potenz.[13] Christina von Braun verweist unter Bezugnahme auf Kallir zudem darauf, „dass das A-L-P-H im Buchstaben ‚Alpha‘ eine metathetische Umkehrung des P-H-A-L in Phallus darstellt“[14]. Der Buchstabe ‚A‘ symbolisiert also in seinem frühen Design sexuelle männliche Potenz und Fruchtbarkeit. Im Zuge der weiteren Entwicklung der Alphabetschriften, die „mit dem Übergang von theriomorphen zu anthropozentrischen Konzepten von

12 Bettina Mathes: Reproduktion. In: von Braun / Stephan (Hrsg.): *Gender@Wissen*, S. 81–99, hier S. 83. Die Entwicklung der Landwirtschaft und die Erfindung des Alphabets finden „vermutlich zu Beginn des zweiten vorchristlichen Jahrtausends“ in der frühen ägyptischen Kultur statt und übersetzen sich in den Stamm A-L-Ph, aus dem „sowohl das semitische Aleph als auch das griechische Alpha hervorgehen“. (Alfred Kallir: *Sign and Design. Die psychogenetischen Quellen des Alphabets*. Berlin: Kadmos 2002, S. 39; Mathes: Reproduktion, S. 83.)

13 Vgl. Braun: *Der Preis des Geldes*, S. 66.

14 Ebd., S. 67.

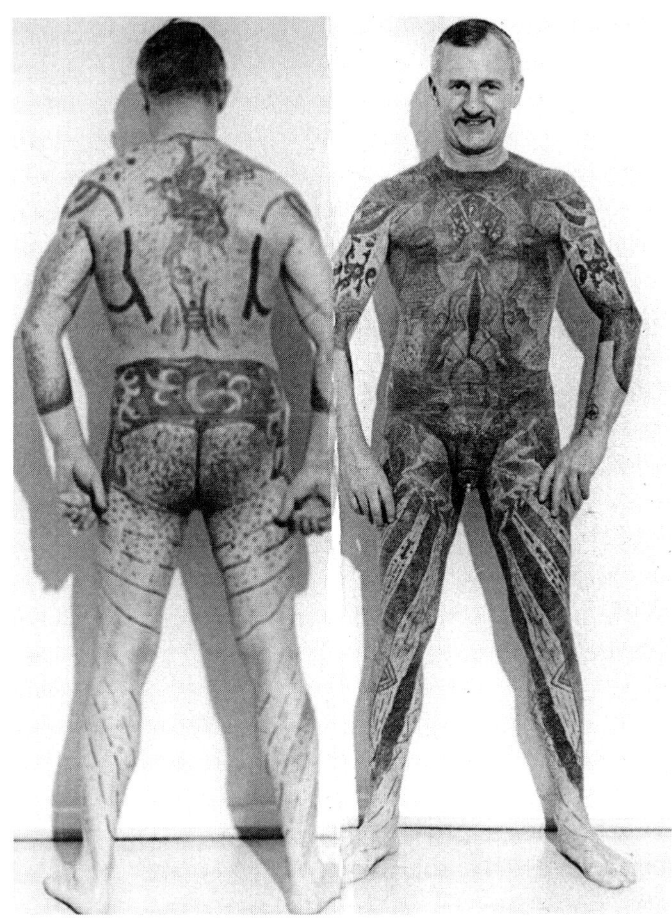

Abb. 51
Albrecht Becker: *Becker als A, von vorn und von hinten*, 1969.

der Welt"[15] und dem Entstehen monotheistischer Religionen erklärt wird, kam es dann zu einer symbolischen Domestizierung des Stieres und zur Anthropomorphisierung des Buchstabens ‚A'. Der den zunächst oben auseinanderlaufenden Schrägstrichen, also den Hörnern des Stieres, neu hinzugefügte Querbalken des zumindest in den semitischen Sprachen quergestellten Zeichens versinnbildlicht das Joch des Pfluges,[16] das den Stier einspannte und zum Ochsen werden

15 Kallir: *Sign and Design*, S. 80.

16 Das semitische Aleph als auch das griechische Alpha verweisen in ihrer phonotaktischen Veränderung auf Ph-A-L und somit neben dem Phallus auf den Pflug (sanskr. *phala-h* Pflug). Ebd., S. 51–52; Mathes: Reproduktion, S. 83.

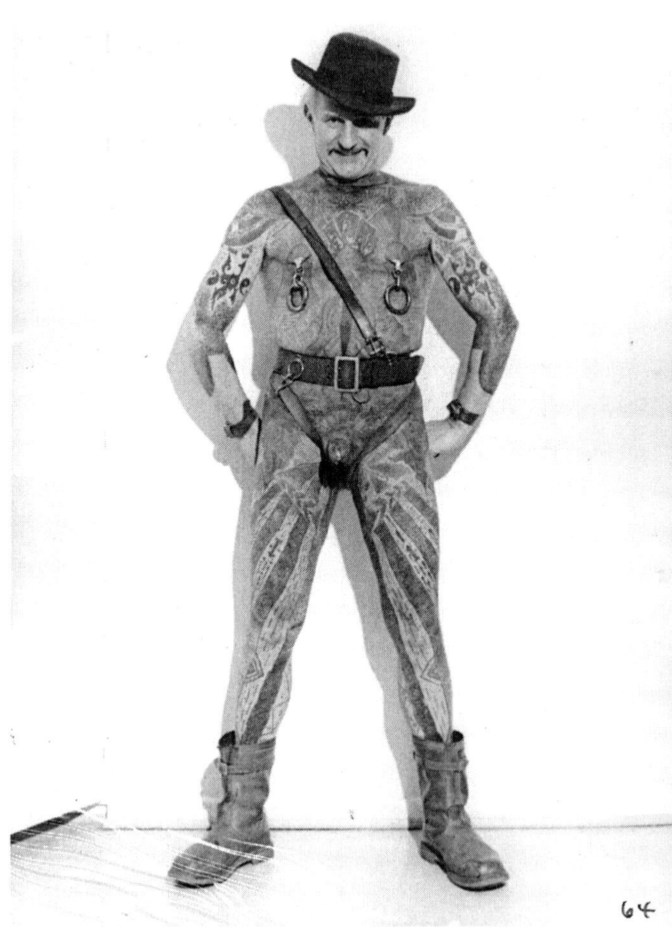

Abb. 52
Albrecht Becker:
Becker als A, mit Ledergürtel, 1964.

ließ. Erst mit dieser Neuerung begann sich das ‚A‘, das bisher seitwärts lag, aufzurichten und symbolisierte so den aufrechtstehenden Mann. Diese Aufrichtung des Aleph beschreibt den Übergang von der tierischen zur menschlichen oder vielmehr männlichen Repräsentation. Anstatt sexuelle Potenz und Fruchtbarkeit zu symbolisieren, stand der Buchstabe nun für geistige Fruchtbarkeit. Der zunehmenden Entfernung von der figürlichen Darstellung des Stieres ist die Regulierung und Kastration männlicher sexueller Potenz eingeschrieben.[17] Mit dieser Kastration lagert sich Schmerz imaginativ in den Buchstaben ‚A ein.

Die Entwicklung des Buchstaben ‚A‘ konstituierte, diesen Annahmen folgend, eine Ordnung des Schmerzes. An deren Anfang steht der gezähmte Stier,

17 Vgl. Braun: *Der Preis des Geldes*, S. 67.

symbolisiert durch den Buchstaben ‚A'. Der Querstrich, der auf das Joch verweist, das einerseits die unberechenbare Potenz des Stieres bezwingt und andererseits die körperlichen Kräfte des Mannes zugunsten seiner geistigen Kräfte zügelt, lässt sich als Beispiel für die schmerzhafte Domestizierung und einschneidend-beschneidende Trennung zwischen Geist und Körper verstehen.[18] Damit geht einher, dass Schmerz nicht länger als figürliches und körperliches Schriftzeichen dargestellt wird, sondern als abstraktes. Angesichts dieser Abstraktion wird Schmerz als Schrift Teil einer ökonomischen, homogenen und mechanischen Reduktion des einst Malerischen und Piktografischen, wie Derrida schreibt.[19] Gleichzeitig konstituiert sich innerhalb dieser auf das Geistige und Abstrakte reduzierten Gesetzmäßigkeit von Schrift Schmerz als etwas, das sich als Negation von Körperlichkeit und Affizierbarkeit ausweist: Es bedarf keines gezügelten Stieres oder keiner Vorstellung eines gezügelten Stieres in seiner figürlichen Bildhaftigkeit mehr, um die kastrierte und geistige Fruchtbarkeit des Männlichen zum Ausdruck zu bringen. Damit verliert sich im abstrakten Schriftzeichen auch die affektive Intensität des Schmerzes der Kastration und Domestizierung.
Bevor ich ausführlicher darauf eingehe, wie Becker dieser Abstraktion von Schmerz zugunsten einer affektiven und mithin queeren Schriftbildlichkeit von Schmerz entgegenarbeitet, möchte ich zunächst eine weitere Ebene vorstellen, auf der ich seine Bilder einer Lektüre unterziehe. Gemeint ist die doppelte Negation, die, Derrida zufolge, für das Funktionieren von Schrift elementar ist: die Negation von Sender und Empfänger.

V.1.2 Poststrukturalistische Negation von Sender und Empfänger

Jacques Derrida verfolgte das poststrukturalistische Ansinnen, das System der Hermeneutik und damit die Logik der auf Ursprung, Kontinuität und Homogenität basierenden Interpretation von Text zu dekonstruieren. Dazu etablierte er Schrift als Struktur der Iterabilität. Wiederholbarkeit als zentrales Merkmal von Schrift, so Derrida, sei das Konstituens von Lesbarkeit. Aufgrund dieser Wiederholbarkeit spielten Sender und Empfänger für die Lesbarkeit keine Rolle mehr. Die Lesbarkeit von Schrift hänge demnach nicht davon ab, dass sie von einem Sender verfasst wurde: „Damit ein Schriftstück ein Schriftstück ist, muß es fortfahren zu ‚handeln' und selbst dann lesbar sein, wenn der sogenannte Autor des Schriftstücks nicht mehr für das, was er geschrieben und anscheinend

18 Ebd., S. 59–61.
19 Vgl. Derrida: Signatur Ereignis Kontext, S. 75.

unterschrieben hat, einsteht."[20] Gleiches behauptet Derrida für den Empfänger: „Eine Schrift, die nicht über den Tod des Empfängers hinaus strukturell lesbar – iterierbar – wäre, wäre keine Schrift."[21]

Bezogen auf Beckers Fotografien bedeutete das: Das ‚A' in den Fotografien schreibt sich als ‚A', ganz gleich, ob Becker dies so intendiert hat oder ich es als Empfängerin als solches interpretiere. Wenngleich ich diesem Gedankengang Derridas ein Stück weit folge, werde ich später in Abgrenzung dazu behaupten, dass in Beckers Fotografien Sender und Empfänger durchaus anwesend sind, wenngleich nicht in der Weise, wie Derrida sie durch seine Theorie zu kritisieren suchte. Das heißt, dass es sich um eine Anwesenheit handelt, die nicht auf Becker und mich als homogene, kontinuierliche und mit Intention ausgestattete Subjekte zurückführt. Wie nun aber kommt es zu dieser Anwesenheit? Und was bedeutet sie für die Lesbarkeit der Schriftbilder Beckers?

Beckers Fotografien verstehe ich durchaus als Schriftbilder, die sich im Sinne Derridas durch die Wiederholbarkeit ihrer Zeichen ausweisen. Dabei ergibt sich die Frage, ob diese Wiederholbarkeit eines Senders entbehren muss. Was änderte es, wenn – wie im Falle Beckers – der Sender Schrift ist und als eine solche radikal relational und performativ? Eine weitere Frage ist die der Lesbarkeit. Derrida zufolge könne die Performativität von Schrift keine Form der Lesbarkeit mit sich bringen, die eine hermeneutische Entzifferung durch den Empfänger sei. Die Wirkungen der durch Wiederholbarkeit erbrachten Ereignishaftigkeit von Schrift seien dafür viel zu unsymmetrisch.[22] Folglich – so meine These – bin ich als Empfängerin auf eine Weise adressiert, die Lesbarkeit auf eine Ebene katapultiert, die nichts mehr mit dem Lesen im engeren Sinne des Verstehens von Geschriebenem zu tun hat. Lesen ist danach Erspüren. Sehen ist Tasten. Auf genau dieser Ebene ‚lese' ich Beckers Bilder. Damit trete ich nicht mehr als Empfängerin im klassischen und von Derrida kritisierten Sinne auf, sondern als Affizierte, die ihrer rationalen Kategorien des Interpretierens zum Teil verlustig gegangen ist. Das Sich-Ereignende ist im Kontext machtkritischer queerer Wissensproduktion als nicht unwesentlich hervorzuheben.

Ich möchte im Folgenden zeigen, dass die von Becker in den Fotografien betriebene Aufhebung der Negation des Figürlichen und Verkörperten eine Rolle für die Charakterisierung von Lesen / Sehen als Spüren / Tasten spielt. Daher werde ich mich im kommenden Abschnitt der von Derrida für das Funktionieren von

20 Derrida: Signatur Ereignis Kontext, S. 81.

21 Ebd., S. 80.

22 Ebd., S. 101.

Schrift behaupteten Negation des Senders aus kritischer Perspektive widmen, indem ich auf zwei Aspekte genauer eingehe: Ich betrachte zunächst das Monogramm und anschließend das Figurenalphabet bzw. die verkörperte Schrift. Im darauffolgenden Abschnitt untersuche ich die von Derrida behandelte zweite Negation – also die des Empfängers – in Bezug auf das Bildmaterial Beckers.

V.2 Schrift – Bild – Körper

Derridas Text „Signatur Ereignis Kontext" wird angeführt als einer der „klassischen Texte der Dekonstruktion, an denen keine ernsthafte Beschäftigung [...] vorbeigehen kann"[23]. Daher erscheint es vorerst naheliegend, sich ihm im Rahmen des Versuchs, Schriftbilder zu diskutieren, zuzuwenden. Da diese Arbeit aber am Beispiel der Fotografien Beckers den Zusammenhang zwischen Sprache, Bild, Affekt und Körper thematisiert, wird es im Folgenden darum gehen, ein sich an Derrida orientierendes, aber schließlich ein anderes Konzept der Schriftbildlichkeit zu erarbeiten. Dieses wird Ausgangspunkt meiner Behauptung sein, es handle sich bei Beckers Fotografien um queere Schriftbilder des Schmerzes.

In diesem Abschnitt werde ich darlegen, wie der Sender im Bild anwesend wird, aber dadurch, dass er Schrift als Bild darstellt, als Modalität der Affizierung auftritt. Indem der Sender selbst zu Iterabilität wird, verschiebt sich der Gedanke Derridas, Schrift sei nur als Zeichen iterabel.

V.2.1 Monogramme des Senders und deren Versinnlichung

Die These der Iterabilität des Senders werde ich nun am Beispiel des Monogramms erläutern. Dieses wiederum teilt sich in drei Unterbeispiele auf: die Kalligrafie, das Ornament und die Tinte. Alle drei erarbeiten auf unterschiedliche Weise die Affizierung des sich als Schriftbild darstellenden Senders.

Derrida geht davon aus, dass die Abwesenheit des Senders die Funktionalität von Schrift begründet. Erst die Nicht-Anwesenheit einer individuellen Intention ermöglicht die Lesbarkeit von Schrift. Was aber, wenn sich der Sender an die Schrift in Form des das Selbst verifizierenden Schriftzugs der Signatur heftet und als solche ins Bild tritt? Diese Frage interessiert mich vor allem mit Blick auf jene Bilder, in denen Becker Monogramme inszeniert bzw. den Diskurs der verifizierenden Unterzeichnung, der Signatur aufgreift. (Abb. 53) Doch etwas irritiert: Die Inszenierung auf dem oberen Bauch (Abb. 53 oben rechts) erinnert an die Kalligrafie eines Monogramms, das an das Albrecht Dürers erinnert. Diese Beobachtung schließt gut an Derridas Kritik an der Anwesenheit des Senders an.

Wird hier von Becker der Versuch unternommen, die Anwesenheit eines Senders zu behaupten, der nicht er selbst ist? Wer ist Autor des Monogramms? Dürer? Becker? Mit Derrida käme ich wahrscheinlich zu dem Ergebnis, dass es sich um das Monogramm Dürers und nicht Beckers handelt, damit die Loslösung von der Intention des originären Autors zum Ausdruck gebracht wird und Schrift

23 Peter Engelmann: Zur Textauswahl. In: Jacques Derrida: *Die différance*, S. 359–360, hier S. 360.

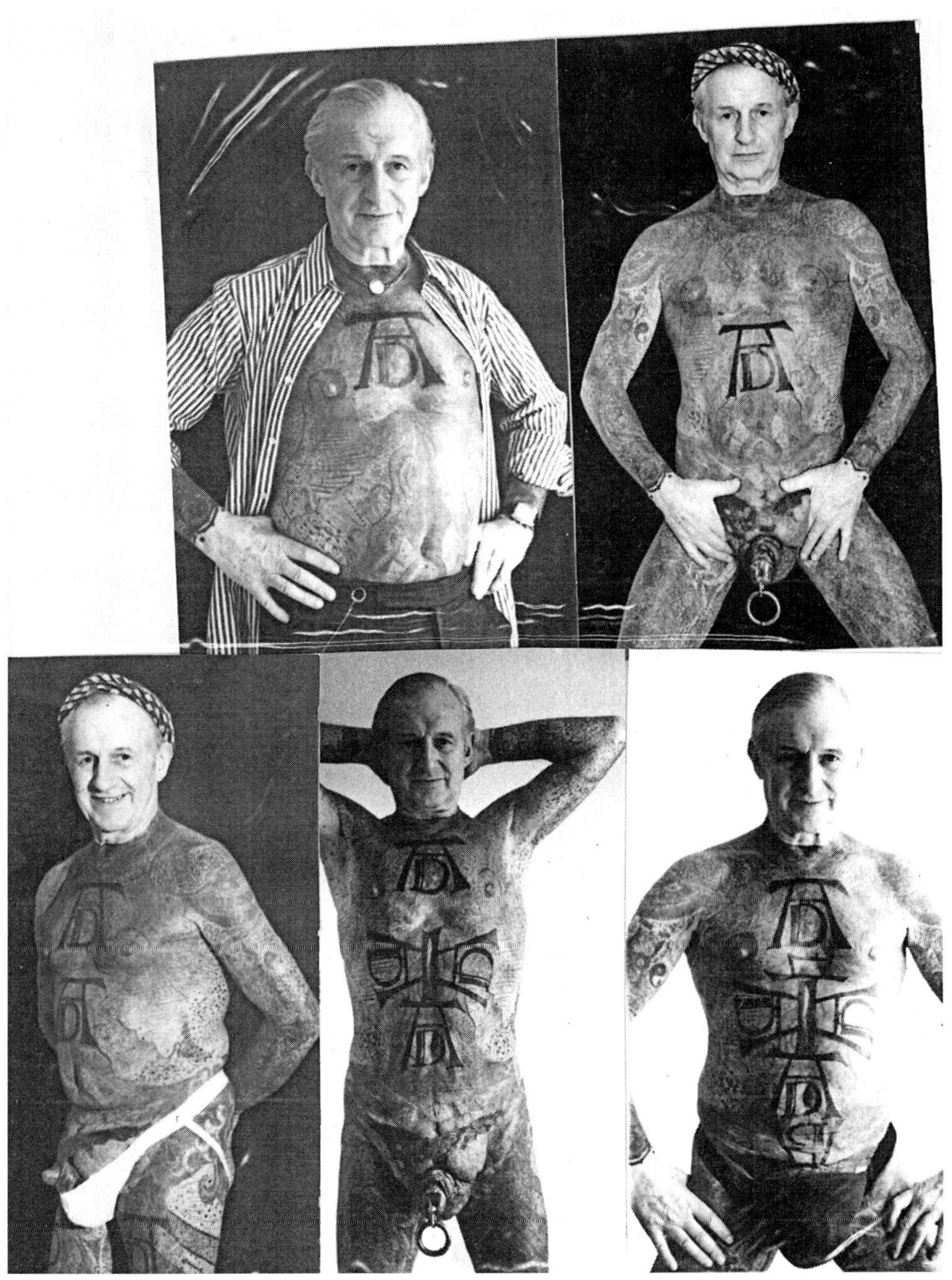

Abb. 53: Albrecht Becker: *Mit der Signatur von Albrecht Dürer*, o. D.

dadurch auf ihre Eigenschaft der Iterabilität reduziert wird. Der Blick auf das Monogramm (Abb. 53 oben rechts u. links) verdeutlicht Derridas Infragestellung der von einem Ursprung aus argumentierenden Hermeneutik. Beckers Spiel mit Dürers Monogramm karikiert den auf Originalität ausgerichteten Diskurs der Dechiffrierung von Sinn, das heißt der vermeintlich objektiven Enträtselung dessen, was sich in einem Bild originär und intentional verbirgt. Insofern erscheint mir auch die Behauptung persifliert, Originalität im Bild qua Signatur quittieren zu können. Um dies besser verständlich zu machen, füge ich ein paar erklärende Worte zur historischen Herstellung des Monogramms bei Dürer als Funktion der Verifikation von Originalität ein.

Dürer, der zu Zeiten der Renaissance nicht als privilegierter Hofmaler im engeren Sinne gearbeitet hatte und noch vor der mit der Entstehung der bürgerlichen Öffentlichkeit im Zusammenhang stehenden Aufweichung der Hofhistoriografie[24] begann, einen Anspruch auf die eigene *virtu*[25] zu erheben,[26] erfand sich unter anderem mit Hilfe des Monogramms als Künstler bzw. Urheber seiner Werke. Dürer gehörte vermutlich zu den ersten Künstler*innen, die ihre Werke mit der eigenen Identität verbanden. Indem er sie mit seinem Monogramm versah, lässt sich Dürer als Individualkünstler und Initial eines im Kunstdiskurs sich durchsetzenden individualistischen Selbstverständnisses bezeichnen. Davon zeugen auch seine Selbstportraits und Selbstaufzeichnungen.[27] Sichtbarkeit bezieht sich folglich nicht nur auf die Kunstwerke, sondern auch auf das Künstler*innen-Ich.[28] Künstler*innen werden in Folge zunehmend weniger

24 Mit zunehmender Unabhängigkeit waren einstige Hofmaler*innen stärker auf sich selbst zurückgeworfen, was die Möglichkeiten der Selbstreflexion erweiterte. Aus dem sicheren Status der Inklusion in die soziale Gruppe der vom Hofstaat profitierenden Hofmaler*innen allmählich entlassen, entwickelte sich ein Verständnis für (künstlerische) Individualität. Noch im 18. Jahrhundert galt der Mensch vor anderen nicht als besonders hervorgehoben. Im 19. Jahrhundert war die Gleichsetzung von Individuum und Subjekt insofern voll ausgeprägt, als Individualität nunmehr bedeutete, das Subjekt als ‚Welt im besonderen Ich' und als grenzüberschreitende Transzendenz zu begreifen. Vgl. Volker Kapp: Von der Autobiographie zum Tagebuch. In: Ders. / Alois Hahn (Hrsg.): *Selbstthematisierungen und Selbstzeugnis. Bekenntnis und Geständnis.* Frankfurt am Main: Suhrkamp 1987, S. 297–310; Niklas Luhmann: Individuum, Individualität, Individualismus. In: Ders.: *Gesellschaftsstruktur und Semantik. Studien zur Wissenssoziologie der modernen Gesellschaft*, Bd. 3. Frankfurt am Main: Suhrkamp 1993, S. 149–258.

25 *Virtu* ist ein individuelles und nicht bloß standesmäßig verankertes Prinzip der Leistungsfähigkeit. Vgl. Kapp: Von der Autobiographie zum Tagebuch.

26 Vgl. Erika Billeter: *Das Selbstportrait im Zeitalter der Photographie. Maler und Photographen im Dialog mit sich selbst.* Bern: Benteli 1985.

27 Vgl. Heike Sahm: *Dürers kleinere Texte. Konventionen als Spielraum für Individualität.* Tübingen: Niemeyer 2002.

28 Vgl. Braun: *Der Preis des Geldes*, S. 182, 293.

als Kunstschaffende, sondern Unternehmer*innen ihres Lebens und Ansehens erachtet. Das verdeutlicht sich auch durch das kalligrafisch gearbeitete ‚A' des von Becker nachempfundenen Monogramms Dürers. In seiner künstlerisch anspruchsvollen Ästhetik soll das ‚A' auf die Klasse des schöpferischen Menschen und das Konzept der auf individueller Leistung beruhenden originären Kreativität verweisen. Es ist nicht einfach nur ein schlichtes, sondern kunstfertig gearbeitetes ‚A' im Stile des sich vom Pragmatismus der Buchillustration abhebenden und zum eigenständigen Kunstwerk deklarierten Holzschnitts.[29]
Die Selbstinstantiierung des Künstler*innen-Ichs legt eine Interpretation nahe, die sich das Bild über den schöpferischen Ausdruck und die vermeintliche Intention jener Person erschließt, die es mit ihrem Namen versieht. Die Hermeneutik als kunstwissenschaftliche Methode ist ein Beispiel für eine solche Interpretation von Bildern. In der kunsthistorischen Praxis der Hermeneutik[30] ist es noch immer üblich, sich die Welt der Schaffenszeit des*der Künstlers*in über dessen*deren Person anzueignen. Die Hermeneutik integriert die Analyse der Intention des künstlerischen Ausdrucks in die Analyse von Zeichen. Aus hermeneutischer Perspektive ließe sich Beckers visueller Versuch, Dürers Schaffen nachzuahmen, als Nachspüren der Intention Dürers verstehen. Wiederum aus hermeneutischer Sicht könnte mich dies zu der Frage führen, was Beckers Intention dabei war. Die Intentionalität Beckers interessiert mich jedoch weniger, und zwar weil es mir im Rahmen meiner queer-theoretischen Arbeit nicht darum geht, ein vom Sich-Selbst-Bewusstsein aus gedachtes Subjektverständnis zu reproduzieren. Daher möchte ich versuchen, mithilfe der Kritik Derridas eine nicht-hermeneutische ‚Lesart' der Schriftbilder Beckers zu entwickeln. Ich werde das Monogramm auf seinem Körper aus poststrukturalistischer Perspektive betrachten, um dann eine eigene, auf die Frage der Körperlichkeit bezogene Interpretation anzubieten.
Der Poststrukturalismus, dem Derrida zugerechnet wird, ist nicht an der Frage der Autor*innenschaft interessiert. Stattdessen analysiert er, wie sich Schrift

29 Von Braun zitiert Dürer im Zusammenhang der Lockerung des Zinsverbots und der Erfindung des Buchdrucks. Dürers Individualismus ist innerhalb dieser Konstellation nicht nur einer des schöpferischen Menschen, sondern der aufsteigenden Kapitalistenklasse. Der Holzschnitt z. B., dem Dürer den Status des Kunstwerks zuschrieb, indem er ihn von der Buchillustration entkoppelte, ermöglichte aufgrund seiner Reproduktionsfähigkeit das künstlerische Schaffen bekannt zu machen sowie Einnahmen durch den Vertrieb zu generieren. Ebd., S. 182.

30 Es soll nicht verschwiegen werden, dass es auch andere und weitgefasstere Ansätze der kunsthistorischen Bildauslegung gibt. Vgl. Oskar Bätschmann: *Einführung in die kunstgeschichtliche Hermeneutik. Die Auslegung von Bildern*. Darmstadt: WBG 2016.

unabhängig von der Quelle, also dem Sender, schreibt.[31] So ließe sich bezogen auf die Fotografien (Abb. 53 oben rechts u. links) argumentieren, der Signatur ‚AD' sei sein Sender entzogen. Schließlich würde sich hinter ‚AD' Becker verbergen. Die Signatur hätte somit eine wiederholbare Form angenommen. Ihre Lesbarkeit wäre von der einmaligen Intention ihrer Produktion abgelöst. Aber ist hier nicht trotzdem etwas merkwürdig? Verkehrt sich nicht auch die Aussage der Signatur, wenn im Bild ein Referent auftaucht, der sie nicht bestätigt[32] und der den „Automatismus der Verknüpfung zwischen Signifikant und Signifikat"[33] durchbricht und eine körperliche Anwesenheit schafft, die Schrift auch als performatives Phänomen abseits semiotischer Iterabilität begreift? Dass Schrift nicht auf die Funktion der Iterabilität von Zeichen reduziert ist, möchte ich im Folgenden anhand des Kalligramms, des Ornaments und der Tinte argumentieren. Beim ersten Beispiel beziehe ich mich zunächst auf die Funktion der Kalligrafie sowie Foucaults Auseinandersetzung mit dem Kalligramm in René Magrittes Zeichnung *Dies ist keine Pfeife*[34] aus dem Jahr 1926. Der Bezug auf Margrittes Bild und dessen Interpretationen ist naheliegend, handelt es sich doch um ein für die Zeichentheorie zentrales Kunstwerk.[35] Es dient mir dazu, mein zentrales Argument zu entwickeln, das heißt, die Lesbarkeit von Schrift aus der Perspektive der Affizierung zu diskutieren. Dieses Argument demonstriere ich im zweiten Abschnitt am Beispiel von Jacques Rancières Text *Die Aufteilung des Sinnlichen*[36]. Im dritten Abschnitt beschäftigt mich noch einmal die Geschichte des Alphabets, nun allerdings in kritischer Bezugnahme auf das männliche „Prinzip Tinte"[37], dessen elementare Bedeutung für die Abstraktion des Schriftsystems

31 Vgl. Michel Foucault: Was ist ein Autor?, aus d. Franz. v. Hermann Kocyba. In: Daniel Defert / François Ewald (Hrsg.): *Schriften zur Literatur.* Frankfurt am Main: Suhrkamp 2003, S. 234–270.

32 Vgl. Michel Foucault: *Dies ist keine Pfeife. Mit zwei Briefen und vier Zeichnungen von René Magritte*, aus d. Franz. v. Walter Seitter. München: Hanser 1997, S. 11.

33 Schade / Wenk: *Studien zur Visuellen Kultur*, S. 85.

34 Vgl. Foucault: *Dies ist keine Pfeife.*

35 Auch der Zeichentheoretiker Roland Barthes nimmt auf Margrittes Bild Bezug. Um im Gegensatz zum gemalten Bild das Tautologische der Fotografie herauszustellen, schreibt er jedoch: „[E]ine Pfeife ist [in der Fotografie] stets eine Pfeife, unabdingbar." Ich zeige nun aber, dass die Fotografien Beckers in keiner solchen Tautologie funktionieren. Barthes: *Die helle Kammer*, S. 13.

36 Vgl. Jacques Rancière: *Die Aufteilung des Sinnlichen. Die Politik der Kunst und ihre Paradoxien*, hrsg. v. Maria Muhle, aus d. Franz. v. ders. / Susanne Leeb / Jürgen Link. Berlin: b_books 2008.

37 Christina von Braun: Blut und Tinte. In: Dies. / Christoph Wulf (Hrsg.): *Mythen des Blutes.* Frankfurt am Main: Campus 2007, S. 344–362, hier S. 356.

unter anderem Christina von Braun herausgearbeitet hat.[38] Ich werde zeigen, dass sich dieses Prinzip bei Becker in eines verwandelt, das statt Abstraktion einzulösen, Affizierung bedeutet.

V.2.1.1 Kalligramme des Sinn-lichen

Becker, auf dem sich der Schriftzug ‚AD' befindet (Abb. 53), ist ebenso wenig Dürer, wie die Pfeife in der Zeichnung *Dies ist keine Pfeife* (1926) von René Magritte keine Pfeife ist. Trotzdem teilen sich Monogramm und Körper, Schrift und figürliche Darstellung ein Bild – so wie sich das Objekt der Pfeife und der Schriftzug das Bild *Dies ist keine Pfeife* teilen. Foucault schreibt in seiner Interpretation von Magrittes Bild, es sei verwirrend, dass sich der Text und die figürliche Zeichnung der Pfeife aufeinander bezögen, obwohl die Aussage des Textes sei, nichts mit der Zeichnung zu tun zu haben.[39] Text und figürliche Darstellung treffen sich aber, so Foucault, weil der Text in Form der Bildunterschrift als gezeichnete Darstellung selbst figürlich oder grafisch ist, das heißt, die Schrift durch die geschwungenen Linien einer figürlichen Darstellung nahekommt. Wörter – oder wie im Falle dieser Fotografien Beckers Buchstaben (Abb. 53) –, die gezeichnet sind und grafisch wirken, sind ebenso wie Figuren, die aus Schrift bestehen oder Schrift darstellen, Charakteristika eines Kalligramms.[40] Die Anwesenheit von Text im figürlichen Bild oder von grafischer Bildhaftigkeit im Text verdeutlicht, dass der hohe Abstraktionsgrad von Schrift zugunsten von grafischer oder figürlicher Bildhaftigkeit zurückgenommen ist und sich zugleich die Figur oder Grafik als Schrift auszeichnet.

Was bedeutet der Bildcharakter der Schrift oder Schriftcharakter des Bildes nun bezogen auf die Frage der Gefühlsgeschichte des Alphabets? Wird der Schmerz, der, wie ich im Abschnitt V.1.1 darlegt habe, nur noch als abstraktes Gesetz der Schrift zugänglich ist, wieder figürlich und mithin körperlich? Mit welcher Konsequenz? Mit der Bildlichkeit in Form grafischer Strukturierung oder figürlicher Darstellung werden der Wahrnehmung bestimmter Buchstaben oder Buchstabenkombinationen wieder schmerzhafte Geschichten eingeschrieben, die sonst nicht mehr bemerkt werden.[41] Daraus resultiert eine Ironisierung von Wahrnehmungsweisen, die in der Schrift nur das Rationale und Geistige sehen.

Das bildhafte Monogramm ‚AD' – noch zudem auf Beckers von Tätowierungen bearbeitetem und von Selbstverletzungen geriffeltem Körper – zeigt also an, dass

38 Ebd.

39 Vgl. Foucault: *Dies ist keine Pfeife*, S. 12.

40 Ebd., S. 15.

41 Vgl. Schade / Wenk: *Studien zur Visuellen Kultur*, S. 87.

dem durch die Schrift verfügten Diskurs geistiger Männlichkeit und dem durch das Monogramm bestimmten Diskurs schöpferischer und originaler Männlichkeit die Erfahrung der Kastration, des Schmerzes und der Verletzlichkeit eingestochen ist. Mit dieser durch das Schriftbild artikulierten Verletzlichkeit ironisiert Becker den hegemonialen, also auf Geistigkeit und Affektarmut gebuchten Männlichkeitsdiskurs.

Die Ironisierung – und dies erscheint mir wichtig –, die dadurch erlangt wird, dass durch den Bildcharakter der Schrift wieder Verletzlichkeit in der Schrift artikulierbar wird, ist nicht mit der von Christina von Braun thematisierten Rematerialisierung von Schrift zu verwechseln. Mit Rematerialisierung von Schrift meint von Braun, dass bestimmte Körper den Tribut für die Entkörperung von Schrift zu zollen hätten, das heißt, dass z. B. weibliche Körper oder weibliche Sexualität den Umstand kompensierten, dass Männlichkeit nur noch für Geistigkeit stehe.[42] In dieser Funktion seien Frauen schließlich abgewertet und als Prostituierte oder Femme Fatales stigmatisiert worden. Entgegen von Braun meine ich hier eine andere Form der Rematerialisierung am Werk zu sehen. Der Bildcharakter des Monogramms, der die Figürlichkeit und Körperlichkeit von Schrift ausweist, adressiert im Gefüge der weiter im Bild zu sehenden Elemente, wie z. B. die Geschwulst, die kaum mehr ein zuzuordnendes Geschlecht darstellt, keinen klar umrissenen Geschlechtskörper, der die Opfergabe für die Abstraktionsgeschichte ist. Stattdessen weist das Schriftbild eine Körperlichkeit aus, die sich in der Passage befindet. Der Körper als Passage kann sich dem Zugriff des Wunsches entwinden, im homosexuellen Mann ein fleischliches Opfer für die Entkörperungsgeschichte gefunden zu haben.

Mit dem Entwinden des Körpers als Passage – des queeren Körpers – steht eine weitere Ironisierung im Zusammenhang: die Ironisierung der Auffassung Derridas, mit der körperlichen Anwesenheit des Senders könne nur eine hegemonial gedachte Form des Subjekts als Schrifturheber gemeint sein. Anders als Derrida meine ich, dass der Funktionalität von Schrift der Sender solange nicht im Wege steht, wie er selbst als Performativität gedacht werden kann. Im Schriftbild, das die Körperlichkeit und Verletzlichkeit wieder in sich trägt, ist der Urheber nicht mehr homogener und kontinuierlicher Sender, sondern performative Passage. Als solche ist der Sender als Affekt, also als Schwelle von einer bestimmten verkörperlichten und vergeschlechtlichen Verfassung in die nächste, an Schrift beteiligt.

42 Vgl. Braun: Gender, Geschlecht und Geschichte, S. 20.

V.2.1.2 Sinnliche Ornamente

Ich möchte in diesem Abschnitt am Beispiel des Ornaments, das etwa Jacques Rancière in seinem Beitrag *Die Aufteilung des Sinnlichen* einbettet,[43] diskutieren, dass sich in die Wahrnehmung von Schriftbildern entgegen der Geschichte der Privilegierung von Schrift und Bild als kognitiv lesbare Zeichen eine weitere Dimension einfügt, nämlich die des Körperlichen und des den Sinn übersteigenden Sinnlichen. Zurückzuführen ist dies auf das Ornament als Muster, das weniger etwas bedeutet, als das es etwas verziert.

Rancière fragt nach der ästhetischen Dimension von Politik. Dabei setzt er sich nicht nur mit repräsentativen, dokumentarischen und interventionistischen künstlerischen Praktiken auseinander, sondern auch mit Praktiken der angewandten Kunst einerseits und mikropolitischen Praktiken andererseits. Insofern in letztere Aspekte des Affekts und des Affizierens einhaken, scheint mir eine Auseinandersetzung mit Rancière an dieser Stelle sinnvoll. Dieser schreibt:

> [Es gibt im Gegensatz zur gleichgültigen Demokratie der Schrift beim Roman] die typographische und ikonographische Kultur, jene Verflechtung der Macht des Buchstabens mit der Macht des Bildes, die in der Renaissance so wichtig war und mit den Vignetten und anderen Textornamenten sowie den verschiedenen sonstigen Neuerungen der romantischen Typographie wiedererweckt worden ist. Dieses Modell verwischt die Regeln der entfernten Zuordnung von Sagbarem und Sichtbarem, wie sie der Logik der Repräsentation eigen ist. Und es verwischt die Aufteilung zwischen den Werken der reinen und den Ornamenten der angewandten Kunst. Daher hat dieses Modell eine so wichtige und im Allgemeinen unterschätzte Rolle beim Umsturz des Repräsentationsparadigmas und seiner politischen Konsequenzen gespielt.[44]

Rancière wertet Textornamente, zu denen er das kalligrafierte Monogramm zählt, zu einer Politik der Ästhetik auf, die sich gegen die politischen Konsequenzen der Repräsentationslogik stemmt. Indem das Monogramm bei Becker auf die Verflechtung von Schriftlichkeit und ornamentaler Bildlichkeit rekurriert, wird nach Rancière das auf Abstraktion und Affektreduktion beruhende Repräsentationsgefüge in Unordnung gebracht. Durch die Verflechtung von Schrift und Ornament werde der Oberfläche wieder „Atem" und „Lebendigkeit"[45] eingehaucht, so Rancière. Mit ‚Lebendigkeit' sei nicht gemeint, sich das Schriftbild dreidimensional, also räumlich oder körperlich im Sinne eines Körperraumes

43 Vgl. Rancière: *Die Aufteilung des Sinnlichen*.

44 Ebd., S. 29.

45 Ebd., S. 30.

vorzustellen, sondern es als sinnlich im Sinne eines erklingenden, „beseelten“[46] Bildes zu verstehen. Durch kalligrafische Typografie werde die „stumme Oberfläche der gemalten Zeichen“[47] hörbar und affektiv. Damit sei die „anti-repräsentative Revolution“[48] im vollen Gange. Auf die auditive Dimension von Schrift werde ich noch ausführlicher eingehen (siehe Abschnitt V.3). Zunächst möchte ich jedoch Rancières Überlegungen auf die Textornamente in Beckers Fotografien beziehen.

Die Monogramme auf seinem Bauch sind als Schrift lesbar, können aber auch als grafische Darstellungen betrachtet werden. Durch das Verschwimmen mit dem Hintergrund von Beckers stark gemusterter Haut werden sie zu Ornamenten. Diese Ornamentierung der Buchstaben und die damit erzeugte Flächigkeit, Texturierung und Stofflichkeit erschwert die Identifikation abgrenzbarer Formen. Dadurch vermag sie, das Sinnliche neu aufzuteilen, wie es Rancière beschreibt. Ornamentale Texturen öffnen also das visuelle Feld dem Sinnlichen gegenüber. Durch diese mit dem Sinnlichen in Zusammenhang stehende Verlebendigung des Visuellen, wie Rancière es beschreibt, konterkarieren Beckers Darstellungen des sich durch Signaturen bestätigenden Selbst und durchkreuzen Vorstellungen von Originalität und einer fixierten Identität des Senders. Und trotzdem zeugen sie durch die signalisierte Taktilität des Schraffierten von einer physischen Anwesenheit des abgebildeten Subjekts und darstellenden Senders. Die Sinnlichkeit der Darstellungsweise evoziert dabei eine Veränderung dessen, was Derrida als die Homogenität und Kontinuität des Senders angenommen hat. Vielmehr bewirkt die Versinnlichung, die durch die Intensität texturierter und stofflicher Schriftdekors entsteht, die Performativität des Senders.

V.2.1.3 Tintenblut

Die Körperlichkeit, die sich in das Monogramm als Schriftbild lagert, interessiert mich hier in Form der Repräsentation von Tinte. Dabei wird deutlich, dass Tinte nicht das geistige Prinzip, das Christina von Braun ausführlich behandelt, repräsentiert, sondern die affizierte und affizierende Körperlichkeit.

Geistige Männlichkeit verbürgende Tinte?

Christina von Braun bezeichnet Tinte in ihren für die kulturwissenschaftliche Geschlechtergeschichte bedeutenden Schriften als abstrakten Saft, der auf das Prinzip der Geistigkeit verweise.[49] Ohne Tinte, so von Braun, ließe sich der

46 Rancière: *Die Aufteilung des Sinnlichen*, S. 30.

47 Ebd.

48 Ebd., S. 31.

49 Vgl. Braun: Blut und Tinte, S. 356.

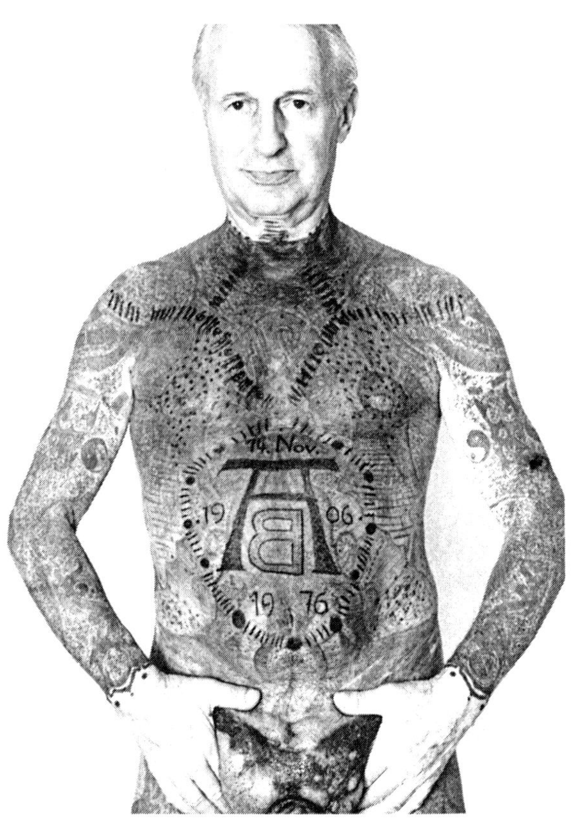

Abb. 54
Albrecht Becker:
Von Tinte erobert, 1976.

Zusammenhang zwischen der Entstehung von Schrift und geistiger Männlichkeit nicht denken. Wenn ich den Körper Beckers in der Fotografie (Abb. 54) mit dem Körper der knapp 30 Jahre jüngeren Selbstdarstellung von 1944 (Abb. 50) vergleiche, so stelle ich fest, dass er in der späteren nahezu vollständig von Tinte erobert ist. So könnte ich im Anschluss an von Braun behaupten, die Tinte symbolisiere in ihrer üppigen Verwendungsweise bei den Medialisierungen Beckers den Einbruch rationaler Männlichkeit. Tinte – das Sinnbild für maskulinisierte Schrift – sei das Material von Beckers Tätowierungen, aber auch seiner Fotobearbeitungen. Es erschiene daher auch wenig überraschend, dass eine der ersten fotografischen Aufnahmen Beckers von seinen Selbsttätowierungen (aus dem Jahr 1944) in der Körperhaltung des ‚A' erfolgte (Abb. 50).[50] Die Materialität

50 Das ist der handschriftlichen Notiz auf der Rückseite der Fotografie zu entnehmen: „Juli 1944/in Russland/so fing es an/mit einer Flamme/über dem Schwanz/unter den Haaren./ 38 Jahre alt." Unterhalb der Notiz befindet sich außerdem eine Skizze seiner ersten Tätowierung.

der Tinte könne als mit dem durch das ‚A' symbolisierten Prinzip männlicher Rationalität verschweißt verstanden werden. Insofern ließe sich sagen, das Prinzip Tinte hätte sich zunehmend durchgesetzt. Außer seinen Händen und seinem Kopf ist in den späteren Fotografien (Abb. 54) sein gesamter Körper von dem Saft signiert, der es ermögliche – wie von Braun herleitet –, Genealogie nicht auf das archaische Wirken von Naturgegebenheiten, sondern auf die Kraft des Geistes zurückzuführen.[51] Diese Lesart, dass die Tinte das Prinzip geistiger Männlichkeit symbolisiere, würde durch den Blick auf Beckers sich vom Rest des Körpers abhebenden, *weißen* und nahezu erleuchteten Kopf unterstützt. Diese Lichtsymbolik codiert geistesgeschichtlich betrachtet das moderne Vernunftsubjekt und damit, der dualistischen Denktraditionen des Abendlandes folgend, Männlichkeit. Darüber hinaus konstituiert sie eine farbliche Weltwerdung und aus rassisierender Perspektive die an das *Weißsein* geknüpfte Menschwerdung Gottes.[52] Becker als *weiße*, männliche Menschwerdung Gottes? Sicher keine auszuschließende Lesart.

Ich möchte dennoch behaupten, dass es sich um eine Verschiebung handelt. Meine These wird sein, dass die Visualisierung von Tinte nichts mit der Darstellung eines ‚reinen' und abstrakte Männlichkeit symbolisierenden Saftes zu tun hat. Tinte bleibt zwar im Bild erhalten, nicht aber als Ausdruck geistiger, sondern körperlicher und affizierter Männlichkeit. Tinte wird in der Profanität der Körperlichkeit und des Herstellens von Schmerz hervorgehoben.

Das auf seinem Bauch prangende, an Dürers Kalligrafie angelehnte Monogramm Beckers scheint durch den ungenauen Einsatz der Tattoo-Tinte Kratzer bekommen zu haben – und zwar durch die kaum noch als ornamentale Muster auszumachenden Striche, die unscharfen Flächen und organischen Formen. (Abb. 54) Die Tinte, sonst Sinnbild der geistigen Abstraktion, artikuliert sich durch eine schraffierte Struktur und verwaschene Ornamentierung, die kaum mehr klar abgrenzbare Formen zu erkennen geben. Die sich dadurch ergebende Flächigkeit, die Gegenständlichkeit abschafft, kann nichts mehr bedeuten, wohl aber das Sinnliche neu aufteilen.[53] Diese durch das Zurückdrängen von semantischer Bedeutung erzeugte Neuaufteilung des Sinnlichen führt zu einer Verlebendigung und Verkörperlichung der von Abstraktion erstickten Tinte. Das heißt, dass durch die Flächigkeit der Schraffur Schrift affiziert ist und nicht mehr nur für das Prinzip geistiger Rationalität steht.

51 Vgl. Braun: Blut und Tinte.

52 Jana Husmann-Kastein: Rassisierte Lichtgestalten – dunkle Krisen. Christus, Karma und Erlösung bei Rudolf Steiner. In: Dies. / Sven Glawion / Elahe Haschemi Yekani (Hrsg.): *Erlöser – Figurationen männlicher Hegemonie*. Bielefeld: Transcript 2007, S. 83–96, hier S. 84–85.

53 Vgl. Rancière: *Die Aufteilung des Sinnlichen*, S. 31.

Queere Bündnisse hervorbringende Tinte

Auffällig an Beckers Monogramm in dieser Fotografie (Abb. 54) ist, dass der Buchstabe ‚A' nicht – wie bei anderen Aufnahmen – zusammen mit einem ‚D', sondern einem seitenverkehrten ‚B' auf seinem Bauch dargestellt ist. Es scheint, als wolle er seinen Körper – und damit die Fotografie – mit jenen Buchstaben versehen, die den Sender und Künstler bezeichnen: AB, also Albrecht Becker. Nachdem ich mir die Geschichte des Buchstaben ‚A' für die Frage der Vergeschlechtlichung von Schrift so ausführlich angeschaut habe, möchte ich das ‚B' nicht unthematisiert lassen – vor allem, weil mich neugierig macht, warum Becker es spiegelverkehrt hat. Welche Bedeutung hat diese Art der Darstellung vor dem Hintergrund der historischen Entwicklung von Schrift? Ich wende mich dazu noch einmal den bereits zitierten kulturwissenschaftlichen Analysen von Christina von Braun und Bettina Mathes zu.

Betrachte ich die Geschichte des Buchstaben ‚B' also unabhängig von der Bedeutungsebene der Becker Individualität verleihenden Signatur, so lässt sich zunächst festhalten, dass dieser Buchstabe Männlichkeit symbolisiert. Dabei hatte der Buchstabe ‚B' vorerst „die gebärenden, behausenden und nährenden Eigenschaften der Schrift"[54], also die Mutter und das Weibliche in der Funktion der Reproduktion und des Beheimatens repräsentiert. Der Buchstabe ‚B' hat sich aus dem Symbol für *Haus* entwickelt. Zugleich verweist das zur ägyptischen Hieroglyphe für *Haus* gehörige Lautzeichen jedoch auf *Bein* und somit das *Gehen*, wie Mathes zusammenfasst.[55] Daraus ergibt sich eine folgenreiche Konstellation, die vor allem im Christentum bedeutsam wird: Das ‚B' repräsentiert die Abkehr vom mütterlichen Körper und die durch die Pforte des Hauses hinaustretende geistige Männlichkeit. Mit dem Buchstaben geht nicht nur die sich von der Körperlichkeit des Weiblichen trennende und vergeistigende Männlichkeit einher, sondern auch die Verstummung des Laut- und Mutterkörpers: „[M]it dem griechischen Alphabet, das im Gegensatz zum semitischen die Vokale schreibt, eignet sich die Schrift die gesprochene Sprache an und trennt sich damit vollständig vom Leib als Klangkörper."[56] Das ‚B' erfährt so gesehen eine Entleiblichung und verstummt.

Diesem kurzen schrifthistorischen Abriss zufolge ließe sich die Ersetzung des ‚D' durch das ‚B' in der Fotografie Beckers als gesteigerte Form der Einschreibung in geistige Männlichkeit interpretieren. Doch ist das ‚B' in der Weise, wie es Becker inszeniert, nicht ungewöhnlich? Das ‚B' dreht schließlich dem ‚A' nicht den Rücken zu, sondern ist gespiegelt. So kann es nicht verhindern, das ‚A' mit

54 Mathes: Reproduktion, S. 85.

55 Ebd.

56 Ebd.

seinem Restbestand mütterlicher Heimeligkeit anzustecken. Es reckt dem ‚A' gewissermaßen seine Brüste entgegen. Mehr noch: Das ‚B' ist mit dem ‚A' verschachtelt und nicht durch interpunktierende Störungen auf Abstand gebracht. Fast scheint es, das ‚A' sei in ein Haus verwandelt, unter dessen Dach sich das ‚B' eingerichtet hat. Wird hier die mit dem ‚A' konnotierte Männlichkeit zum behausenden und mütterlichen Leib und ist die ursprünglich mit dem ‚B' assoziierte Weiblichkeit der zurückgekehrte Sohn? Aber wie kann eine solche Verwandlung geschehen? Das ‚B' ist ja eigentlich nurmehr die Repräsentation der im Schriftsystem aufgehobenen Fruchtbarkeit, es ist entleiblicht und daher nicht in der Lage, zu irritieren oder eine Bedeutung herzustellen, die nicht Männlichkeit meint. Da aber das ‚B' in der Fotografie gedreht ist und dem ‚A' seine Brüste[57] entgegenstreckt, wird die fleischliche Spiegelseite der von Körper und Natur befreiten Tinte affirmiert. Tinte ist durch diese Affirmation nicht länger nur abstrakter, sondern mit Körperlichkeit ausgestatteter Saft. Das gedrehte und verquere ‚B' suggeriert, dass es sich hier um ein Bild von Leiblichkeit handelt, hinter dem nicht das konventionelle Prinzip Tinte steht, sondern das Material Tinte. Die Tinte ermächtigt sich des Körpers. Tinte, die Becker zusammen mit Blut, Paraffin, Luft, Wundflüssigkeit, Schmutz, Teer und Kohle seinem Körper zugeführt, seinem Genital eingeführt hat, formt eine Bildsprache, die nicht nur semantisch, sondern körperlich und mitsamt all meinen Rezeptoren für das Sinnliche seiner Fotografie auszulesen ist.
Barthes' Aussage, ein Bild werde in dem Augenblick bedeutungsvoll, in dem es zur Schrift wird,[58] ließe sich so ergänzen: Beckers Schriftbilder werden auch bedeutungsvoll, in dem sie sinnlich werden, affizieren und somit zum Phänomen des Übergangs zwischen Geist und Körper, Sprache und Affekt, Mensch und Tier werden. Diese Sichtweise wird durch den Blick auf eine Montage dreier Einzelfotografien (Abb. 55) gestärkt.[59] Auf diesen Bildern ist das ‚B' zwar nicht gedreht, dafür hat Becker dem Monogramm Stierhörner hinzugefügt, die noch dazu aus zwei großen Phalli gebildet werden. Die weiter oben beschriebene Abstraktionsgeschichte des Buchstaben ‚A' (siehe Abschnitt V.1.1) verkehrt Becker so in ein Szenario sexueller und zugleich dämonischer Potenz. Der sich zudem in Konvergenz mit dem Material Tinte auf seinem Körper verteilende Samen zeugt dabei nicht Geschöpfe des Geistes wie Ideen oder Konzepte, sondern komische

57 Mathes: Reproduktion, S. 85. Nachdem sich der Buchstabe ‚B' aufgerichtet hatte und sich mit der ebenfalls aufgerichteten Hieroglyphe *Berg* verband, symbolisierte er Lippen, das heißt die gesprochene Sprache, und weibliche, nährende, also gebende Brüste.

58 Vgl. Roland Barthes: *Mythen des Alltags*, aus d. Franz. v. Horst Brühmann. Frankfurt am Main: Suhrkamp 2003, S. 87.

59 Die Montage befindet sich im selben Ordner wie Abb. 78 und Abb. 80: Zu sehen ist auch hier Becker mit der Signatur ‚AB' auf seinem Bauch.

Gestalten und Hybridformationen: In Beckers Montage (Abb. 55) begegnen mir Fledermäuse, Blüten, Leoparden, Stinktiere, ja sogar die Karikatur eines Nasenbären. Die Zeugungskraft von Tintensamen besteht darin, Hybride zu schaffen, womit Becker der Geradlinigkeit einer Genealogie des Alphabets, der Geschlechter und Körper scheinbar widerspricht. Durch die Hybride auf seinem Körper rücken die Diskontinuitäten des Wissens „under the banner of history"[60] in den Vordergrund. Alles befindet sich in einem Zustand des Übergangs und der radikalen Relationalität von Mensch-Tier-Pflanze oder Tinte-Samen-Blütenpollen. Dieser Übergang wirft wiederholt die Frage auf, wer oder was der Sender dieser Bilder ist. Müssen wir beim Sender nicht genauso von einer Performativität des Senders ausgehen, wie sie Derrida den Zeichen allein unterstellt?

Mit dieser Frage verlasse ich das Monogramm als erstes Beispiel für eine Konzeptionierung von Schriftbildlichkeit. Den Gedanken eines Schriftbildes, das es mittels Affekt und Sinnlichkeit ermöglicht, den Körper des Senders als Hybridformation zu sehen und Relationalität zu denken, verfolge ich indes im nächsten Abschnitt weiter und komme auf das zweite Beispiel zu sprechen: das Figurenalphabet und den Aspekt der verkörperten Schrift.

V.2.2 Figürliches und verkörpertes Alphabet

Zu Beginn des Kapitels hatte ich Beispiele von Beckers Posen in der Form des Buchstabens ‚A' (Abb. 50–52) beschrieben. Solche Verkörperungen des abendländischen Alphabets[61] wurden in Form des Figurenalphabets seit dem Mittelalter gepflegt.[62] Das Figurenalphabet stellt eine Rematerialisierung von Sprache dar, die „das Denken aus dem Körper heraus[ge]löst"[63] hat. Es diente unter anderem der Erotisierung der entsexualisierten „bonnes lettres"[64]. Ein Beispiel hierfür ist *Das Menschenalphabet* (1535/40) des Nürnberger Bildschnitzers, Holzschneiders und Zeichners Peter Flötner, das bei vielen Buchstaben zwei Leiber „in einer karnevalesk-amourösen Feier zu einem Buchstaben vereint"[65].

In seinen Fotografien bildet Becker das ‚A' nur aus seinem Körper. Dennoch lässt sich in der Weise, wie er den Gürtel als Querbalken legt (Abb. 52), eine Form

60 Foucault: Nietzsche, Genealogy, History, S. 153.

61 Vgl. Ina Schabert: Das Doppelleben der Menschenbuchstaben. In: Susi Kotzinger / Gabriele Rippl (Hrsg.): *Zeichen zwischen Klartext und Arabeske*. Amsterdam: Rodopi 1994, S. 95–106, S. 99.

62 Vgl. Anette Keck: *Buchstäbliche Anatomien. Vom Lesen und Schreiben des Menschen – Literaturgeschichten der Moderne*. Würzburg: Königshausen & Neumann 2007.

63 Braun: *Der Preis des Geldes*, S. 11.

64 Keck: *Buchstäbliche Anatomien*, S. 222.

65 Ebd., S. 223.

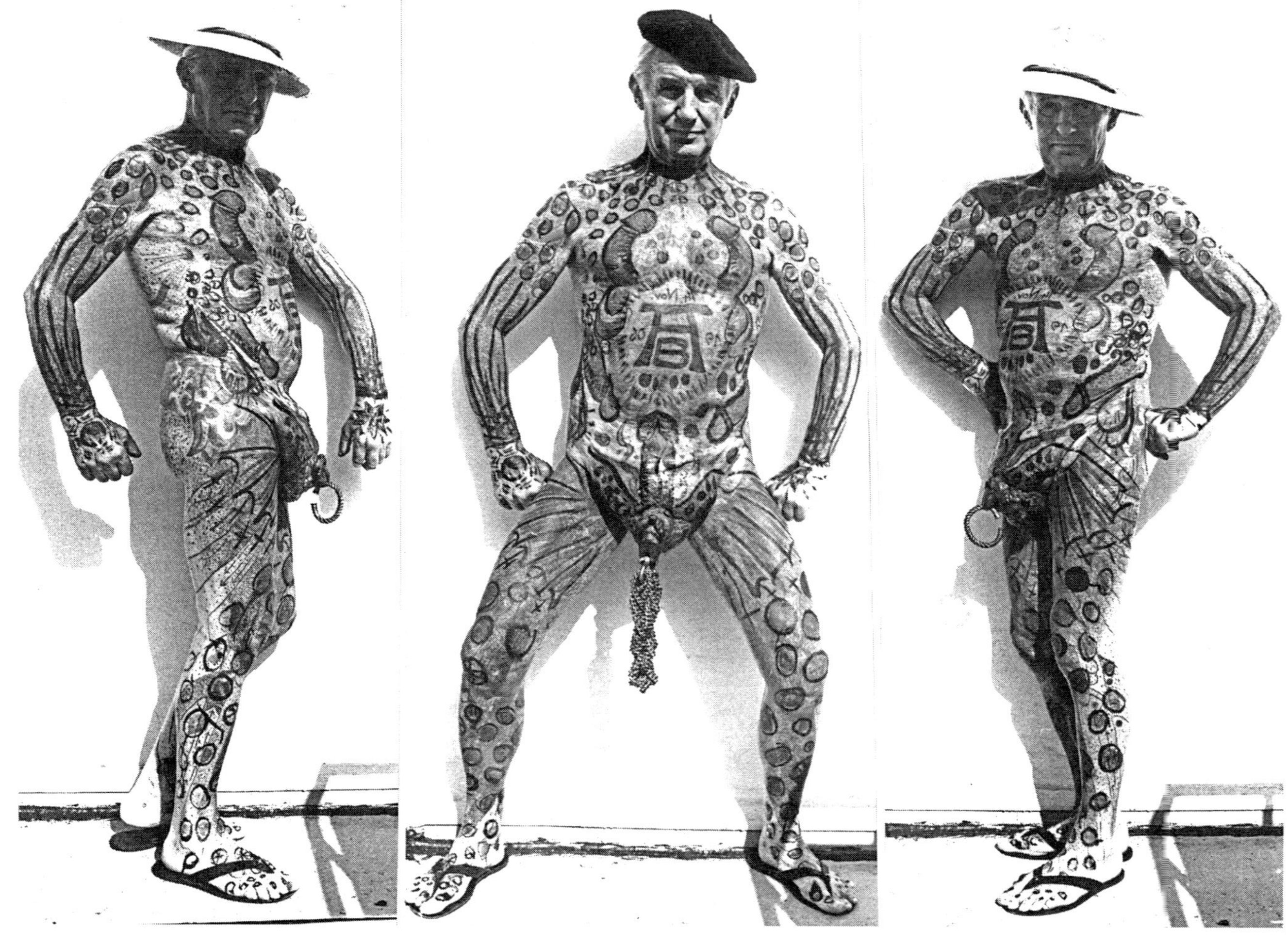

Abb. 55: Albrecht Becker: *Hybridisierende Tintenkleckse*, o. D.

der Erotisierung erkennen – zudem in einer Weise, die in einem nicht-heteronormativen, kinky Sinne Sexualität konstituiert. Ähnlich wie der Stier am Anfang der Geschichte der Schrift in den Pflug eingespannt wurde, (siehe Abschnitt V.1.1) ist Becker von Gürteln eingeschnürt. Er täuscht seine Unterjochung unter das System geistiger Männlichkeit vor, um sich einen Schmerz zuzufügen, der, wie ich behaupte, affizierend und erotisierend wirkt. Dienten die Figurenalphabete im Mittelalter unter anderem als Karikatur der herrschenden Ständeordnung,[66] so entfalten sie in der Moderne ebenfalls eine politische Kraft, indem sie „ironisch auf die Einschreibung von Geschlechterrollen in die Körper der einzelnen Subjekte“[67] verweisen und auf die im Zusammenhang zu dieser Einschreibung stehenden derealisierenden Praktiken kritisch hindeuten. Um die Ironisierung der Inskription von Gender und Sexualität zu verdeutlichen, beschäftige ich mich im Folgenden zunächst mit einem künstlerischen Beispiel aus einem ganz anderen Archiv, das aber Parallelen auf der Ebene einer korporalisierten Ästhetik von Politik aufweist. Diese Parallelen beziehen sich weniger auf die Figürlichkeit des Alphabets als vielmehr auf die Korporalität von Schrift in Form von Flüssigkeiten wie Farbe, Tinte oder Ruß.

V.2.2.1 Von der Buchschrift zum flüssigen, zum verschmierten Schreiben

Meine Beobachtungen beginnen auch hier mit dem Buchstaben ‚A‘. In diesem Abschnitt beschäftige ich mich mit Glenn Ligons Adaption der Protest-Tafel *I AM A MAN*, einer Ikone des Kampfes afroamerikanischer Arbeiter im sogenannten Müllmänner-Streik in Tennessee 1968 und damit der US-amerikanischen Bürgerrechtsbewegung. Obwohl sich das politische und soziokulturelle System der Bundesrepublik in den 1960er und 1970er Jahren in vielen Belangen von dem der USA in den 1980er Jahren unterschied, erkenne ich eine Beziehung zwischen der Arbeit Ligons und der machtkritischen Affizierung der alphabetischen Ordnung bei Becker. Ich interpretiere Ligons Bearbeitung im Anschluss an Amber Musser als Form der Umarbeitung derealisierender Modi, das heißt solcher Modi, die Lebensformen verunmöglichen, die als natürlich oder vorzivilisatorisch stigmatisiert sind.[68]

66 Der Bildcharakter der Schrift ermöglichte eine im Alltag verständliche Schrift zu erzeugen und diente dem Hinweis auf Standesgrenzen und dem unterschiedlichen Zugang zu Bildung. Vgl. Schade / Wenk: *Studien zur Visuellen Kultur*, S. 87.

67 Ebd.

68 Musser spricht von „a mode of becoming-flesh that is particularly dehumanizing because it reinforces the status of the body as flesh at the cost of personhood“. (Amber Musser: *Sensational Flesh. Race, Power, and Masochism*. New York / London: New York UP 2014, S. 108.)

Ernest C. Withers dokumentierte die Tafeln mit den großen schwarzen Lettern *I AM A MAN*, die zum Protest von den *sanitation workers* 1968 in Tennessee hochgehalten wurden, fotografisch. Seine Fotografie erlangte eine ikonische Bedeutung für die afroamerikanische Bürgerrechtsbewegung in den Vereinigten Staaten, woran auch spätere künstlerische Bearbeitungen der Fotografie durch Builder Levy oder Sharon Hayes ihren Anteil hatten. Das ‚A', das sich im Zentrum der Protesttafeln so prominent in den Vordergrund spielt, kann als demonstrative Abwehr des Ausschlusses schwarz rassisierter Menschen aus der *weißen* Ordnung des Alphabets verstanden werden. Mit der fotografischen Darstellung der Protesttafeln vollzieht sich eine Abstraktion Schwarzer männlicher Körper, die qua Konstruktion auf schmerzhafte Weise den Tribut für die Abstraktionsmaschine der *weißen* westlichen Zivilisation zu leisten hatten[69] und aufgrund von Neokolonialismus, rassistischer Polizeigewalt und Alltagsrassismus auch gegenwärtig noch haben. Vor allem die Anordnung des Buchstabens ‚A' in Form einer Übereinander-Stellung in Ligons Arbeiten übt im Sinne einer Aufrichtung den Aufstand gegen diesen Rassismus. Die Aufrichtung des Buchstabens ‚A' kündigt dabei die Substitution des Körpers durch das abstrakte Schriftzeichen an. In der Bearbeitung von Ligon sind die Körper gänzlich von den Buchstaben absorbiert, die Buchstaben sind abstrakt geworden. In der Aufrichtung und Abstraktion der Buchstaben wird – so ließe sich an die bereits erwähnte Abstraktionsgeschichte des Alphabets erinnernd sagen (siehe Abschnitt V.1.1) – die Trennung von Geist und Körper vollzogen.

Mit der Aufrichtung scheint bei Ligon zudem die Vereinzelung und Individualisierung einherzugehen. Anders als zu Zeiten Withers – die künstlerische Bearbeitung Ligons erfolgte genau 20 Jahre nach der fotografischen Dokumentation des Streiks – scheint der Protest nicht mehr zwingend eine Aktion des Kollektivs, der Community, der Straße zu sein, sondern ein Handeln des individuellen Selbst, im Alltäglichen, im Privaten. Durch die vertikale Aufstellung der Buchstaben bei Ligon findet eine Singularisierung des einst sich horizontal und flächig ausbreitenden kollektiven *signboards* in Withers Fotografie statt.[70] Die Schutzfunktion der sich zu Schilden verdichtenden Tafeln wird zugunsten der individualisierten Selbstbehauptung Schwarzer Männer aufgelöst. Das Bedürfnis, sich vor dem Schmerz der rassistischen Gewalt mit Hilfe der zu einer Wand zusammengefügten Schilder zu schützen, wird zunehmend zu einer selbstbewussten, aber individuellen Abwehrhaltung, zu einer Rüstung des Selbst. Das

69 Vgl. Braun: *Der Preis des Geldes*, S. 59.

70 Vgl. Dietze: *Weiße Frauen in Bewegung*, S. 278.

kann als Einschreibung in *weiße* westliche und normative Konzepte des Selbst gelesen werden, aber auch als Kritik an ihnen. Ich möchte für letztere Sichtweise plädieren und meine Position anhand einer Beobachtung begründen: der Korporalität von Schrift durch Farbe. Diese Beobachtung soll verdeutlichen, dass die Abstraktionsleistung, welche Subjektivierung und Individualität determiniert, im Bild versinnlicht wird.

Der als Schwarz rassisierte Körper ist in der Abstraktion der Buchstaben nicht gänzlich aufgehoben: Die physische Spur der als Schwarz rassisierten Identität prägt sich der Schrift durch ihre schwarze Farbe ein.[71] Dies bedeutet nicht, dass Rematerialisierung im Sinne der von Christina von Braun thematisierten Opfergabe (siehe Abschnitt V.2.1.1) Tribut zur Erhaltung der westlichen Ordnung ist. Stattdessen ermöglicht die Referenz auf den materiellen Träger Farbe eine Einschreibung in das westliche Alphabet und eine Transformation der durch das Alphabet mitverfügten Ordnung. Der physische Körper bleibt wichtige Referenz im Anerkennungskampf und der Er-Mannung, wie Gabriele Dietze es hinsichtlich des Maskulinitätsmodells der Bürgerrechtsbewegung thematisiert. Allerdings wird er nicht zum Garanten der „aus der Gewalt geborenen Vorstellung von Maskulinität“[72], wie es die Black Muslims oder die Black Panthers propagierten. Im Gegenteil: Der Körper wird in Form der schwarzen Farbe zum Potenzial affektiver Verbindungslinien, die woanders hinführen als nur wieder zum Ideal der *weißen* westlichen Ordnung, das das Stigma archaischer Schwarz rassisierter Männlichkeit erst prägte. In Auseinandersetzung mit Ligons Arbeiten konstatiert Amber Musser, dass Korporalität geschaffen werde, ohne figürliche Repräsentationen von Körpern zu inkludieren. Dadurch würde eine „sensation of becoming-black as becoming-biological“[73] denkbar, die nicht als Wiederauflage biologistischer Konzepte zu verstehen ist.

Als Beispiel für diese Korporalität thematisiert Musser die sich vom Weiß der Leinwand abhebende verschmierende schwarze Farbe eines weiteren Werks von Glenn Ligon. In dem Bild mit dem Titel *Untitled (I Feel Most Colored When I Am Thrown Against a Sharp White Background)* (1990/91, Abb. 56) ist die Farbe verschmiert und produziert unleserliche Buchstaben-Körper, die *sticky*, also klebrig scheinen und sich aufgrund ihrer Klebrigkeit aneinander anhaften. Daraus ergeben sich Korporalitäten, die Musser als „multitudes of

71 David A. Bailey: Mirage. Enigmas of Race, Difference and Desire. In: Ragna Farr (Hrsg.): *Mirage. Enigmas of Race, Difference and Desire.* London: Institute of Contemporary Arts / Institute of International Visual Arts 1995, S. 56–80, hier S. 78.

72 Dietze: *Weiße Frauen in Bewegung*, S. 277.

73 Musser: *Sensational Flesh*, S. 110.

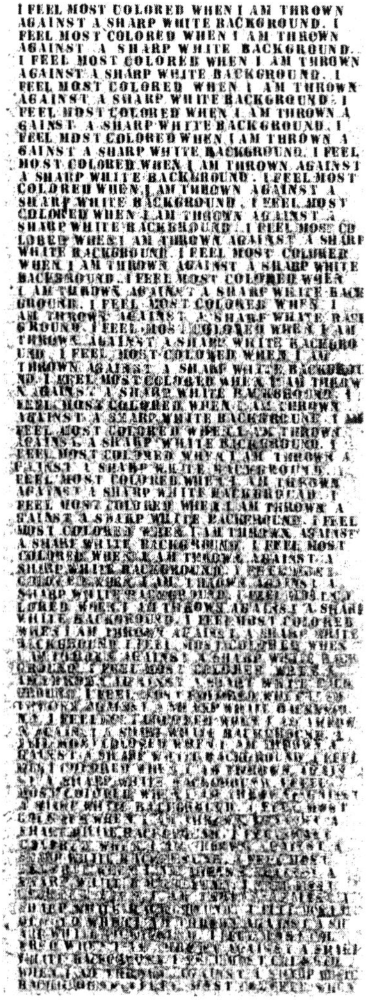

historical entanglements“[74] versteht. Diese Vielzahl historischer Verknüpfungen, welche die Individualisierung des Schmerzes der Dehumanisierung Schwarz rassisierter Menschen verunmöglicht, artikuliert sich als Sinnlichkeit sich überlagernder Farbspuren. Ligons Bilder sind vor dem Hintergrund der Post-Black-Bewegung[75] zu verstehen. Musser zufolge entwickeln sie „blackness as a mode of inhabiting the biological that ignores black subjectivity in favor of the signifying power of the black body in pain“[76]. Ich möchte die bisher entwickelten Gedanken aufnehmen und auf die Fotografien Beckers beziehen, obgleich mir bewusst ist, dass diese sich auf einen anderen kulturellen und politischen Diskurs von Gender und *race* berufen. Die künstlerische Erarbeitung des Schriftzugs *I AM A MAN* hat das Ziel, sich ausgehend von der Zuschreibung einer natürlichen und archaischen Schwarzen Männlichkeit in die Logik des Alphabets einzuschreiben, um diese zugleich in einem subversiven Akt verschmieren zu lassen. Diese Konstellation lässt sich nicht eins zu eins auf Beckers Selbstdarstellungen

Abb. 56: Glenn Ligon: *Untitled (I Feel Most Colored When I am Thrown Against a Sharp White Background)*, 1990.

74 Musser: *Sensational Flesh*, S. 111.

75 Der Term wurde von Thelma Golden und Glenn Ligon in den 1990er Jahren geprägt und stellt einen Versuch dar, vereinseitigende Definitionen von *blackness* zugunsten einer Variabilität abzulehnen: „Post-Blackness may be rooted in Blackness, but is not restricted by it.“ Michael Eric Dyson Touré: *Who's Afraid of Post-Blackness? What It Means to Be Black Now*. New York: Free 2011, S. xiv.

76 Musser: *Sensational Flesh*, S. 114.

übertragen. Dieser operiert vom Standpunkt einer durch *Weißsein* bedingten abstrakten Männlichkeit aus. Im Moment des Verschmierens kann er lediglich eine Verkörperlichung abstrakter Schrift erreichen und sich dadurch der Verfügungsmacht *weißer* rationaler Männlichkeit punktuell entziehen. In diesem Punkt der Verkörperlichung und Affizierung jedoch verbinden sich die beiden Anliegen von Becker und Ligon. Dadurch können sich Männlichkeiten, die nicht in Konzepte *weißer*, rationaler Subjektivität investieren, nah werden. Diese Verbindung herstellende Affizierung stellt nicht nur infrage, dass es sich bei Schwarzer Männlichkeit um eine Mimesis *weißer* Ordnung handelt, sondern auch, dass Homosexualität die Assimilation an einen biologistischen Identitätsentwurf von Sexualität bedeutet. Das folgende Schriftbild Beckers soll vor allem den letzten Punkt der Verweigerung der Assimilation von Sexualität als fixer Identität verdeutlichen.

V.2.2.2 Sudelwörter

Auf diesem Bild (Abb. 57) steht Becker mit seitlich gedrehtem Körper und frontal zugewandtem Kopf in der Totalen vor einer scheinbar beschmierten Wand. Auf seinem Körper, der als Verdoppelung der Wand, also als Leinwand fungiert, heben sich schwarze Buchstaben ab, die Schriftzüge wie „Ich bin ein Arschficker", „Fresser" oder „Pisser" bilden. Sie bezeichnen Wörter, die zur Herabsetzung schwuler Männlichkeiten dienen. Im Bild verknüpft mit der physischen Erfahrung der Bemalung, die verschmiert ausschaut, kommt dies einer Besudelung gleich. „Wörter verwunden"[77] nicht nur sprachlich, sondern physisch, was sich darin ausdrückt, dass sich Farbe, Ruß, Blut oder Samen ihren Weg in Beckers Haut bahnen. Doch ähnlich wie Musser es bezogen auf die schwarzen verschmierenden, ineinander schmierenden Lettern in Ligons Arbeit beschreibt,[78] verunklart sich auch bei Becker, was genau Buchstabe, was Farbe, was Haut, was getrocknete Tattoo-Tinte ist. Wörter werden unleserlich, Buchschrift verschwindet, die Körperlichkeit hingegen drängt sich auf. In der Affirmation des Körperlichen und des Sinnlichen der Schrift steckt die signifizierende Kraft des Körpers im Schmerz, schreibt Musser bezogen auf den Schwarzen Körper. Das Bild Beckers verdeutlicht, dass es sich auch um den schwulen Körper im Schmerz handeln kann. Im Bejahen des verletzenden Schmutzes der Schrift besitzt der

77 Mari J. Matsuda / Charles R. III Lawrence / Richard Delgado / Kimberlè Williams Crenshaw: *Words That Wound. Critical Race Theory, Assaultive Speech, and the First Amendment*. Boulder: Westview 1993, S. 23.

78 Musser: *Sensational Flesh*, S. 111.

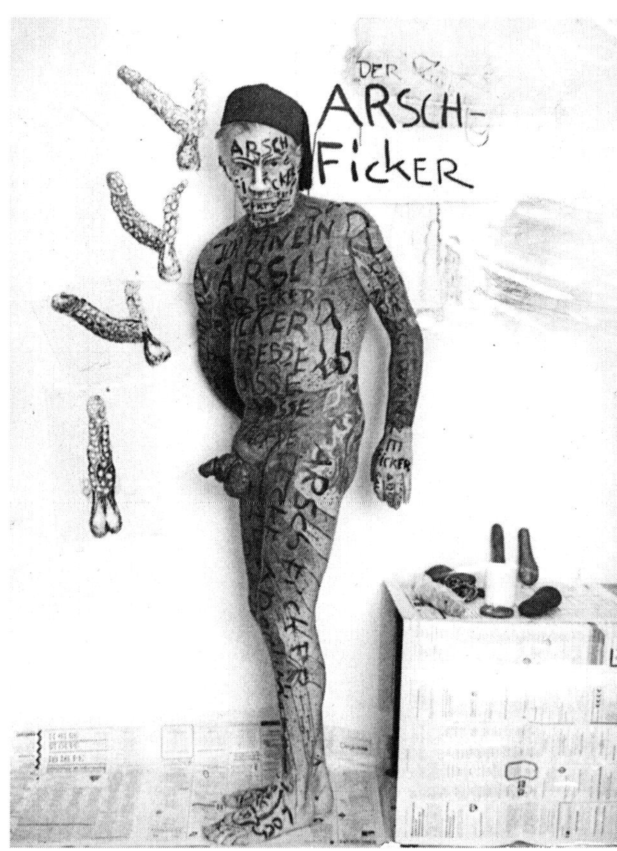

Abb. 57
Albrecht Becker:
Schmierende Buchstaben, o. D.

Körper die Fähigkeit, etwas zu bewirken, das sich nicht auf die konventionellen Machtpole *weißer* Männlichkeit zurückzieht. Ich behaupte also, dass die verbindende Kraft des Schmerzes selbst über die hartnäckig umkämpfte Differenzlinie zwischen Schwarzer und *weißer* Männlichkeit hinweg wirken kann.

Beckers Fotografie scheint mir das Potenzial einer sich über Differenzlinien hinwegsetzenden Affizierung zu beinhalten. Dieses entsteht durch besudelte Bildoberflächen (Haut und Fotohaut), die die Intensität von Schmerz-Performances in sich tragen und einen materiellen Abdruck verletzender Worte zur Verfügung stellen. Aus der mit Schmerz im Zusammenhang stehenden affektiven Rezeptivität von Beckers Fotografie entsteht eine befähigende Konnektivität, die eine mögliche Zukunft queerer Bündnisse ermöglicht. Gleichzeitig legt sie das Potenzial der Zeit offen, zu der diese in diesem Kapitel besprochenen Fotografien entstanden sind. Aus heutiger Perspektive wahrzunehmen, dass queere Praktiken bereits in einer Zeit angelegt waren, in der es trotz der

Emanzipationsbestrebungen nicht besonders große Spielräume für intersektionale Allianzen gab, empfinde ich persönlich als bereichernd, gerade angesichts einer Gegenwart, die häufig von Tendenzen der Retraditionalisierung gekennzeichnet ist.

V.3 Sonifizierte Schriftbilder

Zu Beginn des Kapitels habe ich der These Derridas, die Abwesenheit von Sender und Empfänger sei notwendig für das Funktionieren von Schrift, einen recht prominenten Platz eingeräumt. Im Folgenden möchte ich darauf zurückkommen und in Abgrenzung zu Derrida behaupten, dass für das Funktionieren der Schriftbilder Beckers auch die *Anwesenheit* des Empfängers notwendig ist. Die Anwesenheit des Empfängers im Bild, so meine These, vermittelt sich über den Affekt, der hier speziell über die sinnliche Qualität der Klanglichkeit von Bildern – die Sonifizierung – erbracht wird. Ich versuche dies auf der Grundlage der Relation von Fotografie und Schrift zu erläutern.

V.3.1 Vom Zeichen getriebene Fotografietheorie

Der Fotografie wird – dem theoretischen Gedankengang Roland Barthes folgend – Affizierung zugesprochen. Weil die Fotografie den Index zur Verfügung stelle, also den physischen Zusammenhang zwischen Zeichen und bezeichnetem Gegenstand,[79] erzeuge sie Emotionen. Wir erinnern uns: Die vom Zeichen ‚getriebene' Fotografietheorie[80] hatte mit dem Index eine ontologische Differenzierung im Sinn, die es der Fotografie ermöglichen sollte, aus dem Schatten der Schrift zu treten. Unter dem Einfluss des Strukturalismus entstanden, begann sich die Fotografietheorie dessen Konzepte anzueignen. Sie behauptete eine Differenz zur Schrift und erwirkte eine Aufwertung visueller Quellen. Diese Aufwertung bestand darin, den Index hervorzuheben, also jene physische Spur des vormals Präsenten.[81] Barthes hingegen ging es um die Fähigkeit des Indexes, zu berühren, zu affizieren, zu punktieren.[82] Barthes zufolge ist der Index als bestimmendes Merkmal der Dualität der Fotografie, also der Zeichenhaftigkeit des Bildes, bestehend aus Signifikant und Signifikat, nicht dem Gesetz einer logischen

79 Vgl. Schade / Wenk: *Studien zur Visuellen Kultur*, S. 95.

80 Vgl. Burgin: Einleitung zu *Thinking Photography*; Tagg: *The Burden of Representation*.

81 Diese Differenzierung wurde später auch genutzt, um einen Unterschied zwischen analogen und digitalen Medien zu konstatieren. Das Argument reichte bis zu der These, im Computer generierte Zeichen hätten keine Ähnlichkeit mehr mit Sprachzeichen. Weil ihnen der Index fehle, seien es keine Zeichen im konventionellen strukturalistischen Sinne. Dieses Argument artikuliert sich in feuilletonistischen Kommentaren zur Entscheidung von Google, künftig unter dem Namen *Alphabet* aufzutreten. Der Titel wird als nostalgischer *move* diskutiert. Nostalgisch deshalb, weil sich die Algorithmen von Google nicht mehr auf sprachliche Zeichen stützen könnten. Vgl. Schade / Wenk: *Studien zur Visuellen Kultur*, S. 95; Johannes Boie: Alphabet, die universelle Ordnungsmacht. In: *Süddeutsche Zeitung*, 14.08.2015. http://www.sueddeutsche.de/digital/google-umstrukturierung-alphabet-die-universelle-ordnungsmacht-1.2606809 (Zugriff am 28.10.2015).

82 Barthes: *Die helle Kammer*, S. 38; Smith: Photography Between Desire and Grief, S. 38.

Entwicklung folgend komponiert, sondern kann als Detail, das die Realität im Bild auszeichnet, zufällig und zwecklos über die Betrachtenden hereinbrechen.[83] Ein solches Detail des indexikalischen Verhältnisses kann z. B. das Ornament eines Monogramms sein, wie ich es weiter oben beschrieben habe, das seitenverkehrte ‚B' oder der tätowierte Gürtel als Querbalken des ‚A'. Diese Teile des abgebildeten Alphabets senden auf affektive, „virtuelle"[84] und weniger codierte – ja vielleicht sogar zwecklose – Weise. Diese Details erreichen mich als Betrachterin, sie knüpfen an mir selbst eventuell nicht bewusste Erfahrungen, Erinnerungen oder Emotionen an. Sie verbinden sich mit diesen oder regen sie dergestalt an, dass vielleicht gar nicht mehr eindeutig ist, ob die punktierenden Details im Bild wirklich sind oder durch Erregungen in der Betrachtung entstehen. Affekte, die sich in der Betrachtung der Schriftbilder, also der figürlichen und ornamentalen, sensuellen, texturierten Buchstaben-Darstellungen, in den Fotografien Beckers ergeben, erschüttern das Verhältnis der Zeichen zueinander.[85] Sie bringen eine Sprache hervor, in der die Empfänger*innen zu Medien der Bedeutung und der Konnotation werden. In diesem Sinne fallen Betrachter*innen in die Bilder, sie fallen mit ihrem aufgewühlten Begehren und ihren Wünschen in sie ein, werden anwesend, ohne dabei wesenhaft zu sein. Letzteres meint, dass die Betrachter*innen selbst durch die Intensität der Berührung geformt, verformt, entformt werden. Die Betrachter*innen überformen das Bild aufgrund ihrer Anwesenheit nicht nur, wie es Roland Barthes hinsichtlich des *punctums* beschreibt. Das heißt, die Betrachter*innen fügen im Moment ihres Affiziert-Seins nicht nur Dinge in die Fotografien ein, sondern werden durch die affektive Einbindung in das Bild selbst performativ. Nicht nur die Fotografie wird performativ, sondern die Betrachtungsposition.

V.3.2 Von der Verklanglichung des Schriftbildes

Ich möchte behaupten, dass die Schriftbilder mit ihrem affektiven Charakter im Gegensatz zur Schriftsprache mit dem Automatismus sich wiederholender Zeichen eine Nähe zwischen Fotografie und Betrachter*in schaffen, die den Empfangenden aus der Sicherheit der Betrachtungsposition reißt. Durch die Affizierung wird der Empfänger in seiner eigenen Sprache wie zu einem Fremden.[86]

83 Barthes: *Die helle Kammer*, S. 52.

84 Ebd., S. 55.

85 Vgl. Smith: Photography Between Desire and Grief, S. 30–31.

86 Mit Julia Kristeva lässt sich sagen: „Fremde sind wir uns selbst." Auch sie meint damit, dass wir uns besser kennenlernen können, wenn wir uns durch Verfremdung analysieren. Barbara Paul spricht in diesem Zusammenhang von dem performativen Kulturkonzept des *doing*

Dieses Fremdwerden in der eigenen Sprache bezeichnen Deleuze und Guattari als Stottern.[87] Sie betonen, dass das Stottern nicht nur beim Sprechen, sondern in der eigenen Sprache politisch subversiv sei.[88] Damit widersprechen sie dem Tenor von Roland Barthes, der mit dem *punctum* und dem Affiziert-Sein eher seine eigene Selbstvergewisserung unterstrichen hatte.
Gleichzeitig artikulieren Deleuze und Guattari zwei für mich sehr interessante Thesen: Die erste These besagt, dass Affizierung eine Verklanglichung von Schrift bewirke, was die historische und eurozentrische[89] Verstummung von Schriftzeichen revidiere. Die zweite These besagt, Affizierung bewirke eine Verklanglichung von Schrift als Stottern, was die historische Linearität von Schrift und der mit ihr assoziierten Bedeutungen für die Geschlechtergeschichte durchbreche. Im Anschluss an diese Thesen und meine Wahrnehmung der Fotografien Beckers verstehe ich Schrift nicht länger als durch Geradlinigkeit, Interpunktion und Abstraktion verstummte Schrift, sondern als „[queer] beat of desire"[90], also als einen Beat und Sound von Begehren, der queer, stottrig und mithin nicht *straight* ist. Beckers Schriftbilder sind in diesem Zusammenhang nicht nur visuelle Zeichen: Indem sie mich ins Stottern bringen, erlebe ich sie als klangliche Gebilde oder kann zumindest die phonische Qualität von Fotografie erspüren.
Auf diese phonische, klangliche Ebene von Fotografie hat vor allem Fred Moten in seinem Text „In the Break"[91] aufmerksam gemacht.[92] Moten formuliert aus einer Schwarzen Subjektposition eine Kritik am Universalismus der Semiotik, für den Barthes exemplarisch steht. Um auf den beschränkenden Effekt dieses Universalismus hinzudeuten und um wieder auf das gesamte sensorische Spektrum von Sprache hinzuweisen, hebt Moten den Klang der Sprache der Fotografie hervor. Daraus ergibt sich eine weitere Verbindung zu den besprochenen Arbeiten von Glenn Ligon. Wiederholt eröffnet sich eine Verbindung zwischen

ethnicity, das heißt der Überzeugung, uns und unsere Kultur als etwas genuin produziertes und neu formuliertes zu charakterisieren. Vgl. Julia Kristeva: *Fremde sind wir uns selbst*, aus d. Franz. v. Xenia Rajewsky. Frankfurt am Main: Suhrkamp 1990, S. 208–210; Barbara Paul: *Formatwechsel. Kunst, populäre Medien und Gender-Politiken*. Linz: Sonderzahl 2008, S. 9.

87 Vgl. Deleuze / Guattari: *Tausend Plateaus*.

88 Ebd., S. 137.

89 Erhard Schüttpelz weist darauf hin, dass die klare Abgrenzung von Mündlichkeit und Schriftlichkeit im Zuge der Alphabetisierung seit der Frühen Neuzeit im Kontext von kolonialen Unternehmungen praktiziert wurde. Diese Klassifizierung beförderte Stereotypen über schriftlose, mündliche Kulturen. Vgl. Erhard Schüttpelz: Mündlichkeit / Schriftlichkeit. In: Natalie Binczek / Till Dembeck / Jörg Schäfer (Hrsg.): *Handbuch Medien der Literatur*. Berlin / Boston: de Gruyter 2013, S. 27–40, hier S. 29.

90 Jones: *Seeing Differently*, S. 173.

91 Vgl. Moten: Black Mo'nin'.

92 Vgl. Campt: *Image Matters*, S. 134.

Schwarzen und queeren Ansätzen einer Politik der Ästhetik, die das Sinnliche neu aufteilt.

Ich fasse zusammen: Meine eingehendere Auseinandersetzung mit Schriftbildern, also mit Bildern, die Schrift inszenieren und Schrift, die Bilder darstellen, schien zunächst zu zeigen, dass sich in Beckers Posen als Buchstabe ‚A' Maskulinität manifestiert. Damit eroberte sich Becker seine Männlichkeit, die aufgrund seiner Homosexualität als aus dem Bereich des geistigen Prinzips verworfene zählt, zurück. Dabei wurde jedoch auffällig, dass er diese Eroberung weder durch eine Sublimierung des ihm widerfahrenen Schmerzes noch durch die Abstraktion visueller Zeichen erwirkt. Stattdessen affiziert Becker das Alphabet des Schmerzes bzw. den Schmerz der Alphabetisierung auf eine körperliche Weise, die auf das Verständnis maskuliner Selbstkonzepte modifizierend einwirkt. Die Inszenierung von Monogrammen, die kalligrafisch sind, Ornamenten, die sinnlich sind, Tintenspuren, die haptisch sind, Buchstaben, die körperlich, schmierig und klebrig sind, bewirkt eine Affizierung der für männliche Abstraktion stehenden Buchstaben, die eine Wiederherstellung des Denkens über Männlichkeit als Inkarnation des geistigen Prinzips verunmöglicht. Beckers fotografischer Körper ist als Fläche einer nicht enden wollenden Bearbeitung von Fleisch, Haut und Materie das Tableau eines Schmerzes, der verletzliche und verletzte Männlichkeit affiziert. Diese verletzliche Männlichkeit wird in der Folge nicht verhindert, sondern wertgeschätzt. Der Prozess der Affizierung, der Schmerz, aber nicht destruktives Leiden produziert, entzieht sich klar abgrenzbaren Kategorien wie hegemonialer Männlichkeit und Homosexualität. Dies führt mich auch zu einem Verständnis von Masochismus, das nicht Leiden glorifiziert, sondern Schmerz rematerialisiert und gleichzeitig transformiert.

VI
Dragzbilder des Schmerzes

Vor einer weißen Wand, einen Schatten werfend, der sich in starkem Kontrast von der Wand abhebt, steht Becker in Arbeiterkluft seitlich gedreht und mit Blick in die Kamera. (Abb. 58) Sein Gesicht, sein Oberkörper und sein aus dem Hosenschlitz ragender Penis sind verschmiert und verrußt. Der Schmutz auf Beckers Körper lässt seine Tätowierungen nahezu unkenntlich werden. Die seitlich an seinen Hosenanzug angebrachten Ketten lassen darauf schließen, dass es sich um eine Schornsteinfeger-Inszenierung handelt. Diese Assoziation entsteht auch bei einem anderen Bild (Abb. 59), in dem Beckers zur Kugel geschwollenes und durch viele lange Nadeln gepierctes Skrotum an den Stoßbesen, ein typisches Werkzeug von Schornsteinfeger*innen, erinnert. Im ersten Bild (Abb. 58) korrespondieren Beckers kesser Blick und seine durch die vorgeschobene Unterlippe keck anmutende Mimik mit der Bildunterschrift: „[H]e *pretends* to be very common" (Herv. K. K.). Durch Blick, Mimik und die Beschreibung *pretends* kolportiert Becker die Annahme, er könne als Teil der Allgemeinheit und Gemeinschaft gelten, die sich als Common Sense verselbstständigt haben. Mit der Technik der Nachahmung gibt Becker vor, einer Ideologie und politischen Ordnung anzugehören, die für sich eine Selbstverständlichkeit reklamiert. Das Verfahren der Imitation legt offen, dass es sich bei dem, „was sich von selbst versteht"[1], um Verfahren der Konstruktion des ‚gesunden Menschenverstands' handelt.
In Beckers Nachlass finden sich zahlreiche Bilder der Imitation, Nachahmung und Verkleidung. Diese regen eine „epistemology of the wardrobe"[2], eine

1 Barthes: *Mythen des Alltags*, S. 7.

2 Judith Halberstam: *Female Masculinity*. Durham / London: Duke UP 1998, S. 99.

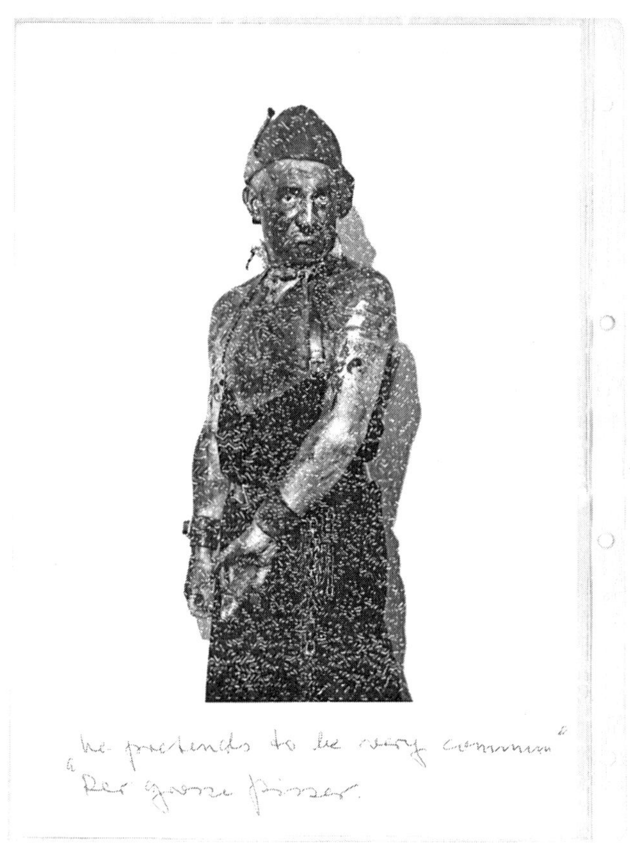

Abb. 58
Albrecht Becker:
Der große Pisser tut nur so, o. D.

Epistemologie des *drag* an, wie ich es hinsichtlich der Frage der performativen Maskerade bereits am Beispiel der Maskenbilder (siehe Kap. IV) thematisiert habe. In diesem Kapitel interessiert mich jedoch ein anderer Aspekt, der sich in und auf vielen Fotografien Beckers artikuliert: Dreck. Ich spreche daher in diesem Kapitel nicht von *Dragsbildern*, sondern von *Dragzbildern*, da aus der Aussprache dieses Wortes mit ‚z' der Dreck besser herauszuhören ist.
Ich möchte nun kurz anreißen, welche zwei Aspekte des Schmutzes mich in diesem Kapitel interessieren werden. Danach werde ich begründen, in welchen zwei das Kapitel strukturierenden Szenarien Schmutz in der Fotografie Beckers Anwendung findet und weshalb ich der Meinung bin, dass diese Szenarien in seiner Fotografie einen besonderen Stellenwert einnehmen.
Der erste Aspekt, der mich im Anschluss an die für die wissenschaftliche Auseinandersetzung zentrale Studie *Reinheit und Gefährdung* von Mary Douglas interessiert, ist Schmutz als ein historisch und gesellschaftlich hervorgebrachtes

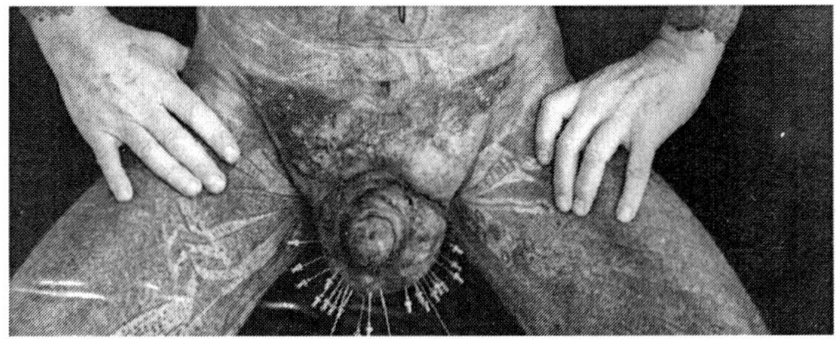

Abb. 59: Albrecht Becker: *Der Stoßbesen des Schornsteinfegers Becker*, o. D.

Schema, das selbst auf eine Ordnung, ein System verweist.[3] Darüber hinaus ist Schmutz auch ein kulturell wirksames Mittel der Dekonstruktion und Entregelung, wie es Judith Butler zum Ausdruck bringt.[4] Noch einmal kurz auf die obige Fotografie (Abb. 58) bezogen: Beckers Behauptung, *common* zu sein, wird danach nicht nur durch das Wörtchen *pretends* (engl. vorgeben, vortäuschen) konterkariert, sondern durch den Schmutz im Bild. Auch die zweite Zeile der Bilduntertitelung „Der große Pisser" liest sich als Karikatur des Begehrens, *common* im Sinne bürgerlicher Normen zu sein. Der Schmutz, die Ausscheidung, der Urin und der Dreck werden zu visuellen Metaphern der Bedrohung des bürgerlichen guten Lebens, das sich im Common Sense veralltäglicht, wie es Lauren Berlant in Bezug auf Barthes formuliert.[5] Zum Hintergrund sei erwähnt, dass die Beseitigung von Schmutz eines der bestimmenden Narrative der Rekonstitution einer bundesdeutschen ‚weißen Weste' in der Nachkriegszeit war. Im Zusammenhang der Bemühung um eine ‚saubere Jugendführung' vor dem Hintergrund der Irreleitung durch den Nationalsozialismus stand z. B. die Zensur von sogenannter Schmutz- und Schundliteratur, also von vermeintlich jugendgefährdenden Schriften, im Mittelpunkt des öffentlichen Diskurses.[6] Hinzukommen

3 Vgl. Mary Douglas: *Reinheit und Gefährdung. Eine Studie zu Vorstellungen von Verunreinigung und Tabu*, aus d. Engl. v. Brigitte Luchesi. Berlin: Reimer 1985, S. 52; Bose: *Klinisch rein*, S. 24.

4 Vgl. Butler: *Das Unbehagen der Geschlechter*, S. 193–194.

5 Hier noch einmal auf Barthes zurückzugehen, vermag aufschlussreich zu sein: Als politisches System gibt sich der Kapitalismus nur schlecht zu erkennen. Als ökonomisches System jedoch ist der Kapitalismus kein Tabu: Zum guten Leben im Kapitalismus wird sich unverschämt bekannt. Vgl. Barthes: *Mythen des Alltags*, S. 124; Lauren Berlant: The Commons: Infrastructures for Troubling Times. In: *Society and Space* 34,3 (2016), S. 393–419.

6 Dem „Angriff der Pornografie auf die Köpfe der Jugend" wurde mit dem Gesetz über jugendgefährdende Schriften 1953 Einhalt geboten. Vgl. Dagmar Herzog: *Die Politisierung der Lust: Sexualität in der deutschen Geschichte des zwanzigsten Jahrhunderts*, aus d. Engl. v. Ursel Schäfer / Anne Emmert. München: Siedler 2005, S. 141.

Narrative, die den Nationenkörper, den es in der Nachkriegszeit wiederherzustellen galt, an Begriffe der Reinheit knüpfte. Insofern also die symbolische Drohgebärde des Schmutzes vor allem in der Nachkriegszeit von hoher Relevanz war, wird mich als erster Aspekt das aus queerer Perspektive dekonstruktive Potenzial des kulturellen Schmutzes beschäftigen. Innerhalb dieser Beschäftigung verstehe ich Schmutz mit Butler als Demarkation des Körpers als einer kulturell errichteten Kohärenz.

Schmutz sei, so Butler, selbst kulturell, also eine Form der Bezeichnungs- und Beziehungspraxis. Als ein solches kulturelles Mittel sei Schmutz austauschbar mit anderen Metaphern der Verunreinigung und der „Unordnung"[7]. In diesem Zusammenhang beschäftigt sich Butler mit den Beispielen der Parodie, der Travestie und des *drag* als „Entregelung"[8]. *Drag* und Dreck können vor diesem Hintergrund als Synonyme angesehen werden. Butler widerspricht damit der Annahme, Schmutz sei „vordiskursive [...] Mannigfaltigkeit der Körperkräfte, die die Oberfläche des Körpers durchbrechen und die Regulierungsverfahren der kulturellen Kohärenz stören"[9].

Der zweite Aspekt ist die Viszeralität von Schmutz, womit ich durchaus die Mannigfaltigkeit der Körperkräfte von Schmutz meine. Was geschieht also, wenn wir es mit Dreck nicht nur auf einer symbolischen Ebene, sondern als einer tatsächlichen materiellen Technik der Verschmutzung zu tun haben, wenn also der Körper und die Fotografie als materieller Träger dreckig werden? Operiert hier Dreck ausschließlich als semantisches Bezeichnungsgefüge, wie es Butler diskutiert? Ein solches stehe zwar im Verbund mit körperlichen und räumlichen Praktiken,[10] könne aber kein rein körperliches und materielles Gefüge der Bedeutungsproduktion sein. Mit anderen Worten: Dreck besitzt Butler zufolge nicht das Potenzial, als Materialität Bedeutung zu produzieren oder Bedeutungsgrenzen zu transformieren. Um dieses Potenzial geht es mir aber beim zweiten Aspekt. Ich frage, inwiefern Dreck, der als diskursiver und dennoch mit einem nicht-diskursiven Potenzial ausgerüsteter Akteur eine Situation des *drag,* also des Entregelns und Hybridisierens hervorbringt? Damit verbindet sich die Frage, ob Becker im fotografischen Prozess Dreck als etwas affirmiert, das als materielles Partikel, als physische Spur oder tatsächliche Verfärbung Wirkungen produziert

7 Butler: *Das Unbehagen der Geschlechter*, S. 190–208.

8 Ebd., S. 196.

9 Butler setzt sich hier kritisch mit Foucault auseinander, der tatsächlich davon ausging, Schmutz sei vordiskursiv. Ebd., S. 193; Foucault: Nietzsche, die Genealogie, die Historie, S. 91–93.

10 Vgl. Judith Butler: *Körper von Gewicht. Die diskursiven Grenzen des Geschlechts*, aus d. Engl. v. Karin Wördemann. Frankfurt am Main: Suhrkamp 1997.

und als „Kreativstoff“[11] unvorhergesehene Reaktionen hervorbringt. Ließe sich sagen, dass Becker mittels seiner fotografischen Dragzbilder vom Ort des Privaten aus eine Welt erspürt, die im Ungewissen, abseits des Selbstverständlichen, des Normierten, des Common Sense liegt?

In diesem Kapitel soll es um die Anwendung dieser beiden soeben umrissenen Aspekte von Schmutz als 1) kultureller und 2) materieller Entregelung gehen. Beide Aspekte diskutiere ich in ihrer Verwobenheit entlang zweier Anwendungsbeispiele von Becker: Im ersten Abschnitt behandle ich Schmutz im Kontext der fotografischen Imitation der Figur des Arbeiters. Im zweiten geht es mir um Schmutz in fotografischen Szenarien, die Schwarz-Sein nachstellen. Meine Analyse dieser Dragzbilder wird dabei in Abgrenzung zu fetischisierenden und derealisierenden Darstellungen *weißer* Arbeiter*innen[12] und Schwarzer Personen[13] erfolgen. Stattdessen möchte ich beide Ausformungen der Dragzbilder Beckers als Beispiele des Minoritär-Werdens (*becoming*) im Sinne von Deleuze und Guattari begreifen. Diese Lesart soll dazu motivieren, das minorisierende Potenzial von Schmutz in Beckers Fotografien wahrzunehmen. Das Minoritär-Werden, das *becoming worker* und das *becoming black*, so meine These, begünstigen eine Minorisierung *weißer* homonormativer Maskulinität. Deleuze und Guattari betonten, dass es dabei nicht darum ginge, zu einer Minorität im Sinne

11 Anja Zimmermann: Von Produktion und Produktivität. Blut und Sperma als Kreativstoffe in der Kunst um 1960. In: Roger Fayet (Hrsg.): *Verlangen nach Reinheit oder Lust auf Schmutz? Gestaltungskonzepte zwischen rein und unrein*. Wien: Passagen 2003, S. 97–114.

12 Indem ich von *weißen* Arbeiter*innen spreche, möchte ich der Praxis widersprechen, in der allgemeinen Diskussion über Arbeiter, Arbeiterklasse und Klassenkampf *Weißsein* als strukturierende Kategorie auszublenden. Ich hebe *Weißsein* als Kategorie hervor, nicht weil ich glaube, dass es keine Schwarzen Arbeiter*innen gibt, sondern um hervorzuheben, dass die Diskurse, die ich rund um den Aspekt Klasse bespreche, solche sind, die um *weiße* Arbeiter*innen kreisen.

13 Hiermit bin ich wiederholt bei einem sich für mich als beklemmend darstellenden Bezeichnungsproblem angelangt. Die Substantive *Arbeiter* und *Schwarze* können nicht anders als Konstruktionen im Feld von Klassismus, also der Diskriminierung aufgrund der sozialen Herkunft, und Rassismus, das heißt der Diskriminierung aufgrund ethnischer Herkunft und biologisierter Differenz, verstanden werden. Beide Konstruktionen sind als integrale Teile der Moderne zu sehen und verweisen auf die blutige Geschichte des Antikommunismus und Kolonialismus. Dies allein wäre Grund genug, die Begriffe zu vermeiden. Um jedoch ebenjene Geschichte problematisieren zu können und die „phantasmatische[n] Verkürzungen“ und Fetischisierungen im Gegensatz zum Entwurf des Minoritären bei Becker offenzulegen, habe ich mich für deren Verwendung entschieden. Gleichwohl ist mir bewusst, dass in der Verwendung, wie ich sie hier im Dilemma ausschließender Identitätspolitiken vornehme, Pluralität wiederholt riskiert wird. Ich versuche jedoch die Worte reduziert einzusetzen und an Stellen, wo es um konkrete Menschen geht durch Pluralkonstruktionen zu ersetzen. Vgl. Robert Young: *Colonial Desire. Hybridity in Theory, Culture and Race*. London: Routledge 1995, S. 91; Dietze: *Weiße Frauen in Bewegung*, S. 27, 24–26.

eines festen und damit objektivierbaren Aggregatszustandes werden zu wollen.[14] Stattdessen ginge es darum, liminal und schwellenhaft zu werden. Der Begriff des Minoritären soll dabei nicht die nachvollziehbaren und notwendigen Anstrengungen derer negieren, die als Marginalisierte um Anerkennung und Status ringen. Im Anschluss an Deleuze und Guattari verstehe ich Minoritär-Werden als ein gesamtgesellschaftliches Projekt, unabhängig von der eigenen Positionierung.[15] Es gelte, das Minoritär-Werden als Denkhorizont im Kampf um Selbstbegründung und Anerkennung zu behalten. Um also im Kampf um Anerkennung nicht zur Funktion hegemonialer Strukturen zu werden,[16] müsse in Aussicht stehen, sich in der Subjektwerdung auf den „engen Raum" zurückzuziehen, in dem die Politik molekular, also ganz „klein"[17], aber sehr dringlich und mithin wirksam wird (siehe Abschnitt I.2.2).

Eine solche Molekularisierung betrachte ich vor dem Hintergrund auch der der Hegemonie dienenden Zugriffe auf Beckers Sexualität, wie es z. B. auch im Rahmen einer Emanzipationspolitik der Fall ist, die klar umrissene Grenzen homosexueller Sichtbarkeit fordert, um Anerkennung zu erfahren. Mich interessieren daher die vernakulären Alltags- und Medienpraktiken des Schmutzes vor dem Hintergrund der kulturell codierten Vorstellungen homosexueller Männlichkeit, die im hier diskutierten Zeitraum der 1950er und 1960er Jahre oft auch an bürgerliche Subjektvorstellungen – vor allem im Feld der Homophilenbewegung – geknüpft waren.

Dreck spielt schließlich bei Beckers fotografischen Szenarien eine zunehmend große Rolle und wirkt auf seinen Körper ein: Sein Körper beginnt sich unter dem Eindruck und Abdruck von Schmutz zu modifizieren, entregulieren, travestieren. Dragzarbeit steht also im Zeichen von Drecksarbeit. Hervor geht dabei ein Körper, der nicht mehr derselbe ist, sondern eine Modifikation der Modifikation. Damit ist gemeint, dass es keinen originären Ganzheitszustand gibt, sondern immer nur Körper in Relation.[18]

14 Vgl. Deleuze / Guattari: *Tausend Plateaus*, S. 341–342.

15 Dazu Margit Shildrick: ["N]otions of becoming-woman, becoming-animal or becoming-minoritarian are not simply conceptually unattached to the groupings named and open to all, but refer to processes that operate only through the assemblages temporarily brought about by radically disparate machinic connections." (Margrit Shildrick: Prosthetic Performativity. Deleuzian Connections and Queer Corporealities. In: Nigianni / Storr (Hrsg.): *Deleuze and Queer Theory*, S. 115–133, hier S. 129.)

16 Vgl. Rosi Braidotti: Becoming Woman, or Sexual Difference Revisited. In: *Theory, Culture & Society* 20,3 (2003), S. 43–64, hier S. 50.

17 Deleuze / Guattari: *Kafka*, S. 25.

18 Vgl. Deleuze / Guattari: *Tausend Plateaus*, S. 375.

Meine Analyse von Beckers Dragzbildern anhand der fotografischen Beispiele des *worker drag* und des *black drag* will vermeiden, *weiße* Arbeiter*innen und Schwarz rassisierte Menschen als Schablonen für die Projektion der eigenen Identifikation auszubeuten. Ich werde daher danach fragen, welche politischen Aussagen Beckers fotografische Auseinandersetzungen über die Diskriminierung aufgrund von Klasse und *race* treffen. Anders formuliert: Ich stelle die Frage, was seine Fotografie für eine Aussage in Bezug auf eine interdependente Perspektive und eine über die Grenzen der eigenen sozialen Gruppe hinauswirkende Bündnispolitik trifft. Was also trägt Beckers fotografisches Minoritär-Werden dazu bei, dass *weiße* Arbeiter*innen und Schwarz rassisierte Menschen nicht nur als Schablonen der eigenen Selbstinterpretation fungieren?

VI.1 Arbeiterinszenierungen: *Becoming Worker*

Die Posen des Wahlhamburgers Becker als Hafenarbeiter (Abb. 60) aus den 1950er und 1960er Jahren liegen zeitlich weit nach der Entwicklung des Genres der Arbeiterfotografie in der Weimarer Republik, jedoch vor dem Erscheinen der ersten Ausgabe der für die Amateurfotografie relevanten Zeitschrift *Arbeiterfotografie*, die sich dem Thema der Hamburger Hafenarbeiter 1973 widmete. Inmitten der Nachkriegszeit, in der Arbeiterfotografie keinen öffentlichen Publikationsort hatte,[19] liegt der Auftakt zahlreicher Selbstinszenierungen Beckers als Arbeiter im Verborgenen seines Hauses, auf dem Dachboden oder im Keller. Becker posiert lässig und mit verschmitzt herausforderndem Blick frontal der Kamera zugewandt. (Abb. 60) Er erscheint weder im Kontext von Straße und Arbeitsstätte, den Hauptthemen der Arbeiterfotografie,[20] noch wirkt er gebeugt oder gezeichnet von der Last der Arbeit, wie wir es aus der sozialdokumentarischen Fotografie von beispielsweise Dorothea Lange und Walker Evans kennen.[21] Beckers Pose als Arbeiter lässt sich mit Attributen wie Schiebermütze, hochgekrempelten Ärmeln und verschmutztem Gesicht beschreiben. Gleichzeitig findet im Bild eine sexuelle Aufladung statt: Beckers Hose ist geöffnet und gibt den Blick auf sein Geschlecht nahezu frei. Fungiert der Arbeiter hier als Sehnsuchtsfigur sexueller Fantasien? Handelt es sich um die fetischisierende Heroisierung des Hafenarbeiters im Zusammenhang männlich-homosexuellen Begehrens – wie in den Matrosenikonisierungen auf seinerzeit beliebten, aber nur unter dem Tisch gehandelten pornografischen Bildchen?[22] Da auf Beckers Fotografien Blaumänner (Abb. 58), schmutzige Hände (Abb. 61), schweres Arbeitsgerät (Abb. 62), zerschlissene Kleidung (Abb. 5) und ramponierte Räume zu sehen sind, möchte

19 Die *Arbeiter Illustrierte Zeitung* wurde schon 1933 eingestellt, ebenso wie die Verbandszeitschrift *Der Arbeiter-Fotograf*. Beide wurden nach dem Sturz des Nationalsozialismus nicht wieder publiziert.

20 Vgl. Wolfang Hesse: „Der Unterricht muß auch auf der Straße erteilt werden." Stadtraum – Schriftraum – Bildraum. In: Ders. (Hrsg.): *Die Eroberung der beobachtenden Maschinen. Zur Arbeiterfotografie der Weimarer Republik*. Leipzig: Leipziger Universitätsverlag 2012, S. 187–256.

21 Evans und Lange waren neben Carl Mydans, Arthur Rothstein, Ben Shahn, John Collier Jr., Jack Delano, Russell Lee, Gordon Parks, Marion Post Walcott, John Vachon von der Farm Security Association beauftragt worden, die Arbeits- und Lebensverhältnisse der US-amerikanischen Landbevölkerung während der Depression in den 1920er Jahren fotografisch zu dokumentieren. Verfolgt wurde dieses dokumentarische Projekt, um Unterstützung für Hilfsprogramme einzuwerben, die zur Linderung der Not beitragen sollten. Vgl. Abigail Solomon-Godeau: Wer spricht so? Einige Fragen zur Dokumentarfotografie, aus d. Engl. v. Wilfried Prantner. In: Wolf (Hrsg.): *Diskurse der Fotografie*, S. 53–75, hier S. 64–65.

22 Vgl. Justin Spring: *Secret Historian. The Life and Times of Samuel Steward, Professor, Tattoo Artist, and Sexual Renegade*. New York: Farrar, Straus & Giroux 2010.

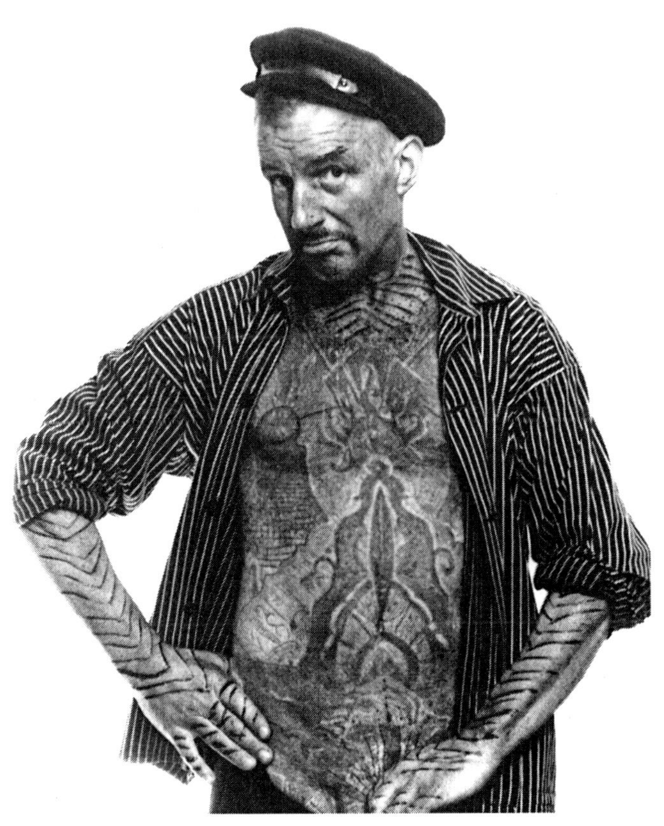

Abb. 60
Albrecht Becker:
Beim Posieren des Arbeiters, o. D.

ich argumentieren, dass Beckers Arbeiterverkleidungen und Verschmutzungsinszenierungen weder dem Bildgedächtnis der Arbeiterbewegung noch dem der Homophilenbewegung zugerechnet werden können. Vielmehr möchte ich zeigen, dass es sich bei seinen Fotografien um einen Gegenentwurf zu den beiden später ausführlicher beschriebenen Bilddiskursen der Nachkriegszeit handelt. Zwei Schritte strukturieren meine Analyse. Ihr ist ein kleiner Exkurs zur Geschichte und Einordnung der sozialdokumentarischen Fotografie bzw. der Arbeiterfotografie vorgeschaltet. Er soll die Einordnung der später vorgestellten vernakulären Medienpraktiken Beckers erleichtern. Wenn ich im Folgenden metaphorisch von *Fotografie als Minenarbeit* spreche, meine ich damit, dass es sich bei dokumentarischen Bildern und solchen des sozialen Engagements im Bereich der Arbeiterfotografie (aber auch der ethnologischen Fotografie) um eine ‚Minenarbeit' handelt, das heißt eine schmutzige und aufwändige Arbeit, die versucht, ein Bild und eine Fantasie des Arbeiters sowie seines sozialen Umfeldes heraufzufördern und an die Oberfläche zu bringen. Wir haben es also bei

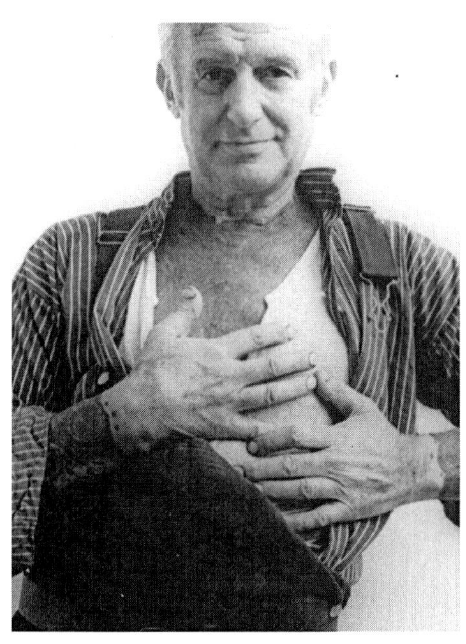

Abb. 61
Albrecht Becker: *Schmutzige Hände*, o. D.

der sozialdokumentarischen Fotografie und Arbeiterfotografie mit einer aufwändigen visuellen Konstruktionsleistung zu tun, die über das bloße repräsentative Abbilden hinausgeht. Diesen Konstruktionscharakter zu verstehen ist wichtig, um den ersten Schritt meiner Analyse nachvollziehen zu können. In diesem beschreibe ich, was Beckers Fotografie von diesen Bilddiskursen unterscheidet und weshalb seine Fotografie *keine* solche Minenarbeit darstellt. Im zweiten Schritt widme ich mich dann der Frage, inwiefern Beckers Arbeiterfotografien in den zur Nachkriegszeit virulenten Maskulinisierungsdiskurs *weißer* homosexueller Männlichkeit intervenieren. Ich werde das minorisierende Potenzial der Fotografien durch meine Lektüre gewissermaßen mikroskopisch vergrößern.

VI.1.1 Fotografie als Minenarbeit. Zur Sozialdokumentation und Arbeiterfotografie

Henry Mayhew, John Brinny und Thomas Annan in England. Jacob Riis, Lewis Hine, Walker Evans und Dorothea Lange in den USA, Heinrich Zille in Deutschland. Dies sind Namen, mit denen sich die Entstehungsgeschichte der sozialdokumentarischen Fotografie verbindet, die sich ab der Wende vom 19. zum 20. Jahrhundert mal emphatisch dokumentierend, mal anklagend den Lebens- und Arbeitsbedingungen der sozial benachteiligten Klassen widmete.

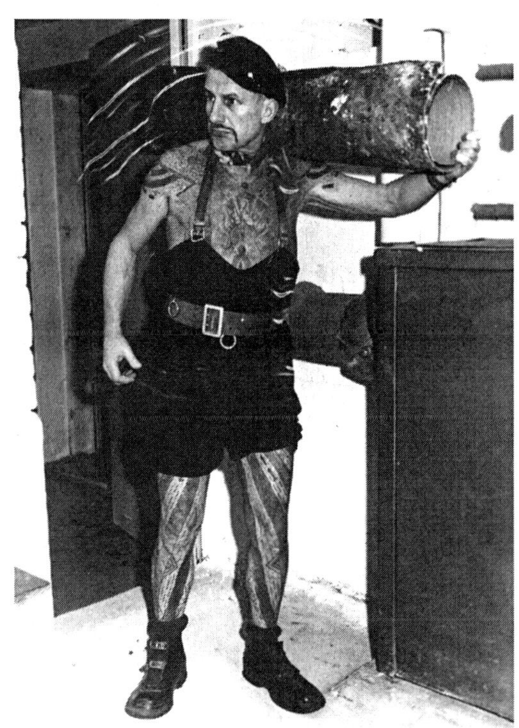

Abb. 62
Albrecht Becker:
Schwere Arbeit, o. D.

Daraus ist eine Werkgruppe entstanden, die, durchtränkt vom Wunsch nach politischer und sozialer Veränderung, der Öffentlichkeit bedurfte, um mobilisierend wirken zu können. Insbesondere die Funktion des Wunsches, in Politiken der sozialen Benachteiligung durch aufklärerische sozialdokumentarische Fotografien zu intervenieren, stieß später im Rahmen einer vornehmlich feministischen und repräsentationskritischen Kunstkritik auf Widerstand.

VI.1.1.1 Zur Kritik an der sozialdokumentarischen Fotografie

Spätestens mit dem Aufsatz „In, Around, And Afterthoughts (On Documentary Photography)" von Martha Rosler[23] erfolgte die „definitive Analyse und Entmystifizierung der liberal-humanistischen Voraussetzungen, die der [...] als ‚Opferfotografie' charakterisierten traditionellen Dokumentarpraxis zugrunde liegen"[24],

23 Vgl. Martha Rosler: In, Around, And Afterthoughts (On Documentary Photography). In: Dies.: *Decoys and Disruptions. Selected Writings, 1975–2001.* Cambridge / London: MIT 2004, S. 151–206.

24 Solomon-Godeau: Wer spricht so?, S. 56.

wie Abigail Solomon-Godeau es auf den Punkt brachte. Der Aufsatz Roslers steht für eine feministische Kritik der Axiome der sozialdokumentarischen Fotografie. Diese basiere von Beginn an auf einer konstruierten Asymmetrie zwischen machtlosen und machtvollen Subjekten. Aufs Engste mit der Ästhetik des Humanismus und – wie Tom Holert schreibt – des „Humanitarismus"[25] verbunden, konstruiere sie aus der Perspektive des souveränen, also des zumeist *weißen*, männlichen, heterosexuellen, bürgerlichen Subjekts eine Vorstellung vom sozial benachteiligten Menschen. Diese Kritik stellte den Anspruch der Arbeiterfotografie, politisch progressiv zu sein, weil sie auf die Situation der arbeitenden Bevölkerung hinwies, grundlegend infrage: „Its arguments have been twisted into generalizations about the condition of ‚man'."[26] Auch Solomon-Godeau machte in Bezug auf die Fotografien von Riis, Hine, Evans und Lange deutlich, dass die Dokumentarfotografie ihre Objekte als bildliche Spektakel inszenierte. Damit, so ihr Vorwurf, ermögliche sie eher, Verhältnisse zu affirmieren, anstatt sie zu kritisieren.[27] Solomon-Godeau widersprach damit fundamental der Behauptung, die frühe dokumentarische Praxis habe gegen die herrschende Ideologie gewirkt.[28] Welche Rolle spielt nun die Amateurfotografie für die Frage der Darstellung sozial benachteiligter Klassen?

Amateurfotograf*innen, die durch zahlreiche Ratgeber Ende des 19. Jahrhunderts an die Luft, in die Landschaften und Städte getrieben wurden, weil Portraitaufnahmen und Innenaufnahmen noch den Berufsfotograf*innen vorbehalten waren, konstituierten sich als Flaneur*innen „auf der Schwelle, der Großstadt sowohl wie der Bürgerklasse"[29]. Ausgestattet mit einer Kamera und mit genügend freier Zeit waren sie Teil eines bürgerlichen Habitus. Dabei verschwendeten sie beim Flanieren nicht ihre Zeit, sondern übernahmen den Auftrag, „lebende Staffagen"[30], in ihre (urbane) Landschaft einzufügen. Sie entdeckten nicht nur

25 Tom Holert: *Regieren im Bildraum*. Berlin: b_books 2008, S. 198.

26 Rosler: In, Around, And Afterthoughts, S. 195.

27 Vgl. Solomon-Godeau: Wer spricht so?, S. 66.

28 Ebd., S. 60.

29 Walter Benjamin: Paris, die Hauptstadt des XIX. Jahrhunderts. In: Ders.: *Gesammelte Schriften*, Bd. 5: Das Passagen-Werk, hrsg. v. Rolf Tiedemann / Hermann Schweppenhäuser. Frankfurt am Main: Suhrkamp 1991, S. 45–59, hier S. 54; vgl. Giuseppe Pizzighelli: *Anleitung zur Photographie für Amateure und Touristen mit Rücksicht auf den Gelatine Emulsions Process*. Wien / Leipzig: Verlag der Photographischen Correspondenz 1882; Hermann Wilhelm Vogel: *Die Fortschritte der Photographie seit dem Jahre 1879*. Berlin: Oppenheim 1883.

30 Ludwig David: *Ratgeber im Photographieren. Für Anfänger und Fortgeschrittene*. Halle an der Saale: Knapp 1918, S. 150.

andere ‚soziale Typen', sondern als „scientist[s] of surface appearances"[31] auch sich selbst. Die Straßenfotografie, die aufgrund neuer und leichterer Technik zu einem beliebten Genre der Amateurfotografie mutierte, übernahm die erkenntnisgeleitete Geste der Typologisierung und Katalogisierung des städtischen Raumes samt seiner Bewohner*innen. So fragte Joseph August Lux: „Wie sollten wir zum allgemeinen Verständnis die Geheimnisse der […] Anlage von Straßen und Plätzen sichtbar machen, wenn nicht durch Aufnahmen, die das Wesentliche enthüllen?"[32]. Das Vorhaben, das Wesentliche und Wahrhafte enthüllen zu wollen, ist mit der imperialen Absicht der Reise-Ethnografie verwoben – mit dem Unterscheid, dass es sich um einen „look at the *marketplace* of empire"[33] handelt, um einen Blick auf die eigenen Marktplätze, Gossen und Gassen.
Dass dieser Blick nicht ein rein enthüllender ist, sondern eine fotografische Form der Minenarbeit, also der aufwändigen Konstruktion, machen Abhandlungen zur Amateurfotografie deutlich, die sich in ihrem Anliegen bis in die Nachkriegszeit nur unwesentlich änderten. Regieanweisungen in Ratgebern veranschaulichen, dass es sich beim Enthüllen der Straßen und Plätze nebst der darin ‚lebenden Staffagen' um Konstruktionsleistungen handelt. Z. B. wird geraten, Menschen inmitten ihrer Arbeit im scheinbar natürlichen Moment höchster Konzentration und maximaler Anspannung abzulichten.[34] Die Konstruktionsanstrengung verschwindet dabei hinter der vermeintlichen Authentizität. Im Bild direkt ist nichts mehr vom Aufwand der fotografischen Minenarbeit zu sehen. Arbeitende Menschen werden als depriviert, verhärmt und schmutzig naturalisiert. Die Vogelperspektive verstärkt diesen Effekt zusätzlich. (Abb. 63 rechte Seite links unten)
Es ließe sich subsumieren, dass sich das durch Amateurratgeber hervorgebrachte Dispositiv der Amateurfotografie in das größere Narrativ sozialdokumentarischer Fotografie eingefügt hat. Wenn es an die Darstellung der arbeitenden Bevölkerung ging, wurden in beiden Fotografieausprägungen Techniken und Ästhetiken verwandt, die ein Bild des verschmutzten und verhärmten Arbeiters erzeugten.
Was nun, wenn das fotografierende Subjekt in seiner spezifischen Positionierung Teil des Feldes ist, das es zu beobachten oder aus Gründen der Aufklärung zu fotografieren gilt? Was, wenn nicht Menschen der bürgerlichen, sondern

31 McClintock: *Imperial Leather*, S. 82.

32 Joseph August Lux: *Die Kunst des Amateur-Photographen*. Stuttgart: Strecker & Schröder 1910, S. 47.

33 McClintock: *Imperial Leather*, S. 81 (Herv. K.K.).

34 Vgl. Kodak: *How to Make Good Pictures. A Text-Book for the Every-Day Photographer*. Rochester / New York: Kodak 1945.

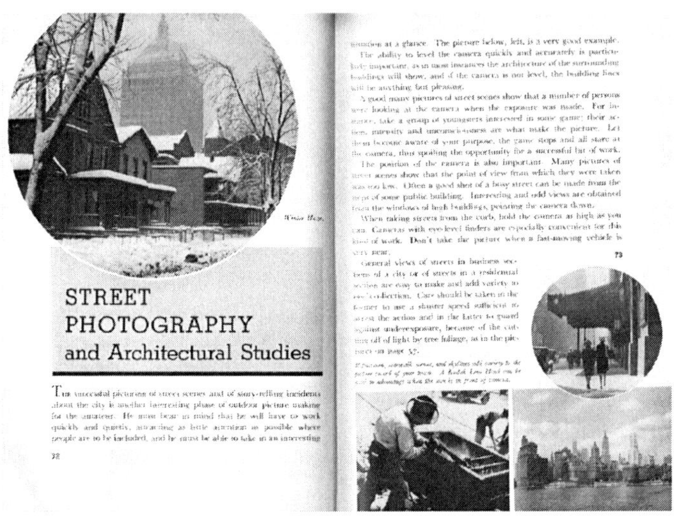

Abb. 63: Fotograf*innen unbekannt: *Auf den Arbeiter herab schauen*, 1945.

Angehörige der sozial vernachlässigten Klasse zur Kamera greifen, um auf die politischen Missstände im Rahmen z. B. der Arbeiterbewegung zu verweisen? Verändern sich dadurch die Motivik oder die formalästhetische Gestaltung?

VI.1.1.2 Von der Gewinnung eines ‚eigenen Bildes': Die Arbeiterfotografie

Arbeiterfotograf*innen spielten in den 1920er Jahren eine wichtige Rolle als politisch ambitionierte Amateurfotograf*innen. Seit 1926 organisierten sie sich in der KPD-nahen Vereinigung der Arbeiter-Fotografen Deutschlands (VdAFD). Mit *Der Arbeiter-Fotograf* gab die Vereinigung ein öffentlichkeitswirksames Presseorgan heraus. Die Absicht, den Arbeitsalltag von Arbeiter*innen in Form einer alternativen Bildberichterstattung zur Darstellung zu bringen, ließ sich als Reaktion auf die noch junge Tradition der dokumentarischen[35] Auftragsfotografie verstehen. Dabei schien der Wille der Amateurfotograf*innen, über ihren eigenen Arbeitsalltag in einer alternativen Weise aufzuklären, allmählich hinter

35 Der Begriff *dokumentarisch* wird 1926 in das Lexikon der Fotografie aufgenommen. Der seit Anbeginn der Fotografie wirksame, aber durch das Programm der künstlerischen Fotografie zurückgedrängte Diskurs des Dokumentarischen verdichtet sich zu einem lexikalischen Eintrag. Die Lexikalität sichert die Indexikalität, derzufolge Fotografie unweigerlich auf Natur und Wirklichkeit verweise, und begründet einen Behauptungswillen des Dokumentarischen. Vgl. Solomon-Godeau: Wer spricht so?, S. 53.

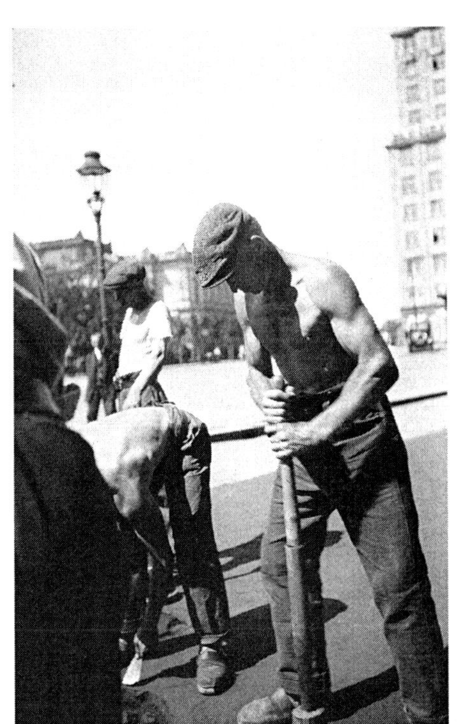

Abb. 64
Albert Hennig: *Straßenbauarbeiten auf dem Roßplatz in Leipzig*, 1930.

die parteilich durchwirkten Erwartungen der Vereinigung zurückzutreten. Diese Erwartungen drückten sich z. B. in dem Wunsch nach standardisierten Motiviken aus. Wurde die Amateurfotografie als Arbeiterfotografie also zur Agentin eines parteilichen politischen Eingreifens? Wolfgang Hesse konstatiert, die Zweckbestimmung der parteilich ausgerichteten Aufklärung habe multiperspektivische, konstruktivistische Ansätze innerhalb der Amateur-Arbeiterfotografie zugunsten eines Realismus eingedämmt.[36]

Nichtsdestotrotz lassen sich auch darin Beispiele eines verspielten Ästhetizismus oder einer Anlehnung an verschiedene Avantgardebildsprachen finden.[37] Albert Hennig beispielsweise verband in seinen Amateuraufnahmen das Postulat einer bildhaften Aneignung der objektiven Realität mit dem Anspruch, sich schöpferisch zu betätigen und selbst zu kultivieren. Anders als die Vorgabe der sozialdokumentarischen Fotografie, ausschließlich abzubilden, unterzog sich Hennig einer Schulung des Sehens, also einer Öffnung der Augen für Stile und

36 Vgl. Wolfgang Hesse: Der Amateur als politischer Akteur. Anmerkungen zur Arbeiterfotografie der Weimarer Republik. In: *Fotogeschichte* 29,111 (2009), S. 21–30.
37 Ebd., S. 27.

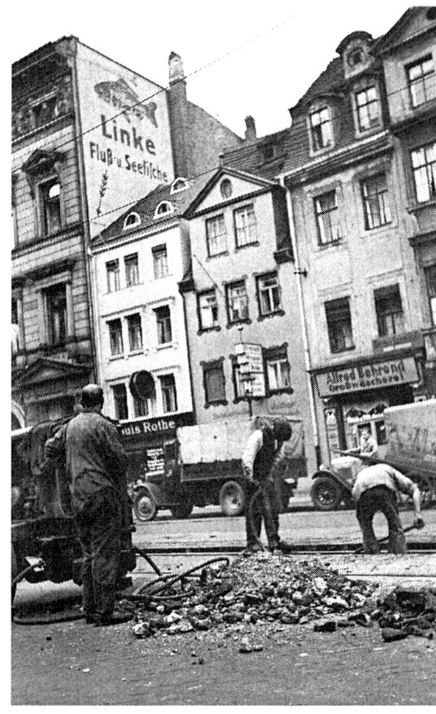

Abb. 65
Albert Hennig: *Arbeiter bei Bauarbeiten an Straßenbahngleisen Leipzig*, 1928–32.

Formsprachen. Er wandte sich avantgardistischen Bildsprachen zu und konstruierte durch den Einsatz von Licht und Schatten (Abb. 64) sowie von schrägen Blickwinkeln (Abb. 65) ein Bild vom maskulinen Arbeiter. (Abb. 64, 66) Mit diesem Genre der amateurischen Arbeiterfotografie ging ein anderes Bild des Arbeiters einher: Die Bilder beschreiben nicht nur einen von der Schwere der Arbeit gezeichneten Arbeiter, sondern dessen selbstbewusste Selbstermächtigung. Die Pose des Arbeiters in Arbeiterkluft verfügt eine Selbstermächtigung des Arbeiters für die eigene Rollenbesetzung in Arbeits- und Lebensalltag.[38] Mit der „fotografische[n] Herstellung einer Gegenöffentlichkeit [konnte die] Schaffung eines ‚eigenen Bildes'"[39] einhergehen. Jedoch diente die amateurische Arbeiterfotografie nicht dem Reklamieren eines Arbeiterstatus, sondern einer Überwindung desselben. Hennig, einst arbeitsloser Betonbauer, emanzipierte sich mit Hilfe der Amateurfotografie. Er studierte Design am Bauhaus Dessau und verließ den kollektiven Arbeiterzusammenhang zugunsten einer dem

38 Vgl. Regener: *Medienamateure*, S. 187.
39 Brandes: *Fotografie und „Identität"*, S. 50.

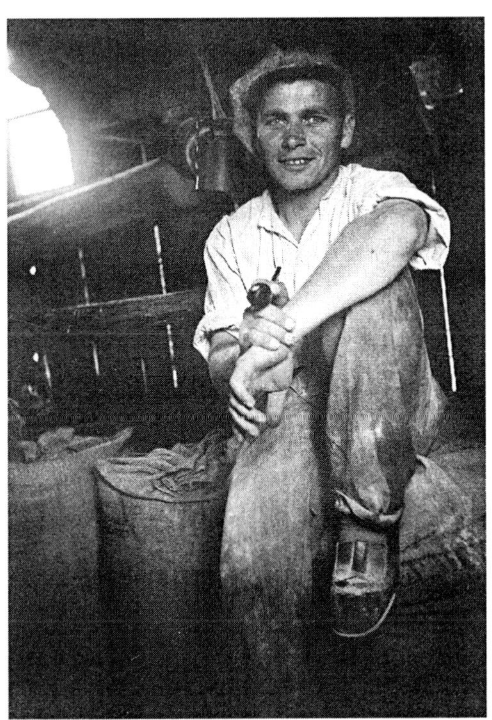

Abb. 66
Albert Hennig: *Porträt eines jungen Mannes in einem Lagerraum*, 1920/1940.

Verständnis der Arbeiterbewegung nach individualistischen und kleinbürgerlichen Karriere als Künstler.[40]

Die Tatsache, dass sich der Arbeiterfotograf als politisch ambitionierter, also zum Zwecke politischer Aufklärung tätiger Amateurfotograf aus seinem Feld hinausbewegt und als Künstler emanzipiert, verdeutlicht den Sieg des individuellen Interesses über den kulturellen Klassenkampf.[41] Sich aus der Subjektposition des Arbeiters befreiend wird er zum künstlerischen Bildner des Arbeiters. Dabei entstehen Bilder des Arbeiters, die ihn wiederum zur Schablone der Fantasie des Bildners werden lassen.

Zusammenfassend möchte ich mich der These anschließen, dass eine Instrumentalisierung oder Kommerzialisierung von Arbeiterfotografie immer dann wirkmächtig wird, wenn sie mit der bestimmten Absicht betrieben wird, aufzuklären, politisch zu verändern und kollektivierend zu wirken[42] oder – wie im Falle Hennigs – selbstermächtigend zu sein. Nach diesem Exkurs widme ich mich nun

40 Vgl. Hesse: Der Amateur als politischer Akteur, S. 27–28.

41 Ebd., S. 21.

42 Vgl. Daniels: *Kunst als Sendung*, S. 222.

wieder der Fotografie Beckers. Im ersten Analyseschritt vertrete ich die These, dass seine fotografische Praxis entgegen einer programmatischen Ästhetik im Zusammenhang mit dem Affizierungsvermögen von Schmutz steht. Demnach wird mich vor allem der eingangs erwähnte Aspekt der materiellen Bedeutung von Schmutz für die Entregelung der soeben beschriebenen Visualisierungen von Arbeiter*innen interessieren.

VI.1.2 Fotografisches Abkohlen: *Kleinerer* Versuch über den Schmutz

Becker posiert mit Schiebermütze, hochgekrempelten Ärmeln und verschmutztem Gesicht als Arbeiter in einer von ihm geschaffenen privaten Ateliersituation.[43] (Abb. 60, Abb. 67 vor allem rechts unten) Mit der kulissenhaften Inszenierung eines Fotoateliers verweist Becker auf die Künstlichkeit der Aufnahmesituation. Trotz der zum Teil sehr aufwändigen Verkleidung als maskuliner Arbeiter inszeniert sich Becker weder als sozialdokumentarischer Fotograf noch als sozialengagierter Amateur-Arbeiterfotograf. Seine Staffagen des Arbeiters widersprechen vielmehr dem Anspruch, vom Ort des Öffentlichen aus sozialpolitische Aufklärung zu betreiben. Stattdessen legt Becker durch Techniken des *drag* und der Imitation offen, dass es sich bei den genannten Genres der Fotografie um eine Form der Minenarbeit, also der ‚Gewinnung' von Bildern sozialer Benachteiligung bzw. der selbstbezüglichen Vergewisserung handelt und nicht um die bloße Offenlegung vermeintlich natürlicher Inhalte. Beckers Fotografie folgt nicht dem Wunsch, politische Programme zu verwirklichen. Sie will nicht den Schmutz der Gesellschaft hervorkehren, um ihn typologisieren, regulieren oder parteipolitisch mobilisieren zu können. Das bedeutet keineswegs, dass seine Fotografie unpolitisch wäre. Dennoch ist sie von einer zweckgebundenen, emotionalisierenden und selbstbezogenen Politik des öffentlichen Spektakels der Sozialdokumentation und Arbeiterfotografie zu unterscheiden. Diese Differenz hat auch damit zu tun, dass der Ausgangspunkt seiner Fotografie gleichzeitig die Neudefinition ihrer Funktion ist, Arbeiter abzubilden. Sich als Arbeiter zu fotografieren, ist für Becker Anlass, sich im privaten Setting schmutzig zu machen, sich durch die Verunreinigung zu erniedrigen, sich an den kulturell gezogenen und ‚rein' gehaltenen Grenzen des Körpers und des Selbst aufzulösen.

43 Die Gestaltung des privaten Raums als Atelier wird besonders deutlich an der für die Atelierfotografie typische Hintergrundleinwand. Zu den Anfängen der Atelierfotografie wurden im Hintergrund Leinwände aufgehängt, die den Eindruck vermitteln sollten, die Person befinde sich entweder inmitten eines privaten, bürgerlichen Settings oder in der Natur. Die Störung dieser Illusion, die sich häufig in einem mangelhaften Übergang zum Boden oder durch Wellen in der Leinwand ergab, greift Becker insofern auf, als er seine Tücher oft fehlerhaft ins Bild einfügt.

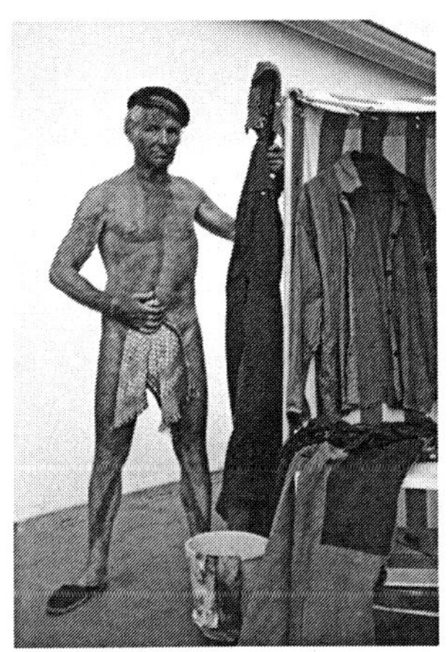
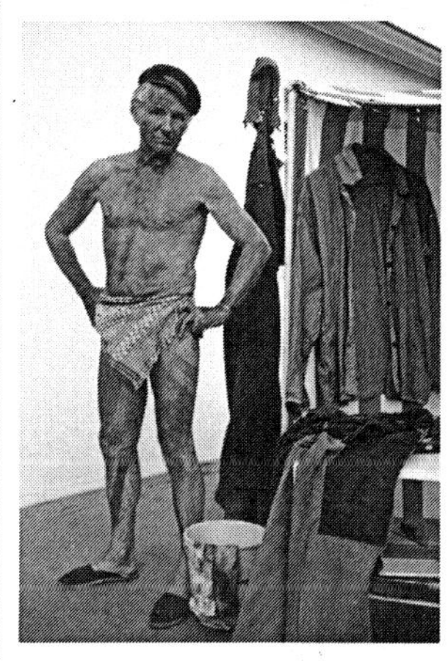
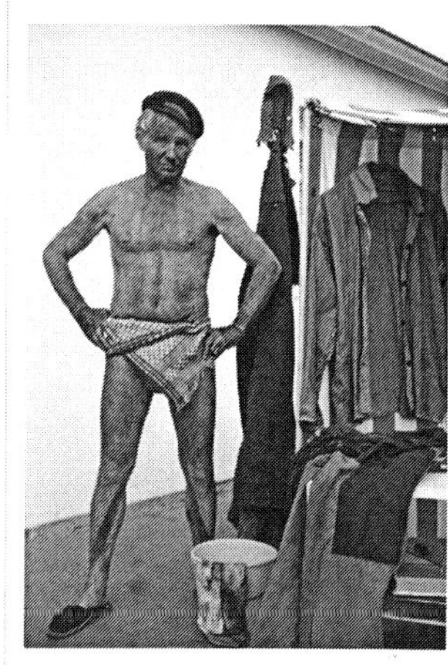
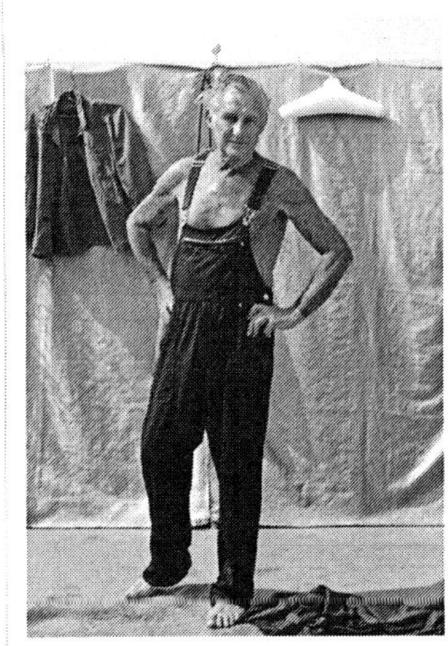

Abb. 67
Albrecht Becker:
Arbeiterkulissen,
1971.

In und auf Beckers Fotografien rußt es oder, wie Christian Enzensberger in *Größerer Versuch über den Schmutz* schreibt, „rutscht knatscht mantscht und spratzt“[44] es, das heißt ich sehe oder spüre schlierende Farbspuren (Abb. 5), öligen Teer (Abb. 58) oder von Schmutz leckgeschlagene Körper und Körperhüllen. (Abb. 68) Beckers Bilder, so im Anschluss an Enzensberger, „bezeichne[n] die Grenze zur großen Landschaft des Feuchten und Öligen“[45]. Sie sind mit ihrer profanen Funktion, sich und das Bild dreckig machen zu können, klein und

44 Christian Enzensberger: *Größerer Versuch über den Schmutz*. Frankfurt am Main: Ullstein 1980, S. 17.

45 Enzensberger: *Größerer Versuch über den Schmutz*, S. 17.

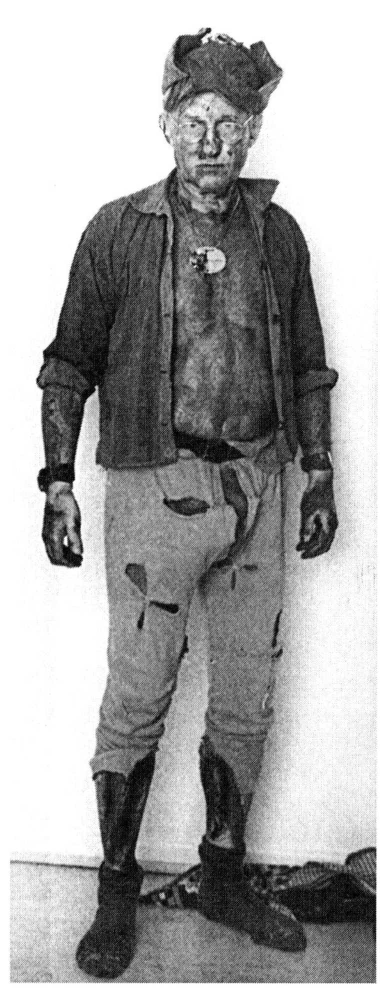

Abb. 68: Albrecht Becker: *Hosenschlitzerei*, 1970.

minoritär. Klein also, weil sie nicht die große Landschaft des Schmutzes, also die kulturellen, gesellschaftlichen und politisch-öffentlichen Bedeutungen des Schmutzes bedienen, sondern weil sie für den vernakulären Umgang mit Dreck stehen. In Anlehnung an Deleuze und Guattari[46] betrachte ich sie daher als *kleineren Versuch* über die „große Landschaft des Schmutzes"[47]. In diesem Sinne wird Fotografie bei Becker zum schmutzigen Medium. Schmutz und Fotografie interagieren miteinander, ja mehr noch: Schmutz ist ebenso inhärenter Teil der Fotografie wie Fotografie inhärenter Teil des Schmutzes ist. Jeder Schmutzpartikel kann nur noch durch Fotografie erlebt werden und Fotografie nur noch als Dreck bzw. Prozess der Verschmutzung von Welt, Körper, Alltag. Der Dreck, der bisher in der Inszenierung als kulturelles Tabu und als Entregelung einer Gesellschaft, in der „die Strukturlinien [...] eindeutig definiert sind"[48], dazu diente, Menschen zu katalogisieren, Mitleid zu produzieren und das Projekt einer ‚sozialen Dokumentarfotografie als Teil der humanitären Politik der Prävention und der Abschaffung von Armut zu konstruieren, bekommt hier eine andere Dimension. Dreck soll dreckig sein, soll den

46 Vgl. Deleuze / Guattari: *Kafka*, S. 24.
47 Enzensberger: *Größerer Versuch über den Schmutz*, S. 17.
48 Douglas: *Reinheit und Gefährdung*, S. 149.

Körper und das Selbstbild besudeln, den Körper molekularisieren. Dreck soll mehr affizieren als repräsentieren.
Dreck greift in seiner Unberechenbarkeit den Körper an, lässt Haut porös und zur offenen Wunde werden. Schmutzige Partikel werden Teil des Körpers, sodass wiederum Schmutz in seinen kulturellen Bedeutungen von diesem modifizierten und molekularisierten Körper travestiert, das heißt verzerrt, entstellt, verändert wird. Schmutz ist dann nicht mehr pejorativ oder, wie am Beispiel der Arbeiterfotografie deutlich wurde, heroisch konnotiert, sondern bildet in seiner Travestie das Potenzial, die Erniedrigung und auch den mit Schmutz im Zusammenhang stehenden physischen Schmerz als Vermögen anzuerkennen, sich auf der Schwelle zu begreifen und sich als relationales Wesen zu verstehen. Wenn also Anlass der Fotografie ist, sich nicht mehr als molare Entität, also abgeschlossene Funktionseinheit zu konstituieren, sondern sich zu verschmutzen, um klein, liminal und relational werden zu können, verändert sich auch die Funktion und die Politik der Fotografie. Beckers Alltagsfotografie gibt nicht vor, die Realität des Arbeiters abbilden zu wollen. Sie stellt in Form der künstlerischen Bühne inmitten der Alltäglichkeit von Beckers Haus bewusst eine Distanz zum Topos der politisch ambitionierten Amateur- bzw. Sozialfotografie her. Dreck ist in diesem Zusammenhang nicht eine politische deklamatorische Aussage über das Wohl- oder Nicht-Wohlergehen des Arbeiters. Dreck ist eher die materialistische Seite von *drag*[49], also die auf der Ebene von körperlicher Affizierung wirksame Seite der fotografischen Arbeiterimitationen.
Dass Beckers Fotografie durch diese eher affizierende Bedeutung von Schmutz den Maskulinisierungsanstrengungen homosexueller Kultur widerspricht, und zwar ohne dabei auf tradierte Bilder der effeminierten homosexuellen Männlichkeit auszuweichen, erläutere ich im folgenden Abschnitt.

VI.1.3 Gender: ‚Klasse' Arbeit

Dass sich Beckers Fotografien des *worker drag* von den ikonografischen und kanonisierten Bildern des Arbeiters in der Sozial- und Arbeiterfotografie unterscheiden, habe ich versucht aufzuzeigen. Worauf ich dabei aus Gründen der Übersichtlichkeit vorerst nicht eingegangen bin, ist die Rolle von Geschlecht und Sexualität. Schließlich erinnert die Figur des Arbeiters an eine maskuline Repräsentation von Männlichkeit, die Becker in den damals in der Öffentlichkeit zugänglichen Darstellungen bürgerlicher, homosexueller Männlichkeit

49 Vgl. Juliane Rebentisch: Über eine materialistische Seite von Camp. Naturgeschichte bei Jack Smith. In: *ZfM Zeitschrift für Medienwissenschaft* 8 (2013), S. 165–178.

eher selten vorzufinden in der Lage war. Welche Darstellungen von Männlichkeit in öffentlichen Bilddiskursen der homophilen Presse in den 1950er und 1960er Jahren zugänglich waren, möchte ich im Folgenden beschreiben. Im Anschluss daran werde ich darlegen, dass Becker diese Männlichkeitsrepräsentationen durch Arbeiterimitationen durchbricht, ohne dabei in eine Bildsprache zu verfallen, die eine hegemoniale Maskulinisierung oder eine marginale Effeminierung impliziert. Die Inszenierung von Schmutz spielt dabei eine entscheidende Rolle.

VI.1.3.1 Ermannungsgeschichten

Beckers Fotografien können als Reaktion auf die sich im öffentlichen Bilddiskurs etablierte Repräsentation ephebenhafter homosexueller Männlichkeiten verstanden werden. Angesichts der Drohung, indiziert oder zensiert zu werden, veröffentlichten die wenigen homosexuellen Presseorgane der 1950er und 1960er Jahre gewissermaßen als Chiffre häufig Zeichnungen antiker griechischer Statuen oder ephebenhafter Pan-Figuren. Um der Zensur zu entgehen, knüpfte die männliche homosexuelle Presse der Bundesrepublik so an visuelle Topoi der Weimarer Zeit an.[50] Dieses Vorgehen sollte Assoziationen nackter Männlichkeit evozieren, ohne dabei „zu weit“[51] zu gehen.
Becker – so der Eindruck beim ersten Blick auf sein Hafenarbeiter-Bild (Abb. 60) – bezieht sich hingegen auf eine maskuline Darstellungsweise der Figur des tätowierten Matrosen,[52] die während des Zweiten Weltkrieges entstanden war und sich in der Nachkriegszeit innerhalb schwuler Bildwelten allmählich etablierte. Der Matrose ist Maskulinitätsbeschaffer. Tom of Finland macht mit seinen hyperpotent überzeichneten Männern in Arbeits- (aber auch Militär-)Uniform überdeutlich, wie sehr sich in der sexuellen Fantasie mancher homosexueller Männlichkeiten Hoffnungen einer „Ermannung“ versteckten, Hoffnungen also,

50 Zentrales Presseorgan homosexueller Maskulinisten der Weimarer Zeit war die Zeitschrift *Der Eigene,* in der auch Amateuraufnahmen des Herausgebers Adolf Brand erschienen. Vgl. Marita Keilson-Lauritz: Tanten, Kerle und Skandale. Die Geburt des „modernen Homosexuellen“ aus den Flügelkämpfen der Emanzipation. In: zur Nieden (Hrsg.): *Homosexualität und Staatsräson*, S. 81–99, hier S. 90.

51 Bernhard Rosenkranz / Gottfried Lorenz: *Hamburg auf anderen Wegen. Die Geschichte des schwulen Lebens in der Hansestadt.* Hamburg: Lambda 2005, S. 87–88.

52 Die Biografie, aber auch die nachgelassenen Materialien von Samuel Steward geben Auskunft darüber, wie es zu einer Romantisierung des Matrosen kommen konnte: Vor allem die ersten Jahre des Zweiten Weltkrieges waren innerhalb der US-amerikanischen Alliierten eine Zeit homoerotischer Möglichkeiten. Dies setzte sich im Bild des Matrosen ab, sodass es während des Krieges und im Anschluss zu einer sexuellen Sehnsuchtsschablone wurde. Vgl. Spring: *Secret Historian*, S. 82–84.

die im „Kontrast zur Erzählung der Entmannung"[53] fungierten und somit die Emanzipationsgeschichte marginalisierter homosexueller Männlichkeiten beflügelten.[54] Tom of Finlands fragwürdige Stilisierungen homosexueller Männlichkeit im Muster von Nazi-Fetischen sind diesem Zweck durchaus zuträglich.[55] Ausgehend von der Funktion des Arbeiters als Beschaffer von Maskulinität möchte ich im Folgenden kurz auf zwei andere Emanzipationsgeschichten eingehen. Es handelt sich um die zwei Erzählungen ‚Frauenemanzipation' und ‚*race*-Emanzipation', die Gabriele Dietze in ihrer Überkreuzung thematisiert. Ich möchte hier keine Analogien ziehen. Dietzes Überlegungen sollen vielmehr einer weiteren Annäherung an die vergeschlechtlichende Funktion des Arbeiters im fotografischen Medienhandeln Beckers dienen. Sie beschäftigt sich mit der künstlerischen, psychologischen und erotischen Investition *weißer* Protagonistinnen der Bohème der 1920er und 1930er Jahre in *blackness*[56] und speziell in Attribute primitiver[57] Kunst. *Blackness* wurde in Form von Aneignung verschiedener

53 Dietze: *Weiße Frauen in Bewegung*, S. 277.

54 Volker Woltersdorff subsumiert, dass sich spätestens mit dem sogenannten *butch shift* die Tendenz in der Schwulenbewegung vor allem Ende der 1970er Jahre abgezeichnet hätte, das Begehren nach maskuliner Männlichkeit mit einem entsprechenden Identitätsentwurf in Deckung zu bringen. Zugleich verweist er darauf, dass dies pauschal zu unterstellen nicht möglich ist. Vgl. Volker Woltersdorff: „I Want To Be A Macho Man." Schwule Diskurse über die Aneignung von Männlichkeit. In: Ders. / Robin Bauer / Josch Hoenes (Hrsg.): *Unbeschreiblich männlich. Heteronormativitätskritische Perspektiven*. Hamburg: Männerschwarm 2007, S. 107–120, hier S. 109, 120.

55 Vgl. Halberstam: *The Queer Art of Failure*, S. 168.

56 Ich greife hier Gabriele Dietzes Terminologie mit der von ihr gelieferten Begründung auf, es handele sich ähnlich wie bei *race* um eine affirmative Selbstbezeichnung, die voraussetzt, das visuelle Schema von *blackness* zu verbinden mit 1) der Performanz, „sich als ‚Person of Color' zu fühlen und bestimmte Verhaltensstile zu pflegen[, und 2) der] Rezeption, [...] als Anderer oder Andere mit Diskriminierung oder der Erwartung eines typischen Habitus konfrontiert zu sein". Um anzudeuten, dass sich Dietze auf einen US-amerikanischen Kontext bezieht, setze ich den Term *blackness* wie *race* kursiv. Vgl. Dietze: *Weiße Frauen in Bewegung*, S. 28.

57 Wie bereits an anderer Stelle erläutert, verwende ich keine Formen der Hervorhebung, um auf die Konstruktion von Kategorien wie z. B. des Primitiven zu verweisen. Hätte ich mich dafür entschieden, wäre ein Text angefüllt von Anführungszeichen entstanden. Dennoch ist mir an dieser Stelle wichtig zu betonen, dass ich mich bei der Nennung des Primitiven im Vokabular der Primitivismus-Trope aufhalte, das heißt des Diskurses einer *weißen* und das moderne Subjekt konstituierenden Projektion auf einen vorzivilisatorischen Zugang zu Religion, Kultur und Sexualität. Dieser Diskurs unterliegt einer Historizität: Wurde das Primitive im 19. Jahrhundert als wild und barbarisch abgewertet, wurde es im frühen 20. Jahrhundert romantisch und positiv rassistisch verklärt. Um dennoch eine Distanzierung zu diesen Dimensionen des Primitivismus im Text zu erzeugen, bemühe ich mich, die Konstruiertheit auszuweisen. Vgl. Marianna Torgovnick: *Gone Primitive. Savage Intellects, Modern Lives*. Chicago / London: Chicago UP 1991; Sieglinde Lemke: *Primitivist Modernism. Black Culture and the Origins of Transatlantic Modernism*. New York: Oxford UP 1998; Dietze: *Weiße Frauen in Bewegung*, S. 220.

„Race-Signaturen“[58], wie afrikanischem Schmuck, gemusterten Stoffen und ausdrucksstarken Tänzen zur Metapher für eine vitale, ungebändigte Sexualität. Aus der Perspektive psychoanalytischer Erklärungsansätze repräsentierte diese Metapher das „noch nicht zivilisierte“[59] und noch nicht sublimierte Unbewusste, Traumhafte und Künstlerische. Diese Zuschreibungen haben einen ambivalenten Charakter: Einerseits wurde die ungebändigte Sexualität Schwarz rassisiert. Sie artikulierte sich in der Exotisierung Schwarz rassisierter Menschen ebenso wie in den Gewalt und Rassismus initiierenden Neurosen *weißer* Suprematie. Andererseits, so Dietze, eröffnete sich ein „kurzfristiger utopischer Möglichkeits-Raum der Verwischung von Race-Gender-Binaritäten“[60]. Damit einher ging zum einen die Maskulinisierung und die zu einem „Zivilisationsvorteil“[61] führende Hierarchisierung *weißer* Frauen. Zum anderen erfolgte das Passing[62] Schwarz rassisierter Männlichkeit, also deren Hinausbewegen aus den stigmatisierenden Phantasmen der Hypersexualität und Primitivität.[63]
Im Anschluss an diesen Einschub möchte ich die Zwischenthese formulieren, dass Beckers Fotografien eine *class*-Maskerade darstellen könnten, die es ihm in der Nachahmung des Arbeiters, der kulturhistorisch stereotyp mit Einfachheit und sexueller Potenz belegt ist, ermöglichte, sich eine nicht sublimierte, nicht-intellektualisierte und nicht-effeminierte homosexuelle Männlichkeit anzueignen. Männliche Homosexualität, die aufgrund ihrer diskursiven Nähe zu Adel, Künstler- und Dandytum[64] in den Ikonografien religiöser Märtyrer bzw. aristokratischer Herren hochgradig sublimiert worden war, könnte durch die Inszenierung des Arbeiters imaginativ in den Bereich zügelloser Sexualität hinein verlagert werden. Das semantische Feld des sexuell degenerierten Arbeiters ließe sich also als Beckers Entgegnung auf Topoi der Effeminierung des homosexuellen Mannes verstehen. Es diente Becker dazu, sich außerhalb westlicher Vorstellungen asketischer Männlichkeit zu maskulinisieren. Die Erotisierung hätte – wie bei den *weißen* Frauen der Bohème der 1920er Jahre – somit

58 Dietze: *Weiße Frauen in Bewegung*, S. 182.

59 Ebd., S. 186.

60 Ebd., S. 187.

61 Ebd.

62 *Passing* beschreibt das sich Ende des 19. und Anfang des 20. Jahrhunderts entwickelnde Phänomen sozialer und geografischer Mobilität. Zu dessen Charakteristika gehört Werner Sollors zufolge das sozial geteilte Glaubenssystem, „according to which certain descent characteristics, even invisible ones, were viewed as essential and more deeply defining than physical appearance“. Werner Sollors: *Neither Black nor White Yet Both. Thematic Explorations of Interracial Literature*. Oxford: Oxford UP 1997, S. 248.

63 Vgl. Dietze: *Weiße Frauen in Bewegung*, S. 248.

64 Vgl. Bruns: Skandale im Beraterkreis um Kaiser Wilhelm II.

lediglich eine Revolte auf dem eigenen Feld auszulösen vermocht: der Sexualität.[65] Die Folge wäre eine Veränderung des bis dato etablierten Verständnisses effeminierter homosexueller Männlichkeit: Der homosexuelle Mann fiele mit der Erotisierung des Arbeiters gewissermaßen aus dem bisher üblichen Diskurs-Rahmen der Effeminierung. Analog zur künstlerischen und zuweilen politischen Selbstermächtigung, die Dietze der *race*-Maskerade *weißer* Frauen zuschreibt, verschaffte sich Becker anhand seines bildpolitischen Programms der Maskulinisierung eine politische Identität. Jedoch handele es sich in Anlehnung an Dietze um eine Veränderung bzw. Maskulinisierung ohne Dauer. Der letzte Satz enthält einen zentralen Punkt, der zu meinem eigentlichen Argument führt: Ich möchte behaupten, dass es gerade diese fehlende Dauerhaftigkeit der Möglichkeit, sich zu maskulinisieren, ist, die Becker durch seine zahlreichen Verschmutzungsszenarien zu affirmieren sucht. Daher greift die bisher vorgestellte Zwischenthese der fotografischen Maskulinisierung zu kurz. Beckers Art und Weise der Herstellung und des Gebrauchs von Fotografie legt vielmehr nahe, dass er Dragzarbeit nicht nur als ein bloßes Instrument betrachtet, mit dem er sich auf Kosten des Arbeiterbildes visuell, kulturell und soziopolitisch auf dem Feld seiner Sexualität ermächtigt. Stattdessen ist seine Fotografie eng mit Prozessen der Verschmutzung und des Minoritär-Werdens verknüpft. Das auch physisch entregelnde Vermögen des Schmutzes bewirkt, dass Männlichkeit in jenem Moment, in dem Becker als potenter, maskuliner homosexueller Mann an die Oberfläche der Mine tritt, abgekohlt wird. Mit Abkohlen meine ich den Prozess der zu sehr viel Schmutz und Ruß führenden Minenarbeit, die Becker um des Verschmutzens willen trotz der Risiken für seine soeben gewonnene Maskulinität affirmiert.

VI.1.3.2 Vom Arbeitsaufwand, Maskulinität abzukohlen

Wenn Becker in seiner Fotografie verdreckt und mit schmutzigem Arbeitsgerät im privaten Wohnzimmer steht (Abb. 62), wenn seine Arbeitshose zerschlissen ist (Abb. 68) und seine Haare zerzaust sind (Abb. 5), wenn sein Gesicht befleckt und derangiert wirkt (Abb. 5, 68), dann ist nicht mehr so klar, ob es sich um eine Maskulinisierung im z. B. von Tom of Finland idealisierten Sehnsuchtsbild des Arbeiters handelt. Anstelle der harten Umrisse muskelgestählter Arbeitermännlichkeit in den Zeichnungen Tom of Finlands findet sich bei Becker ein Gewimmel zerlaufender Schmutzspuren. Sein Körper beginnt zu zerfließen, regelrecht auf die Zeitungen zu tropfen, deren Diskurse mit dem Schmutz angesteckt zu werden scheinen. (Abb. 5) Lässt sich deshalb sagen, dass Beckers Aufführung des

65 Vgl. Dietze: *Weiße Frauen in Bewegung*, S. 248.

Arbeiters etwas beinhaltet, etwas, das nicht als maskulinisierte Variante homosexueller Männlichkeit verstanden werden kann? Um auf die Frage zu antworten, entwickele ich von der Fotografie Beckers inspiriert das sich an Deleuze und Guattari anlehnende Konzept des *becoming worker*, des Arbeiter-Werdens. Es ist im Kontext des eingangs beschriebenen Minoritär-Werdens, das heißt des Molekular-Werdens zu verstehen. Damit meinen Deleuze und Guattari eine Form der Mikropolitik, die sich abseits der großen und politischen Öffentlichkeit als eine Politik ausweist, die sich gegenüber molaren, verstetigen Entitäten wie z. B. an geschlossene Körperformationen gekoppelte Identitäten verweigert und die stattdessen das Relationale in so kontingenten, also nur wenig planbaren Momenten wie der Affizierung durch Schmutz betont.

Deleuze und Guattari schreiben, dass dem „Menschen des Werdens" vorerst nichts anzumerken sei: Er sei (wie Becker) „ein Bürger, nichts als ein Bürger"[66]. Gleichzeitig behaupten sie, ein Arbeiter (wie Becker in seinen Fotografien) zu *werden* sei nicht mit der Reproduktion von Bürgerlichkeit durch die Identifikation mit dem Anderen (dem Arbeiter) zu verwechseln. Denn alle Spuren des „allzu Wahrnehmbaren" (des molaren Ganzen) zugunsten der nicht planbaren Spuren (des Schmutzes) zu eliminieren, bedeute Deleuze und Guattari zufolge, „schöpferische Involution"[67], also das Zurückgehen auf einen Moment, der noch vor den Diskursen und kulturellen Programmierungen von Schmutz läge. Dies beinhalte, den „Kosmos mit seinen molekularen Komponenten [also auch der sinnlich, körperlich spürbaren Seite von Schmutz] ins Spiel"[68] zu bringen, wodurch „man nur noch eine abstrakte Linie oder ein Puzzlestück" sei, die aber verbunden werden könne und "in der Fortsetzung anderer Linien, anderer Stücke [eine] Welt [ermögliche], die die andere [bürgerliche] überdecken"[69] könne. Mit eigenen Worten heißt das, dass Arbeiter-Werden nicht bedeutet, den Arbeiter zu imitieren oder sich mit ihm zu identifizieren, sondern eine Zone der Nachbarschaft zum Arbeiter aufzusuchen, in der alle Komponenten gleichberechtigt zum Tragen kommen. Dadurch können sich auch die nicht vordergründig auf sprachliche Diskurse zurückgreifenden Komponenten von Schmutz, also die der Spürbarkeit und die der mit der Spürbarkeit im Zusammenhang stehende Verletzbarkeit durch Schmutz bedeutsam werden. Mit diesem Bedeutsam-Werden der affizierenden und nicht planbaren Komponenten von Schmutz entwickelt sich schließlich eine Welt bzw., um bei Becker zu bleiben, eine Vorstellung von

66 Deleuze / Guattari: *Tausend Plateaus*, S. 380.

67 Ebd., S. 381.

68 Ebd.

69 Ebd.

homosexueller Männlichkeit, die sich als eine im Übergang und im Dazwischen verstehen lässt. Diese Temporalität von homosexueller männlicher Identität lässt sich daher nicht mit der zuvor erwähnten und probeweise aufgestellten These der Maskulinisierung Beckers gleichsetzen. Indem Becker seine Bürgerlichkeit im fotografischen Drecks-Setting eliminiert und die klaren Linien von Männlichkeit unter dem Dreck buchstäblich zum Verschwinden bringt, entfernt er sich vom hegemonialen Männlichkeitsbild. Das Ergebnis ist daher nicht eine maskulinisierte Version von Homosexualität, die sich des Arbeiters lediglich als Beschaffer von Maskulinität bedient, sondern ein sich durch die Minenarbeit beständig molekularisierender Bild-Körper, der sich mit Welt affektiv verbindet. Minenarbeit heißt in diesem Zusammenhang, den Körper und das fotografische Bild als materiellen Träger in einem Loop gegenseitiger Affizierung zu verschmutzen. Die Relevanz des Arbeiters ist im symbolischen Moment von *drag* und materiellen Wirken von Dreck nicht auf die Funktion einer Zu-Tage-Förderung eines maskulinen bürgerlichen Selbstbildes mit den Mitteln der Verkleidung und Nachahmung zu verwechseln. Die Relevanz des Arbeiters ist eher, sich in der Nähe von Schmutz mit all seinen für die körperliche Unversehrtheit riskanten Merkmalen aufzuhalten.

Die materiellen Verschmutzungen seiner Haut sowie seine aufwändigen Arbeiterinszenierungen bewirken die Verletzung seiner Haut, etwa durch Abschürfungen, aber auch durch die Intoxikationen durch Teer und Ruß. Beckers andauernder Prozess, sich unter dem Einsatz von Schmutz körperlich in das Bild des Arbeiters einzufügen und seine intensive materielle Affizierung gehen über die Fantasie hinaus, sich als homosexueller Mann zu maskulinisieren und in der Maskulinität zu nobilitieren. So auch konnte Becker die bleibenden Spuren seiner Arbeit zunehmend schlecht verbergen. Erfahrungen der Isolation und Einsamkeit in Folge ablehnender Reaktionen auf seinen von Schmerzarbeit geschundenen Körper häuften sich. Autoerotiker zu sein, wie er an seinem Lebensabend vermerkte,[70] ist eine eher euphemistische Umschreibung des Umstands, dass er aufgrund seines Körpers kaum mehr Sexpartner fand. Das ihn das nicht davon abhielt, sich weiter zu verletzen und zu modifizieren, verstehe ich als die Affirmation der potenziell vulnerabel machenden Affizierung durch Schmutz.

Die Bedeutung des potenziell riskanten Aufwandes für die Dekonstruktion hegemonialer Geschlechterkonzepte diskutiert auch Luce Irigaray.[71] Sie verwies

70 Z. B. äußert er dies im Film *Liebe und Leid – Becker* (D 2005, R: Rosa von Praunheim).

71 Vgl. Luce Irigaray: *Das Geschlecht, das nicht eins ist*, aus d. Engl. v. Eva Meyer / Heidi Paris. Berlin: Merve 1979.

auf den Arbeitsaufwand, den Frauen unternehmen müssen, um eine Denaturalisierung von Weiblichkeit zu erwirken.[72] Eine ironische Distanz zu naturalisierten Bildern der Weiblichkeit herzustellen, bedeute, in die Wiederholung der Unterwerfung Brüche einzubauen, was mit Arbeitsaufwand verbunden sei. Ich möchte im Anschluss an Irigaray die These vertreten, dass Becker in ähnlicher Weise eine Denaturalisierung von Maskulinität evozierte. Auch diese bedarf eines Arbeitsaufwandes, der bei Becker in der dreckigen Übertreibung des maskulinen Schemas hoher Arbeitsproduktivität besteht. Diese wird nicht nur auf symbolischer Ebene, sondern auf viszeraler, das heißt auf der Ebene des körperlichen Spürens denaturalisiert. Maskulinität wird dadurch, dass rumgeschmutzt und unter dem Einfluss von viel Dreck regelrecht abgekohlt wird, in ihrer Dominanzbehauptung angegriffen. Beckers körperliche Angreifbarkeit, die durch den Einsatz von Schmutz deutlich wird, bedeutet auf symbolischer Ebene, dass Maskulinität ihren Status des Erhabenen, des Unangreifbaren, des Mächtigen verliert: Schmutz bleibt am Revers ihrer vermeintlichen Suprematie kleben.

VI.1.4 Klassismus abtragen

Was geschieht nun aber mit der Figur des Arbeiters? Bleibt sie als Fetisch bestehen und wird als solche erotisiert und exotisiert? Wie bereits angekündigt widme ich mich nun der Frage, welche Wirkungen Beckers Fotografien nicht nur auf sein Minoritär-Werden haben, sondern welche Veränderungen sich für das kulturhistorisch determinierte Bild des Arbeiters oder der Arbeiterklasse ergeben können. Wird Klassismus, also die Diskriminierung einer sozial benachteiligten Herkunft infrage gestellt?

Im vorherigen Abschnitt habe ich behauptet, dass Beckers Fotografien das Bild des Arbeiters in den Prozess des Minoritär-Werdens mit einbeziehen. Zumindest repräsentiert der Arbeiter darin nicht mehr eine Gruppe, die auf ihre Funktion als projektive Schablone für die sexuelle Emanzipation reduziert ist. Wie kann das sein? Ich behaupte, dass das Bild des Arbeiters durch Beckers verschmutzten Körper und seine Art und Weise der Darstellung und Materialisierung von Schmutz auf den fotografischen Negativ- und Positivträgern gewöhnlich und banal wird. Diese Vernakularisierung, wie ich sie in Abschnitt I.2.1.3 beschrieben habe, dient nicht der Konstruktion eines selbsterbaulichen Blicks auf das mitleidige Spektakel geschundener Malocher. Sie dient auch nicht einer Ins-Bild-Setzung des heroisierten gestählten Arbeiterkörpers – weder bezogen auf den

72 Vgl. Irigaray: *Das Geschlecht, das nicht eins ist*, S. 78; Lorenz: *Aufwändige Durchquerungen*, S. 123.

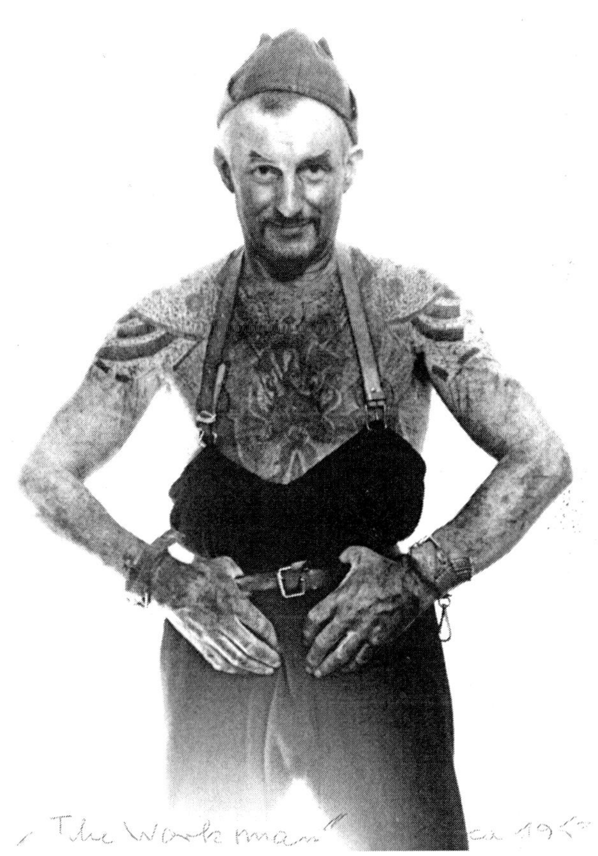

Abb. 69
Albrecht Becker:
The Workman, ca. 1953.

Nationalsozialismus noch auf linke Propaganda. So brüchig wie Beckers zerschlissene Hose in der Fotografie (Abb. 68), so bröslig wie der Dreck der Arbeit wird auch das Bild des Arbeiters. Auch Beckers schelmischer Blick (Abb. 69) untergräbt die mitleidserregende ebenso wie die heroische Geste der Sozial- und Arbeiterfotografie. Beckers geöffneter Hosenschlitz (Abb. 68) und sein Griff in die Hose (Abb. 60) verorten den Arbeiter inmitten des ordinären und des *ordinary*, also des gewöhnlichen Arbeitsalltags. Es handelt sich um einen Alltag, der von körperlicher Anstrengung, Schmerz und Entbehrung gekennzeichnet ist, aber auch von Momenten des lüsternen Überschusses. Masturbation als der historisch *dirty sex* schlechthin[73] fügt sich in das Bild des Arbeiters ein. Dieser

73 Vgl. Foucault: *Der Wille zum Wissen*.

Querverweis auf die Sexualität verstehe ich im Rahmen des Kleinwerdens im Sexuellen, im Intimen, im Privaten.

Die Vernakularisierung hat Konsequenzen für meine Wahrnehmung von sozialer Herkunft und Arbeit in der Nachkriegszeit: Arbeit wird nicht nur als das abstrakte Prinzip der Wertschöpfung begreiflich.[74] Der Wirtschaftsboom der Nachkriegszeit verdeutlicht sich mir als auf dreckigen Füßen stehend. Die Fotografien Beckers ermöglichen mir einen Zugang zu einem Verständnis der Zeit, in der Arbeitsverhältnisse auf Ausbeutungs- und Diskriminierungsverhältnissen beruhten.

Hinzukommt, dass Sexualität, indem sie Teil des Arbeiterbildes wird, als Dimension, die Lorenz als sexuelle Arbeit beschreibt, anschaulich wird.[75] Beckers Arbeiterfotografien stellen einen Konnex zwischen Sexualität und Arbeit her: Sexualität ist Lorenz zufolge inhärente Produktivkraft und strukturgebende Macht des Arbeitsfeldes, vor allem wenn sie den Zugang zu Arbeit, die Beziehungen auf der Arbeit und die Entlohnung von Arbeit organisiert.[76] Sexualität lässt in der visuellen und auch materiellen Andeutung auf Masturbation (Spermaflecken auf Beckers Fotografien verdeutlichen dies) den arbeitenden Körper als „Ejakulationsmechanismus“ vermuten, was darauf hindeutet, sexuelle Arbeit als „konstitutive[n] Teil urbaner Ökonomie“[77] zu begreifen.

Sexualität als konstitutiven Teil von Ökonomie zu verstehen, legt nahe, sich der Frage zu stellen, was für Konsequenzen es hat, wenn es sich nicht um eine heteronormative Sexualität handelt. Kann männliche Homosexualität im Bild des Arbeiters kritisch darauf hinweisen, dass es innerhalb des kapitalistischen Wirtschaftens auf eine normierte und im Feld von Heterosexualität regulierte Sexualität ankommt? Übte Becker mit seinen Fotografien Kritik daran, wie sehr der kapitalistische Wirtschaftsboom der Bundesrepublik Strukturen beförderte, die Menschen danach werteten, wie sexuell angepasst sie waren? Diese Fragen interessieren mich unter anderem auch, weil Becker als homosexuell lebender Mann im Filmgeschäft immer wieder mal von Kündigung bedroht war. Ohne genau belegen zu können, welche Rolle es hierfür spielte, dass er außerdem am Filmset die Nähe zu den sozial benachteiligten Arbeitern suchte,[78] vermute ich, dass sich

74 Vgl. McClintock: *Imperial Leather*, S. 154.

75 Vgl. Lorenz: *Aufwändige Durchquerungen*.

76 Ebd., S. 132.

77 Cornelia Möser: Immaterielle und unsichtbare Arbeit – Überlegungen zu einer queerfeministischen Ökonomiekritik. In: *Phase 2. Zeitschrift gegen die Realität* 37 (2010), S. 1–9, hier S. 5.

78 Nach Auskunft des Archivars Gerrit Thies war Becker am Filmset nicht an den Stars und Sternchen des aufstrebenden Filmgeschäftes in den 1950er und 1960er Jahren interessiert, sondern eher an den Arbeitern, Bühnenbauern und Requisiteuren. Neben den Aufnahmen, die

diese Form der Solidarität nicht unbedingt positiv auf seine tendenziell ungesicherte Stellung auswirkte.
Indem Becker das Szenarium seiner Sexualität, die seine Arbeitsbeziehungen zu Arbeitern strukturierten, im privaten Fotografiermodus affirmierte und unter hohem körperlichen und materiellen Aufwand der Zerstörung glatter Körper- und Fotooberflächen erarbeitete, verstärkt sich der Eindruck, es handele sich auch um ein politisches Statement, das, entgegen der sehr bürgerlichen Homophilenbewegung, Solidarität zu sozial benachteiligten Personen zum Ausdruck bringt.
Der symbolische und materielle Dreck, der im Bild die Brücke zwischen dem Arbeiter und dem sich mit Schmutz erniedrigenden homosexuellen Mann bildet, konfrontiert die auf der „unsichtbaren Hand"[79] beruhenden Vorstellungen der kapitalistischen Ökonomie „mit dem Anderen, das ihm immer schon innewohnt: mit seinem eigenen Verfall"[80], seiner dreckigen Seite. Die Metapher der unsichtbaren Hand, die Adam Smith, der Begründer der Nationalökonomie, beschrieben hatte, bezeichnet die Mechanik des Marktes, nach der alle ihren eigennützigen Interessen folgten und dennoch – wie von unsichtbarer Hand gelenkt – ein funktionierender ökonomischer Gesamtprozess entstünde.[81] Der Topos der unsichtbaren Hand impliziert eine fehlende Transparenz der ökonomischen Welt, die Foucault als die Unsichtbarkeit der ökonomischen Mechanik problematisierte.[82] Ich meine, dass der Dreck in und auf den Fotografien Beckers als das Andere – das Sichtbare – dieser unsichtbaren Mechanik ermöglicht, sich der entsolidarisierenden Dimension des in der Nachkriegszeit sich allmählich ankündigenden Neoliberalismus gegenwärtig zu werden. Indem der Dreck zu Tage tritt, wird die isolierende Seite des Systems nachvollziehbar, werden die Bedingungen spürbar, unter denen wir nicht mehr in der Lage sind, uns über unsere Einzelinteressen hinaus den Interessen anderer zuzuwenden.
Somit behaupte ich, dass sich Beckers Fotografien, in denen Dreck im Spiel gehalten wird, als Ansätze verstehen lassen, sich im Kontext der auch affizierenden Wirkung von Dreck über die Grenzen der eigenen Positionierung in

Becker zur Konstruktion und Dokumentation von Filmbühnen anfertigte (siehe Kap. IV), konnte ich in Beckers Arbeitsnachlass auch Fotografien entdecken, die ihn mit Arbeitern inmitten des Berufsalltags zeigen. Er schien in die Zone der Nachbarschaft eingetreten zu sein: Er saß mit ihnen zu Tisch, kommunizierte über seine Kamera mit ihnen.

79 Adam Smith: *Theorie der ethischen Gefühle*, aus d. Engl. v. Walther Eckstein. Hamburg: Meiner 2010.

80 Rebentisch: Über eine materialistische Seite von Camp, S. 175.

81 Vgl. Smith: *Theorie der ethischen Gefühle*.

82 Vgl. Michel Foucault: *Die Geburt der Biopolitik. Geschichte der Gouvernementalität II. Vorlesungen am Collège de France 1978/1979*, aus d. Franz. v. Jürgen Schröder. Frankfurt am Main: Suhrkamp 2006.

Verbindung zu setzen. Weder Becker noch die Figur des Arbeiters können danach als Embleme oder Verfechter nur ihrer sozialen Gruppe gelesen werden. Im Rahmen einer Ästhetik, in der sich Schönheit nicht mehr gegen ihr Anderes (also den Dreck) bewaffnen muss und die stattdessen eine der queeren Kreaturen, Wollmäuse und Dragzmonster ist, sind ‚der homosexuelle Mann' und ‚der Arbeiter' als Partikulare auf der Fluchtlinie der Deterritorialisierung von stabiler Identität und fixiertem Körper affizierbar und affizierend. Dies vermag Interaktion zu verändern. Verbunden ist vermeintlich unmöglich zu Verbindendes. Vor dem Hintergrund auch der Konstruktion der Homophobie der Linken bzw. des Verbürgerlichungsstrebens homosexueller Männer ist diese Verbindungslinie, diese Form der Solidarisierung in den Fotografien Beckers spürbar. Sie zu erwähnen ist von hoher queer-politischer Relevanz.

VI.2 Performatives Schwarzsein: *Becoming Black*

Eine queere Ästhetik zu behaupten, während Becker auf seinen Fotografien Blackfacing,[83] also die in der Unterhaltungsbranche angewandte rassistische Technik des mit schwarzer Schminke dunklen Anmalens des Gesichts, betreibt, erscheint widersprüchlich. Schließlich ist der Hintergrund dieser Technik die ebenso schmerzhafte wie anhaltende Geschichte rassistischer Stereotypisierungen. Angesichts überzeichneter und grotesker Maskeraden *weißer* Menschen bei Minstrel Shows, in der Unterhaltungsindustrie[84] oder bei Fußballspielen[85] erscheint Blackfacing als integraler Bestandteil der Behauptung von *weißer* Suprematie.[86] Die Technik des Blackfacings, des Anmalens, verweist auf das Privileg, nicht von Rassismus betroffen zu sein. Ich möchte dennoch behaupten, dass schwarze Tinte, Teer und Schmiere in Beckers Fotografien als Ausdruck queerer Politiken des Schmerzes verstanden werden können. Schmutz, der den Schmerz der Erniedrigung repräsentiert, wird affektiv und körperlich-materiell mobilisiert, mit dem Effekt einer Dekonstruktion *weißer* hegemonialer Männlichkeit. In Beckers fotografischer Performance wird dabei Schmutz zu einem Medium, das vulnerabel macht, um sich zu verbinden und um dem gemeinsamen Werden als einem Prozess des Minoritär-Werdens teilhaftig zu werden.

83 Jennifer DeVere Brody hebt hervor, dass es sich beim Blackfacing um eine Technik des „giving face" handelt, das heißt einer Form der Maskierung, die nicht als Ergänzung zu einem als Original gedachten Gesicht zu verstehen ist, sondern als der Akt, ein Gesicht überhaupt erst entstehen zu lassen. Vgl. Jennifer DeVere Brody: Shading Meaning. In: Amelia Jones / Andrew Stephenson (Hrsg.): *Performing the Body / Performing the Text.* London / New York: Routledge 1999, S. 83–99, hier S. 89.

84 Für den deutschen Kontext der Nachkriegszeit vgl. Katrin Sieg. Zur aktuellen Debatte über die anhaltenden Praktiken des Blackfacings in der deutschen Theaterlandschaft siehe die Aktivitäten der Plattform Bühnenwatch. Vgl. dies.: „Rassen"diskurse in der Nachkriegszeit: Winnetou in Bad Segeberg. In: Martina Tißberger / Gabriele Dietze / Daniela Hrzán / Jana Husmann-Kastein (Hrsg.): *Weiß – Weißsein – Whiteness. Kritische Studien zu Gender und Rassismus.* Frankfurt am Main / Berlin / Bern: Lang 2006, S. 143–163; *Bühnenwatch*, 2012. https://archive.is/20130118125501/http://buehnenwatch.com/sample-page/, (Zugriff am 04.01.2018).

85 Das Anti-Diskriminierungs-Netzwerk *Fare* und andere Medien berichteten, dass es zu Blackfacing-Vorfällen während der Fußball-Weltmeisterschaft 2014 gekommen war. Sean Jacobs: Why Is FIFA Tolerating Fans in Blackface at the World Cup? In: *America Aljazeera*, 22.06.2014. http://america.aljazeera.com/blogs/worldcup/2014/6/22/why-is-fifa-tolerating fansinblackfaceattheworldcup.html (Zugriff am 28.12.2017); Blackfacing bei der WM. Rassismus-Vorwürfe gegen deutsche Fans. In: *Spiegel Online*, 23.06.2014. http://www.spiegel.de/panorama/rassismus-bei-der-wm-vorwuerfe-gegen-deutsche-fans-a-976972.html (Zugriff am 28.12.2017).

86 Der Begriff bezeichnet die Dominantsetzung von *Weißsein*, die sich nach der Abschaffung der Sklaverei veränderte. Da sich die als natürlich empfundene Höherstellung der *Weißen* nicht mehr in Form von Rechts-und Eigentumsprivilegien formal durchsetzen ließ, bedurfte es anderer kultureller Techniken, um der vermeintlichen Überlegenheit der *Weißen* Ausdruck zu verleihen. Blackfacing ist hierfür ein Beispiel. Vgl. Dietze: *Weiße Frauen in Bewegung*, S. 25–27.

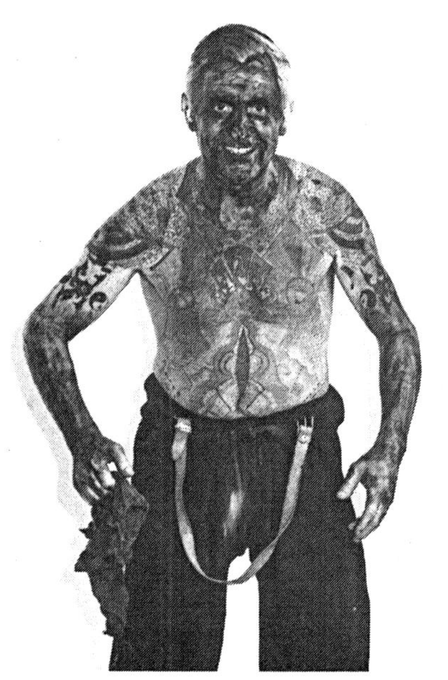
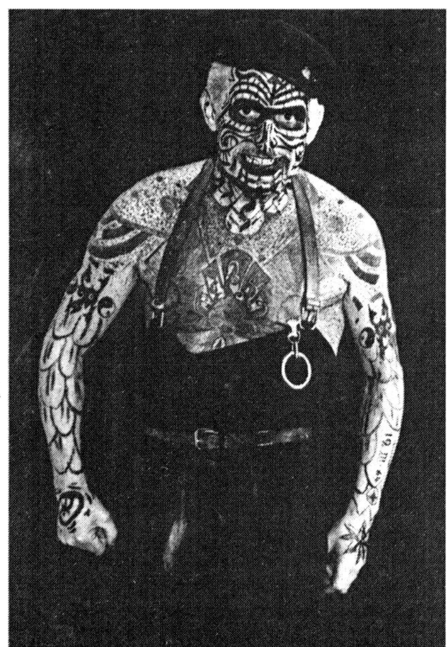

Abb. 70: Albrecht Becker: *Tribalisierungen*, o. D.

Meine Argumentation soll in diesem Abschnitt entlang dreier Schritte deutlich werden. Zuerst führe ich ein Bildbeispiel ein, das erste Überlegungen zur Funktion des Blackfacings für die Frage der Vergeschlechtlichung und Sexualität Beckers anstößt. Diese Überlegungen werden im Anschluss zu der Frage nach der Funktion der schwarzen Farbe als Fetisch in den Fotografien führen. Dabei soll deutlich werden, dass ich von einer queeren und nicht Rassismen reproduzierenden Politik des Fetischs ausgehe. Im dritten Teil werde ich die vorerst unter dem Aspekt des *floating signifier* diskutierte Verhandelbarkeit der Bedeutung und des Werts des Fetischs auf das Konzept des *flickering signifier* beziehen. Bei diesem spielt die eingangs erwähnte materiell und viszeral spürbare Komponente von Schmutz eine entscheidende Rolle für die These, Beckers Fotografien als queere Mikropolitiken des Schwarz-Werdens verstehen zu können.

VI.2.1 Tribalisierungen des Selbst

Die beiden Fotografien Beckers, die auf einem Blatt zu sehen sind (Abb. 70), wurden so nebeneinander montiert, dass der Schwarz-Weiß-Kontrast stark zur Geltung kommt. Er unterstützt die Inszenierung des Blackfacings, die durch Beckers primitivistische Bemalungen seines Gesichts im rechten Bild verdoppelt wird. Die

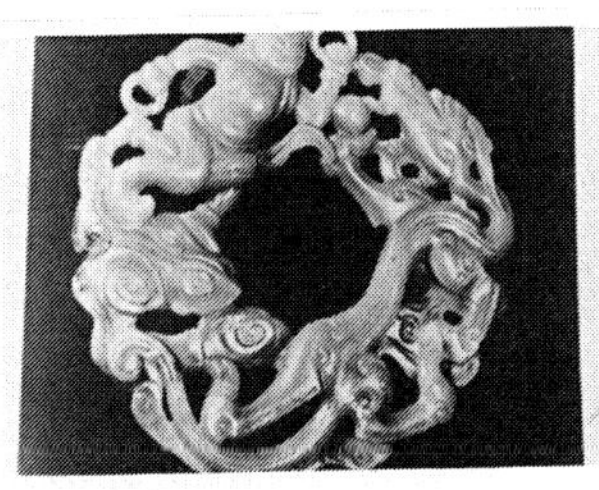

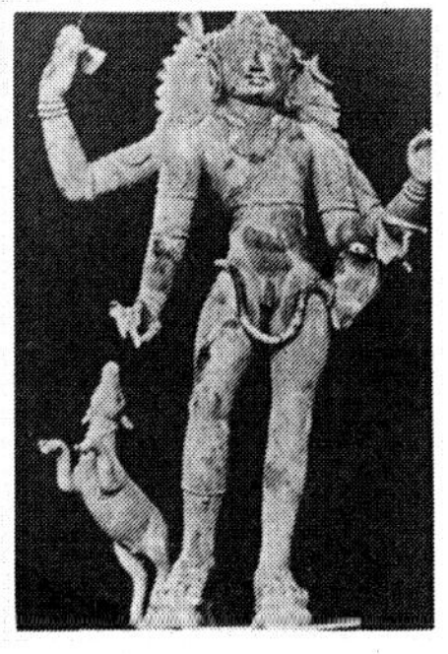

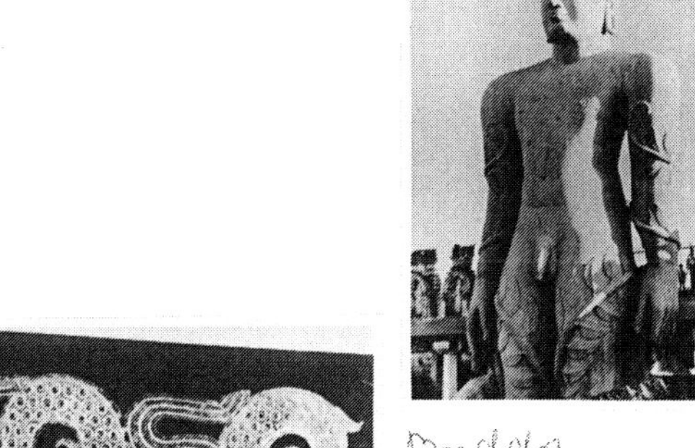

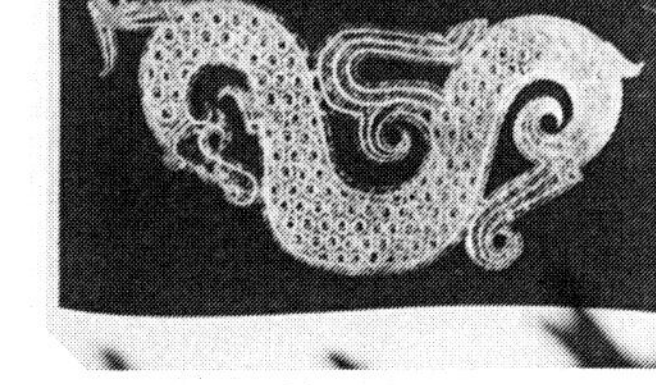

Abb. 71
Fotograf*innen unbekannt:
race-Signaturen, o. D.

Kombination aus Blackfacing und *tribals*, also einer sich an Stammesabzeichen anlehnenden Tattoo-Motivik, lässt einen Bezug auf ‚naturreligiöse' Kulturen vermuten. Beckers Bemalungen auf seinen Armen im rechten Bild (Abb. 70) wiederholen wiederum Muster der abfotografierten Buddha-Darstellungen auf dem im Ordner gegenüberliegenden Blatt. (Abb. 71) Sie können als Überblendung des Schlangenhautmusters der Kobra (Abb. 71 rechts oben) wie auch der die Beine Buddhas umrankenden Blätter (Abb. 71 rechts unten) verstanden werden. Auch die Kobraschlange des Buddhas (Abb. 71 rechts oben) findet sich auf dem anderen Bild in Form der Lederschlaufe des Hosenanzugs wieder. (Abb. 70 links) Beckers Aneignungen von *race*-Signaturen fungieren in Kombination mit der Aneignung von Merkmalen anderer unterprivilegierter Gruppen, wie Gabriele

Dietze schreibt,[87] als Metapher für Sexualität, die bei Becker als masochistisches Begehren relevant wird. Viele von Beckers Dragzbildern befinden sich in Ordnern, die mit Signaturen wie „MAS" (für Masochismus)[88] oder Einlegern mit Titeln wie „Freude am Schmerz"[89] versehen sind. Zusammen mit *ethnic drag*, also der Performance von *race* als Maskerade,[90] wird das Blackfacing bei Becker zu einem Mittel der Erotisierung. Es wandert in das Feld der Sexualität – jedoch nicht um sich zu vitalisieren oder um dem eigenen sexuellen Ausdruck eine Note von Chaos, Vitalität und Sensualität zu verleihen, wie es Frauen der *weißen* Bohème in den 1920er Jahren vermittels primitivistischer Bildsprachen versuchten.[91] Die Sexualisierung von *blackness* steht bei Becker stattdessen im Zusammenhang mit der Produktion von Schmerz. Dieser hatte nicht rein vitalisierende Effekte. Im Zeitfenster dieser vor allem in den 1950er und 1960er Jahren stattfindenden Inszenierungen Beckers öffnete sich kein utopischer Raum der öffentlichen Neuverhandlung seiner marginalisierten BDSM Sexualität, wie er sich für die von Dietze besprochenen Frauen in den Goldenen Zwanzigern aufgetan hatte. Die Selbstermächtigung Beckers im Sinne eines Outings seiner BDSM Sexualität scheint zu diesem Zeitpunkt weder gesellschaftlich greifbare Realität noch Horizont seiner Praktiken gewesen zu sein. Das heißt weder hätte sich Becker outen können, noch schien es ihm darum gegangen zu sein (denn selbst als sich in den 1980er Jahren der Spielraum für ein öffentliches Coming Out weitete, blieb Becker mit seinen Fotografien *in the closet*). Stellt sich dadurch aber die Frage nach der exotistischen Fetischisierung von *blackness* nicht mehr?[92] Wenn *blackness* nicht, wie bei den von Dietze erwähnten *weißen* Frauen, einer Maskulinisierung über vitalisierende Effekte dient,[93] sondern dazu, im Zuge des sich Verschmutzens affizierbar und vulnerabel zu machen, greift dann der Vorwurf noch, *blackness* würde zum Fetisch, zum angerufenen und dabei stereotypisierten Objekt? Spielt der Fetisch noch eine Rolle, wenn es gar nicht darum geht, Schmerz im Korsett immer gleicher Objekt-Anrufungen zu produzieren,

87 Vgl. Dietze: *Weiße Frauen in Bewegung*, S. 186.

88 Vgl. Albrecht Becker: Ordner*MAS. Archiv Schwules Museum Berlin, AB*Fotos Ordner Original*Tattoo*Gesammelte Fotos.

89 Vgl. Albrecht Becker: Ordner*MAS. Archiv Schwules Museum Berlin, AB*Fotos Ordner Original*Tattoo*Gesammelte Fotos, Bl. 1.

90 Vgl. Katrin Sieg: *Ethnic Drag. Performing Race, Nation, Sexuality in West Germany*. Michigan: Michigan UP 2002, S. 2.

91 Vgl. Dietze: *Weiße Frauen in Bewegung*, S. 186.

92 Dietze weist darauf hin, dass die Besetzung der Primitivismus-Trope im Feld der Sexualität eine Form der Rassisierung ist, die die Farbe schwarz exotisiert. Ebd., S. 187.

93 Ebd., S. 215.

sondern darum, vom Schmerz in der viszeralen Dimension des Schmutzes partikularisiert zu werden? *Becoming black,* so meine Behauptung, meint, selbst anders zu werden und nicht das Andere als Mittel zur Selbstvergewisserung zu instrumentalisieren und es dadurch zu fixieren. Hierzu möchte ich im Folgenden einige Überlegungen zum Fetisch anfügen. Im Anschluss daran werde ich erläutern, worin das Queering gängiger Fetisch-Auffassungen besteht und welche Rolle Schmutz als *flickering signifier*, das heißt mannigfaltig und nicht nur semantisch operierender Signifikant, dabei spielt.

VI.2.2 Queere Politiken des Fetischs

Unter Fetisch verstehe ich vorerst das Konzept des Kultobjekts, das im Kolonialismus die Funktion hatte, vorstaatliche Religionen als rückständig und unzivilisiert zu markieren. „[I]m semantischen Feld der evolutionären Zurückgebliebenheit und Degeneration“[94] wurde der Schwarz rassisierte Körper zum Fetisch-Objekt für die Privilegierung *weißen* westlichen Wissens. In der Bedeutung, den Schwarz rassisierten Körper für die Höherstellung der westlichen Kolonialmächte abzuwerten, wurde der Fetischbegriff, wie Renate Lorenz verdeutlicht, auch von Karl Marx 1867 aufgegriffen.[95] Marx hatte den Begriff des Fetischs nutzen wollen, um die Irrationalität „der Götzenanbeter des Kapitals“[96] zu verspotten. Dabei bezog er den Begriff nach eigener Aussage „aus den Nebelreligionen der religiösen Welt“[97]. Die Wiederholung der kolonialrassistischen Abwertung der „primitiven Götzenanbetung“[98] war der Preis dafür, die „angebliche Aufgeklärtheit der westlichen Kolonialmächte in Frage“[99] zu stellen. Die „hohe Bewertung von Aufklärung und Rationalität“ blieb dabei jedoch „unangetastet“[100].

Der inszenierte Blick Beckers auf sein geschwärztes und mit Attributen des Glanzes und materiellen Werts versehenes Ebenbild (Abb. 72) wiederholt – so ließe sich behaupten – den von Marx kritisierten Warenfetischismus in der engen Verkoppelung mit der kolonialrassistischen Abwertung der Götzenanbetung.

94 Ebd., S. 186.

95 Vgl. Lorenz: *Aufwändige Durchquerungen*, S. 150.

96 Ebd.

97 Karl Marx: *Das Kapital. Kritik der politischen Ökonomie*, Bd. 1: Der Produktionsprozeß des Kapitals, hrsg. v. Friedrich Engels, Leitg. d. Editionsarbeiten v. Horst Merbach. Berlin: Dietz 1971, S. 86.

98 Lorenz: *Aufwändige Durchquerungen*, S. 150.

99 Ebd., S. 154.

100 Ebd.

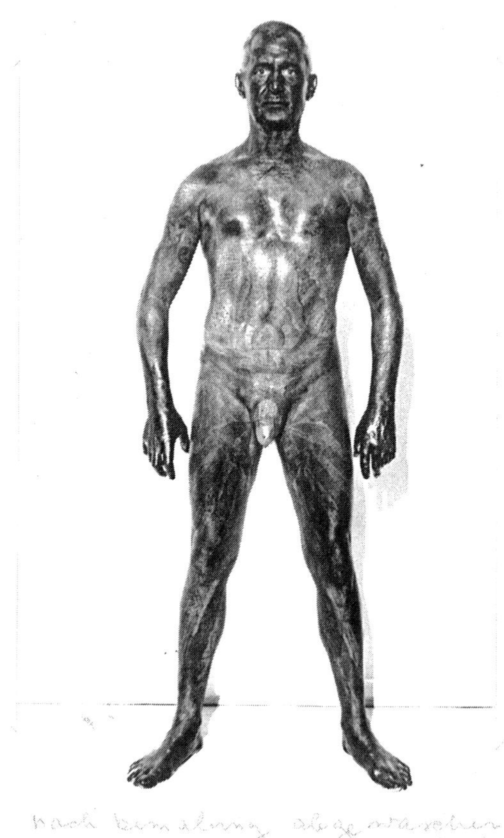

Abb. 72
Albrecht Becker:
Alles glänzt, o. D.

Das heißt, dass der Irrationalismus des Konsums durch die Überlagerung von verführerischer, glänzender Ware und geschwärzter Haut rassisiert wird. Dient diese Anordnung Becker nun dazu, sich zu rationalisieren? Ich behaupte das Gegenteil und meine, dass sich Becker im Rahmen einer solchen Orchestrierung als affizierte Männlichkeit darstellt. Dass es sich dabei nicht um eine in sich wiederum rassistische Aneignung von Schwarz rassisierten Attributen handelt, sondern eine fotografische Praxis des Minoritär-Werdens, möchte ich im Folgenden im Anschluss an Renate Lorenz erläutern.

Der Logik des marxistischen Fetischbegriffs folgend würde die schwarze Farbe, die sich Becker ins Gesicht schmiert, der Fetisch sein, das heißt das Objekt (die schwarze Farbe), das mit dem Wert versehen sei, „der eigentlich dem sozialen

Verhältnis zukäme, das [das Objekt] entstehen"[101] ließ. Das soziale Verhältnis, das das Objekt der schwarzen Farbe hergestellt hat, ist im Falle Beckers der Aufwand, der die Farbe produzierte, und das Begehren, das der Umgang mit Farbe im sexuellen Verhältnis Beckers zu sich erzeugt hatte. Indem nun dieses soziale Verhältnis, also der Aufwand und das Begehren, im Bild sichtbar bleibt, steht der Fetisch als Objekt, das das Verhältnis absorbiert, zur Disposition und kann nicht länger nur für eine Logik einstehen, die dem Warenfetischisten schließlich zur Vergewisserung der eigenen Rationalität dient. Noch einmal konkreter: Becker behält z. B. links im Bild (Abb. 70) einen dunkel verfärbten Wischlappen. Dieser steht für den Aufwand, die schwarze Farbe im Gesicht und auf dem Körper zu verteilen oder die Verschmierung, wie wir sie auf seinen Unterarmen sehen, herzustellen. Der sich – wenngleich ziemlich unscharf – aus dem Hosenschlitz herausstehlende Penis symbolisiert wiederum das Begehren und die Lust, die im Umgang mit der schmierigen schwarzen Farbe im Zusammenhang steht. Diese beiden Elemente, Wischlappen und Penis, sind – wie Lorenz es bezogen auf das fotografische Archiv von Hannah Cullwick formuliert – „in der Lage, einen Transfer der Bedeutung vom sexuellen Bereich in den Arbeitsbereich oder vom Arbeitsbereich in den sexuellen Bereich zu leisten"[102]. Durch diesen Transfer würden die Ökonomien der Sexualität und des Arbeitsaufwands neu verhandelt und der Fetisch eine Neuverhandlung der Bedeutung und des Werts von schwarzer Farbe ermöglichen. Schwarz müsse danach nicht mehr Zeichen der ‚primitiven Götzenanbeter*innen' sein und nicht mehr für Wertlosigkeit stehen. Ebenso müsse das Benutzen schwarzer Farbe im Kontext der fotografischen Inszenierung nicht mehr als rassistische Aneignung per se verstanden werden. Ein weiteres Beispiel soll dies verdeutlichen.

Ich hatte erwähnt, dass die Sichtbarmachung der aufwändigen Arbeit, sich mit schwarzer Farbe zu verschmutzen, das soziale Verhältnis, das sonst durch den Fetisch unsichtbar gemacht würde, zum Ausdruck bringt. Dies geschieht bei Becker auch durch den Kontext, den er manchen seiner Fotografien zur Verfügung stellt. Einige seiner Fotografien sind mit Untertitelungen versehen, die beschreiben, was er tun musste, um das Objekt der schwarzen Farbe bzw. des Schmutzes herzustellen. So schreibt er zu einem Bild: „Schwarzer, weicher Teer am Schwanz, nach einem Fick in Teermasse"[103] oder zu einem anderen: „Nach Bemalung abgewaschen, Farben verschmiert". (Abb. 72) Darüber hinaus ist

101 Lorenz: *Aufwändige Durchquerungen*, S. 154.

102 Ebd.

103 Albrecht Becker: Ordner B 1938 1944 1970. Archiv Schwules Museum Berlin, AB*60–70er *Tattoo*Selbst*Ordner original von AB angelegt.

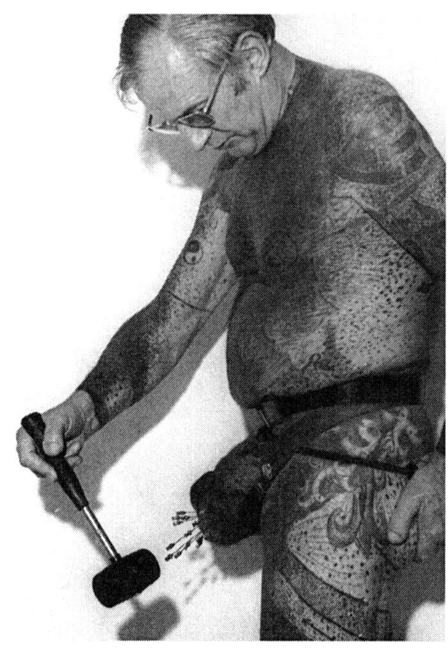

Abb. 73
Albrecht Becker:
Schmerz einhämmern, o. D.

Becker in manchen seiner Fotografien zu sehen, die ihn inmitten von Aktivitäten des Verschmutzens und Verletzens zeigen. (Abb. 73) Indem Becker die Handlung und nicht nur das Objekt sichtbar macht, trüge er zu einer Entmystifizierung dieses Komplexes bei. Durch die Sichtbarmachung von Handlungen fände eine Verhandelbarkeit der Bedeutung und des Werts von Fetischen wie z. B. schwarzer Farbe in fotografischen Inszenierungen statt.

Ich möchte noch auf einen letzten Aspekt zu sprechen kommen, der die Verhandelbarkeit des Fetischs zu denken erlaubt. In der bereits erwähnten Untertitelung der Fotografie (Abb. 72) beschreibt Becker einen Effekt seiner Techniken, sich schwarz anzumalen: das Verschmieren von Farbe. Er fotografiert sich, nachdem er seine Bemalungen versucht hat abzuwaschen, im verschmierten Zustand. Ich meine, dass er, indem er in diesem Moment auf den Auslöser drückt, die Nicht-Planbarkeit im Umgang mit dem Objekt der schwarzen Farbe nobilitiert. Sich im nicht vorhergesehenen Moment des Verschmierens von Farbe darzustellen, verstehe ich als die Affirmation des Prozessualen von Farbe. Meiner Meinung nach verweist er damit darauf, dass ein Fetisch kein stillgestelltes Objekt sein muss, sondern ein verhandelbares, prozessuales Verhältnis sein kann.
Wenn ich also von queeren Politiken des Fetischs in der Fotografie von Becker spreche, beziehe ich mich auf die Verhandelbarkeit und Prozessualität, das heißt

die Potenzialität von Veränderungen der Bedeutung und des Werts des historisch Abgewerteten. Der Fetisch erfährt danach keine Stilllegung, sondern kann im Rahmen seiner Prozessualität ein Potenzial der Umarbeitung entfalten. Indem Aufwand und Prozess sichtbar werden, wird der Fetisch mobilisiert, unter anderem, weil er nicht mehr auf nur eine Bedeutung festgelegt ist. Der Schwarz rassisierte Körper als Fetisch fungiert nicht mehr nur als das anzueignende Objekt im Rahmen einer sexuellen Situation, sondern wird in seinen materiellen Dimensionen der Farbe, des Schmutzes, der schmierenden, öligen Substanz und prozessualen Herstellungssituationen zum eigensinnigen Kreativstoff der Produktion eines anderen Körpers. Um das Fetisch-Objekt zu kreieren, muss geschuftet werden, sodass Becker durch die Wirkmacht abfallender Dreckspartikel auch potenziell immer gefährdet ist und tatsächlich Abstriche machen muss, was z. B. seine Potenz oder Fähigkeit anbelangt, sexuellen Verkehr zu haben. Becker geht aus dieser Konstellation nicht ‚sauber' hervor, sondern wird minder in einem queer-politischen Sinne.

VI.2.3 Schmutz als *flickering signifier* des Schwarz-Werdens

Renate Lorenz argumentiert, dass das „black des Blackface nicht als ein natürliches Merkmal, sondern als eine sozial konstruierte und in den Lebensweisen verankerte Farbe zu verstehen sei, die einerseits beweglich ist und andererseits an die Stelle anderer Hierarchien wie der Klasse oder des Geschlechts treten kann"[104]. Diese Aussage greife ich in diesem Abschnitt auf und beziehe sie auf Schmutz. Dabei möchte ich jedoch argumentieren, dass Schmutz im fotografischen Wirken Beckers über den *floating signifier*,[105] also die mobile Referenz, die sowohl auf Sexualität verweist, als auch auf Klasse und *race*, hinausgeht, und *flickering signifier* ist, also eine auf der Sinnen-Pluralität von Wahrnehmung beruhenden Signifikation. Dabei kommt es zu einer Engführung der historisch auf Abstand gebrachten Differenzen zwischen *weißen* Arbeiter*innen und Schwarz rassisierten Personen. In der fotografischen Mobilisierung des Fetischs bei Becker etabliert die schwarze Farbe bzw. der Schmutz nicht das historische und vor allem im Kontext von *blackface minstrelsy* konfigurierte Konkurrenzverhältnis von

104 Lorenz: *Aufwändige Durchquerungen*, S. 140.

105 Lacan „formulated the concept of floating signifiers, he drew on Saussure's idea that signifiers are defined by networks of relational differences between themselves rather than by their relation to signifieds. He complicated this picture by maintaining that signifieds do not exist in themselves, except insofar as they are produced by signifiers". (Hayles: *How We Became Posthuman*, S. 30.)

weißen Arbeiter*innen und Schwarzen Personen,[106] das letztlich die Suprematie *weißer* Männlichkeit sichert. Stattdessen sind sie durch den Schmutz und das Verschmutzen verbundene Partikulare eines Minoritär-Werdens, aus dem *weiße* Männlichkeit nicht unangetastet hervorgeht. „[D]as Potential der Veränderung durch Bündnisse jenseits des Majoritäten"[107] scheint auf.
In Anlehnung an Katherine N. Hayles Konzept des *flickering signifier*[108] öffnet sich Schmutz gegenüber einem internen Spiel von Differenz. Das bedeutet, dass Becker als Performer und Betrachter seiner Bilder – ebenso wie ich als Betrachterin – nicht nur ein Signal empfängt, das in seiner semantisch flotierenden Zeichenhaftigkeit zu entschlüsseln ist. Stattdessen agiert Schmutz in einer Vielzahl unterschiedlicher Dimensionen, zu denen der Geruch sowie die haptische und körperliche Wahrnehmung gehören. Aus dieser komplexen Wahrnehmung des Zeichens *Schmutz* kann sich ein Flimmern (*flickering*) ergeben, das es erlaubt, Figuren, Dinge und Kontexte in der Wahrnehmung zu verflechten, die im diskursiven Setting gegeneinander ausgespielter Differenzen nicht oder nur zum Zweck der Stabilisierung eines Dritten (*weißer* heteronormativer Männlichkeit) verbunden werden. Ich möchte behaupten, dass Schmutz als *flickering signifier*, als mannigfaltig und auch viszeral wirksamer Bezeichner Dimensionen in der Bedeutungsproduktion entfaltet, die ermöglichen, historisch etablierte Semantiken der Differenz zwischen Geschlecht, Klasse und *race* als verhandelbar zu verstehen. Durch diese in den Fotografien angelegte Verhandelbarkeit können Bündnisse neu entstehen. Diese Bündnisse setzen beim Betrachten und Erspüren von Fotografien an.

Ausgehend von den zwei in Beckers fotografischem Nachlass auffälligen Imitationsszenarien, das heißt des *worker drag* und des *black drag*, habe ich in diesem Kapitel die These vertreten, dass Schmutz in seiner kulturell abgewerteten Konnotation des Entregelns klar umrissener Körper- und Selbstgrenzen auch auf der banalen und viszeralen Ebene des Verschmutzens von Körper- und Fotografie-Oberflächen affirmiert wird. Damit steht im Zusammenhang, dass sich das in der Nachkriegszeit etablierte Bild des *weißen* effeminierten homosexuellen Mannes verändert, ohne jedoch eine maskuline Emanzipation auf dem Feld der Sexualität dauerhaft herzustellen. Stattdessen lassen sich Ansätze finden, die verdeutlichen, dass Becker den kontingenten Moment der affizierenden Wirkung

106 Vgl. Eric Lott: *Love and Theft. Blackface Minstrelsy and the American Working Class.* New York: Oxford UP 1993; Brody: Shading Meaning, S. 90.

107 Figge: *Deutschsein (wieder-)herstellen*, S. 28.

108 Vgl. Hayles: *How We Became Posthuman*, S. 31.

von Schmutz unterstreicht. Die sich durch die Affizierung einstellende Unmöglichkeit, sich im Bild des Anderen, also des Arbeiters oder des Schwarzen, selbst zu bestätigen oder selbst zu *ver*stetigen, öffnet meiner Meinung nach einen Spielraum für die Neuverhandlung der Differenzen Geschlecht, Klasse und *race*. Das Potenzial für Bündnisse, die zur Nachkriegszeit öffentlich kaum verhandelbar waren, scheint im engen Raum seiner *kleinen Fotografie* auf. Entsprechend verstehe ich Beckers Dragzbilder als Affirmationen der Mannigfaltigkeit der Körperkräfte von Schmutz, die seinen Körper molekular werden lassen und damit potenziell offen und empfänglich für Verbindungen mit sozialen Positionen jenseits der eigenen. Fixierungen, Idealisierungen und Fetischisierungen sind vor diesem Hintergrund weniger gut möglich, worin ich den wesentlichen Unterschied zu stigmatisierenden Repräsentationen des Anderen sehe.

VII
Schnittmuster des Schmerzes

Becker ließ sich in der Weimarer Republik als Schneider ausbilden. Als solcher war er mit Hohlsäumen, Filetarbeiten und Flachsstickereien vertraut. Auch Schnittmuster, also Anleitungen zum Selberschneidern, die in der Nachkriegszeit populär wurden und seit 1950 etwa der Zeitschrift *burda MODEN* beilagen, dürfte er gekannt haben. Schnittmuster stellten als Synekdoche des Selbermachens und Heimwerkens auch Gebrauchsanweisungen für die Wiedereingliederung in die deutsche Bürgerlichkeit nach dem Zweiten Weltkrieg dar. Sie schrieben sich gewissermaßen in die kapitalistische Ideologie einer auch auf den Konsum von DIY-Produkten setzenden Ökonomie ein. Diese Art von Schnittmuster spielte vermutlich in Beckers Berufsleben eine Rolle, in seinen medialen Alltagspraktiken weniger. Dass ich dieses Kapitel dennoch mit „Schnittmuster" überschreibe, geht auf die Bedeutung des Schnittmusters zurück, den Körper zergliedern zu können. Die Anfertigung eines Schnittmusters setzt „die Konstruktion eines zerschnittenen Körpers" voraus, „indem durch diesen imaginäre Querschnitte gezogen werden"[1]. Genau mit dieser Zergliederung des Körpers – so meine These – wird das Schnittmuster für Becker interessant. Es steht für die Technik des zerschnittenen und wieder zusammengesetzten Stoffes und lässt spezifische Körperformen hervortreten.[2] Bezogen auf die Fotografie Beckers bedeutet das für mich, dass das Schnittmuster für den Schmerz des Schnitts in Beckers Körper steht, der eine queere Konfiguration seines Selbst ermöglicht. Ich möchte die These vertreten, dass diese Konfiguration eine gegenläufige Entwicklung zur

1 Daniela Döring: *Zeugende Zahlen. Mittelmaß und Durchschnittstypen in Proportion, Statistik und Konfektion des 19. Jahrhunderts*. Berlin: Kadmos 2011, S. 157.
2 Ebd., S. 156–157.

Erfindung des Schnittmusters und der mit ihr einsetzenden ökonomisch verwertbaren Standardisierung[3] und Proportionalisierung[4] von Körpern und Selbstbildern darstellt. Als Teil meiner Argumentation behaupte ich, dass dieser Neukonfiguration, die nicht Maßstäben und Standards entspricht, das Vermögen innewohnt, Körper und Selbst als relational und als in temporären Verbindungen stehend zu betrachten. Diese Relationalität von Körper und Selbst möchte ich als das queer-politische Potenzial von Schmerz entgegen der Behauptung etablieren, Schmerz sei Negativität und nur als solche für queere Oppositionalität brauchbar.[5]

Die Relationalität setzt im Vernakulären von Beckers Medienpraktiken des Schnitts an. Bezogen auf diese Praktiken, die mit dem Feld der Handarbeit und des Selberschneiderns verknüpft sind, bedeutet diese Relationalität also, dass im Schmerz durch den Zerschnitt des Körpers und der Fotografie das Potenzial von Verbindungen und Bündnissen liegt. In diesem Sinne verstehe ich Selbermachen und Selberfotografieren oder auch DIY nicht länger nur als die das Selbst verlängernden spätkapitalistischen Praktiken,[6] sondern auch als mediale Formen einer bündnisorientierten Politik des Handwerks,[7] des queer-politischen Handwerks.

Um Beckers vernakuläre Medienpraktiken als Artikulationen eines queer-politischen Handwerks zu etablieren, wende ich mich seinen Medienpraktiken des Schnitts in diesem Kapitel in zwei Schritten zu. Zunächst widme ich mich dem Schnitt als zeitlichem Intervall, also dem unterbrechenden Schnitt von Zeit. Das Intervall entsteht durch Affizierung, das heißt konkret eine spezifische Form der Inszenierung der Hand und der Haptik in den Fotografien. Indem Becker durch seine Handstellung in der für diesen Abschnitt zentralen Fotografie (Abb. 4) die ungleichen und durch kulturelle Schnitte getrennten Größen des menschlichen Körpers und der Fotokamera in eine Konvergenz bringt, sie also zusammenlaufen lässt, eröffnet sich ein zeitliches Intervall,[8] in

3 Die Schnittmustertechnik als Entwicklung von geometrischen Formen und mathematischen Zahlensätzen ist seit der Neuzeit in die Nähe von Naturwissenschaft, das heißt von Messbarkeit und Berechenbarkeit gerückt. In diesem Zusammenhang fand die Standardisierung von Konfektionsgrößen und mithin Körperformen statt. Vgl. Kerstin Kraft: Schnittmuster. In: *Form + Zweck. Text, Textil, Textur* 30,15 (1998), S. 44–53, hier S. 48.

4 Auf der Grundlage der bestimmbaren Verhältnismäßigkeit des Körpers wird im 19. Jahrhundert die Proportional-Zuschneidemethode entwickelt. Döring: *Zeugende Zahlen*, S. 159.

5 Vgl. Lee Edelman: *No Future. Queer Theory and the Death Drive*. Durham: Duke UP 2004.

6 Vgl. Hornung / Gold / Kuni / Nowak (Hrsg.): *DIY. Die Mitmach-Revolution*.

7 Vgl. Verena Kuni: DIY. In: Ebd., S. 201.

8 Vgl. Michaela Ott: Entautomatisierende Affizierungen. In: Annette Brauerhoch / Norbert Otto Eke / Renate Wieser / Anke Zechner (Hrsg.): *Entautomatisierung*. München: Fink 2014, S. 115–124.

dessen Zwischenraum sich sinnliche Qualitäten verdichten. Diese sinnlichen Qualitäten setze ich anschließend ins Verhältnis zu dem, was Sara Ahmed als Eigensinn beschreibt.[9] Dieser Eigensinn ermöglicht, einen politischen Begriff des Medienamateurischen zu entwickleln, der über die spätkapitalistischen Ökonomien in der Öffentlichkeit hinausweist und das Widerständige des Vernakulären dadurch betont, empfänglich und vulnerabel, statt sich immunisierend selbst reproduzierend zu werden.

Im zweiten Schritt geht es mir um den Schnitt in Beckers Collagetechniken. In Rückgriff auf das Konzept des agentiellen Schnitts von Karan Barad betrachte ich jene Schnitte, die soziale Beziehungen herstellen, anstatt für destruktive Erschütterungen zu sorgen.[10] Die Agentialität dieser Schnitte, sprich die Verlebendigung im eigentlich Zerstörerischen des Schnitts, setzt – ähnlich wie bei der Film-Montage – eine Dynamik in Gang. Diese ist jedoch als Loop bestimmt und somit heteronormalisierten Zeitkonzeptionen wie reproduktivem Futurismus oder evolutiver Entwicklung entgegengesetzt. Als Wiederholungsschlaufe, das heißt sich nicht unilinear erstreckende Erzählung stellen Beckers Collagen eine queere Zeitlichkeit der Ausdehnung des Sinnlichen und mithin nicht rational Kalkulierten des Medienamateurischen dar. Dieser Aspekt ergänzt die Auseinandersetzung mit dem zeitlichen Intervall als Ausdruck des queer-politischen Handwerks.

9 Vgl. Ahmed: *Willful Subjects*.

10 Vgl. Karen Barad: Posthumanist Performativity.

VII.1 Das Handwerk des Schmerzes

In dieser Fotografie (Abb. 4) zeichnet sich vor schwarzen, schimmernden Hintergrund in halbnaher Einstellung und aufrechter Pose ein Bild versehrter Männlichkeit ab, das an spätmittelalterliche Darstellungen des Wundenmanns und des heiligen Sebastian erinnert. Die Bilder des Wundenmanns transportierten einen medizinischen Blick auf den Körper. Durch sie konnten Chirurgen lernen, welche Verwundungen durch spitze Gegenstände entstehen und was unternommen werden muss, um bestimmte Körperfunktionen wiederherzustellen.[11] Das Bild des heiligen Sebastian koproduzierte die Verehrung des christlichen Märtyrers, der vor allem im Mittelalter als Schutzpatron gegen die Pest und andere Seuchen angerufen wurde. Beide Bilder stehen also für die Abwendung bzw. Milderung von Schmerzen. Der Wundenmann wie auch der heilige Sebastian informieren die westliche visuelle Kultur des Schmerzes als eine der Anästhesie, also der Milderung bzw. Verhinderung von Schmerz.[12]

Den beiden historischen Darstellungen gemein ist der ruhende, nahezu in sich gekehrte Blick der Abgebildeten. Diesen Blick adaptiert Becker in der vorliegenden Fotografie. (Abb. 4) Sein Blick ist hier ein erduldender, einer, der dem Schmerz, aber auch der betrachtenden Person mit unmittelbarem Augenkontakt standhält. Männlichkeit im Schmerz, so ließe sich Beckers Blick lesen, artikuliert sich hier also als stählerne Kraft.[13] Der Blick, der beim heiligen Sebastian nach oben gerichtet ist und damit Gottesverbundenheit, Hingabe an Gott und Erhabenheit zum Ausdruck bringen sollte,[14] ist in Beckers Fotografie (Abb. 4) direkt. Durch diese Direktheit wird Beckers Blick in eine Geste transformiert, die trotz der Verletzung Kühnheit repräsentiert. Mit der Fotografie – so ließe sich an dieser Stelle behaupten – wird eine Männerfantasie eingelöst: wahre Standhaftigkeit, ganz gleich, welch ein Schmerz dem Körper zugefügt wird.

Dieser Rede soll nun die Gegenrede folgen. Im Folgenden möchte ich vor allem am Beispiel der bereits erwähnten Fotografie Beckers (Abb. 4), der ich ähnliche Fotografien aus dem Konvolut zur Seite stelle (Abb. 74, auch 54, 69), argumentieren, dass der geschlechterstereotypen Kodierung, die Männlichkeit mit

11 Vgl. Eugen Blume / Annemarie Hürlimann / Thomas Schnalke / Daniel Tyradellis (Hrsg.): *Schmerz. Kunst + Wissenschaft*. Köln: DuMont 2007, S. 139.

12 Vgl. Sigrid Weigel: Schmerz-Wissen. Vom Mythos zum Labor. In: Corina Caduff / Tan Wälchli (Hrsg.): *Schmerz in den Künsten*. Zürich: Züricher Hochschule der Künste 2008, S. 22–41.

13 Vgl. Jünger: Über den Schmerz.

14 Vgl. Andreas Henning / Gregor J. M. Weber: *„Der himmelnde Blick". Zur Geschichte eines Bildmotivs von Raffael bis Rotari*. Emsdetten / Dresden: Edition Imorde 1998; Georges Didi-Huberman: *Was wir sehen blickt uns an. Zur Metapsychologie des Bildes*, aus d. Franz. v. Markus Sedlaczek. München: Fink 1999, S. 25.

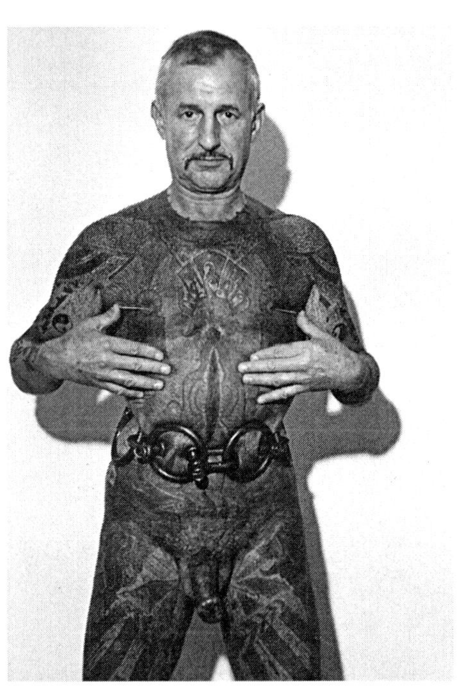

Abb. 74
Albrecht Becker: *Beckers Handwerk*, o. D.

stählernem Schmerzaushalten verbindet, nicht greift. Dazu widme ich mich Beckers im Bild zentral zur Ansicht gebrachten Händen. Diese lassen das Bild haptisch werden und machen es zu einem *Hand*werk, das heißt einer Medienpraxis des durch die Hände symbolisierten Affizierens und Affiziert-Seins von Medientechnologien, die sich – wie zu sehen sein wird – mit dem Körper verschaltet haben. Mit diesem von Becker praktizierten Handwerk ergibt sich die Dekonstruktion der auf die DIY-Diskurse einwirkenden Narrative der Konnerschaft und des „herzerwärmenden Wertkonservatismus"[15], wie sie im Kontext des gewerblichen Handwerks oft ins Felde geführt werden. Ich konzentriere mich hingegen auf die Bedeutung von Beckers Händen in den Fotografien. Dies geschieht vor dem noch einmal ausführlicher zu explizierenden Hintergrund, dass es sich bei diesen Fotografien um Medienpraktiken des Amateurischen und des Selbermachens handelt. Für meine Analyse ist dabei insbesondere das Verhältnis zwischen amateurischen Medienpraktiken und Berührung bzw. Affizierung von Interesse. Meine Auseinandersetzung mit der Fotografie (Abb. 4) wird

15 Martin Bauer: Richard Sennett: Handwerk (Rezensionsnotiz zu *Süddeutsche Zeitung*, 05.02.2008). In: *perlentaucher. Das Kulturmagazin*. https://www.perlentaucher.de/buch/richard-sennett/handwerk.html (Zugriff am 23.2.2018); Richard Sennett: *Handwerk*, aus d. Engl. v. Michael Bischoff. Berlin: Berlin Verlag 2007.

dabei zeigen, dass Schmerz als deregulierendes Handwerk fotografischer Affizierung affirmiert und daher nicht anästhetisiert wird. Damit steht im Zusammenhang, Schmerz als queeres Intervall zu etablieren. Das heißt ich werde die These verfolgen, das in der durch Affizierung erzeugten Unterbrechung rational konnotierter Zeitlichkeit Sinnlichkeit ausgedehnt wird. Mit dieser Ausdehnung wird das für den Amateurdiskurs gültige (neo-)liberale Subjektverständnis unterlaufen.

Um dieses Unterlaufen zu erörtern, diskutiere ich in diesem Abschnitt zunächst die Bedeutung des Handwerks und die Ikonografie der Hand im Medienamateurdiskurs. Dabei wird sich zeigen, dass sich die Bedeutung der Hand maßgeblich verändert hat. Stand sie einst für die Leidenschaft des experimentierfreudigen Tüftelns, wurde sie zunehmend von Konnotationen des ‚sicheren Könnens' okkupiert. Anschließend beschäftige ich mich bezugnehmend auf Sara Ahmed mit dem Eigensinn, der sich durch Beckers Inszenierung ergibt. Weil der Eigensinn auf die sinnliche, also affektive Qualität im zeitlichen Intervall zurückgeht, kommt es meiner Ansicht nach zur Verschiebung des nunmehr dominanten Diskurses des Medienamateurischen. Eine solche diskursive Verschiebung ist, das Bedeutsame des Medienamateurischen von den kleinen und eigensinnigen Politiken des Vernakulären aus zu betrachten. Dem ist das Scheitern integrativ sowie das Sich-im-Scheitern-Verbinden. Das politische Handwerk Beckers ließe sich danach als eine – wie es Jack Halberstams Buchtitel so schön zum Ausdruck bringt – *Queer Art of Failure*[16] bezeichnen.

VII.1.1 Fotografie als ‚Handwerk': Zum Diskurs des Medienamateurischen

Das Zentrum dieser Schwarz-Weiß-Fotografie (Abb. 4) bilden zwei übereinander auf dem Bauch abgelegte Hände. Becker selbst hat diese Aufnahme nicht datiert, sie befand sich aber in einem Karton, der im Archiv des Schwulen Museums vom damals für den Nachlass Beckers zuständigen Kunsthistoriker Sternweiler mit der vagen Zeitangabe „1970–79" versehen wurde. Auf Beckers Händen ist jeweils ein Stern zu sehen, der an die Kompassrose erinnert – ein in der Tattoo-Szene aufgrund der Nähe zur Seefahrt beliebtes Motiv. Anstelle der Richtungsangaben Nord-Ost-Süd-West zwischen den Zacken sind auf Beckers oberer Hand Buchstaben zu sehen, die zusammen das Wort „Arschficker" bilden. Becker affirmiert hier diese pejorative Bezeichnung für männliche Homosexuelle

16 Vgl. Halberstam: *The Queer Art of Failure.*

und bringt sie in sein Selbstbild ein. Der Kompass gibt die ‚Orientierung‘[17] vor: Sie lautet schwuler Sex. Bereits mit diesem Verweis auf sexuelle Praktiken findet eine Veralltäglichung und Profanierung der Schmerzinszenierungen statt, die historisch, wie zuvor dargelegt, eher einen sakralen Bedeutungshorizont haben. Becker inszeniert Schmerz als Quelle des Banalen, nicht des Erhabenen. Hinzu kommt ein Bruch mit dem Konzept sexueller Identität: Einerseits verweist das Bild darauf, dass Becker ein ‚Arschficker‘ ist oder als solcher gesehen wird, andererseits besitzt er aufgrund der modifizierenden Körpereingriffe keinen in diesem Sinne funktionstüchtigen Penis mehr.[18] Die Kausalität zwischen Geschlecht, sexueller Praxis und sexueller Identität, die Judith Butler kritisch als Effekt des ideologischen Systems der Zweigeschlechtlichkeit beschrieb,[19] wird durch Becker durchbrochen. Das heißt, dass es zwischen dem Geschlecht einer Person und ihrer sexuellen Vorlieben keinen Automatismus gibt. Beckers schwule Identität gründet sich nicht auf bestimmte sexuelle Aktivitäten. Becker kann also ‚Arschficker‘ sein, ohne tatsächlich aktiv mit Männern zu verkehren. Im Umkehrschluss hieße das, er könne mit Männern verkehren, ohne schwul zu sein. Die Hände betonen dieses Tun und verweisen auf die praktische Ebene sexueller Identität, die nicht als vorausgesetzt oder naturalisiert verstanden werden kann, sondern als eine Tätigkeit, als etwas, an das Hand angelegt wird, das gemacht wird. Diesen zentralen Gedanken der queeren Theorie möchte ich im Folgenden aufnehmen und auf die medienamateurhistorische und -theoretische Dimension des Fotografierens beziehen.

Bei medienamateurischen Praktiken stand vielfach die Hand im Vordergrund. Hände hoben die Technologie hervor, die es zu ertüfteln oder auszuprobieren galt. Bildlich vom Rest des Körpers entkoppelt bildeten frühe Fotografie Amateurratgeber (Abb. 75) oder spätere Werbeanzeigen für Homecomputer (Abb. 76) Hände ab, die die jeweils aktuelle Technologie halten oder bedienen. Die Hände sollten scheinbar die praktische Anwendung der Technologie im

17 Wenngleich ich aufgrund der Motivik des Kompasses die Begrifflichkeit der Orientierung aufgreife, möchte ich unter Verweis auf Sara Ahmeds Auseinandersetzung auf die problematische, weil essentialisierende Ebene von Sexualität als Orientierung hinweisen. Sie beschreibt in ihrer queeren Phänomenologie die normierende Ausrichtungsarbeit, die im Kontext des Begriffs der Orientierung vorgenommen wird. Vgl. Ahmed: *Queer Phenomenology*.

18 Nicht nur dürften solch schwere Piercings eine Erektion erschweren. Aufgrund zahlreicher Luft- und Paraffineinspritzungen war Becker zudem nicht mehr in der Lage, den Sexualakt auszuführen. Dies geht unter anderem aus der von Sternweiler zusammengetragenen Biografie, aber auch aus Randbemerkungen im Nachlass hervor. *Sternweiler: Fotos sind mein Leben.*

19 Vgl. Butler: *Das Unbehagen der Geschlechter.*

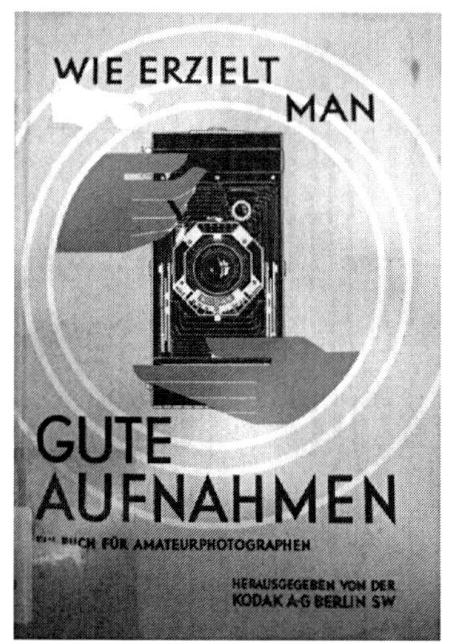

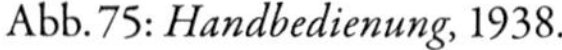
Abb. 75: *Handbedienung*, 1938.

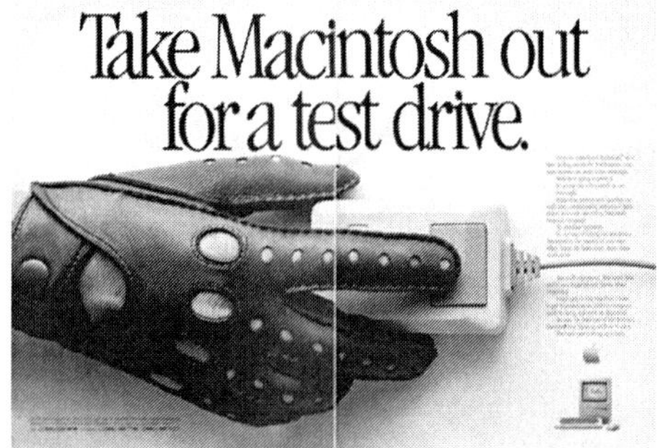

Abb. 76: *Geschütztes Hantieren*, 1984.

heimischen Zusammenhang symbolisieren. Die abgebildeten Hände signalisierten zudem, dass die Anwendung von Fotokameras oder Heimcomputern nicht ohne Berührung erfolgt. Das Benutzungsparadigma medienamateurischer Praktiken ist eines der metaphorischen Haptik. Diese Haptik wurde nun zunehmend und vor allem seitdem Aids Anfang der 1980er Jahre die Immunität des heimischen Bastelns und Computings bedrohte in ein heteronormatives Setting eingebunden.[20] Tüftelnde Familienväter mit im Hintergrund kochenden Frauen bilden dessen visuelles Schema. Durch das heteronormative Setting – so Simon Strick – konstruiert der amateurische Diskurs Technologieberührung und damit -benutzung als *safe*.[21] Das meint, dass das Subjekt, das die Technik berührt bzw. benutzt, aufgrund seiner heteronormativen Einbettung durch Technik und deren Eigendynamiken nicht gefährdet ist. Stricks Interpretation arbeitet die Assoziation des Medienamateurbegriffs mit Konzepten heteronormativer Subjektivität heraus. Insofern dieses Konzept im Zusammenhang bürgerlicher Vorstellungen der Selbst- wie aber auch der Technikkontrolle entwickelt wurde, lohnt sich noch einmal ein Blick auf die im Diskurs des Medienamateurs zunehmend enge Verzahnung von bürgerlicher Subjektivität und (neo-)liberalen Entwürfen des Selbst.

20 Vgl. Simon Strick: The Straight Screen: Begradigungsarbeiten am iPhone. In: *Feministische Studien* 30,2 (2012), S. 228–244.
21 Ebd., S. 233.

In Abschnitt I.1.1 habe ich bereits darauf hingewiesen, dass Medienamateur*innen als Bezeichnung für nicht-professionelle Produzent*innen zu verstehen sind, die sich einer Sache oder Medientechnologie aus Liebhaberei widmen.[22] Medienamateur*innen, die in ihrer Freizeit leidenschaftlich ein Hobby verfolgten, unterlagen jedoch z. B. in Zeiten der volkswirtschaftlichen Not wie unmittelbar nach dem Ende des Zweiten Weltkrieges einer ökonomischen Produktivmachung und industriellen Vermarktung.[23] In der Nachkriegszeit wurden sie zu einem ökonomischen Faktor.[24] Im Zuge der Digitalisierung, die den massenhaften Einschluss von Medienamateur*innen hervorbrachte, sind aus der Subjektkonstitution des Amateurs Prozesse der Ökonomisierung und Vermarktlichung nicht mehr wegzudenken.[25] Damit gehen auf Selbstoptimierung beruhende Standardisierungen einher. Zu diesen Standardisierungen gehört der Anspruch, technisch möglichst hochwertige, das heißt möglichst scharfe und hoch aufgelöste Bilder von sich zu produzieren.[26] In die Liebhaberei, so viel wird hier deutlich, schreibt sich nicht nur der ästhetische Ausdruck in Form von Präzision und Schärfe ein, sondern auch der Diskurs wahrer Technikbeherrschung.

VII.1.2 *Hands-on*-Devise: Medienamateur*innen revisited

Ich möchte die These vertreten, dass dem Medienamateurischen im Sinne von Handwerk, wie ich es im letzten Abschnitt skizziert habe, ein andere Konzeption gegenübersteht, die Becker repräsentiert und die ich im Folgenden im Kontext eines queer-politischen Handwerks diskutieren möchte. Die von Dieter Daniels als „hands-on-Devise"[27] bezeichnete Bedeutung der Hand war nicht zu allen Zeiten mit dem soeben beschriebenen Ausdruck des hinter der Technik stehenden Subjekts, das seine Könnerschaft ausweisen will, in Verbindung zu bringen. Die *hands-on*-Devise markiert das, was im Diskurs des Medienamateurischen durch dessen Ökonomisierung unsichtbar gemacht wurde: die Eigendynamik des Apparats, die unkontrollierbare Unterbrechung der Funktionalität des Mediums, den Moment, in dem der Kurzschluss und die Fehldynamik nicht die Ausnahme, sondern die Regel bilden. Ganz in diesem Sinne hebt Claude

22 Vgl. Regener / Köppert: Medienamateure in der homosexuellen Kultur, S. 12.

23 Vgl. Renate Flagmeier: Selbstbau in der Not. In: Hornung / Gold / Kuni / Nowak (Hrsg.): *DIY. Die Mitmach-Revolution*, S. 60–65.

24 Vgl. Lichtwark: *Die Bedeutung der Amateur-Photographie* (1894), S. 6.

25 Vgl. Reichert: *Amateure im Netz*, S. 13.

26 Vgl. Lichtwark: *Die Bedeutung der Amateur-Photographie* (1893), S. 9.

27 Daniels: *Kunst als Sendung*, S. 208.

Lévi-Strauss[28] in seinen Ausführungen zur Bastelei und Bricolage das „mystische Brabbeln"[29] der Apparate hervor, dem der Funke der Poesie entspringe, statt die Rationalität der Begriffsbildung. Diesem Gedanken folgend ließe sich, so wiederum Daniels, eine Mediengeschichte erzählen, die sich durch die obsessive Hingabe an die Technik und das radikale Abtauchen in die Eigenwelt des Mediums auszeichnet.[30] Aus dieser medienhistorischen Perspektive symbolisieren die Hände die devote Haltung des Subjekts gegenüber dem Medium und dessen nur wenig zu beherrschenden Dynamiken. Hieran möchte ich anknüpfen.

VII.1.2.1 Affizierung des Eigensinns

Becker legt Hand an, ohne im Sinne handwerklicher Meisterschaft zu handeln. Er inszeniert seine Hände im Bild (Abb. 4) wie in der Ratgeberliteratur vorgeschlagen: Sie deuten auf seinen Körper hin, heben ihn hervor, berühren ihn. Doch anstelle eines technischen Apparates ist es sein eigener Körper, den Becker in der Eigendynamik der Versehrung und Schmerzzufügung affirmiert. Becker berührt sich im Augenblick der unmittelbaren Schmerzeinwirkung, also genau in jenem Moment, in dem er nicht exakt vorhersagen kann, welchen Effekt die Nadeln erzeugen, welche Nebenwirkungen sie hervorbringen werden. Durch die Berührung affirmiert Becker seinen Körper, der an der Stelle der in den Ratgebern inszenierten technischen Apparate steht, als eigendynamische, unbändige Technik. Becker wendet sich seinem Körper als eigensinnige Technologie zu. Es handelt sich damit weder um eine technikpessimistische Hinwendung zu einer vermeintlich nur anthropomorphen Ontologie des Körpers – Beckers Körper ist schließlich auch vielfach von kulturellen Techniken durchzogen – noch um die Rezentrierung der Überzeugung, Körper wie Apparate beherrschen und bemeistern zu können. Der Körper wird als Technik an den Rändern ihres Gelingens und reibungslosen Funktionierens haptisch affirmiert und affiziert. Ich möchte dieses Affizieren der Eigendynamik des Techno-Körpers, also des von kulturellen Techniken bestimmten Körpers und der von physischen Dynamiken determinierten Technik hervorheben.

Mit Affizierung meine ich Michaela Ott folgend die „Relationierung zweier ungleicher Größen [wie z. B. Technik und Körper] und deren trennende Vereinigung, insofern sie zwischen den angenäherten Größen ein auch zeitliches

28 Vgl. Claude Lévi-Strauss: *Das wilde Denken*, aus d. Franz. v. Hans Naumann. Frankfurt am Main: Suhrkamp 2009.

29 Daniels: *Kunst als Sendung*, S. 212.

30 Ebd., S. 209.

Intervall eröffnet und diesen Zwischenraum mit sinnlichen Qualitäten auflädt“[31]. Mit anderen Worten: Durch Beckers Affizierung seines im Bild an die Stelle von Technik gesetzten Körpers treten durch die Berührung mit seinen Händen die vermeintlich disparaten Größen wie Technik und Körper in eine Relation. Durch diese Relationierung öffnet sich – wie Ott behauptet – ein zeitliches Intervall, ein Zwischenraum, der sich mit sinnlichen und nicht nur kognitiv-rationalen Qualitäten anreichern kann. Das sich eröffnende Intervall ist vom Einbruch des Sinnlichen bestimmt und kann vom Ort des Sinnlichen aus symbolische Überformungen begründen. Eine solche Überformung, also Verschiebung begrifflicher Inhalte findet bezogen auf die Bedeutung des Medienamateurischen in der Fotografie statt, die sich hier auf den Eigensinn bezieht und das damit als widerständig zu betrachtende Moment medienamateurischer Praxis.

VII.1.2.2 Eigensinn: Die Fähigkeit zur Anerkennung

Meine These besagt, dass Becker nicht an Öffentlichkeit im Muster normativer und standardisierter Prozesse orientiert war, sondern am Schmerz und an der sich aus dem Schmerz ergebenden Macht der Affektion und des nun ausführlich zu diskutierenden Eigensinns.

In *Willful Subjects* widmet sich Sara Ahmed[32] dem von Alf Lüdtke alltagsgeschichtlich verwendeten Begriff des Eigen-Sinns. Die von Lüdtke etablierte Bedeutung von Eigen-Sinn, also von possenhafter Widerspenstigkeit im Feld alltäglicher Praktiken,[33] entwickelt sie im Rahmen ihres Begriffs der *willfulness* weiter. „Willfulness might be thought of as becoming crafty”[34], schreibt Ahmed. Sie zielt damit darauf, eine doppelte Bedeutung von *crafty* als meisterlich-handwerklich und widerspenstig herzustellen. Ahmed thematisiert nicht den Willen des Subjekts, eigensinnig zu sein, sondern die Spontanität unangemessener, gerissener, possenhafter – also eigensinniger – Ereignisse im Alltag. Diese Eigensinnigkeit im Alltäglichen impliziere den Rückzug von formalisierten Politiken in die kleinen Ereignisse, in die Mikropolitiken des Alltags.[35] Mit Bezug auf Lüdtke hebt Ahmed die Vernakularität politischer Kämpfe hervor, womit andere, eigensinnige Gesten der Emanzipation etabliert werden können. So z. B. plädiert sie für eine andere Lesart der Geste der Anerkennung. Ahmed

31 Ott: Entautomatisierende Affizierungen, S. 116.

32 Vgl. Ahmed: *Willful Subjects*.

33 Vgl. Alf Lüdtke: What Happened to the ‚Fiery Red Glow‘? Workers’ Experiences and German Fascism. In: Alf Lüdtke (Hrsg.): *The History of Everyday Life. Reconstructing Historical Experiences and Ways of Life*. Princeton: Princeton UP 1995, S. 198–251, hier S. 327.

34 Ahmed: *Willful Subjects*, S. 133.

35 Ebd., S. 206.

zufolge impliziere Anerkennung in klassischen Emanzipationsnarrativen die Hoffnung auf gesellschaftliche Akzeptanz und auf die Überwindung negativer Gefühle als Folge von Benachteiligungen. Dem gegenüber plädiert sie für eine Form der Anerkennung, die negative Gefühle annimmt, aufnimmt und in Empfang nimmt. Mit Anerkennung sei die Empfänglichkeit gegenüber den meist als Last und Bedrohung empfundenen Gefühlen gemeint. Ahmed schreibt: "If we are charged with willfulness, we can accept and mobilize this charge. To accept charge is not simply to agree with it. Acceptance can mean being *willing to receive*."[36] Die Bereitschaft, sich der Bürde der negativen Gefühle – also auch dem Schmerz – gegenüber empfänglich zu zeigen, bedeute, die Bürde nicht zu verwerfen oder zu überwinden. Dieses Vorgehen erachtet Ahmed als emanzipativ in einem Sinne, der im Unterschied zu konventionellen politischen Konzepten Anerkennung mit Eigensinn verknüpft. Anerkennung als eigensinnig zu betrachten, verweist also auf die Frage der Empfänglichkeit, beziehungsweise des Empfangens zurück. Ich möchte nun behaupten, dass sich Beckers Fotografien mit Ahmeds Begriff des Eigensinns analysieren lassen, da dieser die Empfänglichkeit der kleinen und possenhaften Mikropolitiken im Medienamateurischen affirmiert.

Wie in Abschnitt I.1.1 bereits erwähnt, war Beckers Fotografie weniger auf Öffentlichkeit hin ausgerichtet, als es für Medienamateur*innen im dominant gewordenen Konnex ihrer Selbstvermarktung üblich ist. Beckers Orientierung an vernakulären Praktiken und Gebrauchsweisen seiner Fotografie affirmiert eine Politik der Eigensinnigkeit, die auf der Fähigkeit zur Anerkennung und zur Empfänglichkeit beruht. Wenn Becker bei seinen alltagsfotografischen Inszenierungen seine Hände auf seinen Bauch legt, behaupte ich darin eine Form der Anerkennung seines Körpers im von seinem Willen nicht zu kontrollierenden Schmerz. Die schmerzhafte Herabwürdigung seines Körpers und seiner Sexualität, die er im Verlauf seines Lebens erdulden musste, übersetzt er nicht in eine Form der Schmerzabwehr, sondern in eine Anerkennung, die mit der Empfänglichkeit des unbändigen und eigensinnigen Schmerzes einhergeht. So sind z. B. Beckers Handrücken der Kamera zugewendet. Im Tätowierdiskurs gelten Hände als die verletzlichsten Körperteile, nicht nur, weil Tätowierungen auf der dünnen Haut des Handrückens besonders schmerzvoll sind, sondern auch, weil die Hände die exponiertesten und potenziell vulnerabelsten Flächen für eine Tätowierung darstellen. Den Blick der Kamera genau an dieser Stelle zu imaginieren und zu spüren, verstehe ich als *willingness to receive* oder als Anerkennung des Empfänglich-Seins. Im Rahmen dieses Empfänglich-Seins öffnet sich das

36 Ahmed: *Willful Subjects*, S. 134.

Intervall, das sich mit sinnlichen, weniger rationalen Qualitäten füllt. Hier kann das Amateurdispositiv samt seines visuellen Ausdrucks überformt werden.
Eine solche Überformung besteht aus meiner Sicht allein schon in der Unschärfe des Bildes. (Abb. 4) Indem Becker durch die passive Haltung seiner Hände auf dem Bauch empfängt, kann er im Moment der Aufnahme nicht die Selbstauslösetechnik oder den Stand der Kamera optimieren. Er nimmt die Verwackelung des Bildes und damit die Unschärfe hin. Seine Fotografie widerspricht damit dem im Amateurdispositiv dominant gewordenen Gebot der Amateurfotografie, scharfe Aufnahmen zu produzieren. Becker ist also Medienamateur im Sinne des alternativen Medienamateurdiskurses nach Dieter Daniels. Dieser, wie ich bereits beschrieben habe, zeichnet sich durch eine passive, nach Ahmed ließe sich sagen, empfangende Haltung gegenüber der Eigendynamik der Technik aus.[37] Aus Sicht der gegenwärtigen Standardisierungen und Optimierungen des visuellen Feldes im Amateurbereich und der medienamateurischen Hochglanzleistungen, vor allem auch im Rahmen der schwulen Selbstdarstellung,[38] verstehe ich Beckers sich dem Nicht-Planbaren zuwendenden Mediengebrauch als queerpolitisches Handwerk. Die Unschärfe der Fotografie, die verrutschten Körperränder und das sich ausfransende Selbst sind in seinem fotografischen Nachlass keine Seltenheit. Ich nehme dieses Merkmal daher zum Anlass, im Folgenden über seine Fotografie als queeres Affektbild nachzudenken. Gemeint ist ein Bild, das den Affekt über eine ungewöhnliche Inszenierung von Unschärfe zur Visualisierung bringt. Seine passive Handstellung ist auch in diesem Abschnitt von Relevanz.

VII.1.3 Hand aufs Herz: Fotografie als queeres Affektbild

Wenn ich Hände als Mittel beschrieben habe, um Kontakt zum Körper als unbändige und eigensinnige Technik herzustellen, meine ich, dass neben dem standardisierten Medienamateurdiskurs eine weitere normative Ebene der Fotografiegeschichte unterbrochen wird, und zwar die der Erzeugung von Affektbildern, die bestimmte Subjekte delegitimieren sollen.
Beckers Art und Weise der Inszenierung seiner Hände löst Assoziationen mit der wissenschaftlichen Fotografie der Verzeichnung und Vermessung des Abjekten aus, die auch Eingang in künstlerische Aktfotografien fand. Aus Beckers Inszenierungsform des nackten Körpers ergibt sich eine Nähe zu Künstleranatomien gegen Ende des 19. Jahrhunderts. Diese versuchten durch die frontale

37 Vgl. Daniels: *Kunst als Sendung*.
38 Vgl. Köppert: *Touch of Concern*.

Darstellung des nackten Körpers ein Idealbild des modernen Menschen zu kreieren.[39] Im Genre dieses fotografischen Akts überlappten sich naturwissenschaftliches Wissen und klassizistische Ästhetik. So rufen Bilder Beckers, in denen dieser eingefroren der Kamera zugewandt steht und seine Hand auf seinem Bauch ablegt, beispielsweise die fotografischen Studien Gustav Fritschs um die Jahrhundertwende auf. In diesen diente die Hand zusätzlich zur oder anstelle der Messlatte als Maßeinheit, um Körperproportionen auf dem Foto nachvollziehen zu können. (Abb. 18 Mitte) Aber auch Ähnlichkeiten mit anthropometrischen Fotografien, wie sie im kriminologischen Bilddiskurs mannigfach zum Einsatz kamen, lassen sich erkennen. So gleicht die Fotografie Beckers vor allem hinsichtlich der Haltung seiner Hände der Darstellung z. B. einer halbnackten Frau in einem 1950 von der französischen Sicherheitspolizei veröffentlichten Korpus kriminalisierender Aufnahmen Tätowierter.[40]

Dass Becker selbst von verzeichnenden und kriminalisierenden Bildtechniken betroffen war, ergibt sich aus dem Diskurs, der Homosexualität seit dem 19. Jahrhundert pathologisierte und kriminalisierte. Konkret wurde er nach seiner Verhaftung durch die Gestapo einer fotografischen Erfassung unterzogen (siehe Kap. II). Zwar wurde Beckers Gestapo-Akte vernichtet, aus den Akten seiner ebenso verhafteten homosexuellen Bekannten lässt sich aber rekonstruieren, dass auch bei Becker eine fotografische Erfassung stattgefunden hat. Insofern lassen sich seine Handstellungen auch als Kommentar zu diesen pathologisierenden und kriminalisierenden Fotografiepraktiken verstehen. Dieser Rekurs artikuliert sich nun nicht als eine Anerkennung bildlicher Zeichen der Entwürdigung, die versucht, den Schmerz zu vermeiden. Eher bedeuten Beckers Exponieren seiner Hände und die damit einhergehende Affizierung seines vom Schmerz eingenommenen Körpers eine Anerkennung von Schmerz. In dieser Anerkennung öffnet sich das zeitliche Intervall, das Widerspenstiges und Eigensinniges insofern zulässt, als es den Anspruch der vermessenden Kontrolle unterläuft und das Bild unscharf werden lässt. (Abb. 4) Mit der Agentialität der Kamera, die ohne Beckers Zutun Verwackelungen produziert, tritt der Affekt ins Bild, ohne ein konventionelles Affektbild zu produzieren. Solche Affektbilder sind kulturhistorisch vor allem als Darstellungen extremer Körperbewegungen bekannt, etwa bei der fotografischen Inszenierung vermeintlich hysterischer Frauen.[41] Ein

39 Vgl. Peters: *Rätselbilder des Geschlechts*, S. 123–125.

40 Die zwischen 1920 und 1940 angefertigten französischen Gefängnistätowierungen waren Gegenstand der detaillierten fotografischen Studie von Robert Doisneau. Die Fotografien wurden neben Zeichnungen 1950 in dem Buch *Les Tatouages du ‚milieu‘* veröffentlicht. Vgl. Jacques Delarue / Robert Giraud: *Les Tatouages du ‚Milieu‘*. Paris: La Roulotte 1950.

41 Vgl. Didi-Huberman: *Die Erfindung der Hysterie*.

anderer Kontext sind verzerrte Mimiken bei der fotografischen Aufzeichnung von Emotionen, etwa durch den Neurologen Duchenne de Boulogne. De Boulogne wollte unter dem massiven Einsatz technischer Apparaturen den Affekt gewissermaßen auf die Gesichter „malen"[42]. Die genannten Beispiele legen den Schluss nahe, Schmerz als Affekt müsse auf Fotografien in Grimassen oder extremen Körperbewegungen oder -verzerrungen sichtbar werden.
Bei Beckers Fotografien handelt es sich jedoch um Affektbilder, die diesen Vorstellungen widersprechen. In seinen Aufnahmen werden konventionelle kulturhistorische und medizingeschichtliche Repräsentationen von Schmerz verschoben. Zwar ist auf den Bildern Affekt in Form von Unschärfe und damit der Durchbrechung der mit Schärfe konnotierten Ideen wie Rationalismus, Erkenntnisfähigkeit und Vernunft vorhanden, aber nicht in Form einer affizierten massiv gemütsbewegten und mithin abjekten Männlichkeit. Affektbilder, die wie bei Duchenne de Boulogne Ergebnisse einer hochgradig kontrollierten Experimentalanordnung waren und die schließlich das im Bild abwesende, aber durch das Bild zu installierende Maß bürgerlicher Gefühle determinierten, werden im Bild Beckers der Unkontrollierbarkeit technischer Abläufe überlassen. Das heißt, dass Becker, weil er sich passiv der Unkontrollierbarkeit seines Körpers im Schmerz hingibt und responsiv ist, nicht kontrollierend in das fotografische Geschehen eingreift. Er lässt die Kamera machen und nimmt dadurch unscharfe Bilder in Kauf. Unschärfe kann entstehen – nicht aber, weil Becker sich bewegt hat, sondern weil der Eigendynamik der Kamera freier Lauf gelassen wurde. Weil die Unschärfe des Bildes nicht durch eine im Bild sichtbare Bewegung des Körpers entsteht, sondern durch die sich bewegende Technik, schreibt sich Affekt durch Technik ins Bild. Indem nun die Kameratechnik die sonst im Bild durch Menschen hergestellte Bewegungsunschärfe produziert, wird Technik anthropomorph, das heißt übernimmt sie Fähigkeiten, die sich sonst eher über menschliche Bewegung oder Mimik ausdrücken. Genauso wie ich den menschlichen Körper im Bild zuvor als technomorph, also als Technik angenommen habe, artikuliert sich Technik hier als menschlich, und zwar affektiv, in einem eigendynamischen Sinne. Ich meine im Anschluss an diese Beobachtung argumentieren zu können, der dominante und auf Technik- und Körperbeherrschung fokussierte Medienamateurdiskurs würde dekomponiert.

Im Anerkennen von Schmerz und dem Empfänglich-Sein gegenüber dem Schmerz öffnet sich ein zeitlicher Zwischenraum, ein Schnitt in der Zeit, in dem andere als nur bewusste und rationale Abläufe Bedeutungen produzieren.

42 Löffler: *Affektbilder*, S. 120.

Es sind die eigensinnigen Qualitäten, die affiziert werden und die, indem sie neue Relationen z. B. zwischen menschlichem Körper und technischem Apparat aufzeigen, den Medienamateurdiskurs in einem politisch anderen als nur ökonomisch bedeutsamen und industriell verwertbaren Licht aufscheinen lassen. Im Empfangen und Affizieren der eigensinnigen Funktionsfähigkeit von Körper als Technik und Technik als Körper entsteht das Potenzial einer Dekonstruktion kapitalistisch eingebundener Meister-Subjektivität, entsteht ein queerpolitisches Handwerk.

VII.2 Die Collage als viszerales Schnittmuster

Im Verlauf dieser Arbeit habe ich Beckers Collagen (Abb. 5, 7, 19, 43, 51, 55) zwar immer wieder erwähnt, aber nie wirklich detailliert thematisiert. Diese Collagen, die er entweder aus Positiven fertigte oder bereits als Negative montierte und dann als fertige Collage abzog, sollen im Mittelpunkt meiner folgenden Auseinandersetzung mit der Viszeralität, also Körperlichkeit der Schnittmuster stehen. Schnittmuster, die beim Schneidern und bei der häuslichen Handarbeit als Schablonen für den Zuschnitt von Kleidungsstücken dienen, werden für Becker als Medien der Realisierung des Ein- und Zerschneidens seines Körpers sowie seines den Körper prothetisch verlängernden Selbstbildes bedeutsam. Ich betrachte Beckers Collagen als Schnittmuster, die der Herstellung des Schmerzes dienen und Körperformen hervortreten lassen, die im Kontext der kunsthistorischen Entwicklung von Collage einerseits und der Selbsttechnik des Scrapbooks andererseits speziell im Sinne von queer sind. Bevor ich näher auf Beckers Collagen zu sprechen komme, die ich aus der theoretischen Perspektive des Konzepts des agentiellen Schnitts von Karen Barad analysieren möchte, schicke ich einen kleinen Exkurs zur Collage voraus. Anschließend führe ich aus, welche Konsequenzen sich für die Theoretisierung der Collagen aus dem Umstand ergeben, dass Beckers Schnittmuster anders als künstlerische Collagen bzw. als solche des Selbermachdiskurses funktionieren.

VII.2.1 Kunstform des Schocks – Alltagsform der Subjektivierung[43]

Das Scrapbook stellte bereits im 19. Jahrhundert als Alltagsform der Collage und Open-Source-Technologie des Selbstausdrucks Möglichkeiten zur Verfügung, Dinge des alltäglichen Lebens mit Postkarten, Starbildern sowie Carte-de-visite-Bildern zu montieren.[44] Die Entwicklung des Scrapbooks hing dabei eng mit der Entwicklung der fotografischen Techniken (wie z. B. der Erfindung des Rollfilms 1880) sowie den sich verbessernden Reproduktionstechniken zusammen. Auch die Entwicklungen des Farbdrucks, der Chromolithografie[45] oder spezieller Albuminpapiere Ende des 19. Jahrhunderts beschleunigten die Popularisierung

43 Dieser Abschnitt wurde in ähnlicher Form als Teil des Artikels „Scrap-Book of Tears. Entwürfe des Selbst im (Zeit-)Gefüge von Schmerz und Hoffnung" veröffentlicht. Vgl. Köppert: Scrap-Book of Tears, S. 181–186.

44 Vgl. Jessica Helfand: *Scrapbooks. An American History*. New Haven: Yale UP 2008; Sarah McNair Vosmeier: Picturing Love and Friendship. Photograph Albums and Networks of Affection in the 1860s. In: Susan Tucker / Katherine Ott / Patricia P. Buckler (Hrsg.): *The Scrapbook in American Life*. Philadelphia: Temple UP 2006, S. 207–219.

45 Die Erfindung der Lithografie revolutionierte nicht nur die visuelle Perzeption, sondern löste im Zusammenhang mit der Entwicklung des Farbdrucks Ende des 18. Jahrhunderts die Modewelle des Sammelns und *scrapbooking* von Chromolithografien aus.

des Scrapbooks vor allem in England und den USA.[46] Die Mischung aus Fotografien und via Staralben (seit 1850) und Fotojournalen (seit 1861) erworbenen Bildreproduktionen sowie Ephemera ließ das Scrapbook zur „Wunderkammer der unteren Klassen“[47] werden, noch bevor es dem Bürgertum dazu verhalf, den Bildkonsum und die Anhäufung von Wert und Besitz durch das Sammeln von Bildern zu ritualisieren. Mit dem Aufstieg des Bürgertums machte das Scrapbook Karriere als wichtiges Requisit einer bürgerlichen Konzeption des Selbst und einer alltäglichen Taktik.[48] Im Zuge der massenhaften Verbreitung fotografischen Materials entstanden, gilt das Scrapbook neben den Verfahren des vergleichenden Sehens in (Kunst-)Pädagogik, Medizin und Kulturwissenschaft[49] als Vorbild für Montagetechniken, die sich erst zu Anfang des 20. Jahrhunderts als künstlerische Bearbeitungsformen zu exponieren begannen[50] – und zwar gegen das Scrapbook als Synekdoche für Bourgeoisie und Massenkultur.[51]
Die künstlerische Avantgarde der 1920er Jahre bediente sich der Scrapbook-Ästhetik, um diese gegen das durch die Scrapbook-Technik entworfene Narrativ des bürgerlichen Selbst zu richten und einen Ausdruck der semiotischen Erschütterung zu schaffen.[52] Mit dieser Erschütterung verband sich entgegen des aufklärerischen Impetus der Kunstdidaktik die Hoffnung, emotional wirksame Rätsel aufzugeben. Der Dadaismus zielte z. B. auf die strukturelle Betonung von Diskontinuität, Inkongruenz und Fragmentierung.[53] Die Collage sollte also das Subjekt vor dem Hintergrund des Ersten Weltkrieges an das Wahrnehmungsfeld des durch dislozierte, verwundete Körper ausgelösten Schock-Erlebnisses heranführen.[54] Im Gegensatz zum bürgerlichen Autonomieanspruch und den

46 Vgl. Susan Tucker / Katherine Ott / Patricia P. Buckler (Hrsg.): *The Scrapbook in American Life*. Philadelphia: Temple UP 2006.

47 Ebd., S. 1–25.

48 Vgl. Michel de Certeau: *Kunst des Handelns*, aus d. Franz. v. Ronald Voullié. Berlin: Merve 1988.

49 Vgl. Lena Bader: Bricolage mit Bildern. Motive und Motivationen vergleichenden Sehens. In: Dies. / Martin Gaier / Falk Wolf (Hrsg.): *Vergleichendes Sehen*. München: Fink 2010, S. 19–42; Thomas Hensel: Aby Warburg und die „Verschmelzende Vergleichsform“. In: Bader / Gaier / Wolf (Hrsg.): *Vergleichendes Sehen*, S. 469–490.

50 Vgl. Benjamin H. D. Buchloh: Gerhard Richters Atlas. Das anomische Archiv. In: Wolf (Hrsg.): *Paradigma Fotografie*, S. 399–427.

51 Vgl. Heather Downs: Crafting culture. Scrapbooking and the Lives of Women. Dissertation, University of Illinois at Urbana-Champaign 2006. In: *Ideals*, 28.09.2015. http://hdl.handle.net/2142/86217

52 Vgl. Tucker / Ott / Buckler (Hrsg.): *The Scrapbook in American Life*.

53 Vgl. Wendy Everett: Screen as Threshold – The Disorientating Topographies of Surrealist Film. In: *Screen* 39,4 (1998), S. 141–152.

54 Vgl. Elsa Adamowicz: Bodies Cut and Dissolved: Dada and Surrealist Film. In: James S. Williams / Alex Hughes (Hrsg.): *Gender and French Film*. Oxford: Berg 2002, S. 19–34.

in dessen Kontext etablierten alltäglichen Praktiken der Selbstvergewisserung durch *scrapbooking* inszenierte die Avantgarde den Bruch des rationalen Subjekts. Gleichwohl ging es ihr auch um die Frage der adäquaten Repräsentation der Krise des Subjekts, weshalb ihr auch unterstellt werden könnte, sie beanspruche, Meisterin der Krise zu sein.

In der Nachkriegszeit diente die Collage der Auseinandersetzung mit der Verdrängung und Amnesie. Dem Bürgertum, das sich in idealisierten Familien- und Geschlechtervorstellungen eingerichtet hatte, sollte anhand der Zusammenstellung anonymer Fotografien privater Alben sowie Zeitungs- und Werbefotografien ein Spiegel vorgehalten werden. Als Beispiele hierfür lassen sich die *Kriegsfibel* (1955) von Bertold Brecht sowie der *Atlas* (1962–2013) von Gerhard Richter anführen. Das Trauma des Holocaust, das den kollektiven Verdrängungszwang ausgelöst hatte, sollte durch die plötzliche Sichtbarmachung schockierender Schmerzdarstellungen konfrontiert werden.[55] Gleichzeitig wollten sich Künstler wie Brecht und Richter vom Diskurs bürgerlicher Selbstbezüglichkeit distanzieren. Dazu schrieben sie sich in die Tradition surrealistischer Collageverfahren ein. Die visuelle Vergangenheit der Avantgarde der 1920er Jahre bricht durch den Zweiten Weltkrieg in die Nachkriegszeit ein. Im Anschluss an die historischen Ausdrucksformen der künstlerischen Collage sollte die Gegenwart im Ergriffensein – Pathos – konstituiert werden. Im Pathos sollte es möglich werden, „die Welt entschlossen – und melancholisch – als eine große ‚Leidensgeschichte' zu betrachten"[56]. Das Beunruhigende sollte durch die Collage gebannt werden.

Ich möchte im Anschluss an diesen sehr knappen Exkurs zur Geschichte des Scrapbooks und der künstlerischen Collage behaupten, dass Becker in Form der Viszeralisierung von Collage, also Verkörperlichung durch offengelassene Bruchstellen, sichtbare Schnitte und faltige Bilder, weniger erhabene Ergriffenheit medialisiert, als profane Affizierung ermöglicht. Dadurch schuf er kein Bild eines autonomen Subjekts, das sich über den Schock erhebt, um Meister der Krise der Männlichkeit im Nachkrieg[57] zu werden. Anstatt der Frage

55 Vgl. Buchloh: Gerhard Richters Atlas, S. 427.

56 Georges Didi-Huberman: Was zwischen zwei Bildern passiert. Anachronie, Montage, Allegorie, Pathos, aus d. Franz. v. Markus Sedlaczek. In: Bader / Gaier / Wolf (Hrsg.): *Vergleichendes Sehen*, S. 537–572, hier S. 557.

57 Vgl. Heide Fehrenbach: *Cinema in Democratizing Germany. Reconstructing National Identity After Hitler*. Chapelhill / London: North Carolina UP 1995; Heide Fehrenbach: Rehabilitating Fatherland: Race and German Remasculinization. In: *Signs. Journal of Women in Culture and Society* 24,1 (1998), S. 107–127; Robert G. Moeller: Reconstructing the Family in Reconstruction Germany. Women and Social Policy in the Federal Republic, 1949–1955. In: Ders. (Hrsg.): *West Germany Under Construction. Politics, Society, and Culture in the Adenauer Era*. Ann Arbor: Michigan UP 1997, S. 109–133; Uta G. Poiger: *Jazz, Rock, and Rebels. Cold War*

nachzugehen, wie sich ein männliches Subjekt konstituiert, das in der Lage ist, Krisen zu bewältigen, frage ich nach der queer-politischen Bedeutung der Fragilität, die durch die Viszeralität der Collagen Beckers aufgerufen wird.

VII.2.2 Das Bild an den Schnittstellen ‚lesen'

In jedem auf die Zeit nach dem Zweiten Weltkrieg datierten Karton des Nachlasses Beckers finden sich Ordner mit Seiten, auf denen er entweder mindestens zwei abgezogene Fotografien nebeneinander montierte (Abb. 5), beschnittene Fotografien (Abb. 77) mit teilweise durch Klebestreifen sichtbaren Schnittkanten (Abb. 78, 79) übereinander klebte, Schnittflächen der bereits als Collage abgezogenen Positive durch Knicke und Falze sichtbar werden ließ (Abb. 80) oder beide Techniken, also die Negativ- und Positivmontage, erkennbar in einer Collage miteinander verband. (Abb. 81) Bemerkenswert ist, dass Becker Techniken anwendet, die die Schnittstellen nicht verschleiern, sondern betonen. Anders als etwa beim analogen Filmschnitt, der zwei Bilder bewusst unmerklich miteinander verschweißt, um eine kontinuierliche Narration zu erzielen und gerade auf der Nicht-Wahrnehmbarkeit von Schnitt- und Klebestellen beruht, arbeitet Becker mit der Schnittstelle als stilistischem Mittel. Diesem Stilmittel schreibe ich die Funktion zu, Selbstverletzung zu medialisieren. Das heißt, indem Becker den Schnitt durch sichtbare Klebestreifen und Schnittkanten sowie durch haptisch spürbare Furchen, Knicke und Falze kenntlich macht, stellt er die Nutzung von Collage in den Zusammenhang der Imagination bzw. des Reenactments von Schmerz. Beckers Mediengebrauch – so behaupte ich – ist von dem Wunsch geprägt, den Schmerz, den er seinem Körper zufügte, zu reaktivieren. Becker übersetzt die Viszeralität, also die körperlich spürbare Dimension des Schmerzes, in die Medientechnik einer Collage, die die Verletzlichkeit des Bildes offenkundig macht. Die Unversehrtheit des Bildes wird dabei durch Falze und Substanzen (Klebstoff) ähnlich beeinträchtigt, wie durch Stiche und Schnitte sowie Teer und Ruß auf Beckers Haut und Körper. Die Collagen, in denen er oft an den Schnittstellen ‚kippt', das heißt in denen die Frontalansicht seines Körpers in eine Profil- und / oder Rückenansicht wechselt (Abb. 78 oben bis 80), weisen also über die Anordnung der Fotos hinausgehend materielle Spuren auf, die den

Politics and American Culture in a Divided Germany. Berkeley / Los Angeles / London: California UP 2000; Uta G. Poiger: A New ‚Western' Hero? Reconstructing German Masculinity in the 1950s. In: Hanna Schissler (Hrsg.): *The Miracle Years. A Cultural History of West Germany, 1948–1968.* Princeton / Oxford: Princeton UP 2001, S. 412–427; Uta G. Poiger: Krise der Männlichkeit. Remaskulinisierung in beiden deutschen Nachkriegsgesellschaften. In: Klaus Naumann (Hrsg.): *Nachkrieg in Deutschland.* Hamburg: Hamburger Edition 2001, S. 227–263.

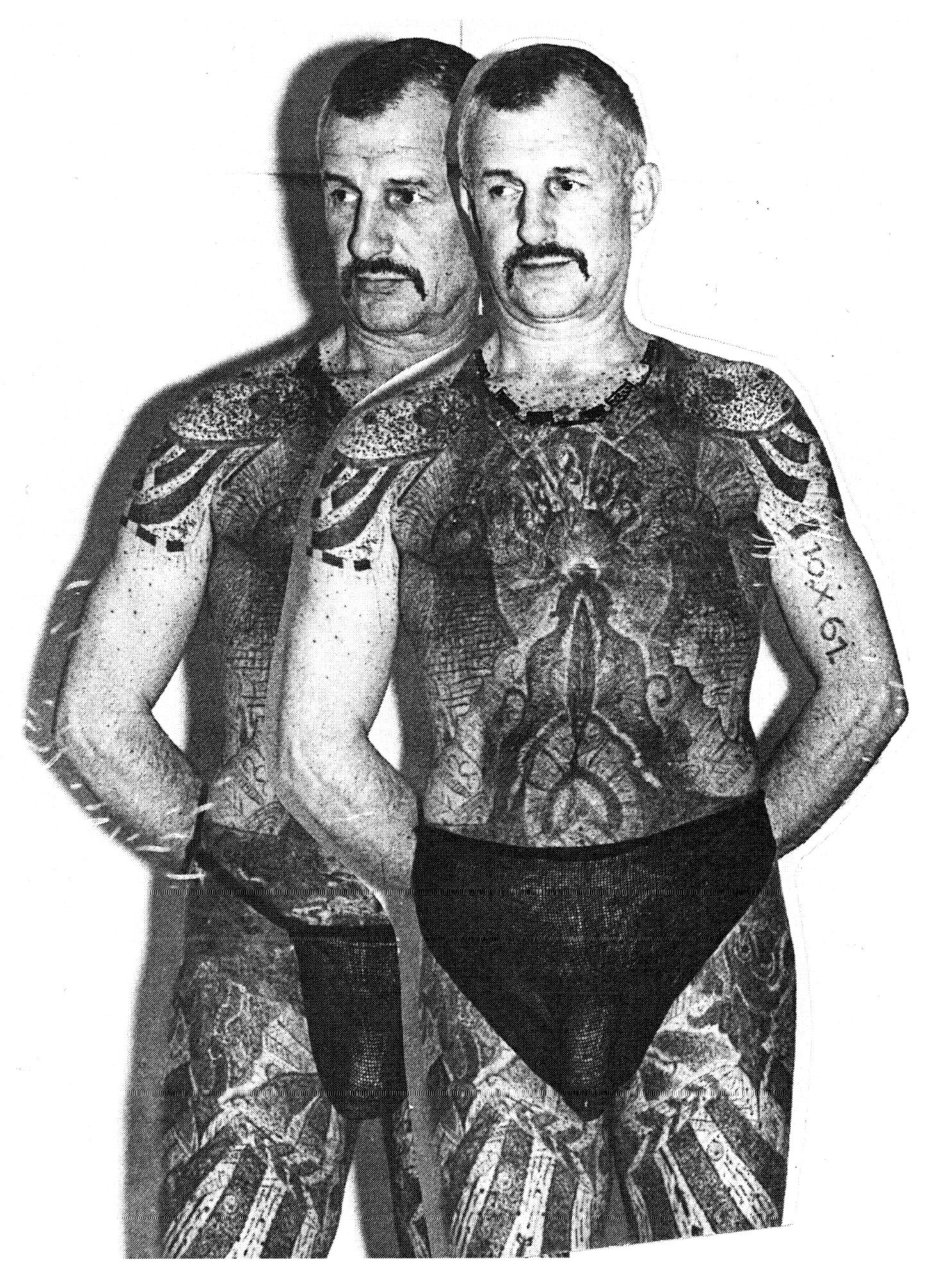

Abb. 77: Albrecht Becker: *Überlappung*, 1961.

Schnitt zusätzlich hervorheben. Dazu zählen wie erwähnt Klebestreifen, die die Ansichten Beckers zusammenhalten. (Abb. 78, 79) Zum anderen markieren Falze und Knicke die Schnittkante. (Abb. 80) Diese Beobachtungen führen mich zu zwei Aspekten, die ich in den folgenden beiden Abschnitten ausführlicher diskutieren möchte: Erstens verdeutlicht die durch Materialergänzung (Klebestoff) und Materialveränderungen (Faltung) hervorgebrachte Verkörperlichung des Schnitts, dass im Schnitt nicht nur Negation, sondern zu Transformationen führende Relation herrscht. Dieses mit dieser Beschreibung adressierte Konzept des agentiellen Schnitts von Karen Barad werde ich im Folgenden auch deswegen explizieren, weil ich es als einen Gegenentwurf zur anti-sozialen Wende von Queerer Theorie[58] für die Entwicklung queerer Bündnisse fruchtbar finde. In der viszeralen Zuschnitttechnik sehe ich zudem einen queer-politisch bedeutsamen Unterschied zu künstlerischen Verfahren der Montage einerseits und zur eher im bürgerlichen Kontext anzusiedelnden Selbstvergewisserungstechnik des Scrapbooks andererseits.
Zweitens konstituieren die vermutlich durch Faltungen hervorgebrachten gegenseitigen Berührungen der fotografischen Oberflächen eine Collage, die ein zeitliches Intervall, wie es Michaela Ott beschreibt, erzeugen, das sinnliche Qualitäten freisetzt.[59] Potenzieller Effekt dieser sinnlichen Qualitäten sind queere, das heißt heteronormative Zeitvorstellungen dekomponierende Bündnisse.

VII.2.3 Zur affizierenden Paradoxalität des Schnitts

Als Linie der Unterbrechung und Negation stellt der Schnitt immer auch eine Verbundstelle dar. Als trennende Vereinigung ist er paradox. In diesem Abschnitt möchte ich zeigen, wie in Beckers spezifischer Form der Herstellung von Collagen der Schnitt als Paradoxon zum einen affiziert wird und dabei zum anderen selbst affizierend wird. Der Hintergrund, diesen Aspekt hervorzuheben, ist, sich gegen die innerhalb der Queeren Theorie seit ungefähr Anfang des 21. Jahrhunderts behauptete sogenannte *anti-social thesis* zu wenden. Die antisoziale These, wenngleich von Lee Edelman als Polemik vorgetragen,[60] lautete, es müsse dem auf reproduktive Zukunft ausgerichteten heteronormativen Familiarismus „eine radikale Zukunftslosigkeit queerer Existenzweisen"[61] entgegengesetzt

58 Vgl. Edelman: *No Future*.

59 Vgl. Ott: Entautomatisierende Affizierungen.

60 Vgl. Edelman: *No Future*.

61 Beatrice Michaelis / Gabriele Dietze / Elahe Haschemi Yekani: The Queerness of Things Not Queer: Entgrenzungen – Affekte und Materialitäten – Interventionen. Einleitung. In: *Feministische Studien* 30,2 (2012), S. 184–197, hier S. 190.

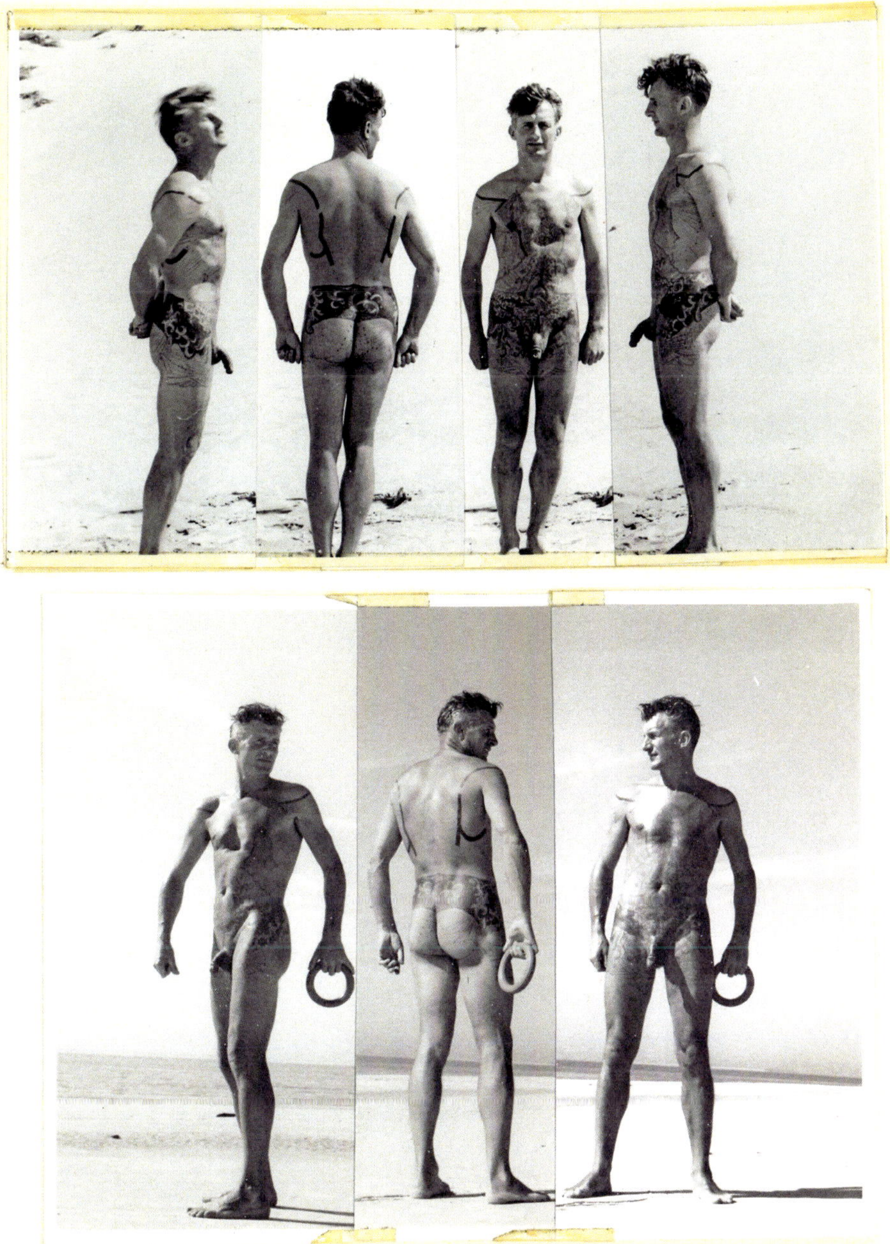

Abb. 78: Albrecht Becker: *Klebestreifen-Montage I*, 1950.

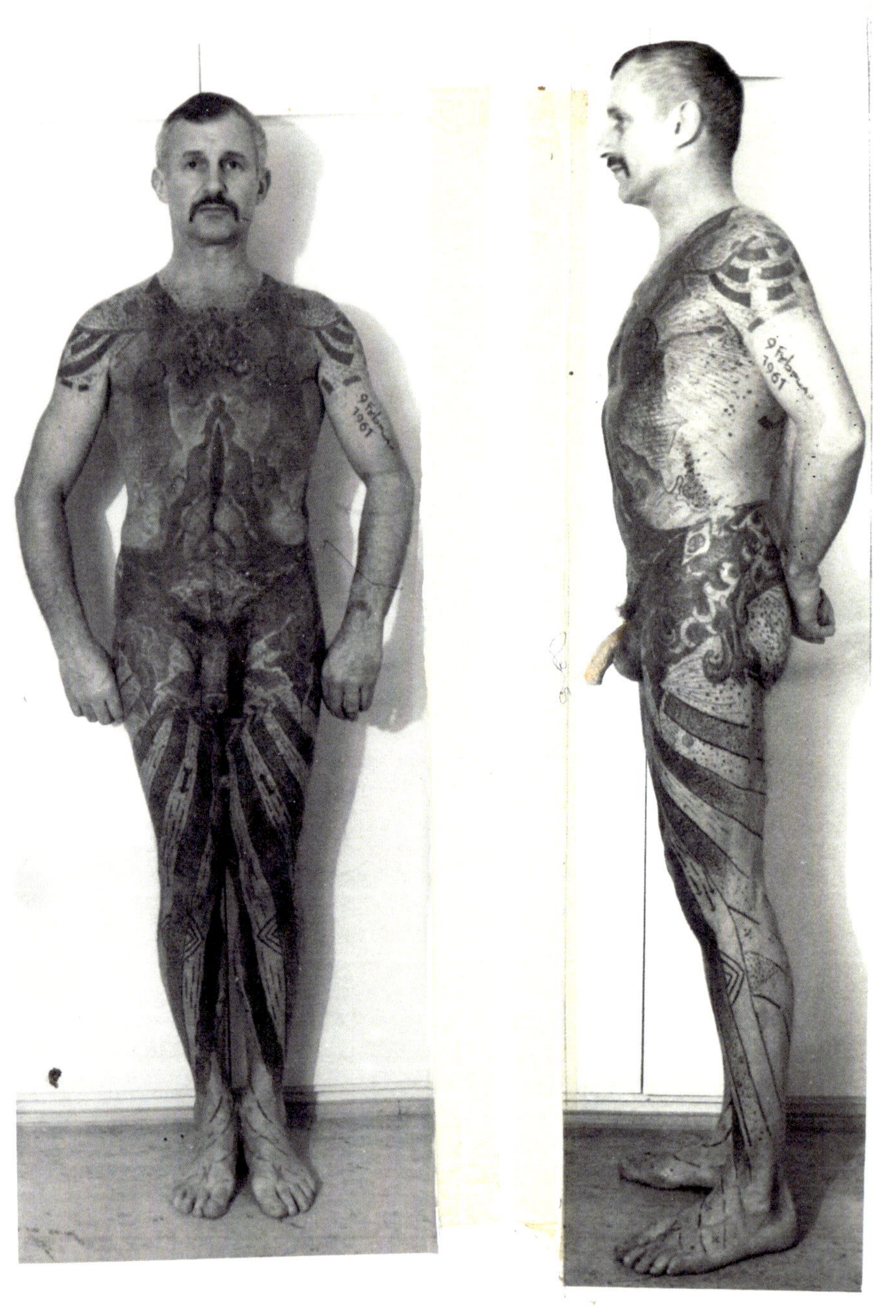

Abb. 79: Albrecht Becker: *Klebestreifen-Montage II*, 1961.

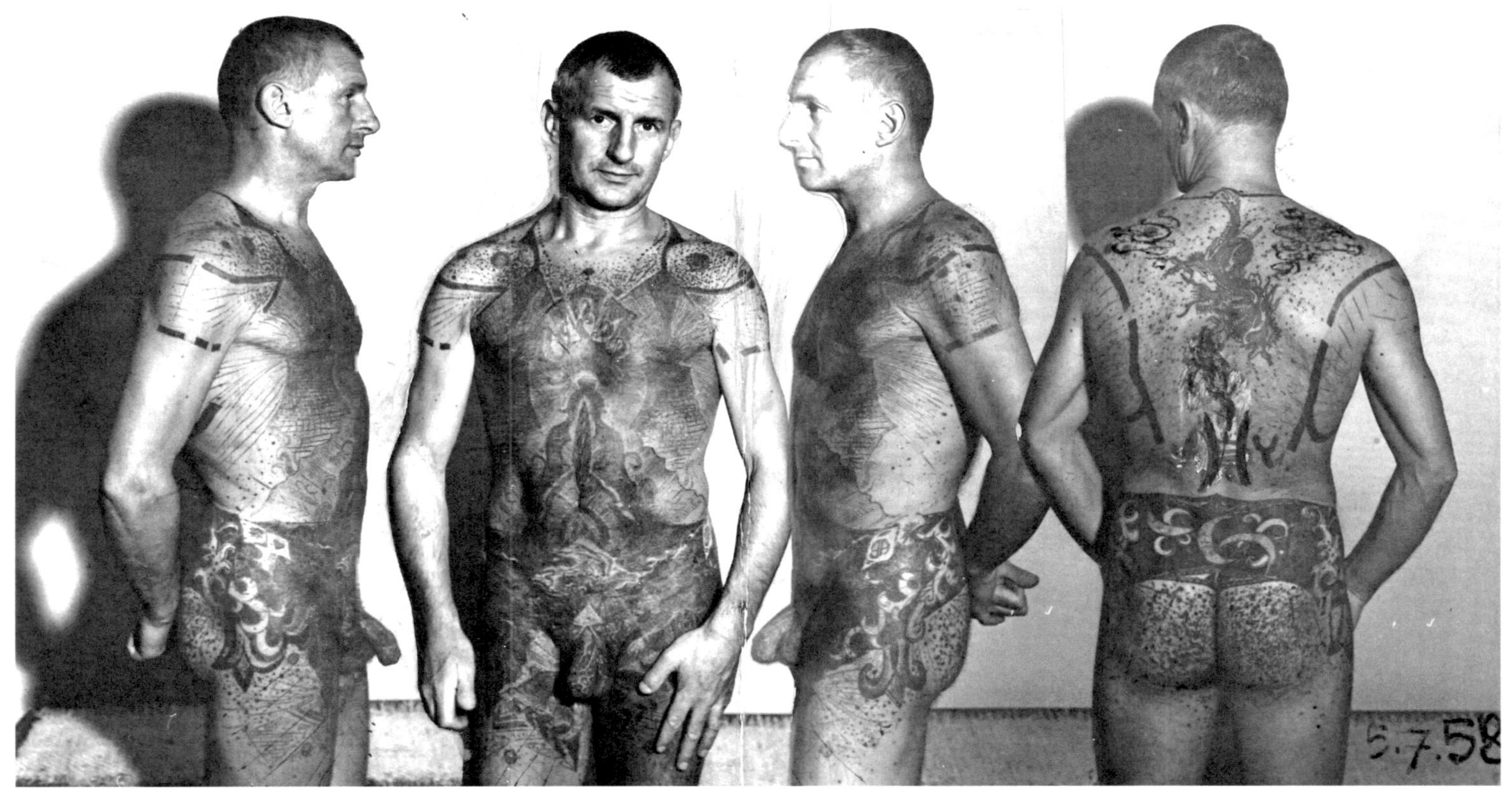

Abb. 80: Albrecht Becker: *Falzung*, 1958.

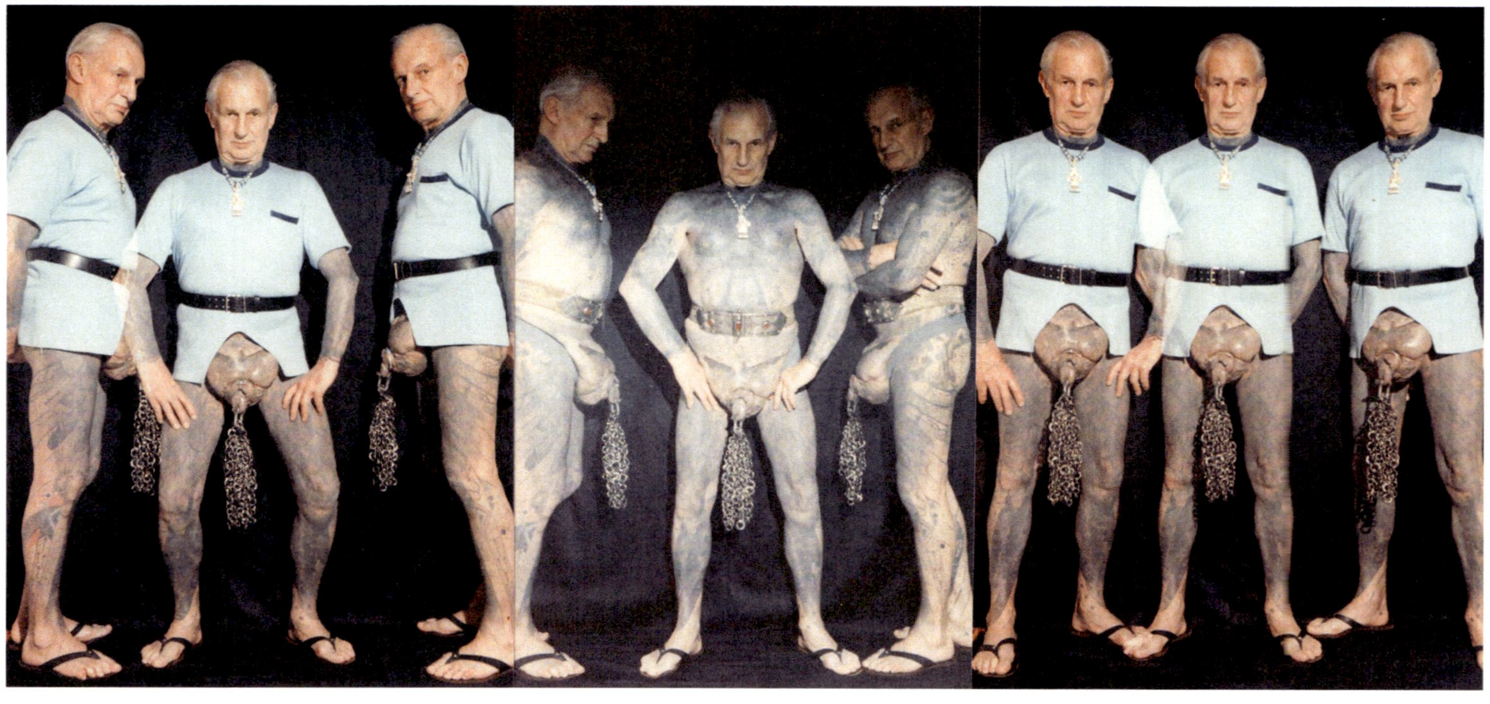

Abb. 81: Albrecht Becker: *Montierte Zeit*, o. D.

werden. Edelman vertritt die Auffassung, Queers könnten den erhobenen Vorwurf, „sie seien die Verhinderung der gesellschaftlichen Zukunft"[62], durch eine radikale Bejahung des Verzichts auf die eigene Reproduktion in seiner stigmatisierenden Wirkung sichtbar machen. Zugleich könnten sie sich durch die Annahme des Stigmas gegen den sich in schwullesbitrans* Communities verbreitenden Ehe-für-Alle-Adoptions-Regenbogenfamilien-Normalismus politisch wenden. Der Effekt dieser lange Zeit debattenbestimmenden[63] These war, dass die Affirmation der radikalen Verweigerung von Reproduktion – sprich die Affirmation der Negation und des Todestriebes – die Zwischentöne unhörbar werden ließ. Nicht nur, dass Ansätze queerer Temporalitäten schlechter vernehmbar wurden, die, statt auf die Negation an sich zu setzen, von Zeitmodellen der Anachronizität,[64] des Verfrüht-Seins[65] oder Zu-Spät-Kommens[66] ausgehen. Es kam auch zu einer Bejahung negativer Gefühle, die als queere Oppositionalität[67] kaum mehr das Verbindende und Soziale betrachtete. Beckers Schnitttechniken möchte ich nun als einen Entwurf thematisieren, der genau diese Nuancen wieder sichtbar werden lässt. Seine Schnittmuster erlauben es, die Negation des Schnitts und die Negativität des mit dem Schnitt in Zusammenhang stehenden Schmerzes mit einer Relationalität auszustatten. Diese Relationalität verstehe ich als Transformation der von Edelman eingebrachten These.

Die Klebestreifen, Klebespuren oder Falze in Beckers Collagen heben das Trennende des Schnitts hervor. Zugleich stellen sie das verbindende Element zwischen zwei Fotografien dar. Dadurch können sie die Potenzialität von Relationalität, die in der destruktiv konnotierten Erfahrung des Schmerzes verborgen liegt, betonen. Der Schnitt wird also als Negation affirmiert, „[that] disturbs ...] by way of ‚an encounter', specifically, an encounter with the estrangement and

62 Michaelis / Dietze / Haschemi Yekani: The Queerness of Things Not Queer, S. 190.

63 Der von Edelman vorgebrachten These stehen Ansätze gegenüber, die eine Zukunftsorientierung oder politisierte Negativität vorschlagen. Vgl. Muñoz: *Cruising Utopia*; Judith Halberstam: The Anti-Social Turn in Queer Studies. In: *Graduate Journal of Social Science* 5 (2008), S. 140–156; Robert L. Casiero / Tim Dean / Lee Edelman / Judith Halberstam et al.: The Anti-Social Thesis in Queer Theory. In: *PMLA* 121,3 (2006), S. 819–821; Elahe Haschemi Yekani / Eveline Kilian / Beatrice Michaelis: Introducing Queer Futures. In: Dies. (Hrsg.): *Queer Futures. Reconsidering Ethics, Activism, and the Political.* Farnham / Burlington: Ashgate 2013, S. 1–15.

64 Vgl. Heather Love: *Feeling Backwards. Loss and the Politics of Queer History.* Cambridge / London: Harvard UP 2007.

65 Vgl. Elizabeth Grosz: *The Nick of Time. Politics, Evolution, and the Untimely.* Durham: Duke UP 2004, S. 117.

66 Vgl. Halberstam: *In a Queer Time and Place*, S. 153.

67 Vgl. Edelman: *No Future*, S. 4.

intimacy of being in relation"[68]. Die Dekonstruktion wird folglich nicht über die Erschütterung von Bedeutungen allein erreicht, sondern über die Hervorhebung der Gleichzeitigkeit von Entfremdung und Entfernung einerseits sowie Intimität und Relationalität andererseits. Ich möchte den Schnitt, also die Medialisierung dieser Simultanität von Entfremdung und Relationalität, als Beispiel für eine Artikulation von Schmerz verstehen, die Bündnisse erlaubt. Dabei gehe ich auch davon aus, dass Masochismus – entgegen der Lesart von Lee Edelman – als soziale Praxis medialisiert wird und dass die Sozialität, die sich im Moment der Trennung durch den Schnitt konstituiert, einer spezifischen Temporalität unterliegt, die ich als queer bezeichnen möchte.

Anhand der Schnittmuster Beckers möchte ich darauf verweisen, dass, anders als Edelmann es für den Sadomasochismus konzeptioniert hatte, im intensiven Moment des durch Schnitt produzierten Schmerzes nicht allein Destruktion und Passivität entstehen, sondern eine Transformation erlaubende und Bündnis schaffende Vibration und Aktivität. Hierfür scheint mir folgendes Zitat von Brian Massumi relevant: „[Intensity] is like a temporal sink, a hole in time, [but it] is not exactly passivity, because it is filled with motion, vibratory motion, resonation."[69] Ich nehme also auf Masochismus als Intervall Bezug, das zwar statisch, aber nicht passiv ist und das in seiner Unterbrechung von Zeit Aktivität, Transformation, Vibration verlangt. Lauren Berlant hatte dies ähnlich für die Sackgasse als Terminologie queerer Zeit formuliert:

> An impasse is decompositional – in the unbound temporality of the stretch of time, it marks a delay that demands activity. [...] The delay enables us to develop gestures of composure, of mannerly transaction, of being-with in the world.[70]

Ich möchte also bezogen auf die Collagen Beckers argumentieren, dass es sich um eine dekomponierende Stasis im intensiven Moment von Schmerz handelt, die nicht mit Destruktion, Passivität, *No Future* und Tod zu verwechseln ist, sondern mit Gesten des Mit-Anderen-in-der Welt-Seins.

Diese Beschreibungen des mit Vibration, Aktion und Transformation ausgestatteten Schnitts erinnern mich an den von Karen Barad eingebrachten Begriff des agentiellen Schnitts bzw. der Agentialität des Schnitts.[71] Darunter versteht sie

68 Lauren Berlant / Lee Edelman: *Sex, or the Unbearable*. Durham / London: Duke UP 2014, S. viii.

69 Massumi: *Parables of the Virtual*, S. 26.

70 Berlant: *Cruel Optimism*, S. 199.

71 Barad: Posthumanist Performativity, S. 815.

den Schnitt als eine handelnde, vitale Kraft, die Relata, also bereits als relational zu denkende Subjekte und Objekte, neu entstehen lässt. Die nicht vor Relationen existierenden Relata werden durch die Agentialität des Schnitts transformiert. Das heißt, dass sich die Relationen der an sich relationalen Subjekte oder Objekte (Relata) verändern. Durch diese veränderte Beziehungsförmigkeit der Relata – von Barad als Intraaktion beschrieben – entstehen schließlich neue soziale Interaktionen. Im Zusammenhang mit Beckers Collagen hieße das, den Schnitt als etwas zu verstehen, das nicht nur die Relata neu konfiguriert, das heißt den Körper im Schneiden transformiert oder die Collage als Objekt im Schnitt neu bestimmt, sondern das die Beziehungsförmigkeit z. B. der Collage determiniert. Damit wäre die Collage nicht länger nur ein totes Objekt, das der Subjektivierung Beckers dient. Sie wäre vielmehr ein soziales Verhältnis, eine Beziehungsform. Im Rahmen einer solchen Verlebendigung wäre Becker im Moment masochistischer Selbstverletzung nicht außerhalb sozialer Verhältnisse. Masochismus wäre danach nicht anti-sozial.
Dadurch, dass diese Neukonfiguration der Relationalität eine „alternative ontologische Bedingung für die Möglichkeit von Objektivität“[72] bereithält, meine ich, dass es sich um ein queeres Unterlaufen normativer Schnittmuster handelt. Dem Schnittmuster, das als künstlerische Collage oder bürgerliches Scrapbook, wie oben geschildert, oft der Intelligibilisierung des Konzepts *weißer* männlicher Subjektivität nützlich war, wird eine neue Funktion zugewiesen. Collage transformiert sich zu einem sozialen Verhältnis, das keine Verstetigung des Urhebers Becker ermöglicht. Stattdessen bedingt sie ihn als einen Masochisten, der sich in Relation begreifen lässt.

VII.2.3.1 Der Schnitt als Choreografie

Diesen Gedanken einer transformativen Prozessualität des Schnitts möchte ich im Folgenden anhand eines anderen Beispiels visuell nachvollziehbar machen. Bei der künstlerischen Arbeit von David Wojnarowicz handelt es sich um eine im Film *Silence=Death* (1990) inszenierte Skulptur. (Abb. 82) Diese verdeutlicht meiner Meinung nach exemplarisch die Agentialität des Schnitts, die auch in Beckers Collagen zum Tragen kommt. Der Schnitt, der die zwei Brothälften trennt, öffnet den Raum für die sich überkreuzenden Fäden, deren Anordnung Verbindungen und Verbundenheit begründet. Indem die Nadel, die den Faden führt, im Bild zu sehen ist, verdeutlicht sich die Unabgeschlossenheit dieses Webens der Fäden. Die Skulptur ist noch nicht abgeschlossen, befindet sich noch

72 Karen Barad: *Agentieller Realismus*, aus d. Engl. v. Nina Vöge / Alexander Stublić. Berlin: Suhrkamp 2012, S. 20.

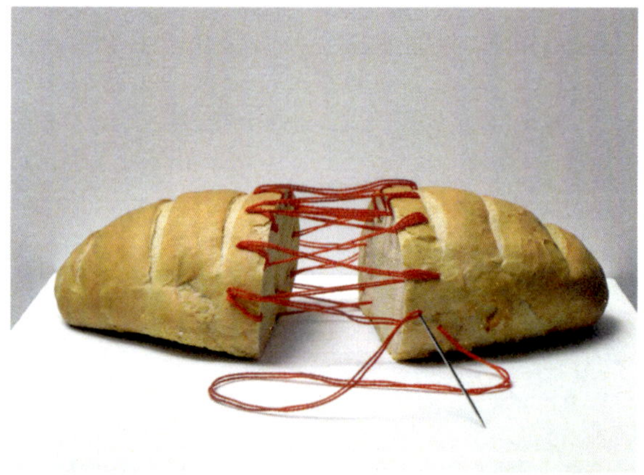

Abb. 82: David Wojnarowicz: *Untitled (Bread Sculpture),* 1988–89.

im Prozess, so meine Lesart. Das heißt, dass sie noch am Leben gehalten ist, am Faden des Lebens. Die Fäden stellen Beziehungen zwischen den beiden Brothälften her. Durch die Nadel befinden sie sich in einem vitalen Prozess. Es handelt sich hier um eine Skulptur, die in einem Film über das staatlich verantwortete Sterben aidskranker Menschen zu sehen ist. Die Verlebendigung der Fäden steht daher nicht nur für einen moribunden Ausdruck von Aids, sondern auch für die Evokation einer Zukunft queeren Lebens.

Insofern diese Zukunft queeren Lebens oder insofern Queerness als Horizont zentral für José Esteban Muñoz' Argumentation gegen den anti-sozialen Trend von queerer Theorie war, möchte ich noch seine Reflexion über die Bedeutung des Schnitts einflechten. Muñoz reflektierte über den Schnitt am Beispiel von Luke Dowds Visualisierungen des Koi-Fisches, der für die schmerzhafte Geschichte der Domestizierung von Tieren genauso emblematisch ist wie für die Geschichte der Wertschöpfung aus dem Schmerz von Tieren. Letzteres ist der Grund, warum Dowd die Koi-Fische in Überblendung mit dem Diamanten darstellt. Um den Diamanten-Fisch darzustellen, nutzt Dowd die Stencil-Technik, also eine Schablonen- und Schnittmustertechnik. Muñoz schrieb hierzu: „The cut allows us to see something like the essence of the diamond as a choreography of lines."[73] Der Schnitt ermögliche uns, die Essenz von etwas so Festem wie einem Diamanten als eine Choreografie, als eine lebendige Performance von Linien wahrzunehmen. Demnach ist kein Objekt Essenz, auch kein noch so schöner Diamant. Die Schnitte heben die Lebendigkeit und Veränderbarkeit

73 Muñoz: *Cruising Utopia*, S. 128.

des Diamanten hervor so wie sie die Collage als soziales Verhältnis bei Becker bestimmen helfen.
Ich möchte im Anschluss an Wojnarowicz' künstlerische Arbeit und Muñoz' theoretische Reflexion behaupten, dass durch die Schnitte in Beckers Collagen Schmerz gleichermaßen als keine Essenz verstanden werden kann. Schmerz wird vielmehr als eine Choreografie von Linien sichtbar. Damit meine ich eine Choreografie der durch Klebestreifen und Faltungen sicht- und spürbar gemachten Linien. Diese Choreografie ermöglicht einerseits eine Öffnung hin zu Relationalität. Andererseits bewirkt sie, dass weder Konstanz noch Beständigkeit im Zentrum der Schnittmuster von Becker stehen. Der Schnitt, wie es Berlant formuliert, „cannot enable the antinomies of life to appear as consistencies, [but] can change the consequences of negativity's work and therefore the object or scene of encounter itself"[74]. Der Schnitt markiert nicht das Bedrohliche der Negation, sondern ist die Bedingung für die Veränderung des Objekts, aber auch der Szene der Begegnung der Relata.
Ich verstehe daher Schmerz, wie er etwa beim Schnitt von Haut oder Fleisch entsteht, nicht nur als destruierende Negation, sondern als die das Objekt und die Sozialität des Objektes transformierende Affizierung. Hierfür ist Beckers spezifische Herstellung von Collagen beispielhaft. Im Schnitt, wie ihn Becker ausführt, begründet sich ein verändertes Objekt in Form des sich in permanenter Überarbeitung befindenden Körpers und der Collage sowie eine transformierte, nicht normierten Verhältnissen entsprechende Sozialität zwischen Urheber und Collage, zwischen Collage und betrachtendem Subjekt.

VII.2.3.2 Muköse Collagen

Beckers Collage-Technik, die sein Hantieren mit Schere, Klebestreifen und Klebstoff kenntlich macht, thematisiert die haptische Dimension des Bastelns einerseits und des Betrachtens andererseits. Die Viszeralität, also die die Tast- und Geruchssinne ergreifende Körperlichkeit, ist determinierendes Stilmittel dieser Collagen. Diese werden durch die Substanzen, die die Ränder der Fotografien umgeben, selbst mukös. Die Collagen sind dadurch nicht mehr ausschließlich visuell, sondern „a sticky blurred envelopment"[75], wie es Patricia MacCormack bezogen auf filmisches Material beschreibt. Die Schnitte zwischen den einzelnen Fotografien in den vermutlich erst später entstandenen Collagen (Abb. 83)[76] sind

74 Berlant / Edelman: *Sex, or the Unbearable*, S. 88.

75 Patricia MacCormack: Mucosal Monsters. In: Papenburg / Zarzycka (Hrsg.): *Carnal Aesthetics*, S. 226–237, hier S. 235.

76 Die Collagen befinden sich in einem Ordner, der mit August 1985 datiert ist. Vgl. Albrecht Becker: Farbfotografien auf A4 Ordnerseite, Montage AB, Gelbe*Leitzmappe*(Aug*1985). Archiv Schwules Museum Berlin, AB*Fotos*selbst*1980er.

unsauber verarbeitet. Blaufärbungen durch Klebstoff und Farbaufträge sowie Schnittkanten, deren Abstände sich hervorheben, verdeutlichen das. Jeder Schnitt, der durch klebrige, farbige, furchige Substanzen spürbar wird, erzeugt eine neue Ebene der Betrachtung und der Beziehung zwischen betrachtetem Objekt und betrachtendem Subjekt: „[E]ach inflection of the envelope opening out and folding in creates a new plane of relation of spectatorial pleasure."[77] Indem ich als Betrachterin durch Substanzen, aber auch die sich haptisch ergreifen lassenden Falzungen der Collage (Abb. 80) erreicht werde, werde ich von der Montage anders adressiert, als wenn es sich um eine geschlossene, glatte Fläche handeln würde. Im Moment der Affizierung muköser Ränder fällt es schwer, sich von der Collage abgekoppelt zu fühlen: „Thus we can no longer know what parts are us, what parts the image, and hence we can no longer know who we are or what the screen represents or reflects"[78]. Im Moment der Affizierung durch die klebrigen Schnitte kann ich nicht mehr sagen, ob meine Haut an der Grenze meines Körpers aufhört oder ob Beckers Körper an der Oberfläche der Fotografie endet. „Why should the body end at the skin,"[79] fragt Donna J. Haraway und regt mit dieser Frage an, den Körper in seiner Variabilität, Offenheit und Unabgeschlossenheit zu denken. Entsprechend geht es mir bei der Hervorhebung der viszeral bearbeiteten Schnitte in Beckes Collagen darum, einen Raum zu denken, der eine Verschiebung der Vorstellung ermöglicht, Körper würden an ihrer Haut enden. Diese Verschiebung erzeugt weder ein *skin ego,*[80] also ein sich durch die undurchdringliche Körpergrenze konstituierendes Ich, noch ein Selbst im konventionellen Sinne.[81] Vielmehr erzeugt sie auf Ebene der Betrachtung queere Bündnisse, also Bündnisse im Übergang.

VII.2.4 Die Collage als Loop

Mitten durch die Collage von vier einzelnen Ansichten Beckers (Abb. 80) zieht sich ein Riss oder vielmehr eine Falz, die sich nach oben hin verzweigt. Ohne genau zu wissen, in welcher Weise Becker diese Collage vor der Fixierung auf der

77 MacCormack: Mucosal Monsters, S. 235.

78 Ebd.

79 Donna Haraway: A Cyborg Manifesto: Science, Technology, and Socialist-Feminism in the Late Twentieth Century. In: Dies.: *Simians, Cyborgs, and Women*, S. 149–181, hier S. 178.

80 Vgl. Anzieu: *Das Haut-Ich*.

81 Vgl. Margaret Morse: Sunshine and Shroud. Cyborg Bodies and the Collective and Personal Self. In: Jennifer John / Yvonne Volkart (Hrsg.): *Cyborg Bodies*. Leipzig: ZKM 2005. http://www.medienkunstnetz.de/quellentext/117/ (Zugriff am 23.02.2018).

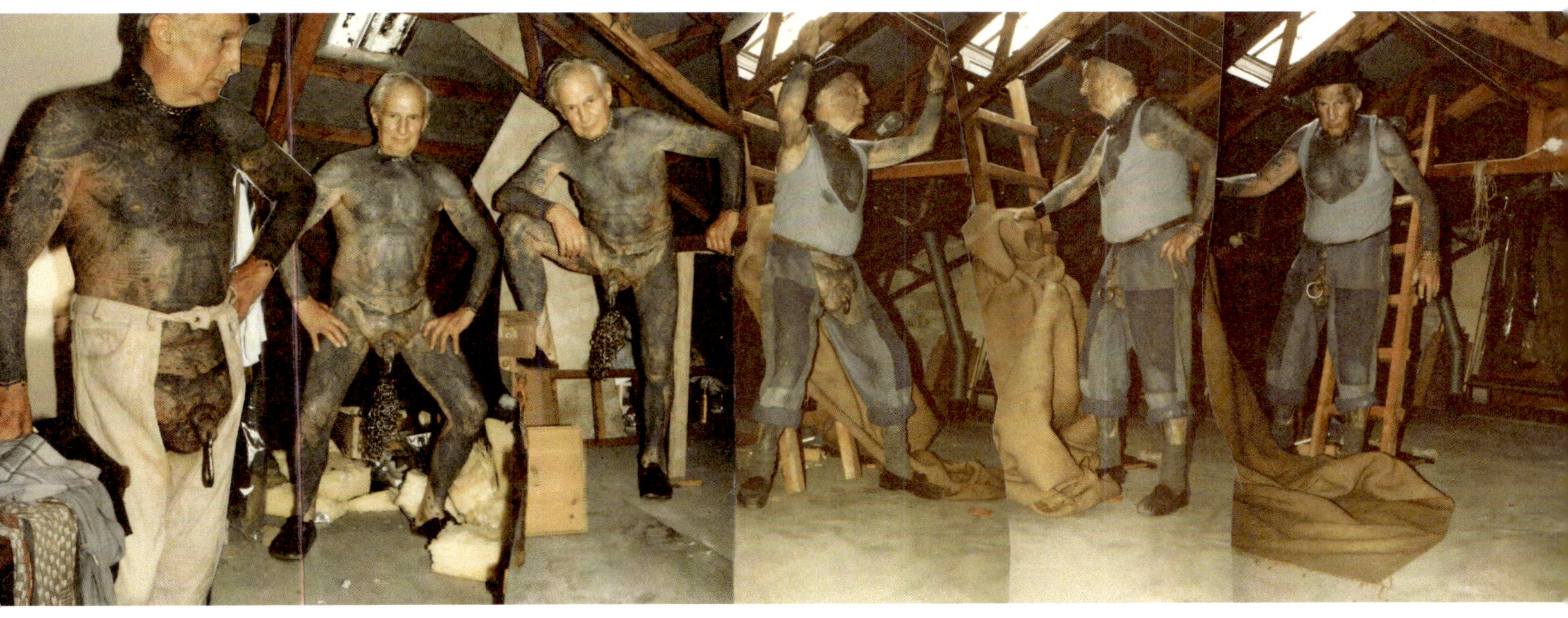

Abb. 83: Albrecht Becker: *Muköse Collage*, o. D.

Ordnerseite gebraucht hat,[82] vermute ich, dass er sie in der Mitte gefaltet haben muss. Angesichts seiner zahlreichen und so unterschiedlich gelagerten Praktiken zur Herstellung von Schmerz kann ich mir gut vorstellen, dass er allein zu Hause seine Bilder bemalt, beschnitten, montiert und gefaltet hat, um zu schauen, welche Anordnungen entstehen, welche Schnittmuster sich ergeben und – damit komme ich zum Thema dieses Abschnitts – welche intensiven und intimem Momente sich durch eine spezifische Umgangsweise herstellen ließen. Ich vermute also, dass Becker das Bild gefaltet hat, um eine Berührung von Fotooberflächen zu erzeugen, die den Moment der Berührung von Häuten, Materialien und Dingen nachzustellen ermöglichten. Die Medienpraxis der Collage mit ihren Verklebungen und Faltungen verstehe ich als vernakuläre Praxis der Affizierung der diskursiven Zeitformation, die durch Montage vor allem im Rahmen von Bewegungsfotografie repräsentiert wird: der *straight time line*.

Die in der Geschichte der Fotografie durch Montage ausgedrückte Bewegungsfotografie, die Vorläuferin des Films ist, artikuliert sich durch eine Narration, die eine Geschichte geradlinig und nach vorn erzählt. Die Zeitlichkeit der Bewegungsfotografie und des Films wurde daher mit dem direkten Voranschreiten, dem Fortschreiten ohne Umwege assoziiert. Das Evolutionsmodell mit all seinen heteronormalisierenden und rassisierenden Effekten hat sich seit der frühen Entwicklung der Chronofotografie Ende des 19. Jahrhunderts in das fotografische Dispositiv abgesenkt.[83] Meine These in Bezug auf die Collagen Beckers ist, dass es sich um eine queere Somatisierung dieser diskursiven Formation im Dispositiv der Bewegungsfotografie handelt.

Indem Becker eine affektive Dimension – nämlich die der durch Faltung hergestellten Berührung von Fotopapier (an Fotopapier) – erzeugte, ermöglichte er eine Somatisierung, die die geradlinige *time line* zu durchbrechen in der Lage ist. Dadurch konnte ein Intervall entstehen, ein Intervall, in dem auch die sinnlichen Qualitäten der Berührung zählten, das heißt nicht nur die kognitiv-sinnhafte

82 Die Collage befindet sich auf einer A4-Seite inmitten eines Ordners geklebt, der kein Thema oder bestimmte Materialverarbeitung erkennen lässt. Das heißt, dass die Seite von anderen Seiten umgeben ist, die einzelne oder mehrere Fotografien lose montiert oder fixiert angeordnet zeigen. Vgl. Albrecht Becker: Ordner*Tätoo. Archiv Schwules Museum* Berlin, AB*47–59*Fotos*Selbst*Tattoo.

83 Vgl. Shawn Michelle Smith: *Photography on the Color Line. W. E. B. Du Bois, Race, and Visual Culture*. Durham / London: Duke UP 2004; Shawn Michelle Smith: "Baby's Picture is Always Treasured". Eugenics and the Reproduction of Whiteness in the Family Photograph Album. In: Jeannene M. Przyblyski / Vanessa R. Schwartz (Hrsg.): *The Nineteenth-Century Visual Culture Reader*. New York / London: Routledge 2004, S. 358–370; Brown: Racializing the Virile Body.

Erzählung seiner Fotografie. Ich meine, dass Becker durch die Faltungen das Zeitmodell des Intervalls, das als irrational abgewertet gilt, explizit affizierte und sich so der Rationalität des fotografischen Erzählens widersetzte.
Selbst im ausgeklappten Zustand kann ich aufgrund der deutlich sichtbaren Falze diese queere Somatisierung nachvollziehen. Hinzukommt, dass Beckers Bewegungen, unabhängig davon, dass ich die Collage ausgefaltet sehe, keinen Sinn hinsichtlich einer nach vorn gerichteten Entwicklung ergeben. Sie stellen vielmehr einen Loop dar, also eine Schleife, die Becker mal frontal von hinten, frontal von vorn, im linken oder rechten Profil auf der Stelle stehend zeigen. Insofern sich diese geloopten Stillstands-Darstellungen in einem Zeitraum von circa 50 Jahren (1945–2002) regelmäßig wiederholen, ließe sich sagen, es handele sich im Sinne Halberstams um eine „stretched-out adolescence of queer culture“[84], also eine ausgestreckte Zeit des spielerischen, experimentierfreudigen Bastelns, eine ausgedehnte Zeit des Medienamateurischen im Sinne einer Politik des Eigensinns, des queer-politischen Handwerks.

In diesem Kapitel habe ich entlang zweier unterschiedlicher Medialisierungen des Schnitts versucht darzulegen, dass Becker sich affizieren lassen wollte – sei es im Zerschnitt von Zeit oder im Zuschnitt von Fotografien. In beiden Fällen bezieht sich sein medienamateurisches Handwerken auf die Funktion, sich affizieren zu lassen und Affizierung zu affizieren. Im ersten Abschnitt habe ich verdeutlicht, dass Beckers Handstellung eine Haltung hervorhebt, die Empfänglichkeit gegenüber den Eigensinnigkeiten des experimentellen Tuns ausdrückt. Dieses Empfänglich-Sein führt auch zu Medienprodukten, die nur wenig an Kriterien wie öffentlicher Zeigbarkeit oder Vermarktung orientiert sind. Die Aussetzung der Vermarktbarkeitslogik medienamateurischer Produkte ist Ausdruck einer kapitalismuskritischen queeren Form des politischen Handwerks – so mein Argument.
Im zweiten Abschnitt dieses Kapitels habe ich argumentiert, Becker erwirke mit der Erzeugung seiner Collagen als viszeraler Schnittmuster, also von Mustern, deren Schnitte nicht nur sichtbar, sondern auch körperlich und spürbar sind, eine Vitalisierung des mit Negation und Destruktion belegten Schmerzes. Hieraus lassen sich zusammenfassend zwei Schlüsse ziehen:
Erstens lässt sich Schmerz nicht länger nur als anti-soziale Empfindung behaupten. Vielmehr schlage ich vor, Schmerz als relationierende Kraft zu betrachten. Eine Erweiterung festgefahrener Annahmen über die Bedeutung von Schmerz kann zur Konstitution queerer Bündnisse beitragen. Teil solcher Bündnisse sind

84 Halberstam: *In a Queer Time and Place*, S. 153.

auch Objekte, die wie die Collagen Beckers als soziale Verhältnisse bestimmt werden. Um solche den Begriff der Sozialität ausdehnenden Bündnisse auszubilden, muss der Schmerz, der uns in Form gesellschaftlicher Diskriminierungen zugeführt wird, nicht per se abgewehrt werden. Im Schmerz kann Nähe entstehen – so die heruntergebrochene Botschaft, die ich Beckers Collagen entnehme.

Zweitens verliere ich durch die Verbindung, die im Schnitt entsteht, das Gefühl, mich als abgrenzbaren Körper wahrzunehmen – dies bezieht sich auch auf den Prozess der Betrachtung von Fotografien. Als Betrachtende, die von den körperlich spürbaren Schnitten ergriffen wird, lerne ich mich insofern als unabgeschlossen kennen, als Beckers Collagen sich an meinen Körper heften und sich meine Haut an die seiner Bilder anschließt. Mit dem Aufbrechen von Grenzen beginnen Relationen. Ich sehe in diesem Verständnis, sich nicht als feste und unveränderbare Entität zu begreifen, die Chance einer queeren Politik, also einer Politik, die nicht auf Festlegung pocht, sondern die auf eine Vulnerabilität und Relationalität setzt.

Ein Ende

Noch einmal im Archiv des Schwulen Museums Berlin, um die letzten Fotografien für die Fertigstellung dieser Arbeit aufzubereiten, begegne ich zufällig Rüdiger Trautsch, der Albrecht Becker im hohen Alter für die Publikation *Hamburg auf anderen Wegen*[1] fotografierte. Unter dem Eindruck der nochmaligen Durchsicht einiger Fotografien Beckers vergegenwärtigt mir die Begegnung die *open-endedness* des Nachlasses, seine radikale Offenheit gegenüber weiteren Anknüpfungen, Auseinandersetzungen, Perspektiven und Fragestellungen. So hätte ich z. B. Interviews mit noch lebenden Bekannten führen können, um mehr über die Bedingungen zu erfahren, unter denen Becker fotografierte. Ich hätte auch versuchen können, aus der Korrespondenz Beckers noch stärker zu extrahieren, wie genau ich mir das Szenario der Kamerabenutzung vorzustellen habe. Dazu passt, dass ich an dem Tag der Nacherfassung auf eine äußerst seltene Fotografie im Nachlass stoße, die verdeutlicht, mit welchem technologischen Aufwand der Selbstauslösetechnik Becker arbeitete. (Abb. 84) Ich bin mir auf einmal nicht mehr sicher: Sehe ich diese Fotografie zum ersten Mal oder hatte ich sie schon wieder vergessen? Wie kann ich angesichts von über 100.000 Fotografien das Archiv zusammenhalten? Worauf ich mit meinen Fragen hinaus will: Das Ende dieser Arbeit kann nur ein Anfang sein. Wovon es der Anfang sein könnte, kann ich nur vermuten. Der Anfang einer vollständigen Erschließung von Beckers Nachlass durch das Archiv des Schwulen Museums Berlin? Der Anfang einer Sensibilisierung der Forschung für die vernakulären, die weniger

1 Bernhard Rosenkranz / Gottfried Lorenz: Herbert Kirchhoff und Albrecht Becker. Zwei Hamburger Filmarchitekten – ein Freundespaar. In: Dies.: *Hamburg auf anderen Wegen*, S. 143–146.

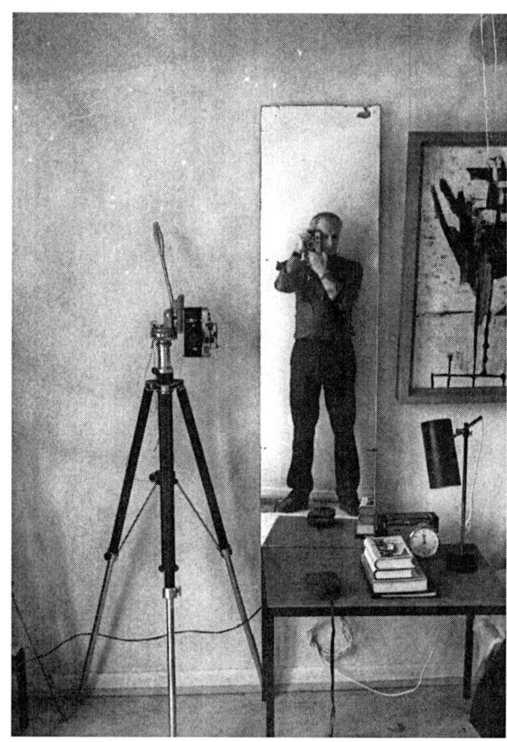

Abb. 84
Albrecht Becker: *Technologien des Selbst*, o. D.

wahrnehmbaren, die geheimen Orte der Wissensproduktion, der Herstellung eines visuellen Gedächtnisses queerer Kultur? Der Anfang der Etablierung eines politischen Bewusstseins, das das Queere nicht an einem utopischen Ort in der Zukunft sucht, sondern als eine Zukunft in der Vergangenheit auftut? Alle drei Aspekte stellen potenzielle Zukünfte dar, die sich aus einem Umgang mit dem Nachlass Beckers herausstellen können.

Dass ich mit der Potenzialität und der Öffnung hin zu möglichen Zukünften schließe, führt mich aber auch noch einmal auf die grundlegende Fragestellung dieser Arbeit zurück: Ich habe gefragt, wie sich im Kontext der fotografischen Affizierung, also der – auch auf die Archivbedingungen zurückzuführenden – sinnlichen und körperlichen Ansprache der Betrachtenden durch das visuelle Material der Fotografien Insignien des Schmerzes zeigen. Dabei war insbesondere die Frage, welches Potenzial diese für eine queere Politik der Solidarität beinhalten, relevant. Dabei kam ich im Verlauf der Close-Readings einzelner Fotografien, aber auch Artefakte wie Fotoalben, Collagen und Dokumente zu dem Ergebnis, dass die Fotografien ein spezifisches Potenzial der Destabilisierung normativer Auffassungen von Subjektivität, Geschlecht und sexueller

Identität entwickeln. Über den Zweck der heilenden Selbstvergewisserung hinaus operieren die fotografischen Medienpraktiken der Selbstdarstellung Beckers jenseits essentialistischer Vorstellungen von Geschlecht und sexueller Identität als relationierende Gefüge. Die fotografischen Praktiken stellen als Mediatisierungen von Schmerz keine Visualisierungen oder Ikonografien von Selbsthass oder der auf das Trauma fixierten Melancholie dar.[2] Stattdessen fungiert Beckers Fotografie als Affizierung, also als einmündende und Relationen schaffende Kraft. Im Zuge dieser wird nicht nur Homosexualität als Identitätskonzept brüchig, sondern Affizierbarkeit und Vulnerabilität als Potenzial soziokultureller Relationen, die hegemonialen Herrschaftsverhältnissen nicht länger entsprechen, denkbar. In diesem Relationen-schaffenden Sinn betrachte ich das Konvolut Albrecht Beckers im konkreten Gefüge zu anderen engen Räumen *kleiner* und politisch relevanter Kulturen.[3] Gleichzeitig wird deutlich, wie Fotografie als Affizierung auch im Verhältnis der Betrachtung und Archivforschung Räume der Solidarisierung öffnet. Dieses Argument meiner Untersuchung erscheint mir vor dem Hintergrund spezifischer Debatten innerhalb der queeren Theorie von großer Bedeutung.

Zum einen war mein Ausgangspunkt, als ich mit dieser Arbeit begann, die Suche nach einer Antwort auf die anti-soziale These von Lee Edelman (dazu Kap. VII.2.3). Neben Leo Bersani[4] plädierte Edelman Anfang des 21. Jahrhunderts für die selbstbewusste Befürwortung des Stigmas der sich nicht fortpflanzenden Homo- und / oder BDSM-Sexualität.[5] Vor dem Hintergrund meiner Auseinandersetzungen mit queeren Bündnispolitiken im Kontext der US-amerikanischen und westeuropäischen Aids-Krise,[6] also mit Politiken, die versuchten, das Verbindende angesichts von Krankheit und Tod über die eigene soziale Positionierung hinaus fruchtbar zu machen, überraschte mich die von Edelman vorgetragene Polemik. Diese begriff die Figur des Todes als die queere

2 Vgl. LaLove: Selbsthass & Emanzipation.

3 Vgl. Deleuze / Guattari: *Kafka*.

4 Vgl. Leo Bersani: *The Culture of redemption*. New York: New York UP 1999.

5 Vgl. Edelman: *No Future*, S. 2.

6 Vgl. Köppert: Scrap-Book of Tears; dies.: Contagious! The Affective Politics of AIDS Scrapbooks. In: Jonathan Carson / Rosie Miller / Theresa Wilkie (Hrsg.): *The Photograph and The Album*. Boston / Edinburgh: MuseumEtc. 2013, S. 143–175; dies. / Todd Sekuler: Sick Memory. On the Un-detectable in Archiving AIDS. In: *Drain: A Journal of Contemporary Art and Culture*, 2016. http://drainmag.com/sick-memory-on-the-un-detectable-in-archiving-aids/ (Zugriff am 19.02.2020); dies.: The Sound of ACT UP! AIDS Activism as Sound(e)scape and Sound-Escapade. In: *Interference. A Journal of Audio Culture*, 2018. http://www.interferencejournal.org/the-sound-of-act-up-aids-activism-as-soundescape-and-sound-escapade/ (Zugriff am 19.02.2020).

Politik schlechthin. Ähnlich wie die Repliken von José Esteban Muñoz,[7] Jack Halberstam,[8] Elahe Haschemi Yekani, Eveline Kilian, Beatrice Michaelis[9] u. v. m. stellt auch diese Arbeit eine Antwort auf Edelman dar. Sie versucht dem Schmerz etwas abzutrotzen, das nicht riskiert, sich nur im Moment der Abkoppelung vom Leben, von der Lebendigkeit, von der Sozialität (die das Unbelebte ja nicht als ihr Anderes per se versteht) als queer-politisch zu erfinden. So verlockend die Polemik ist, sich dem Anderen der heteronormativen Reproduktionslogik, also dem Tod, zu bedienen, um zu opponieren, scheint sie mir zu sehr Entlastungsstrategie. Den Tod zu affirmieren oder, wie in der männlich homosexuellen Kultur kanonisiert, das Leiden zu sublimieren, kann davon entlasten, eine Form der Sozialität zu generieren, die sich gegen Normativierungen verhält, aber die sich auch ihren inneren Widersprüchen und ambivalenten Verwickelungen gegenwärtig ist.

Zum anderen reagiere ich mit meiner Arbeit auf die Dringlichkeit, sich nicht in einer Aufrechnung von Schmerz und Diskriminierung zu verlieren, sondern sich als solidarisch neu zu erfinden. Diese Entwicklung bezieht sich auf die gesellschaftspolitischen Verhärtungen, die sich während meines Schreibprozesses im Großen wie im Kleinen herauskristallisiert haben. Gegen die Ausweitung der wieder sagbaren Rassismen, Nationalismen, Sexismen und gegen die Verbreitung von Antifeminismus, Trans*- und Homophobie muss eine neue „Grammatik der Solidarität"[10] entwickelt werden, die über die individuellen Interessen hinausreicht (siehe Abschnitt I.2.3). Diese Grammatik bedeutet – wie diese Arbeit verdeutlicht – nicht nur ein imaginäres Greifen nach den Sternen. Vielmehr soll sie verdeutlichen, dass die mit der Affizierung verbundene Offenheit von Beckers Fotografie die Tür zur Vergangenheit als einem Ort potenzieller queerer Solidarität aufstößt. Dabei habe ich von der Solidarität stets im Konjunktiv gesprochen. Damit möchte ich zum Ausdruck bringen, dass sich mit der Fotografie Beckers die *Möglichkeit* von Verbindungen für machtkritische Politiken artikuliert. Es geht mir vor allem um die *Eventualität* des Politischen, die in der kleinen, nicht standardisierten Form des Affekts liegt (siehe Abschnitt I.2.2), nicht so sehr um Nachweise konkreter solidarischer Zusammenschlüsse des gemeinsamen Politisierens, Protestierens oder Opponierens. Der *Möglichkeit* gelten meine Aufmerksamkeit und mein Interesse auch bezogen auf die Bedeutung des Vernakulären für queere visuelle Politiken.

7 Vgl. Muñoz: *Cruising Utopia*.

8 Vgl. Halberstam: *The Queer Art of Failure*.

9 Vgl. Haschemi Yekani / Kilian / Michaelis: Introducing Queer Futures.

10 Hark: *Koalitionen des Überlebens*, S. 52.

Mit dem Affekt rückte noch eine weitere Komponente in das Zentrum dieser Arbeit. Sie an dieser Stelle noch einmal zu erwähnen, ist mir wichtig, um zu verdeutlichen, wie ich meine eigene Position als Forscherin in dieser Arbeit betrachte. Aufgrund meiner Behauptung, in der Vergangenheit der Fotografie Beckers die Zukunft meiner Gegenwart zu erkennen, kann mir sicherlich vorgeworfen werden, ich hätte mich von den Quellen verführen lassen, gerade auch weil ich meine eigene Affiziertheit im Archivzusammenhang (siehe Kap. I.3) sowie im Betrachtungsverhältnis (siehe Abschnitt III.2 und V.3) thematisiert habe. Darauf möchte ich erwidern, dass ich nie behauptet habe, dass mit meiner Affektion eine Identifkation einhergegangen sei. Dass ich mich von der Vulnerabilität Beckers und seiner Fotografie affiziert fühlte, darf nicht damit verwechselt werden, dass ich mich mit Beckers Schmerz identifizieren würde, um ihn dann entweder nostalgisch zu verklären oder moralisch zu bewerten. Affizierung bedeutet gerade *nicht*, den Schmerz anderer in mir selbst als individuelles Gefühl zu reproduzieren. Stattdessen behaupte ich, dass die Affizierung eine Partikularisierung der eigenen Position ermöglicht. Das Ergebnis dieser Partikularisierung ist nicht eine vom Gefühl verstellte Reproduktion des visuellen Materials durch mich als Forscherin, sondern eine permanente Verschiebung meines Verhältnisses zu den Bildern.

Genau diese Verschiebung der eigenen Position bildet meiner Meinung nach die Basis für eine Sozialität (auch im Forschungsprozess), die darauf zielt, sich als „Anteil des Anderen [zu verstehen], der nicht der [meinige] ist und dessen Garanten [ich] dennoch [bilde]“[11]. Hieraus, so hoffe ich, leitet sich eine ethische Haltung bei der Wissensproduktion ab, die nicht damit zu verwechseln ist, im Bann der Quellen zu stehen.

11 Achille Mbembe: *Kritik der schwarzen Vernunft*, aus d. Franz. v. Michael Bischoff. Berlin: Suhrkamp 2015, S. 331.

Danksagung

In so vielen Jahren, in denen dieses Buch – von der ersten Materialsichtung bis zur Druckfahne – entstanden ist, habe ich das Gefühl, es nie richtig getan zu haben: Dir, Francesca, zu danken! Deswegen sollst du an erster Stelle stehen – weil ich dich so oft um Geduld und Verständnis gebeten habe, weil du so oft zurückstehen musstest. Ich glaube nicht, dir einen Gefallen zu tun, dir dieses Buch zu widmen, aber du sollst wissen, dass ich dir alles widme! Ich gehöre dir mit Haut und Haaren und bin so unendlich dankbar, mit dir verbunden sein zu dürfen.

Es war ein durchaus langer, manchmal zäher, auch auf beunruhigende Weise verzweifelter Prozess, der hiermit zumindest für einen Moment zu Ende geht. Oft aber habe ich in den Jahren so viel Wertschätzung erfahren, so viel Zuspruch und konkrete Unterstützung, dass es fast schon schwerfällt, diesem Gefühl Ausdruck zu verleihen. Dabei sind es nicht nur Menschen, die Trost gespendet und Freude in mein Leben gebracht, sondern auch Orte, die sich in dieses Buch eingeschrieben haben. Ihnen allen möchte ich danken!
Ausgang nimmt dieses Buch vom DFG-Forschungsprojekt „Medienamateure in der homosexuellen Kultur“, dessen Leiterin, Susanne Regener, und wissenschaftlichen Hilfskräfte, allen voran Sarah Herrmann und Lukas Schmidt, ich herzlich danken möchte. Ohne die Archivar*innen und ihr unermüdliches, oft ehrenamtliches Engagement gäbe es diese quellenbasierte Arbeit schlichtweg nicht. Für das Archiv des Schwulen Museums möchte ich mich ausdrücklich bei Jens Dobler und Karl-Heinz Steinle sowie Peter Rehberg und Kristine Schmidt bedanken: die unkomplizierte und vertrauensbasierte Zusammenarbeit war Wasser auf meine Mühlen! Für das ONE National Gay & Lesbian Archives / USC Libraries in Los Angeles bin ich Joseph Hawkins, Loni Shibuyama, Michael C. Oliveira, Bud Thomas zu großem Dank verpflichtet. Mit der GLBT Historical Society Museum & Archives in San Francsiso, dem Lesbian Herstory Archive und der Fales Library and Special Collections in New York sowie der Beinecke Rare Book and Manuscript Library in New Haven verbinden sich eher Orte, Straßen und Räume, die prägend waren. Das gilt auch für die Kantonsbibliothek Trogen in der Schweiz. Ich werde nie vergessen, dass ich – um zum Archiv und Bestand von Herbert Hoffmann zu kommen – eine halbe Stunde durch das Appenzeller Mittelland wandern musste. Heidi Eisenhut will ich dennoch gern erwähnen, ebenso Teresa Gruber, die mir im Fotomuseum Winterthur

Zugang zum fotografischen Nachlass von Mark Morrisroe (Sammlung Ringier) ermöglichte.

Eine in ihrem Möglichkeitsspielraum prägende Zeit war die des DFG-Graduiertenkollegs „Geschlecht als Wissenskategorie“ an der Humboldt Universität zu Berlin. Den durchaus auch vorhandenen kompetetiven Strukturen zum Trotz habe ich das Kolleg als einen Raum erlebt, in dem transdisziplinäres Denken bis an seine Grenzen praktiziert wurde – eine Erfahrung, von der mein wissenschaftliches Arbeiten zehrt. Wenngleich mir das Kolleg als Gesamterfahrung hervorzuheben wichtig ist, möchte ich einigen Personen besonders danken: Christina von Braun hat mit ihrer achtsamen Art wesentlich auf das Gefüge eingewirkt, Beate Binder, Gabriele Dietze und Dorothea Dornhof waren nicht nur besonders aktiv, sondern in ihren Inputs enorm bereichernd, ohne Viola Beckmann: kein Graduiertenkolleg! Unter den Stipendiat*innen haben sich intellektuelle, aber auch persönliche Verbindungen gebildet, für die ich – und seien sie auch nur für diesen Moment gewesen – dankbar bin: Nana Adusei-Poku, Käthe von Bose, Lukas Engelmann, Marietta Kesting, Ulrike Klöppel, Lisa Malich, Kirstin Mertlitsch, Anne-Julia Schoen, Todd Sekuler, Pat Treusch.

Aus dem Zusammenhang des Kollegs resultiert eine Buchherausgabe, die ich nicht unerwähnt lassen möchte, einfach weil so intensive kollektive Denk- und Editionsprozesse nie nur intellektuell bereichernd sind, sondern eine*n auf Jahre emotional tragen: Käthe von Bose, Ulrike Klöppel, Karin Michalski und Pat Treusch – es war heiß, aber auch immer innig.

In die Zeit des Kollegs fallen auch viele meiner Archiv- und Forschungsreisen, auf denen ich Menschen begegnet bin, die sich in meiner Arbeit verewigt haben: Zuerst einmal gebührt Antke Engel großer Dank – nicht nur für ihre unermüdliche Arbeit im Feld Queerer Theorie, sondern auch für die Empfehlung an Jack Halberstam, der mir widerum ermöglichte, an der USC Los Angeles Gastwissenschaftlerin zu sein. Dort waren außerdem Karen Tongson, Jih-Fei Cheng, Chris Belcher und Gray Fisher wichtige Personen des Austauschs – und sei es bei Karaoke-Abenden, deren (pop)kulturelle Bedeutung für Los Angeles sich mir erst erschließen musste. Und: Bei dünnem Kaffee im Stories Books & Café schreiben, mit dem Rad durch Downtown, Erdbeeren auf dem Farmers Market in Echo Park. Alicia Ziff: you are in my heart!!!

Und Paul Howe, you are, too. Danke, dass ich Oakland durch deine Augen kennenlernen durfte.

In New Haven waren insbesondere Elspeth Brown, Geoffrey Chaucer, David Joselit und Laura Wexler wichtig. Michelle Morgan, danke, dass ich auf ihre Katzen in ihrem Haus aufpassen durfte.

New York: Auf Dan Deacon im Gimme Coffee schreiben, und für die New York Public Library immer den Pullover vergessen.
Im Rahmen meines Visiting Fellowships am Department for Gender Studies an der LSE in London bin ich Hazel Johnstone und Marsha Henry dankbar, und Alexandra Hyde, Nicole Shephard und Amanda Conroy für Pub-Abende nach den Kollegssitzungen.
Die Dissertation wäre nie vorangekommen, hätten nicht viele immer wieder Auszüge gelesen und kommentiert. Das Graduiertenkolleg war wichtig, um Feedback zu bekommen. Jedoch sind es Käthe von Bose, Judith Coffey, Karin Harrasser, Marietta Kesting, Angela Koch, Francesca Schmidt und Pat Treusch, die ich hier hervorheben möchte. Hinzukommen die beiden Lektor*innen, die wunderbare Arbeit geleistet haben und durch die ich vieles über mein Schreiben gelernt habe: Lars Breuer und Jessica Nitsche. Doch das reicht noch nicht. Käthe von Bose, Gabriele Dietze, Kathrin Peters, Francesca Schmidt, Todd Sekuler und Pat Treusch: Ihr habt mich buchstäblich gerettet. Euch werde ich nie vergessen, was ihr für mich getan habt!
Zu dieser Runde gesellen sich zwei weitere, die aber allein aufgrunddessen, dass sie meine Arbeit betreut haben, besonders hervorgehoben werden sollen. Das ist zum einen Linda Hentschel, deren Loyalität große Stütze war. Zum anderen möchte ich dir, liebe Barbara Paul, aus ganzem Herzen für deinen Einsatz, deine Gewissenhaftigkeit, deinen Mut und dein Vertrauen danken! Ich weiß, was ich dir abverlangt habe.
Es gibt eine weitere Person, der ich ewig dankbar sein werde. Auch wenn du diese Zeilen nicht mehr lesen kannst, so hoffe ich, dass du, liebe Karin Bruns, immer wusstest, was es mir bedeutet hat, mit dir zu arbeiten.
Meine Eltern: Fast möchte ich sagen, dass ich euch Dank dieser Dissertation neu kennenlernen durfte. Euer Vertrauen in mich und eure Zugewandtheit, obwohl ihr euch von mir so fern fühlt, hat mich erstaunt sein lassen darüber, was elterliche Liebe bedeuten kann. Dieses Buch kann euch nicht zurückgeben, was ich euch an Zeit über die letzten Jahre entzogen habe. Aber es ist eine Brücke – vielleicht in eine andere Zeit.

Abbildungsverzeichnis

Alle mit *Albrecht Becker* ausgewiesenen Abbildungen stammen aus der Sammlung Albrecht Becker © Schwules Museum Berlin. Die Betitelungen der Fotografien Beckers wurden von mir vorgenommen und beruhen auf den im Rahmen meiner Analyse vorgenommenen Lesarten. Die hier aufgeführten Kennungen sind aufgrund des archivarisch nicht aufgearbeiteten Nachlasses keine Signaturen im streng genommenen Sinn. Sie verweisen lediglich auf die provisorisch vorgenommenen Bezeichnungen entweder des Kartons oder des in einem Karton befindlichen Ordners bzw. Albums durch das Archiv zum Zeitpunkt der Sichtung. Rechtschreibfehler und Unregelmäßigkeiten der Kennungen habe ich übernommen. Die sich in den runden Klammern befindenden Datierungen wurden durch das Archiv bei den für dieses Buch vom Archiv hergestellten Scans vorgenommen. Ich habe diese soweit übernommen, wie ich sie selbst verifizieren konnte. Mitunter ergeben sich Abweichungen. Diese sind anhand der Zeitangabe, die ich nach dem Titel der Fotografie aufgeführt habe, ersichtlich. Die Reproduktion der Abbildungen findet aus organisatorischen Gründen mehrheitlich in Schwarz-Weiß statt. Anhand der Angabe zur Kolorierung lässt sich erkennen, bei welchen Abbildungen es sich um Farbfotografien handelt. Die übrigen Abbildungen habe ich nach bestem Wissen und Gewissen auf ihre Provenienz und Größe hin recherchiert. Titelangaben habe ich, soweit welche vorhanden sind, übernommen. Manche im Buch besprochenen Arbeiten konnten nicht aufgenommen werden, weil mir zum Zeiptunkt der Fertigstellung die Klärung der Bildrechte nicht gelungen ist.

Abb. 7: Albrecht Becker: *Schnitte, Montagen, Bemalungen*, 1961, drei z. T. bemalte Schwarz-Weiß-Fotografien (Bemalung und Montage AB), als Montage 14 x 21.4 cm, Ordner mit Phallus_(o J.). In: AB_Selbst_Tatoo_Alben_original_1960–70.

Abb. 8: Herbert Tobias: *Day-Dream After ‚Querelle de Brest' of Jean Genet*, 1952, Schwarz-Weiß-Fotografie, Silbergelatinepapier, 34.5 x 34.6 cm (Fotopapiermaß). © Berlinische Galerie / VG Bild-Kunst, Bonn.

Abb. 9: Pierre Molinier: *Untitled*, ca. 1967. Vintage-Silbergelatine-Collage auf Kodak Chamois Papier, 17.8 x 12.7 cm, vermutlich in Privatsammlung / VG Bild-Kunst, Bonn.

Abb. 10: Rudolf Schwarzkogler: *2. Aktion*, 1965, Schwarz-Weiß-Fotografie (Ludwig Hoffenreich), Silbergelatinepapier, 39.5 x 29 cm. © Galerie Krinzinger Wien.

Abb. 11: Arnulf Rainer: *Face Farces (Face Coloration)*, 1969, Zeichnung, Farbstift, Ölkreide über Fotografie, 76 x 65 cm, Albertina, Inv. EDLSB2925. In: *Albertina – Sammlungen Online*. https://www.albertina.at/Sammlungenonline (Zugriff am 01.03.2021). © Arnulf Rainer.

Abb. 12: Herbert Tobias: *Ledermann 1975, Hamburg, Alte Fischhalle a. Fischmarkt*, 1975, Schwarz-Weiß-Fotografie, Silbergelatine auf Polyester, 60.8 x 50.5 cm (Fotopapiermaß). © Berlinische Galerie / VG Bild-Kunst, Bonn.

Abb. 13: Robert Mapplethorpe: *Joe / Rubberman*, 1978, Schwarz-Weiß-Fotografie, Silbergelatine-papier, 35.4 x 35.24 cm. © The Robert Mapplethorpe Foundation.

Abb. 14: Andreas Sterzing: *David Wojnarowicz: Silence=Death*, New York 1989 / 2014, Schwarz-Weiß-Fotografie, Pigmentdruck auf Hahnemühle Fototuch-Satinpapier, 60.96 x 46.99 cm. Courtesy of the Estate of David Wojnarowicz and P·P·O·W, New York.

Abb. 15: Catherine Opie: *Ron Athey / Sebastian (from Martyrs & Saints)*, 2000, Polaroid, 279.4 x 104.1 cm. © Catherine Opie, Courtesy Regen Projects, Los Angeles and Thomas Dane Gallery, London.

Abb. 16: Fotograf*innen unbekannt: *Mail-Order-Kontaktanzeigen*, ca. 1972, vier ausgeschnittene z. T. bemalte Zeitungsbilder auf Pappkarton (Bemalung und Montage AB), unterschiedliche Größen (von 6.2 x 11.8 cm bis 15.2 x 13.5 cm), Graumelierter Ordner_(o. J.). In: AB_Fotos_Ordner_Original_Tätoo_Gesammelte Tattoo.

Abb. 17: Fotograf*innen unbekannt: *Bekritzelte Kunst*, o. D., fünf z. T. bemalte Schwarz-Weiß-Abfotografien von Kunstkatalog-Reproduktionen auf Ordnerseite (Bemalung und Montage AB), je 9.8 x 7 cm, Graumelierter Ordner_(o. J.). In: AB_Fotos_Ordner_Original_Tätoo_Gesammelte Tattoo.

Abb. 18: Gustav Fritsch: *Lionel Strongfort*, o. D., drei Fotografien im Passepartout, je 23.2 x 8.5 cm, Archiv der Berliner Gesellschaft für Anthropologie, Ethnologie und Urgeschichte (BGAEU), FS 1533–1553. In: Kathrin Peters: *Rätselbilder des Geschlechts. Körperwissen und Medialität um 1900*. Zürich / Berlin: Diaphanes 2010, S. 140.

Abb. 19: Albrecht Becker: *Viererserie*, o. D., vier Schwarz-Weiß-Fotografien (Montage AB), unterschiedliche Größen (14.7 x 7.1 cm [links], 14.7 x 8.2 cm [2. v. l.], 14.7 x 9 cm [2. v. r.], 14.7 x 7.8 cm [rechts]), Ordner B 1938 1944 1970_(o. J.). In: AB_60–70er_Tattoo_Selbst_Ordner original von AB angelegt.

Abb. 20: Albrecht Becker: *Stoffdraperien*, 1970, Schwarz-Weiß-Fotografie, 28 x 20.1 cm, Ordner B 1938 1944 1970_(o. J.). In: AB_60–70er_Tattoo_Selbst_Ordner original von AB angelegt.

Abb. 21: Fotograf*innen unbekannt: *Cuttings*, o. D., fünf z. T. bemalte Schwarz-Weiß-Abfotografien ungeklärter Provenienz, Übertitelung: französische Arbeiter (Bemalung und Montage AB), unterschiedliche Größen (von 5.6 x 5.7 cm [rechts unten] bis 10.4 x 7.5 cm [links Mitte]), Ordner mit gezeichnetem Phallus_(o. J.). In: AB_Selbst_Tatoo_Alben_original_1960–70.

Abb. 22: Albrecht Becker: *Sex-Sketches*, o. D., Schwarz-Weiß-Fotografie, 23.9 x 18 cm, Ordner mit gezeichnetem Phallus_(o. J.). In: AB_Selbst_Tatoo_Alben_original_1960–70.

Abb. 23: Albrecht Becker: *Krieg als Western*, 1940–44, neun Schwarz-Weiß-Fotografien auf Blatt 3 (Montage AB), je 7 x 10 cm, Soldatenalbum_(o. J.). In: AB_Würzburg_bis_1947.

Abb. 24: Albrecht Becker: *Der Tod als Kulisse für den Kriegsalltag*, 1940–44, neun Schwarz-Weiß-Fotografien auf Blatt 12 (Montage AB), je 7 x 10 cm, Soldatenalbum_(o. J.). In: AB_Würzburg_bis_1947.

Abb. 25: Albrecht Becker: *Amulett-Bilder*, 1940–44, acht Schwarz-Weiß-Fotografien auf Blatt 29 (Montage AB), je 10 x 7 cm (oben 1.–3. v. l.), je 7 x 10 cm (oben 1. v. r., Mitte u. unten), Soldatenalbum_(o. J.). In: AB_Würzburg_bis_1947.

Abb. 26: Albrecht Becker: *Camoufliertes Begehren*, 1940–44, acht Schwarz-Weiß-Fotografien auf Blatt 25 (Montage AB), je 10 x 7 cm (unten), je 7 x 10 cm (oben), Soldatenalbum_(o. J.) In: AB_Würzburg_bis_1947.

Abb. 27: Albrecht Becker: *Die Pose zwischen Heroisierung und Affizierung*, 1940–44, neun Schwarz-Weiß-Fotografien auf Blatt 22 (Montage AB), je 10 x 7 cm (oben u. unten 1. v. l. u. 1. v. r.), je 7 x 10 cm (unten 2. v. l. u. 2. v. r.), Soldatenalbum_(o. J.). In: AB_Würzburg_bis_1947.

Abb. 28: Albrecht Becker: *Selbstberührung*, 1940–44, sieben Schwarz-Weiß-Fotografien auf Blatt 7 (Montage AB), je 10 x 7 cm (oben 1.–3. v. l.), je 7 x 10 cm (oben 1. v. r., unten), Soldatenalbum_(o. J.). In: AB_Würzburg_bis_1947.

Abb. 29: Albrecht Becker: *Misslungene Posen*, 1940–44, neun Schwarz-Weiß-Fotografien auf Blatt 5 (Montage AB), je 7 x 10 cm, Soldatenalbum_(o. J.). In: AB_Würzburg_bis_1947.

Abb. 30: Albrecht Becker: *Intime Blicke*, 1940–44, neun Schwarz-Weiß-Fotografien auf Blatt 2 (Montage AB), je 7 x 10 cm, Soldatenalbum_(o. J.). In: AB_Würzburg_bis_1947.

Abb. 31: Fotograf*innen unbekannt: *Knipsende Väter*, 1958. In: Heinz Tischer: *Knipsen kann jeder! Die Constanze Fotofibel*. Hamburg: Constanze 1958, S. 38–39.

Abb. 32: Fotograf*in unbekannt: *How to make the modern family*, 1945. In: Kodak: *How to Make Good Pictures. A Text-Book for the Every-Day Photographer*. Rochester / New York: Kodak 1945, S. 9.

Abb. 33: *Der Affe als Platzhalter für das ‚Primitive'*, 1950, Filmstill aus *Die Dritte von rechts* (D 1950, R: Géza von Cziffra). Fotoarchiv Deutsche Kinemathek – Museum für Film und Fernsehen.

Abb. 34: *Marika schaut fern*, 1958, Filmstill aus *Bühne Frei für Marika* (D 1958, R: Georg Jacoby). Fotoarchiv Deutsche Kinemathek – Museum für Film und Fernsehen.

Abb. 35: *Deutsche Selbstvergewisserung im Baströckchen*, 1953, Filmprogramm für *Die Blume aus Hawai* (D 1953, R: Géza von Cziffra). In: *Illustrierte Film-Bühne* 2182: Titelbild. Fotoarchiv Deutsche Kinemathek – Museum für Film und Fernsehen.

Abb. 36: Albrecht Becker: *Kontaktabzüge Nice*, 1953, zwei Kontaktabzüge zu je sechs Schwarz-Weiß-Fotografien, ein Kontaktabzug zu drei Schwarz-Weiß-Fotografien, elf zerschnittene Schwarz-Weiß-Fotografien aus Kontaktabzügen (Zerschnitt und Montage AB), Einzelbilder je 3.3 x 2.5 cm (links, Mitte u. rechts unten), je 2.5 x 3.3 cm (rechts bis auf letzte Reihe unten), Ordner gelber Rücken_(o. J.). In: AB_50_Kontaktabzüge.

Abb. 37: *Die Maske bleibt draußen*, 1959, Illustration, Boston Area Mattachine Newsletter 1959: Titelbild. In: Craig M. Loftin: *Masked Voices. Gay Men and Lesbians in Cold War America*. Albany: SUNY 2012, S. 12.

Abb. 38: *Die Tränen der Maske*, 1957, Illustration, The Ladder 1957: Cover. In: Ebd., S. 13.

Abb. 39: Fotograf*in unbekannt: *Five dressed as birds at a house party, Henry Wooton Grace 'Japanese'-Party*, ca. 1951–1958, Schwarz-Weiß-Fotografie. Henry Grace and Michael L. Grace Collection, Courtesy of ONE National Gay & Lesbian Archives Los Angeles.

Abb. 40: Albrecht Becker: *Weihnachtslarve*, o. D., Schwarz-Weiß-Fotografie, 28 x 20.3 cm, Ordner_AB_selbst_tätowiert_1960–66_(o. J.). In: AB_Fotos_Selbst_Tattoo_1960–1966.

Abb. 41: Albrecht Becker: *Zorro*, o. D., Schwarz-Weiß-Fotografie in selbstgefertigtem Einsteckrahmen, 23.9 x 15.7 cm, Ordner_AB_selbst_tätowiert_1960–66_(o. J.). In: AB_Fotos_Selbst_Tattoo_1960–1966.

Abb. 42: Albrecht Becker: *in front of the closet*, o. D., Schwarz-Weiß-Fotografie, 24.2 x 18 cm, Ordner_AB_selbst_tätowiert_1960–66_(o. J.). In: AB_Fotos_Selbst_Tattoo_1960–1966.

Abb. 43: Albrecht Becker: *Vorher-Nachher*, o. D., zwei Farbfotografien (Montage aus zwei Negativen AB), als Montage 29.1 x 20.2 cm, Ordner_AB_selbst_tätowiert_1960–66_(o. J.). In: AB_Fotos_Selbst_Tattoo_1960–1966.

Abb. 44: Albrecht Becker: *Becker in Gaze*, o. D., Schwarz-Weiß-Fotografie in Folie (stark gewellt), 24x18 cm, Ordner_B_1938_1944_1970_(o. J.). In: AB_Selbst_Ordner_Original_1960–70.

Abb. 45: Albrecht Becker: *Im Türrahmen*, o. D., Schwarz-Weiß-Fotografie, 14.2 x 10.5 cm, Ordner_Tattoo_1947–1959_(zw_1951–1954). In: B_Fotos_Selbst_Tattoo_1947–1959.

Abb. 46: Hannah Cullwick: *taken in the streets*, 1872, Courtesy Munby Archive, Trinity College Cambridge. In: Renate Lorenz: *Aufwändige Durchquerungen. Subjektivität als sexuelle Arbeit*. Bielefeld: Transcript 2009, S. 114.

Abb. 47: Albrecht Becker: *Das sexuelle Archiv der Türeinfassung*, o. D., Schwarz-Weiß-Fotografie auf Ordnerseite (Zuschnitt K. K.), 14 x 9.5 cm, Folie_ab_1955–60_(um_1953). In: AB_Fotos_Selbst_Tattoo_1947–1959.

Abb. 48: Herbert Tobias: *Ohne Titel (Portrait Manfred Schubert)*, 1956, Schwarz-Weiß-Fotografie, Silbergelantinepapier getont, 30.3 x 23.8 cm. © Berlinische Galerie / VG Bild-Kunst, Bonn.

Abb. 49: Catherine Opie: *Self-Portrait / Pervert*, 1994, Chromogenic print, 101.6 x 76.2 cm. © Catherine Opie, Courtesy Regen Projects, Los Angeles and Thomas Dane Gallery, London.

Abb. 50: Albrecht Becker: *Becker als A, mit tätowiertem Gürtel*, 1944, Schwarz-Weiß-Fotografie, Untertitelung: *Juli 1944 in Russland fotografiert, nur der Gürtel vorn existierte*, 11.3 x 9 cm, Ordner_B_1938_1944_1970_(Juli_1944). In: AB_Ordner_Selbst-Original_1960–70.

Abb. 51: Albrecht Becker: *Becker als A, von vorn und von hinten*, 1969, zwei Schwarz-Weiß-Fotografien (Montage AB), als Montage 23.5 x 17.2 cm Ordner_AB_selbst_tätowiert_1960–66_(1969). In: AB_Fotos_Selbst_Tatoo_1960–1966.

Abb. 52: Albrecht Becker: *Becker als A, mit Ledergürtel*, 1964, Schwarz-Weiß-Fotografie in Folie, 24 x 18 cm, Ordner_B_1938_1944_1970_(1964). In: AB_Selbst_Ordner_Original_1960–70.

Abb. 53: Albrecht Becker: *Mit der Signatur von Albrecht Dürer*, o. D., fünf Schwarz-Weiß-Fotografien in Folie (Montage AB), unterschiedliche Größen (von 13.7 x 6.8 cm [unten Mitte] bis 13.7 x 8.9 cm [oben links]), Weisser_Ordner_1970-_(o. J.). In: AB_Fotos_Selbst_Tatoo_1970–1979.

Abb. 54: Albrecht Becker: *Von Tinte erobert*, 1976., Schwarz-Weiß-Fotografie, 23 x 16.1 cm, Weisser_Ordner_1970–_(o. J.). In: AB_Fotos_Selbst_Tatoo_1970–1979.

Abb. 55: Albrecht Becker: *Hybridisierende Tintenkleckse*, o. D., drei Schwarz-Weiß-Fotografien auf zwei A4-Ordnerseiten verteilt (Montage AB, Zuschnitt K. K.), unterschiedliche Größen (23.9 x 9.1 cm [links], 23.9 x 11.4 cm [Mitte], 23.9 x 10.1 cm [rechts]), Weisser_Ordner_1970-_(o. J.). In: AB_Fotos_Selbst_Tatoo_1970–1979.

Abb. 56: Glenn Ligon: *Untitled (I Feel Most Colored When I am Thrown Against a Sharp White Background)*, 1990, Oil stick, gesso and graphite on wood, 203.2 x 76.2 cm. © Glenn Ligon, Courtesy of the artist, Hauser & Wirth, New York, Regen Projects, Los Angeles, Thomas Dane, London, and Chantal Crousel, Paris.

Abb. 57: Albrecht Becker: *Schmierende Buchstaben*, o. D., Schwarz-Weiß-Fotografie, 24 x 18.1 cm, Weisser_Ordner_1970-_(o. J.). In: AB_Fotos_Selbst_Tatoo_1970–1979.

Abb. 58: Albrecht Becker: *Der große Pisser tut nur so*, o. D., Schwarz-Weiß-Fotografie in Folie (gewellt und verklebt), Untertitelung: *„he pretends to be very common" Der grosse Pisser*, 24.2 x 18 cm, Ordner_B_1938_1944_1970_(o. J.). In: AB_Selbst_Ordner_Original_1960–70.

Abb. 59: Albrecht Becker: *Der Stoßbesen des Schornsteinfegers Becker*, o. D., Schwarz-Weiß-Fotografie (Ausschnitt und Vergrößerung K. K.), Original 22.8 x 16.7, Ordner_B_1938_1944_1970_(o. J.). In: AB_Ordner_Selbst-Original_1960–70.

Abb. 60: Albrecht Becker: *Beim Posieren des Arbeiters*, o. D., Schwarz-Weiß-Fotografie, 21 x 18 cm, Ordner_AB_selbst_tätowiert_1960–66_(um_1962). In: AB_Fotos_Selbst_Tatoo_1960–1966.

Abb. 61: Albrecht Becker: *Schmutzige Hände*, o. D., Schwarz-Weiß-Fotografie (Zuschnitt K. K.), 9 x 13 cm, Ordner mit Phallus_(o. J.). In: AB_Selbst_Tatoo_Alben_original_1960–70.

Abb. 62: Albrecht Becker: *Schwere Arbeit*, o. D., Schwarz-Weiß-Fotografie in Folie (leicht gewellt), 24.2 x 18 cm, Schmaler_Ordner_(o. J.). In: AB_Selbst_Tatoo_Alben_original_1960–70.

Abb. 63: Fotograf*innen unbekannt: *Auf den Arbeiter herab schauen*, 1945. In: Kodak: *How to Make Good Pictures. A Text-Book for the Every-Day Photographer*. Rochester / New York: Kodak 1945, S. 72–73.

Abb. 64: Albert Hennig: *Straßenbauarbeiten auf dem Roßplatz in Leipzig*, 1930, Scan vom Original-Kleinbildnegativ. SLUB Dresden / Deutsche Fotothek / Albert Hennig.

Abb. 65: Albert Hennig: *Arbeiter bei Bauarbeiten an Straßenbahngleisen Leipzig*, 1928–32, Scan vom Original-Kleinbildnegativ. SLUB Dresden / Deutsche Fotothek / Albert Hennig.

Abb. 66: Albert Hennig: *Porträt eines jungen Mannes in einem Lagerraum*, 1920/1940, Scan vom Original-Kleinbildnegativ. SLUB Dresden / Deutsche Fotothek / Albert Hennig.

Abb. 67: Albrecht Becker: *Arbeiterkulissen*, 1971, vier Farbfotografien, je 12.5 x 8.8 cm, Ordner_B_1970–71_(Juli_1971). In: AB_Selbst_Ordner_Original_1960–70.

Abb. 68: Albrecht Becker: *Hosenschlitzerei*, 1970, Schwarz-Weiß-Fotografie, 23.3 x 9 cm, Ordner_MAS_(o. J.). In: AB_Fotos_Ordner_Original_Tätoo_Gesammelte Tattoo.

Abb. 69: Albrecht Becker: *The Workman*, ca. 1953, Schwarz-Weiß-Fotografie, Untertitelung: *The Workman*, 24.2 x 17.9 cm, Ordner_AB_selbst_tätowiert_1960–66_(um_1953). In: AB_Fotos_Selbst_Tatoo_1960–1966.

Abb. 70: Albrecht Becker: *Tribalisierungen*, o. D., zwei Schwarz-Weiß-Fotografien (Montage AB), je 14.2 x 10.5 cm, Ordner_B_1938_1944_1970_(o. J.). In: AB_Selbst_Ordner_Original_1960–70.

Abb. 71: Fotograf*innen unbekannt: *race-Signaturen*, o. D., vier Schwarz-Weiß-Abfotografien, Untertitelung: *Budda Figuren aus Indien* (Montage AB), je 10.2 x 7.2 cm (rechts), je 7.2 x 10.2 cm (links), Ordner_B_1938_1944_1970_(o. J.). In: AB_60–70er_Tattoo_Selbst_Ordner original von AB angelegt.

Abb. 72: Albrecht Becker: *Alles glänzt*, o. D., Schwarz-Weiß-Fotografie, Untertitelung: *nach Bemalung abgewaschen/farben verschmiert*, 23.5 x 14.2 cm, Ordner_1960–1966_II_(1962). In: AB_Fotos_Selbst_Tattoo_1960–1966.

Abb. 73: Albrecht Becker: *Schmerz einhämmern*, o. D., Schwarz-Weiß-Fotografie, 23.8 x 18.9 cm, Ordner_MAS_(o. J.). In: AB_Fotos_Ordner_Original_Tätoo_Gesammelte Tattoo.

Abb. 74: Albrecht Becker: *Beckers Handwerk*, o. D., Farbfotografie, 29 x 20.2 cm, Ordner_1960–1966_II_(um_1964). In: AB_Fotos_Selbst_Tatoo_1960–1966.

Abb. 75: *Handbedienung*, 1938. Illustration. In: Kodak: *Wie erzielt man gute Aufnahmen? Ein Buch für Amateurphotographen*. Berlin: Kodak 1938, Titelbild.

Abb. 76: *Geschütztes Hantieren*, 1984. Werbung "Take Macintosh out for a test drive". In: *Personal Computing* 12 (1984), S. 1–2.

Abb. 77: Albrecht Becker: *Überlappung*, 1961, zwei zu einer Montage verschnittene Schwarz-Weiß-Fotografien in Folie (gewellt, Montage AB), als Montage 24.1 x 18 cm, Ordner I_AB selbst tätowiert_1960–66_(o. J.). In: AB_Fotos_Selbst_Tatoo_1960–1966.

Abb. 78: Albrecht Becker: *Klebestreifen-Montage I*, 1950, sieben zu zwei Montagen verschnittene und geklebte Schwarz-Weiß-Fotografien (Montage AB), 10.5 x 18.5 cm (oben), 13.5 x 17.6 cm (unten), Ordner_Tattoo_1947–1959_(1950). In: AB_Fotos_Selbst_Tattoo_1947–1959.

Abb. 79: Albrecht Becker: *Klebestreifen-Montage II*, 1961, zwei bemalte und verklebte Schwarz-Weiß-Fotografien (Bemalung und Montage AB), 23.9 x 9 cm (links), 24 x 5.3 cm (rechts), Ordner I_AB selbst tätowiert_1960–66_(o. J.). In: AB_Fotos_Selbst_Tatoo_1960–1966.

Abb. 80: Albrecht Becker: *Falzung*, 1958, vier zu einer gefalzten Montage verklebte Schwarz-Weiß-Fotografien (Montage AB), als Montage 14.6 x 24.5 cm, weißer Ordner_Tattoo_1947–1959_(1950). In: AB_Fotos_Selbst_Tattoo_1947–1959.

Abb. 81: Albrecht Becker: *Montierte Zeit*, o. D., drei zu einer Montage verklebte Farbfotografiemontagen (Montage AB), als Montage 14.3 x 29.4 cm, Grüner Ordner_Collagen_(o. J.). In: AB_Selbst_1970er.

Abb. 82: David Wojnarowicz: *Untitled (Bread Sculpture)*, 1988–89, Brot, Bindfaden, Nadel, Zeitung, 7.62 x 33 x 15.24 cm. Courtesy of the Estate of David Wojnarowicz and P·P·O·W, New York.

Abb. 83: Albrecht Becker: *Muköse Collage*, o. D., sechs zu einer Montage verschnittene und verklebte Farbfotografien (Montage AB), als Montage 14.2 x 28.3 cm, Grüner Ordner_(Aug_1985). In: AB_Selbst_1970er.

Abb. 84: Albrecht Becker: *Technologien des Selbst*, o. D., Schwarz-Weiß-Fotografie (Zuschnitt K. K.), 15 x 10 cm, Graumelierter Ordner_(o. J.). In: AB_Fotos_Ordner_Original_Tätoo_Gesammelte Tattoo.

Literatur- und Quellenverzeichnis

Primärquellen

Albrecht Becker: Briefe. Archiv Schwules Museum Berlin, AB*80–90er*Briefe*Dokumente.

Albrecht Becker: Briefe. Archiv Schwules Museum Berlin, AB*Tattoo*7*Ordner 1*Briefwechsel.

Albrecht Becker: Gelbe*Leitzmappe* (Aug*1985). Archiv Schwules Museum Berlin, AB*Fotos* selbst*1980er.

Albrecht Becker: Ordner B 1938 1944 1970. Archiv Schwules Museum Berlin, AB*60–70er*Tattoo*Selbst*Ordner original von AB angelegt.

Albrecht Becker: Ordner II. Archiv Schwules Museum Berlin, AB* Fotos*Selbst*Tattoo* 1960–1966.

Albrecht Becker: Ordner*MAS. Archiv Schwules Museum Berlin, AB*Fotos Ordner Original* Tattoo*Gesammelte Fotos.

Albrecht Becker: Ordner*Tätoo. Archiv Schwules Museum Berlin, AB*47–59*Fotos*Selbst*Tattoo.

Albrecht Becker: Soldatenalbum. Archiv Schwules Museum Berlin, AB*Würzburg*bis*1947.

Staatsarchiv Würzburg Gestapostelle Würzburg, Gestapo-Akte 2738.

Staatsarchiv Würzburg Gestapostelle Würzburg, Gestapo-Akte 4513.

Staatsarchiv Würzburg Gestapostelle Würzburg, Gestapo-Akte 8485.

Staatsarchiv Würzburg Gestapostelle Würzburg, Gestapo-Akte 8873.

Staatsarchiv Würzburg Gestapostelle Würzburg, Gestapo-Akte 18070.

Sternweiler, Andreas: *Fotos sind mein Leben: Albrecht Becker.* Berlin: Rosa Winkel 1993.

Literaturverzeichnis

Adamczak, Bini: Antisemitismus dekonstruieren? Essentialismus und Antiessentialismus in queerer und antinationaler Politik. In: A. G. Gender-Killer (Hrsg.): *Antisemitismus und Geschlecht. Von „effeminierten Juden", „maskulinisierten Jüdinnen" und anderen Geschlechterbildern.* Münster: Unrast 2005, S. 223–238.

Adamowicz, Elsa: Bodies Cut and Dissolved. Dada and Surrealist Film. In: James S. Williams / Alex Hughes (Hrsg.): *Gender and French Film.* Oxford: Berg 2002, S. 19–34.

Adorf, Sigrid: Nicht unmittelbar, sondern bedingt. Zum performativen Verhältnis von Subjekt und Bild am Beispiel einer Videoprojektion. In: *FKW // Zeitschrift für Geschlechterforschung und visuelle Kultur* 44 (2007), S. 14–22.

Adorno, Theodor W.: Die revidierte Psychoanalyse. In: Ders.: *Gesammelte Schriften*, Bd. 8: Soziologische Schriften, hrsg. v. Rolf Tiedemann. Darmstadt: WBG 1998, S. 20–41.

Zum Verhältnis von Soziologie und Psychologie. In: Ebd., S. 41–86.

AG Queer Studies (Hrsg.): *Verqueerte Verhältnisse. Intersektionale, ökonomiekritische und strategische Interventionen.* Hamburg: Männerschwarm 2009.

Agamben, Giorgio: *Homo sacer. Die souveräne Macht und das nackte Leben*, aus d. Ital. v. Hubert Thüring. Frankfurt am Main: Suhrkamp 2002.

Ahmed, Sara: *Queer Phenomenology. Orientations, Objects, Others*. Durham / London: Duke UP 2006.

The Promise of Happiness. Durham / London: Duke UP 2010.

Willful Subjects. Durham / London: Duke UP 2014.

Alaimo, Stacy: *Bodily Natures. Science, Environment, and the Material Self.* Bloomington: Indiana UP 2010.

Albrecht, Monika: *„Europa ist nicht die Welt". (Post)Kolonialismus in Literatur und Geschichte der westdeutschen Nachkriegszeit*. Bielefeld: Aisthesis 2008.

Alexander, M. Jacqui / Chandra Talpade Mohanty: Introduction: Genealogies, Legacies, Movements. In: Dies. (Hrsg.): *Feminist Genealogies, Colonial Legacies, Democratic Futures*. New York / London: Routledge 1997, S. xiii–xlii.

Angerer, Marie-Luise: *Vom Begehren nach dem Affekt*. Zürich / Berlin: Diaphanes 2007.

Affektökologie. Intensive Milieus und zufällige Begegnungen. Lüneburg: Meson 2017.

Anzieu, Didier: *Das Haut-Ich*, aus d. Franz. v. Meinhard Korte / Marie-Hélène Lebourdais-Weiss. Frankfurt am Main: Suhrkamp 1996.

Arendt, Hannah: *Vita activa oder Vom tätigen Leben*. München: Piper 2007.

Assmann, Aleida / Ute Frevert: *Geschichtsvergessenheit – Geschichtsversessenheit. Vom Umgang mit deutschen Vergangenheiten nach 1945*. Stuttgart: DVA 1999.

Assmann, Aleida: Trauma und Tabu. Schattierungen zwischen Täter- und Opfergedächtnis. In: Jochen Landkammer / Thomas Noetzel / Walther Ch. Zimmerli (Hrsg.): *Erinnerungsmanagement. Systemtransformation und Vergangenheitspolitik im internationalen Vergleich*. München: Fink 2006, S. 235–257.

Atkinson, Diane: *Love and Dirt. The Marriage of Arthur Munby and Hannah Cullwick*. London: Macmillan 2003.

Auslander, Philip: *Liveness. Performance in a Mediatized Culture*. London / New York: Routledge 1999.

Baacke, Annika: *Fotografie zwischen Kunst und Dokumentation. Objektivität und Ästhetik im Werk von Bernd und Hilla Becher, Albert Renger-Patzsch, August Sander und Karl Blossfeldt*. Berlin: Epubli 2014.

Bachmann-Medick, Barbara: *Cultural Turns. Neuorientierungen in den Kulturwissenschaften*. Reinbek: Rowohlt 2007.

Bader, Lena: Bricolage mit Bildern. Motive und Motivationen vergleichenden Sehens. In: Dies. / Martin Gaier / Falk Wolf (Hrsg.): *Vergleichendes Sehen*. Paderborn: Fink 2010, S. 19–42.

Baier, Angelika / Christa Binswanger / Jana Häberlein / Yv Eveline Nay et al.: Affekt und Geschlecht. Eine Einleitung in Affekt-Theorien aus einer feministischen, queeren und post / kolonialen Perspektive. In: Dies.(Hrsg.): *Affekt und Geschlecht. Eine einführende Anthologie*. Wien: Zaglossus 2014, S. 11–56.

Bailey, David A.: Mirage. Enigmas of Race, Difference and Desire. In: Ragna Farr (Hrsg.): *Mirage. Enigmas of Race, Difference and Desire*. London: Institute of Contemporary Arts / Institute of International Visual Arts 1995, S. 56–80.

Bajac, Quentin / Lucy Gallun / Roxanna Marcoci / Sarah Hermanson Meister: *Die große Geschichte der zeitgenössischen Photographie. 1960 – heute.* München: Schirmer / Mosel 2015.

Bal, Mieke: Visual Essentialism and the Object of Visual Culture. In: *Journal of Visual Culture* 2,1 (2003), S. 5–32.

Balke, Friedrich: *Gilles Deleuze.* Frankfurt am Main: Campus 1998.

Barad, Karen: Posthumanist Performativity. Towards an Understanding of How Matter Comes to Matter. In: *Signs. Journal of Women in Culture and Society* 28,3 (2003), S. 801–831.

Agentieller Realismus, aus d. Engl. v. Nina Vöge / Alexander Stublić. Berlin: Suhrkamp 2012.

Barrett, Estelle / Barbara Bolt: *Carnal Knowledge. Towards a „New Materialism" Through the Arts.* London / New York: Tauris 2013.

Barthes, Roland: *Camera Lucida.* New York: Hill and Wang 1981.

Begebenheiten. In: Ders.: *Begebenheiten Incidents.* Mainz: Dieterich 1988, S. 9–49.

Pariser Abende. In: Ders.: Ebd., S. 53–93.

Die helle Kammer. Bemerkungen zur Photographie, aus d. Franz. v. Dietrich Leube. Frankfurt am Main: Suhrkamp 1989.

Die Rhetorik des Bildes, aus d. Franz. v. Dieter Hornig. Frankfurt am Main: Suhrkamp 1990.

Mythen des Alltags, aus d. Franz. v. Horst Brühmann. Frankfurt am Main: Suhrkamp 2003.

Batchen, Geoffrey: *Burning With Desire. The Conception of Photography.* Cambridge: MIT 1999.

Vernacular Photographies. Responses to a Questionnaire. In: *History of Photography* 24,3 (2000), S. 229–231.

Snapshots: Art History and the Ethnographic Turn. In: *Photographies* 1,2 (2008), S. 121–142.

Bate, David: *Photography and Surrealism. Sexuality, Colonialism and Social Dissent.* London / New York: Tauris 2004.

Bätschmann, Oskar: *Einführung in die kunstgeschichtliche Hermeneutik. Die Auslegung von Bildern.* Darmstadt: WBG 2016.

Bauer, Martin: Richard Sennett: Handwerk (Rezensionsnotiz zu *Süddeutsche Zeitung,* 05.02.2008). In: *perlentaucher. Das Kulturmagazin.* https://www.perlentaucher.de/buch/richard-sennett/handwerk.html (Zugriff am 23.2.2018).

Bauer, Robin: *Queer BDSM Intimacies. Critical Consent and Pushing Boundaries.* London: Palgrave Macmillan 2014.

Baxandall, Michael: *Die Wirklichkeit der Bilder. Malerei und Erfahrung im Italien der Renaissance,* aus d. Engl. v. Hans Günter Holl. Berlin: Wagenbach 1999.

Beachy, Robert: *Gay Berlin. Birthplace of a Modern Identity.* New York: Vintage Books 2015.

Bell, Alan P. / Martin S. Weinberg: *Homosexualities. A Study of Diversity Among Men and Women.* New York: Simon & Schuster 1978.

Benjamin, Walter: Paris, die Hauptstadt des XIX. Jahrhunderts. In: Ders.: *Gesammelte Schriften,* Bd. 5: Das Passagen-Werk, hrsg. v. Rolf Tiedemann / Hermann Schweppenhäuser. Frankfurt am Main: Suhrkamp 1991, S. 45–59.

Das Kunstwerk im Zeitalter seiner technischen Reproduzierbarkeit. Frankfurt am Main: Suhrkamp 2006.

Benthien, Claudia / Irmela Marei Krüger-Fürhoff (Hrsg.): *Über Grenzen. Limitation und Transgression in Literatur und Ästhetik.* Stuttgart: Metzler 1999.

Benthien, Claudia: Das Maskerade-Konzept in der psychoanalytischen und kulturwissenschaftlichen Theoriebildung. In: Dies. / Inge Stephan (Hrsg.): *Männlichkeit als Maskerade. Kulturelle Inszenierungen vom Mittelalter bis zur Gegenwart*. Weimar / Wien: Böhlau 2003, S. 36–59.

Bergermann, Ulrike: Zur Universalität von Whiteness und Hate Pictures. Candice Breitz' schneidende Bildtechniken. In: Dies. / Nanna Heidenreich (Hrsg.): *total. Universalismus und Partikularismus in post_kolonialerMedientheorie*. Bielefeld: Transcript 2014, S. 253–267.

Berlant, Lauren: Introduction. The Intimate Public Sphere. In: Dies.: *The Queen of America Goes to Washington City. Essays on Sex and Citizenship*. Durham / London: Duke UP 1997, S. 1–24.

Critical Inquiry, Affirmative Culture. In: *Critical Inquiry* 30 (2004), S. 445–451.

The Female Complaint. The Unfinished Business of Sentimentality in American Culture. Durham: Duke UP 2008.

Cruel Optimism. Durham / London: Duke UP 2011.

Das Subjekt wahrer Gefühle. Schmerz, Privatheit und Politik, aus d. Engl. v. Katja Wiederspahn / Dagmar Fink / Elisabeth Holzleithner. In: Andrea Baier / Christa Binswanger / Jana Häberlein / Yv Eveline Nay et al. (Hrsg.): *Affekt und Geschlecht. Eine einführende Anthologie*. Wien: Zaglossus 2014, S. 87–116.

/ Lee Edelman: *Sex, or the Unbearable*. Durham / London: Duke UP 2014.

The Commons: Infrastructures for Troubling Times. In: *Society and Space* 34,3 (2016), S. 393–419.

Bersani, Leo: *The Culture of Redemption*. New York: New York UP 1999.

Bhabha, Homi K.: *Die Verortung der Kultur*, aus d. Engl. v. Michael Schiffmann / Jürgen Freudl. Tübingen: Stauffenburg 2000.

Billeter, Erika: *Das Selbstportrait im Zeitalter der Photographie. Maler und Photographen im Dialog mit sich selbst*. Bern: Benteli 1985.

Blake, Nayland: Further Horizons. In: Pomona College Museum of Art (Hrsg.): *Judie Bamber: Further Horizons*. Ausstellungskatalog. Claremont: Pomona College Museum of Art 2005, S. 5–9.

Blume, Eugen / Annemarie Hürlimann / Thomas Schnalke / Daniel Tyradellis (Hrsg.): *Schmerz. Kunst + Wissenschaft*. Köln: DuMont 2007.

Böhme, Hartmut: Bildung, Fetischismus und Vertraglichkeit in Leopold Sacher-Masochs „Venus im Pelz". In: Ingrid Spörk / Alexandra Strohmaier (Hrsg.): *Leopold von Sacher-Masoch*. Graz: Droschl 2003, S. 11–40.

Gefühle, Leidenschaften, Sinne: phänomenologisch. In: Catherine Nichols / Gisela Staupe (Hrsg.): *Die Leidenschaften. Ein Drama in fünf Akten*. Göttingen: Wallstein 2012, S. 10–18.

Boie, Johannes: Alphabet, die universelle Ordnungsmacht. In: *Süddeutsche Zeitung*, 14.08.2015. http://www.sueddeutsche.de/digital/google-umstrukturierung-alphabet-die-universelle-ordnungsmacht-1.2606809 (Zugriff am 28.10.2015).

Boll, Bernd: Vom Album ins Archiv. Zur Überlieferung privater Fotografien aus dem Zweiten Weltkrieg. In: Anton Holzer (Hrsg.): *Mit der Kamera bewaffnet. Krieg und Fotografie*. Marburg: Jonas 2003, S. 167–178.

Bopp, Petra: „... ich habe ja nun aus Rußland genug Bilder." Soldatenalltag im Sucher eines Amateurfotografen im Zweiten Weltkrieg. In: Irene Ziehe / Ulrich Hägele (Hrsg.): *Der engagierte Blick. Fotoamateure und Amateurfotografen dokumentieren den Alltag*. Münster: Lit 2007, S. 73–95.

Fremde im Visier. Fotoalben aus dem Zweiten Weltkrieg. Bielefeld: Kerber 2009.

Bose, Käthe von: *Klinisch rein. Zum Verhältnis von Sauberkeit, Macht und Arbeit im Krankenhaus*. Bielefeld: Transcript 2017.

Bourdieu, Pierre: Die gesellschaftliche Definition der Photographie, aus d. Franz. v. Udo Rennert. In: Ders. / Luc Boltanksi (Hrsg.): *Eine illegitime Kunst. Die sozialen Gebrauchsweisen der Fotografie*. Hamburg: Europ. Verl.-Anst. 2006, S. 85–109.

Braidotti, Rosi: *Nomadic Subjects. Embodiment and Difference in Contemporary Feminist Theory*. New York: Columbia UP 1994.

Becoming Woman, or Sexual Difference Revisited. In: *Theory, Culture & Society* 20,3 (2003), S. 43–64.

Affirming the Affirmative: On Nomadic Affectivity. In: *rhizomes* 11,12 (2006).

Brandes, Kerstin: *Fotografie und „Identität". Visuelle Repräsentationspolitiken in künstlerischen Arbeiten der 1980er und 1990er Jahre*. Bielefeld: Transcript 2010.

Brauchitsch, Boris von: *Kleine Geschichte der Fotografie*. Stuttgart: Reclam 2002.

Braun, Christina von: Gender, Geschlecht und Geschichte. In: Dies. / Inge Stephan (Hrsg.): *Gender Studien. Eine Einführung*. Stuttgart / Weimar: Metzler 2000, S. 10–51.

Versuch über den Schwindel. Religion, Schrift, Bild, Geschlecht. Zürich / München: Pendo 2001.

Einleitung. In: Dies. / Eva-Maria Ziege (Hrsg.): *Das bewegliche Vorurteil. Aspekte des internationalen Antisemitismus*. Würzburg: Königshausen & Neumann 2004, S. 11–42.

Blut und Tinte. In: Dies. / Christoph Wulf (Hrsg.): *Mythen des Blutes*. Frankfurt am Main: Campus 2007, S. 344–362.

Der Preis des Geldes. Eine Kulturgeschichte. Berlin: Aufbau 2012.

Bredekamp, Horst: Wir sind befremdete Komplizen. In: *Süddeutsche Zeitung*, 28.05.2004, S. 17.

/ Ullrich Raulff: Handeln im Symbolischen. Ermächtigungsstrategien, Körperpolitik und die Bildstrategien des Krieges. In: *kritische berichte. Zeitschrift für Kunst- und Kulturwissenschaften* 33,1 (2005), S. 5–11.

Theorie des Bildakts. Frankfurt am Main: Suhrkamp 2010.

Breger, Claudia: Mimikry als Grenzverwirrung. Parodistische Posen bei Yoko Tawada. In: Claudia Benthien / Irmela Marei Krüger-Fürhoff (Hrsg.): *Über Grenzen. Limitation und Transgression in Literatur und Ästhetik*. Stuttgart: Metzler 1999, S. 176–206.

Brennan, Teresa: *The Transmission of Affect*. Ithaca: Cornell UP 2004.

Breuer, Lars: *Kommunikative Erinnerung in Deutschland und Polen. Täter- und Opferbilder in Gesprächen über den Zweiten Weltkrieg*. Wiesbaden: Springer 2015.

Brink, Cornelia: Vor aller Augen. Fotografie-wider-Willen in der Geschichtsschreibung. In: *WerkstattGeschichte* 47 (2008), S. 61–74.

Brody, Jennifer DeVere: Shading Meaning. In: Amelia Jones / Andrew Stephenson (Hrsg.): *Performing the Body / Performing the Text*. London / New York: Routledge 1999, S. 83–99.

Bronnikov, Arkady: *Russian Criminal Tattoo Police Files*. London: Fuel 2014.

Brown, Elspeth: *The Corporate Eye. Photography and the Rationalization of American Commercial Culture.* Baltimore: Johns Hopkins UP 2005.

Racializing the Virile Body: Eadweard Muybridge's Locomotion Studies 1883–1887. In: *Gender & History* 17,3 (2005), S. 627–656.

De Meyer at Vogue: Commercializing Queer Affect in First World War-Era Fashion Photography. In: *Photography & Culture* 2,3 (2009), S. 253–274.

/ Thy Phu: Introduction. In: Dies. (Hrsg.): *Feeling Photography.* Durham / London: Duke UP 2014, S. 1–28.

Brown, Wendy: Rights and Identity in Late Modernity. Revisiting the „Jewish Question". In: Austin Sarat / Thomas Kearns (Hrsg.): *Identities, Politics, and Rights.* Ann Arbor: Michigan UP 1995, S. 85–130.

Die Unmöglichkeit der Women's Studies. In: Gabriele Dietze / Sabine Hark (Hrsg.): *Gender Kontrovers. Genealogien und Grenzen einer Kategorie.* Königstein: Helmer 2006, S. 125–153.

Brucher, Rosemarie: *Subjektermächtigung und Naturunterwerfung. Künstlerische Selbstverletzung im Zeichen von Kants Ästhetik des Erhabenen.* Bielefeld: Transcript 2013.

Brunner, Claudia: *Wissensobjekt Selbstmordattentat. Epistemische Gewalt und okzidentalistische Selbstvergewisserung in der Terrorismusforschung.* Wiesbaden: VS 2011.

Bruns, Axel: Vom Prosumer zum Produser. Ein neues Verständnis nutzergesteuerter Inhaltserschaffung. In: *produsage.org*, 2009. http://produsage.org/node/55 (Zugriff am 28.10.2015).

Bruns, Claudia: Skandale im Beraterkreis um Kaiser Wilhelm II. Die homosexuelle „Verbündelung" der „Liebenberger Tafelrunde" als Politikum. In: Susanne zur Nieden (Hrsg.): *Homosexualität und Staatsräson. Männlichkeit, Homophobie und Politik in Deutschland 1900–1945.* Frankfurt am Main / New York: Campus 2005, S. 52–80.

Politik des Eros. Der Männerbund in Wissenschaft, Politik und Jugendkultur (1880–1934). Köln / Weimar / Wien: Böhlau 2008.

Buchloh, Benjamin H. D.: Gerhard Richters Atlas. Das anomische Archiv. In: Herta Wolf (Hrsg.): *Paradigma Fotografie. Fotokritik am Ende des fotografischen Zeitalters.* Frankfurt am Main: Suhrkamp 2002, S. 399–427.

Burgin, Victor: Einleitung zu „Thinking Photography", aus d. Engl. v. Wilfried Prantner. In: Herta Wolf (Hrsg.): *Diskurse der Fotografie. Fotokritik am Ende des fotografischen Zeitalters.* Frankfurt am Main: Suhrkamp 2003, S. 25–37.

Burmeister, Ralf: *Hannah Höch. Aller Anfang ist DADA.* Ostfildern: Hatje Cantz 2007.

Butler, Judith: *Das Unbehagen der Geschlechter*, aus d. Engl. v. Kathrina Menke. Frankfurt am Main: Suhrkamp 1991.

Körper von Gewicht. Die diskursiven Grenzen des Geschlechts, aus d. Engl. v. Karin Wördemann. Frankfurt am Main: Suhrkamp 1997.

Psyche der Macht. Das Subjekt der Unterwerfung, aus d. Engl. v. Reiner Ansén. Frankfurt am Main: Suhrkamp 2002.

Gefährdetes Leben: Politische Essays, aus d. Engl. v. Karin Wördemann. Frankfurt am Main: Suhrkamp 2005.

Folter und die Ethik der Fotografie. In: Linda Hentschel (Hrsg.): *Bilderpolitik in Zeiten von Krieg und Terror. Medien, Macht und Geschlechterverhältnisse.* Berlin: b_books 2008, S. 205–228.

Krieg und Affekt, aus d. Engl. v. Judith Mohrmann / Juliane Rebentisch / Eva von Redecker. Zürich / Berlin: Diaphanes 2009.

Raster des Krieges. Warum wir nicht jedes Leben beklagen, aus d. Engl. v. Reiner Ansén. Frankfurt am Main / New York: Campus 2010.

/ Athena Athanasiou: *Die Macht der Enteigneten*, aus d. Engl. v. Thomas Atzert. Zürich / Berlin: Diaphanes 2014.

Anmerkungen zu einer performativen Theorie der Versammlung, aus d. Engl. v. Frank Born. Berlin: Suhrkamp 2016.

Butt, Gavin: *Between You and Me. Queer Disclosures in the New York Art World, 1948–1963*. Durham / London: Duke UP 2005.

Campt, Tina: *Image Matters. Archive, Photography, and the African Diaspora in Europe*. Durham: Duke UP 2012.

Casiero, Robert L. / Tim Dean / Lee Edelman / Judith Halberstam et al.: The Anti-Social Thesis in Queer Theory. In: *PMLA* 121,3 (2006), S. 819–821.

Castel, Robert: Bilder und Phantasiebilder, aus d. Franz. v. Udo Rennert. In: Pierre Bourdieu / Luc Boltanksi (Hrsg.): *Eine illegitime Kunst. Die sozialen Gebrauchsweisen der Fotografie*. Hamburg: Europ. Verl.-Anst. 2006, S. 235–266.

Caws, Mary Ann / Rudolf E. Kuenzli / Gloria Gwen Raaberg (Hrsg.): *Surrealism and Women*. Cambridge / London: MIT 1991.

Certeau, Michel de: *Kunst des Handelns*, aus d. Franz. v. Ronald Voullié. Berlin: Merve 1988.

Chadwick, Whitney: Fetishizing Fashion / Fetishizing Culture. Man Ray's „Noire et blanche". In: *Oxford Art Journal* 18,2 (1995), S. 3–17.

Chen, Mel. Y.: *Animacies. Biopolitics, Racial Mattering, and Queer Affect*. Durham / London: Duke UP 2012.

Churchill, David S.: Transnationalism and Homophile Political Culture in the Postwar Decades. In: *GLQ A Journal of Lesbian and Gay Studies* 15,1 (2008), S. 31–66.

Clifford, James: On Ethnographic Surrealism. In: Ders. (Hrsg.): *The Predicament of Culture. Twentieth-Century Ethnography, Literature, and Art*. Cambridge / London: Harvard UP 2002, S. 117–151.

Clough, Patricia T. / Jean Halley: *The Affective Turn. Theorizing the Social*. Durham: Duke UP 2007.

Clough, Patricia T.: The Affective Turn. Political Economy, Biomedia, and Bodies. In: Melissa Gregg / Gregory J. Seigworth (Hrsg.): *The Affect Theory Reader*. Durham / London: Duke UP 2010, S. 206–225.

Coe, Brian / Paul Gates: *Schnappschuß Photographie. Die ersten hundert Jahre Amateurphotographie*, aus d. Engl. v. Karl Steinorth. München: Laterna magica 1979.

Cohen, Jeffrey Jerome: The Sex Life of Stone. In: Burns, E. Jane / Peggy McCracken (Hrsg.): *From Beasts to Souls. Gender and Embodiment in Medieval Europe*. Notre Dame: Notre Dame UP 2013, S. 17–38.

Connell, Robert W.: *Der gemachte Mann. Konstruktion und Krise von Männlichkeiten*, aus d. Engl. v. Christian Stahl. Wiesbaden: VS 2006.

Conrad, Sebastian / Shalini Randeria (Hrsg.): *Jenseits des Eurozentrismus. Postkoloniale Perspektiven in den Geschichts- und Kulturwissenschaften.* Frankfurt am Main: Campus 2002.

Conze, Linda / Ulrich Prehn / Michael Wildt: Sitzen, baden, durch die Straßen laufen. Überlegungen zu fotografischen Repräsentationen von „Alltäglichem" und „Unalltäglichem" im Nationalsozialismus. In: Annelie Ramsbrock / Annette Vowinckel / Malte Zierenberg (Hrsg.): *Fotografien im 20. Jahrhundert. Verbreitung und Vermittlung.* Göttingen: Wallstein 2013, S. 270–298.

Cory, Donald Webster (Pseud. Edward Sagarin): *The Homosexual in America. A Subjective Approach.* New York: Greenberg 1951.

Crary, Jonathan: *Techniques of the Observer. On Vision and Modernity in the Nineteenth Century.* Boston: MIT 1992.

Crimp, Douglas: The Boys in My Bedroom. In: Ders.: *Melancholia and Moralism. Essays on AIDS and Queer Politics.* Cambridge / London: MIT 2002, S. 151–163.

Cvetkovich, Ann: *An Archive of Feelings. Trauma, Sexuality, and Lesbian Public Cultures.* Durham: Duke UP 2003.

The Queer Art of the Counterarchive. In: ONE National Gay & Lesbian Archives (Hrsg.): *Cruising the Archive. Queer Art and Culture in Los Angeles, 1945–1980.* Ausstellungskatalog. Los Angeles: ONE National Gay & Lesbian Archives 2011, S. 32–35.

Depression: A Public Feeling. Durham / London: Duke UP 2012.

Personal Effects: The Material Archive of Gertrude Stein and Alice B. Toklas's Domestic Life. In: *nomorepotlucks*, 2013. http://nomorepotlucks.org/site/personal-effects-the-material-archive-of-gertrude-stein-and-alice-b-toklass-domestic-life-ann-cvetkovich (Zugriff am 28.10.2015).

Dalzell, Tom (Hrsg.): *The Routledge Dictionary of Modern American Slang and Unconventional English.* New York / London: Routledge 2009.

Danbolt, Mathias: Touching History. Archival Relations in Queer Art and Theory. In: Ders. / Jane Rowley / Louise Wolthers (Hrsg.): *Lost and Found: Queerying the Archive.* Ausstellungskatalog. Kopenhagen: Museum Tusculanum 2009, S. 27–54.

Daniels, Dieter: *Kunst als Sendung.* München: Beck 2002.

Dannecker, Martin: Der unstillbare Wunsch nach Anerkennung. Homosexuellenpolitik in den fünfziger und sechziger Jahren. In: Detlef Grumbach (Hrsg.): *Was heißt hier schwul? Politik und Identitäten im Wandel.* Hamburg: Männerschwarm 1997, S. 27–44.

Daval, Jean-Luc: *Die Photographie. Geschichte einer Kunst*, aus d. Franz. v. Eva Gärtner. Stuttgart: AT 1983.

David, Ludwig: *Ratgeber im Photographieren. Für Anfänger und Fortgeschrittene.* Halle an der Saale: Knapp 1918.

Degener, Ursula / Andrea Zimmermann: Politik der Affekte. In: *FZG Freiburger Zeitschrift für Geschlechterstudien* 20,2 (2015), S. 5–23.

Delarue, Jacques / Robert Giraud: *Les Tatouages du ‚Milieu'.* Paris: La Roulotte 1950.

Deleuze, Gilles / Félix Guattari: *Kafka. Pour une Littérature Mineure.* Paris: Minuit 1975.

Anti-Ödipus. Kapitalismus und Schizophrenie. Frankfurt am Main: Suhrkamp 1977.

Deleuze, Gilles: Sacher-Masoch und der Masochismus, aus d. Franz. v. Gertrud Müller. In: Leopold Sacher-Masoch: *Venus im Pelz. Mit einer Studie über den Masochismus von Gilles Deleuze.* Frankfurt am Main / Leipzig: Insel 1980, S. 163–281.

/ Félix Guattari: *Kafka. Toward a Minor Literature.* Minneapolis: Minnesota UP 1986.

/ Félix Guattari: *Tausend Plateaus. Kapitalismus und Schizophrenie*, aus d. Franz. v. Gabriele Ricke / Ronald Voullié. Berlin: Merve 1992.

Lust und Begehren, aus d. Franz. v. Henning Schmidgen. Berlin: Merve 1996.

/ Félix Guattari: *Kafka. Für eine kleine Literatur*, aus d. Franz. v. Burkhart Kroeber. Frankfurt am Main: Suhrkamp 2012.

Der Stürmer: Jüdische Knabenverbrecher. Die Berliner Polizei räumt auf. Eltern achtet auf Eure Kinder! In: *Der Stürmer. Deutsches Wochenblatt zum Kampfe um die Wahrheit* 13 (1936).

Derrida, Jacques: *Signatur Ereignis Kontext*, aus d. Franz. v. Donald Watts Tuckwiller. In: Ders.: *Die différance. Ausgewählte Texte.* Stuttgart: Reclam 2004, S. 68–109.

Dewitz, Bodo von: *So wird bei uns Krieg geführt! Amateurfotografie im ersten Weltkrieg.* München: Tuduv 1989.

Didi-Huberman, Georges: *Die Erfindung der Hysterie. Die photographische Klinik von Jean-Martin Charcot*, aus d. Franz. v. Silvia Henke / Martin Stingelin / Hubert Thüring. München: Fink 1997.

Was wir sehen blickt uns an. Zur Metapsychologie des Bildes, aus d. Franz. v. Markus Sedlaczek. München: Fink 1999.

Bilder trotz allem, aus d. Franz. v. Peter Geimer. München / Paderborn: Fink 2007.

Was zwischen zwei Bildern passiert. Anachronie, Montage, Allegorie, Pathos, aus d. Franz. v. Markus Sedlaczek. In: Lena Bader / Martin Gaier / Falk Wolf (Hrsg.): *Vergleichendes Sehen.* München: Fink 2010, S. 537–572.

Dietze, Gabriele / Elahe Haschemi Yekani / Beatrice Michaelis: „Checks and Balances." Zum Verhältnis von Intersektionalität und Queer Theory. In: Dies. / Katharina Walgenbach / Antje Hornscheidt / Kerstin Palm (Hrsg.): *Gender als interdependente Kategorie. Neue Perspektiven auf Intersektionalität, Diversität und Heterogenität.* Opladen / Farmington Hills: Budrich 2007, S. 107–139.

/ Claudia Brunner / Edith Wenzel (Hrsg.): *Kritik des Okzidentalismus. Transdisziplinäre Beiträge zu (Neo-)Orientalismus und Geschlecht.* Bielefeld: Transcript 2009.

Weiße Frauen in Bewegung. Genealogien und Konkurrenzen von Race- und Genderpolitiken. Bielefeld: Transcript 2013.

Doane, Mary Ann: Remembering Women. Psychical and Historical Construction in Film Theory. In: Ann Kaplan (Hrsg.): *Psychoanalysis and Cinema.* New York / London: Psychology 1990, S. 46–63.

Döring, Daniela: *Zeugende Zahlen. Mittelmaß und Durchschnittstypen in Proportion, Statistik und Konfektion des 19. Jahrhunderts.* Berlin: Kadmos 2011.

Douglas, Mary: *Reinheit und Gefährdung. Eine Studie zu Vorstellungen von Verunreinigung und Tabu*, aus d. Engl. v. Brigitte Luchesi. Berlin: Reimer 1985.

Downs, Heather: Crafting Culture. Scrapbooking and the Lives of Women. Dissertation, University of Illinois at Urbana-Champaign 2006. In: *Ideals*, 28.09.2015. http://hdl.handle.net/2142/86217.

Doyle, Jennifer: *Hold It Against Me. Difficulty and Emotion in Contemporary Art*. Durham / London: Duke UP 2013.

Dubois, Philippe: *Der fotografische Akt. Versuch über ein theoretisches Dispositiv*, hrsg. v. Herta Wolf, aus d. Franz. v. Dieter Hornig. Amsterdam / Dresden: Verlag der Kunst 1998.

Duggan, Lisa: The New Homonormativity. The Sexual Politics of Neoliberalism. In: Dana D. Nelson / Russ Castronovo (Hrsg.): *Materializing Democracy. Toward a Revitalized Cultural Politics*. Durham / London: Duke UP 2002, S. 175–194.

Dyer, Richard: Male Gay Porn. Coming to Terms. In: *Jump Cut* 30 (1985), S. 27–29.

A Star is Born and the Construction of Authenticity. In: Christine Gledhill (Hrsg.): *Stardom. Industry of Desire*. London: Routledge 1991, S. 136–144.

Edelman, Lee: *No Future. Queer Theory and the Death Drive*. Durham: Duke UP 2004.

Eder, Jens / Britta Hartmann / Chris Tedjasukmana: *Bewegungsbilder. Politische Videos im Social Web*. Berlin: Bertz + Fischer 2020.

Edwards, Elizabeth: Andere ordnen. Fotografie, Anthropologie und Taxinomien, aus d. Engl. v. Wilfried Prantner. In: Herta Wolf (Hrsg.): *Diskurse der Fotografie. Fotokritik am Ende des fotografischen Zeitalters*. Frankfurt am Main: Suhrkamp 2003, S. 335–358.

Eggers, Maureen Maisha / Grada Kilomba / Peggy Piesche / Susan Arndt: Konzeptionelle Überlegungen. In: Dies. (Hrsg.): *Mythen, Masken und Subjekte. Kritische Weißseinsforschung in Deutschland*. Münster: Unrast 2005, S. 11–13.

Eichhorn, Kate: *The Archival Turn in Feminism. Outrage in Order*. Philadelphia: Temple UP 2013.

Elkins, James: *Visual Studies. A Sceptical Introduction*. New York / London: Routledge 2003.

Encke, Julia: *Augenblicke der Gefahr. Der Krieg und die Sinne*. München: Fink 2006.

Eng, David L. / David Kazanjian (Hrsg.): *Loss. The Politics of Mourning*. Berkeley / Los Angeles / London: California UP 2003.

Engel, Antke: *Bilder von Sexualität und Ökonomie. Queere kulturelle Politiken im Neoliberalismus*. Bielefeld: Transcript 2009.

Engelbach, Barbara: *Zwischen Body Art und Videokunst. Körper und Video in der Aktionskunst um 1970*. München: Schreiber 2001.

Engelhardt, Dietrich von: *Krankheit, Schmerz und Lebenskunst. Eine Kulturgeschichte der Körpererfahrung*. München: Beck 1999.

Engelmann, Peter: Zur Textauswahl. In: Jacques Derrida: *Die différance. Ausgewählte Texte*, hrsg. v. Peter Engelmann. Stuttgart: Reclam 2004, S. 359–360.

Enzensberger, Christian: *Größerer Versuch über den Schmutz*. Frankfurt am Main: Ullstein 1980.

Erhart, Walter / Britta Herrmann: XY ungelöst. Männlichkeit als Performance. In: Therese Steffen (Hrsg.): *Masculinities / Maskulinitäten. Mythos – Realität – Repräsentation – Rollendruck*. Stuttgart: Metzler 2002, S. 33–53.

Eribon, Didier: *Rückkehr nach Reims*, aus d. Franz. v. Tobias Haberkorn. Frankfurt am Main: Suhrkamp 2016.

Eschebach, Insa / Sigrid Jacobeit / Silke Wenk (Hrsg.): *Gedächtnis und Geschlecht. Deutungsmuster in Darstellungen des nationalsozialistischen Genozids*. Frankfurt am Main / New York: Campus 2002.

Evans, Jennifer V.: Seeing Subjectivity. Erotic Photography and the Optics of Desire. In: *American Historical Review* 118,2 (2013), S. 430–462.

Everett, Wendy: Screen as Threshold – the Disorientating Topographies of Surrealist Film. In: *Screen* 39,4 (1998), S. 141–152.

Fehrenbach, Heide: *Cinema in Democratizing Germany. Reconstructing National Identity After Hitler.* Chapelhill / London: North Carolina UP 1995.

Rehabilitating Fatherland: Race and German Remasculinization. In: *Signs. Journal of Women in Culture and Society* 24,1 (1998), S. 107–127.

Fenske, Mindy: *Tattoos in American Visual Culture.* New York: Palgrave Macmillan 2007.

Figge, Maja / Konstanze Hanitzsch / Nadine Teuber: Einleitung. In: Dies. (Hrsg.): *Scham und Schuld. Geschlechter(sub)texte der Shoah.* Bielefeld: Transcript 2010, S. 9–17.

Figge, Maja: *Deutschsein (wieder-)herstellen. Weißsein und Männlichkeit im bundesdeutschen Kino der fünfziger Jahre.* Bielefeld: Transcript 2015.

Einleitung Repräsentationskritik. In: Kathrin Peters / Andrea Seier (Hrsg.): *Gender & Medien-Reader.* Zürich / Berlin: Diaphanes 2016, S. 109–117.

Finger, Jasmin Daniela: *Homophobie und Strafrecht. Eine strafrechtliche Untersuchung homophober Äusserungen und Äusserungen in Bezug auf Homosexualität.* Berlin: Berliner Wissenschafts-Verlag 2015.

FKW // Zeitschrift für Geschlechterforschung und visuelle Kultur 21 (1996).

Flagmeier, Renate: Selbstbau in der Not. In: Annabelle Hornung / Helmut Gold / Verena Kuni / Tine Nowak (Hrsg.): *DIY. Die Mitmach-Revolution.* Mainz: Ventil 2011, S. 60–65.

Fleig, Anne: Tanzmaschinen. Die Girls im Revuetheater der Weimarer Republik. In: Sabine Meine / Katharina Hottmann (Hrsg.): *Puppen, Huren, Roboter. Körper der Moderne in der Musik zwischen 1900 und 1930.* Schliengen: Argus 2005, S. 102–117.

Foster, Hal: Archives Without Museums. In: *October* 77 (Summer 1996), S. 97–119.

Foucault, Michel: Nietzsche, die Genealogie, die Historie, aus d. Franz. v. Walter Seitter. In: Ders.: *Von der Subversion des Wissens.* Frankfurt am Main / Berlin / Wien: Ullstein 1978, S. 83–109.

Nietzsche, Genealogy, History, aus d. Franz. v. Donald F. Bouchard / Sherry Simon. In: Dies. (Hrsg.): *Language, Counter-Memory, Practice. Selected Essays and Interviews.* Ithaca: Cornell UP 1980, S. 139–164.

Archäologie des Wissens, aus d. Franz. v. Ulrich Köppen. Frankfurt am Main: Suhrkamp 1981.

Der Wille zum Wissen. Sexualität und Wahrheit 1, aus d. Franz. v. Ulrich Raulff / Walter Seitter. Frankfurt am Main: Suhrkamp 1983.

Die Sorge um sich. Sexualität und Wahrheit 3, aus d. Franz. v. Ulrich Raulff / Walter Seitter. Frankfurt am Main: Suhrkamp 1989.

Andere Räume, aus d. Franz. v. Walter Seitter. Leipzig: Reclam 1992.

Technologien des Selbst, aus d. Franz. v. Michael Bischoff. Frankfurt am Main: Fischer 1993.

Überwachen und Strafen. Die Geburt des Gefängnisses, aus d. Franz. v. Walter Seitter. Frankfurt am Main: Suhrkamp 1994.

Dies ist keine Pfeife. Mit zwei Briefen und vier Zeichnungen von René Magritte, aus d. Franz. v. Walter Seitter. München: Hanser 1997.

Friendship as a Way of Life, aus d. Franz. v. Robert Hurley. New York: New 1997.

Dispositive der Macht. Über Sexualität, Wissen und Wahrheit, aus d. Franz. v. Jutta Kranz / Hans-Joachim Metzger. Berlin: Merve 2000.

Was ist ein Autor?, aus d. Franz. v. Hermann Kocyba. In: Daniel Defert / François Ewald (Hrsg.): *Schriften zur Literatur*. Frankfurt am Main: Suhrkamp 2003, S. 234–270.

Die Geburt der Biopolitik. Geschichte der Gouvernementalität II. Vorlesungen am Collège de France 1978/1979, aus d. Franz. v. Jürgen Schröder. Frankfurt am Main: Suhrkamp 2006.

Frankenberg, Ruth: *Displacing Whiteness. Essays in Social and Cultural Criticism*. Durham: Duke UP 1997.

Frei, Norbert / Sybille Steinbacher (Hrsg): *Beschweigen und Bekennen. Die deutsche Nachkriegsgesellschaft und der Holocaust*. Göttingen: Wallstein 2001.

Frei, Norbert: *Vergangenheitspolitik. Die Anfänge der Bundesrepublik und die NS-Vergangenheit*. München: Beck 2012.

Frevert, Ute: Bürgerliche Meisterdenker und das Geschlechterverhältnis. Konzepte, Erfahrungen, Visionen an der Wende vom 18. zum 19. Jahrhundert. In: Ute Frevert (Hrsg.): *Bürgerinnen und Bürger. Geschlechterverhältnisse im 19. Jahrhundert. Zwölf Beiträge*. Göttingen: Vandenhoeck & Ruprecht 1988, S. 17–48.

Soldaten, Staatsbürger. Überlegungen zur historischen Konstruktion von Männlichkeit. In: Thomas Kühne (Hrsg.): *Männergeschichte – Geschlechtergeschichte. Männlichkeit im Wandel der Moderne*. Frankfurt am Main: Campus 1996, S. 68–87.

Umbruch der Geschlechterverhältnisse? Die 60er Jahre als geschlechterpolitischer Experimentierraum. In: Axel Schildt (Hrsg.): *Dynamische Zeiten. Die 60er Jahre in den beiden deutschen Staaten*. Hamburg: Christians 2000, S. 642–660.

Friedan, Betty: *Der Weiblichkeitswahn oder die Mystifizierung der Frau*, aus d. Engl. v. Margaret Carroux. Reinbek: Rowohlt 1966.

Galloway, Alexander R. / Eugene Thacker: *The Exploit. A Theory of Networks*. Minneapolis: Minnesota UP 2007.

Geimer, Peter: Was ist kein Bild? Zur „Störung" der Verweisung. In: Ders. (Hrsg.): *Ordnungen der Sichtbarkeit. Fotografie in Wissenschaft, Kunst und Technologie*. Frankfurt am Main: Suhrkamp 2002, S. 313–341.

„Wir müssen diese Bilder zeigen" – Ikonografie des Äußersten. In: Karin Harrasser / Thomas Macho / Burkhardt Wolf (Hrsg.): *Folter*. München: Fink 2007, S. 119–131.

Giesen, Bernhard / Christoph Schneider: *Tätertrauma. Nationale Erinnerungen im öffentlichen Diskurs*. Konstanz: UVK 2004.

Giles, Geoffrey J.: The Denial of Homosexuality: Same-Sex Incidents in Himmler's SS and Police. In: *Journal of the History of Sexuality* 11,1/2 (2002), S. 256–290.

A Gray Zone Among the Field Gray Man. Confusion in the Discrimination Against Homosexuals in the Wehrmacht. In: Jonathan Petropoulos / John K. Roth (Hrsg.): *Gray Zones. Ambiguity and Compromise in the Holocaust and Its Aftermath*. New York: Berghahn 2005, S. 127–146.

Goffman, Erving: *The Presentation of Self in Everyday Life*. Edinburgh: Edinburgh UP 1956.

Graßmann, Felix: Ein Schritt hin zum Fabelhaften. Die Filmarchitekten Herbert Kirchhoff und Albrecht Becker. In: Christoph Winkler / Johanna von Rauch (Hrsg.): *Tanzende Sterne und nasser Asphalt. Die Filmarchitekten Herbert Kirchhoff und Albrecht Becker und das Gesicht des deutschen Films in den fünfziger Jahren*. Hamburg: Dölling & Galitz 2001, S. 46–207.

Grau, Günter / Claudia Schoppmann: *Homosexualität in der NS-Zeit. Dokumente einer Diskriminierung und Verfolgung*. Frankfurt am Main: Fischer 1993.

Gravenhorst, Lerke: NS-Verbrechen: Männerdominanz und Frauenresonanz. In: Archiv der Arbeiterbewegung (Hrsg.): *Macht und Gesellschaft. Männer und Frauen in der NS-Zeit. Eine Perspektive für ein zukünftiges NS-Dokumentationszentrum in München*. München: Selbstverlag 2004, S. 24–38.

Greenblatt, Stephen: *Wunderbare Besitztümer. Die Erfindung des Fremden: Reisende und Entdecker*. Berlin: Wagenbach 1994.

Greenough, Sarah / Diane Waggoner (Hrsg.): *Art of the American Snapshot 1888–1978. From the Collection of Robert E. Jackson*. Ausstellungskatalog National Gallery of Art. Washington: Princeton UP 2008.

Gregg, Melissa / Gregory J. Seigworth (Hrsg.): *The Affect Theory Reader*. Durham / London: Duke UP 2010.

An Inventory of Shimmers. In: Ebd., S. 1–25.

Grønstad, Asbjørn / Øyvind Vågnes: What Do Pictures Want? Interview mit W. J. T. Mitchell. In: *Image and Narrative. Online Magazine of the Visual Narrative*, 2006. http://www.imageandnarrative.be/inarchive/iconoclasm/gronstad_vagnes.htm (Zugriff am 28.10.2015).

Grossmann, Wendy: Con(text) and Image: Reframing Man Ray's „Noire et blanche". In: Alex Hughes / Andrea Noble (Hrsg.): *Phototextualities. Intersections of Photography and Narrative*. Albuquerque: New Mexico UP 2003, S. 119–135.

Grosz, Elizabeth: *The Nick of Time. Politics, Evolution, and the Untimely*. Durham: Duke UP 2004.

Ha, Kien Nghi: *Hype um Hybridität. Kultureller Differenzkonsum und postmoderne Verwertungstechniken im Spätkapitalismus*. Bielefeld: Transcript 2005.

Habermas, Jürgen: *Strukturwandel der Öffentlichkeit. Untersuchungen zu einer Kategorie der bürgerlichen Gesellschaft*. Frankfurt am Main: Suhrkamp 2013.

Hägele, Ulrich: Ethnographische Surrealisten und visuelle Ethnographen. Zum Verhältnis von Kunst, Fotografie und Feldforschung in Frankreich 1930 bis 1940. In: Beate Binder (Hrsg.): *Kunst und Ethnographie. Zum Verhältnis von visueller Kultur und ethnographischen Arbeiten*. Münster: Lit 2008, S. 73–82.

Halberstam, Judith: *Female Masculinity*. Durham / London: Duke UP 1998.

In a Queer Time and Place. Transgender Bodies, Subcultural Lives. New York / London: New York UP 2005.

The Anti-Social Turn in Queer Studies. In: *Graduate Journal of Social Science* 5,2 (2008), S. 140–156.

The Queer Art of Failure. Durham / London: Duke UP 2011.

Hall, Stuart: *Cultural Studies. Ein politisches Theorieprojekt. Ausgewählte Schriften*, Bd. 3: Cultural Studies. Ein politisches Theorieprojekt, aus d. Engl. v. Nora Räthzel. Hamburg: Argument 2000.

Halperin, David: *Saint Foucault. Towards a Gay Hagiography.* New York: Oxford UP 1997.

/ Valerie Traub (Hrsg.): *Gay Shame.* Chicago / London: Chicago UP 2010.

Hanitzsch, Konstanze: *Deutsche Scham. Gender. Medien. „Täterkinder". Eine Analyse der Auseinandersetzungen von Niklas Frank, Beate Niemann und Malte Ludin.* Berlin: Metropol 2013.

Hanke, Christine: Zwischen Evidenz und Leere. Zur Konstitution von „Rasse" im physisch-anthropologischen Diskurs um 1900. In: Dies. / Hannelore Bublitz / Andrea Seier (Hrsg.): *Der Gesellschaftskörper. Zur Neuordnung von Kultur und Geschlecht um 1900.* Frankfurt am Main / New York: Campus 2000, S. 179–235.

Haraway, Donna J.: A Cyborg Manifesto. Science, Technology, and Socialist-Feminism in the Late Twentieth Century. In: Dies.: *Simians, Cyborgs, and Women. The Reinvention of Nature.* New York: Routledge 1991, S. 149–181.

The Biopolitics of Postmodern Bodies. Constitutions of Self in Immune System Discourse. In: Ebd., S. 203–230.

Situiertes Wissen. Die Wissenschaftsfrage im Feminismus und das Privileg einer partialen Perspektive. In: Dies.: *Die Neuerfindung der Natur. Primaten, Cyborgs und Frauen*, hrsg. v. Carmen Hammer / Immanuel Stieß, aus d. Engl. v. Dagmar Fink. Frankfurt am Main / New York: Campus 1995, S. 73–97.

When Species Meet. Minneapolis / London: Minnesota UP 2008.

Hark, Sabine: Queer Studies. In: Christina von Braun / Inge Stephan (Hrsg.): *Gender@Wissen. Ein Handbuch der Gender-Theorien.* Köln / Weimar / Wien: Böhlau 2005, S. 285–303.

Transreflexionen. Transformation von Wissenschaft – intersektionaler Feminismus – transdisziplinärer Beziehungssinn. In: Gerline Malli / Susanne Sackl-Sharif (Hrsg.): *Wider die Gleichheitsrhetorik. Soziologische Analysen – theoretische Interventionen.* Münster: Westfälisches Dampfboot 2014, S. 195–206.

Koalitionen des Überlebens. Queere Bündnispolitiken im 21. Jahrhundert. Göttingen: Wallstein 2017.

Harrasser, Karin: *Prothesen. Figuren einer lädierten Moderne.* Berlin: Vorwerk 8 2016.

Haschemi Yekani, Elahe / Eveline Kilian / Beatrice Michaelis: Introducing Queer Futures. In: Dies. (Hrsg.): *Queer Futures. Reconsidering Ethics, Activism, and the Political.* Farnham / Burlington: Ashgate 2013, S. 1–15.

Hausen, Karin: Die Polarisierung der „Geschlechtscharaktere". Eine Spiegelung der Dissoziation von Erwerbs- und Familienleben. In: Werner Conze (Hrsg.): *Sozialgeschichte der Familie in der Neuzeit Europas. Neue Forschungen.* Stuttgart: Klett 1976, S. 363–393.

Hayles, Katherine N.: *How We Became Posthuman. Virtual Bodies in Cybernetics, Literature, and Informatics.* Chicago / London: Chicago UP 1999.

Computing the Human. In: Jutta Weber / Corinna Bath (Hrsg.): *Turbulente Körper.* Wiesbaden: VS 2003, S. 99–118.

Heidemann, Christine: *Dilettantismus als Methode. Mark Dions Recherchen zur Phänomenologie der Naturwissenschaften.* Unveröffentlichte Dissertation, Justus-Liebig-Universität Gießen 2005.

Helfand, Jessica: *Scrapbooks. An American History.* New Haven: Yale UP 2008.

Hemmings, Clare: Invoking Affect. Cultural Theory and Ontological Turn. In: *Cultural Studies* 19,5 (2005), S. 548–567.

Henning, Andreas / Gregor J. M. Weber: *„Der himmelnde Blick“. Zur Geschichte eines Bildmotivs von Raffael bis Rotari*. Emsdetten / Dresden: Edition Imorde 1998.

Hensel, Thomas: Aby Warburg und die „Verschmelzende Vergleichsform“. In: Lena Bader / Martin Gaier / Falk Wolf (Hrsg.): *Vergleichendes Sehen*. München: Fink 2010, S. 469–490.

Hentschel, Linda: *Pornotopische Techniken des Betrachtens. Raumwahrnehmung und Geschlechterordnung in visuellen Apparaten der Moderne*. Marburg: Jonas 2001.

Einleitung. In: Dies. (Hrsg.): *Bilderpolitik in Zeiten von Krieg und Terror. Medien, Macht und Geschlechterverhältnisse*. Berlin: b_books 2008, S. 7–28.

Haupt oder Gesicht? Visuelle Gouvernementalität seit 9/11. In: Dies. (Hrsg.): Ebd., S. 185–200.

Das Pornotopische Begehren der Kunst. In: Thomas Ballhausen(Hrsg.): *The Porn Identity. Expeditionen in die Dunkelzone*. Wien: Verlag für moderne Kunst 2009, S. 67–75.

Strange Fruit: Die visuelle Kultur des Lynchens in den USA. In: Anna Pawlak / Kerstin Schankweiler (Hrsg.): *Ästhetik der Gewalt – Gewalt der Ästhetik*. Weimar: Verlag u. Datenbank für Geisteswissenschaften 2013, S. 165–178.

Black Cock. Betrachten und Bestrafen. In: Katharina Sykora / Kristin Schrader / Dietmar Kohler / Natascha Pohlmann et al. (Hrsg.): *Valenzen fotografischen Zeigens*. Kromsdorf: Jonas 2016, S. 128–143.

Henze, Patrick: „Die lückenlose Kette zwischen Politik und Schwul-Sein aufzeigen.“ Aktivismus und Debatten in der Homosexuellen Aktion Westberlin zwischen 1971 bis Juni 1973. In: Andreas Pretzel / Volker Weiß (Hrsg.): *Rosa Radikale. Die Schwulenbewegung der 1970er Jahre*. Hamburg: Männerschwarm 2012, S. 124–142.

Herzog, Dagmar: *Die Politisierung der Lust. Sexualität in der deutschen Geschichte des zwanzigsten Jahrhunderts*, aus d. Engl. v. Ursel Schäfer / Anne Emmert. München: Siedler 2005.

Hesse, Wolfgang: Der Amateur als politischer Akteur. Anmerkungen zur Arbeiterfotografie der Weimarer Republik. In: *Fotogeschichte* 29,111 (2009), S. 21–30.

„Der Unterricht muß auch auf der Straße erteilt werden.“ Stadtraum – Schriftraum – Bildraum. In: Ders. (Hrsg.): *Die Eroberung der beobachtenden Maschinen. Zur Arbeiterfotografie der Weimarer Republik*. Leipzig: Leipziger Universitätsverlag 2012, S. 187–256.

Heßler, Martina / Dieter Mersch: Einleitung: Bildlogik oder Was heißt visuelles Denken? In: Dies. (Hrsg.): *Logik des Bildlichen. Zur Kritik der ikonischen Vernunft*. Bielefeld: Transcript 2009, S. 8–62.

Hickey-Moody, Anna / Mary Lou Rasmussen: The Sexed Subject In-Between Deleuze and Butler. In: Chrysanthi Nigianni / Merl Storr (Hrsg.): *Deleuze and Queer Theory*. Edinburgh: Edinburgh UP 2009, S. 37–53.

Hildegard Frübis: Kunstgeschichte. In: Christina von Braun / Inge Stephan (Hrsg.): *Gender Studies. Eine Einführung*. Stuttgart / Weimar: Metzler 2000, S. 262–275.

Hird, Myra J.: Animal Transex. In: *Australian Feminist Studies* 21,49 (2006), S. 35–50.

Hirschfeld, Magnus: Aus der Erpresserpraxis. In: *Jahrbuch für sexuelle Zwischenstufen* 13,3 (1913), S. 288–325.

Die Verfolgung der Homosexuellen durch Erpresser und Chanteure. In: Ders.: *Die Homosexualität des Mannes und des Weibes*. Berlin: Marcus 1914, S. 873–898.

Von einst bis jetzt. Die Geschichte einer homosexuellen Bewegung 1897–1922. Berlin: Männerschwarm 1986.

Hoffmann-Curtius, Kathrin: Trophäen und Amulette. Die Fotografien von Wehrmachts- und SS-Verbrechen in den Brieftaschen der Soldaten. In: *Fotogeschichte* 20,78 (2000), S. 63–76.

Trophäen in Brieftaschen. Fotografien von Wehrmachts-, SS- und Polizei-Verbrechen. In: Gisela Ecker / Claudia Breger / Susanne Scholz (Hrsg.): *Dinge – Medien der Aneignung, Grenzen der Verfügung*. Königstein: Helmer 2002, S. 114–135.

Hofmann, Werner: *Kunst – was ist das?* Hamburg: DuMont 1977.

Holert, Tom: *Regieren im Bildraum*. Berlin: b_books 2008.

Holzer, Anton: Die Kamera und der Henker. Tod, Blick und Fotografie. In: *Fotogeschichte* 20,78 (2000), S. 43–62.

Du sollst Dir ein Bild machen! Georges Didi-Huberman: Bilder trotz allem. In: *Fotogeschichte* 27,106 (2007), S. 55–56.

Hölzle, Peter: Biographie. In: *Metzler Literaturlexikon. Begriffe und Definitionen*, hrsg. v. Günther Schweikle / Irmgard Schweikle. Stuttgart: Metzler 1990, S. 55–56.

Honegger, Claudia: *Die Ordnung der Geschlechter*. Frankfurt am Main: Campus 1991.

hooks, bell: Der oppositionelle Blick. Schwarze Frauen als Zuschauerinnen, aus d. Engl. v. Karin Meissenburg. In: Kathrin Peters / Andrea Seier (Hrsg.): *Gender & Medien-Reader*. Zürich / Berlin: Diaphanes 2016, S. 91–106.

Hornung, Annabelle / Helmut Gold / Verena Kuni / Tina Nowak (Hrsg.): *DIY. Die Mitmach-Revolution*. Mainz: Ventil 2011.

Husmann-Kastein, Jana: Rassisierte Lichtgestalten – dunkle Krisen. Christus, Karma und Erlösung bei Rudolf Steiner. In: Dies. / Sven Glawion / Elahe Haschemi Yekani (Hrsg.): *Erlöser – Figurationen männlicher Hegemonie*. Bielefeld: Transcript 2007, S. 83–96.

Irigaray, Luce: *Das Geschlecht, das nicht eins ist*, aus d. Engl. v. Eva Meyer / Heidi Paris. Berlin: Merve 1979.

Jaeggi, Martin: Mapplethorpes Doppelspiel. In: Felix Hoffmann (Hrsg.): *Robert Mapplethorpes Photographs*. Berlin: C/O Berlin 2011, S. 58–75.

Jahn, Peter: Vorwort. In: Ders. / Ulrike Schmiegelt (Hrsg.): *Foto-Feldpost. Geknipste Kriegserlebnisse 1939–1945*. Berlin: Elephanten 2000, S. 7–12.

Janzing, Godehard: Thermopylai / Stalingrad. Krise des Helden und Mythos der Niederlage. In: Linda Hentschel (Hrsg.): *Bilderpolitik in Zeiten von Krieg und Terror. Medien, Macht und Geschlechterverhältnisse*. Berlin: b_books 2008, S. 139–158.

Jappe, Elisabeth: *Performance, Ritual, Prozess. Handbuch der Aktionskunst in Europa*. München: Prestel 1993.

Jellonnek, Burkhard: *Homosexuelle unter dem Hakenkreuz. Die Verfolgung von Homosexuellen im Dritten Reich*. Paderborn: Schöningh 1990.

Johnson, Dominic: Ron Athey's Vision of Excess: Performance after George Bataille. In: *Papers of Surrealism* 8,1 (2010), S. 1–12.

Jones, Amelia: Rupture. In: *Parachute* 123 (2006), S. 15–37.

Self / Image: Technology, Representation and the Contemporary Subject. New York: Routledge 2006.

Seeing Differently. A History and Theory of Identification and the Visual Arts. London / New York: Routledge 2012.

„The Artist is Present": Artistic Re-enactments and the Impossibility of Presence. In: *TDR, The Drama Review* 55,1 (2011), S. 16–45.

On Sexism in the Art World. In: *Artnews*, 2015. http://www.artnews.com/2015/05/26/on-sexism-in-the-art-world/ (Zugriff am 16.01.2020).

Jones, Caroline A.: Staged Presence. In: *Artforum* 48,9 (2010), S. 213–219.

Jones, James W.: „Gegenwartsbewältigung". The Male Homosexual Character in Selected Works About the Fascist Experience. In: Helmut F. Pfanner (Hrsg.): *Der Zweite Weltkrieg und die Exilanten. Eine literarische Antwort.* Bonn: Bouvier 1991, S. 303–310.

Jünger, Ernst: Über den Schmerz. In: Ders.: *Sämtliche Werke*, Bd. 7: Betrachtungen zur Zeit. Stuttgart: Klett-Cotta 2002, S. 145–191.

Kallir, Alfred: *Sign and Design. Die psychogenetischen Quellen des Alphabets.* Berlin: Kadmos 2002.

Kammerer, Dietmar: Vorwort. In: Ders.: *Vom Publicum: Das Öffentliche in der Kunst.* Bielefeld: Transcript 2012, S. 7–11.

Kapp, Volker: Von der Autobiographie zum Tagebuch. In: Ders. / Alois Hahn (Hrsg.): *Selbstthematisierungen und Selbstzeugnis. Bekenntnis und Geständnis.* Frankfurt am Main: Suhrkamp 1987, S. 297–310.

Karakayali, Jule / Vassilis Tsianos / Serhat Karakayali / Aida Ibrahim: Decolorise It! In: *ak – analyse & kritik*, 2012. https://www.akweb.de/ak_s/ak575/23.htm (Zugriff am 21.01.2020).

Katz, Jonathan D.: Nicht versteckt, aber auch nicht sichtbar. Über Homoerotik in der US-amerikanischen Kunst, aus d. Engl. v. Elizabeth Glauer / Olaf Pfeifer. In: Josch Hoenes / Barbara Paul (Hrsg.): *un/verblümt. Queere Politiken in Ästhetik und Theorie.* Berlin: Revolver 2014, S. 60–75.

Kaye, Kerwin: Male Prostitution in the Twentieth Century. Pseudohomosexuals, Hoodlum Homosexuals, and Exploited Teens. In: *The Journal of Homosexuality* 46,1/2 (2003), S. 1–77.

Keck, Anette: *Buchstäbliche Anatomien. Vom Lesen und Schreiben des Menschen – Literaturgeschichten der Moderne.* Würzburg: Königshausen & Neumann 2007.

Keilson-Lauritz, Marita: Tanten, Kerle und Skandale. Die Geburt des „modernen Homosexuellen" aus den Flügelkämpfen der Emanzipation. In: Susanne zur Nieden (Hrsg.): *Homosexualität und Staatsräson. Männlichkeit, Homophobie und Politik in Deutschland 1900–1945.* Frankfurt am Main / New York: Campus 2005, S. 81–99.

Kemp, Wolfgang (Hrsg.): *Theorie der Fotografie III. 1945–1980.* München: Schirmer / Mosel 1983.

Geschichte der Fotografie. Von Daguerre bis Gursky. München: Beck 2011.

Kessel, Martina: Das Trauma der Affektkontrolle. Zur Sehnsucht nach Gefühlen im 19. Jahrhundert. In: Claudia Benthien / Anna Fleig / Ingrid Kasten (Hrsg.): *Emotionalität. Zur Geschichte der Gefühle.* Köln / Weimar / Wien: Böhlau 2000, S. 156–177.

Klinger, Cornelia / Gudrun-Axeli Knapp / Birgit Sauer (Hrsg.): *Achsen der Ungleichheit. Zum Verhältnis von Klasse, Geschlecht und Ethnizität.* Frankfurt am Main: Campus 2007.

Knoch, Habbo: *Die Tat als Bild. Fotografien des Holocaust in der deutschen Erinnerungskultur.* Hamburg: Hamburger Edition 2001.

Kodak: *Wie erzielt man gute Aufnahmen? Ein Buch für Amateurphotographen.* Berlin: Kodak 1937.

Kodak: *How to Make Good Pictures. A Text-Book for the Every-Day Photographer.* Rochester / New York: Kodak 1945.

Köhnholdt, Uwe: Zwei Freunde. In: Christoph Winkler / Johanna von Rauch (Hrsg.): *Tanzende Sterne und nasser Asphalt. Die Filmarchitekten Herbert Kirchhoff und Albrecht Becker und das Gesicht des deutschen Films in den fünfziger Jahren.* Hamburg: Dölling & Galitz 2001, S. 7–15.

Kondratowitz, Hans-Joachim von: Stichwort Frühe Bundesrepublik. In: Rüdiger Lautmann (Hrsg.): *Homosexualität. Handbuch der Theorie- und Forschungsgeschichte.* Frankfurt am Main: Campus 1993, S. 239–243.

König, Helmut: *Die Zukunft der Vergangenheit. Der Nationalsozialismus im politischen Bewusstsein der Bundesrepublik.* Frankfurt am Main: Fischer 2003.

Köppert, Katrin: „Alle waren sportlich, jugendlich und jungenhaft." Fotografische Selbstzeugnisse des jungen- und jugendbewegten Medienamateurs Heinz Dörmer. In: Meike Sophia Baader / Susanne Rappe-Weber (Hrsg.): *Jugendbewegte Geschlechterverhältnisse.* Schwalbach: Wochenschau 2010, S. 195–209.

Contagious! The Affective Politics of AIDS Scrapbooks. In: Jonathan Carson / Rosie Miller / Theresa Wilkie (Hrsg.): *The Photograph and The Album.* Boston / Edinburgh: MuseumEtc. 2013, S. 143–175.

Scrap-Book of Tears. Entwürfe des Selbst im (Zeit-)Gefüge von Schmerz und Hoffnung. In: Dies. / Susanne Regener (Hrsg.): *privat / öffentlich. Mediale Selbstentwürfe von Homosexualität.* Wien / Berlin: Turia + Kant 2013, S. 175–204.

Queere Archive des Ephemeren. Raum, Gefühl: Unbestimmtheit. In: *sub/urban. zeitschrift für kritische stadtforschung* 3,2 (2015), S. 67–90.

Touch of Concern. Queere Mikropolitiken affektiver Reproduktion bei GayRomeo und Grindr. In: Andreas Heilmann / Gabriele Jähnert / Falko Schnicke / Charlott Schönwetter et al. (Hrsg.): *Männlichkeit und Reproduktion. Zum gesellschaftlichen Ort historischer und aktueller Männlichkeitsproduktionen.* Wiesbaden: Springer 2015, S. 329–348.

/ Todd Sekuler: Sick Memory: On the Un-detectable in Archiving AIDS. In: *Drain: A Journal of Contemporary Art and Culture*, 2016. http://drainmag.com/sick-memory-on-the-un-detectable-in-archiving-aids/ (Zugriff am 19.02.2020).

Das „Handwerk" des Schmerzes. Fotografie zwischen Automatisierung und Affizierung. In: Hannelore Bublitz / Jutta Weber / Matthias Fuchs (Hrsg.): *Körper, Materialitäten, Technologien.* München: Fink 2018, S. 233–252.

The Sound of ACT UP! AIDS Activism as Sound(e)scape and Sound-Escapade. In: *Interference. A Journal of Audio Culture*, 2018. http://www.interferencejournal.org/the-sound-of-act-up-aids-activism-as-soundescape-and-sound-escapade/ (Zugriff am 19.02.2020).

Körber, Lill-Ann: *Badende Männer. Der nackte männliche Körper in der skandinavischen Malerei und Fotografie des frühen 20. Jahrhunderts.* Bielefeld: Transcript 2014.

Körner, Birgit M.: *Hebräische Avantgarde. Else Lasker-Schülers Poetologie im Kontext des Kulturzionismus.* Köln / Weimar / Wien: Böhlau 2017.

Koschatzky, Walter: *Die Kunst der Photographie. Technik, Geschichte, Meisterwerke.* München: dtv 1987.

Kotchemidova, Christina: Why We Say ‚Cheese': Producing the Smile in Snapshot Photography. In: *Critical Studies in Media Communication* 22,1 (2005), S. 2–25.

Kracauer, Siegfried: *Das Ornament der Masse. Essays.* Frankfurt am Main: Suhrkamp 1977.

Kraft, Kerstin: Schnittmuster. In: *Form + Zweck. Text, Textil, Textur* 30,15 (1998), S. 44–53.

Krämer, Sybille: Operative Bildlichkeit. Von der „Grammatologie“ zu einer „Diagrammatologie“? Reflexionen über erkennendes „Sehen“. In: Martina Heßler / Dieter Mersch (Hrsg.): *Logik des Bildlichen. Zur Kritik der ikonischen Vernunft.* Bielefeld: Transcript 2009, S. 94–122.

Kraß, Andreas: Queer Studies – eine Einführung. In: Ders. (Hrsg.): *Queer denken. Gegen die Ordnung der Sexualität.* Frankfurt am Main: Suhrkamp 2003, S. 7–39.

Krause, Ralf / Marc Rölli: *Mikropolitik. Eine Einführung in die politische Philosophie von Gilles Deleuze und Félix Guattari.* Wien / Berlin: Turia + Kant 2010.

Kravagna, Christian: Far, Far at Home. Blättern in (post)kolonialen Reisealben. In: Nina Möntmann / Dorothee Richter (Hrsg.): *Die Visualität der Theorie vs. Die Theorie des Visuellen. Eine Anthologie zur Funktion von Text und Bild in der zeitgenössischen Kultur.* Frankfurt am Main: Revolver 2004, S. 161–185.

Konserven des Kolonialismus: Die Welt im Museum. In: *postcolonial displays, eipcp - European Institute for Progressive Cultural Policies*, 2008. http://translate.eipcp.net/transversal/0708/kravagna/de.html (Zugriff am 17.01.2021).

Kristeva, Julia: *Fremde sind wir uns selbst*, aus d. Franz. v. Xenia Rajewsky. Frankfurt am Main: Suhrkamp 1990.

Kuhnen, Stephanie (Hrsg.): *Lesben raus! Für mehr lesbische Sichtbarkeit.* Berlin: Querverlag 2017.

Kuni, Verena: DIY. In: Dies. / Annabelle Hornung / Helmut Gold / Tine Nowak (Hrsg.): *DIY. Die Mitmach-Revolution.* Mainz: Ventil 2011, S. 201.

Kuzniar, Alice A.: *The Queer German Cinema.* Stanford: Stanford UP 2000.

Laclau, Ernesto / Chantal Mouffe: *Hegemonie und radikale Demokratie. Zur Dekonstruktion des Marxismus*, aus d. Engl. v. Michael Hintz. Wien: Passagen 1991.

laLove, Patsy L'Amour (Hrsg.): *Selbsthass & Emanzipation. Das Andere in der heterosexuellen Normalität.* Berlin: Querverlag 2016.

(Hrsg.): *Beißreflexe – Kritik an queerem Aktivismus, autoritären Sehnsüchten, Sprechverboten.* Berlin: Querverlag 2017.

Langham, Jeffrey: Under the Shadow of Paragraph 175: Part 1: Albrecht Becker. In: *USC Shoah Foundation*, 2015. https://sfi.usc.edu/blog/jeffrey-langham/under-shadow-paragraph-175-part-1 albrecht becker (Zugriff am 21.1.2020).

Lanwerd, Susanne / Irene Stoehr: Frauen- und Geschlechterforschung zum Nationalsozialismus seit den 1970er Jahren. In: Johanna Gehmacher / Gabriela Hauch (Hrsg.): *Frauen- und Geschlechtergeschichte des Nationalsozialismus. Fragestellungen, Perspektiven, neue Forschungen.* Innsbruck / Wien / Bozen: Studienverlag 2007, S. 22–68.

Laplanche, Jean / Jean-Bertrand Pontalis: *The Language of Psycho Analysis*, aus d. Franz. v. Donald Nicholson-Smith. New York: Nortin & Company 1973.

Latour, Bruno: *Die Hoffnung der Pandora. Untersuchungen zur Wirklichkeit der Wissenschaft*, aus d. Engl. v. Gustav Roßler. Frankfurt am Main: Suhrkamp 2000.

A Cautious Prometheus? A Few Steps Toward a Philosophy of Design. In: *bruno-latour.fr*, 2008. http://www.bruno-latour.fr/sites/default/files/112-DESIGN-CORNWALL-GB.pdf (Zugriff am 17.01.2018).

Lehne, Jost: Massenware Körper. Aspekte der Körperdarstellung in den Ausstattungsrevuen der zwanziger Jahre. In: Michael Cowan / Kai Marcel Sicks (Hrsg.): *Leibhaftige Moderne. Körper in Kunst und Massenmedien 1918 bis 1933.* Bielefeld: Transcript 2005, S. 264–278.

Lemke, Sieglinde: *Primitivist Modernism. Black Culture and the Origins of Transatlantic Modernism.* New York: Oxford UP 1998.

Lemke, Thomas: Die Regel der Ausnahme. Giorgio Agamben über Biopolitik und Souveränität. In: *Deutsche Zeitschrift für Philosophie* 52,6 (2004), S. 943–963.

Lévi-Strauss, Claude: *Das wilde Denken*, aus d. Franz. v. Hans Naumann. Frankfurt am Main: Suhrkamp 2009.

Lichtwark, Alfred: *Die Bedeutung der Amateur-Photographie.* Hamburg: Druck der Aktien-Gesellschaft Neue Börsen-Halle 1893.

Die Bedeutung der Amateur-Photographie. Halle an der Saale: Knapp 1894.

Lindner, Ines / Sigrid Schade / Silke Wenk / Gabriele Werner (Hrsg.): *Blick-Wechsel. Konstruktionen von Männlichkeit und Weiblichkeit in Kunst und Kunstgeschichte.* Berlin: Reimer 1989.

Lindner, Ulrike: Rationalisierungsdiskurse und Aushandlungsprozesse. Der moderne Haushalt und die traditionelle Hausfrauenrolle in den 1960er Jahren. In: Matthias Frese / Julia Paulus / Klaus Teppe (Hrsg.): *Demokratisierung und gesellschaftlicher Aufbruch. Die sechziger Jahre als Wendezeit der Bundesrepublik.* Paderborn: Schöningh 2003, S. 59–82.

Löffler, Petra: *Affektbilder. Eine Mediengeschichte der Mimik.* Bielefeld: Transcript 2004.

Loftin, Craig M.: *Masked Voices. Gay Men and Lesbians in Cold War America.* Albany: SUNY 2012.

Lohmüller, Torben: *Die verschlagene Lust. Zur ästhetischen Subversion im Masochismus.* Heidelberg: Winter 2006.

Lorenz, Renate: *Aufwändige Durchquerungen. Subjektivität als sexuelle Arbeit.* Bielefeld: Transcript 2009.

Queer Art. A Freak Theory. Bielefeld: Transcript 2012.

Lorey, Isabel: Kritik und Kategorie. Zur Begrenzung politischer Praxis durch neue Theoreme der Intersektionalität, Interdependenz und Kritischen Weißseinsforschung. In: *kritik, eipcp - European Institute for Progressive Cultural Policies*, 2008. http://eipcp.net/transversal/0806/lorey/de.html (Zugriff am 17.1.2020).

Lott, Eric: *Love and Theft. Blackface Minstrelsy and the American Working Class.* New York: Oxford UP 1993.

Love, Heather: „Spoiled Identity". Stephen Gordon's Loneliness and the Difficulties of Queer History. In: *GLQ A Journal of Lesbian and Gay Studies* 7,4 (2001), S. 487–519.

Feeling Backwards: Loss and the Politics of Queer History. Cambridge / London: Harvard UP 2007.

Lüdtke, Alf: What Happened to the ‚Fiery Red Glow'? Workers' Experiences and German Fascism. In: Ders. (Hrsg.): *The History of Everyday Life. Reconstructing Historical Experiences and Ways of Life.* Princeton: Princeton UP 1995, S. 198–251.

Luhmann, Niklas: Individuum, Individualität, Individualismus. In: Ders.: *Gesellschaftsstruktur und Semantik. Studien zur Wissenssoziologie der modernen Gesellschaft*, Bd. 3. Frankfurt am Main: Suhrkamp 1993, S. 149–258.

Lux, Joseph August: *Die Kunst des Amateur-Photographen*. Stuttgart: Strecker & Schröder 1910.

MacCormack, Patricia: Mucosal Monsters. In: Bettina Papenburg / Martina Zarzycka (Hrsg.): *Carnal Aesthetics. Transgressive Imagery and Feminist Politics*. London: Tauris 2013, S. 226–237.

Marx, Karl: *Das Kapital. Kritik der politischen Ökonomie*, Bd. 1: Der Produktionsprozeß des Kapitals, hrsg. v. Friedrich Engels, Leitg. d. Editionsarbeiten v. Horst Merbach. Berlin: Dietz 1971.

Massumi, Brian: *Parables of the Virtual. Movement, Affect, Sensation*. Durham / London: Duke UP 2002.

The Future Birth of Affective Fact: The Political Ontology of Threat. In: Melissa Gregg / Gregory J. Seigworth (Hrsg.): *The Affect Theory Reader*. Durham / London: Duke UP 2010, S. 52–70.

Mathes, Bettina: Reproduktion. In: Christina von Braun / Inge Stephan (Hrsg.): *Gender@Wissen. Ein Handbuch der Gender-Theorien*. Köln / Weimar / Wien: Böhlau 2005, S. 81–99.

Matsuda, Mari J. / Charles R. III Lawrence / Richard Delgado / Kimberlè Williams Crenshaw: *Words That Wound. Critical Race Theory, Assaultive Speech, and the First Amendment*. Boulder: Westview 1993.

Mbembe, Achille: *Kritik der schwarzen Vernunft*, aus d. Franz. v. Michael Bischoff. Berlin: Suhrkamp 2015.

McCarroll Cutshaw, Stacey / Ross Barrett: *In the Vernacular. Photography of the Everyday*. Ausstellungskatalog. Boston: Boston University Art Gallery 2008.

McClintock, Anne: *Imperial Leather. Race, Gender and Sexuality in the Colonial Contest*. New York: Routledge 1995.

Meißner, Hannah: *Jenseits des autonomen Subjekts. Zur gesellschaftlichen Konstitution von Handlungsfähigkeit im Anschluss an Butler, Foucault und Marx*. Bielefeld: Transcript 2010.

Mercer, Kobena: Reading Racial Fetishism. The Photographs of Robert Mapplethorpe. In: Ders.: *Welcome to the Jungle. New Positions in Black Cultural Studies*. New York: Routledge 1994, S. 171–219.

Meve, Jörn: *Homosexuelle Nazis. Ein Stereotyp in Politik und Literatur des Exils*. Hamburg: Männerschwarm 1990.

Meyer, Helge: *Schmerz als Bild. Leiden und Selbstverletzung in der Performance Art*. Bielefeld: Transcript 2008.

Empfindnis and Self-Inflicted Pain in Performance Art. In: Maria Pia Di Bella / James Elkins (Hrsg.): *Representations of Pain in Art and Visual Culture*. New Haven / London: Routledge 2013, S. 39–51.

Michaelis, Beatrice / Gabriele Dietze / Elahe Haschemi Yekani: The Queerness of Things Not Queer: Entgrenzungen – Affekte und Materialitäten – Interventionen. Einleitung. In: *Feministische Studien* 30,2 (2012), S. 184–197.

Michaelsen, Anja: *Kippbilder der Familie. Ambivalenz und Sentimentalität moderner Adoption in Film und Video*. Bielefeld: Transcript 2017.

Mifflin, Margot: *Bodies of Subversion. A Secret History of Women and Tattoo*. New York: Juno 1997.

Mileaf, Janine: *Please Touch. Dada and Surrealist Objects After the Readymade*. Hanover / London: New England UP 2010.

Minh-ha, Trinh T.: „Speaking Nearby“. A Conversation With Trinh T. Minh-ha. In: *Visual Anthropology Review* 8,1 (1992), S. 82–91.

Mitchell, W. J. T.: *Bildtheorie*, aus d. Engl. v. Heinz Jatho / Jürgen Blasius / Christian Höller. Frankfurt am Main: Suhrkamp 2008.

Moeller, Robert G.: Reconstructing the Family in Reconstruction Germany. Women and Social Policy in the Federal Republic, 1949–1955. In: Ders. (Hrsg.): *West Germany under Construction. Politics, Society, and Culture in the Adenauer Era*. Ann Arbor: Michigan UP 1997, S. 109–133.

The „Remasculinization“ of Germany in the 1950s: Introduction. In: *Signs. Journal of Women in Culture and Society* 24,1 (1998), S. 101–106.

Moholy, Lucia: Briefe, Texte, Dokumente. In: Rolf Sachsse: *Lucia Moholy. Bauhaus Fotografin*. Berlin: Museumspädagog. Dienst 1995, S. 44–110.

Möhring, Maren: *Marmorleiber. Körperbildung in der deutschen Nacktkultur (1890–1930)*. Köln / Weimar / Wien: Böhlau 2004.

Morse, Margaret: Sunshine and Shroud: Cyborg Bodies and the Collective and Personal Self. In: Jennifer John / Yvonne Volkart (Hrsg.): *Cyborg Bodies*. http://www.medienkunstnetz.de/quellentext/117/ (Zugriff am 29.07.2020)

Möser, Cornelia: Immaterielle und unsichtbare Arbeit – Überlegungen zu einer queerfeministischen Ökonomiekritik. In: *Phase 2. Zeitschrift gegen die Realität* 37 (2010), S. 1–9.

Mosse, George L.: *Das Bild des Mannes. Zur Konstruktion der modernen Männlichkeit*. Frankfurt am Main: Fischer 1997.

Moten, Fred: Black Mo'nin'. In: David L. Eng / David Kazanjian (Hrsg.): *Loss. The Politics of Mourning*. Berkeley / Los Angeles / London: California UP 2003, S. 56–76.

Mühlhäuser, Regina: ‚Mannestrieb‘ und ‚Manneszucht‘. NS-Politiken im Umgang mit Vergewaltigung, Prostitution, hetero- und homosexuellen Verhältnissen deutscher Soldaten während des Kriegs in der Sowjetunion (1941–1945). In: Anette Dietrich / Ljiljana Heise (Hrsg.): *Männlichkeitskonstruktionen im Nationalsozialismus. Formen, Funktionen und Wirkungsmacht von Geschlechterkonstruktionen im Nationalsozialismus und ihre Reflexion in der pädagogischen Praxis*. Frankfurt am Main / Berlin / Bern: Lang 2013, S. 99–119.

Mulvey, Laura: *Visual and Other Pleasures*. Bloomington: Indiana UP 1989.

Münker, Stefan: *Emergenz digitaler Öffentlichkeiten. Die sozialen Medien im Web 2.0*. Frankfurt am Main: Suhrkamp 2009.

Muñoz, José Esteban: *Disidentification. Queers of Color and the Performance of Politics*. Minneapolis / London: Minnesota UP 1999.

Feeling Brown: Ethnicity and Affect in Ricardo Bracho's The Sweetest Hangover (and Other STDs). In: *Theatre Journal* 52,1 (2000), S. 67–79.

Cruising Utopia. The Then and There of Queer Futurity. New York / London: New York UP 2009.

Musser, Amber: *Sensational Flesh. Race, Power, and Masochism*. New York / London: New York UP 2014.

Naef, Weston: Preface. In: Ders. / D.J. Waldie Deborah Gribbon (Hrsg.): *Close to Home: An American Album*. Los Angeles: Getty Trust 2004, S. 3–5.

Natlacen, Christina: Passanten im Fokus. Straßenfotografie und (Selbst)Darstellung. In: *Medienamateure. Wie verändern Laien unsere visuelle Kultur?*, 2008. http://www.medienamateure.de/pdfs/NatlacenPassanten.pdf (Zugriff am 17.01.2020).

Negt, Oskar / Alexander Kluge: *Öffentlichkeit und Erfahrung. Zur Organisationsanalyse von bürgerlicher und proletarischer Öffentlichkeit.* Frankfurt am Main: Suhrkamp 1990.

Newhall, Beaumont: *The History of Photography. From 1839 to the Present Day.* New York: Museum of Modern Art 1984.

Ngai, Sianne: *Ugly Feelings.* New Haven: Harvard UP 2005.

Nickel, Douglas R.: *Snapshots: The Photography of Everyday Life 1888 to the Present.* San Francisco: San Francisco Museum of Modern Art 1998.

The Snapshot – Some Notes. In: Ders. (Hrsg.): *Snapshots. The Photography of Everyday Life 1888 to the Present.* Ausstellungskatalog. San Francisco: San Francisco Museum of Modern Art 1998, S. 9–15.

Nieden, Susanne zur: Homophobie und Staatsräson. In: Dies. (Hrsg.): *Homosexualität und Staatsräson. Männlichkeit, Homophobie und Politik in Deutschland 1900–1945.* Frankfurt am Main / New York: Campus 2005, S. 17–51.

Nigianni, Chrysanthi / Merl Storr (Hrsg.): *Deleuze and Queer Theory.* Edinburgh: Edinburgh UP 2009.

Nonhoff, Martin: Diskurs, radikale Demokratie, Hegemonie – Einleitung. In: Ders. (Hrsg.): *Diskurs, radikale Demokratie, Hegemonie. Zum politischen Denken von Ernesto Laclau und Chantal Mouffe.* Bielefeld: Transcript 2007, S. 7–24.

O'Brien, Patricia: *The Promise of Punishment. Prisons in Nineteenth-Century France.* Princeton: Princeton UP 1982.

O'Dell, Kathy: *Towards a Theory of Performance Art.* Unveröffentlichte Dissertation, City University of New York 1992.

Olin, Margaret: *Touching Photographs.* Chicago / London: Chicago UP 2012.

Ott, Michaela: *Affizierung: Zu einer ästhetisch-epistemischen Figur.* München: Text + Kritik 2010.

Entautomatisierende Affizierungen. In: Annette Brauerhoch / Norbert Otto Eke / Renate Wieser / Anke Zechner (Hrsg.): *Entautomatisierung.* München: Fink 2014, S. 115–124.

Papenburg, Bettina / Martina Zarzycka (Hrsg.): *Carnal Aesthetics. Transgressive Imagery and Feminist Politics.* London / New York: Tauris 2013.

Paul, Barbara: *Formatwechsel. Kunst, populäre Medien und Gender-Politiken.* Linz: Sonderzahl 2008.

Kunstgeschichte, Feminismus und „Gender Studies". In: Hans Belting / Heinrich Dilly / Wolfgang Kemp / Willibald Sauerländer et al. (Hrsg.): *Kunstgeschichte. Eine Einführung.* Berlin: Reimer 2008, S. 297–336.

/ Johanna Schaffer (Hrsg.): *Mehr(wert) Queer – Queer Added (Value). Visuelle Kultur, Kunst und Gender-Politiken – Visual Culture, Art, and Gender Politics.* Bielefeld: Transcript 2009.

FormatWechsel, Bilderzirkulation und visuelle queere Politiken. Iké Udé und das strukturelle Paradox des Cover Girls. In: *FKW // Zeitschrift für Geschlechterforschung und visuelle Kultur* 51 (2011), S. 60–72.

Peters, Kathrin: *Rätselbilder des Geschlechts. Körperwissen und Medialität um 1900.* Zürich / Berlin: Diaphanes 2010.

Einleitung. In: Dies. / Andrea Seier (Hrsg.): *Gender & Medien-Reader.* Zürich / Berlin: Diaphanes 2016, S. 325–335.

Phelan, Peggy: *Unmarked. The Politics of Performance.* London / New York: Routledge 1993.

Pichler, Klaus: *Fürs Leben gezeichnet. Gefängnistätowierungen und ihre Träger*. Salzburg: Fotohof Edition 2011.

Pieper, Marianne / Carolin Wiedemann: In den Ruinen der Repräsentation? Affekt, Agencement und das Okkurente. In: *FKW // Zeitschrift für Geschlechterforschung und visuelle Kultur* 55 (2014), S. 66–78.

Pizzighelli, Giuseppe: *Anleitung zur Photographie für Amateure und Touristen mit Rücksicht auf den Gelatine-Emulsions-Process*. Wien / Leipzig: Verlag der Photographischen Correspondenz 1882.

Poiger, Uta G.: *Jazz, Rock, and Rebels. Cold War Politics and American Culture in a Divided Germany*. Berkeley / Los Angeles / London: California UP 2000.

A New ,Western' Hero? Reconstructing German Masculinity in the 1950s. In: Hanna Schissler (Hrsg.): *The Miracle Years. A Cultural History of West Germany, 1948–1968*. Princeton / Oxford: Princeton UP 2001, S. 412–427.

Krise der Männlichkeit. Remaskulinisierung in beiden deutschen Nachkriegsgesellschaften. In: Klaus Naumann (Hrsg.): *Nachkrieg in Deutschland*. Hamburg: Hamburger Edition 2001, S. 227–263.

Puar, Jasbir: *Terrorist Assemblages. Homonationalism in Queer Times*. Durham / London: Duke UP 2007.

Rancière, Jacques: *Die Aufteilung des Sinnlichen. Die Politik der Kunst und ihre Paradoxien*, hrsg. v. Maria Muhle, aus d. Franz. v. ders. / Susanne Leeb / Jürgen Link. Berlin: b_books 2008.

Rebentisch, Juliane: Über eine materialistische Seite von Camp. Naturgeschichte bei Jack Smith. In: *ZfM Zeitschrift für Medienwissenschaft* 8 (2013), S. 165–178.

Regener, Susanne: *Fotografische Erfassung. Zur Geschichte medialer Konstruktionen des Kriminellen*. München: Fink 1999.

Medienamateure – Fotografie und soziale Praxis im Alltag. In: Annabelle Hornung / Helmut Gold / Verena Kuni / Tina Nowak (Hrsg.): *DIY. Die Mitmach-Revolution*. Mainz: Ventil 2011, S. 176–187.

Vom Wohnzimmer auf die Straße. Zum Motiv der Maskerade in der Schwulenbewegung. In: Dies. / Katrin Köppert (Hrsg.): *privat/öffentlich. Mediale Selbstentwürfe von Homosexualität*. Wien / Berlin: Turia + Kant 2013, S. 41–70.

/ Katrin Köppert: Medienamateure in der homosexuellen Kultur. In: Dies. (Hrsg.): Ebd., S. 7–18.

Fotoarchiv der Emotionen. Fotografien von homosexuellen Männern und ihre Archivierung. In: Dies. / Wolfgang Ernst / Knut Ebeling / Kristina Hasenpflug (Hrsg.): *Atelier der Erinnerung. Aspekte des Archivarischen als Ausgangspunkt künstlerischer Fotografie*. Ludwigsburg: Wüstenrot 2016, S. 37–47.

Den Körper zum Bild gemacht. Fotografische Leidenschaften von Amateuren. In: Esther Ruelfs / Tulga Beyerle (Hrsg.): *Amateurfotografie. Vom Bauhaus zu Instagram*. Ausstellungskatalog Museum für Kunst und Gewerbe Hamburg. Heidelberg / Berlin: Kehrer 2019, S. 98–103.

Rehberg, Peter: Happy Homos. Über Tom of Finlands schwule Superhelden. In: Barbara Eder / Elisabeth Klar / Ramón Reichert (Hrsg.): *Theorien des Comics. Ein Reader*. Bielefeld: Transcript 2011, S. 383–400.

Hipster Porn. Queere Männlichkeiten und affektive Sexualitäten im Fanzine Butt. Berlin: b_books 2019.

Reich, Wilhelm: *Die Massenpsychologie des Faschismus*. Köln: Kiepenheuer & Witsch 1971.

Reichert, Ramón: *Amateure im Netz. Selbstmanagement und Wissenstechnik im Web 2.0*. Bielefeld: Transcript 2008.

Reifarth, Dieter / Viktoria Schmidt-Linsenhoff: Die Kamera der Henker. Fotografische Selbstzeugnisse des Naziterrors in Osteuropa. In: *Fotogeschichte* 3,7 (1983), S. 57–71.

Reiter, Margit: *Die Generation danach. Der Nationalsozialismus im Familiengedächtnis*. Innsbruck / Wien / Bozen: Studienverlag 2006.

Richards, Mary: Ron Athey, AIDS and the Politics of Pain. In: *Bodies, Space and Technology* 3,2 (2003), S. 163–80.

Riechers, Burkhardt: Freundschaft und Anständigkeit. Leitbilder im Selbstverständnis männlicher Homosexueller in der frühen Bundesrepublik. In: *Invertito. Jahrbuch für die Geschichte der Homosexualitäten* 1 (1999), S. 12–46.

Rivière, Joan: *Weiblichkeit als Maskerade*, hrsg. v. Liliane Weissberg, aus d. Engl. v. Ursula Ried. Frankfurt am Main: Fischer 1994.

Rogoff, Irit: Studying Visual Culture. In: Nicholas Mirzoeff (Hrsg.): *The Visual Culture Reader*. London / New York: Taylor & Francis 1998, S. 14–26.

Rosemont, Penelope: *Surrealist Women. An International Anthology*. Austin: Texas UP 1998.

Rosenkranz, Bernhard / Gottfried Lorenz: *Hamburg auf anderen Wegen. Die Geschichte des schwulen Lebens in der Hansestadt*. Hamburg: Lambda 2005.

Herbert Kirchhoff und Albrecht Becker: Zwei Hamburger Filmarchitekten – ein Freundespaar. In: Ebd., S. 143–146.

Rosler, Martha: In, Around, and Afterthoughts (on Documentary Photography). In: Dies.: *Decoys and Disruptions. Selected Writings, 1975–2001*. Cambridge / London: MIT 2004, S. 151–206.

Roth, Andreas: *Kriminalitätsbekämpfung in deutschen Grossstädten 1850–1914. Ein Beitrag zur Geschichte des strafrechtlichen Ermittlungsverfahrens*. Münster: Schmidt 1997.

Ruelfs, Esther: Das Auge der Masse. Die Demokratisierung der Fotografie durch die Amateure. In: Dies. / Tulga Beyerle (Hrsg.): *Amateurfotografie. Vom Bauhaus zu Instagram*. Ausstellungskatalog Museum für Kunst und Gewerbe Hamburg. Heidelberg / Berlin: Kehrer 2019, S. 8–15.

Ruf, Oliver: *Zur Ästhetik der Provokation. Kritik und Literatur nach Hugo Ball*. Bielefeld: Transcript 2012.

Russo, Vito: *The Celluloid Closet. Homosexuality in the Movies*. New York: Harper & Row 1981.

Ryan, James: *Posthuman Plants. Rethinking the Vegetal Through Culture, Art, and Poetry*. Champaign / Illinois: Common Ground Publishing 2015.

Sahm, Heike: *Dürers kleinere Texte. Konventionen als Spielraum für Individualität*. Tübingen: Niemeyer 2002.

Sander, August: *Menschen des 20. Jahrhunderts. 7.* Ausstellungskatalog Die Photographische Sammlung / S K Stiftung Kultur. München / Paris / London: Schirmer / Mosel 2002.

Sarasin, Philipp: *Reizbare Maschinen. Eine Geschichte des Körpers 1765–1914*. Frankfurt am Main: Suhrkamp 2001.

Scarry, Elaine: *Der Körper im Schmerz. Die Chiffren der Verletzlichkeit und die Erfindung der Kultur*, aus d. Engl. v. Michael Bischoff. Frankfurt am Main: Fischer 1992.

Schabert, Ina: Das Doppelleben der Menschenbuchstaben. In: Susi Kotzinger / Gabriele Rippl (Hrsg.): *Zeichen zwischen Klartext und Arabeske*. Amsterdam: Rodopi 1994, S. 95–106.

Schade, Sigrid / Silke Wenk: Inszenierungen des Sehens. Kunst, Geschichte und Geschlechterdifferenz. In: Hadumod Bußmann / Renate Hof (Hrsg.): *Genus. Zur Geschlechterdifferenz in den Kulturwissenschaften*. Stuttgart: Kröner 1995, S. 340–407.

Studien zur Visuellen Kultur. Einführung in ein transdisziplinäres Forschungsfeld. Bielefeld: Transcript 2011.

Schaffer, Johanna: *Ambivalenzen der Sichtbarkeit. Über die visuellen Strukturen der Anerkennung*. Bielefeld: Transcript 2008.

Schaub, Gerhard: Dada avant la lettre: Ein unbekanntes „Literarisches Manifest" von Hugo Ball und Richard Huelsenbeck. In: Pirmasens (Hrsg.): *Huga Ball Almanach 9–10*. Pirmasens: Stadt Pirmasens 1985, S. 63–180.

Schildt, Axel: *Die Sozialgeschichte der Bundesrepublik Deutschland bis 1989/90*. München: Oldenbourg 2007.

Schmale, Wolfgang: *Geschichte der Männlichkeit in Europa (1450–2000)*. Köln / Weimar / Wien: Böhlau 2003.

Schmidt-Linsenhoff, Viktoria: Postkolonialismus. In: *Kunsthistorische Arbeitsblätter* 7/8 (2002), S. 61–72.

Ästhetik der Differenz. Postkoloniale Perspektiven vom 16. bis 21. Jahrhundert. Marburg: Jonas 2010.

Schmitz, Sigrid / Sara Ahmed: Affect / Emotion: Orientation Matters. A Conversation Between Sigrid Schmitz and Sara Ahmed. In: *FZG Freiburger Zeitschrift für Geschlechterstudien* 20,2 (2014), S. 97–108.

Schneider, Joseph: *Donna Haraway. Live Theory*. London / New York: Bloomsbury 2005.

Schobert, Walter: Vorwort. In: Ders. / Hilmar Hoffmann (Hrsg.): *Zwischen gestern und morgen. Westdeutscher Nachkriegsfilm 1946–1962*. Frankfurt am Main: Deutsches Filmmuseum 1989, S. 3–7.

Schoeps, Julius H.: Sexualität, Eros und Männerbund. Hans Blüher und die deutsche Jugendbewegung. In: Ders. / Joachim H. Knoll (Hrsg.): *Typisch deutsch. Die Jugendbewegung. Beiträge zu einer Phänomenengeschichte*. Opladen: Leske + Budrich 1988, S. 137–154.

Schrader, Abby M.: Branding the Other / Tattooing the Self: Bodily Inscription Among Convicts in Russia and the Soviet Union. In: Jane Caplan (Hrsg.): *Written on the Body*. Princeton: Princeton UP 2000, S. 174–192.

Schröder, Gerald: *Schmerzensmänner. Trauma und Therapie in der westdeutschen und österreichischen Kunst der 1960er Jahre*. München: Fink 2011.

Schroeder, Fred E. H.: Say Cheese! The Revolution in the Aesthetics of Smiles. In: *Journal of Popular Culture* 32,2 (1998), S. 103–145.

Schulz, Christian: *Paragraph 175. (abgewickelt): Homosexualität und Strafrecht im Nachkriegsdeutschland. Rechtsprechung, juristische Diskussionen und Reformen seit 1945*. Hamburg: Männerschwarm 1994.

Schuster, Peter-Klaus: Der Künstler als Christus. Zur Wiederherstellung der Gottebenbildlichkeit aus dem Geist der Passion. In: Eugen Blume / Annemarie Hürlimann / Thomas Schnalke / Daniel Tyradellis (Hrsg.): *Schmerz. Kunst + Wissenschaft*. Köln: DuMont 2007, S. 127–135.

Schüttpelz, Erhard: Mündlichkeit / Schriftlichkeit. In: Natalie Binczek / Till Dembeck / Jörg Schäfer (Hrsg.): *Handbuch Medien der Literatur.* Berlin / Boston: De Gruyter 2013, S. 27–40.

Schwarz, Isabelle: *Archive für Künstlerpublikationen der 1960er bis 1980er Jahre.* Köln: Salon 2008.

Sedgwick, Eve Kosofsky: *Epistemology of the Closet.* Berkeley / Los Angeles: California UP 2004.

Seidl, Claudius: Die Verlorenen. Über Schauplätze, Standpunkte und Zeitrechnungen des deutschen Fünfziger-Jahre-Films. In: Christoph Winkler / Johanna von Rauch (Hrsg.): *Tanzende Sterne und nasser Asphalt. Die Filmarchitekten Herbert Kirchhoff und Albrecht Becker und das Gesicht des deutschen Films in den fünfziger Jahren.* Hamburg: Dölling & Galitz 2001, S. 16–45.

Seitler, Dana: Making Sexuality Sensible. Tammy Rae Carland's and Catherine Opie's Queer Aesthetic Forms. In: Elspeth H. Brown / Thy Phu (Hrsg.): *Feeling Photography.* Durham / London: Duke UP 2014, S. 47–70.

Sekula, Allan: Handel mit Fotografien, aus d. Engl. v. Wilfried Prantner. In: Herta Wolf (Hrsg.): *Paradigma Fotografie. Fotokritik am Ende des fotografischen Zeitalters.* Frankfurt am Main: Suhrkamp 2002, S. 255–290.

Der Körper und das Archiv, aus d. Engl. v. Wilfried Prantner. In: Herta Wolf (Hrsg.): *Diskurse der Fotografie. Fotokritik am Ende des fotografischen Zeitalters.* Frankfurt am Main: Suhrkamp 2003, S. 269–334.

Sennett, Richard: *Handwerk*, aus d. Engl. v. Michael Bischoff. Berlin: Berlin Verlag 2007.

Sheehan, Tanya: Looking Pleasant, Feeling White. The Social Politics of the Photographic Smile. In: Elspeth H. Brown / Thy Phu (Hrsg.): *Feeling Photography.* Durham / London: Duke UP 2014, S. 127–157.

Shildrick, Margrit: Prosthetic Performativity: Deleuzian Connections and Queer Corporealities. In: Chrysanthi Nigianni / Merl Storr (Hrsg.): *Deleuze and Queer Theory.* Edinburgh: Edinburgh UP 2009, S. 115–133.

Sieg, Katrin: *Ethnic Drag. Performing Race, Nation, Sexuality in West Germany.* Michigan: Michigan UP 2002.

„Rassen"diskurse in der Nachkriegszeit: Winnetou in Bad Segeberg. In: Martina Tißberger / Gabriele Dietze / Daniela Hrzán / Jana Husmann-Kastein (Hrsg.): *Weiß – Weißsein – Whiteness. Kritische Studien zu Gender und Rassismus.* Frankfurt am Main / Berlin / Bern: Lang 2006, S. 143–163.

Siemens, Daniel: Von Marmorleibern und Maschinenmenschen. Neue Literatur zur Körpergeschichte in Deutschland zwischen 1900 und 1936. In: *Archiv für Sozialgeschichte* 47 (2007), S. 639–682.

Silverman, Kaja: Masochism and Male Subjectivity. In: *Camera Obscura* 6,2 (1988), S. 31–66.

Smith, Adam: *Theorie der ethischen Gefühle*, aus d. Engl. v. Walther Eckstein. Hamburg: Meiner 2010.

Smith, Shawn Michelle: *American Archives. Gender, Race and Class in Visual Culture.* Princeton: Princeton UP 1999.

"Baby's Picture is always treasured". Eugenics and the Reproduction of Whiteness in the Family Photograph Album. In: Jeannene M. Przyblyski / Vanessa R. Schwartz (Hrsg.): *The Nineteenth-Century Visual Culture Reader.* New York / London: Routledge 2004, S. 358–370.

Photography on the Color Line. W. E. B. Du Bois, Race, and Visual Culture. Durham / London: Duke UP 2004.

Race and Reproduction in Camera Lucida. In: J. J. Long / Andrea Noble / Edward Welch (Hrsg.): *Photography. Theoretical Snapshots*. London: Routledge 2009, S. 98–111.

Photography Between Desire and Grief. In: Elspeth H. Brown / Thy Phu (Hrsg.): *Feeling Photography*. Durham / London: Duke UP 2014, S. 29–46.

Sollors, Werner: *Neither Black Nor White Yet Both: Thematic Explorations of Interracial Literature*. Oxford: Oxford UP 1997.

Solomon-Godeau, Abigail: Rubrics Cubed. In: *Bookforum* 33,3 (1998), S. 39–40.

Male Trouble. A Crisis in Representation. New York: Thames & Hudson 1997.

Wer spricht so? Einige Fragen zur Dokumentarfotografie, aus d. Engl. v. Wilfried Prantner. In: Herta Wolf (Hrsg.): *Diskurse der Fotografie. Fotokritik am Ende des fotografischen Zeitalters*. Frankfurt am Main: Suhrkamp 2003, S. 53–75.

Erotische Fotografie erneut betrachtet. Bemerkungen zu einem historischen Bergungsprojekt, aus d. Engl. v. Maja Figge. In: Kathrin Peters / Andrea Seier (Hrsg.): *Gender & Medien-Reader*. Zürich / Berlin: Diaphanes 2016, S. 139–157.

Sontag, Susan: *Über Fotografie*, aus d. Engl. v. Mark W. Rien / Gertrud Baruch. Frankfurt am Main: Fischer 2003.

Das Leiden anderer betrachten, aus d. Engl. v. Reinhard Kaiser. Frankfurt am Main: Fischer 2010.

Spence, Jo: *Putting Myself in the Picture. A Political, Personal and, Photographic Autobiography*. London: Camden 1986.

Spivak, Gayatri Chakravorty: Can the Subaltern Speak? In: Cary Nelson / Lawrence Grossberg (Hrsg.): *Marxism and the Interpretation of Culture*. Urbana: Illinois UP 1988, S. 271–313.

Sprengel, Peter: Nacktkultur mit Püriermaschine. Literatur und Lebensreform. In: Kai Buchholz / Rita Latocha / Hilke Peckmann / Klaus Wolbert (Hrsg.): *Die Lebensreform. Entwürfe zur Neugestaltung von Leben und Kunst um 1900*, Bd. 1. Darmstadt: Institut Mathildenhöhe 2001, S. 307–313.

Spring, Justin: *Secret Historian. The Life and Times of Samuel Steward, Professor, Tattoo Artist, and Sexual Renegade*. New York: Farrar, Straus and Giroux 2010.

Stanitzek, Georg: Dilettant. In: *Verstärker* 3,3 (1998), S. 1–5.

Starke, Sandra: „Papi macht Witzchen." SS-Soldaten als Knipser. In: *Medienamateure. Wie verändern Laien unsere visuelle Kultur?*, 2008. http://www.medienamateure.de/starke.html (Zugriff am 21.01.2010).

Fenster und Spiegel. Private Fotografie zwischen Norm und Individualität. In: *Historische Anthropologie* 19,3 (2011), S. 447–474.

Starl, Timm: *Knipser. Die Bildgeschichte der privaten Fotografie in Deutschland und Österreich von 1880 und 1980*. München: Münchner Stadtmuseum 1995.

Stempfhuber, Martin: Limited Intimacy? Die mediale Herstellung von Intimität am Beispiel von Grindr. In: *Feministische Studien* 32,1 (2014), S. 49–62.

Sternweiler, Andreas: Chronologischer Versuch zur Situation der Homosexuellen im KZ Sachsenhausen. In: Ders. / Joachim Müller (Hrsg.): *Homosexuelle Männer im KZ Sachsenhausen*. Berlin: Rosa Winkel 2000, S. 29–55.

Selbstbehauptung und Beharrlichkeit. Zweihundert Jahre Geschichte. Berlin: Schwules Museum 2004.

Stewart, Kathleen: Afterword. Worlding Refrains. In: Melissa Gregg / Gregory J. Seigworth (Hrsg.): *The Affect Theory Reader*. Durham: Duke UP 2010, S. 339–354.

Steyerl, Hito: Postkolonialismus und Biopolitik. In: Dies. / Encarnación Gutiérrez Rodríguez (Hrsg.): *Spricht die Subalterne Deutsch? Migration und Postkoloniale Kritik*. Münster: Unrast 2003, S. 38–55.

Stiegler, Bernd: *Montagen des Realen. Photographie als Reflexionsmedium und Kulturtechnik*. München: Fink 2009.

Orthofotografie. Kleine fotografische Fehlerkunde. In: *Fotogeschichte* 31,122 (2011), S. 41–50.

Strick, Simon: The Straight Screen: Begradigungsarbeiten am iPhone. In: *Feministische Studien* 30,2 (2012), S. 228–244.

American Dolorogies. Pain, Sentimentalism, Biopolitics. Albany: SUNY 2014.

Studlar, Gaylyn: *In the Realm of Pleasure. Von Sternberg, Dietrich, and the Masochistic Aesthetic*. Urbana: Illinois UP 1988.

Stümke, Hans-Georg: *Homosexuelle in Deutschland*. München: Beck 1989.

Surén, Hans: *Der Mensch und die Sonne*. Stuttgart: Dieck & Co. 1924.

Surmann, Antonia: Die Küche als Ausdruck von Gesellschaftsbildern. In: *kunsttexte*, 2010. http://edoc.hu-berlin.de/kunsttexte/2010-1/surmann-antonia-8/PDF/surmann.pdf (Zugriff am 28.10.2015).

Sykora, Katharina: Einleitung. In: Dies. / Ludger Derenthal / Esther Ruelfs (Hrsg.): *Fotografische Leidenschaften*. Marburg: Jonas 2006, S. 7–18.

Tagg, John: *The Burden of Representation. Essays on Photographies and Histories*. Minneapolis: Minnesota UP 1993.

Talbot, William Henry Fox: *The Pencil of Nature*. New York: Da Capo 1968.

Tedjasukmana, Chris: *Mechanische Verlebendigung. Ästhetische Erfahrung im Kino*. Paderborn: Fink 2014.

Feel Bad Movement. Affekt, Aktivismus und queere Gegenöffentlichkeiten. In: Käthe von Bose / Ulrike Klöppel / Katrin Köppert / Karin Michalski et al. (Hrsg.): *I Is for Impasse. Affektive Queerverbindungen in Theorie_Aktivismus_Kunst*. Berlin: b_books 2015, S. 19–32.

Affektive Öffentlichkeiten – Zur politischen Ästhetik des Online-Videoaktivismus. Vortrag, IFK Wien, 20.11.2017. http://www.ifk.ac.at/kalender-detail/affektive-oeffentlichkeiten-zur-politischen-aesthetik-des-online-videoaktivismus.html (Zugriff am 17.02.2020).

Theweleit, Klaus: *Männerphantasien*. München: Piper 2005.

Tischer, Heinz: *Knipsen kann jeder! Die Constanze Fotofibel*. Hamburg: Constanze 1958.

Toffler, Alvin: *Die Zukunftschance. Von der Industriegesellschaft zu einer humaneren Zivilisation*. München: Bertelsmann 1980.

Torgovnick, Marianna: *Gone Primitive. Savage Intellects, Modern Lives*. Chicago / London: Chicago UP 1991.

Torrie, Julia S.: „Our Rear Area Probably Lived Too Well". Tourism and the German Occupation of France, 1940–1944. In: *Journal of Tourism History* 3,3 (2011), S. 309–330.

Visible Trophies of War. German Occupiers' Photographic Perceptions of France, 1940–44. In: Paul Betts / Jennifer Evans / Stefan-Ludwig Hoffmann (Hrsg.): *The Ethics of Seeing. 20th Century German Documentary Photography Reconsidered*. New York / Oxford: Berghahn 2018, S. 108–137.

Touré, Michael Eric Dyson: *Who's Afraid of Post-Blackness? What It Means to Be Black Now*. New York: Free 2011.

Tränkle, Margot: Neue Wohnhorizonte. Wohnalltag und Haushalt seit 1945 in der Bundesrepublik. In: Ingeborg Flagge (Hrsg.): *Geschichte des Wohnens*, Bd. 5: 1945 bis heute, Aufbau Neubau Umbau. Stuttgart: DVA 1999, S. 687–806.

Treber, Leonie: *Mythos Trümmerfrauen. Von der Trümmerbeseitigung in der Kriegs- und Nachkriegszeit und der Entstehung eines deutschen Erinnerungsortes*. Essen: Klartext 2014.

Tsing, Anna Lowenhaupt: *The Mushroom at the End of the World. On the Possibility of Life in Capitalist Ruins*. Princeton: Princeton UP 2015.

Tucker, Susan / Katherine Ott / Patricia P. Buckler (Hrsg.): *The Scrapbook in American Life*. Philadelphia: Temple UP 2006.

Ullrich, Wolfgang: *Die Geschichte der Unschärfe*. Berlin: Wagenbach 2009.

Umbach, Maiken: Citing Tradition and Narrating Modernity in Documentary Photography During the Third Reich. Unveröffentlichter Vortrag, German Historical Institute, The Ethics of Seeing: 20th Century German Documentary Photography Reconsidered, London, 24.05.2013.

Villarejo, Amy: *From Ethereal Queer*. Durham / London: Duke UP 2013.

Virno, Paul: *Grammatik der Multitude: Öffentlichkeit, Intellekt und Arbeit als Lebensformen*, aus d. Ital. v. Klaus Neundlinger. Wien: Turia + Kant 2005.

Vogel, Hermann Wilhelm: *Die Fortschritte der Photographie seit dem Jahre 1879*. Berlin: Oppenheim 1883.

Vogl, Joseph: Was ist ein Ereignis? In: Peter Gente (Hrsg.): *Deleuze und die Künste*. Frankfurt am Main: Suhrkamp 2007, S. 67–83.

Vosmeier, Sarah McNair: Picturing Love and Friendship. Photograph Albums and Networks of Affection in the 1860s. In: Susan Tucker / Katherine Ott / Patricia P. Buckler (Hrsg.): *The Scrapbook in American Life*. Philadelphia: Temple UP 2006, S. 207–219.

Wachsmuth, Iris: Geschlechterbilder im intergenerationellen Transfer. Erbschaften aus dem Nationalsozialismus. In: *Österreichische Zeitschrift für Geschichtswissenschaften* 19,2 (2008), S. 185–193.

Tradierungsweisen von Geschlechterbildern: Der Umgang mit familiengeschichtlichen Verstrickungen in den Nationalsozialismus. In: Elke Frietsch / Christina Herkomer (Hrsg.): *Nationalisozialismus und Geschlecht. Zur Politisierung und Ästhetisierung von Körper, „Rasse" und Sexualität im „Dritten Reich" und nach 1945*. Bielefeld: Transcript 2009, S. 443–441.

Wagner, Monika: *Das Material der Kunst. Eine andere Geschichte der Moderne*. München: Beck 2001.

Walgenbach, Katharina / Gabriele Dietze / Antje Hornscheidt / Kerstin Palm (Hrsg.): *Gender als interdependente Kategorie. Neue Perspektiven auf Intersektionalität, Diversität und Heterogenität*. Opladen / Farmington Hills: Budrich 2007.

Walther, Thomas / Mia Fineman (Hrsg.): *Other Pictures. Anonymous Photographs From the Thomas Walther Collection.* Ausstellungskatalog. Santa Fe: Twin Palms 2000.

Warner, Michael: *Fear of a Queer Planet. Queer Politcs and Social Theory.* Minneapolis: Minnesota UP 1993.

Publics and Counterpublics. New York: Zone Books 2005.

Waugh, Thomas: *Hard to Imagine: Gay Male Eroticism in Photography and Film from Their Beginnings to Stonewall.* New York: Columbia UP 1996.

Weibel, Peter: *Phantom der Lust. Visionen des Masochismus in der Kunst.* München: Belleville 2003.

Weigel, Sigrid: Schmerz-Wissen. Vom Mythos zum Labor. In: Corina Caduff / Tan Wälchli (Hrsg.): *Schmerz in den Künsten.* Zürich: Züricher Hochschule der Künste 2008, S. 22–41.

Weiss, Margot: *Techniques of Pleasure. BDSM and the Circuits of Sexuality.* Durham: Duke UP 2011.

West, Nancy Martha: *Kodak and the Lens of Nostalgia.* Charlottesville / London: Virginia UP 2000.

Whisnant, Clayton J.: Styles of Masculinity in the West German Gay Scene, 1950–1965. In: *Central European History* 39,3 (2006), S. 359–393.

Williams, James S.: The Moment of Truth. Roland Barthes „Soirèes de Paris“ and the Real. In: *Neophilologus* 79,1 (1995), S. 33–51.

Williams, Linda: *Hardcore. Power, Pleasure and the „Frenzy of the Visible“.* Berkeley / Los Angeles: California UP 1989.

Pornografische Bilder und die „körperliche Dichte des Sehens“, aus d. Engl. v. Johanna Schaffer / Jo Schmeiser. In: Herta Wolf (Hrsg.): *Diskurse der Fotografie. Fotokritik am Ende des fotografischen Zeitalters.* Frankfurt am Main: Suhrkamp 2003, S. 226–266.

Winkler, Christoph / Johanna von Rauch (Hrsg.): *Tanzende Sterne und nasser Asphalt. Die Filmarchitekten Herbert Kirchhoff und Albrecht Becker und das Gesicht des deutschen Films in den fünfziger Jahren.* Hamburg: Dölling & Galitz 2001.

Wolfert, Raimund: Zwischen den Stühlen – die deutsche Homophilenbewegung der 1950er Jahre. In: Bundesstiftung Magnus Hirschfeld (Hrsg.): *Forschung im Queerformat: Aktuelle Beiträge der LSBTI*-, Queer- und Geschlechterforschung.* Bielefeld: Transcript 2014, S. 87–104.

Wollen, Peter: Fotografie und Ästhetik. In: Hubertus v. Amelunxen (Hrsg.): *Theorie der Fotografie IV. 1980–1995.* München: Schirmer / Mosel 2000, S. 210–222.

Woltersdorff, Volker: *Coming Out. Die Inszenierung schwuler Identitäten zwischen Auflehnung und Anpassung.* Frankfurt am Main: Campus 2005.

„I Want To Be A Macho Man.“ Schwule Diskurse über die Aneignung von Männlichkeit. In: Ders. / Robin Bauer / Josch Hoenes (Hrsg.): *Unbeschreiblich männlich. Heteronormativitätskritische Perspektiven.* Hamburg: Männerschwarm 2007, S. 107–120.

Young, Robert: *Colonial Desire. Hybridity in Theory, Culture and Race.* London: Routledge 1995.

Yuval-Davis, Nira: *Geschlecht und Nation*, aus d. Engl. v. Marcel Stoetzler / Lars Stubbe. Emmendingen: Die Brotsuppe 2001.

Zelizer, Barbie: *Remembering to Forget. Holocaust Memory Through the Camera's Eye.* Chicago / London: Chicago UP 1998.

Ziethen, Rahel: *Kunstkommentare im Spiegel der Fotografie. Re-Auratisierung – Ver-Klärung – Nicht-kontingente Experimente*. Bielefeld: Transcript 2013.

Zimmermann, Anja: Von Produktion und Produktivität. Blut und Sperma als Kreativstoffe in der Kunst um 1960. In: Roger Fayet (Hrsg.): *Verlangen nach Reinheit oder Lust auf Schmutz? Gestaltungskonzepte zwischen rein und unrein*. Wien: Passagen 2003, S. 97–114.

Zinn, Alexander: *Die soziale Konstruktion des homosexuellen Nationalsozialisten. Zu Genese und Etablierung eines Stereotyp*. Frankfurt am Main: Lang 1997.

Aus dem Volkskörper entfernt? Alltag und Verfolgung homosexueller Männer im „Dritten Reich". Berlin: Universität Erfurt 2016.

Zuromskis, Catherine: *Snapshot Photography. The Lives of Images*. Cambridge / London: MIT 2013.

Onlinequellen

Blackfacing bei der WM. Rassismus-Vorwürfe gegen deutsche Fans. In: *Spiegel Online*, 23.06.2014. http://www.spiegel.de/panorama/rassismus-bei-der-wm-vorwuerfe-gegen-deutsche-fans-a-976972.html (Zugriff am 28.12.2017).

Bühnenwatch, 2012. https://archive.is/20130118125501/http://buehnenwatch.com/sample-page/ (Zugriff am 04.01.2018).

Das fotografische Dispositiv, Graduiertenkolleg Hochschule für Bildende Künste Braunschweig. https://gepris.dfg.de/gepris/projekt/207700493?context=projekt&task=showDetail&id=207700493& (Zugriff am 31.07.2020).

Deutsches Institut für Medizinische Dokumentation und Information, 2016. http://www.dimdi.de/static/de/klassi/icd-10-who/kodesuche/onlinefassungen/htmlamtl2016/block-f60-f69.htm (Zugriff am 21.12.2017).

Jacobs, Sean: Why Is FIFA Tolerating Fans in Blackface at the World Cup? In: *America Aljazeera*, 22.06.2014. http://america.aljazeera.com/blogs/worldcup/2014/6/22/why-is-fifa-tolerating fansinblackfaceattheworldcup.html (Zugriff am 28.12.2017).

Medienamateure in der homosexuellen Kultur. https://www.medienamateure.uni-siegen.de/ (Zugriff am 20.07.2017).

Außerdem im Neofelis Verlag erschienen

Dark Rooms
Räume der Un/Sichtbarkeit

– Die Grenzen des Konzepts der Sichtbarkeit ausloten: sowohl im ästhetischen Bereich als auch in politischen Diskussionen um Repräsentation und Handlungsmacht –

hrsg. von Marietta Kesting/Sophia Kunze
ISBN: 978-3-95808-120-8
mit 24 Farb- u. 10 S/W-Abbildungen
204 S., 22 €

Affekte

– Über das gesellschaftliche Potential, die Inszenierungen, Instrumentalisierungen und Provokationen von Affekten –

hrsg. von Claudia Emmert/Jessica Ullrich/Kunstpalais Erlangen
ISBN: 978-3-95808-010-2
mit 120 Farb- u. 20 S/W-Abbildungen
340 S., 22 €

race & sex: Eine Geschichte der Neuzeit
49 Schlüsseltexte aus vier Jahrhunderten neu gelesen

– Das Denken als eine Praxis der Grenzüberschreitung und -auflösung –

hrsg. von Jürgen Martschukat/Olaf Stieglitz
ISBN: 978-3-95808-034-8 (2. Aufl.)
mit 3 Farb- u. 2 S/W-Abbildungen
422 S., 28 €

Durch Blicke im Bild
Stereoskopie im 19. und frühen 20. Jahrhundert

– Eintauchen in die Tiefe der Bilder –

von Nic Leonhardt
ISBN: 978-3-95808-006-5
mit 33 Farb- u. 11 S/W-Abbildungen
230 S., 20 €

Die Armierung des Blickes
Margaret Bourke-Whites Fotografien aus dem Zweiten Weltkrieg

– Zur visuellen Kriegsberichterstattung einer der eigenwilligsten und einflussreichsten Fotograf*innen ihrer Generation –

von Maria Schindelegger
ISBN: 978-3-95808-146-8
mit 79 S/W-Abbildungen
376 S., 28 €

Arbeit im Bild
Die Repräsentation von Arbeit in der staatlich geförderten Autorenfotografie der 1980er Jahre in der DDR

– Entidealisierte Arbeiter*innenfiguren im krisenhaften letzten Jahrzehnt der DDR –

von Agneta Jilek
ISBN: 978-3-95808-232-8
mit 8 Farb- u. 69 S/W-Abbildungen
268 S., 26 €

Die vorliegende Publikation ist die leicht überarbeitete Fassung meiner Dissertation, die im November 2018 vom Promotionsausschuss der kulturwissenschaflichen Fächer in der FK III der Carl von Ossietzky Universität Oldenburg angenommen wurde.

Gedruckt mit freundlicher Unterstützung durch

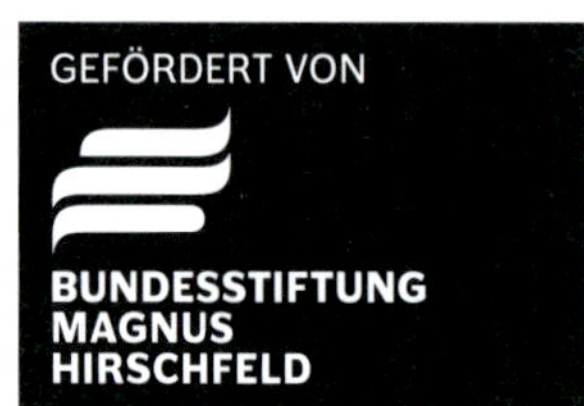

Karl-Heinrich-Ulrichs-Fonds der Hannchen-Mehrzweck-Stiftung (www.hms-stiftung.de)

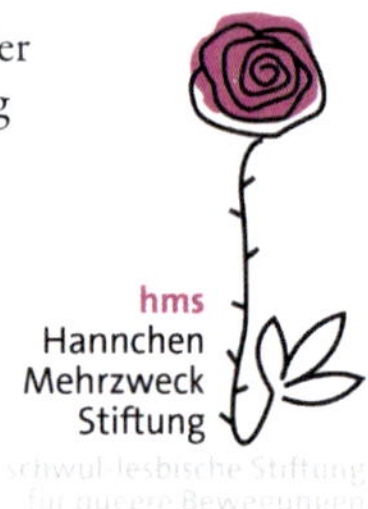

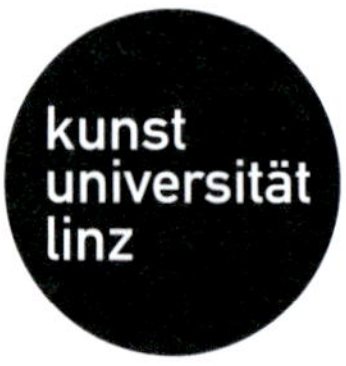

Kunstuniversität
Linz, Hauptplatz 6,
4020 Linz
(www.ufg.at)

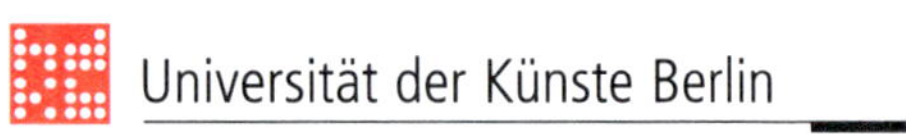

Bibliografische Information der Deutschen Nationalbibliothek
Die Deutsche Nationalbibliothek verzeichnet diese Publikation in der Deutschen Nationalbibliografie; detaillierte bibliografische Daten sind im Internet über http://dnb.d-nb.de abrufbar.

Umschlaggestaltung: Marija Skara
Unter der Verwendung eines Ausschnitts aus Albrecht Becker: *Becker als A, von vorn und von hinten*, 1969, zwei Schwarz-Weiß-Fotografien in Folie (Montage AB), als Montage 23.5 x 17.2 cm (im Band Abb. 51).
Lektorat & Satz: Neofelis Verlag (jn / vf)
Druck: PRESSEL Digitaler Produktionsdruck, Remshalden
Gedruckt auf FSC-zertifiziertem Papier.
ISBN (Print): 978-3-95808-316-5
ISBN (PDF): 978-3-95808-367-7